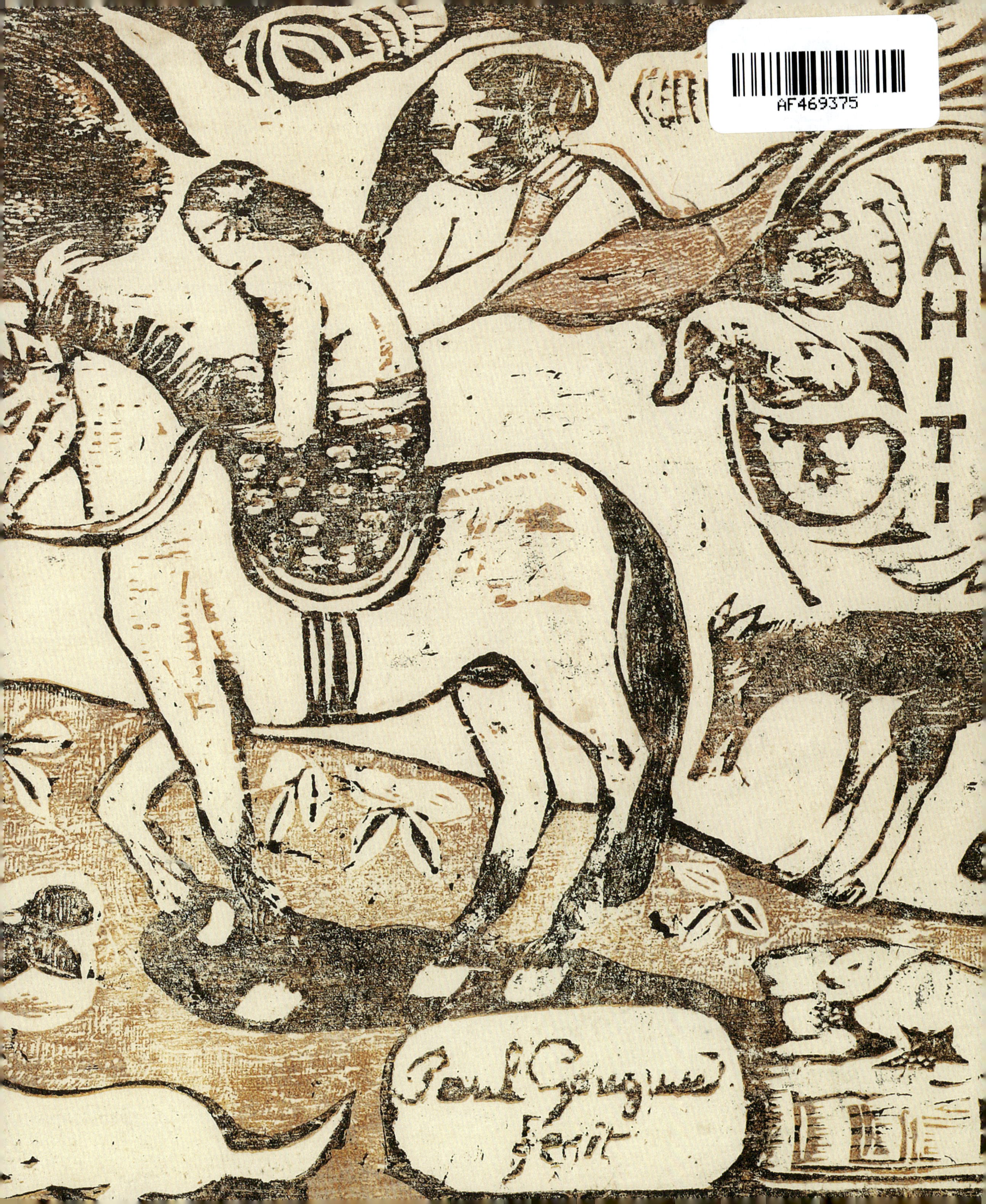
TAHITI
Paul Gauguin
fecit

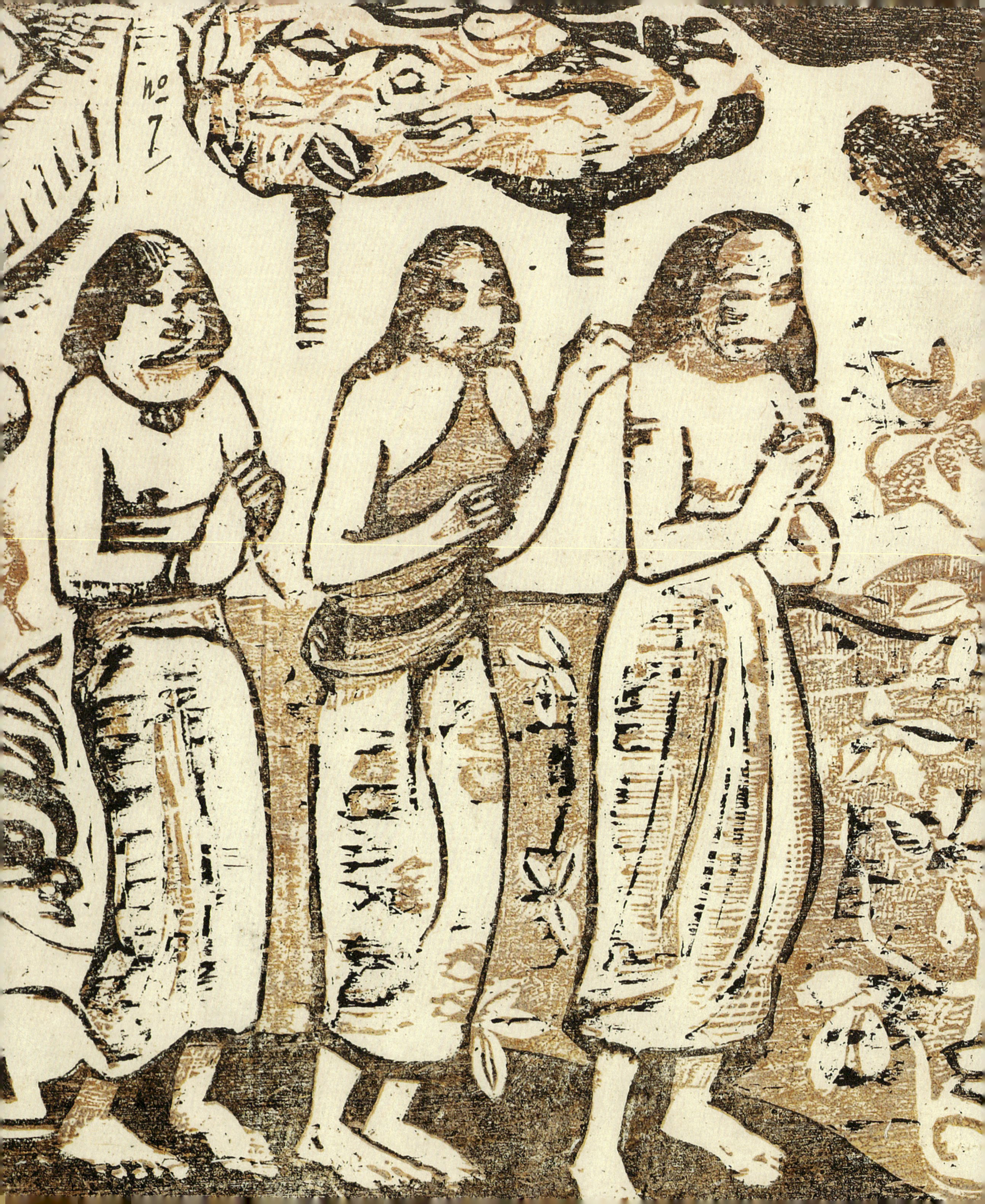
no 7

GAUGUIN

METAMORPHOSEN

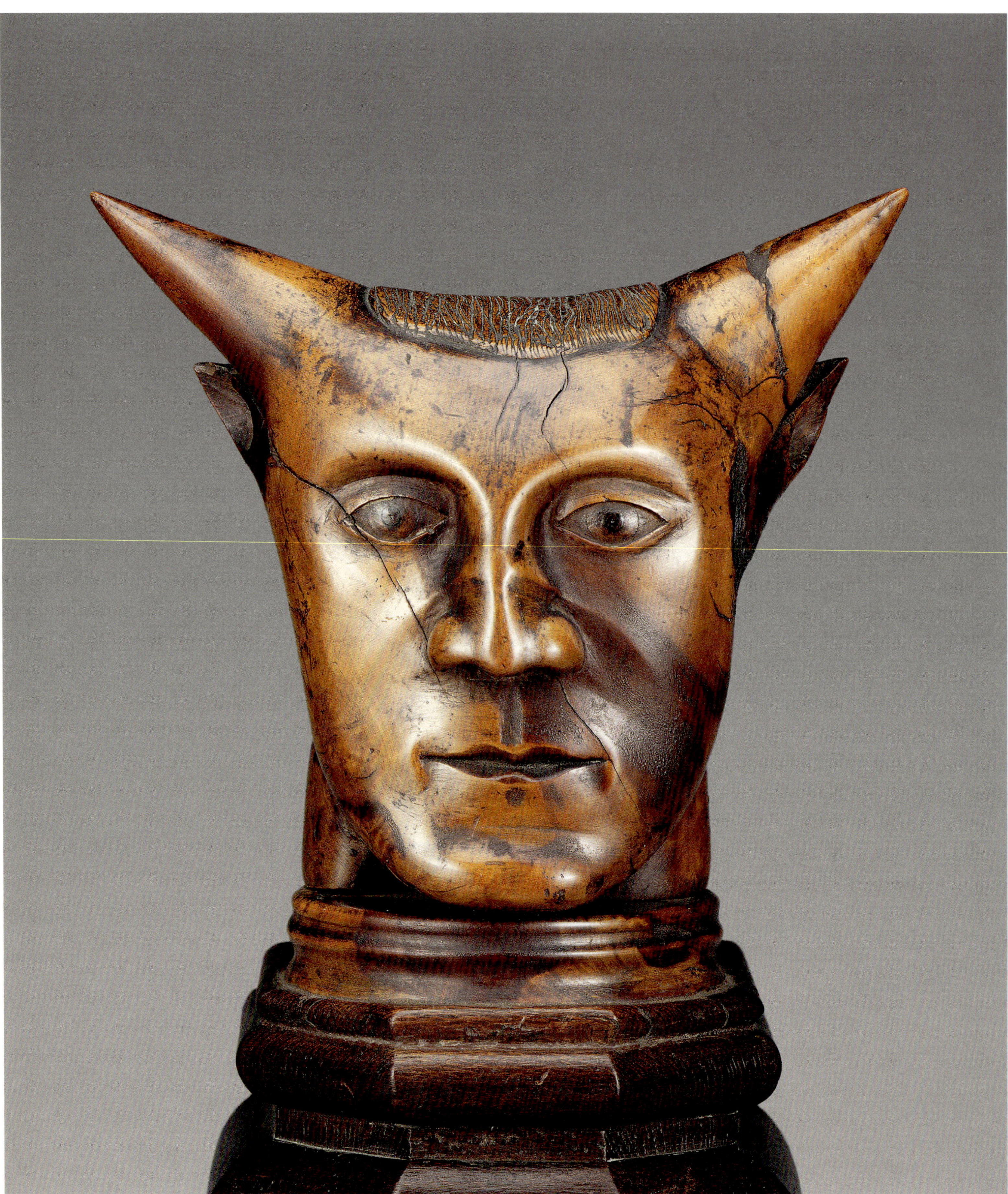

Starr Figura

Mit Beiträgen von
Elizabeth C. Childs, Hal Foster
und Erika Mosier

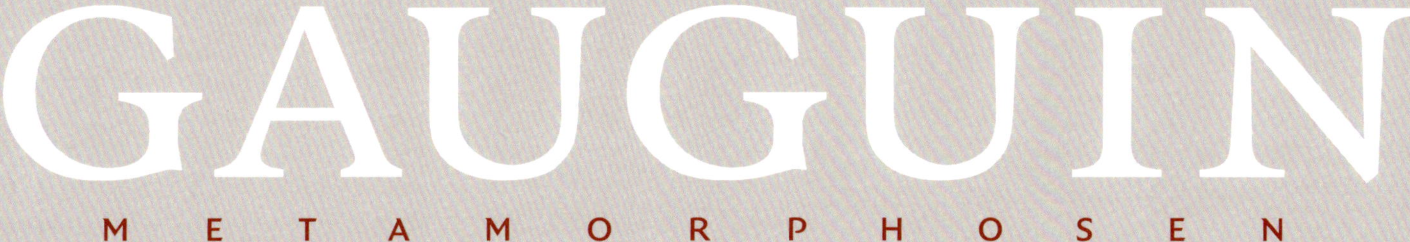

HATJE
CANTZ

MoMA

Die Publikation erscheint anlässlich der Ausstellung
Gauguin – Metamorphoses
The Museum of Modern Art, New York
8. März – 8. Juni 2014

Kuratorin: Starr Figura, The Phyllis Ann and Walter Borten Associate Curator, mit Lotte Johnson, kuratorische Assistentin im Department of Drawings and Prints

Katalog

Lektorat: Kyle Bentley (englische Ausgabe), Karin Osbahr, Hatje Cantz (deutsche Ausgabe)
Übersetzung: Alexandra Titze-Grabec
Gestaltung: Margaret Bauer
Karte: Adrian Kitzinger
Satz: Gabriele Sabolewski, Hatje Cantz
Herstellung: Julia Günther, Hatje Cantz

Schrift: Quadraat und Quadraat Sans
Papier: GardaPat 13 Kiara 135 g/m²

Druck: Offsetdruckerei Karl Grammlich, Pliezhausen
Buchbinder: Beltz Bad Langensalza

Erschienen im
Hatje Cantz Verlag
Zeppelinstraße 32
73760 Ostfildern
Tel. +49 711 4405-200
Fax +49 711 4405-220
www.hatjecantz.de
Ein Unternehmen der Ganske Verlagsgruppe

ISBN 978-3-7757-3811-8

Printed in Germany

Die amerikanische Originalausgabe erschien als Publikation des Department of Publications, The Museum of Modern Art, New York.

Abbildungen:
Umschlagvorderseite: *Mata mua*, 1892 (Kat. 89)
Umschlagrückseite: *Tahitianerin mit bösem Geist*, um 1900 (Kat. 155)
Hintere Klappe: *Oviri*, 1894 (Kat. 101)
Vorsatzpapier: *Changement de résidence*, 1899 (Kat. 136)
Seite 2: *Kopf mit Hörnern*, 1895–1897 (Kat. 153)
Seite 4–5: *Tahitianerin mit bösem Geist*, um 1900, recto und verso (Kat. 155)
Seite 6: *Hina mit zwei Dienerinnen*, um 1892 (Kat. 84)
Seite 74: *Der Reigen der kleinen Bretoninnen, Pont-Aven*, 1888 (Kat. 8)
Seite 74–75: *Vase mit bretonischen Szenen*, 1886/87 (Kat. 11)
Seite 86, links: *Oviri*, 1984 (Kat. 103)
Seite 86, rechts: *Oviri*, 1894 (Kat. 101)
Seite 86–87: *Oviri*, 1894 (Kat. 104)
Seite 160, links: *Der Ruf*, um 1902/03 (Kat. 183)
Seite 160–161: *Der Ruf*, 1902 (Kat. 184)
Nachsatzpapier: *Soyez amoureuses vous serez heureuses*, 1898 (Kat. 137)

Alle diese Abbildungen zeigen auf den genannten Seiten Details, werden aber im Katalogteil vollständig reproduziert.

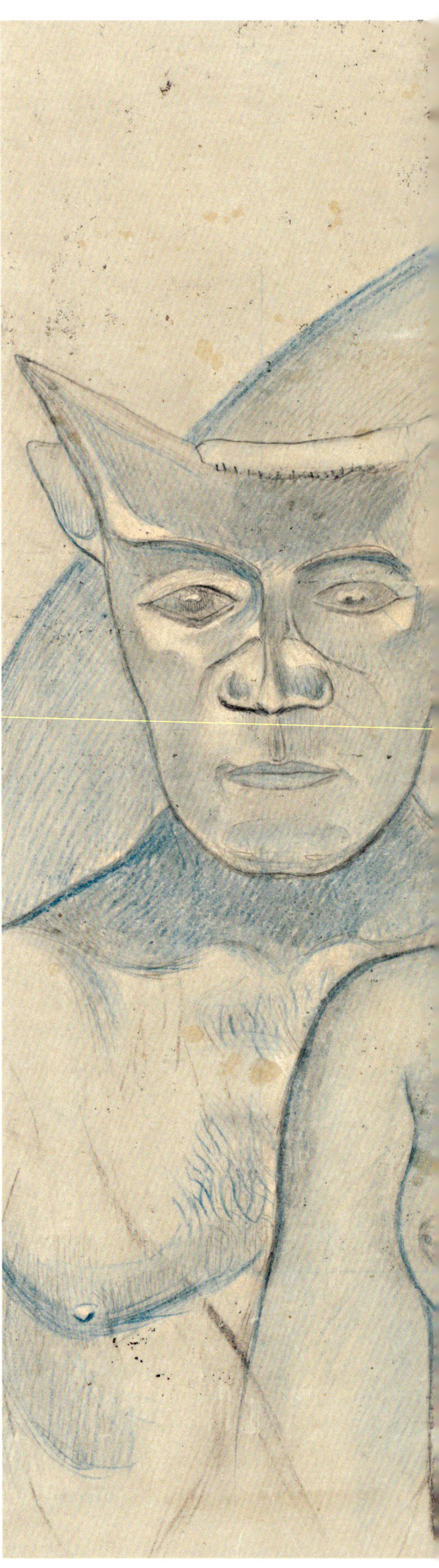

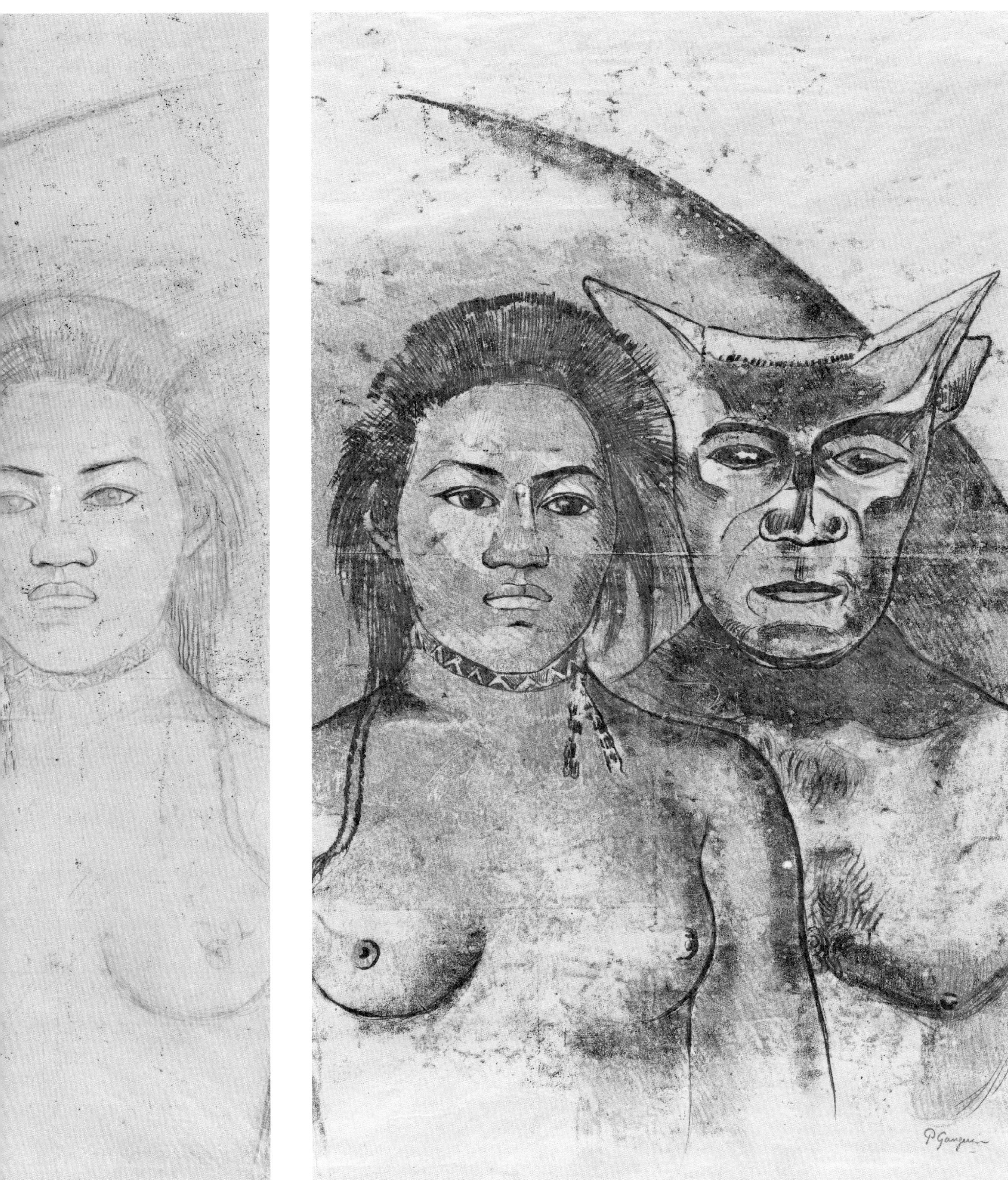
P Gauguin

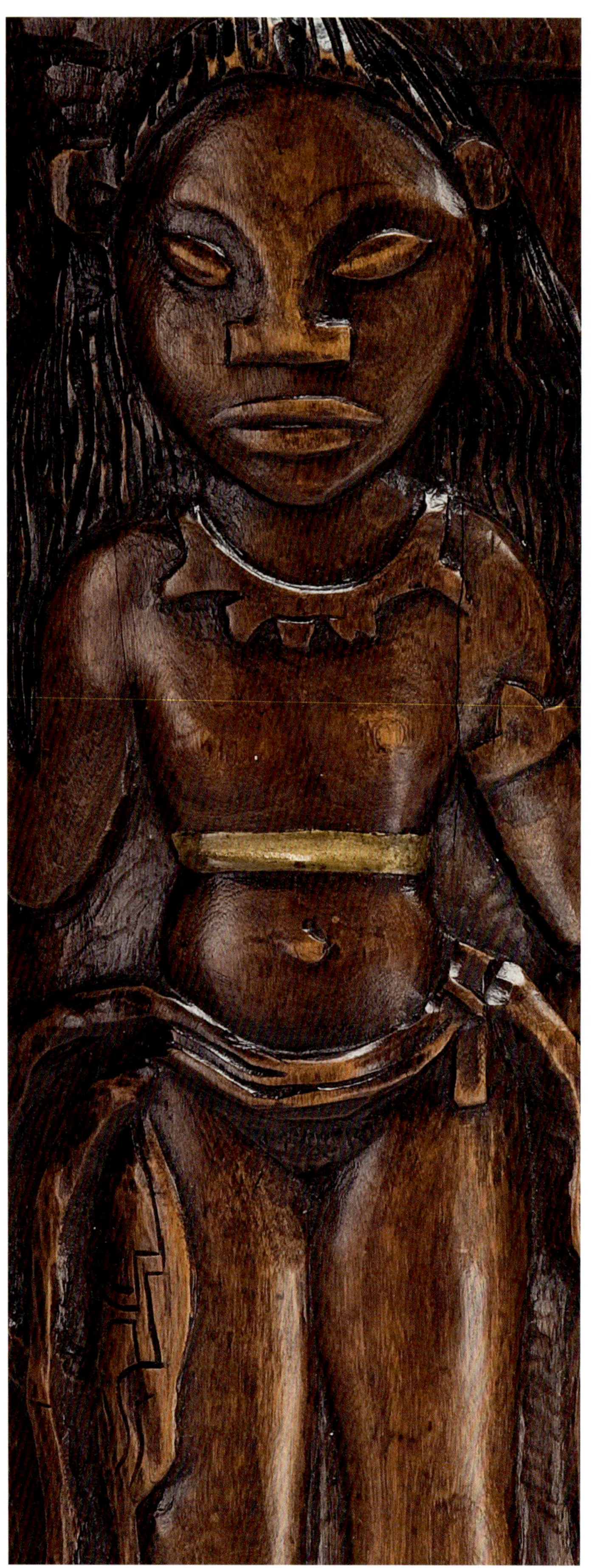

Inhalt

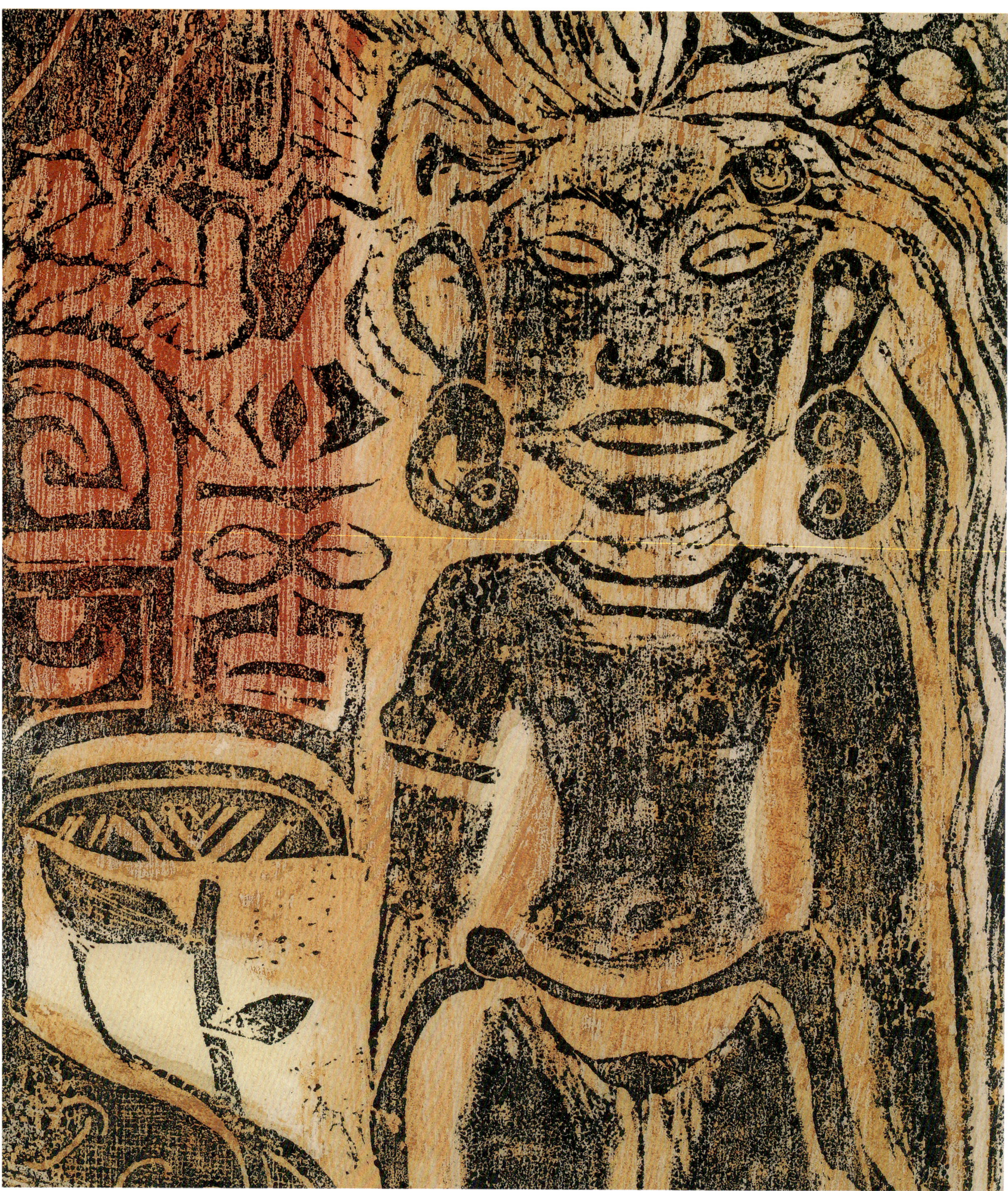

Vorwort

Gauguin – Metamorphoses ist eine Ausstellung zu einem Künstler, dessen Werk sehr bekannt ist. Sie konzentriert sich jedoch auf einen weniger bekannten Aspekt seines Œuvre, nämlich auf die seltenen und außergewöhnlichen Drucke und Durchdruckzeichnungen, die zwischen 1889 und 1903, dem Jahr seines Todes, entstanden. Die Malerei war die Konstante in Gauguins Kunst, und doch befeuerte seine Beschäftigung mit anderen Medien, wie Bildhauerei, Zeichnung und Druckgrafik, seine Kreativität – wie diese Ausstellung deutlich aufzeigt. Er wiederholte Schlüsselmotive, kombinierte diese immer wieder neu, wodurch sie über die Grenzen von Zeit und Medium hinaus Metamorphosen bildeten. Von den etwa 160 in dieser Ausstellung präsentierten Werken sind ungefähr drei Viertel Arbeiten auf Papier und ein Viertel Gemälde und Skulpturen – eine Umkehr des für gewöhnlich vorherrschenden Verhältnisses der Medien bei einer Retrospektive –, wobei Aspekte des Œuvre im Vordergrund stehen, die oft wenig Beachtung finden, aber radikaler und origineller sind als die zu Recht gefeierten Gemälde.

Das Museum of Modern Art weißt seit langem um Gauguins bahnbrechenden Beitrag zur Geschichte der Moderne. Eines seiner Hauptwerke, *Hina Tefatou (Der Mond und die Erde)*, und einige seiner Holzschnitte gehörten zu den frühesten Arbeiten, die 1934 – nur fünf Jahre nach Eröffnung des Museums – Eingang in die Sammlung fanden. Seitdem ist der Bestand auf sechs Gemälde, zwei Zeichnungen, zwei Durchdruckzeichnungen in Öl und sechsundzwanzig Drucke des Künstlers angewachsen. Zudem wird sein Einfluss auf die Generation von Künstlern, die in den frühen Jahren des 20. Jahrhunderts in Erscheinung trat, in vielen paradigmatischen Werken deutlich, die das Kernstück des MoMA bilden.

Obwohl Werke von Gauguin in der ersten Ausstellung des MoMA – der wegweisenden Schau *Cézanne, Gauguin, Seurat, Van Gogh*, 1929 von Alfred H. Barr Jr. organisiert – vertreten waren und obwohl sie stets in der Präsentation der permanenten Sammlung wie auch in Gruppenausstellungen zur Moderne eine bedeutende Rolle spielten, so ist doch eine große Einzelausstellung längst überfällig. *Gauguin – Metamorphoses* ist die erste derartige dem Künstler gewidmete Ausstellung im MoMA. Es ist auch die erste große Schau von Gauguins Arbeiten in New York nach mehr als einem Jahrzehnt und erst die zweite nach 1959. Von daher bietet sie dem New Yorker Publikum die seltene Gelegenheit, Gauguins Leistungen zu bewerten und seine Bedeutung als Pionier der modernen Kunst zu feiern. Viele der gezeigten Werke sind nur selten – wenn überhaupt – in New York ausgestellt worden.

Die Ausstellung und der Katalog wurden von Starr Figura, The Phyllis Ann and Walter Borten Associate Curator of Drawings and Prints, intelligent und einfühlsam konzipiert und organisiert, dabei wesentlich unterstützt von Lotte Johnson, der kuratorischen Assistentin im Department of Drawings and Prints. Wir sind Sue und Edgar Wachenheim III., Anna Marie und Robert F. Shapiro sowie Denise LeFrak für ihre generöse Unterstützung der Ausstellung zu großem Dank verpflichtet. Ebenso danken wir dem MoMA Annual Exhibition Fund. Dank gilt auch dem Federal Council on the Arts and the Humanities, der großzügig die Haftungsfreistellung übernahm. Die Produktion des Kataloges wurde vom Riva Castleman Fund für Publikationen des Department of Drawings and Prints unterstützt, der von der Derald H. Ruttenberg Foundation ins Leben gerufen wurde. Im Namen der Trustees und der Mitarbeiter des Museum of Modern Art möchte ich vor allem den Leihgebern danken, die sich für kurze Zeit von ihren geschätzten und in vielen Fällen äußerst fragilen Arbeiten getrennt haben, um den Erfolg dieses Projektes zu gewährleisten.

GLENN D. LOWRY
Direktor, The Museum of Modern Art

Tahitianisches Idol, 1894/95 (Kat. 96), Detail

Dank

Die Organisation dieser Ausstellung und des Kataloges war ein komplexes Unterfangen, das auf die Kompetenz und den Einsatz vieler Menschen innerhalb und außerhalb des Museum of Modern Art bauen konnte. Im Museum bin ich dem Direktor Glenn D. Lowry tief verbunden für seine Unterstützung des Projektes von Anfang an wie auch für seine unerlässliche Hilfe bei der Sicherung zahlreicher entscheidender Leihgaben. Mein großer Dank gilt auch Ramona Bannayan, Senior Deputy Director for Exhibitions and Collections, für ihr Verständnis und ihre hilfreichen Ratschläge, sowie Kathy Halbreich, Associate Director, und Peter Reed, Senior Deputy Director for Curatorial Affairs, für ihre umsichtige Unterstützung. Ein großes Dankeschön geht an Christophe Cherix, The Robert Lehman Foundation Chief Curator of Drawings and Prints, für seinen besonderen Einsatz von Anfang an und für seine wichtige Unterstützung in jeder Phase des Projekts.

Großer Dank geht an jene beiden Personen, die bei diesem Projekt meine engsten Mitarbeiter waren: die kuratorische Assistentin Lotte Johnson und die Papierrestauratorin Erika Mosier. Lotte teilte mit mir die Verantwortung für die Ausstellung und den Katalog. Ich bin ihr äußerst dankbar dafür, dass sie all die komplexen organisatorischen Details mit Effizienz, Diplomatie und unerschütterlicher guter Laune bewerkstelligt hat. Zudem lieferte sie einige fundierte Beiträge zu dieser Publikation: die Biografie und einige Texte im Katalogteil. Auch Erika war eine wichtige Partnerin, die zusammen mit mir Gauguins experimentelle Arbeiten auf Papier erforschte und analysierte. Ihre Überlegungen waren von unschätzbarem Wert und fanden ihren Niederschlag in dem klugen Essay, den sie für diesen Katalog verfasste.

Ich schulde Ann Temkin, The Marie-Josée and Henry Kravis Chief Curator of Painting and Sculpture, großen Dank dafür, dass sie uns eines der Hauptwerke der Ausstellung ausgeliehen hat, und für ihre wertvolle Hilfe bei einigen anderen bedeutenden Leihgaben. Im Department of Painting and Sculpture möchte ich mich bei Cora Rosevear und Lily Goldberg bedanken, die die Ausleihe der Gemälde freundlicherweise unterstützt haben, und bei Iris Schmeisser und MaryKate Cleary für ihre Hilfe bei Fragen zur Provenienz aller Werke in der Ausstellung. Im Department of Drawings and Prints danke ich Kathy Curry, Assistant Curator, für die Hilfe bei der Leihgabe einer Zeichnung der Sammlung sowie für ihre Kollegialität und ihren Rat zu anderen Fragen des Leihverkehrs. Katherine Alcauskas, Collection Specialist, und Emily Edison, Katalogbearbeiterin, gebührt meine Anerkennung für ihre sorgfältige Arbeit zu Gauguins Drucken in der Sammlung. Die technischen Mitarbeiter Jeff White und David Moreno standen stets bereit, die Werke aus dem Lager zu holen oder innerhalb des Museums zu transportieren. Mein spezieller Dank geht an Sarah Cooper, Alexandra Diczok und John Prochilo, auf deren Unterstützung ich jederzeit bauen konnte. Außerdem gilt mein herzliches Dankeschön verschiedenen Kollegen, die immer mit Ermutigung und Rat zur Seite standen, besonders die ehemalige Chefkuratorin Deborah Wye sowie Sarah Suzuki, Judy Hecker, Jodi Hauptman und Samantha Friedman. Ich danke auch den vielen Praktikanten, die die nötige Recherche und Büroarbeit leisteten, darunter Laurel Garber, Anna Blum, Eléonore Varone, Michaela Haffner, Joanna Wendel, Kristin North, Kathryn Given, Leigh Tanner und Mariana Suchodolski.

Die Ausstellungsplanung schritt größtenteils dank der Unterstützung von Jennifer Cohen, Assistant Director of Exhibition Planning and Administration, voran, die mit Jessica Cash und Rachel Kim die komplizierten logistischen und finanzielle Details mit beispielhafter Präzision und Diplomatie unter Kontrolle hatten. Meine hohe Anerkennung gilt auch Erik Patton, Associate Director of Exhibition Planning and Administration, und Maria de Marco Beardsley, ehemalige Ausstellungskoordinatorin, für ihre Beratung und Übersicht. Registrar Susan Palamara koordinierte den

Leihverkehr und den Transport, eine komplexe Aufgabe, die sie mit beneidenswerter Ruhe und Effizienz bewältigte. David Hollely, Associate Director des Department of Exhibition Design and Production, war ein inspirierter Partner beim Planen und Installieren der Ausstellung. Das handwerkliche Können und der besondere Einsatz von Peter Perez, Leiter der museumseigenen Rahmenwerkstatt, zeigt sich in seinen Lösungen für die in der Ausstellung benötigten Rahmen. Mein Dank gilt auch seinem ausgezeichneten Team, das ihm bei der Anfertigung von Passepartouts und Rahmen zur Seite stand. Für die Ausstellungsgrafik danke ich Greg Hathaway, Tony Lee, Ingrid Chou und Claire Corey von der Grafikabteilung des Museums. Mit Rob Jung und Sarah Wood leitete Joe Militello unser großartiges Hängeteam, die die Schau gemeinsam mit mir installierten. Meinen Kollegen der Restaurierungswerkstatt gebührt besonderer Dank; ich bedanke mich nochmals herzlich bei Erika Mosier wie auch bei Jim Coddington, Lynda Zycherman, Karl Buchberg und Scott Gerson für ihre stets kollegiale Bereitschaft, mich bei Fragen zu Technik oder Restaurierung zu unterstützen. Besonders danke ich Lynda für ihren kompetenten Rat hinsichtlich der Analyse, Konservierung und Präsentation von Gauguins Skulpturen. Außerdem möchte ich mich bei Tunji Adeniji, Director of Facilities and Safety, und L. J. Hartman, Director of Security, sowie ihren Mitarbeitern dafür bedanken, dass sie die Sicherheit der Objekte während der Ausstellung gewährleisten.

Zahlreiche Personen in anderen Abteilungen des Museums haben ihre Zeit und ihr Fachwissen für diese Unternehmung zur Verfügung gestellt. Ich danke Todd Bishop, Lauren Stakias, Claire Huddleston und Anna Luisa Vallifuoco, die die nötige Finanzierung für die Ausstellung auf die Beine gestellt haben. Nancy Adelson im Office of the General Counsel leistete einen wertvollen Beitrag zu einigen Provenienz- und Rechtefragen. In der Kommunikationsabteilung danke ich Kim Mitchell, Margaret Doyle und Sara Beth Walsh. In der Pädagogikabteilung geht mein Dank an Pablo Helguera und Laura Beiles für die Organisation von Bildungsprogrammen in Verbindung mit der Ausstellung, und an Sara Bodinson und Stephanie Pau für ihre Mitarbeit am Audioguide, an den Beschriftungen und an für die Präsentation der Ausstellung und der Website wichtigen Materialien. In der Abteilung für digitale Medien danke ich Allegra Burnette, Maggie Lederer und David Hart für ihre ausgezeichnete Arbeit an der Website und den Animationen, welche die Ausstellung begleiten; Agnieszka Gasparska und Irwin Chen von Kiss Me I'm Polish haben sich beim Design der Website selbst übertroffen. In der Abteilung für Multimedia gilt mein Dank Aaron Harrow und Aaron Louis und ihrem Team für die Arbeit an den digitalen Komponenten der Ausstellung. Jerry Moxley, ehemaliger Leiter der Sammlungs- und Ausstellungstechnik, Kathryn Ryan und Ian Eckert waren sehr hilfreich bei der Verwendung der Ausstellungs- und Sammlungsdatenbank des Museums. Die Kollegen in der Museumsbibliothek, darunter Milan Hughston, Jennifer Tobias, David Senior und Lori Salmon, waren besonders hilfreich bei unseren vielen Nachfragen zu Quellenangaben. Diana Pulling, Personalleiterin, und Blair Dysenchuk, Direktionsassistentin, haben uns in vielen Fällen unterstützt, und ich danke ihnen herzlich dafür. Auch Jay Levenson, Leiter des internationalen Programms, gebührt ein großes Dankeschön für seinen guten Rat hinsichtlich vieler internationaler Leihgaben.

Diese Publikation entstand unter der Federführung der Publikationsabteilung des Museums. Ich danke Christopher Hudson, Leiter der Abteilung, und seinen Mitarbeiter Chul R. Kim für ihr Engagement und ihren Rat. Sehr dankbar bin ich auch David Frankel, Redaktionsleiter, für seinen klugen Rat und seine ruhige Hand und seiner Mitarbeiterin Emily Hall für die Leitung der redaktionellen Arbeit. Zu größtem Dank bin ich unserem Lektor Kyle Bentley verpflichtet, der die Texte durch seine geduldige, sorgfältige und gründliche

Aufmerksamkeit jedem Wort gegenüber verbessert und damit für umfassende Klarheit und Einheitlichkeit gesorgt hat. Herzlichen Dank auch an Matthew Pimm, Herstellungsleiter, der den Druck des Buches beaufsichtigt hat und sich besonders um die Qualität der Abbildungen gekümmert hat. Hannah Kim, Produktionskoordinatorin, und Genevieve Allison, zuständig für die Rechte, leisteten ebenfalls einen wertvollen Beitrag. Margaret Bauer hat mit viel Fantasie und Geduld einen Katalog gestaltet, der Gauguins Arbeiten wunderbar ergänzt, wofür ich äußerst dankbar bin. Auch danke ich Adrian Kitzinger, der die detaillierte Weltkarte mit den Orten, die Gauguin während seines rastlosen Lebens besuchte, anfertigte.

Erik Landsberg, Leiter des Bildarchivs, ist zusammen mit den Fotografen Robert Kastler, Peter Butler und John Wronn für die qualitätvollen Abbildungen der Werke in der Sammlung des MoMA verantwortlich, die auf diesen Seiten zu sehen sind. Roberto Rivera und Jennifer Sellars gebührt ebenfalls Dank, auch dafür, dass sie uns bei der Beschaffung der Bilder unterstützt haben.

Gauguins Werk ist so komplex und mannigfaltig, dass es unerlässlich war, in diesem Katalog unterschiedliche Stimmen zu Wort kommen zu lassen, um verschiedene bedeutende Themen anzusprechen, die sich mit dem einfallsreichen Zugang des Künstlers zu Druckgrafik und Durchdruckprozessen auseinandersetzen. Für ihre aufschlussreichen und erhellenden Essays danke ich besonders Elizabeth C. Childs, Institutsleiterin und Etta and Mark Steinberg Professor of Art History, Washington University, Saint Louis, Hal Foster, Townsend Martin '17 Professor of Art and Archaeology, Princeton University, und erneut Erika Mosier. Elizabeth Childs beschreibt auf prägnante Weise, was Gauguins Skulpturen besonders macht sowie deren zentrale Stellung in seiner breitgefächerten künstlerischen Praxis. Hal Foster analysiert die Natur von Gauguins Primitivismus so brillant wie provozierend. Erika Mosier erforscht sorgfältig Gauguins experimentelle Holzschnitte und Durchdruckzeichnungen in Öl und untersucht die ungewöhnlichen, komplizierten und oftmals vermischten Techniken, die zu ihrer Entstehung führten. Ein besonderer Dank gilt auch unserer externen Redakteurin, Belinda Thomson, deren Rückfragen und Anregungen besonders wertvoll waren.

Mein tiefempfundener Dank gebührt den Leihgebern, die so großzügig waren, ihre Arbeiten diesem Projekt zur Verfügung zu stellen. Besonders den privaten Sammlern, die sich von Arbeiten getrennt haben, die bei ihnen zu Hause einen wichtigen Platz einnehmen, möchte ich herzlich danken, aber auch all den Museen, die mit ihren Leihgaben sehr großzügig waren. Ich möchte vier Institutionen herausgreifen, die einen umfassenden Bestand an Arbeiten von Gauguin haben und ohne deren Kooperation dieses Unternehmen nicht möglich gewesen wäre: das Museum of Fine Arts, Boston, die National Gallery of Art, Washington, D.C., das Metropolitan Museum of Art, New York, und das Musée d'Orsay, Paris. Die Mitarbeiter dieser Institutionen haben unsere vielen Anfragen mit herausragender Freundlichkeit behandelt. Für ihre Unterstützung und ihr auf so viele Arten bewiesenes Entgegenkommen schulde ich folgenden Personen aufrichtigen Dank: Clifford Ackley, Stephanie Stepanek und Patrick Murphy in Boston, Andrew Robison, Jonathan Bober und Gregory D. Jecmen in Washington, George R. Goldner, Susan Alyson Stein, Cora Michael, Freyda Spira, Kit Smyth Basquin und Rachel Mustalish in New York sowie Guy Cogeval, Marie-Pierre Salé, Leila Jarbouai und Ophélie Ferlier in Paris.

In weiteren Museen und öffentlichen Institutionen danke ich folgenden Personen, die uns den Zugang zu ihren Schätzen ermöglichten oder unsere Fragen besonders hilfreich beantwortet haben: Valérie Sueur-Hermel von der Bibliothèque nationale de France, Paris, Jay A. Clarke und Laurel Garber vom Sterling and Francine Clark Art Institute,

Williamstown, Massachusetts, Douglas W. Druick, Martha Tedeschi, Suzanne Folds McCullagh, Mark Pascale, Harriet K. Stratis und Peter Kort Zegers vom Art Institute of Chicago, Carine Peltier-Caroff und Hélène Maigret-Philippe vom Musée du quai Branly, Paris, Dominique Morelon und Nathalie Muller von der Bibliothèque de l'Institut national d'histoire de l'art, Collections Jacques Doucet, Paris, Stephen Coppel und Philip Roe vom British Museum, London, Innis Howe Shoemaker, John Ittmann, Shelley Langdale, Nancy Ash und Nora S. Lambert vom Philadelphia Museum of Art, Jacqueline de Raad vom Rijksmuseum, Amsterdam, Nathalie Houzé vom Musée Maillol, Paris, Jane Glaubinger und Heather Lemonedes vom Cleveland Museum of Art, Elizabeth Wyckoff vom Saint Louis Art Museum, Jutta Schütt, Ruth Schmutzler und Martin Sonnabend vom Städel Museum, Frankfurt am Main, Cynthia Burlingham, Alexandra Bancroft und Leslie Cozzi vom Hammer Museum, Los Angeles, Aurélie Gavoille vom Musée Marmottan Monet, Paris, Katherine Blood und Rachel Waldron von der Library of Congress, Washington, D.C., Tobia Bezzola, ehemals am Kunsthaus Zürich, jetzt im Museum Folkwang, Essen, Guillermo Solana vom Museo Thyssen-Bornemisza, Madrid, Rachel McGarry vom Minneapolis Institute of Arts, Brenda Rix von der Art Gallery of Ontario, Toronto, Eva Bendova, Alena Volrabova und Petr Samal von der Národní Galerie, Prag, Calvin Brown vom Princeton University Art Museum, Zsuzsanna Gila und Melinda Erdőháti vom Szépművészeti Múzeum, Budapest, Hélène Oblin vom Musée départemental Stéphane Mallarmé, Vulaines-sur-Seine, Heather MacDonald und Tricia Taylor Dixon vom Dallas Museum of Art, Jeff Fleming vom Des Moines Art Center sowie Anita Beloubek-Hammer vom Kupferstichkabinett der Staatlichen Museen zu Berlin.

Im Laufe dieses Projektes haben wir aufgrund ihres Fachwissens auch zahlreiche weitere Personen um ihren Rat ersucht. Richard S. Field, dessen bahnbrechende Studie zu Gauguins Holzschnitten und Monotypien das Fundament bildet, auf dem alle weiteren Forschungen aufbauen müssen, beantwortete freundlicherweise diverse Anfragen, wofür ich sehr dankbar bin. Weitere Wissenschaftler, Kuratoren, Sammler, Galeristen, Experten und Forscher, denen unserer besonderer Dank für ihre Zeit und ihre Auskünfte gilt, sind: Alexandre d'Andoque, Lucy Attwood, Leslie Berdugo, Anisabelle Berès, Jean Bonna, Marie-Christine Bonola, Paloma Botín, Richard Brettell, David Breuer-Weil, Janet und Robert P. Briner, Elizabeth C. Childs, Miguel Angel Cortez, Jeremy Courtenay-Stamp, Evelyne Ferlay, Ben Frija, Joy Glass, Paul L. Herring, Diana Howard, Ay-Whang Hsia, Olimpia Isidori, Dimitry Jodidio, Richard Kelton, Eberhard W. Kornfeld, Paule Laudon, Denise LeFrak, Richard Lloyd, Carolina Martínez Pascual, Misa Matsuoka, William und Nadine McGuire, David Orentreich, Marc Rosen, Laura Solomon, Christine Stauffer, Nathalie Strasser, Patricia Tang, Isabelle Vazelle, Paul Yeou Chichong und Ruth Ziegler. Mein Dank gilt auch Verane Tasseau für die Recherchen in Paris. Ein besonderes Dankeschön geht zudem an Mary Bartow, Simon Shaw und Takako Nagasawa von Sotheby's für die Durchsicht der Checkliste für unseren Antrag zur U.S. Government Indemnity.

Ganz persönlich möchte ich mich bei meiner Familie bedanken, besonders bei Owen, Luther und Quentin Dugan, für ihre fortgesetzte Unterstützung und ihren Rückhalt. Zu guter Letzt schließe ich mich Glenn D. Lowrys Dank an Sue und Edgar Wachenheim III., Anna Marie und Robert F. Shapiro, Denise LeFrak, dem MoMA Annual Exhibition Fund und dem Riva Castleman Fund for Publications in the Department of Drawings and Prints für ihre großzügige Unterstützung dieses Projektes. Ihnen gilt mein aufrichtiger Dank.

STARR FIGURA
The Phyllis Ann and Walter Borten Associate Curator, Department of Drawings and Prints

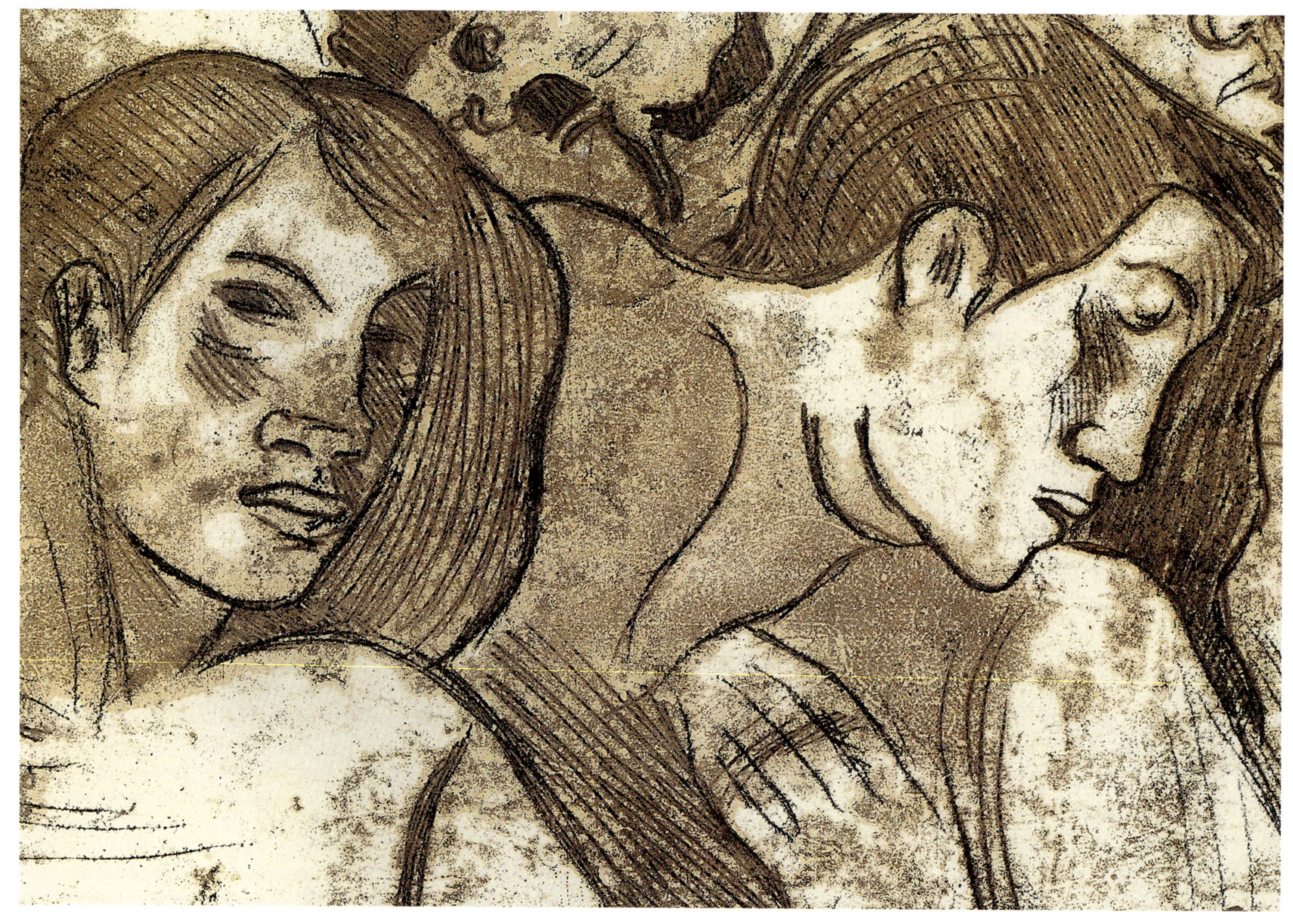

STARR FIGURA

Gauguins Metamorphosen – Wiederholung, Transformation und die Druckgrafik als Katalysator

Paul Gauguin (1848–1903) war als Künstler ständig bestrebt, innovativ zu sein und neue Felder für seine Kreativität zu finden. Mehr als jeder andere Künstler seiner Zeit bezog er seine Inspirationen aus dem Prozess des Arbeitens quer durch alle Medien. Obwohl er in erster Linie als Pionier in der Malerei der Moderne gefeiert wird, beschäftigte sich der Künstler in verschiedenen Abschnitten seiner Laufbahn auch mit Holzschnitzerei, Keramik, Lithografie, Holzschnitt, Monotypie, Zeichnung und Durchdruckzeichnung, aber auch mit dem Schreiben.[1] Diese unterschiedlichen Betätigungen entsprangen dem tiefgreifenden Interesse, sich in neuen Methoden und Materialien zu versuchen, oft mit dem Hintergedanken, dass der fantasievolle Einsatz von weniger vertrauten Medien oder der synthetische Umgang mit verschiedenen Kunstformen in originellen Werken resultieren könnte. Viele seiner Arbeiten stehen in Beziehung zu seinen früheren Gemälden und Skulpturen, da sein künstlerischer Prozess die Wiederholung und neue Kombination von Motiven einschloss und sich so über die Zeit und durch die Medien Metamorphosen bildeten.

Von all den von Gauguin verwendeten Medien war wohl die Druckgrafik der stärkste Katalysator in diesem Transformationsprozess. Da sie sich mit der Übertragung und Vervielfältigung von Bildern beschäftigt, bot sie ihm ein außerordentlich produktives Mittel, um mit den Methoden der Wiederholung, des Austausches und der Manipulation seiner Bildsprache zu experimentieren. Mit der Druckgrafik fand Gauguin heraus, dass die Unterschiede zwischen Malerei, Skulptur und Zeichnung überbrückt oder gar aufgelöst werden können. Betrachtet man die Entwicklung seiner Arbeit mit den Druckprozessen, dann rückt die experimentelle und hybride Natur seiner Praxis deutlich in den Vordergrund.

Gauguin gehörte nicht zu den produktivsten Künstlern, die am großen Aufschwung der Druckgrafik im Paris des ausgehenden 19. Jahrhunderts beteiligt waren. Wie wir jedoch sehen werden, lässt sich die Bedeutung des Mediums für sein Schaffen nicht in der Zahl individueller Kompositionen ausdrücken – von denen weniger als 80 Lithografien (oder Zinkografien), Radierungen und Holzschnitte bekannt sind[2] –, sondern eher darin, inwieweit er beim Drucken experimentierte, wobei er oftmals kleine »Editionen« einzelner Fassungen schuf, die sich zu hunderten verschiedenartiger Arbeiten subsummierten. Zudem schuf er mindestens 139 Aquarell-Monotypien, Gouache-Monotypien und Durchdruckzeichnungen in Öl, die alle im Wesentlichen Hybride seiner Zeichnungen und Drucke sind.[3] Seine Arbeit an der Druckgrafik und an Durchdruckzeichnungen fand innerhalb einzelner, höchst aktiver Phasen zwischen 1889 und 1903, dem Jahr seines Todes, statt.

Zwei Marquesaner, um 1902 (Kat. 168), Detail

Diese ausgeprägten Intervalle trafen mit besonderen Momenten in seiner Karriere zusammen, so zum Beispiel, wenn er gerade einen größeren Werkkomplex an Gemälden oder Skulpturen vollendet hatte oder sich ansonsten an einer Wegkreuzung befand. Die Druckgrafik bot ihm oftmals einen entscheidenden kreativen Impetus, wenn es ihm schwer fiel zu malen. Auch seine drei großen Grafikserien – die *Suite Volpini*, 1889, *Noa Noa (Duftend)* und die *Suite Vollard*, 1898/99 – hatten innerhalb seines Œuvre die Funktion einer Zusammenfassung[4] und dienten als verdichtete visuelle Kompendien seiner wichtigsten Themen und Motive aus den früheren Gemälden und Skulpturen. Eine große Gruppe von Aquarell-Monotypien von 1894, eine kleine Anzahl von Aquarell- und Gouache-Monotypien, die wohl zwischen 1896 und 1902 entstanden, sowie eine umfassende Gruppe von Durchdruckzeichnungen in Öl von etwa 1899 bis 1903 dienten Gauguin oft als eher informelle, individuelle Betrachtungen zu früheren Themen oder – weniger häufig – als Hilfe bei der Findung einer neuen Bildsprache.

Gauguin als Autodidakt, der seine Karriere als Börsenmakler aufgegeben hatte, um sich der Kunst zu widmen, verachtete die traditionellen Lehrmethoden der Kunstakademien und griff ohne formelle Ausbildung begierig neue Materialien auf. Charismatisch, selbstgefällig und streitlustig trieb ihn die Überzeugung von seinem Genie und seiner Originalität an. Er fühlte sich von Adel, sowohl von Geburt – als Abkömmling einer aristokratischen Familie, die sich in Peru niedergelassen hatte – als auch durch Berufung, denn er hatte ein bequemes bürgerliches Leben hinter sich gelassen, um sich in den intellektuellen und kreativen Kreisen von Paris zu behaupten. Er verachtete Konventionen und das Festhalten an anerkannten Vorstellungen, nicht nur im Reich der Kunst, sondern auch der Religion und Sexualität, und verbrachte den Großteil seines Lebens als rastloser Wanderer. Als junger Mann trat er in die Marine ein und bereiste die Welt. Als Künstler lebte er für längere Zeit auf Martinique, in der Bretagne, in Arles und schließlich auf Tahiti und den Marquesas-Inseln, stets in der Hoffnung, Kontakt mit einer »primitiveren« oder »authentischeren« Realität zu bekommen. Gauguins Kunst und Ideen liefen der harten Wirklichkeit oft zuwider. Seine früheste Kindheit hatte er in Lima verbracht. Er führte diese Tatsache oft als Beweis dafür an, dass er – trotz seines verwöhnten und privilegierten Lebens in Peru – ein »Wilder« sei.[5] Und obwohl er die Korrumpierung durch die westliche Kultur verurteilte und Europa schließlich endgültig verließ, um im Südpazifik zu leben – wofür er seine Frau und seine fünf Kinder im Stich ließ –, hörte er doch nie auf, die Avantgarde in Paris zu hofieren. Er war sich zu jeder Zeit seines Bildes in der Öffentlichkeit bewusst und arbeitete beständig am Image des geheimnisvollen, individualistischen Avantgarde-Künstlers und Wilden.[6]

Wie die meisten Maler und Bildhauer der Moderne, die sich der Druckgrafik zuwandten, setzte auch Gauguin sie ein, um seine Gemälde zu vermarkten und diesen mehr Bekanntheit zu verschaffen. Durch Arbeiten auf Papier, die in vielfacher Ausführung existierten und auch weniger kostspielig waren als seine Gemälde, konnte er seine Motive und Ideen besser in Umlauf bringen. Wenn sich damit auch ein wenig Geld machen ließ, umso besser. Zudem war die Übertragung eines Gemäldes in eine Grafik ein stimulierender Prozess, da es unter ästhetischen Gesichtspunkten neu überdacht und konzipiert werden konnte. 1889 übernahm Gauguin für seine ersten Drucke, die Zinkografien der *Suite Volpini*, Motive aus den satten, farbenfrohen Gemälden, die er nach seinen Reisen in Frankreich und in die Karibik gefertigt hatte, und reduzierte diese auf das wesentliche Element der Linie. Mit wenigen Hintergrunddetails, einer geringeren Modellierung der Figuren und einer verflachten Perspektive präsentieren die Drucke die Sujets der Gemälde in stilisierter und abstrakterer Form. Solche formalen Anpassungen finden sich auch in den folgenden Druckgrafiken, aber darüber hinaus wurde jedoch sein Dialog mit den Druckprozessen und der konzeptuellen Bedeutung von Wiederholung und Transformation tiefer und inhaltsschwerer, angefangen mit der *Suite Noa Noa*. Erst mit diesen späteren Arbeiten, die im Südpazifik oder in Frankreich, aber mit Tahiti im Kopf, entstanden, wurden das Kopieren und Reproduzieren ein wesentlicher Bestandteil von Gauguins Praxis.

Beide Male, als der Künstler von Frankreich in Richtung Tahiti segelte, zuerst 1891, dann 1895, nahm er eine Truhe mit Fotografien und Reproduktionen von Kunstwerken und Artefakten, die er bewunderte, mit sowie Bücher und eigene Zeichnungen, Skizzenbücher und Manuskripte – eine mobile Referenzbibliothek, die er zum Zweck der Inspiration konsultierte. Als erster großer europäischer Künstler, der sich ernsthaft mit der Kunst nicht-westlicher (»primitiver«) Kulturen beschäftigte, besaß Gauguin Abbildungen von Kunstwerken aus Südamerika, Indien, Ägypten, China, Java

Abb. 1

Isidore van Kinsbergen, Reliefs aus dem Tempel von Borobudur, Java, mit den Darstellungen *Buddha trifft drei Mönche auf der Straße nach Benares* (obere Reihe) und *Die Ankunft von Maitrakanyaka in Nandana* (untere Reihe), 1874, Albuminabzug von einem Glasplattennegativ, 25,5 x 30 cm, Sammlung Fabrice Fourmanoir, Papeete, Tahiti

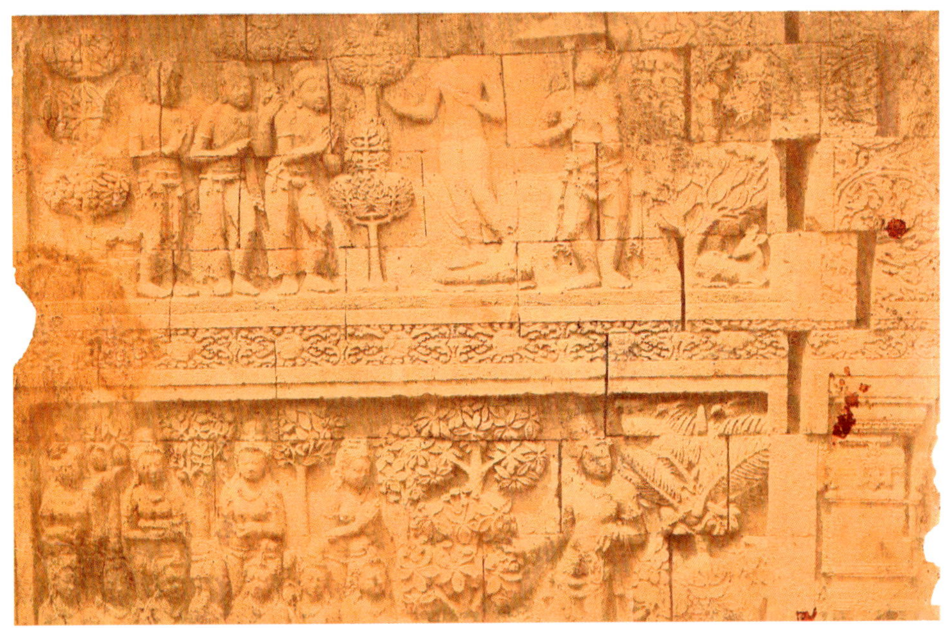

und Japan. Auch sammelte er Reproduktionen westlicher Meisterwerke, darunter den Parthenonfries und Gemälde von Lucas Cranach, Rembrandt, Édouard Manet, Edgar Degas und Odilon Redon, zudem ethnografische Fotografien und Postkarten mit »exotischen« Landschaften und Menschen.[7] Er erwähnte dieses Bildmaterial in einem Brief an Redon vom September 1890, etwa sechs Monate, bevor er sich auf seine erste Reise nach Tahiti begab: »Gauguin ist hier [in Frankreich] fertig, man wird nichts mehr von ihm sehen. Sie sehen, dass ich ein Egoist bin. Ich nehme Fotografien, Zeichnungen, eine ganze kleine Welt an Kameraden mit mir, die jeden Tag mit mir plaudern werden.«[8] Gauguins Zuneigung zu und Abhängigkeit von diesen Bildern aus zweiter Hand, die – wie er erkannte – zu einem Ersatz für den Kontakt mit anderen Künstlern und Freunden, aber auch für Besuche in europäischen Museen geworden waren, spricht für das Ausmaß, in dem sein Bewusstsein »durch Reproduktion gesättigt«[9] wurde.

Oft zog Gauguin eine dieser Reproduktionen als Quelle für ein Gemälde heran. Dieses konnte wiederum als Quelle für einen oder mehrere Drucke dienen oder gar für ein weiteres Gemälde. Eine dieser Fotografien, von der man weiß, dass er sie auf diese Weise einsetzte (Abb. 1), zeigt zwei Skulpturenfriese im buddhistischen Tempel von Borobudur auf der Insel Java: *Buddha trifft drei Mönche auf der Straße nach Benares* oben und *Die Ankunft von Maitrakanyaka in Nandana* unten.[10] Gauguin verwendete die Pose der Buddha-Figur in der Mitte des oberen Frieses und die Maitrakanyaka-Figur auf der rechten Seite des unteren Frieses für eine Reihe von weiblichen Figuren, darunter eine tahitianische Version von Eva, die er in einer Serie von Arbeiten mit dem Titel *Nave nave fenua (Herrliches Land)* (Kat. 50, 52–58, 60) in verschiedenen Medien darstellte.[11] Auch zwei der drei Figuren von der linken Seite des oberen Frieses machte er sich zu eigen, änderte ihr Geschlecht von männlich zu weiblich und setzte sie als Basis für die Betenden ein, die in einem seiner ersten großen tahitianischen Gemälde, *Ia orana Maria (Gegrüßet seist du, Maria)*, 1891 (Abb. 2), einer tahitianischen Jungfrau mit Kind huldigen. In der Folge wandelte er die Jungfrau mit dem Kind in eine Zinkografie und mindestens zwei Monotypien um (Kat. 114–116). Auch in einigen späteren Arbeiten finden sich Figuren, die auf dem Borobudur-Fries basieren, darunter die Gemälde *Faa iheihe (Vorbereitungen zum Fest)*, 1898 (Kat. 117), und der Holzschnitt *Changement de résidence (Wohnungswechsel)*, 1899 (Kat. 136).

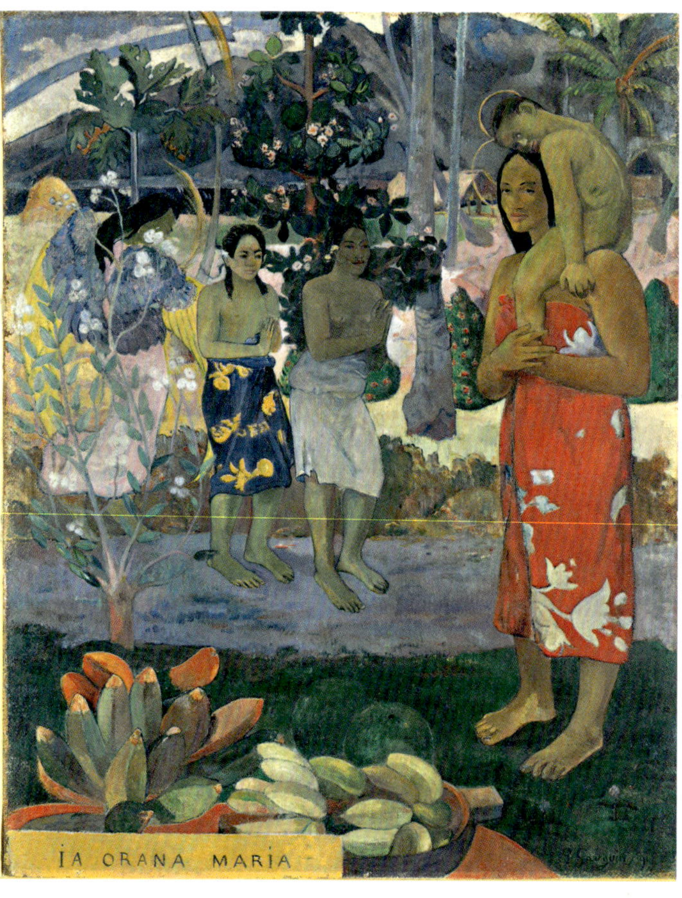

Abb. 2

Ia orana Maria (Gegrüßet seist du, Maria), 1891, Öl auf Leinwand, 113,7 x 87,6 cm, Metropolitan Museum of Art, New York, Nachlass Sam A. Lewisohn

Durch die Aneignung gefundener Themen und ihre subtile Anpassung, wie die Umwandlung der männlichen Borobudur-Figuren in weibliche und die Einkleidung der Körper in tahitianische Pareos oder in klassische Stoffe, transformierte Gauguin die Kreationen anderer Künstler in seine eigene. Mittels Brechung der Motive durch verschiedene Bilder, manchmal in unterschiedlichen Medien, und die Kombination mit anderen Motiven übersetze er sie oft wieder in neue Formen, die weit vom Original entfernt waren und die er für sich stärker in Besitz nahm, indem er ihnen von Mal zu Mal neue Bedeutung und Resonanz verlieh. Reproduktion war also ein wesentlicher Bestandteil seiner Arbeitsweise, zunächst, um externe Quellen zu finden, die er wiederverwenden konnte, dann als beständige Produktionsmethode in seiner eigenen Praxis.[12] Gauguins Wiederholungen können mit dem Aufsagen verglichen werden, das das Zentrum jedes Lernens bildet, und tatsächlich war es für ihn eine Methode, um die formalen Lektionen der Werke anderer Künstler aufzusaugen, sodass sie ihm zur zweiten Natur wurden.[13] Seine Kopien sind keine getreuen Reproduktionen, sondern übersetzte Versionen. Wie Richard Brettell erklärte, lässt das Wanderleben des Künstlers und seine Erfahrungen in vielen Anlaufstationen, wo verschiedene Sprachen gesprochen wurden, darauf schließen, dass er sich der »transformativen Kraft« des Übersetzungsaktes – ob verbal oder visuell – wahrscheinlich durchaus bewusst war.[14] Sein Wunsch nach Aneignung und Umwandlung spiegelte sich auch in seinem Leben wider, da er bestrebt war, sich von einem kultivierten Europäer in einen primitiven Anderen zu verwandeln. Voller Selbstironie beschrieb Gauguin dieses Streben nach visuellen Metamorphose: »Er klatscht eine Zeichnung ab, dann klatscht er den Abklatsch ab und so fort, bis er, wie der Vogel Strauß den Kopf im Sand, findet, daß es nicht mehr ähnlich ist und dann – signiert er.«[15]

In diesem Prozess des Kopierens und Übersetzens verschmolz Gauguin häufig scheinbar unzusammenhängende Inhalte, oft christliche Archetypen und Verweise auf indigene polynesische Kulturen, wie in *Ia orana Maria* und *Nave nave fenua* deutlich wird. Solche Kombinationen sind entscheidend für das Verständnis von Gauguins Kunst, die viel von ihrer Kraft aus der geheimnisvollen, oft paradoxen Natur von Dualitäten bezieht. Zudem setzt er oftmals hybride Techniken ein, um seinen hybriden Inhalt herzustellen. In den Holzschnitten brachte er zum Beispiel die rohe Schnitzerei, die er erstmals in seinen Holzskulpturen und -reliefs angewandt hatte, mit einem Farbauftrag zusammen, der an Malerei denken lässt. In seinen Monotypien kombiniert er Aquarellmalerei mit Durchdruck- oder Umdruckprozessen, und in seinen Durchdruckzeichnungen verband er eine fast malerische Behandlung von auf Öl basierender Farbe mit dem linearen Stil der Zeichnung. Wenn wir diese außerordentlichen Arbeiten auf Papier betrachten, dann tritt das Thema des Prozesses in den Vordergrund, da wir uns zwangsläufig fragen, wie sie hergestellt wurden, und uns über Gauguins ungewöhnliche Herangehensweise wundern. Die Technik ist ein wesentlicher Aspekt in Gauguins Arbeiten, besonders jedoch in seinen Drucken, Monotypien und Durchdruckzeichnungen.

• *Suite Volpini*, 1889 •

Wie bereits erwähnt, schuf Gauguin 1889 seine ersten Druckgrafiken, die Zinkografien der *Suite Volpini*.[16] Zu diesem Zeitpunkt war er 41 Jahr alt und hatte gerade erste künstlerische Reife erreicht. Er war in den 1870er-Jahren Künstler geworden, als der Impressionismus dominierte. Im folgenden Jahrzehnt stellte er mit den Impressionisten zusammen aus. 1887 wandte er sich jedoch von deren Malweise, der Hervorhebung der Lichteffekte auf Objekte, ab und begann sich an dem gerade entstehenden Stil des Symbolismus zu orientieren, der innere Empfindungen und versteckte Evokationen über äußerliche Erscheinungen und tatsächliche Elemente stellte. Anstatt »plein air« zu arbeiten, um Szenen vor dem Motiv direkt auf die Leinwand zu bringen, bezog sich Gauguin auf Skizzen und Naturstudien, aber auch auf andere Quellen, wie die Werke Alter Meister, und setzte dann seine Vorstellungskraft ein, um dies alles zu neuen Bildern zusammenzufügen. Den Großteil des Jahres 1888 arbeitete er im bretonischen Dorf Pont-Aven – darunter auch ein paar produktive Monate an der Seite des Malers Émile Bernard –, wo er einen neuen Malstil entwickelte, am deutlichsten zu sehen in dem Gemälde *La Vision du sermon (Die Vision nach der Predigt)*, 1888 (S. 54, Abb. 4), das sich durch klar begrenzte Bereiche unmodulierter Farbe auszeichnet und indirekt mit einem persönlichen und spirituellen Symbolismus aufgeladen ist.

An diesem bedeutenden Wendepunkt wurde Gauguin von seinem neuen Galeristen Theo van Gogh, dem Bruder von Vincent, dazu ermutigt, eine Serie von Lithografien anzufertigen. Der Kunsthändler suchte nach einem Weg, um die radikale Richtung der aufstrebenden Künstler, die er vertrat, zu bewerben, und Paris liebte die Druckgrafik. Gauguin, der stets nach Bestätigung strebte, versuchte sich gern an der Lithografie, die sich künstlerisch in einem Aufwärtstrend befand und endlich den kommerziellen Beigeschmack hinter sich gelassen hatte, der ihr seit ihrer Erfindung Anfang des 19. Jahrhunderts angehaftet hatte. Wohl im Januar 1889 schrieb er an Vincent van Gogh: »Ich habe mit einer Serie von Lithografien begonnen, die veröffentlicht werden sollen, um mich bekannt zu machen.«[17]

Diese Serie wurde als *Suite Volpini* bekannt, da sie auf Anfrage in einer von Gauguin, Bernard und anderen ihres Kreises organisierten Ausstellung im Café Volpini, das sich in der Nähe des Geländes der *Exposition universelle* von 1889 befand, angesehen werden konnte. Obwohl die Restauration nach dem Besitzer als Café Volpini bekannt war, hieß es doch eigentlich Café des Arts. Die Künstler veranstalteten diese Ausstellung, da sie von der *Exposition universelle* ausgeschlossen worden waren.[18]

Obwohl die Drucke seine ersten Versuche in einem neuen Medium waren, traf Gauguin einige recht gewagte, provozierende und unorthodoxe Entscheidungen. Er zeichnete seine Kompositionen nicht auf in der Lithografie sonst üblichen Kalksteinplatten, sondern auf Zinkplatten, die damals eher zu kommerziellen Zwecken eingesetzt wurden. Doch bereits Bernard hatte sie für seine Lithografien verwendet. Gauguin ließ seine Arbeiten auch auf großen Bögen leuchtend gelben Papiers drucken – meistens in Schwarz, eine auch in Braun –, die normalerweise Gebrauchsgrafiker für Plakate benutzten.[19] Um das gedruckte Bild herum ließ er einen ungewöhnlich breiten Rand stehen, sodass das fast grelle Gelb des Papiers dominiert. Diese einfache Methode, leuchtende Farben in monochrome Kompositionen zu integrieren, nahm seine weitaus kunstvolleren Experimente mit Farbdrucken in späteren Serien vorweg.

Acht der elf *Volpini*-Kompositionen sind Neuinterpretationen von Gemälden und Keramiken, die von Gauguins kürzlichen Reisen nach Pont-Aven, Arles und Martinique inspiriert waren, während die drei anderen eigenständige Darstellungen sind. Die Keramiken waren Teil einer erweiterten Reihe kleinerer Arbeiten, die Gauguin zwischen 1886 und 1888 im Atelier des Keramikers Ernest Chaplet geschaffen hatte.[20] Bei den experimentellen Keramikstücken, von denen er vermutlich 100 anfertigte, aber von denen nur an die 60 dokumentiert sind, stellte sich Gauguin wiederum mit Eifer einem ihm unbekannten Medium.[21] Er hoffte zunächst, dass seine Keramiken sich als lukrativ erweisen würden, nach einigen Monaten stellte sich jedoch heraus, dass sein unkonventioneller Ansatz kommerziell keinen Erfolg brachte. Da hatte er sich jedoch schon völlig dem Prozess hingegeben. Er versuchte nichts weniger, als das Medium neu zu erfinden. Wie er später schrieb: »Mein Ziel war es, die ewige griechische Vase zu transformieren, [...] den Töpfer an seiner Scheibe zu ersetzen durch intelligente Hände, die einer Vase das Leben eines Gesichtes verleihen und dennoch dem Charakter des verwendeten Materials treu bleiben könnten.«[22]

Gauguin ließ keramische Konventionen, denen vorzugsweise symmetrische, zylindrische und auf Töpferscheiben gedrehte Vasen entsprachen, außer Acht und behandelte den Ton wie ein Material der Bildhauerei, knetete ihn mit seinen Händen, um daraus ungewöhnliche und bisweilen fantastische Figuren zu formen. Bei vielen seiner Keramiken setzte er Motive aus seinen Gemälden um, einige basierten auf seinen Zeichnungen, andere waren neue Erfindungen. Diese Objekte, die er als Produkte seiner »hautes folies«[23] bezeichnete, waren zum Teil von präkolumbianischen Töpferarbeiten, besonders jenen aus Peru, inspiriert.[24] Gauguins skulpturale Kreativität zeigt sich unter anderem in seiner überspitzten, wie Schmetterlingsflügel aussehenden Version des traditionellen bretonischen Kopfschmuckes im *Gefäß in Form des Kopfes eines bretonischen Mädchens*, 1886/87 (Kat. 13). Traditionelle Bekleidung findet sich auch in einer *Vase mit bretonischen Szenen*, 1886/87 (Kat. 11), deren Figurendarstellungen auf einem zeitgleichen Gemälde Gauguins beruhen.[25] In diesem Fall verleiht der gefühlvolle Einsatz von Glasur dem Werk jedoch einen malerischen Aspekt.[26] Die Ökonomie dieser frühen Keramiken zusammen mit kompositorischen Erwägungen, die sich aus technischen Überlegungen zum Medium ergaben – wie eingeritzte Umrisslinien, um ein Vermischen der Farben während des Brennvorgangs zu verhindern –, brachten Gauguin rasch zur Vereinfachung seiner Motive und zu einem stilisierteren Ansatz in seiner Malerei, wie in *Der Reigen der kleinen Bretoninnen, Pont-Aven*, 1888 (Kat. 8) deutlich wird. In den verwandten Zinkografien der *Suite Volpini* (Kat. 9) vereinfachte und abstrahierte er die Figuren sogar noch weiter und übersetzte diese in reine schwarze Linien und Lavierungen. Mit solchen Arbeiten schob Gauguin die Motive zwischen zwei und drei Dimensionen hin und her, beschnitt sie immer wieder oder überarbeitete sie, sodass sie die Aufmerksamkeit des Betrachters aufs Neue erregten. In diesen Beispielen werden die einzelnen Arbeiten zu Akteuren in einer größeren Geschichte über Gauguins beständige Faszination von einem Sujet und darüber, wie er dieser Faszination durch eine Reihe verblüffender Methoden Ausdruck verlieh.

• *Suite Noa Noa*, 1893/94 •

Trotz ihrer kühnen und ungewöhnlichen Aspekte bewegen sich die Zinkografien der *Suite Volpini* im Bereich konventioneller Druckgrafik, in der Hinsicht, dass sie in einer Auflage von etwa 30 Exemplaren und von einem etablierten Drucker,[27] der die Einheitlichkeit aller Abzüge der Auflage gewährleistete, hergestellt wurden. Obwohl Gauguin noch einige weitere Zinkografien und eine Lithografie fertigte (Kat. 70, 114), waren beide doch keine Medien, die er weiter zu erforschen gedachte, wozu er, nachdem er 1895 permanent in den Südpazifik übergesiedelt war, ohnehin keine Möglichkeit mehr gehabt hätte. 1891 schuf er eine Radierung, das Porträt des großen symbolistischen Poeten Stéphane Mallarmé (Abb. 3), seines Freundes und Unterstützers, über dessen Kopf er als Huldigung an dessen französische Übersetzung von Edgar Allen Poes Gedicht *The Raven* einen Raben schweben ließ. Doch war es der Holzschnitt, mit dem er sich immer wieder beschäftigte. Er griff das Medium 1893 auf und läutete damit für sich ein Jahrzehnt ungehemmten Experimentierens in der Druckgrafik und beim Durchdruck- und Umdruckprozess ein.

Gauguins erste Holzschnitte waren die zehn Grafiken der einzigartigen *Suite Noa Noa* (Abb. 4), in der er das Medium im Wesentlichen neu erfand und es in die Moderne überführte.[28] Der Künstler begann mit den Holzschnitten Ende 1893, vier Jahre nachdem er die *Suite Volpini* fertig gestellt hatte. Seitdem war vieles geschehen. Ende August 1893 war Gauguin nach zwei Jahren in Tahiti – sein erster Aufenthalt dort – nach Paris zurückgekehrt. Er war enttäuscht, dass die Insel sich schon weit von dem unberührten Garten Eden, den er sich erträumt hatte, entfernt hatte. Jedoch war er begierig darauf, Interesse für die Gemälde und Skulpturen mit tahitianischen Themen, die er mitgebracht hatte, zu wecken. Er meldete erneut seinen Anspruch auf eine Führungsposition innerhalb der Avantgarde an. Aufgrund einer kurz zuvor gemachten Erbschaft konnte er in der Galerie des Kunsthändlers Paul Durand-Ruel im November 1893 einen Raum mieten, um seine tahitianischen Werke auszustellen. Nebenbei begann er mit der Arbeit an einem Text, der in fantasievollen, symbolistischen Begriffen seine tahitianischen Erfahrungen wiedergeben und die Bedeutung der Gemälde und Skulpturen, die er dort geschaffen hatte und in denen er ein idealisiertes Bild von präkolonialem Leben und von der Kultur auf Tahiti entwarf, hervorheben sollte. Die Ausstellung bei Durand-Ruel war kein Erfolg und bekam nur wenig positive Kritik. Lediglich 11 der 50 Gemälde wurden verkauft, was sowohl Gauguins Ruf schadete als auch die Preise seiner Werke auf dem Kunstmarkt fallen ließen.[29]

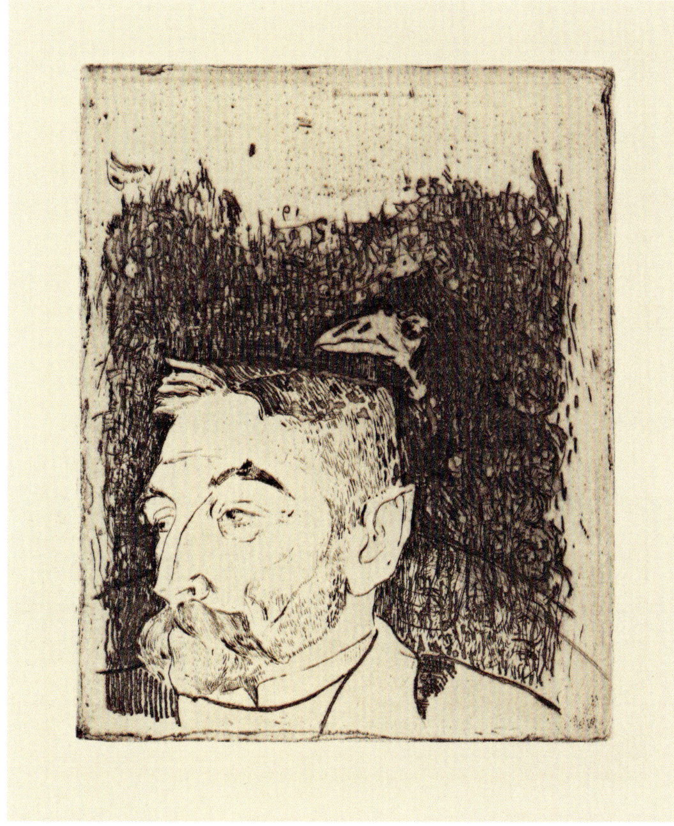

Abb. 3
Porträt Stéphane Mallarmé, 1891,
Radierung und Kaltnadel, Platte 18,3 x 14,4 cm,
The Museum of Modern Art, New York,
anonyme Schenkung

Um dieses katastrophale Ergebnis abzuschwächen, versuchte er mit dem Text, den er nicht rechtzeitig zur Ausstellung hatte fertigstellen können, sein tahitianisches Projekt zu erklären und damit seine Arbeiten dem Pariser Publikum näherzubringen. Dieser Text sollte mit zehn Holzschnitten illustriert werden, die Sujets aus den wichtigsten auf Tahiti geschaffenen Gemälden und Skulpturen aufgriffen und diese in eine »primitivere« visuelle Sprache übersetzten. Gauguin holte sich die Unterstützung des Dichters, Kritikers und Symbolisten Charles Morice, der den Text ergänzte und redigierte. Obwohl sie einige Jahre an der Publikation arbeiteten, wurde sie jedoch nie so veröffentlicht wie ursprünglich geplant.[30] Der Titel sollte *Noa Noa* lauten, was so viel bedeutet wie »angenehmer Duft«.[31] Die Holzschnitte wurden allerdings fertig. Gauguin war von Dezember 1893 bis März 1894 damit beschäftigt. Die meisten der *Noa Noa*-Holzschnitte beziehen sich direkt auf Gemälde, auch wenn die ursprünglichen Kompositionen im Wesentlichen umgearbeitet wurden. Wie bei den *Volpini*-Blättern wurden die Themen für die gedruckte Fassung beschnitten oder neu zusammengesetzt, kompositionelle Elemente wurden hinzugefügt, weggelassen oder verschoben. Zusammen betrachtet berichten die zehn Holzschnitte von einem großen Lebenszyklus, der den Anbeginn der Dinge, alltägliches Leben, Liebe, Angst, Religion und Tod umfasst. Zahlreiche Kunstwissenschaftler haben

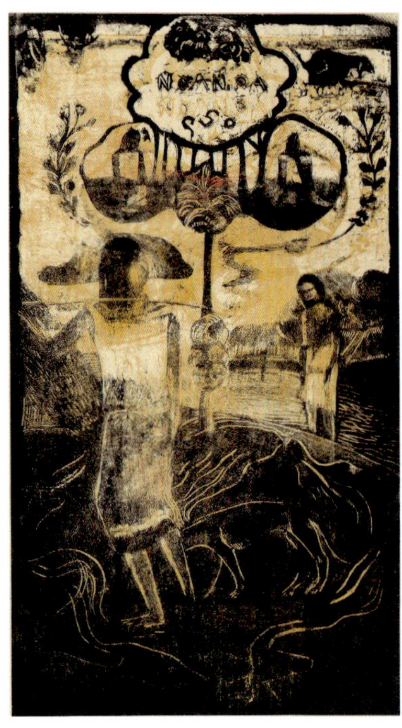
NOA NOA

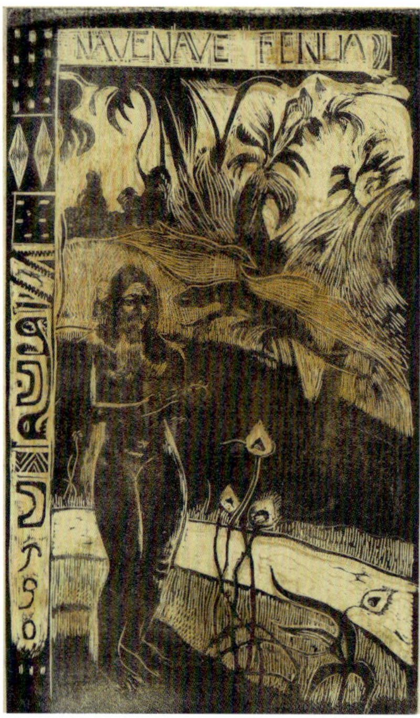
NAVENAVE FENUA

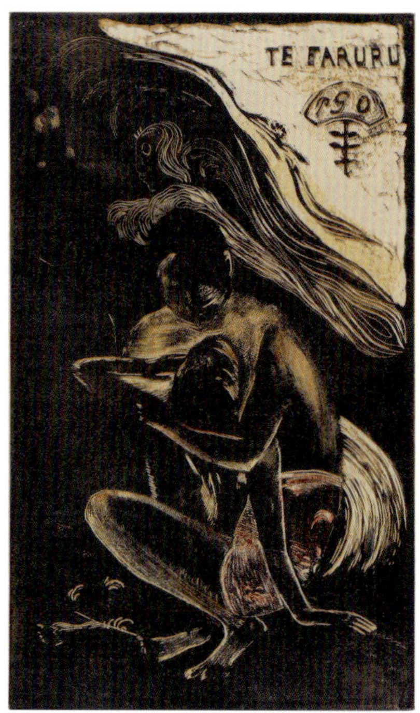
TE FARURU

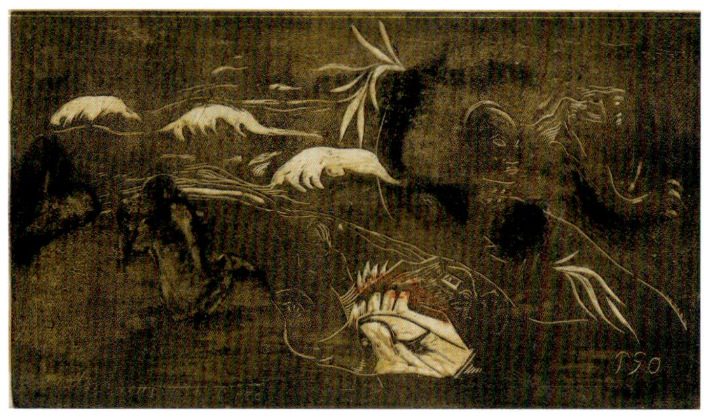

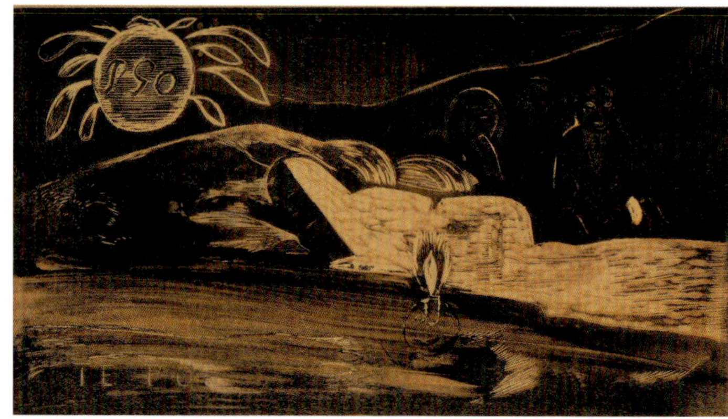

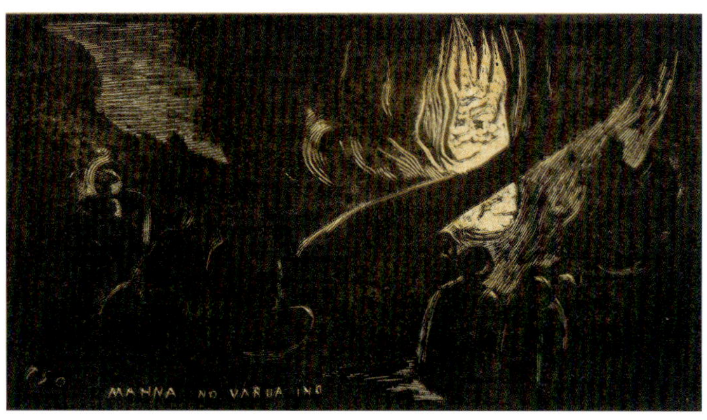
MAHNA NO VARUA INO

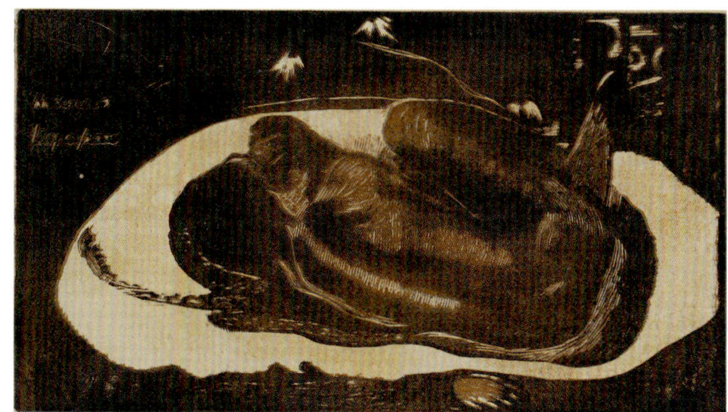

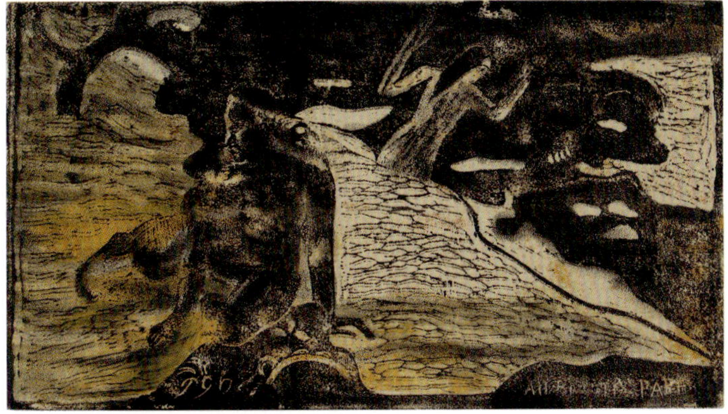

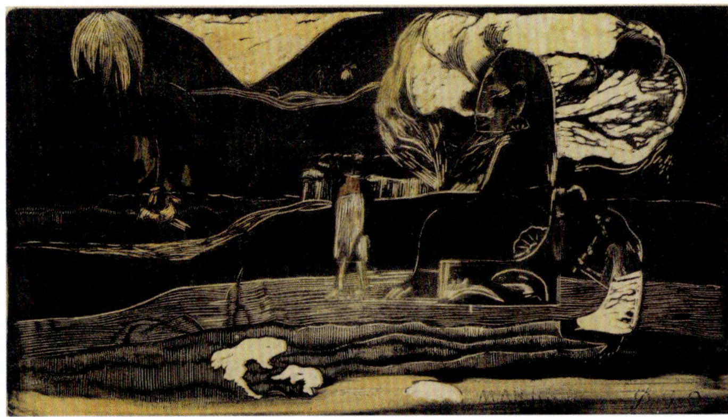

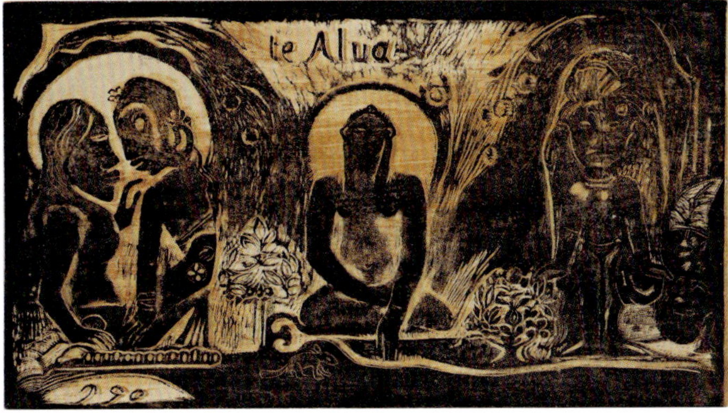

Abb. 4
Abzüge der zehn Holzschnitte der Suite *Noa Noa (Duftend)*, 1893/94
Gegenüberliegende Seite im Uhrzeigersinn von links oben: *Noa Noa* (Kat. 25), *Nave nave fenua (Herrliches Land)* (Kat. 57), *Te faruru (Liebesakt)* (Kat. 38), *Te po (Die Nacht)* (Kat. 68), *Manao tupapau (Sie denkt an den Geist / Der Geist denkt an sie)* (Kat. 74), *Mahna no varua ino (Der Tag des bösen Geistes)* (Kat. 43), *L'Univers est créé (Das Weltall wird erschaffen)* (Kat. 47). Diese Seite von oben nach unten: *Auti te pape (Frauen am Wasser)* (Kat. 31), *Maruru (Befriedigt)* (Kat. 92), *Te atua (Die Götter)* (Kat. 86)

unterschiedliche Anordnungen der Blätter vorgeschlagen, um eine narrative Abfolge zusammenzustellen, es ist jedoch nicht klar, ob der Künstler selbst eine Ordnung im Sinn hatte.[32]

Wie oft angemerkt wird, wählte Gauguin das Medium Holzschnitt vermutlich wegen seiner historischen Verbindung zur Buchillustration sowie seines Einsatzes in der »primitiven« Druckherstellung durch mittelalterliche Kunsthandwerker und wegen seiner populären Rolle in der japanischen Kultur sowie in der französischen Volkskunsttradition. Noch wichtiger: Der Holzschnitt kann als natürliche Erweiterung von Gauguins Vorliebe für das Schnitzen von Holzreliefs und -skulpturen betrachtet werden. Erstmals hatte er 1880 solche Arbeiten angefertigt. 1890, als er von der »Entspannung beim Herstellen von Holzschnitzereien und Stillleben«[33] schrieb, war das Schnitzen bereits zu mehr als einem bloßen Zeitvertreib geworden und diente ihm als grundlegendes Mittel bei der Ausbildung einer neuen primitiven Ästhetik. Seine Ambitionen in dem Medium kündigten sich in dem großformatigen bemalten Holzrelief *Soyez amoureuses vous serez heureuses (Liebt, ihr werdet glücklich sein)* (Kat. 135) und *Soyez mystérieuses (Seid geheimnisvoll)* (Kat. 32) an, 1889 beziehungsweise 1890 in Pont-Aven geschaffen. Diesen folgten die totemähnlichen »ti'ii«-Skulpturen, die er 1892/93 auf Tahiti anfertigte (Kat. 20, 80, 81, 84, 85) und für ihre »zutiefst primitiven« (»ultra-sauvage«) Qualitäten rühmte.[34]

Wie Richard S. Field feststellte, scheint Gauguin gleichzeitig an den zehn Druckstöcken für *Noa Noa* gearbeitet zu haben, in Phasen, die viele unorthodoxe Experimente beim Schnitzen, Einfärben und Druck umfassten.[35] Er unterzog jeden Druck verschiedenen Stadien und fertigte von jedem Zustand Abzüge.[36] Anstatt in die Druckstöcke lesbare, detaillierte Illustrationen einzuschneiden, wie es der üblichen Vorgehensweise entsprochen hätte, setzte er traditionelle und weniger traditionelle Werkzeuge ein, um die Platte wie seine Holzskulpturen auszumeißeln. Danach ritzte er mit einem Messer, einer Nadel oder Sandpapier feine Linien, die den Drucken Detailreichtum und Tonalität verleihen, und am Schluss nahm er ein Hohleisen, um den Kompositionen größere Klarheit zu geben.[37] Somit kombinierte der Künstler die gröbere Meißeltechnik der Bildhauerei und des Holzschnittes – einem Medium, dessen Blüte in der Renaissance lag, in Gauguins Zeit jedoch als überholt galt – mit jener des Holzstiches, einer Technik, die unter den Illustratoren von Büchern und Zeitschriften verbreiteter war

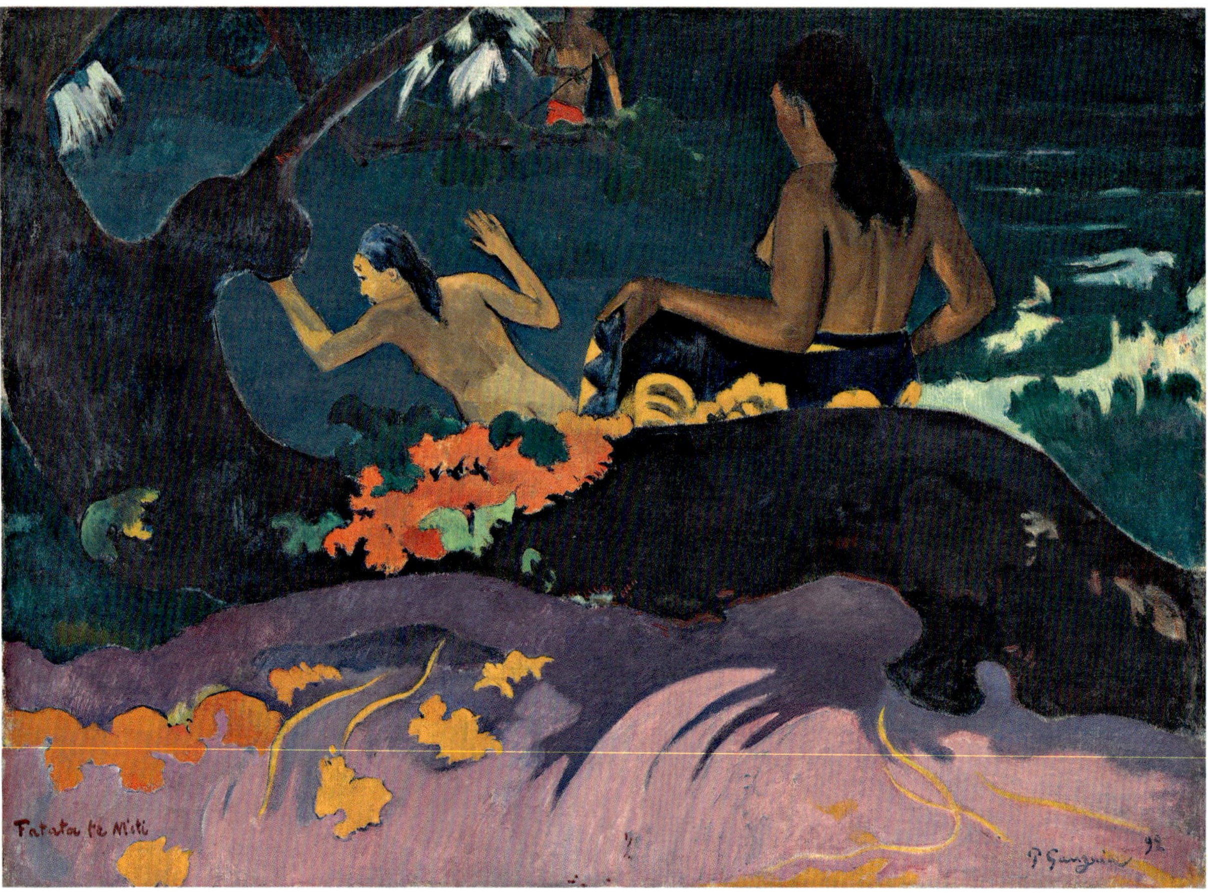

als unter den bildenden Künstlern. Einerseits ließen sich Gauguins Schnitzereien mit Techniken vergleichen, die er auch in skulpturalen Reliefs wie *Soyez mystérieuses* angewandt hatte, gleichzeitig findet die Kombination breiter, grob definierter Bereiche mit inneren detaillierteren Formen manch eine Parallele in Gauguins Malerei, in der dekorative Flächen mit malerisch aufgetragener Farbe durchsetzt sind, wie in *Fatata te miti (Am Meer)*, 1892 (Abb. 5).

Doch nicht nur beim Schnitzen, auch beim Einfärben und Drucken handelte Gauguin den Konventionen zuwider. Nachdem er Probeabzüge in einer einzelnen Farbe – für gewöhnlich schwarz und manchmal auf rosafarbenem Papier – von seinen Druckstöcken genommen hatte, experimentierte er mit einer Reihe ungewöhnlicher und oftmals destabilisierender Effekte bei der Einfärbung und beim Druck jedes Abzuges, sodass keine zwei Drucke vom selben Druckstock genau gleich sind und seine ohnehin schon esoterischen Themen umso geheimnisvoller wirken.

Offenbar nicht imstande, selbst eine Standardedition zu produzieren, bat Gauguin schließlich den befreundeten Maler Louis Roy, der ihm erst kurz zuvor für ein Porträt gesessen hatte (Abb. 6), eine Edition von 25 bis 30 Abzügen von jedem Druckstock herzustellen. Die Subtilität von Gauguins Methode ist besonders bemerkenswert, vergleicht man die Blätter, die er selbst abgezogen hat, mit denen von Roy, der die Kompositionen auf traditionellere Weise druckte, indem er die Farben in einheitlich dichter und flacher Manier auftrug und den rhythmischen Mustern der Oberfläche mehr Priorität einräumte als der flüchtigen Atmosphäre.[38] Es wird angenommen, dass Gauguin mit dem Ergebnis nicht zufrieden war.

Die originellen *Noa Noa*-Holzschnitte mit ihrer außergewöhnlichen Verbindung von malerischen und skulpturalen Effekten fanden bei den Kritikern große Anerkennung, als Gauguin – unzufrieden mit der Durand-Ruel Ausstellung – im Dezember 1894 die Blätter in seinem Atelier in der Rue

Vercingétorix präsentierte. Zusätzlich zu seinen Gemälden und Skulpturen zeigte die Schau auch japanische Drucke, ethnografische Objekte und Reiseandenken. Auch verschiedene Versionen der *Noa Noa*-Grafiken hingen an den gelb leuchtenden Wände, zusätzliche Blätter wurden von Hand herumgereicht. Der Dichter und Kritiker Julien Leclercq schrieb: »Seine Holzschnitte, die sich des Stils seiner Reliefs bedienen, enthüllen eine sehr persönliche Harmonie zwischen Skulptur und Malerei [...]. Man stelle sich sehr flache Reliefs vor, reich in der Zeichnung, gedruckt mit dicker Farbe und, um die Monotonie von Schwarz und Weiß abzumildern, von einem schlichten Akzent in Rot oder Gelb durchbrochen.«[39] Wie Leclercq und andere Kritiker feststellten, war die Kühnheit von Gauguins Holzschnitttechnik beispiellos, sogar unter den Künstlern der Avantgarde, darunter Bernard, die Anteil hatten an der zu jener Zeit stattfindenden Wiederbelebung des Holzschnittes.[40]

Dank seiner Innovationen hatte Gauguin einen Weg gefunden, um das gemeinhin als langweilig geltende Medium des Holzschnittes mit einer sinnträchtigen Dualität zu durchdringen, die im Zentrum seiner symbolistischen Ästhetik stand. Seine Holzschnitte vermitteln zugleich Kühnheit und Subtilität, Abbild und Abstraktion, Realität und Traum. Er erforschte das expressive Potenzial des Mediums als völlig neues und unberührtes Territorium. Betrachtet man die Abfolge sich entwickelnder Stadien von *Nave nave fenua*, scheint es – während das Bild langsam aus dem Hintergrund hervortritt –, als beobachte man den Künstler beim Ausgraben eines verlorenen Relikts aus vergangener Zeit. Für den ersten Zustand auf rosafarbenem Papier (Kat. 53) hatte Gauguin den Druckstock noch nicht fertig bearbeitet. Er druckte die Komposition leicht und ungleichmäßig, sodass sie wirkt, als würde sie gerade erst ans Tageslicht treten. Im zweiten Zustand (Kat. 54) erscheint das Bild mehr oder weniger voll ausgeformt, ist jedoch noch in einen Mantel aus Schwarz gehüllt. Im dritten Zustand wurden bereits einige weitere Details extrahiert, und im vierten Zustand (Kat. 56, 57) scheint es, als ob Gauguin durch Hinzufügungen von Akzenten aus strahlendem Gold und Orange andeuten wolle, dass der Morgen endlich angebrochen sei und das Bild nun in seiner ganzen Pracht erstrahle. In dieser schrittweisen Metamorphose liegt die Sehnsucht, etwas lange Verstecktes oder Vergrabenes zurück ins Licht zu holen.

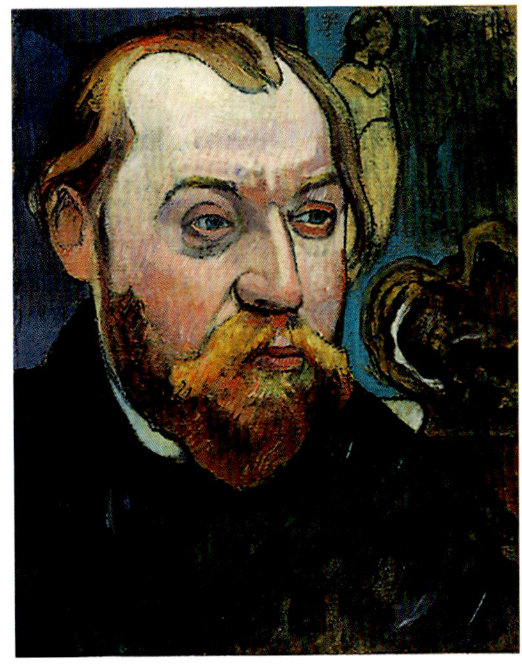

Abb. 5
Fatata te miti (Am Meer), 1892, Öl auf Leinwand, 67,9 x 91, 5 cm, National Gallery of Art, Washington, D.C., Sammlung Chester Dale

Abb. 6
Porträt Louis Roy, 1893 oder früher, Öl auf Leinwand, 40,7 x 33 cm, Privatsammlung, New York

Wie Alastair Wright provokativ anmerkte, lassen tatsächlich Gauguins obsessive Wiederholungen bei den von einem Zustand zum nächsten leicht veränderten Drucken auf gründliches Nachdenken über ein unhaltbares Ideal schließen, und darauf, dass er nur arbeitete, um seinen tahitianischen Traum vor dem Verschwinden zu bewahren.[41] Dass die *Noa Noa*-Holzschnitte Versionen von Tahiti-Gemälden sind, dass sie sich gewissermaßen einen Schritt von den Gemälden entfernen und eine zeitliche und geografische Distanz zu diesen herstellen, entspricht einer grundlegenderen Abkoppelung in seinen Arbeiten, die daraus entspringt, dass sein »einziges Mittel des Zugriffs auf ein seiner Ansicht nach entschwundenes Tahiti jenes der Bilder und Texte aus der Hand anderer Männer war«.[42] Seine unorthodoxen Methoden des Schnitzens, Einfärbens und Druckens ermöglichten es Gauguin, Werke zu produzieren, die dunkler, dichter, auf machtvollere Art »primitiv« und geheimnisvoll sind als die Gemälde, auf die sie zurückgehen. In vielen Arbeiten beschwört das durchdringende Schwarz eine nächtliche Welt voller Angst und Aberglauben. Gauguins finsterer Abdruck verstärkt das Gefühl unbekannter Gefahren. Das orange Licht, das manche der Abzüge ausstrahlen, deutet auf ein urtümliches Feuer hin, als ob Gauguin die schwelende Glut der tahitianischen Kultur bewahren wollte, ehe sie endgültig verlischt. Er schrieb dazu: »Der Traum, welcher mich nach Tahiti geführt, wurde durch die Tatsachen grausam verscheucht. Ich liebte das Tahiti von eh [...]. Aber wie die Spuren dieser Vergangenheit, wenn sie solche hinterlassen hat, allein entdecken? [...] Wie das Feuer wieder entzünden, von dem selbst die Asche zerstreut ist?«[43]

• Aquarell-Monotypien, 1894 •

Kurz nachdem er die *Noa Noa*-Holzschnitte geschaffen hatte – in einigen Fällen vielleicht auch zur gleichen Zeit –, fertigte Gauguin einige einzelne Holzschnitte und eine weitere Gruppe ungewöhnlicher Drucke – die Aquarell-Monotypien von 1894.[44] Wann und wie genau Gauguin diese Monotypien herstellte, ist nicht bekannt. Peter Kort Zegers ist jedoch der Ansicht, dass zumindest einige davon parallel zu den *Noa Noa*-Holzschnitten entstanden sein müssen,[45] andere erst, als er die *Suite Noa Noa* beendet hatte und Paris im Frühjahr 1894 in Richtung Bretagne verließ, als ein gebrochenes Bein, das Ergebnis einer Rauferei mit einer Gruppe von Seeleuten, ihn kurzzeitig vom Malen abhielt. Von den 34 erhaltenen Exemplaren[46] stehen einige in enger Verbindung zu den Gemälden, Skulpturen oder Holzschnitten, wohingegen andere eher als unabhängige Studien oder Skizzen gelten können. Obwohl er 1894 offenbar an dieser Gruppe von Monotypien gleichzeitig gearbeitet hatte, lässt sich keinerlei erzählerische Abfolge oder Struktur feststellen.

Monotypien verbinden Aspekte von Druckgrafik und von Zeichnung und werden für gewöhnlich hergestellt, indem man ein Bild mit öl- oder wasserbasierter Farbe auf ein Stück Metall, zum Beispiel einer Stichplatte, oder auf Glas aufträgt. Dann wird ein Blatt Papier daraufgelegt und entweder die Rückseite manuell angerieben oder Blatt und Matrize in einer Presse aufeinandergedrückt. Obwohl es einige beachtenswerte Vorbilder gab, kam die Technik erst im späten 19. Jahrhundert richtig zu Ehren, als Edgar Degas damit arbeitete.[47] Gauguin war zwar in vielerlei Hinsicht von Degas beeinflusst, es gibt jedoch keinen Hinweis darauf, dass er Degas' Monotypien gekannt hat, die dieser als private Studien behandelte. Gauguin scheint seine Technik der Monotypien selbst entwickelt zu haben.

Obwohl seine Methoden zur Herstellung dieser unkonventionellen Arbeiten nicht bekannt sind, nimmt man an, dass seine Experimente beim Einfärben und Drucken der *Noa Noa*-Holzschnitte ihn möglicherweise zu Versuchen mit der Umdrucktechnik geführt haben. Field ist der Ansicht, dass alle Aquarell-Monotypien im Wesentlichen Gegendrucke von seinen Aquarellen, Gouachen oder Pastellen sind – eine einfache Technik, die durch das Pressen eines feuchten Blattes Papier auf die Zeichnung ausgeführt wird.[48] Kürzlich fand Zegers Hinweise darauf, dass zumindest einige Monotypien dadurch entstanden sind, dass Gauguin eine Glasscheibe auf eine seiner bereits existierenden Zeichnungen oder Aquarelle legte, dann auf der Glasoberfläche mit Aquarellfarben oder Gouache malte mit dem darunter liegenden Bild als Vorlage. Schließlich nahm er einen Abzug auf befeuchtetem Papier.[49] Es ist auch möglich, dass der Künstler beide Methoden abwechselnd einsetzte.[50] Zu den wenigen erhaltenen Zeichnungen, die er auf eine der beschriebenen Arten verwendet haben könnte, gehört *Tahitianisches Mädchen mit einem rosafarbenen Pareo* (Kat. 111), das als Vorlage für zumindest drei bekannte Monotypien gedient hat; zwei davon sind hier abgebildet (Kat. 112, 113), eine dritte befindet sich im Art Institute of Chicago. Wie für alle Druckgrafik- und Durchdruckzeichnungstechniken von diesem Zeitpunkt an benötigte Gauguin auch für die Herstellung seiner Monotypien keine kompli-

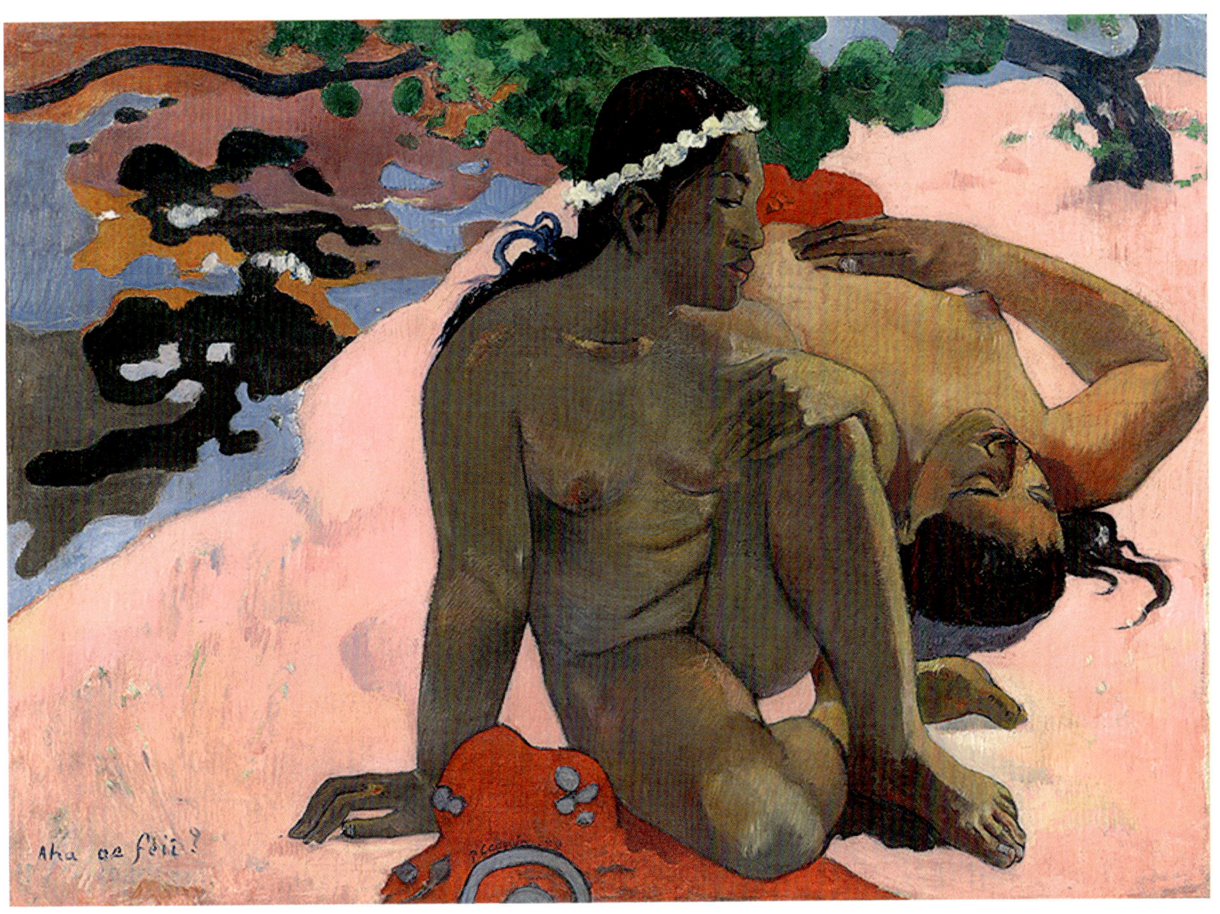

Abb. 7

Aha oe feii (Wie! Du bist eifersüchtig?), 1892,
Öl auf Leinwand, 66,2 x 89,3 cm,
Staatliches A. S. Puschkin-Museum
für bildende Künste, Moskau

zierte Ausrüstung wie eine Druckerpresse oder die Hilfe kompetenter Drucker oder Techniker. Dennoch scheint er nach 1894 nur selten Monotypien angefertigt zu haben, und zwischen 1896 und 1902 schuf er gerade einmal eine Handvoll (darunter Kat. 172, 174, 179, 185).[51]

Zegers glaubt nicht nur, dass einige der Monotypien parallel zur *Suite Noa Noa* entstanden seien, sondern auch, dass manche Gauguin halfen, eine Bildsprache für die Holzschnitte zu entwickeln. Eine der Monotypien bezieht sich auf das Gemälde *Aha oe feii (Wie! Du bist eifersüchtig?)*, 1892 (Abb. 7). In der Monotypie (Abb. 8) kopierte Gauguin die Paarstellung der beiden Figuren aus dem Gemälde – eine sitzend, die zweite ausgestreckt –, obwohl sich deren Ausrichtung durch den Umdruckprozess natürlich umkehrte. In einem verwandten *Noa Noa*-Holzschnitt, *Auti te pape (Frauen am Fluss)* (Abb. 9, Kat. 31, 33, 34), fehlt die ausgestreckte Figur. An der Stelle, die der Position des Kopfes entspricht, findet sich eine kleine felsähnliche Form an der linken Seite der sitzenden Figur. Da die Dimensionen verschiedener Elemente in der Arbeit genau gleich sind, ist es vorstellbar, dass Gauguin zuerst seine Monotypie schuf, die Umrisse dann auf die Oberfläche des Druckstockes (Kat. 30) übertrug und dann, beim Schneiden des Holzes, die liegende Figur wegließ und den Kopf in eine Felsformation verwandelte.[52]

Seine neuen Erfahrungen bewiesen Gauguin, dass er sich auf seine Kreativität verlassen konnte, um eine neuartige und entschieden ätherische Ästhetik zu schaffen. Die Monotypien beschwören in ihrer Vergänglichkeit und ihrer kleinteiligen, oftmals fragmentarischen Qualität seine Sehnsucht nach einer längst vergangenen, nicht dauerhaften oder unzugänglichen Welt noch viel eindringlicher als seine Holzschnitte. Im Vergleich mit verwandten Gemälden, Skulpturen und gar Holzschnitten suggerieren sie geisterhafte Nachbilder, verblasste Mementos oder schöne Szenen, betrachtet durch den dünnen Schleier der Erinnerung.

• *Suite Vollard*, 1898/99 •

Nach seiner umfassenden Beschäftigung mit dem Holzschnitt und der Aquarell-Monotypie 1893/94 fertigte Gauguin bis 1898 nur wenige Holzschnitte und Monotypien,[53] als er seine ganze Aufmerksamkeit wieder der Druckgrafik zuwandte. Er war 1895 nach Tahiti zurückgekehrt, da es ihm nach zwei recht enttäuschenden Jahren in Frankreich mit mageren Verkäufen, einem angeschlagenen Ruf, einer ange-

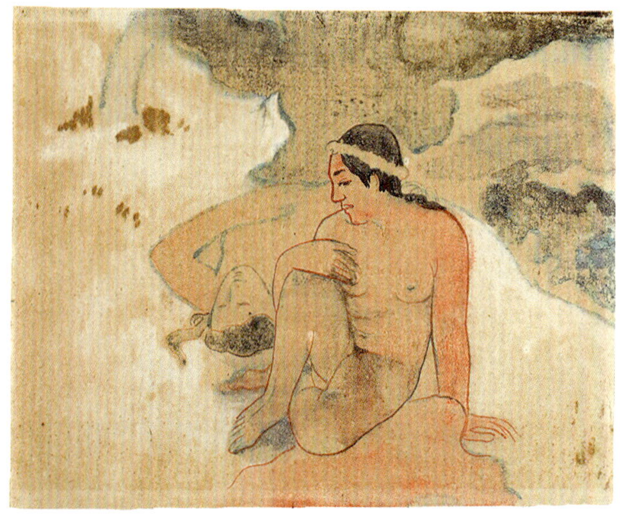

Abb. 8

Aha oe feii (Wie! Du bist eifersüchtig?), 1894, Aquarell-Monotypie mit Feder sowie roter und schwarzer Tinte, 19,5 x 23,2 cm, The Art Institute of Chicago, Schenkung Edward McCormick Blair

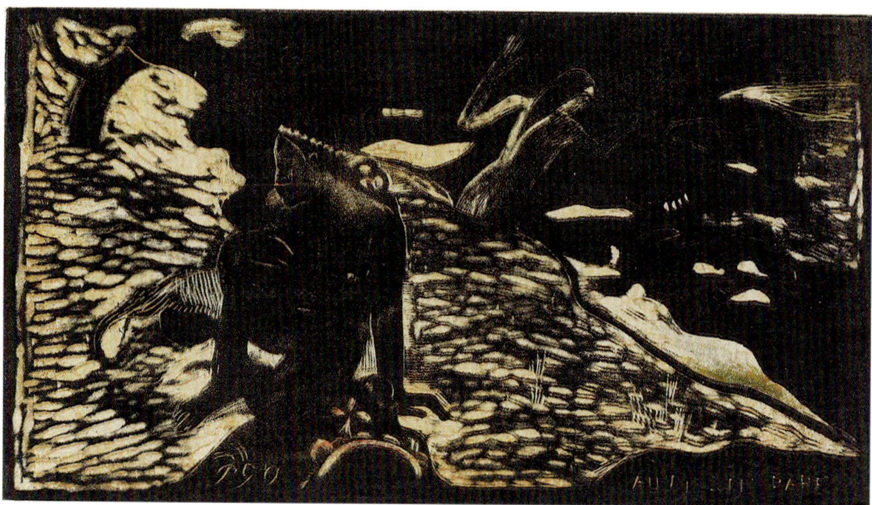

Abb. 9

Auti te pape (Frauen am Fluss), Zustand II/II, aus der *Suite Noa Noa*, 1893/94, Holzschnitt, Bild: 20,4 x 35,6 cm, Bibliothèque de l'Institut national d'histoire de l'art, Collections Jacques Doucet, Paris

spannten Beziehung zu seiner Frau und seiner Familie und nach einer Reihe von Krankheiten nicht schwer fiel, Europa den Rücken zu kehren.

Erst kurz vor seiner Abreise war Gauguin eine unverbindliche Geschäftsbeziehung mit Ambroise Vollard eingegangen, einem ehrgeizigen jungen Kunsthändler, der schließlich zu einer der bedeutendsten Kräfte in der Kunstgeschichte um die Jahrhundertwende werden sollte. Während seines zweiten Aufenthaltes auf Tahiti und später auf den Marquesas-Inseln wurde der Briefwechsel mit Vollard immer gereizter, da beide Männer bestrebt waren, aus dem Verkauf von Gauguins Kunst jeweils einen eigenen Vorteil zu ziehen.[54] Im April 1897 schickte Gauguin Vollard einen reservierten Brief, in dem er andeutete, dass er daran interessiert sei, Holzschnitte herzustellen, die jedoch nicht Vollards Geschmack nach glatten, marktfähigen Werken entsprechen würden: »Weder suche ich nach technischer Perfektion, noch finde ich sie. (Es herrscht kein Mangel an Herstellern von konventioneller Lithografie.) Wenn Ihnen also der Sinn danach steht, schicken Sie mir Papier und Geld.«[55] 1898/99 schuf er 14 neue Holzschnitte, die er selbst auf hauchdünnem Japanpapier druckte. Im Januar 1900 schrieb er an Vollard: »Nächsten Monat sende ich [...] an die 475 Holzschnitte – 25 bis 30 nummerierte Abzüge wurden von jedem Druckstock gemacht und die Druckstöcke danach zerstört. Übrigens wurde die Hälfte der Druckstöcke zweimal benutzt, und ich bin der Einzige, der auf diese Art zu drucken vermag.«[56] Die Serie wurde als *Suite Vollard* bekannt, da Gauguin die gesamte Edition im Februar 1900 an Vollard verschiffte, in der Hoffnung, dass der Galerist die Drucke gewinnbringend verkaufen könne.[57] Der Künstler scheint für seine Druckstöcke in erster Linie gefundene Holzstücke verwendet zu haben. Die Behauptung, die Blöcke wären zerstört worden, entspricht nicht ganz der Wahrheit.[58] Einer der erhaltenen Druckstöcke für das Werk *L'Enlèvement d'Europe (Der Raub der Europa)* (Kat. 131) wurde aus einem schönen, jedoch unregelmäßigen Block einheimischen Holzes gefertigt (Kat. 130). Der eigenhändige Abzug der 475 Drucke, die es auch noch zu signieren und zu nummerieren galt, war ein gewaltiger Kraftakt, der für die Bedeutung spricht, die Gauguin diesem Projekt beimaß. Als er starb, hingen mindestens 45 Holzschnitte der Serie an den Wänden seiner Behausung auf Hiva Oa. Vollard schien jedoch unbeeindruckt von den Blättern und machte keine Anstalten, sie zu verkaufen.

Ein Großteil der Drucke greift Figuren und Themen auf, die Gauguin bereits in Gemälden und Skulpturen erkundet hatte. Diese waren in der Bretagne, in Arles und auf Tahiti, während seines ersten Aufenthaltes wie auch während seiner letzten drei Jahre dort, entstanden. Als dritte – nach der *Suite Volpini* und der *Suite Noa Noa* – und letzte Folge diente sie als retrospektive Darstellung seiner gesamten Karriere und als weiteres Beispiel dafür, wie er eine Serie als Zusammenfassung seiner Kunst einsetzte. *Misères humaines (Menschliches Elend)* (Kat. 125) nimmt ein Motiv auf – jenes der verzweifelten Frau, die das Kinn auf die Hände stützt –, das schon in früheren Arbeiten auftaucht, darunter eine Zinkografie der *Suite Volpini* (Kat. 7) und ein Gemälde von 1888.[59] Zudem hat die Figur des weiblichen Leidens ihren Ursprung in einer peruanischen Mumie, die Gauguin in einem ethnografischen Museum in Paris gesehen hatte. Mit Ausnahme von vier Blättern sind alle Holzschnitte der Serie Querformate. Wie Richard Brettell feststellte, können einige der Grafiken friesartig aneinandergelegt werden. Sie greifen den Aufbau einiger wichtiger Gemälde und Skulpturen auf, die Gauguin während dieser Zeit schuf.[60] Dazu gehören sein Meisterwerk *D'où venons nous? Que sommes nous? Où allons nous? (Woher kommen wir? Wer sind wir? Wohin gehen wir?)*, 1897/98 (S. 52, Abb. 2), das er in dem Jahr fertigstellte, in dem er mit der Arbeit an den Drucken begann, wie auch das schon weiter oben erwähnte *Faa iheihe* (Kat. 117) und sogar die fünf Holztafeln, die den Eingang seines Hauses, der Maison du Jouir (Haus der Wonnen), auf der Insel Hiva Oa rahmten (S. 45, Abb. 8). Motive aus einem der Holzschnitte der *Suite Vollard*, *Soyez amoureuses vous serez heureuses* (Kat. 137), beziehen sich auf das 1889 geschnitzte Holzrelief desselben Titels (Kat. 135), während es zur gleichen Zeit eine Reihe von Details vorwegnimmt, die Gauguin bei zwei Tafeln der Maison du Jouir verwendete.

Obwohl die Holzschnitte der *Suite Vollard* keine fixe Ordnung oder narrative Abfolge vorgeben, hat Gauguin sie doch eindeutig als Serie konzipiert, mit einem vorherrschenden klaren, rhythmischen Schwarz-Weiß, das den Drucken eine verbindende Ästhetik verleiht. Möglicherweise sollten die Drucke einem Set von Myriorama-Ansichten ähneln, einer im Europa des 19. Jahrhunderts beliebten Unterhaltung für Kinder, bei der illustrierte Karten auf jede beliebige Art zu verschiedenen Landschaftspanoramen kombiniert werden können.[61] Gauguins Drucke scheinen den Betrachter einzuladen, sie neu zu arrangieren und zusammenzustellen, ähnlich dem

Prozess des Künstlers selbst, der Bilder und Motive immer wieder anders kombiniert. Dies steht im Zusammenhang zur symbolistischen Tendenz, grundverschiedene Elemente miteinander zu verbinden, ein vor-freudianisches Spiel mit freien Assoziationen, das Gaugin als »Träumen« bezeichnete.

Während elf der *Suite Vollard*-Holzschnitte in Schwarz-Weiß gehalten sind, entwickelte Gauguin für drei der Drucke eine innovative Technik, um eine zweite Farbe einzuführen, eine Erweiterung der Experimente mit Überlagerungen, die er schon bei den *Noa Noa*-Drucken begonnen hatte. Jedes Motiv wurde in zwei Zuständen hergestellt. Für *Te atua (Die Götter)* (Kat. 133) druckte er zum Beispiel zahlreiche Abzüge des ersten Zustandes in Grau auf hauchdünnem Papier. Danach bearbeitete er den Druckstock erneut und schnitt zusätzliche Bereiche der Komposition heraus, um einen zweiten Zustand des Bildes zu erhalten, den er diesmal in Schwarz, ebenfalls auf äußerst feinem Papier druckte. Schließlich legte er den Abzug des zweiten Zustands (schwarz) auf den Abzug des ersten (grau). Nachdem die Papiere fast durchscheinend sind, werden in der überlagerten Version beide Farben sichtbar und bilden gemeinsam einen reichen Chiaroscuro-Effekt. Gauguins Faszination von den Möglichkeiten des transparenten Papiers zeigt sich auch in einer weiteren ungewöhnlichen Variante von *Te atua* (Kat. 132). Hier nahm er einen der Abzüge des zweiten Zustandes, wieder in Schwarz auf hauchdünnem Papier gedruckt, und montierte ihn mit der Bildseite nach unten auf ein anderes, schwereres Papier. Das Bild ist durch das feine Papier erkennbar, da wir jedoch die Rückseite betrachten, erscheint es spiegelverkehrt. In *Te atua* und den beiden anderen zweifarbigen Holzschnitten der *Suite Vollard* – die in Schwarz und Orange-Braun gedruckt wurden – verleiht das überlagerte, transparente Papier der Komposition einen verschleierten Charakter, in ihrer strukturellen Subtilität vergleichbar den atmosphärischen Einfärbungen der *Noa Noa*-Drucke, dem durchsichtigen Nebel der Aquarell-Monotypien und der diffusen Körnigkeit der Durchdruckzeichnungen in Öl, seiner nächsten großen Innovation.

• Durchdruckzeichnungen in Öl, um 1899–1903 •

Nur zwei Monate nachdem er Vollard seine Edition von 14 Holzschnitten geschickt hatte, übersandte Gauguin ihm ein zweites Paket, das zehn Arbeiten enthielt, die einem weiteren radikalen Experiment entstammen: die Durchdruckzeichnungen in Öl. Gauguins für diese Arbeiten angewandte Technik war,

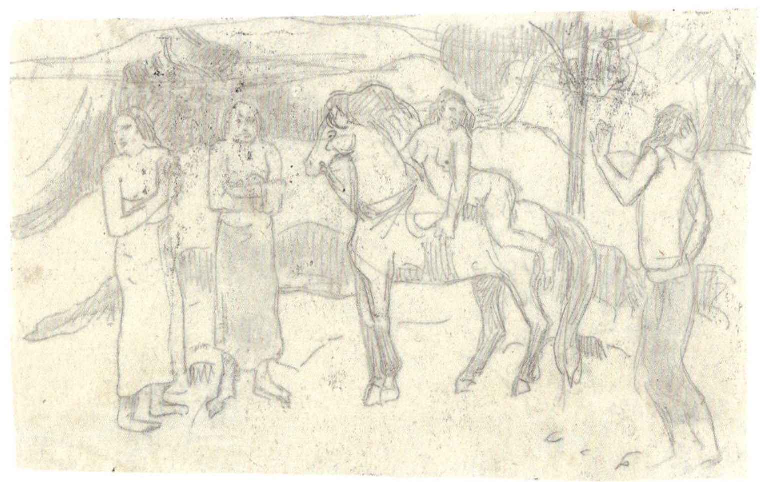

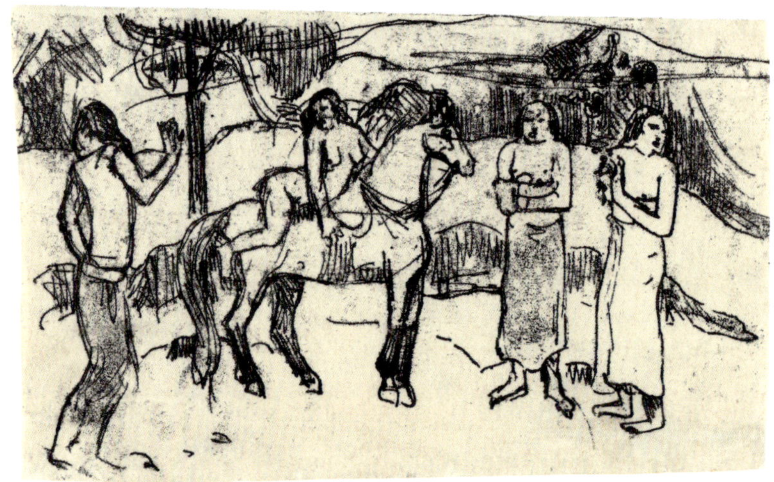

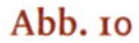

Abb. 10

Wohnungswechsel, 1901/02, verso (links), Graphit, recto (rechts). Durchdruckzeichnung in Öl, Blatt: 14 x 21,7 cm, Museum of Modern Art, New York, The Sue and Edgar Wachenheim III Endowment for Prints and Illustrated Books

wie jene für seine Aquarell-Monotypien, eine Mischung aus Zeichnung und Druckgrafik. Sie stellte einen Höhepunkt in seinem Streben nach einer Ästhetik des Geheimnisvollen, der Unbestimmtheit und der Suggestion dar.[62] Von 1899 bis 1903 – dem Jahr seines Todes – war er mit dieser neuen Technik befasst, die er völlig eigenständig entwickelt hatte.[63]

Es ist denkbar, dass Gauguins Einsatz von Edisons Mimeographen, einem frühen Vorgänger des Kopierers, für den Druck seiner satirischen Zeitung *Le Sourire* (Das Lächeln) (Kat. 141–143) von August 1899 bis April 1900 zur Entwicklung dieser Technik führte. Er beschrieb den Prozess in einem Brief vom März 1902 an seinen Förderer Gustave Fayet: »Zunächst rollt man Druckerfarbe auf ein beliebiges Blatt Papier, dann legt man ein zweites Blatt darauf und zeichnet, was immer man möchte. Je härter und dünner der Bleistift (und das Papier) ist, desto feiner gerät die entstehende Linie.«[64] Durch den Druck, den der Künstler mit dem Bleistift ausübt, verbindet sich die Farbe auf dem unteren Blatt mit der Unterseite des daraufliegenden Blattes. Wenn man das obere Blatt abhebt, überträgt sich die Zeichnung spiegelverkehrt auf die Unterseite. Dieses übertragene Bild stellt nun das fertige Kunstwerk dar.[65]

Bei der Entwicklung dieser Technik machte Gauguin rasche Fortschritte, von den eher kleinen und skizzenähnlichen Monotypien, wie *Studie eines Torsos und zweier Hände*, um 1899–1902 (Kat. 145), zu den ehrgeizig großen, äußerst vollendeten Blättern, die er Vollard schickte (Kat. 154, 155, 156, 161, 171). *Wohnungswechsel*, 1901/02 (Abb. 10, Kat. 175), das einen Holzschnitt der *Suite Vollard* aufgreift (Kat. 136), ist eines der besten Beispiele für Gauguins Technik. Der Ölübertrag auf der Vorderseite ist ein Spiegelbild der ihr zugrundeliegenden Bleistiftzeichnung auf der Rückseite. Die leicht verschatteten Bereiche in der Kleidung der Figuren wurden vermutlich durch sanften Druck, vielleicht mit dem Finger, erzielt. In einer anderen, größeren, Fassung des gleichen Sujets (Abb. 11, Kat. 176) erzeugte Gauguin eine Schicht von atmosphärischer Struktur. Es scheint, als hätte er dafür, nachdem er die eigentliche Durchdruckzeichnung in Schwarz erstellt hatte, das Blatt mit der Zeichnung nach oben auf eine mit brauner, ölverdünnten Farbe bedeckten Matrize gelegt und mit seinen Fingern oder einem trockenen Pinsel auf die Rückseite Druck ausgeübt. Die erdige Kombination von Schwarz und Braun in dieser und anderen Durchdruckzeichnungen zieht sich durch Gauguins gesamtes druckgrafisches Werk, von der *Suite Noa Noa* zur *Suite Vollard*.

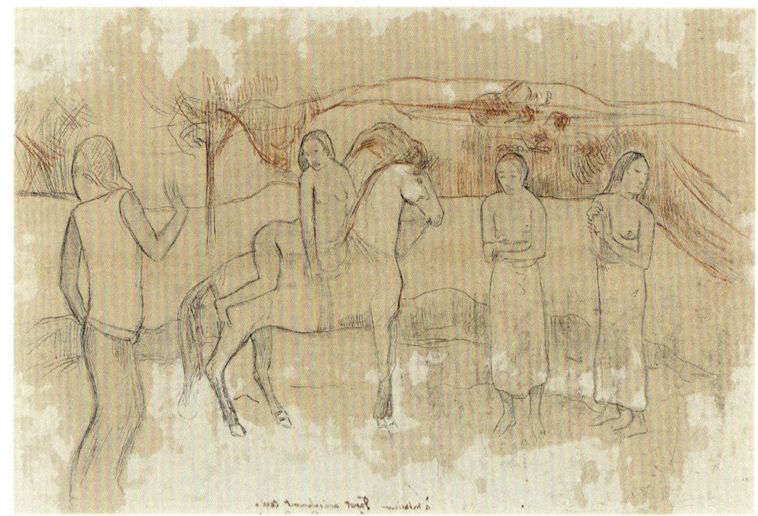

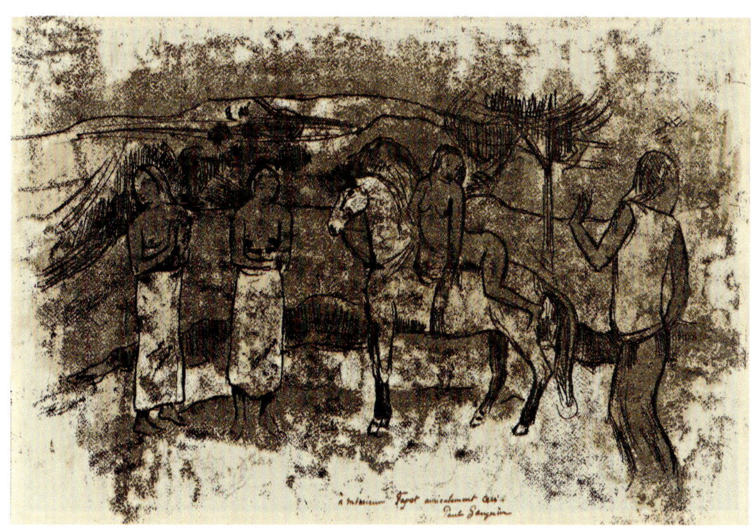

Abb. 11
Wohnungswechsel, verso (oben)
Graphit und roter Farbstift, recto (unten)
Durchdruckzeichnung in Öl, Blatt: 37,9 x 54,9 cm,
Galerie Berès, Paris

In den Durchdruckzeichnungen mit ihren diffusen und unregelmäßigen Strukturen steht sie für eine zeitlose Qualität, indem sie Anmutungen von antiker Durchreibetechnik, verwitterten Fresken oder Höhlenmalereien suggeriert.

In seinen größten Kompositionen setzte Gauguin zwei Farben ein, übertrug die Farbe in separaten Stadien und wandte unterschiedliches Werkzeug an, um verschiedene Arten von Kennzeichnungen zu erreichen. Wie die Rückseiten solcher Arbeiten (Kat. 154, 155, 156, 161) zeigen, begann er für gewöhnlich mit einem dünnen Grafitstift, um so mit schwarzen Linien die Figuren zu umreißen, dann nahm er einen weicheren blauen Stift, um die Linien zu verstärken und Schattierungen zu erzeugen. Abschließend übertrug er die zweite Farbe, normalerweise Olivgrün oder Braun, auf bestimmte Bereiche des Blattes.

Man stellt jedoch fest, dass es, je mehr man nach einem System oder nach Regeln sucht, nach denen Gauguin seine ungewöhnlichen Durchdruckzeichnungen geschaffen hat, immer augenscheinlicher wird, dass die Prozedur von Arbeit zu Arbeit variiert, wobei jede ein einzigartiges Experiment darstellt, mit einer neuen Technik, deren Möglichkeiten sich ihm erst erschließen mussten.

Während Gauguin seine Zinkografien, Holzschnitte und Aquarell-Monotypien oftmals nach bereits existierenden Gemälden schuf, scheint es, dass er seine Durchdruckzeichnungen manchmal als Vorbereitung für ein neues Gemälde oder zusammen mit diesem fertigte, obwohl sich die Zeichnungen nur schwer datieren lassen. Es ist denkbar, dass der Prozess dazu beitrug, seine Vorstellungskraft zu nähren, wenn er ein neues Sujet entwickelte. Tatsächlich scheint Gauguin gegen Ende seines Lebens weniger Pastell- und Kohlezeichnungen gemacht zu haben. Die Durchdruckzeichnungen nahmen möglicherweise eine zentrale Stellung in seiner künstlerischen Praxis ein. Die zehn Durchdruckzeichnungen, die Gauguin an Vollard sandte, präsentieren – in lehrreichen und bisweilen betont klassischen Begriffen – einige der Themen, die bedeutend für ihn waren, darunter die geheimnisvolle Schönheit einer tahitianischen Frau, die manchmal von einem bösen oder lüsternen Geist heimgesucht wird (Kat. 154–156), Tahitianer, die in Einklang mit der Natur leben (Kat. 161), und die Landschaft Tahitis (Kat. 171).[66] Von daher stellten sie also eine Auswahl aus seinen besten Arbeiten dar, mit denen er hoffte, auf dem französischen Kunstmarkt Erfolg zu haben. Doch wieder einmal machte Gauguins Radikalität keinerlei Eindruck auf Vollard.[67]

Dennoch fuhr Gauguin mit der Produktion von Durchdruckzeichnungen in Öl fort, nachdem er im September 1901 auf die Insel Hiva Oa, die zu den Marquesas-Inseln gehört, übergesiedelt war. Er war auf der Suche nach einer noch weiter entfernten und unverdorbenen Kultur und wollte zudem der Situation auf Tahiti entfliehen, wo er sich aufgrund seines provozierenden Lebensstils und seiner scharfen Kritik an den kolonialen und religiösen Autoritäten unbeliebt gemacht hatte. Zu seinen vollkommensten Werken gehört eine Reihe von Arbeiten, die die Sujets kurz zuvor fertiggestellter Gemälde aufgreifen, diese jedoch beschneiden oder einige Motive neu ausrichten oder positionieren, wie es seiner üblichen Vorgehensweise entsprach, zum Beispiel sichtbar in der Verbindung von dem Gemälde *Zwei Frauen*, 1902 (Kat. 167), mit zwei Durchdruckzeichnungen in Öl, die als *Zwei Marquesanerinnen* bekannt sind, beide um 1902 (Kat. 162, 165).

Gauguin schätzte seine Durchdruckzeichnungen in Öl besonders wegen der Übertragung der gezeichneten Linie. Während die Bleistiftzeichnungen, die er auf der Rückseite schuf, in vielen Fällen schöne, einfühlsame Arbeiten sind, die für sich selbst stehen können, fertigte der Künstler sie doch an, um damit die undeutlicheren Bilder zu produzieren, die mittels eines fast alchemistischen Transferprozesses auf den Blättern erschienen. Er war sowohl vom Element des Zufalls fasziniert, der in diesem Prozess eine Rolle spielte, als auch von den unerwarteten Zeichen und Strukturen, die in diesen übertragenen Kompositionen auftauchten. Diese Effekte neigen dazu, das Bild zu verschleiern, es in eine dunkle und diffuse Atmosphäre zu tauchen. Durch die Metamorphose einer Zeichnung in einen Druck war der Akt des Erschaffens gleichbedeutend mit einem Akt kalkulierter Zerstörung und Deformation. Lesbarkeit und Illusionismus gingen verloren, eine Aura von Geheimnis und Abstraktion kam jedoch hinzu. In ihrer Hybridität stellen die Durchdruckzeichnungen Gauguins finalen und vielleicht gewagtesten Versuch dar, Aspekte von Malerei, Zeichnung und Druckgrafik zu vereinen. Als Höhepunkt der Erfindungen in einem Jahrzehnt des Experimentierens mit zahlreichen innovativen Drucktechniken bestätigen sie, dass es vor allem der kreative Prozess selbst war – der Prozess, eine Sache in eine andere, radikal neue Sache umzuwandeln –, der für Gauguin die größte Bedeutung besaß.

1 / Auf die Bedeutung des Schreibens für Gauguins Arbeiten kann in diesem Rahmen nicht weiter eingegangen werden, Elizabeth C. Childs setzt sich jedoch genauer damit auseinander in: »Gauguin as Author: Writing the Studio of the Tropics«, in: *Van Gogh Museum Journal*, 2003, S. 70–87.

2 / 79 Lithografien, Radierungen und Holzschnitte sind dokumentiert in: Elizabeth Mongan, Eberhard W. Kornfeld und Harold Joachim, *Paul Gauguin: Catalogue Raisonné of His Prints*, Bern 1988.

3 / In Richard S. Fields, *Paul Gauguin – Monotypes*, Ausst.-Kat. Philadelphia Museum of Arts, Philadelphia 1973, identifiziert Richard S. Field 139 Monotypien und Durchdruckzeichnungen, gibt jedoch zu bedenken, dass noch mehr aufgespürt werden könnten und dass sicherlich einigen Exemplare verlorengegangen sind. In der Ausstellung und dem Katalog haben wir die Ausdrücke »Aquarell-Monotypie« und »Gouache-Monotypie« von Field übernommen. Für die Arbeiten, die wir als »Durchdruckzeichnungen in Öl« bezeichnen, verwendete er den Ausdruck »traced monotype«, also in etwa »gepauste Monotypie«.

4 / Richard S. Field, »Gauguin's *Noa Noa* Suite«, in: *The Burlington Magazine*, 110, Nr. 786, September 1968, S. 509.

5 / Gauguin behauptete, von den Inkas abzustammen und meinte: »Wissen Sie, ich habe einen indianischen Hintergrund, einen Inka-Hintergrund, und er beeinflusst alles, was ich tue [...]. Ich versuche, der niederträchtigen Zivilisation etwas Natürlicheres entgegenzusetzen, das auf der Wildheit gründet.« Brief an Theo van Gogh, 20. oder 21.11.1889, in: Paul Gauguin, *45 lettres à Vincent, Théo et Jo van Gogh*, hrsg. von Douglas Cooper, Den Haag und Lausanne 1983, S. 166–169. Obwohl er seine frühe Kindheit in Peru verbrachte, wo sein Großonkel spanischer Vizekönig war, ist sein Anspruch auf eine »wilde« Inka-Abstammung eine Erfindung.

6 / Mehr zu Gauguins Selbstmythologie in: *Gauguin: Maker of Myth*, hrsg. von Belinda Thomson, Ausst.-Kat. Tate Modern, London, National Gallery of Washington, D.C., London 2010. Darin besonders Thomsons Essay »Paul Gauguin: Navigating the Myth«, S. 10–23.

7 / Mehr zu dem Thema siehe Elizabeth C. Childs, »The Colonial Lens: Gauguin, Primitivism, and Photography in the Fin de siècle«, in: Lynda Jessup (Hrsg.), *Antimodernism and Artistic Experience: Policing the Boundaries of Modernity*, Toronto 2001, S. 50–70.

8 / »Gauguin est fini pour ici, on ne verra plus rien de lui. Vous voyez que je suis égoïste. J'emporte en photographies, dessins, tout un petit monde de camarades que me causeront tous les jours.« Brief von Paul Gauguin an Odilon Redon, September 1890, in: Roseline Bacou und Arï Redon (Hrsg.), *Lettres de Gauguin, Gide, Huysmans, Jammes, Mallarmé, Verhaeren ... à Odilon Redon*, Paris 1960, S. 193.

9 / Alastair Wright, »Paradise Lost: Gauguin and The Melancholy Logic of Reproduction«, in: ders. und Calvin Brown, *Gauguin's Paradise Remembered: The Noa Noa Prints*, Princeton, N. J., 2010, S. 78.

10 / Bernard Dorival identifizierte die Borobudur-Fotografie und andere antike Quellen als Inspiration für zahlreiche Motive in Gauguins Werk. Siehe Bernard Dorival, »Sources of the Art of Gauguin from Java, Egypt and Ancient Greece«, in: *Burlington Magazine*, 93, Nr. 577, April 1951, S. 118–122.

11 / Verschiedene Wissenschaftler weisen auf die eine oder andere Figur als Grundlage für die tahitianische Eva in *Nave nave fenua* hin. Tatsächlich kombinierte Gauguins Aspekte beider Vorlagen.

12 / Papier und Reproduktionen von Kunst waren vor dem 19. Jahrhundert wertvoll, zur Zeit Gauguins wurde Papier jedoch billiger, war vielfältiger und im Überfluss vorhanden. Nach dem Aufkommen der Fotografie zu Beginn des 19. Jahrhunderts entwickelten sich die Reproduktionstechniken dermaßen, dass erstmals Bücher, Magazine, Plakate und Postkarten mit gedruckten Illustrationen die europäischen Geschäfte und Straßen überschwemmten. Gauguin reagierte auf das Phänomen des »grafischen Verkehrs« tiefgreifender als jeder andere Künstler der Zeit. Siehe Richard R. Brettell, »Gauguin and Paper: Writing, Copying, Drawing, Painting, Pasting, Cutting, Wetting, Tracing, Inking, Printing«, in: Stephen F. Eisenman (Hrsg.), *Paul Gauguin – Artist of Myth and Dream*, Mailand und New York 2007, S. 59 f.

13 / Ebd., S. 65.

14 / Ebd., S. 67.

15 / Paul Gauguin, *Vorher und nachher*, München 1920, S. 64.

16 / Zur *Suite Volpini* siehe Kat. 2, 3, 6, 7, 9, 10, 12, 14–17.

17 / »J'ai commencé une série de lithographies pour être publiées afin de me faire connaître.« Brief von Paul Gauguin an Vincent van Gogh, Januar 1889, zit. nach: Mongan 1988 (wie Anm. 2), S. 11.

18 / Für eine ausführliche Untersuchung der *Suite Volpini* siehe Heather Lemonedes u. a., *Paul Gauguin – Durchbruch zur Moderne*, Ausst.-Kat. The Cleveland Musem of Art, Van Gogh Museum, Amsterdam, Ostfildern 2009.

19 / Weitere Gründe für die Verwendung von gelbem Papier wie die neue Popularität von Gelb in der Avantgarde und die Assoziation der Farbe mit japanischer Kunst und jener von Vincent van Gogh sind detailliert aufgezeigt in: Heather Lemonedes, »Gauguin und die Druckgrafik«, in: ebd., S. 112–117.

20 / Gauguin wurde Chaplet durch Félix Bracquemond vorgestellt, einem Maler und Radierer sowie künstlerischem Leiter von Charles Havilands Keramik-Werkstatt in Auteuil. Beeindruckt von einem der Holzreliefs, *La Toilette* (1882), das Gauguin 1886 bei der achten und letzten Impressionisten-Ausstellung gezeigt hatte, ermutigte Bracquemond ihn zur Herstellung von Keramiken.

21 / Die meisten von Gauguins bekannten Keramiken sind dokumentiert in: Merete Bodelsen, *Gauguin's Ceramics: A Study in the Development of His Art*, London 1964, und Christopher Gray, *Sculpture and Ceramics of Paul Gauguin*, Baltimore 1963. Ein weiterer nützlicher Text ist: Anne-Birgitte Fonsmark, *Gauguin Ceramics*, Kopenhagen 1996.

22 / Paul Gauguin, in: *Le Soir*, 25.4.1895, zit. nach: Daniel Guérin (Hrsg.), *The Writings of a Savage*, New York 1978, S. 106.

23 / Brief an Félix Bracquemond, Ende 1886 oder Anfang 1887, in: Victor Merlhès (Hrsg.), *Correspondance de Paul Gauguin: Documents, témoignages*, Paris 1984, S. 143.

24 / Als Gauguins Mutter Peru mit dem sechsjährigen Paul und seiner Schwester Marie verließ, um nach Frankreich zurückzukehren, nahm sie eine Sammlung peruanischer Artefakte mit, die einen bleibenden Eindruck bei ihm hinterließen. Für weitere Hinweise zu den Einflüssen peruanischer Töpferarbeiten auf Gauguin siehe Barbara Braun, »Paul Gauguin's Indian Identity: How Ancient Peruvian Pottery Inspired His Art«, in: *Art History*, 9, Nr. 1, März 1986, S. 36–54.

25 / Bei dem Gemälde handelt es sich um *Bretonische Bäuerinnen*, 1886, Neue Pinakothek, München. Siehe Georges Wildenstein, *Gauguin*, Paris 1964, Kat. 201.

26 / Die meisten von Gauguins Keramiken wurden von ihm selbst modelliert, die Vase, dekoriert mit bretonischen Szenen, wurde jedoch von Chaplet auf der Scheibe hergestellt, die Glasur trug Gauguin auf.

27 / Edward Ancourt ist als Drucker der *Suite Volpini* genannt, in: Mongan 1988 (wie Anm. 2), S. 11. Heather Lemonedes behauptet jedoch, dass es sich bei dem Drucker nicht um Ancourt, sondern um einen »imprimeur lithograph« namens Labbé gehandelt habe. Siehe Lemonedes 2009 (wie Anm. 19), S. 98.

28 / Zur *Suite Noa Noa*, siehe auch Kat. 23–26, 31, 33, 34, 36–39, 41–44, 46, 47, 49, 53–58, 66–69, 72–75, 82, 83, 86, 87, 91, 92, 94.

29 / Mehr zur Durand-Ruel-Ausstellung und ihrer Bedeutung für Gauguin in: Claire Frèches-Thory, »The Exhibition at Durand-Ruel«, in: *Gauguin Tahiti*, hrsg. von George T. M. Shackelford und Claire Frèches-Thory, Ausst.-Kat. Galeries Nationales du Grand Palais, Paris, Museum of Fine Arts, Boston, London 2004, S. 83–90.

30 / Für ausführlichere Informationen zum *Noa Noa*-Manuskript, inklusive der unterschiedlichen Stadien und Versionen sowie der komplizierten Publikationsgeschichte, siehe Isabelle Cahn, »*Noa Noa*: The Voyage to Tahiti«, in: Boston 2004 (wie Anm. 29), S. 91–113. Es wurden drei Versionen des Manuskriptes verfasst. Die erste ist ein nicht illustriertes Manuskript von Gauguins Hand und wurde vermutlich im Oktober 1893 begonnen. Sie befindet sich heute in der Sammlung des J. Paul Getty Museum in Malibu. Zwischen 1893 und 1897 arbeitete Gauguin zusammen mit Charles Morice an der zweiten Version, die reich mit Zeichnungen, Aquarellen, Fotocollagen, Monotypien und Fragmenten von Gauguins *Noa Noa*-Holzschnitten illustriert ist. Sie wird im Pariser Louvre aufbewahrt. Das dritte Manuskript ist mit 1897 datiert und befindet sich im Morice-Archiv der Paley Library in der Temple University, Philadelphia.

31 / Gauguins Briefe und Tagebuchaufzeichnungen betreffend Tahiti beinhalten zahlreiche Hinweise auf den einzigartigen und betörenden Duft von Bäumen, Wäldern, Blumen, Erde und Menschen der Insel. Für ihn hatte der Titel *Noa Noa* eine eindeutig sexuelle Konnotation, die sich auf den natürlichen Geruch des tahitianischen Körpers bezog. In seinem ersten Entwurf des *Noa Noa*-Manuskripts beschrieb er sein erstes Zusammentreffen mit seiner jugendlichen Geliebten Tehamana, die sich »mehr und mehr öffnet, sanftmütig, liebend: Das tahitianische *noa noa* lässt alles duften«, zit. nach: Guérin 1978 (wie Anm. 22), S. 94.

32 / In seiner bahnbrechenden Untersuchung »Gauguin's *Noa Noa* Suite« (wie Anm. 4) meint Richard S. Field, dass die Abzüge einen »gut überlegten Lebenszyklus« abbilden, beginnend mit *Te atua (Die Götter)* (Kat. 82, 83, 86, 87). Andere Wissenschaftler, als Erster Marcel Guérin 1927, gingen von verschiedenen anderen Abfolgen aus. Zuletzt schlug Calvin Brown eine Ordnung vor, die auf den zehn Kapiteln des ersten *Noa Noa*-Manuskripts basiert. Siehe dazu Wright / Brown 2010 (wie Anm. 9), S. 109 f.

33 / Brief an Émile Bernard, in: Paul Gauguin, *Letters to his Wife and Friends*, hrsg. von Maurice Malingue, London 1949, S. 144. Der Brief wird in der Publikation mit Juni 1890 datiert, verschiedene Themen, die Gauguin darin anspricht, wie der »heulende Wind« und die öffentliche Kampagne zum Erwerb von Manets *Olympia* für den Staat, lassen jedoch darauf schließen, dass er eher vom November oder Dezember 1889 stammt. Ich danke Belinda Thomson für diesen Hinweis.

34 / Brief vom April / Mai (?) 1893, in: Anne Joly-Segalen (Hrsg.), *Lettres de Gauguin à Daniel de Monfreid*, Paris 1950, S. 70.

35 / Siehe Field 1968 (wie Anm. 4), S. 503.

36 / Viele dieser Abzüge sind beschrieben in: Mongan 1988 (wie Anm. 2), Kat. 13–22.

37 / Mehr zu Gauguins Technik bei der Herstellung der *Noa Noa*-Drucke in Erika Mosiers Essay in dieser Publikation, S. 61–65.

38 / Für Beispiele von Roys Drucken, siehe Kat. 26, 34, 39, 44, 49, 58, 69, 75, 87, 94.

39 / Julien Leclercq, »Exposition Paul Gauguin«, in: *Mercure de France*, 13, Februar 1895, S. 121 f., zit. nach: Philadelphia 1973 (wie Anm. 3), S. 16. Der Kritiker Charles Morice, Gauguins Partner beim Manuskript von *Noa Noa*, schrieb: »Vom Standpunkt der Technik […] würde ich sagen, dass das, was Gauguin heute zu tun versucht, morgen zu nichts weniger als einer Revolution in der Kunst der Druckgrafik und des Aquarells führen wird; dass er durch die disziplinierte Übung seines unermüdlichen Hanges zu erfinden – oder wiederzuentdecken, wenn man es lieber so betrachten möchte – diese zwei Künste, die durch ihre erklärten ›Meister‹ degradiert wurden, wieder zu ihrem fruchtbaren Ursprung geführt hat; dass in dieser Angelegenheit also, wie in so vielen anderen, der ästhetische Moment unserer Zeit von ihm gekennzeichnet bleiben wird.« Charles Morice, »L'Atelier de Paul Gauguin«, in: *Le Soir*, 4.12.1894, S. 2, zit. nach: Philadelphia 1973 (wie Anm. 3), S. 48, Anm. 11.

40 / Für eine ausführliche Untersuchung des französischen Holzschnitt-Revivals, siehe: Jacquelynn Baas und Richard S. Field, *The Artistic Revival of the Woodcut in France, 1850–1900*, Ann Arbor 1984.

41 / Wright 2010 (wie Anm. 9).

42 / Ebd., S. 90.

43 / Paul Gauguin, *Noa Noa*, Berlin 1912, S. 10 f.

44 / Zu den Holzschnitten, siehe Kat. 64, 76, 77, 96, 97, 101–105, 109, 110; und zu den Aquarell-Monotypien, siehe Kat. 19, 27, 28, 60, 62, 78, 100, 107, 112, 113, 115, 116, 138, 139.

45 / Peter Kort Zegers, »In the Kitchen with Paul Gauguin: Devising Recipes for a Symbolist Graphic Aesthetic«, in: Harriet K. Stratis und Britt Salvesen (Hrsg.), *The Broad Spectrum: Studies in the Materials, Techniques, and Conservation of Color on Paper*, London 2002, S. 140.

46 / Diese 34 Exemplare sind dokumentiert in: Philadelphia 1973 (wie Anm. 3), Kat. 1–34.

47 / Für einen exzellenten Überblick über die Monotypie und zu ihrer Geschichte, siehe: *The Painterly Print: Monotypes from the Seventeenth to the Twentieth Century*, Ausst.-Kat. Metropolitan Museum of Art, New York, 1980. Siehe dazu auch die Untersuchung in Philadelphia 1973 (wie Anm. 3), S. 13 ff.

48 / Ebd. S. 17.

49 / Zegers 2002 (wie Anm. 45), S. 143.

50 / Julien Leclercq schrieb, dass Gauguins Aquarell-Monotypien durch »einen Prozess des Druckens mit Wasser« entstanden, zit. nach: ebd. Dies scheint die einzige Beschreibung dieser Technik zu sein, die zu seinen Lebzeiten verfasst wurde.

51 / »Eine provisorische Gruppe von 16 Arbeiten« – neun Aquarell-Monotypien, 1896–1899, und sieben Gouache-Monotypien, die um 1902 entstanden – werden identifiziert in: Philadelphia 1973 (wie Anm. 3), siehe die Untersuchung auf S. 38 f. sowie Kat. 124–139.

52 / Zegers 2002 (wie Anm. 45), S. 140.

53 / Zu den Holzschnitten, siehe Mongan 1988 (wie Anm. 2), Kat. 36–40, und zu den Monotypien, siehe Philadelphia 1973 (wie Anm. 3), Kat. 124–131.

54 / Ein ausgezeichneter Essay zur unruhigen, komplizierten Beziehung zwischen Vollard und Gauguin stammt von Douglas Druick, »Vollard and Gauguin: Fictions and Facts«, in: Rebecca Rabinow (Hrsg.), *Cézanne to Picasso: Ambroise Vollard, Patron of the Avant-Garde*, Ausst.-Kat. Metropolitan Museum of Art, New York, Art Institute of Chicago, Musée d'Orsay, New Haven u. a. 2006, S. 60–81.

55 / Brief von Paul Gauguin an Ambroise Vollard, April 1897, zit. nach: John Rewald, »The Genius and the Dealer«, in: *Art News*, May 1959, S. 62.

56 / Brief von Paul Gauguin an Ambroise Vollard, Januar 1900, zit. nach: John Rewald (Hrsg.), *Letters to Ambroise Vollard & André Fontainas*, San Francisco 1943, S. 31.

57 / Zur *Suite Vollard*, siehe Kat. 118–121, 123–125, 127–129, 131–133, 136, 137.

58 / Drei der Druckstöcke für die *Suite Vollard* befinden sich in der Národní Galerie in Prag. Zur faszinierenden Geschichte der Entdeckung dieser Druckstöcke und zur Verschlechterung ihres Zustandes, siehe Libuse Sykorová, *Gauguin Woodcuts*, London 1963. Vier weitere Druckstöcke und Fragmente von Gauguins Platten, darunter einige, die als Kopfleiste für *Le Sourire* (Das Lächeln) geschnitzt wurden, die satirische vom Künstler 1899/1900 herausgegebene Zeitung, werden ebenfalls in der Prager Národní Galerie aufbewahrt, zusammen mit vier kleinen Holzreliefs, die Gauguin jedoch nicht mit Sicherheit zugeschrieben werden können. Die Prager Druckstöcke, Fragmente und Schnitzereien sind dokumentiert in: Mongan 1988 (wie Anm. 2), Kat. 15, 43, 44, 55, 62, 63, 66, 67 und Anhang B.VI–IX .

59 / Zum Gemälde *Misères humaines*, siehe Wildenstein 1964 (wie Anm. 25), Kat. 304.

60 / Richard Brettell, »232–245: Suite of Late Woodcuts, 1898–1899«, in: ders. u. a., *The Art of Paul Gauguin*, Ausst.-Kat National Gallery of Art, Washington, D.C., 1988, S. 428–436.

61 / Elizabeth Prelinger äußert diesen Vorschlag in: »Die ›Vollard-Suite‹«, in: Tobia Bezzola und Elizabeth Prelinger, *Paul Gauguin – Das druckgrafische Werk*, München 2012, S. 104.

62 / Es sind keine Beispiele von Künstlern bekannt, die vor Gauguin auf diese Art tätig waren. Im 20. Jahrhundert entwickelten Künstler wie Paul Klee oder Mira Schendel vergleichbare Techniken.

63 / Field dokumentiert 89 Durchdruckzeichnungen in Öl, die zwischen 1889 und 1903 entstanden, siehe Philadelphia 1973 (wie Anm. 3), Kat. 35–123. Man nimmt an, dass Gauguin noch weitere Exemplare fertigte, die verloren gegangen sind oder zerstört wurden.

64 / Brief von Paul Gauguin an Gustave Fayet, März 1902, zit. nach: ebd. S. 21.

65 / Mehr zu Gauguins Durchdruckzeichnungen in Öl in Erika Mosiers Kapitel in dieser Publikation, S. 65–70.

66 / Der genaue Inhalt von Gauguins Paket an Vollard ist unbekannt. Field nimmt jedoch – überzeugend – an, dass es sich dabei um die zehn Arbeiten handelt, die er in Philadelphia 1973 (wie Anm. 3) als Nummern 64–73 dokumentiert hat und die auch die Werke beinhalten, die ich als Katalognummern angegeben habe.

67 / Field meint, dass es »überzeugende Beweise dafür gebe«, dass Vollard, der wiederum den Wert von Gauguins ungewöhnlicher Technik und seinen Experimenten nicht erkannte, die Drucke an dessen geschätzten Freund, den Künstler und Sammler George-Daniel de Monfreid, schickte, der sie an dessen wichtigsten Förderer, Gustave Fayet, weitergab (oder verkaufte). Siehe Philadelphia 1973 (wie Anm. 3), S. 28.

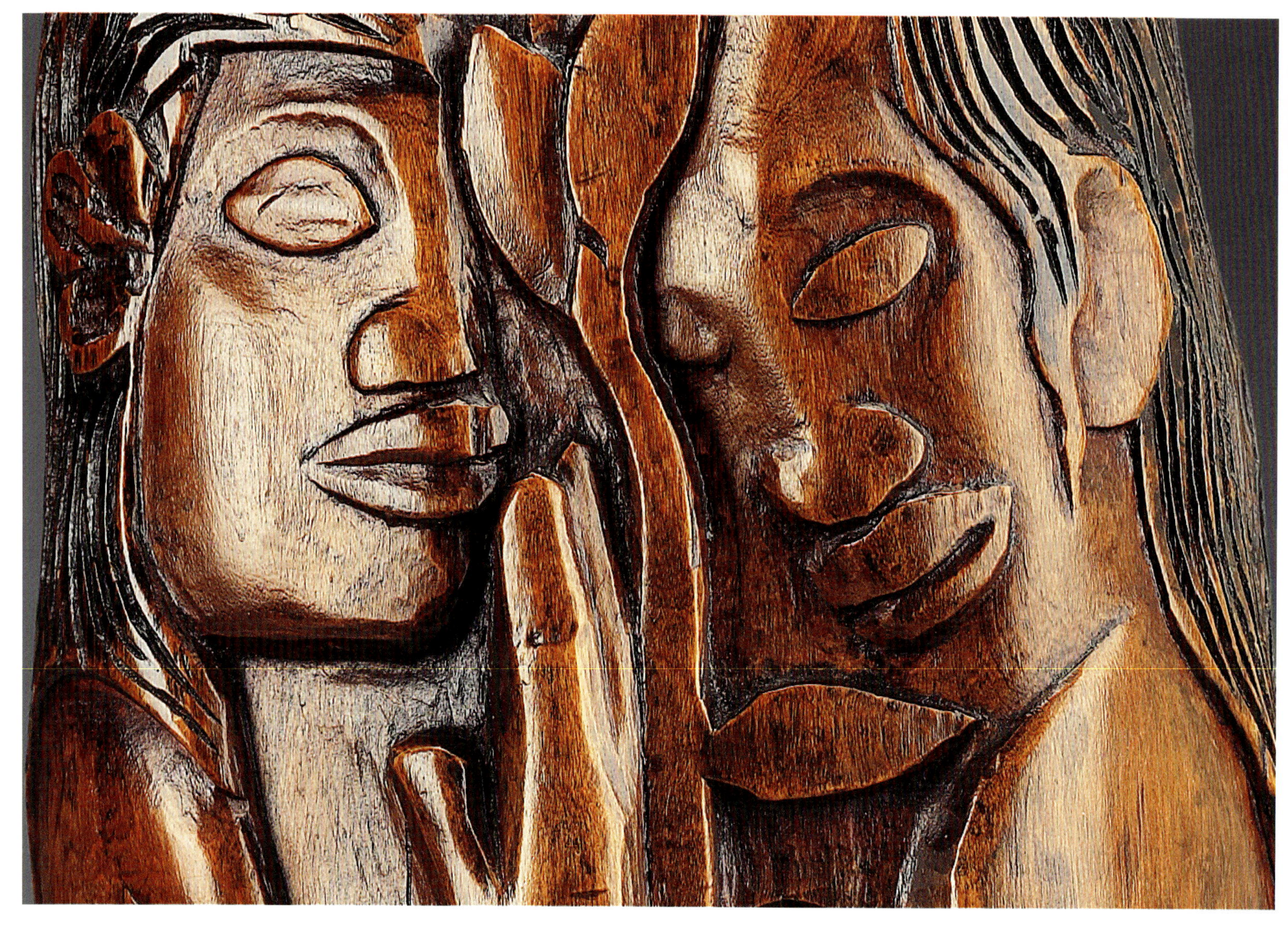

ELIZABETH C. CHILDS

Gauguin und die Bildhauerei – Die Kunst des »Ultra-Sauvage«

Im Laufe seiner Karriere kultivierte Gauguin seinen Ruf als radikaler Avantgarde-Künstler, der an den exotischen Stränden Polynesiens arbeitete, weit entfernt von den europäischen Metropolen, und dessen künstlerische Praxis alle Medien umfasste. Seine Laufbahn begann jedoch in Paris, wo er eine Visitenkarte führte, die ihn schlicht als »artiste-peintre« auswies.[1] In den späten 1870er- und den 1880er-Jahren nahm er mit Gemälden, Landschaften, Stillleben und Interieurs an fünf Impressionisten-Ausstellungen teil.[2] Doch in diesen als »expositions de peinture« angekündigten Schauen zeigte Gauguin oftmals auch ein oder zwei Skulpturen. Schon damals bemerkten Kritiker seinen Hang zum Nichtklassischen sowie zur sogenannten primitiven Kunst und stellten etwa gotische oder ägyptische Anklänge in seinen Holzschnitzarbeiten fest.[3] Auch einige seiner frühen Mentoren und Künstlerfreunde, insbesondere Pissarro und Degas, waren Maler, die mit Bildhauerei experimentierten.[4] Die Malerei blieb während Gauguins gesamter Karriere die Grundlage seines Auskommens. So sprach er in vielen seiner Briefe aus Polynesien über die finanziellen Aussichten durch den Verkauf von Bildern.[5] Sowohl sein professioneller Ruf als auch sein Ansehen bei den Kritikern, die dem Künstler so wichtig waren, sind in erster Linie Paul Durands und Ambroise Vollards Verkäufen von seinen Gemälden zu verdanken.[6] Als stets selbstkritischer Stratege wusste Gauguin, dass er – gleich in welcher Kunstform auch immer er arbeitete – doch beständig ernstzunehmende Gemälde für Paris produzieren musste, um finanziell und in der Kritik zu überleben.

In der Malerei – auch wenn sie im Kern seiner Unternehmungen stand – lag bei weitem nicht Gauguins einzige ästhetische Leistung. Er war ein innovativer Maler, aber ein noch weitaus radikalerer Bildhauer, Keramiker und Grafiker. Die Normen seiner Zeit forderte er in seinen Gemälden heraus; jedoch wurde dieser bedeutende Aspekt oft durch die Freiheiten und Einblicke angefeuert, die er dadurch gewann, dass er visuelle Ideen in verschiedenen Medien ausprobierte. Ein Schlüsselelement von Gauguins Einfallsreichtum und Produktivität war seine umfassende Beschäftigung mit dem Material Holz, das er für Skulpturen, Relieftafeln und Holzschnitte verwendete. In beinahe jeder Phase seiner Karriere arbeitete er damit, besonders jedoch während dreier entscheidender Perioden. In der ersten, in den späten 1880er-Jahren, überdachte er seinen Malstil und schuf einige bemalte Holzreliefs. Die zweite lag zwischen 1891 und 1893, als er eine neue Kunst zu entwickeln versuchte, »die noch von niemand anderem gemacht worden ist«.[7] Während dieser Zeit fertigte er eine Reihe geschnitzter, totemähnlicher Figuren, die er »ti'ii« nannte[8] und die in ihrem Materialeinsatz radikaler waren als seine zeitgleich entstandenen Gemälde. Die dritte Periode fand gegen Ende seines Lebens statt, als Holzskulpturen eine zutiefst

Hina und Fatu, um 1892 (Kat. 80), Detail

persönliche Bedeutung für den Ausdruck seiner künstlerischen Identität gewannen und er ein zusammenhängendes Ensemble von Tafeln schnitzte, um damit sein Atelier und Wohnhaus, die Maison du Jouir (Haus der Wonnen), auf den Marquesas-Inseln zu dekorieren. In diesen Schlüsselmomenten, aber auch zu einigen anderen bedeutenden Zeitpunkten diente Holz Gauguin als Material, mit dem er die Konventionen der Kunst hinterfragte, seine ästhetischen Experimente aktiv vorantrieb und seiner öffentlichen Identität als primitivistischer Avantgarde-Künstler den Feinschliff verlieh.

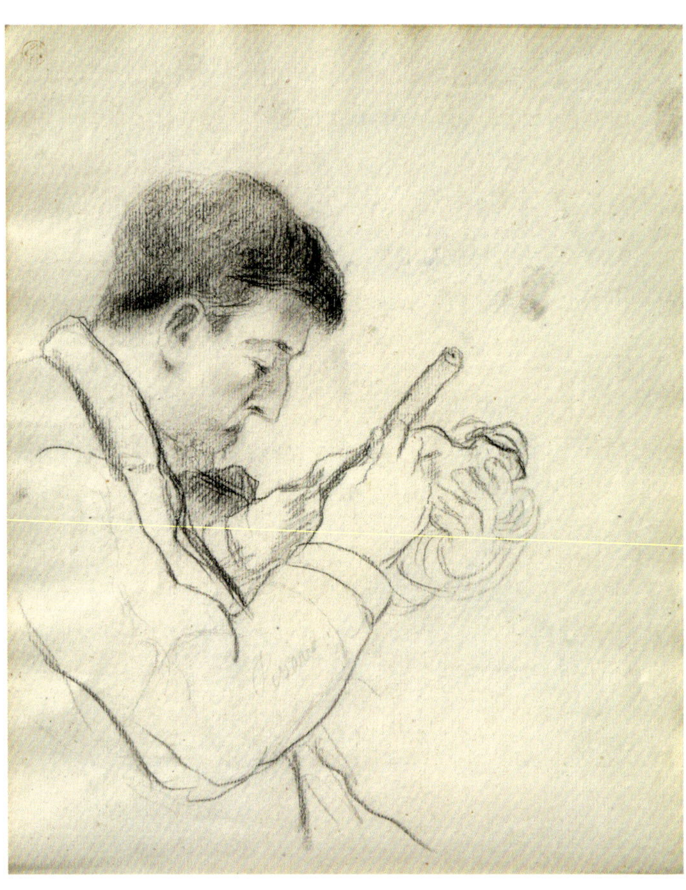

Abb. 1
Camille Pissarro, *Paul Gauguin schnitzt »La Dame en Promenade«*, 1880, schwarze Kreide auf Papier, 29,7 x 23,3 cm, Nationalmuseum, Stockholm

• • •

Gauguins Beschäftigung mit der Schnitzerei begann schon früh, was ihn von vielen Impressionisten unterschied (Abb. 1). Diese Vorliebe mag von seinem vorherigen Leben als Seemann herrühren, als er das Schnitzen vermutlich erlernte, aber auch von seiner Liebe zur angewandten Kunst und dem Wunsch, deren Abgrenzung von der bildenden Kunst aufzulösen. Diese Empfindung wird in seinen frühen Versuchen in der angewandten Kunst deutlich, etwa in einem massiven Birnenholzschrank von 1881, in den er kühn »Gauguin fecit« (gemacht von Gauguin) einschnitzte und das Stück damit nicht nur zu einem würdigen Möbelstück erklärte, sondern zu einem Kunstwerk, das die prominente Signatur eines Künstlers verdiente.[9]

Um 1889/90 schnitzte und bemalte Gauguin Holztafeln und erkundete damit das Spannungsfeld zwischen den Anforderungen eines dreidimensionalen Reliefs und einer flachen Repräsentationstafel. Viele dieser Stücke weisen geschnitzte Ränder auf, die wie Rahmen funktionieren, womit die Objekthaftigkeit von Tafeln mit dem malerischen Format eines Gemäldes kombiniert wird (Kat. 29, 32, 51 135).[10] Diese Innovation bei den Skulpturen entspricht der Neubetrachtung seiner Malerei nach dem Sommer 1888, als er sich dem Cloisonismus zuwandte, einem von Louis Anquetin und Émile Bernard entwickelten Stil, der illusionistischen Darstellungen starke Konturen und Farbflächen entgegensetzte. Gauguin schätze seine experimentellen Holztafeln sehr und versah sie mit weitaus höheren Preisen als seine Gemälde, die er in Paris zurückließ, als er sich 1891 in die Südsee aufmachte. Offensichtlich hoffte er, dass diese Kunstform einen Markt finden würde.

Seine Auseinandersetzung mit bemalten Reliefs fand zu einem wichtigen Zeitpunkt in seinem Leben statt, nämlich als er eine drastische Abwendung von Frankreich in Erwägung zog, um zusammen mit gleichgesinnten Künstlern ein »Atelier in den Tropen« zu begründen. Diese Vision einer Künstlerkolonie, die Gauguin erstmals von Vincent van Gogh hörte, stand in Einklang mit seiner eigenen Erfahrung während eines produktiven Aufenthalts 1887 auf Martinique, bei dem er von seinem Malerkollegen Charles Laval begleitet wurde.[11] Von Natur aus reiselustig, wog Gauguin die Möglichkeiten für einen Standortwechsel ab, als er 1889 die *Exposition universelle*, die Weltausstellung in Paris, besuchte. Seine Vorstellungen vom Leben in einem üppigen tropischen Land, das vorzugsweise von entgegenkommenden Frauen bewohnt war, bestimmte seine bemalten Holzreliefs, in denen nackte evagleiche Figuren nach Früchten greifen (Kat. 51), sich sehnsuchtsvoll dem Meer entgegenstrecken (Kat. 29, 32) oder – wie eine von Gauguins aphoristischen Inschriften andeutet – über die Liebe nachdenken (Kat. 135). In jedem von ihnen ist das Weibliche die vorherrschende Form – im Zentrum wiedergegeben, durch Farbe oder Glasur akzentuiert oder stark hervorgehoben, gestaltet, um dem Betrachter ins Auge zu fallen, bevor dieses in das Gefüge von See oder Blattwerk gezogen wird, das sie umfängt. Diese Tafeln beharren auf ihrer greifbaren Materialität – dem Glanz und der Maserung des polychromen Holzes – und sind dem Sujet der Szene übergeordnet.

Die künstlerische Spannung, die dem Schnitzen solcher Reliefs innewohnt, wird in der Behandlung von Frauen in Wellen deutlich, wie in *Les Ondines (Die Undinen)*, um 1890 (Kat. 29) und *Soyez mystérieuses (Seid geheimnisvoll)*, 1890 (Kat. 32). Die Körper dieser Frauen, deren nackte Rücken dem Betrachter zugewandt sind, befinden sich auf der vordersten Ebene, lehnen sich der See entgegen, einem Raum zu, der trotz seiner Flächigkeit im Relief selbst dem Betrachter als weit und tief bekannt ist. Als Oberflächenebenen wie auch als dreidimensionale Formen verwischen die Körper ästhetische Konventionen von gemalter und geschnitzter Form, von zwei- oder dreidimensionaler Illusion. Die Figuren mit ihren nackten, aus dem Holz geschnitzten Körpern thematisieren die Vorstellung von Frauen nicht nur *in* der Natur, sondern auch *als* Natur. Diese Frauen des Meeres ziehen unsere Blicke auf sich, indem sie sich von uns weglehnen. Sie werden so zu Vermittlerinnen, die die Grenzen zwischen physischer Realität der dreidimensionalen Skulptur und des bildlichen Konzeptes der Szenerie gleichzeitig aufrechterhalten und überschreiten.

Das Medium der bemalten Reliefs warf zahlreiche künstlerische Probleme auf. Als Gauguin Paris 1891 in Richtung Tahiti verließ, gab er es auf. Er erreichte die Insel ausgestattet mit den Werkzeugen eines Malers und eines Bildhauers, bereit für neue Experimente. Tahiti wurde für Gauguin zum Ort sozialer, beruflicher und ästhetischer Befreiung. Er distanzierte sich so weit wie möglich von den Konventionen der französischen Bourgeoisie und ließ sich am Rande der kolonialen Gesellschaft nieder. Es gab in Polynesien keine Kunstgalerien oder Museen. Obwohl er seine wichtigen Kontakte zu Paris aufrechterhielt – mittels unerträglich langsamer Post –, war er doch von der Welt der Galerien, Kunsthändler, Künstler und permanenter Konkurrenz weitgehend abgeschnitten. Tahiti bot einen physischen und geistigen Raum, in dem er mit neuen Formen, Sujets und Materialien experimentieren konnte.

Als er sich erst einmal an das koloniale Tahiti gewöhnt hatte, versuchte er sich an der kommerziellsten Form der Kunst – der Porträtmalerei. Schon bald verlor er jedoch das Interesse wie auch die Klientel. Er begann nun, tahitianische Szenen zu malen und sich mit der Schnitzerei von »bibelots sauvages« (barbarischem Krimskrams) zu beschäftigen, von denen er einige Stücke für bescheidene Summen verkaufte.[12] Dieser geschnitzte »Krimskrams«, kleine Statuen, die frei auf der am Hafen von Papeete erhältlichen Volkskunst der Marquesas basierten, öffnete ihm die Tür zu den wohl experimentellsten Holzarbeiten während seines ersten Aufenthaltes in Tahiti – den skulpturalen »ti'ii«, die zu einem bedeutenden Gegenstück seiner Malerei wurden. Kurz vor seiner Rückkehr nach Paris, 1893, schrieb er an George-Daniel de Monfreid, seinen Freund, der ihn oft als Mittelsmann auf dem Pariser Kunstmarkt vertrat: »Während meines zwei Jahre dauernden Aufenthalts habe ich 66 Gemälde auf Leinwand produziert, die mehr oder weniger gut sind, und einige zutiefst primitive [»ultra-sauvage«] Skulpturen [...]. Es ist genug für einen einsamen Mann.«[13]

Diese Aussage bietet einen äußert wichtigen Einblick in Gauguins Wertschätzung von Skulptur als zentraler Komponente seiner Ausdrucksform. Er erfand seinen eigenen Ausdruck, »ultra-sauvage«, um seine Arbeiten aus Holz zu beschreiben und rühmte sich selbst für die Schaffung von Kunst in – wie er es sah – heroischer Isolation. Als Künstler war er tätig in dem, was Homi Bhabha als »dritten Raum« bezeichnete, der durch koloniales Zusammentreffen

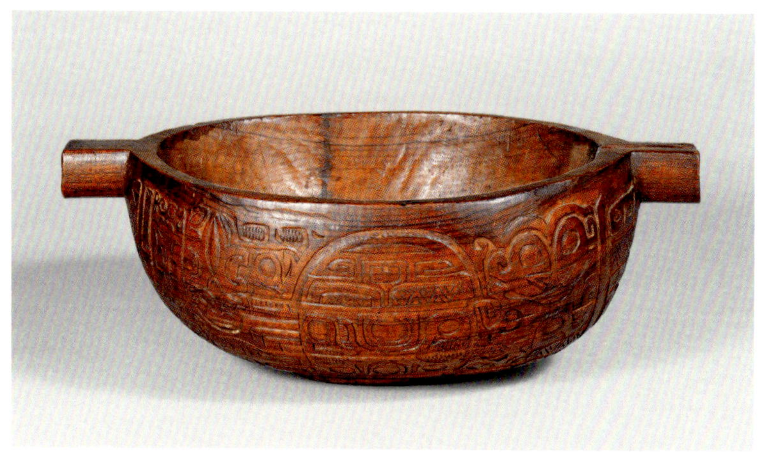

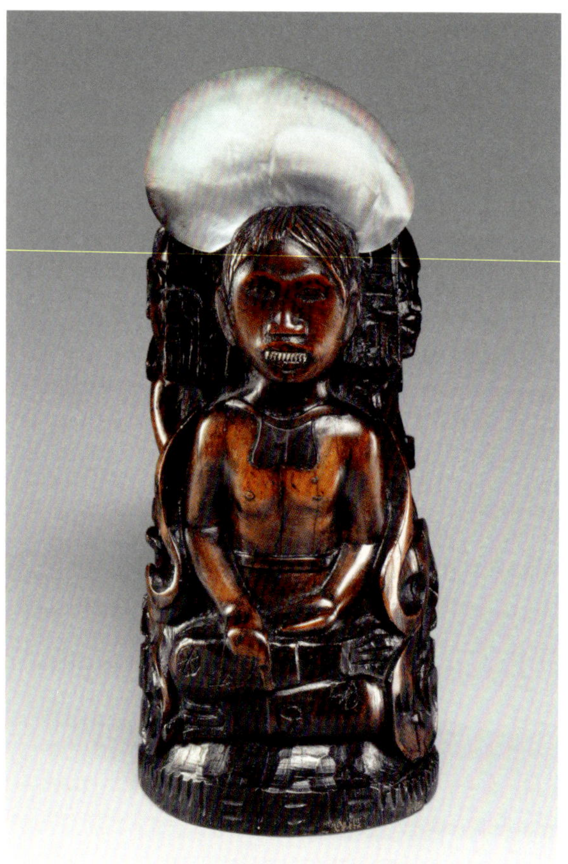

entstand, ein Raum, der in Gauguins Fall weder ganz französisch noch ganz polynesisch war. Dadurch entwickelte Gauguin in Tahiti eine neue hybride Identität. Während seines ersten Aufenthalts dort hatte die Bildhauerei für ihn eine Funktion erlangt, zu der die Malerei nicht fähig war. Sie half ihm dabei, sich als Avantgarde-Künstler zu etablieren, der mithilfe unkonventioneller Materialien eine neue Kunst schuf, weit entfernt vom kulturellen Zentrum Paris.[14] Einerseits erleichterte die Skulptur ihm die Anpassung an dieses neue physische und kulturelle Milieu, andererseits machte er sie zu einem Schlüsselelement in seiner anspruchsvollen Kritik künstlerischer und sozialer europäischer Normen, eine Überschreitung im Kern seiner Bestimmung als Primitivist. Kurzum, Skulptur ermöglichte es ihm, tahitispezifische Kunst zu schaffen und in der Pariser Kunstwelt eine provozierende und bestimmende Position einzunehmen.

Gauguins Anpassung an das Leben in Tahiti ging anfangs nur zögerlich vonstatten: Er sprach die Sprache nicht und hing sehr von seinen Bekannten im kolonialen Papeete ab. Die künstlerische Reaktion auf diesen neuen Ort war fühlbar und intuitiv. Einige Monate nach seiner Ankunft stellte er fest, dass er für die angewandte Kunst oder das Kunstgewerbe wohl Talent hätte, »mehr als für Malerei im engeren Sinn«.[15] Weit weg von Paris fühlte er sich bereit, etwas Neues auszuprobieren. Er begann, Holzobjekte zu bearbeiten, die er gefunden hatte. Als er das Haus seines Freundes und Künstlerkollegen Paulin Jénot in Papeete besuchte, brachte er Flach- und Hohlmeißel mit, nahm eine »poipoi«, eine hölzerne Servierschüssel für Brotfruchtbrei, und dekorierte sie mit einer polynesisch-inspirierte Schnitzerei (Abb. 2).[16] Später fertigte er auch Löffel und bearbeitete die Flächen anderer Gebrauchsgegenstände, wie einen »umete«, einen Servierteller, den er mit einem Fischmuster versah (Kat. 48) oder mit Tätowierungsmustern der Marquesas. Diese hatte er kolonialen Fotografien entnommen.[17] So tauchte er schließlich in die lokale Materialkultur ein, indem er Objekte indigener Fertigung in eigene Skulpturen umwandelte.

Von eigenen dekorativen Mustern auf indigenen Objekten ging er über zur Schaffung seiner anspruchsvollen »ti'ii«, kleine Statuen, weniger als 45 cm hoch, geschnitzt aus dicken Ästen oder Baumstümpfen und oft mit Gruppen eng verschlungener Figuren dekoriert (Abb. 3, 4, Kat. 20, 80, 81,

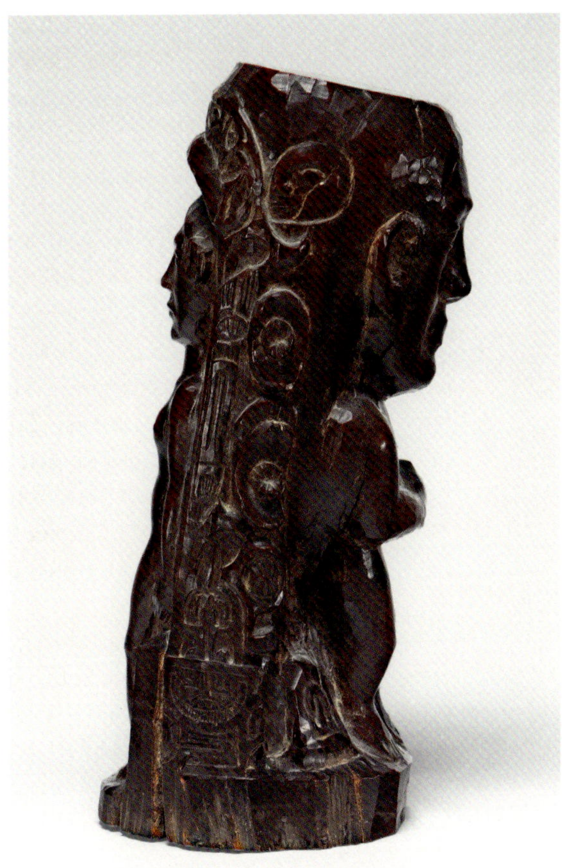

Abb. 2
Schüssel, um 1891, Tamanu-Holz, geschnitzt, 15,2 x 44 26,5 cm, Musée d'Orsay, Paris

Abb. 3
Idol mit einer Muschel, 1892/93, Toa-Holz, geschnitzt, Perlmutt, Papageifischzahn und Bein, 34,4 x 14,8 x 18,5 cm, Musée d'Orsay, Paris, erworben mit Unterstützung von Agnès Huc de Monfreid

Abb. 4
Statue mit zwei Figuren, um 1892, Pua-Holz, geschnitzt, Höhe 35,5 cm, ø 14 cm, Privatsammlung

84, 85). Zumindest neun dieser Skulpturen vom ersten Aufenthalt des Künstlers in Tahiti haben überlebt, obwohl die ursprüngliche Zahl vermutlich weitaus größer war.[18] Die Skulpturen stellen für gewöhnlich Gottheiten dar, die Gauguin aus dem tahitianischen Pantheon übernommen hatte, obwohl *L'Après-midi d'un faune (Der Nachmittag eines Fauns)*, um 1892 (Kat. 20), dessen Titel einem Gedicht von Stéphane Mallarmé entstammt, als Motiv das Zusammentreffen einer Tahitianerin mit einem Satyr der europäischen Klassik wiedergibt. Gauguin war sich bewusst, dass ihm diese Skulpturen, die aus auf der Insel heimischen Hölzern wie Toa (Eisenholz), Tamanu und Pua gefertigt waren, in Paris große Aufmerksamkeit erringen würden, da dort diese Arten kaum bekannt waren. Er hatte bereits früher Schnitzereien aus Holz, allerdings von europäischen Bäumen wie Eiche, Birne, Linde und Mahagoni, gefertigt. Einige der »ti'ii« weisen Einlegearbeiten mit polynesischen Materialien auf, darunter Perlmutt, Saatperlen und Papageifischzähne (Abb. 3). Diese faszinierenden Materialien gaben seinen Reisen Beweiskraft, da sie greifbar und ausstellbar waren, während so viele andere Empfindungen, die Gauguins physische Erfahrung der Insel ausmachten – wie beeindruckende Gerüche und fragile Blumen – in einer Pariser Galerie nicht gezeigt werden konnten.

In seinem halb fiktiven Tagebuch *Noa Noa* zeichnete Gauguin seine Sinneseindrücke von der Natur, die ihn umgab und in Besitz nahm, auf. Auch gibt er in einer erotisch aufgeladenen Beschreibung, die vermutlich eher poetischer Erfindung als den tatsächlichen Geschehen entsprang, seine Verwirrung über den Körper eines indigenen Führers und den Wald, durch den der junge Mann Gauguin führte, wieder: »[...] eine Art von Pfad im Dickicht der Bäume – Brotfrucht, Eisenholz, Pandanus, Bouraos, Kokos, Hibiskus, Guave, Riesenfarne, eine ganz und gar verrückte Vegetation, die mehr und mehr verwilderte, immer undurchdringlicher wurde [...], mein Begleiter schien [dem Pfad] eher durch seinen Geruchssinn als durch Sehvermögen zu folgen [...]. Mir schien, dass in ihm die gesamte pflanzliche Pracht, die uns umgab, leibhaftig wurde, atmete. Und aus ihr auf ihn, durch ihn enthüllte sich, entströmte ihr, ein Parfum von Schönheit, das meine Seele betörte.«[19]

Gauguins Skulptur des Kopfes von Tehura (Kat. 59) – ein Name, den er für seine polynesische Partnerin Tehamana verwendete – kündete von seiner symbolistischen Auseinandersetzung mit Synästhesie und im Besonderen mit den botanischen Gerüchen Tahitis. Die Blume, die Tehamana hinter dem Ohr trägt, hervorgehoben durch Goldfarbe, repräsentiert die intensiv duftende Tiare, eine Gardenienart der Insel, die mit Liebe und Sinnlichkeit in Verbindung gebracht wird. Das beim Schnitzen duftende einheimische Holz hatte seinen Geruch mit Sicherheit schon verloren, als es nach Frankreich verschifft wurde, doch durch dieses Duft verheißende Motiv schafft Gauguin einen greifbaren Bezug zu seinem Eintauchen in die vielfältige und fesselnde Natur Polynesiens.[20]

Das von Gauguin verwendete Holz definierte bestimmte Aspekte seiner geschnitzten Form selbst. So ließ der Künstler die natürliche Biegung der Äste die Form solcher Stücke wie *Statue mit zwei Figuren*, um 1892 (Abb. 4, Kat. 85), leiten. In *Hina mit zwei Dienerinnen*, um 1892 (Kat. 84), verwendete er Muster im Holz, um die Brüste der Göttinnenfigur darzustellen, während in er in *L'Après-midi d'un faune* eine kleine Wölbung im Ast nutze, um das hervortretende Gesäß des Fauns zu betonen.

Obwohl Gauguin diese Objekte als »ti'ii« bezeichnete, haben sie doch nur wenig mit den traditionellen religiösen Objekten, die in Tahiti unter diesem Namen bekannt waren, gemein, außer vielleicht der Größe. Holzskulpturen mit diesem Namen zu versehen, lässt darauf schließen, dass Gauguin sie als spirituelle Artefakte betrachtete. Sie sollten vielleicht allgemein den Heiligenrelikten ähneln, die im katholischen Glauben seiner Jugend eine so zentrale Rolle gespielt hatten. Im 18. Jahrhundert, zur Zeit des ersten Kontaktes von Tahiti mit Europa, hatten hölzerne Götter, genannt »eatooa«, und kleine »ti'ii« aus Stein die »marae« oder Außenaltäre (Abb. 5) der Insel gefüllt. Im folgenden Jahrhundert hatten Missionare diese Objekte jedoch größtenteils zerstört oder konfisziert und nur einige Exemplare übrig gelassen, die Gauguin aber während seines Aufenthaltes auf Tahiti gesehen haben könnte. Er lebte in der Nähe verlassener »marae«-Ruinen, die ihn als ehemalige Stätten spiritueller Praktiken interessiert haben könnten. Zu seiner Zeit gab es sicher noch einige »ti'ii« – versteckt vor den französischen Behörden –, die von den Tahitianern angesichts ihres verbotenen Status mit einer Mischung aus Ehrfurcht und Angst betrachtet wurden.[21]

Was mag es den Tahitianern bedeutet haben, als Gauguin um 1891 seine »ti'ii« fertigte? Unterlag er mit seiner Erfindung dieser Repräsentation des tahitianischen Panthe-

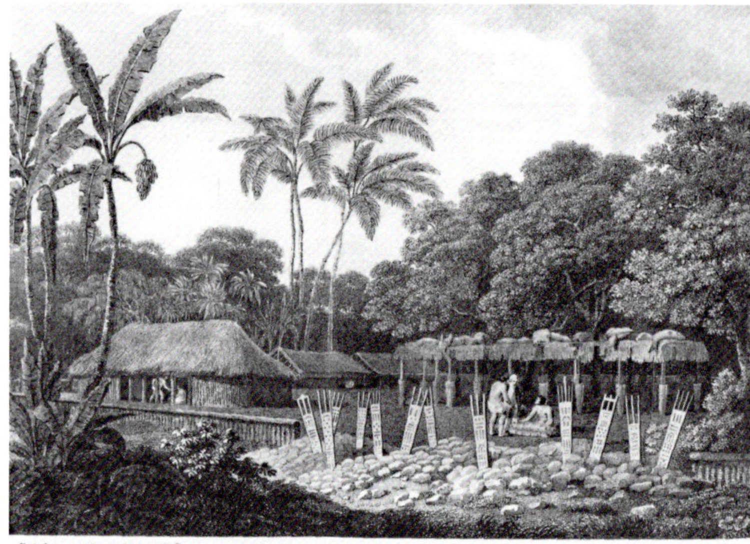

Abb. 5

Michael Angelo Rooker, *Morai und Altar in Attahooro mit Eatooa und Tees*, Stich basierend auf einer Skizze von William Wilson, aus: *A Missionary Voyage to the Southern Pacific Ocean, Performed in the Years 1796, 1797, 1798, in the Ship Duff, Commanded by Captain James Wilson*, London 1799

Abb. 6

Unbekannter Künstler, *Felsenquelle auf den samoischen Inseln*, um 1887, Albuminabzug, 22 x 19 cm, Mitchell Library, State Library of New South Wales, Sydney

ons einer Fehlinterpretation, oder zeigte er Geringschätzung für ihre traditionellen Praktiken? Oder wurden diese eher als Hommage an eine verschwindende Kultur betrachtet, die er in einem poetischen Idiom ohne jegliches ethnografisches Streben erhalten wollte? Tahitianische Betrachter hätten zumindest hinsichtlich der Bedeutung gerätselt und waren möglicherweise zutiefst gekränkt durch die selektive Aneignung tahitianischer Überlieferungen.

Eine ähnliche Verwunderung, tatsächlich eine Provokation, verursachte mit Sicherheit Gauguins Absicht, seine »ti'ii« 1893 in der Galerie Durand-Ruel auszustellen,[22] zusammen mit seinen konventionelleren Gemälden, die, trotz der tropischen Farbpalette und den für Paris neuen Sujets und unverständlichen Titeln, einfach an der Wand der Galerie hingen und als europäische Kunstwerke erkennbar waren.

Bei Gauguins »ti'ii« handelte es sich um Objekte, die an den Konventionen auf beiden Seiten der kulturellen Kluft rüttelten, da sie weder ins moderne Tahiti noch nach Paris gehörten. Ihre Ambivalenz spiegelt die Situation des Künstlers bei seiner Rückkehr nach Paris gut wider, seine Grenzidentität als Franzose und als Tahitianer, was er beides nicht ganz war. Diese Objekte, die der kulturellen Hybridität entsprangen, waren für ihn ein Schlüsselelement bei seiner Identität als primitivistischer europäischer Künstler.

• • •

Gauguins Zwischenspiel in Frankreich von 1893 bis 1895 war eine aktive Zeit, in der er in fast jedem Medium arbeitete, von der Schriftstellerei und der Keramik bis zur Druckgrafik und Malerei. Gleichzeitig war er bestrebt, seine Position in der Pariser Avantgarde neu zu definieren. Inmitten dieses Arbeitsrausches kehrte er kurz zum Relief zurück. 1894 schuf er ein bemaltes Flachrelief (Kat. 108) mit einer ikonischen tahitianischen Figur, die er erstmals im Jahr zuvor in einem großen Gemälde dargestellt hatte, *Pape moe (Geheimnisvolle Quelle)* (Kat. 106).[23] Gauguin bezog seine Inspiration für diese bedeutende Komposition aus einer kolonialen Fotografie von einer jungen Samoanerin, die aus einem kleinen Wasserfall trinkt (Abb. 6) – ein inszeniertes Bild mit Frau, Natur und Nahrung, das sich auf die alte europäische Fantasie vom Jungbrunnen bezieht.[24] In Gauguins Gemälde beugt sich eine polynesische Frau vor, um aus einem aus dem Fels tretenden Wasserfall zu trinken, eine Darstellung, die vor leuchtenden Farben, fantastischer Vegetation und organischen Formen

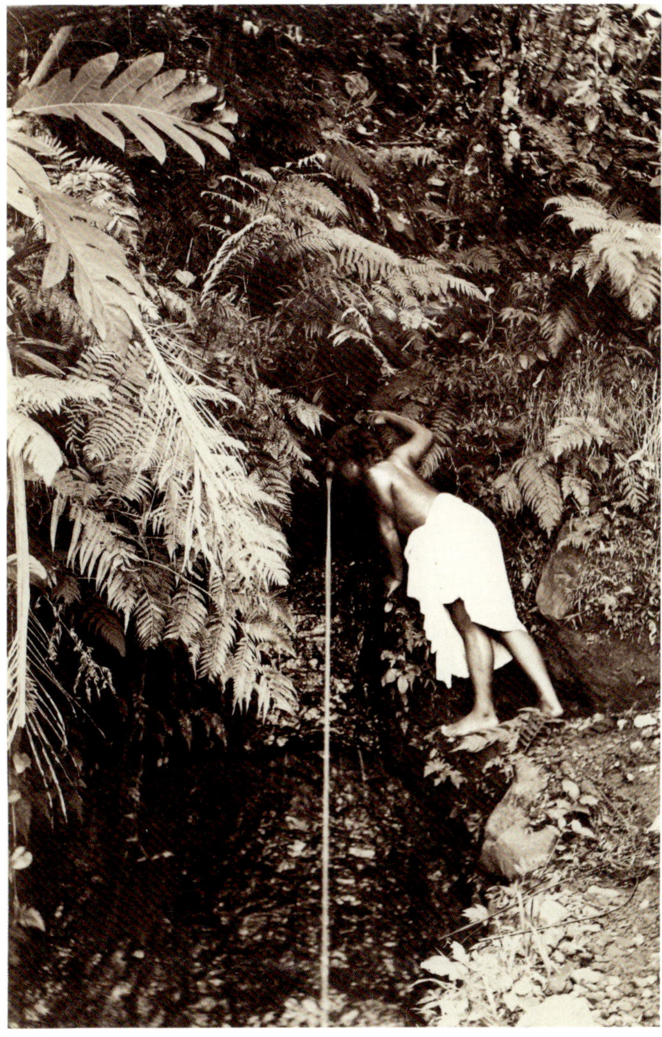

geradezu zu explodieren scheint. Die magische Konnotation wird durch einen Fisch und ein embryonisches Wesen, die nahezu unsichtbar in der Felswand schweben, noch verstärkt. Das Holzrelief übertrifft die koloniale Fotografie sogar noch an visueller Poesie und ist, was die Details betrifft, monumentaler und fantastischer als das Gemälde, mit geistähnlichen Wesen und geheimnisvollen Früchten, die sich vom Rand her in das Bild schieben, um die Szenerie zu beleben. Die ikonenhaften tahitianischen Themen brachten Gauguin oft zum Überdenken eines Sujets. Vielleicht war es die kurz zuvor abgeschlossene Arbeit an den Druckstöcken für die Serie *Noa Noa*, die ihn zur Wiederaufnahme des *Pape moe*-Motivs in Holz bewog. Er hatte die Platten für *Noa Noa* im März 1894 fertiggestellt und hatte wahrscheinlich im Mai nach seiner Rückkehr in die Bretagne mit dem Relief begonnen. Der Körper der Frau ist flach und deckungsgleich mit der ursprünglichen Oberfläche der Tafel, eine Schnitzweise, die Christopher Gray mit Gauguins Arbeit an Druckstöcken in Verbindung bringt.[25] Gauguins häufige Wiedergabe des *Pape moe*-Motivs, das er 1894 auch in einer Aquarell-Monotypie umsetzte (Kat. 107), zeugt von seiner Fähigkeit, einer visuellen Idee in unterschiedlichen Ausführungen Leben einzuhauchen – und zu beobachten, wie es umgewandelt werden kann und wie die verschiedenen Varianten dann zueinander sprechen, wobei jede eine etwas andere Lösung bei der Darstellung eines reichen Topos oder einer bevorzugten Figur bietet. Solche Neufassungen hatten eine verjüngende Wirkung auf Gauguin. Sie halfen ihm dabei, neu zu sehen.

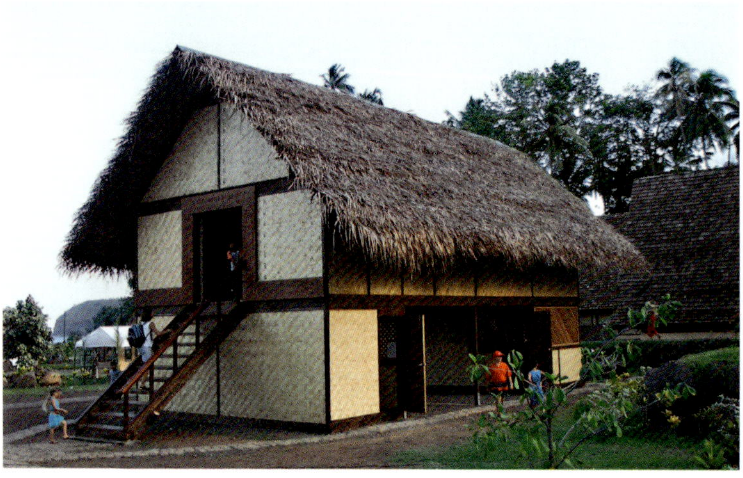

Abb. 7

Rekonstruktion der Maison du Jouir (Haus der Wonnen), Gauguins Haus in Atuona, Hiva Oa, Marquesas-Inseln

Abb. 8

Tafeln von der Maison du Jouir, 1901/02, Mammutbaumholz, geschnitzt, bemalt, verschiedene Maße, Musée d'Orsay, Paris

Gauguins Rückkehr nach Tahiti 1895 bedeutete nicht, dass er sich weiterhin mit Gottheiten des tahitianischen Pantheons oder mit der Schnitztradition polynesischer Materialkultur, die seine Arbeiten während des ersten Aufenthaltes gekennzeichnet hatten, beschäftigte. Doch von Zeit zu Zeit experimentierte er mit Holz und schuf so unkonventionelle Skulpturen, deren Einzelteile zusammengesetzt keine Einheit bilden. *Tahitianisches Mädchen*, um 1896 (Kat. 158), scheint eine Übung in der vorsätzlichen Missachtung von richtigen Proportionen zu sein. Die Arbeit besteht aus der Vereinigung nicht zusammenpassender Körperteile, etwa einem kleinen Torso und einem übergroßen Kopf, deren ungeschickte Verbindung spielerisch mit einem Stoffkragen verdeckt wird. Ähnlich auch *Kopf mit Hörnern*, 1895–1897 (Kat. 153), ein fantastischer Kopf aus einem glänzenden und vielgestaltigen Stück tahitianischen Holzes, der auf einem verblüffend banalen Fuß von matter Farbe sitzt. Dieser ähnelt eher einer kolonialen Balustrade als einem Sockel und ist mit Sicherheit dazu angetan, Rolle und Logik eines Skulpturenfußes zu hinterfragen.

Gegen Ende seiner Karriere fasste Gauguin in zunehmendem Maße mehrere Kunstwerke mit gleichen dekorativen Rhythmen, sich wiederholenden Farbtönen und ähnlichen Sujets, die eigenständige Elemente zu visuell einheitlichen Schemata verbanden, zu Ensembles zusammen. Diese Praxis tritt deutlich in den neun Gemälden zutage, die 1898 zusammen mit dem von ihm als Meisterwerk betrachteten Bild *D'où venons nous? Que sommes nous? Où allons nous (Woher kommen wir? Wer sind wir? Wohin gehen wir?)*, 1897/98 (S. 52, Abb. 2) in Vollards Galerie in Paris ausgestellt werden sollten.

Diese Arbeiten greifen die strahlenden Farbschattierungen von Grün, tiefem Blau, Gelb und Purpur sowie auch viele Figuren des Hauptbildes auf. Die Installation sollte zum Nachdenken über das mehrfach wiederholte theologische und philosophische Thema anregen und eine ästhetische Träumerei auslösen. Auch die Grafiken der *Suite Vollard*,[26] die kurz danach entstanden, wirken, als könnten sie in unterschiedlicher Reihenfolge nebeneinandergestellt werden, wodurch es dem Sammler und / oder Betrachter möglich wäre, eigene Sequenzen zu erschaffen und zu einem innigen Erlebnis mit Kunst zu gelangen.[27] Gauguins Praxis, zusammenhängende Arbeiten zu fertigen, die nach persönlicher Vorliebe arrangiert werden können, steht in Zusammenhang mit dem Ansatz, den er in einem abschließenden Projekt zu seinem eigenen Gebrauch und seiner Befriedigung verfolgte.

Als Gauguin von 1901 bis 1903 auf den Marquesas-Inseln lebte, schickte er weiterhin Gemälde und Arbeiten auf Papier nach Paris, jedoch keine Skulpturen an Vollard, dessen Interesse auf die Gemälde, Aquarelle und Zeichnungen des Künstlers beschränkt war.[28] Für sich selbst erbaute Gauguin die Maison du Jouir, zugleich Wohnort und Atelier, als eine freie Imitation eines Maori-Lagerhauses (Abb. 7). In Atuona auf der Insel Hiva Oa wurde dieses Gebäude im polynesischen Stil zu einem Ort, wo er für die marquesianische und die französische Gemeinde seine künstlerische Identität inszenieren konnte. Er wurde zunehmend antikolonial und antiklerikal in seiner Haltung, ging Freundschaften mit den Marquesanern ein und engagierte sich auch als deren Fürsprecher in lokalen Streitigkeiten.[29] Aufgrund gesundheitlicher Probleme war er schließlich nicht mehr so mobil und verbrachte einen großen Teil seiner Zeit zu Hause, wo er arbeitete und schrieb. In der Folge investierte er mehr Energie in die Ausstattung seines Heims.

Aus Rotholz- oder Mammutbaumbrettern, deren tiefroter Farbton ihn sicherlich sehr ansprach, schnitzte und bemalte er fünf Tafeln, um damit den Eingang zum oberen Wohnbereich seines Hauses zu umrahmen (Abb. 8). Die Tafeln wiederholten poetische Aphorismen von früheren Tafeln: »Soyez mystérieuses« (seid geheimnisvoll) und »Soyez amoureuses et vous serez heureuses« (seid verliebt und ihr werdet glücklich sein). Er griff auf frühere Motive zurück und schnitzte Reliefs mit gegensätzlichen Elementen – auf den

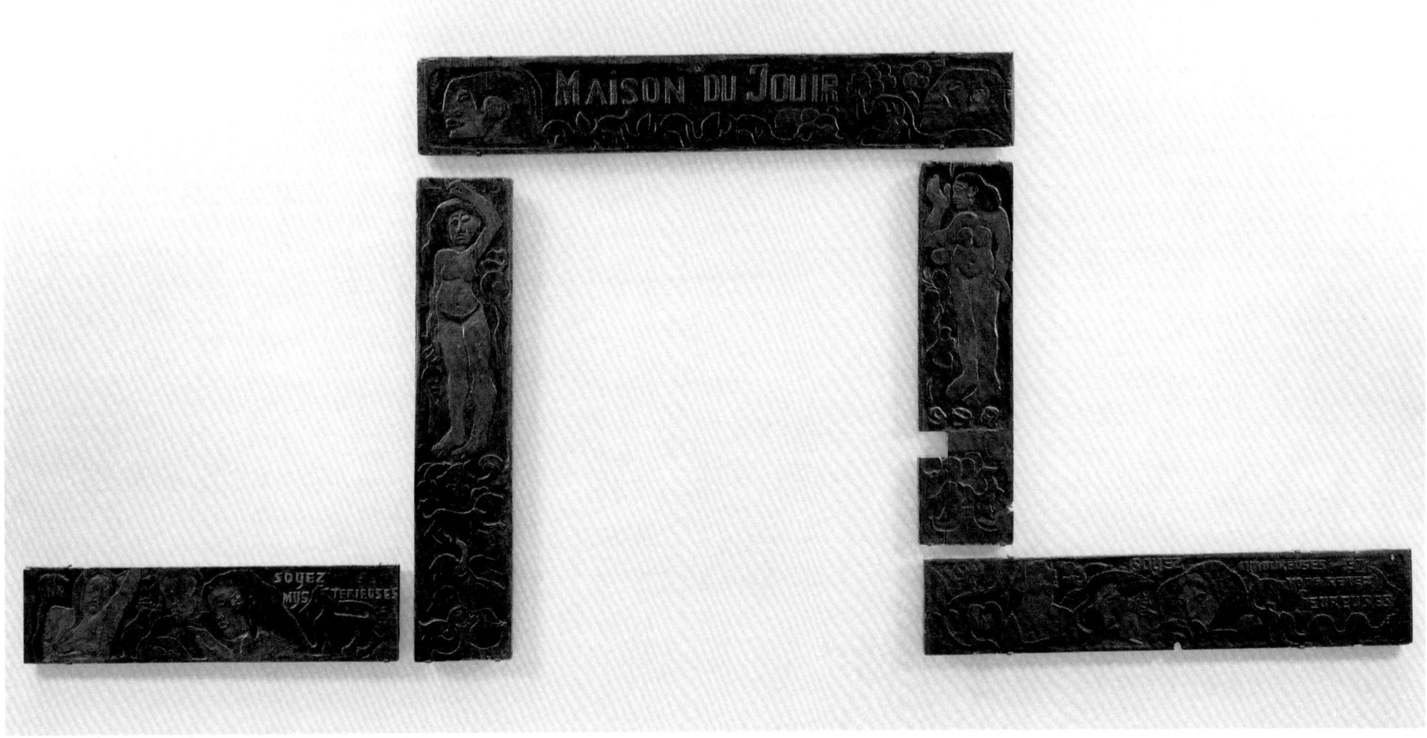

vertikalen Tafeln evagleiche Frauen, die sich zwischen Blättern, reifen Früchten und Tieren tummeln, auf den horizontalen Tafeln misstrauische und in sich selbst versunkene Figuren mit niedergeschlagenen oder geschlossenen Augen, die für die Rätselhaftigkeit und Flüchtigkeit dieser paradiesischen Welt stehen. In diesen Tafeln setzte er die natürlichen Töne des Mammutbaumes für die Hautfarbe der geschnitzten Frauen ein. Die Verbindung von exotischen Körpern und dem Material Holz erinnert an die Verschmelzung des jungen Führers mit dem verführerischen, lebendigen Wald in *Noa Noa* wie auch an Gauguins Behandlung weiblicher Körper in seinen früheren Reliefdarstellungen von Frauen in den Wellen. Die Tafeln wurden zur dekorativen Verkörperung seines Verlangens, im physischen Reich des »ultra-sauvage« zu versinken. Die Maison du Jouir wurde zu einer öffentlichen Stellungnahme seiner künstlerischen Identität, wenn auch eher für die Bewohner von Atuona als für Paris. Es war eine späte Artikulation seiner Rolle – der Höhepunkt der komplexen Entwicklung eines Bildes, die sich über zwei Jahrzehnte gezogen hatte, seit er sich erstmals in Paris als »artiste-peintre« präsentiert hatte. Die Schnitzereien, die die Tür zu seinem marquesanischen Heim und seinem Atelier rahmten, wurden in diesen späten Jahren eine Art Hülle für ihn oder ein öffentlicher Totem, als er sich in den inneren Bereich zurückzog, um zu schreiben und zu kreiieren.

Was ist das Vermächtnis einer solchen Vorgehensweise, solchen Experimentierens und einer solchen Kultivierung einer künstlerischen Rolle? Gauguins Kunst und Leben wurden in den mehr als hundert Jahren nach seinem Tod von jeder Generation einem radikalen Prozess des Umdenkens unterzogen. Wissenschaftler diskutierten jüngst, wie Gauguin einige der machtvollsten Mythologien der nichteuropäischen Welt im Zeitalter des modernen Imperialismus aufnahm und wiederverwertete und in gewissem Ausmaß auch erfand.[30]

Wir können sehen, wie seine Ansichten vieler seiner bevorzugten Sujets, besonders jene tahitianischer Natur, Frauen und Spiritualität wie auch die tatsächlichen Polynesier, auf die er traf, durch Vorurteile kolonialer Bequemlichkeit, männliche Privilegien und eurozentrisches Denken, das im Zeitalter europäischer Entdeckungsfahrten und Kolonialisierung fußte, beschränkt waren. Diese Themen haben interessante Perspektiven eröffnet, die neu festgelegt haben, wie wir über koloniale Geschichte, aber auch über die Kunstgeschichte der Moderne berichten.[31] Trotz der Herausforderungen, vor die Gauguins Arbeiten die heutige historische Analyse immer noch stellen, lässt sich aus seiner künstlerischen Praxis viel lernen. Er bleibt faszinierend in seiner Unbestimmtheit, in seiner Fähigkeit, visuelle Ideen sowohl geografisch als auch ästhetisch auf neues Terrain zu tragen, ohne an A-priori-Überzeugungen festzuhalten, wohin der Weg ihn führen soll. Für Gauguin war eine einzige Antwort auf ein künstlerisches Problem nie genug. Wenn er mit einem solchen Problem oder einem Ort abgeschlossen hatte, blickte er stets schon auf das nächste. Vielleicht gefiel ihm deshalb eine Kunst so gut, die von Mustern der Wiederholung und der Neuerfindung gekennzeichnet war, da eine Frage damit niemals beantwortet war, sondern für weitere unterschiedliche Lösungen offen blieb.

1 / Eine dieser Visitenkarten befindet sich in der Sammlung des Department of Drawings and Prints im Metropolitan Museum of Art, New York.

2 / Gauguin nahm an den Impressionisten-Ausstellungen 1879, 1880, 1881, 1882 und 1886 teil. Richard Brettell schätzt, dass Gauguin bis zur Ausstellung 1886 mindestens 216 Gemälde geschaffen hat. Richard R. Brettell, »Was Gauguin an Impressionist? A Prelude to Post-Impressionism«, in: ders. und Anne-Birgitte Fonsmark, *Gauguin and Impressionsim*, New Haven 2005, S. 6.

3 / Ebd., S. 70, 126, 134, 138.

4 / Pissarro schuf einige Skulpturen von Kühen, stellte diese jedoch nie aus. Gauguin schenkt Pissarro *La Toilette*, 1882, eine seiner ambitioniertesten frühen Holzrelief-Skulpturen. Anne-Birgitte Fonsmark, »The Sculpture Mania, 1882«, in: Brettell / Fonsmark 2005 (wie Anm. 2), S. 190–193.

5 / Siehe zum Beispiel Gauguins Briefe von 1891 bis 1893 an seine Frau Mette und an George-Daniel de Monfreid, in: Belinda Thomson (Hrsg.), *Gauguin by Himself*, London 2004, S. 111–123.

6 / Es war in erster Linie Vollards Verdienst, dass Gauguin sich in seinem späteren Leben ausschließlich der Kunst widmen konnte, nämlich dadurch, dass er ihm ab 1894 Gemälde abkaufte. 1900 und 1901 unterstützte Vollard ihn mit einem monatlichen Gehalt. Suzanne Diffre und Marie-Josèphe Lesieur, »Gauguin in the Vollard Archives«, in: *Gauguin, Tahiti*, hrsg. von George T. M. Shackelford und Claire Frèches-Thory, Ausst.-Kat. Galeries Nationales du Grand Palais, Paris, Museum of Fine Arts, Boston, London 2004, S. 339, Anm. 10.

7 / Brief an Mette Gauguin, Juni 1892, in: Maurice Malingue (Hrsg.), *Briefe. Paul Gauguin* Berlin 1960, S. 170.

8 / »ti'i« (Plural »ti'ii«) ist ein tahitianisches Wort, das sich sowohl auf den ersten Mann in der tahitianischen Kosmologie bezieht als auch auf eine kleine Statue aus Holz oder Stein, die eine Gottheit darstellen oder beherbergen soll.

9 / Anne-Birgitte Fonsmark, »Gauguin Makes Objects«, in Brettell / Fonsmark 2005 (wie Anm. 2), S. 107.

10 / Richard Brettell u. a., *The Art of Paul Gauguin*, Ausst.-Kat. National Gallery of Art, Washington, D.C. 1988, S. 191.

11 / Zu van Goghs Konzept eines Ateliers in den Tropen, siehe Douglas W. Druick und Peter Kort Zegers, in Zusammenarbeit mit Britt Salvesen, *Van Gogh and Gauguin: The Studio of the South*, Ausst.-Kat. Art Institute of Chicago, New York 2001, S. 214 ff.

12 / Brief vom 31.3.1893, in: Anne Joly-Segalen (Hrsg.), *Lettres de Gauguin à Daniel de Monfreid*, Paris 1950, S. 67.

13 / Brief vom April oder Mai 1893, in: ebd., S. 70.

14 / Zum dritten Raum und zur Herausbildung hybrider kolonialer Identitäten, siehe Homi K. Bhabha, *The Location of Culture*, London 1994. Zu Gauguins in Polynesien gefertigten Skulpturen, siehe Elizabeth C. Childs »Carving the ›Ultra-Sauvage‹: Exoticism in Gauguins Sculpture«, in: Patricia G. Berman und Gertje R. Utley (Hrsg.), *A Fine Regard: Essays in Honor of Kirk Varnedoe*, Aldershot 2008, S. 40–57.

15 / Brief von Paul Gauguin an George-Daniel de Monfreid vom Oktober oder November 1891, in: Thomson 2004 (wie Anm. 5), S. 116.

16 / Paulin Jénot, »Le Premier Séjour de Gauguin à Tahiti«, in: *Gazette des Beaux-Arts*, Januar – April 1956, zit. nach: Marla Prather und Charles F. Stuckey, *Gauguin – A Retrospective*, New York 1987, S. 177. Zur Volkskunst der Marquesas-Inseln zur Zeit Gauguins, siehe Carol Ivory, »Shifting Visions in Marquesan Art at the Turn of the Century«, in: *Gauguin Polynesia*, hrsg. von Suzanne Greub, Ausst.-Kat. Ny Carlsberg Glyptotek, Kopenhagen, Seattle Art Museum, München 2011, S. 322–333.

17 / Siehe Christopher Gray, *Sculpture and Ceramics of Paul Gauguin*, Baltimore 1963, S. 143 ff.

18 / Ebd., Kat. 94–102. Gray meint, dass diese »ti'ii« nur einen Bruchteil von Gauguins Holzskulpturen der ersten tahitianischen Periode darstellen (S. 53). Einige der tropischen Hölzer eigneten sich nicht besonders fürs Schnitzen. Paulin Jénot hielt fest, dass die erste Holzart, die er dem Künstler in Papeete zur Bearbeitung gab, Guave war, das »dazu neigt, Würmer anzuziehen und rasch zu Staub zerfällt«. Jénot erinnerte sich auch daran, dass er Gauguin in das Tal der Königin im Inneren der Insel mitnahm, um nach Holz interessanter Bäume zu suchen, und dass einige der Skulpturen, die Gauguin aus diesem Holz schnitzte, ehe es ganz trocken war, »unwiderruflich« barsten. Siehe Prather und Stuckey 1987 (wie Anm. 16), S. 177 f.

19 / Paul Gauguin, *Noa Noa*, Paris 1998, o. S.

20 / Eine scharfsinnige Auseinandersetzung mit der Rolle des Geruchs in Gauguins Kunst bietet Jim Drobnick, »Towards an Olfactory Art History: The Mingled, Fatal, and Rejuvenating Perfumes of Paul Gauguin«, in: *Senses and Society*, 7, Nr. 2, 2012, S. 196–208.

21 / Siehe Childs 2008 (wie. Anm. 14), S. 48 f.

22 / Einige der »ti'ii«, die Gauguin in der Durand-Ruel-Ausstellung zeigte, finden sich auch in dieser Publikation, siehe Kat. 59, 80, 81 und 84.

23 / Zu dieser Tafel und drei verwandten Holztafeln, die zusammen ein dekoratives Ensemble gebildet haben könnten, siehe Gray 1963 (wie Anm. 17), Kat. 107.

24 / Zu dem *Pape moe*-Motiv und seiner Quelle in der kolonialen Fotografie, siehe Elizabeth C. Childs, *Vanishing Paradise: Art and Exoticism in Colonial Tahiti*, Berkeley 2013, S. 111–116.

25 / Gray 1963 (wie Anm. 17), S. 63.

26 / Im Jahr 1900 schickte Gauguin (über Monfreid) an die 475 Drucke der 14 Holzschnitte, aus denen diese Folge besteht, an Vollard. Der Kunsthändler zeigte nur wenig Interesse daran, diese zu bewerben, und sie sind nur allmählich ans Licht gekommen. Siehe Barbara Stern Shapiro, »I Have Everything a Modest Artist Should Wish«, in: Paris 2004 (wie Anm. 6), S. 206–211, und Elizabeth Prelinger, »Die ›Vollard-Suite‹«, in Tobia Bezzola und dies., *Paul Gauguin – Das druckgrafische Werk*, Ausst.-Kat. Kunsthaus Zürich, München 2012, S. 104. Der Galerist lehnte auch Gauguins keramisches Meisterwerk *Oviri (Wild)*, 1894 (Kat. 99) ab, und meinte 1900 in einem Brief an Monfreid, dass man es als Blumenvase verwenden könne. Anne Pingeot, »Oviri«, in: Paris 2004 (wie Anm. 6), S. 136.

27 / Der Hinweis, Gauguin wolle, dass diese Druckserie nicht fix gehängt, sondern vom Betrachter nach Gutdünken arrangiert werden solle, wurde erstmals von Richard Brettell aufgeworfen. Die Idee wurde kürzlich von Elizabeth Prelinger weiter ausgearbeitet, die auf eine Verbindung zwischen den *Vollard*-Drucken und dem Myriorama verweist, einer Erfindung des 19. Jahrhunderts, in der man eine Reihe illustrierter Karten Seite an Seite beliebig anordnen konnte, um diverse Landschaftspanoramen zu schaffen. Siehe Prelinger 2012 (wie Anm. 26), S. 104 f.

28 / Diffre / Lesieur 2004 (wie Anm. 6), S. 306.

29 / Siehe Elizabeth C. Childs, »Remixing Paradise: Gauguin and the Marquesas Islands«, in: Greub 2011 (wie Anm. 16), S. 306–319.

30 / Zu diesem Thema wird der Leser besonders auf die in der Bibliografie angegebenen Werke von Stephen F. Eisenman, Hal Foster, Griselda Pollock, Abigail Solomon-Godeau, Chantal Spitz und Belinda Thomson wie auch auf meine Publikation *Vanishing Paradise* (wie Anm. 24) verwiesen.

31 / Für eine neuere Studie zum Einfluss von Gauguin auf zeitgenössische pazifische Kunst, siehe Caroline Vercoe, »Contemporary Worlds: Artists in the Pacific Respond to Gauguin«, in: Kopenhagen 2011 (wie Anm. 16), S. 346–359.

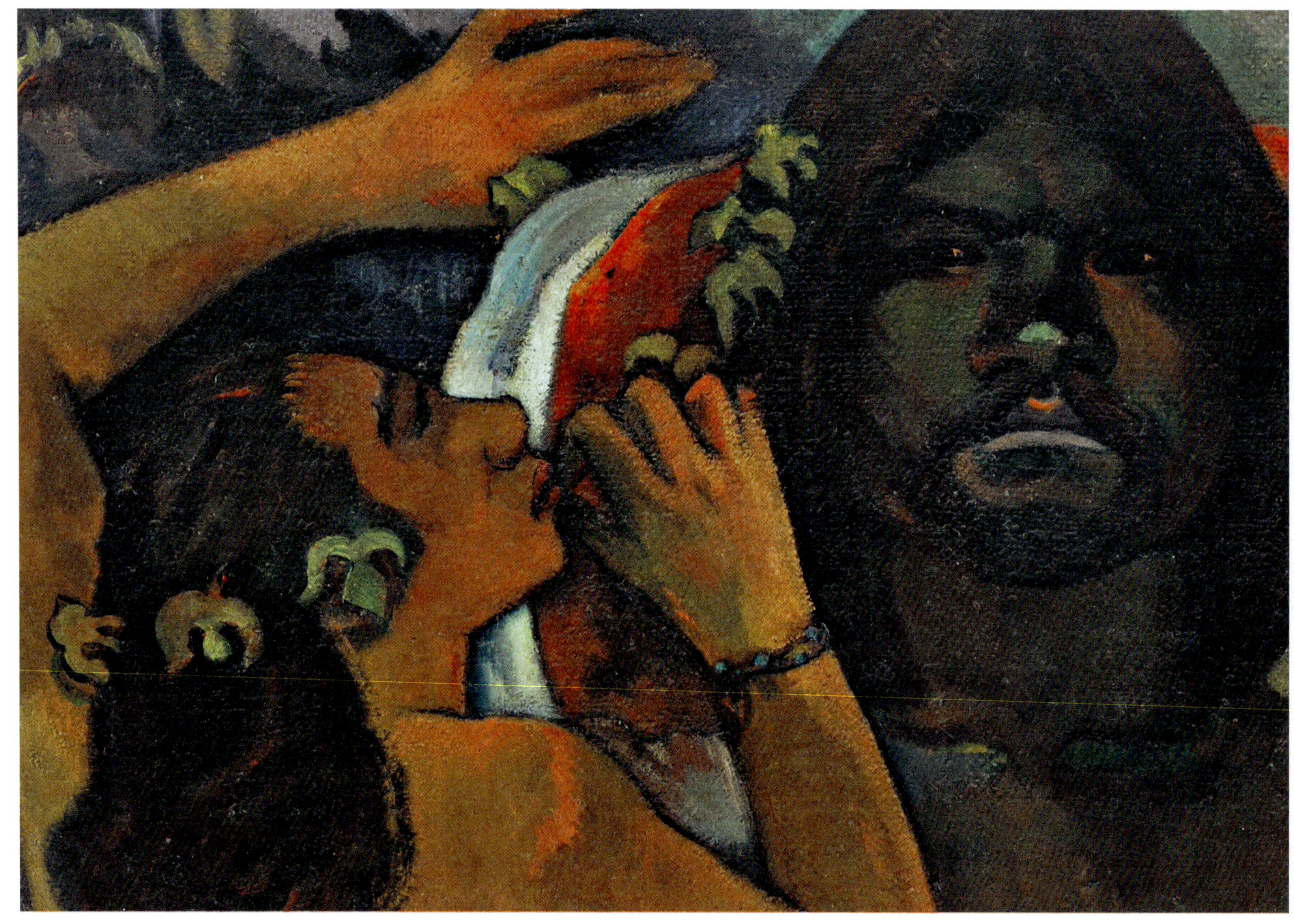

HAL FOSTER

Das Dilemma des Primitivisten

Ehe er noch zu einer künstlerischen Praxis wurde, war der Primitivismus ein Modus kultureller Fantasie. Zunächst steht in dieser Fantasie, die im späten 19. und frühen 20. Jahrhundert von den europäischen Vertretern der Moderne ersonnen wurde, ein Selbst, das als weiß, westlich und männlich vorausgesetzt wird, einem Anderen gegenüber, das sich als dunkel, nicht-westlich und weiblich präsentiert, und regt dann eine Reise – real oder fiktiv – von Ersterem in das Land von Letzterer an. In dieser Beziehung ist der Primitivismus auch eine imaginäre Maschine, mit deren Hilfe die Reise durch den Raum auch zu einer Reise durch die Zeit wird: Gauguin besuchte die Bretagne (zweimal), Panama und Martinique und wandte sich dann Tahiti (zweimal) und schließlich den Marquesas-Inseln zu, in der Hoffnung, dass jedes neue Abenteuer ihn näher an den geheimnisvollen Ursprung der Dinge führen würde.[1] In der extremsten Ausprägung dieses Entwurfes erscheint das Land des Anderen als ein Land in einem Zeitalter vor jeglichem Untergang, in Reinheit vor jeglicher Korruption, in Einheit vor jeglicher Trennung, ohne sexuellen Unfrieden oder soziale Konflikte. In den Köpfen der Franzosen stellt Tahiti – vor allen anderen Orten – dieses primitive Land von freier Liebe und Austausch von Geschenken dar. Es handelte sich bereits um eine etablierte Vorstellung, als Diderot 1771 sein *Supplément au voyage de Bougainville* veröffentlichte. Gauguin führte diesen Mythos lediglich weiter aus. Doch ist es seine Darstellung des Paradieses, die immer noch zählt.

Der Orientalismus, eine verwandte Fantasie, die den Nahen Osten betrifft, stellte ebenfalls ein westliches Subjekt einem nicht-westlichen Anderen gegenüber, und doch konnte – im Gegensatz zu Ozeanien und Afrika, den bevorzugten Reichen primitivistischer Vorstellungskraft – der Nahe Osten kaum als in der Geschichte unschuldig gesehen werden. Im Gegenteil, er musste als korrupt verstanden werden und bedurfte folglich kolonialer Erlösung. Gauguins Primitivismus will diese orientalistische Codierung umkehren: In seinen Tahiti-Schriften – in erster Linie in *Noa Noa*, der überspitzten Beschreibung seines ersten Aufenthaltes in Tahiti von 1891 bis 1893 – stellt Gauguin das Europäische als pervers und das Primitive als rein dar. Der Gegensatz dieser Werte bleibt in der Umkehrung bestehen, er ist wahr. Auch der Diskurs über die Symptomatik wird beibehalten: Gauguin belegte seine Landsleute mit Worten wie »degeneriert« und »dekadent«. Trotz alledem setzt er die Struktur unter Druck, da er bestrebt ist, die kulturellen Gegensätze des Europäischen und des Anderen – oftmals als weiße Repression und dunkle Sexualität dargestellt – aufzulösen, genauso wie die psychischen Binärprogramme, die diesen unterliegen – aktiv und passiv, maskulin und feminin, heterosexuell und homosexuell –, selbst wenn er sogar reaktiv auf diesen alten Trennungen beharrt und jede endgültige Überkreuzung ablehnt.

Hina Tefatou (Der Mond und die Erde), 1893 (Kat. 79), Detail

Dieser Widerspruch kann jedoch nicht aufgelöst werden, da Gauguin sich sowohl der Verschiedenheit öffnen und aus seiner europäischen Identität heraustreten wollte als auch im Gegensatz zu dem Anderen bestehen bleiben und wieder als unabhängiges Subjekt hergestellt werden wollte. Das ist das Dilemma des Primitivisten.

Für Claude Lévi-Strauss ist »Mythos« eine symbolische Verschiebung unmöglicher Konflikte innerhalb einer Kultur, und für Louis Althusser, der diese Definition adaptierte, bedeutet »Ideologie« eine imaginäre Auflösung realer Widersprüche in einer Gesellschaft.[2] In diesem Sinn ist Gauguins Primitivismus sowohl Mythos als auch Ideologie und ist von Beginn an gestört: Die Verschiebung kann nicht andauern, die Auflösung nicht anhalten, insofern als er die ihn strukturierenden Gegensätze, die ohnedies nicht stabil sind, nicht bewältigen kann. In seinen Arbeiten bewegt sich Gauguin zwischen den konzeptuellen Polen von Reinheit und Unreinheit, Unmittelbarkeit und Vermittlung, Sinn und Synästhesie, Identität und Unterschiedlichkeit, Erinnerung und Vision sowie Ursprung und Ende. Er versucht, zwischen diesen Skyllen und Charybden mit zweierlei Denkbildern zu navigieren, die ebenfalls mehrdeutig sind: Malerei als Traum und Leben als Mysterium. Es sind genau diese Komplikationen, mit denen ich mich hier befassen möchte.

• • •

Gauguin sah das Primitive durch ein Prisma von Bildern und Texten, von denen einige den Klischees seiner Zeit entsprachen. Ein Anlass für sein polynesisches Abenteuer war zum Beispiel seine Begegnung mit den kolonialen Präsentationen auf der *Exposition universelle* 1889 in Paris, von denen einige den Unterhaltungen in einem Zirkus oder sogar einem Zoo ähnelten. In Tahiti ging Gauguin mit einem von Buffalo Bill inspirierten Cowboyhut von Bord. Er kam auch mit den exotisierenden Geschichten von Pierre Loti im Kopf und einer Menge an Bildern, die aus unterschiedlichen Traditionen stammten, an. Kurz gesagt, sein Primitivismus setzte sich aus verschiedenen Überlieferungen und Quellen zusammen. Es ist also müßig, ihn für das zu kritisieren, was er offensichtlich ist, eine Art Flickwerk.[3] Trotzdem steht die hybride Natur von Gauguins Kunst im Widerspruch zu seinem erklärten Ziel der Reinheit. Dass er es schaffte, diesen eklatanten Widerspruch zu produktivem Nutzen umzuwandeln, ist ein Maß für seinen Erfolg.

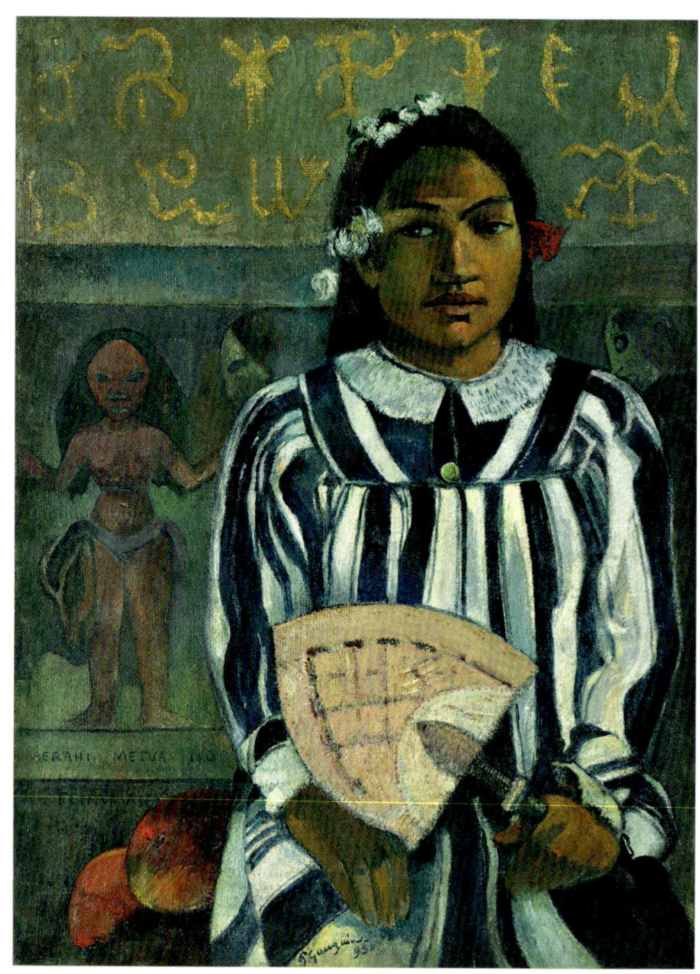

Abb. 1

Paul Gauguin, *Merahi metua no Tehamana (Tehamana hat viele Ahnen)*, 1893, Öl auf Leinwand, 76,3 x 54,3 cm, The Art Institute of Chicago, Schenkung von Mr. und Mrs. Charles Deering McCormick

Bald sah Gauguin sich gezwungen, den Gegensatz von dem reinen Primitiven und dem unreinen Europäischen zu differenzieren: Wenn auch manche Eingeborene unschuldig schienen, waren andere doch vom Kolonialismus verdorben. Er stellte sie in beiden Gestalten dar. Seine junge Geliebte Tehamana zum Beispiel erscheint als ursprünglicher Akt in *Te nave nave fenua (Herrliches Land)*, 1892 (Kat. 50) und dann als – bekleidetes – koloniales Wesen in *Merahi metua no Tehamana (Tehamana hat viele Ahnen)*, 1893 (Abb. 1). Vielleicht war der Gegensatz von rein und unrein mit einem anderen Stereotyp vermischt, das Gauguin aus Europa importiert hatte, der sexistischen Trennung von Frauen in zwei Kategorien, Madonna und Hure. Wenn dem so war, dann belastete er auch dieses Klischee, denn oft genug sind seine Insel-Evas als Jungfrauen und Verführerinnen in Personalunion dargestellt.

Natürlich war auch Gauguin selbst in seiner eigenen Rolle geteilt, so sah er sich als »empfindsam« und als »Indio«, gleichzeitig als Pariser Insider und als peruanischer Outsider, denn seine Großmutter mütterlicherseits, Flora Tristan, ein sozialistischer Blaustrumpf, mit der er sich identifizierte, stammte aus einer peruanischen Familie, und er hatte fünf Jahre seiner Kindheit in Lima verbracht.[4] Gauguin verstand diese psychologischen und emotionalen Konflikte in Hinblick auf diese sozialen und ethnischen Erschwernisse: »Viele Mischungen in mir«, schreibt er gegen Ende seines Lebens, 1903, in *Avant et après* (dt. *Vorher und Nachher*), einer Sammlung von Notizen. »Grober Matrose. – Zugegeben. – Aber ich habe Rasse oder besser noch, zwei Rassen.«[5] Und manchmal fanden diese Widersprüche ihren Ausdruck in politischen Ambivalenzen. »Lang lebe die Demokratie!«, schreibt Gauguin in *Cahier pour Aline*, ein Album mit Bildern und Texten, das er 1892 für seine Lieblingstochter zusammenstellte. Sie verstarb jedoch vor der Fertigstellung. »Philosophisch gesprochen glaube ich, dass die Republik ein Trompe-l'Œil ist (um einen Begriff aus der Malerei zu verwenden) und ich verabscheue Trompe-l'Œil. Ich werde wieder anti-republikanisch (im philosophischen Sinn), intuitiv, instinktiv, ohne darüber nachzudenken. Ich liebe die Noblesse, die Schönheit, den delikaten Geschmack.«[6] Gauguin seinerseits wurde ebenfalls mit politischer Ambivalenz betrachtet, vonseiten der Eingeborenen manchmal als Eindringling verspottet, auf der kolonialen Seite jedoch oftmals als Unruhestifter verurteilt. Beide Seiten sahen in ihm ein bisschen einen Gauner.

• • •

Bei Gauguin kann die Biografie nicht außer Acht gelassen werden, doch wie lassen sich die zahlreichen Konflikte in seinem Leben zu den »gewaltsame Harmonien« seiner Kunst in Bezug setzen?[7] Tragen die Spannung zwischen seinem Verlangen nach einer ekstatischen Öffnung gegenüber der Verschiedenheit und sein Bedürfnis nach einer gefestigten Identität gegenüber dem Anderen zu der Unbeständigkeit bei, die in seinen Bildern, Objekten und Texten so oft festzustellen ist? Mit ihren unterschiedlichen Quellen, den disharmonischen Farben und den bizarren Räumen widersetzen sich besonders seine Gemälde der Auflösung. Und doch ist die Heterogenität seiner Kunst kein direkter Ausdruck des Aufruhrs in seinem Leben. Neben anderen Gründen brachte ihn seine symbolistische Ästhetik dazu, eine derartige Unruhe in seinen Arbeiten zu schätzen. Was er über seine Texte sagte, gilt auch für seine Bilder: Sie sind »wie Träume, wie auch alles andere im Leben, aus Einzelteilen gemacht«.[8] Wie gemeinhin bekannt ist, weist seine Kunst eine breite Palette an Bezügen auf – zu antiken ägyptischen Friesen, javanischen Tempelfiguren, unmittelbaren Vorgängern in der französischen Avantgarde und anderen. Weniger bekannt ist hingegen die unablässige Bewegung bestimmter Motive in seinem Œuvre. Wie in dieser Ausstellung ausführlich gezeigt wird, ist diese Transitivität von Bildern durch die verschiedenen Medien – sie zirkulieren in Gemälden, Holzschnitten, Skulpturen, Monotypien und anderen Ausdrucksformen – weder eine Sache simpler Wiederholung, da sie ein zu hohes Maß an Transformation beinhaltet, noch ein Symptom melancholischer Fixierung, da sie aus eigener Kraft generativ ist.[9] Obwohl Gauguin sehr aufmerksam war hinsichtlich der unterschiedlichen Eigenschaften der verschiedenen Medien, lässt sich seine Herangehensweise im Sinn der Moderne kaum als medienspezifisch bezeichnen. Der intermediale Aspekt wurde schon früh bemerkt. »Seine Holzschnitte begründen mit einer Linie, die seine Skulpturen uns bereits enthüllten, die wahrhafte persönliche Harmonie zwischen [seinen Skulpturen] und seiner Malerei, für diejenigen, welche die Verbindung unglücklicherweise nicht gefühlt haben«, schrieb der Kritiker Julien Leclerq nach einem Besuch von Gauguins Atelier gegen Ende 1894, als er unter anderem die Holzschnittfolge *Noa Noa* besichtigte. »Zwischen Skulptur und Malerei ist [der Holzschnitt] ein Zwischenmedium, das dem einen ebenso wie dem anderen ähnelt.«[10] Auf diese Weise wendet sich Gauguin an seine Betrachter, um sie

Motive quer durch die Medien aufspüren zu lassen, um sie überlegen zu lassen, welche Logik solchen Umsetzungen zugrunde liegen könnte, und um die Frage aufzuwerfen, welche Motivation sich möglicherweise hinter diesem Spiel von Thema und Variation verbirgt.

Gauguin bewegte sich durch unterschiedliche Register der Kunst. Seine Gefäße, Vasen und Becher aus Steinzeug aus den späten 1880er-Jahren sind dekorative Objekte, die das Nützliche im Künstlerischen subsumieren. Das gilt auch für seine zeitgleichen Holzreliefs. Obwohl sie mit den Art-nouveau-Themen der Zeit in Beziehung stehen, sind diese Objekte nicht einfach ästhetizistisch. Die hölzernen Köpfe und Figuren der 1890er-Jahre, wie *Idol mit einer Perle*, 1892 (Kat. 81), richten sich an ein Interesse, das ebenso ritualhaft und / oder erotisch wie ästhetisch ist. Was könnte dieser scheinbaren Nichtbeachtung derartiger traditioneller Unterscheidungen zugrunde liegen? Gauguins Reaktion auf die Keramiken, die 1889 bei der *Exposition universelle* ausgestellt waren, geben einen Anhaltspunkt: »Keramiken sind keine unnützen Dinge«, bemerkt der Künstler in seinem ersten veröffentlichten Text. »In den entferntesten Zeiten, unter den Indianern, war die Töpferkunst stets weitverbreitet. Gott schuf den Menschen aus ein wenig Ton. Aus ein wenig Ton kann man Metall erschaffen, kostbare Steine – mit ein wenig Ton, und auch ein wenig Genie! Handelt es sich nicht also um ein lohnendes Material? Trotzdem werden neun von zehn gebildeten Menschen an dieser Abteilung vorübergehen, ohne sie auch nur eines Blickes zu würdigen. Was lässt sich dagegen tun? Da gibt es nichts zu sagen: Sie wissen es nicht besser.«[11] Diese Aussage lässt vermuten, dass sein Weg sowohl quer durch die Medien als auch durch die Register der Kunst als Reaktion auf die Hierarchien innerhalb der eigenen Kultur gedacht war.

In der westlichen Tradition werden die visuellen und visionären Fähigkeiten als etwas Verfeinertes betrachtet, während der Tast- und Geruchssinn als niedrig gelten. Das ist einer der Gründe, warum in der Ordnung der bildenden Künste die Malerei, die sich am optischen Sinn orientiert, über die Skulptur gestellt wird, die mit dem taktilen Sinn verbunden wird. Mit der Transitivität seiner Arbeitsweise

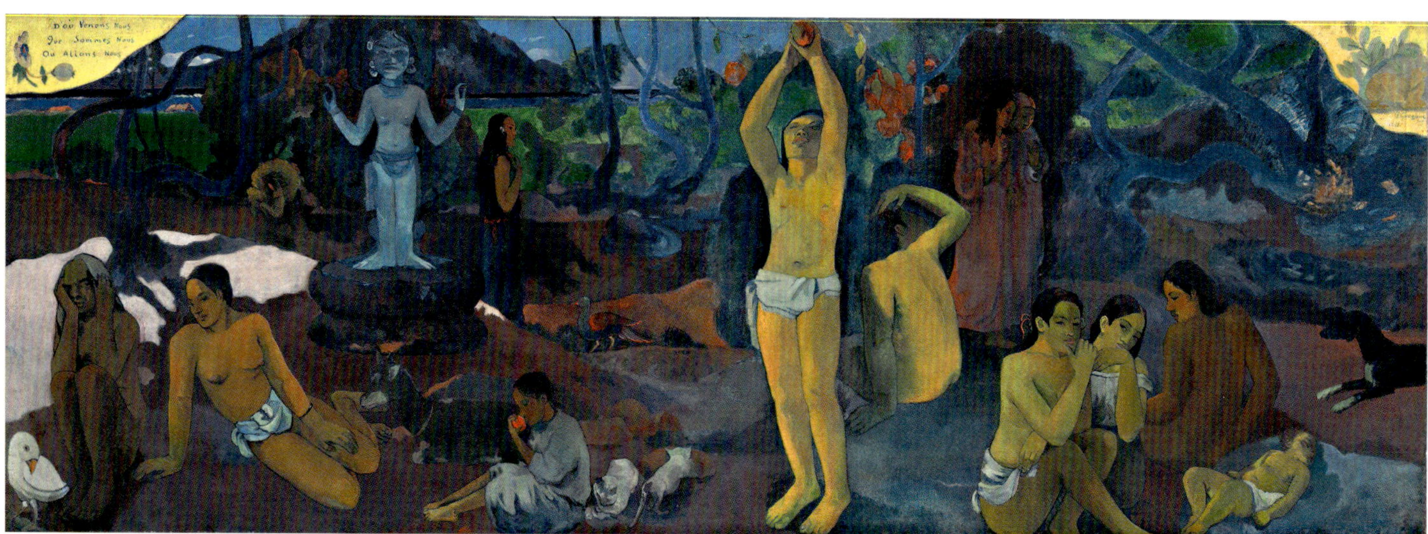

Abb. 2

Paul Gauguin, *D'où venons nous? Que sommes nous? Où allons nous? (Woher kommen wir? Wer sind wir? Wohin gehen wir?)*, 1897/98, Öl auf Leinwand, 139,1 x 374,6 cm, Museum of Fine Arts, Boston, Tompkins Collection – Arthur Gordon Tompkins Fund

stört Gauguin diese Ordnung, und bisweilen tut er dies auch innerhalb eines einzigen Mediums. So beschreibt er zum Beispiel die synthetistische Fusion von Farbe und Zeichnung in seinen Gemälden im Sinne einer synästhetischen Mischung des optischen mit dem taktilen wie auch des akustischen mit dem olfaktorischen Sinn. »... in völliger Stille träume ich von gewaltsamen Harmonien inmitten natürlicher Wohlgerüche, die mich berauschen«, schreibt Gauguin über sein Meisterwerk *D'où venons nous? Que sommes nous? Où allons nous? (Woher kommen wir? Wer sind wir? Wohin gehen wir?)*, 1897/98 (Abb. 2), in einem Brief an den Kritiker André Fontainas.[12] Solche Anspielungen auf Geräusche und Geruch stehen auch in Einklang mit der symbolistischen Ästhetik der Zeit, die »Gewalt« dieses »Rausches« unterscheidet sich jedoch davon. Im Wesentlichen versucht Gauguin die niederen Sinne –, die mit dem Primitiven assoziiert werden – zu erhöhen. Tatsächlich ist er in *Noa Noa* und auch an anderer Stelle bestrebt, diese Affinität neu zu bewerten, um das Primitive nicht als eine Ausprägung des niederen Geruchs, sondern des verfeinerten Duftes – diese Bedeutung hat »noa noa« für ihn – zu betrachten. Diese Neubewertung ist ein bedeutender Aspekt seines künstlerischen Projektes, es ist seine Version der »Verwirrung aller Sinne«, die Rimbaud als Ziel für die gesamte Generation definiert. Diese Unordnung lässt jedoch noch einen weiteren Schluss zu: Zugleich ursprünglich und verfeinert ist dieser Duft, dieses »noa noa«, nicht nur dazu bestimmt, die sinnliche Ordnung des Europäischen durcheinanderzuwerfen, sondern auch, um die ihr entgegengesetzte soziale Hierarchie infrage zu stellen. Während Gauguin sich näher mit dem alten Stereotyp von Tahiti beschäftigte, sprach er auch den historisch bedingten Wunsch an, dass das Sensorium des zeitgenössischen Europa sich »verjüngen«, ja sogar »berauschen« und dass die kapitalistische Trennung von Arbeit, Eigentum und Klasse dadurch befriedigt werden möge. Diese Verbindung zwischen einer synästhetischen Verschmelzung der Sinne und einer phantasmatischen Freiheit von der Trennung ist ganz wesentlich für seine primitivistische Vision.[13]

Darüber hinaus gestaltete Gauguin die fundamentale Trennung der Geschlechter komplexer. Zuweilen drückt seine Inselkunst sexuelle Unterschiede aus, verschärft diese sogar, wie in *Hina Tefatou (Der Mond und die Erde)*, 1893 (Kat. 79), eine Darstellung der Maori-Mondgöttin Hina und des Maori-Erdgottes Fatu. In dem Gemälde spricht Hina für

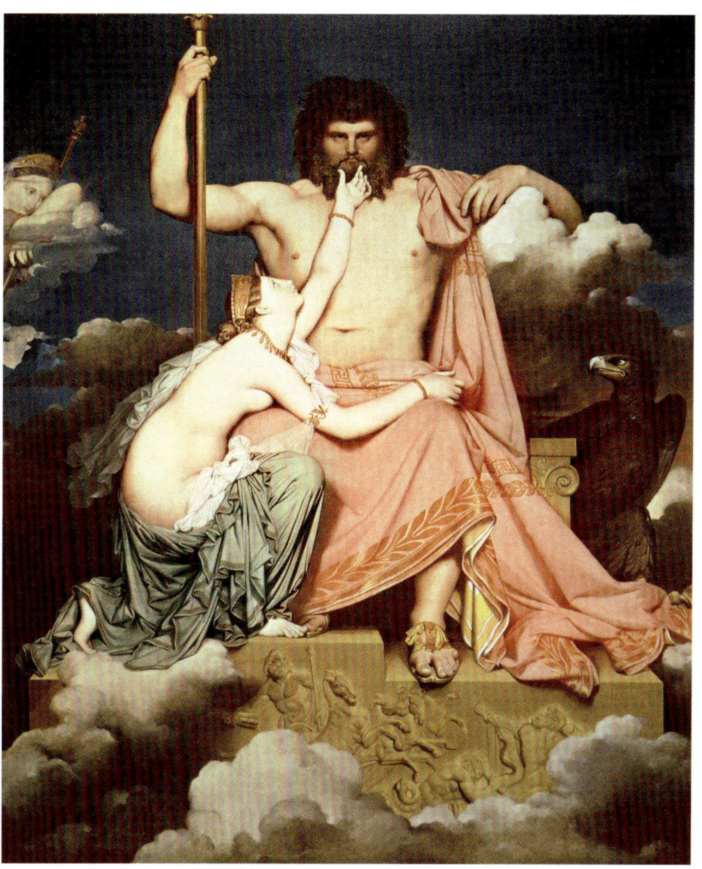

Abb. 3
Jean Auguste Dominique Ingres, *Jupiter und Thetis*, 1811, Öl auf Leinwand, 327 x 260 cm, Musée Granet, Aix-en-Provence

die Menschen bei Fatu vor. Sie bittet ihn, diese unsterblich zu machen, was dieser ablehnt. Als Vollakt von hinten dargestellt, ist die hellhäutige Göttin eine Bittstellerin vor dem dunkelhäutigen Gott, der sich frontal, in Form einer Büste präsentiert. Die sexuelle Trennung wird hier noch unterstrichen, nicht nur durch Position, Farbe und Maßstab, sondern auch durch Macht: Hina steht auf Seiten der Menschen, während Fatu eine allmächtige Gottheit ist. Wie Ingres in *Jupiter und Thetis*, 1811 (Abb. 3), nimmt auch Gauguin in *Hina Tefatou* die Männlichkeit als omnipotent an, in seinen leichten Variationen des Themas von Leda und dem Schwan (Kat. 1, 2) und dem Raub der Europa (Kat. 131) fantasiert er sogar von sexueller Herrschaft als göttlichem Recht.

In anderen Bildern und Texten verschleiert Gauguin jedoch die sexuelle Trennung. Die geschlechtliche Doppeldeutigkeit faszinierte ihn. »Sieh! Da geht die kleine Vaitauni zum Fluss«, schreibt er in einer späteren Notiz. »Dieser Zwitter ist nicht wie die anderen, und es kitzelt einen, fühlt man als müder Wanderer sich ohne Kraft.«[14] Könnte die Befreiung von der sexuellen Trennung möglicherweise nicht nur in der androgynen Eigenschaft einiger seiner Figuren fantasiert sein, sondern auch in den amorphen Übergängen vieler seiner Bilder und Objekte? Oft führt die Vermischung von Farbe und Zeichnung, von Figur und Grund zu opulenten Oberflächen, die sich visueller Penetration oder gar Abgrenzung widersetzen. Weisen sie also möglicherweise auf den Wunsch nach einem Zustand jenseits synästhetischer Sinnlichkeit hin, das heißt nach einer polymorphen Sexualität?

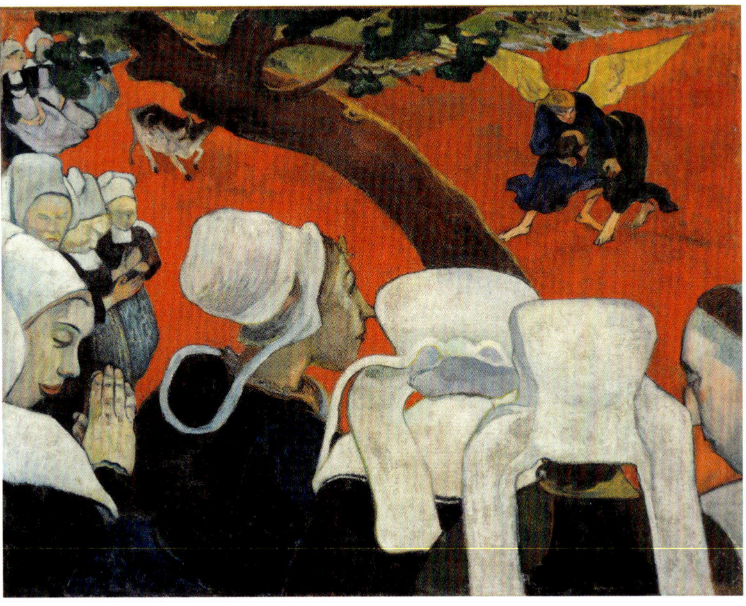

Abb. 4
Paul Gauguin, *La Vision du sermon (Die Vision nach der Predigt)*, 1888, Öl auf Leinwand, 72,2 x 91 cm, National Galleries of Scotland, Edinburgh

Abb. 5
Paul Gauguin, *La Perte de pucelage (Der Verlust der Unschuld)*, 1890/91, Öl auf Leinwand, 89,9 x 130,2 cm, Chrysler Museum of Art, Norfolk, Va., Schenkung von Walter P. Chrysler Jr.

• • •

Gauguin generierte einige Begriffe für seine Kunst, und er wusste, wie er Autoren dazu bringen konnte, ebenfalls solche zu schaffen. Er verstand es aber auch, sie zu verstimmen. »Traum« und »Mysterium« sind die wichtigsten dieser Begriffe. Obwohl sie zum Standard symbolistischer Ästhetik gehören, weisen Gauguin und seine Befürworter ihnen einen charakteristischen Tonfall zu. Wieder unterstützt die Analogie von Malerei und Traum, die sich beide »aus Einzelteilen zusammensetzen«, die ungewöhnliche Konzeption des Gemäldes als Stückwerk, das die individuellen Motive ebenso hervorhebt wie die Gesamtkomposition.[15] Rhetorisch gesehen begründet sie auch ein Modell der Bildherstellung, das unterschiedliche Temporalitäten hervorrufen kann – Vergangenheit, Gegenwart und Zukunft, das Erinnerte, das

Wahrgenommene und das Imaginierte, programmatisch in *D'où venons nous?* wird es aber auch in anderen Werken deutlich.[16] Es ist dieses Gefühl eines visionären Stromes trennender Bild-Zeiten, die Gauguins Malerei mit dem Traum in Verbindung bringen.

Gauguin verglich seine Gemälde auch mit Friesen und Freskos,[17] wie es auch einige seiner Anhänger taten. »Man ist bisweilen versucht, sie für Fragmente großer Wandgemälde zu halten«, schreibt G.-Albert Aurier über die bretonischen Gemälde der späten 1880er-Jahre, »und sie scheinen fast immer die Rahmen zu sprengen, die sie unangemessenerweise beinhalten«.[18] Dieses Bild vom »gesprengten Rahmen« ist aufschlussreich. »All die umgebenden Materialrealitäten sind in Rauch aufgegangen, sind verschwunden«, bemerkt Aurier über *La Vision du sermon (Die Vision nach der Predigt)*, 1888 (Abb. 4), dem Gemälde mit den bretonischen Mägden, die sich im Vordergrund zusammendrängen und, inspiriert von einer Predigt, den Kampf Jakobs mit dem Engel beobachten. Sowohl diese Sprengung als auch das Abbrennen stehen in Einklang mit den allgemeinen Bestrebungen eines idealistischen Symbolismus. sie deuten jedoch auch auf einen bestimmten Wunsch hin, die physische Stütze zu vergeistigen, um dem Gemälde zu erlauben, sich einem »wunderbaren Gleichgewicht« anzunähern – ein weiterer bildhafter Ausdruck, den Aurier prägte und der auf eine sinnestäuschende Projektion von Bildern hinweist, abermals wie in einem Traum. Hier treffen wir nun wieder auf die grundlegende Spannung in Gauguins Kunst, zwischen vermittelten Möglichkeiten und unmittelbaren Effekten, zwischen Materialstückwerk und spiritueller Vision.

Vielleicht ist die Beziehung von Malerei und Traum bei Gauguin mehr als eine Analogie. Freud begann 1895 mit der Arbeit an seiner *Traumdeutung*, im gleichen Jahr, als Gauguin nach einem zweijährigen Aufenthalt in Paris nach Tahiti zurückkehrte. Zumindest an diesem Punkt überschneiden sie sich erkenntnistheoretisch: Gauguin sieht das Bild als eine Art von Traum an, wohingegen Freud den Traum als eine Art von Bild interpretiert, ein Rebus visueller Zeichen, die symbolisch – in Beziehung zu »wirklichen und phantasierten Begebenheiten«[19] – gelesen werden. Die Traumarbeit im Sinne Freuds ist auch noch auf eine weitere Art mit dem

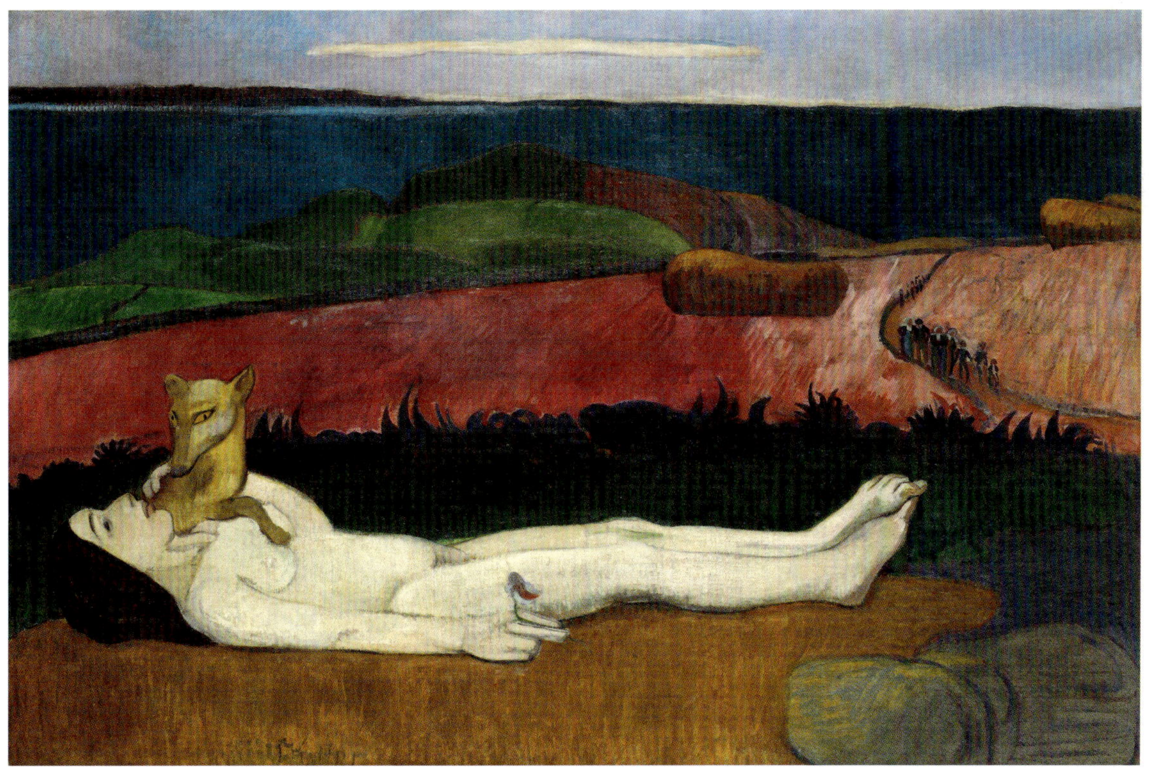

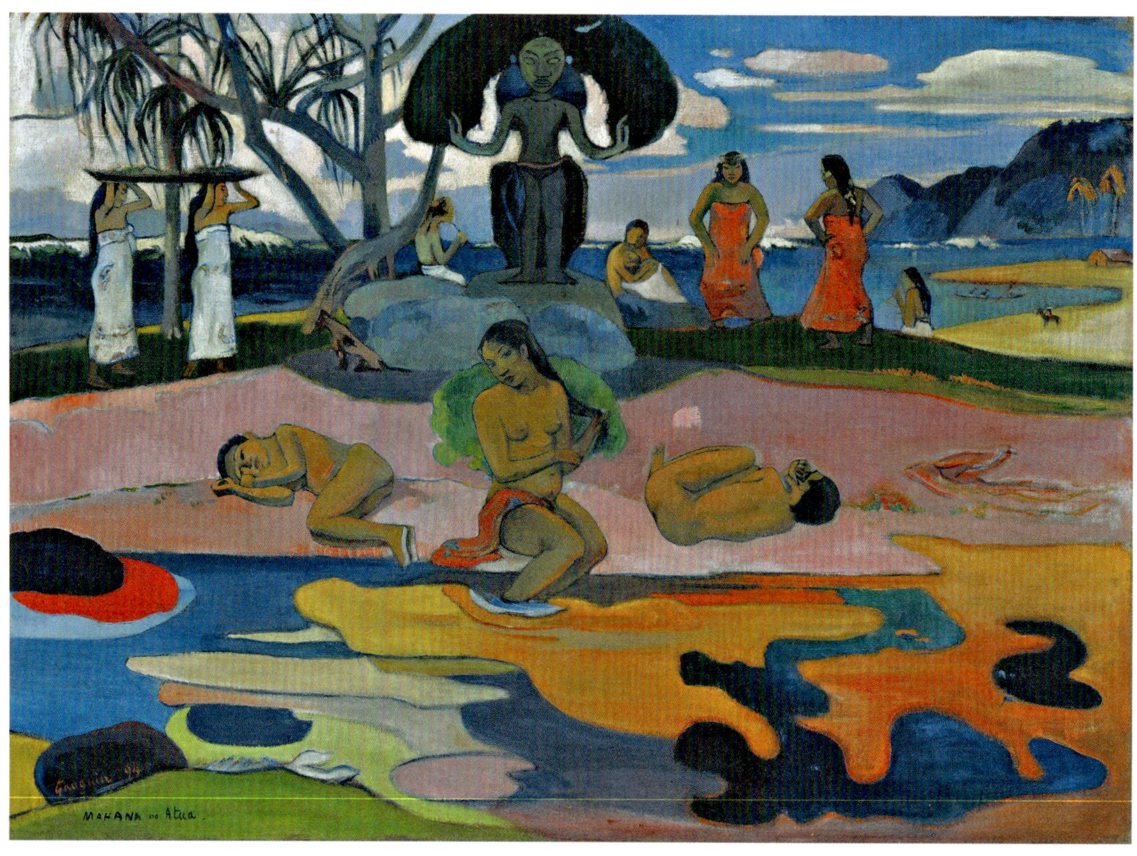

Abb. 6

Paul Gauguin, *Mahana no atua (Der Tag der Götter)*, 1894, Öl auf Leinwand, 68,3 x 91,5 cm, The Art Institute of Chicago, Helen Birch Bartlett Memorial Collection

Kunstwerk im Sinne Gauguins verbunden. Allgemein gesprochen baut Freud die »Bedingungen der Darstellbarkeit«, durch die Vorstellungen in Traumbilder umgewandelt werden, und die »sekundäre Bearbeitung«, durch die diese Vorstellungsbilder in Traumgeschichten umgesetzt werden, auf der malerischen Arbeit auf. Genauer gesagt beruhen die Tätigkeit der »Verdichtung«, durch die ein Vorstellungsbild mit den psychischen Energien von anderen ausgestattet wird, und die »Verschiebung«, wodurch die psychische Energie eines Vorstellungsbildes auf andere übertragen wird, auf den zwei wesentlichen Prozessen bei Gauguin, die bereits weiter oben angesprochen wurden: Seine Verwendung verschiedener Motive und die Verlagerung dieser Motive in unterschiedliche Medien.[20]

Wie bei den Hauptwerken *La Vision du Sermon* und *Manao tupapau (Der Geist der Toten wacht)*, 1892 (Kat. 61), deutlich wird, war Gauguin sehr an phantasmatischen Projektionen interessiert, besonders an der Verwirrung, die zwischen inneren und äußeren Zuständen und zwischen einer Perspektive und der anderen auftreten kann. Er ist sehr explizit, was die Übertragung von Subjektpositionierung zwischen dem Mädchen – es ist wiederum Tehamana – und dem Geist betrifft, die *Manao tupapau* hervorrufen soll: »Der Titel *Mana'o tupapa'u* [was so viel wie ›Geistergedanken‹ heißt] hat eine doppelte Bedeutung«, schreibt Gauguin, »entweder sie denkt an den Geist, oder der Geist denkt an sie«.[21] Sind jedoch die bretonischen Mägde durch ihre Vision nach der Predigt beruhigt, so ist Tehamana durch ihre Vision des Geistes verstört. Gauguin wiederholt einige Male das Bild seiner Geliebten in einem noch weitaus hilfloseren Zustand: Auf dem Boden in Fötushaltung zusammengerollt, den Rücken dem Betrachter zugewandt (Kat. 72–76), ist sie nicht nur der Geisterwelt, sondern auch der Menschenwelt gegenüber hilflos, also in einer Fantasie, die den (männlichen) Betrachter mit einschließt, auch gegenüber dem Künstler, der sie beherrscht.

Nach Freud ist Hilflosigkeit unser ursprünglicher Zustand, wenn wir vorzeitig in eine fremdartige Welt hineingeboren werden. Es ist auch der Zustand, in dem wir uns befinden, wenn wir mit einem Trauma konfrontiert sind, tatsächlich oder imaginiert. 1897, im gleichen Jahr als Gauguin *D'où venons nous?* malte, beschäftigte sich Freud mit der Frage der Fantasie. Während er die kontroverse Vorstellung aufgab, dass hysterische Neurosen immer durch sexuelle Gewaltanwendung ausgelöst werden, behielt er die wesentliche Vorstellung bei, dass ein Trauma, wie phantasmatisch auch immer, trotzdem originär sei. Dies führte ihn zu seiner bedeutenden Hypothese der Urfantasie, bei der er drei Arten unterschied: die Verführung, die Urszene – die Beobachtung des elterlichen Geschlechtsverkehrs durch das Kind – und die Kastration. Die Urfantasien sind laut Freud fundamental, da das Kind die Rätsel des Ursprunges herausfindet: In der Fantasie der Verführung den Ursprung der Sexualität, in der Urszene den Ursprung des Individuums, in der Fantasie der Kastration den Ursprung sexueller Unterschiedlichkeit. Auf die eine oder andere Weise werden alle drei Rätsel von Gauguin beschworen. So wird zum Beispiel der erste Ursprung in *La Perte de pucelage (Der Verlust der Unschuld)*, 1890/91 (Abb. 5), in *Manao tupapau* und in anderen Bildern behandelt, und der dritte, wie wir bereits gesehen haben, in Gemälden wie *Hina Tefatou*.[22] Es ist jedoch die zweite Urfantasie – besonders wenn wir deren Rätsel auf das Mysterium aller Ursprünge und Enden erweitern –, das ihn am meisten beschäftigte.[23]

Was das Mysterium des Ursprungs betrifft, so denke man nur an *Mahana no atua (Der Tag der Götter)*, 1894 (Abb. 6), ein idyllisches Bild von Tahitianern, die in unterschiedlichen Gruppierungen nach Alter, Geschlecht und Aktivität angeordnet sind, an einer Lagune und an einem Strand, mit einer Statue von Hina, die den Vorsitz führt. Dieses Gemälde stellt einen beliebigen Tag im Inselleben dar, der Tag ist jedoch auch »der Tag der Götter«, das heißt, wie ein Ritual beschwört die Darstellung auch die Schöpfung der Welt, ihre ursprüngliche Trennung in Land und Wasser, männlich und weiblich, Natur und Kultur, heilig und profan und so weiter. Als Bild unterbricht es diesen Moment der Schöpfung jedoch auch, und diese Unterbrechung im Augenblick der Verschiedenheit – ehe diese Verschiedenheit traumatisch wird – faszinierte Gauguin. Dies ist eine weitere Szene, die er oftmals wiederholen wird, wie in dem Holzschnitt *L'Univers est crée (Das Weltall wird erschaffen)*, 1893/94 (Kat. 46, 47, 49). Hier wird eine Welt angedeutet, die sich erst noch aus Licht und Form bilden muss, darin eine undefinierbare Kreatur, die aus Mensch, Fisch und Blume besteht. Dies ist typisch für Gauguins primitivistische Kunst: Immer wieder beschwört er eine Welt herauf, die gefangen ist zwischen Verschiedenheit und Unbestimmtheit, Schöpfung und Zerstörung, auf eine Weise, die diese grundlegenden Gegensätze höchst vieldeutig macht.[24]

Für das letzte Rätsel kann *D'où venons nous?* als Beispiel dienen, ein Gemälde das drei Jahre nach *Mahana no atua* entstand und acht Mal größer ist als dieses. Hier wurde der Tag der Götter, der rituellen Erschaffung der Welt verlagert in die Zeit der Menschen, zu menschlichem Nachdenken über unseren Platz in der Welt: Woher? Was? Wohin? Wie diverse Autoren schon vor Langem angemerkt haben, stellt das Gemälde ein Rätsel von Leben und Tod dar – vom schlafenden Säugling rechts bis zur alten Frau weiter links, von Hilflosigkeit – wieder dieser Zustand – zu »Nutzlosigkeit«, wie Gauguin die Frau mit dem Kopf in den Händen beschreibt. Und doch impliziert dieser Übergang von rechts nach links, mit der nach der verbotenen Frucht greifenden Figur in der Mitte auch eine zyklische Bewegung. Ein Übergang von links nach rechts hätte auf einen geschlossenen Bericht von Leben oder Tod hingedeutet. In einem Brief an Fontainas nennt Gauguin *D'où venons nous?* einen »imaginären Trost für unser Leiden«, das »dem Mysterium unseres Ursprungs und unserer Zukunft«[25] entspringt. »Der Mensch, sagt man, schleppt seinen Doppelgänger mit sich«, schreibt er in *Avant et après.* »Man erinnert sich seiner Kindheit, erinnert man sich der Zukunft?«[26]

Somit ist das Primitive in Gauguins Kunst auch das Ursprüngliche, doch das Ursprüngliche verstanden im Sinn der Urfantasien, unseres Rätselns über die Mysterien von Anfang und Ende. Dieses Mysterium ist sowohl verführerisch als auch traumatisch. Diese schwierige Verdoppelung ist eine weitere Variante des Dilemmas des Primitivisten.[27] Immerhin ist Gauguin jedoch bestrebt, dieses Mysterium zu erhalten, nicht es zu lösen, und das ist es, was seine Kunst für uns am Leben erhält.

1 / »Um etwas Neues zu schaffen, muss man an die ursprüngliche Quelle zurückkehren, zur Kindheit der Menschheit«, erklärt Gauguin 1895 in einem Interview, zit. nach: Daniel Guérin (Hrsg.), *The Writings of a Savage*, New York 1990, S. 110. Auch sein Bedürfnis nach Provokation und seine Angst vor der Anpassung spornten ihn dazu an, sich weiter zu bewegen: »Meine bretonischen Leinwände sind aufgrund von Tahiti zu Rosenwasser geworden«, schreibt er in einem Brief von 1901, »[jene von] Tahiti werden zu Eau de Cologne, aufgrund der Marquesas«, ebd. S. 210. Zu Primitivismus als Raum-Zeit-Maschine siehe Johannes Fabian, *Time and the Other: How Anthropology Makes Its Object*, New York 1983, und Hal Foster, »Primitive Scenes«, in: *Prosthetic Gods*, Cambridge, Mass., 2004, aus dem ich hier einiges rezipiere.

2 / Siehe Claude Lévi-Strauss, »The Structural Study of Myth«, 1955, in: ders., *Structural Anthropology*, New York 1963, S. 206–231; und Louis Althusser, »Ideology and Ideological State Apparatuses«, 1969, in: ders., *Lenin and Philosophy and Other Essays*, London 1971, S. 127–186.

3 / Zum kulturellen Kontext von Gauguins Primitivismus, siehe Stephen F. Eisenman, *Gauguin's Skirt*, London 1997.

4 / Paul Gauguin, *Vorher und Nachher*, München 1920.

5 / Ebd., S. 141.

6 / Paul Gauguin, *Cahier pour Aline*, 1892, als *Notebook for Aline* in: Guérin 1990 (wie Anm. 1), S. 68. Diese Ambivalenz betrifft auch andere in der französischen Avantgarde, in erster Linie Baudelaire. Gauguins Text scheint in exzerpierter Form bei Guérin auf, eine Faksimile-Ausgabe des Originals mit einer Einführung von Suzanne Damiron wurde 1963 von der Société des amis de la Bibliothèque d'art et d'archéologie de l'Université de Paris herausgegeben.

7 / »Gewaltsame Harmonien« ist eine Bezeichnung, die Gauguin in einem Brief an André Fontainas vom März 1899 verwendet, zit. nach: Henri Dorra (Hrsg.), *Symbolist Art Theories. A Critical Anthology*, Berkeley und Los Angeles 1994, S. 209.

8 / Gauguin schreibt dies in seiner Widmung zu *Cahier pour Aline*, zit. nach: Wayne Anderson, Einführung zu Guérin 1990 (wie Anm. 1), S. xxi, die Idee wird jedoch z. B. in *Avant et après* wiederholt, ebd., S. 231. In einem Brief von 1895 bemerkte August Strindberg, dass Gauguin »wie ein Kind [ist], das seine Spielsachen zerlegt, um andere daraus zu machen«. Siehe Linda Nochlin (Hrsg.), *Impressionism and Post-Impressionism 1874–1904*, Englewood Cliffs 1966, S. 172.

9 / In einem wichtigen Essay zu Gauguin deckt Alastair Wright eine »melancholische Logik« in Gauguins Einsatz reproduktiver Medien auf, insofern, als die durch eine solche Wiederholung produzierte Entfernung vom ursprünglichen Werk die Entfernung vom ursprünglichen Primitiven nachvollzieht, das Gauguin bestrebt war zu überwinden. Das hieße jedoch, so an ein Original zu glauben, wie Gauguin es nicht tat, zumindest nicht ganz. Siehe Alastair Wright, »Paradise Lost: Gauguin and the Melancholy Logic of Reproduction«, in: ders. und Calvin Brown, *Gauguin's Paradise Remembered: The Noa Noa Prints*, Princeton 2010, S. 48–99.

10 / Julien Leclerq, »Exposition Paul Gauguin«, in: *Mercure de France*, Nr. 13, Februar 1895, S. 121 f., zit. nach: Wright 2010 (wie Anm. 9), S. 77. Auf gewisse Art und Weise hat diese Neuformierung von Motiven mehr mit zeitgenössischer Kunst als mit der Kunst der Moderne zu tun.

11 / Paul Gauguin, »Notes on Art at the Universal Exhibition«, 1889, zit. nach: Guérin 1990 (wie Anm. 1), S. 30.

12 / Brief von Gauguin an Fontainas, zit. nach: Dorra 1994 (wie Anm. 7), S. 209.

13 / In seinen frühen ökonomisch-philosophischen Manuskripten (1844) behauptet Karl Marx, dass die Sinne eine Geschichte hätten und in nicht geringem Maße sei die Teilung der Sinne auf die Arbeitstrennung zurückzuführen. Und wieder stellt sich Gauguin gegen diese Teilung besonders in seinem synästhetischen und intermedialen Einsatz. Gleichzeitig drückt er diese Teilung aber auch aus, besonders als Vorläufer der Abstraktion in der Malerei und der künstlerischen Autonomie. In dieser Beziehung, wie auch in anderen, ist sein Primitivismus zugleich utopisch wie ideologisch – was vielleicht der größte aller in seinem Werk aktiven Widersprüche ist. Zu diesem als Dialektik verstandenen Widerspruch, siehe: Fredric Jameson, *The Political Unconscious*, Ithaca, N.Y., 1981.

14 / Gauguin 1920 (wie Anm. 4), S. 13. Diese Anspielung bezieht sich auf den »locus classicus« sexueller Verwirrung in seinen Schriften – dem aufgeladenen Bericht in *Noa Noa* über eine Inselklettertour mit einem jungen männlichen Freund, dem er auf dem Weg mehr als einmal ein anderes Geschlecht zuschreibt. Für meine Interpretation dieser Episode, siehe Foster 2004 (wie Anm. 1), S. 21–28, und für einen nützlichen Bericht zu »Sex in Tahiti«, siehe Eisenman 1997 (wie Anm. 3), S. 91–147.

15 / In dieser Beziehung betrachtet Gauguin Puvis de Chavannes als sein Anderes: Es ist Puvis' »griechische«, das heißt klassische Auffassung des Bildes, die Gauguin bestrebt ist, mit seiner Hinwendung »zu den Persern, den Kambodschanern und [...] den Ägyptern« umzuformen. Brief von Paul Gauguin an George-Daniel de Monfreid, Oktober 1897, zit. nach: Guérin 1990 (wie Anm. 1), S. 125.

16 / »Naiv sucht sie in ihrer Erinnerung nach dem ›warum‹ von Vergangenheit und Zukunft«, schreibt Gauguin über *Ève exotique (Exotische Eva)*, um 1891. »Rätselhaft betrachtet sie dich«, Paul Gauguin, »Diverses choses«, 1896–1898, zit. nach: Guérin 1990 (wie Anm. 1), S. 137.

17 / In einem Brief vom Februar 1898 an George-Daniel de Monfreid vergleicht Gauguin *D'où venons nous?* zum Beispiel mit einem »Fresko, das auf eine goldgefärbte Wand gemalt wurde«, zit. nach: Guérin 1990 (wie Anm. 1), S. 160.

18 / G.-Albert Aurier, »Symbolism in Painting: Paul Gauguin«, 1891, zit. nach: Dorra 1994 (wie Anm. 7), S. 196.

19 / Siehe Sigmund Freud, *Die Traumdeutung* (1900), *Studienausgabe*, Bd. 2, Frankfurt am Main 1972, S. 312. In seinem Essay über Gauguin vergleicht Aurier die bretonischen Gemälde mit »hieroglyphischen Texten«, eine Analogie, die auch Freud in seiner Traumdeutung zieht.

20 / Ein mögliches Beispiel für Verdichtung und Verschiebung ist die Bewegung der Eva-Figur von *Ève exotique* zu *Te nave nave fenua*, ein weiteres mehrfach wiederholtes Motiv, bei dem Gauguin als Grundlage für das Gesicht der Eva zunächst das seiner Mutter aufnimmt, dann das seiner Geliebten.

21 / Gauguin 1892 (wie Anm. 6), ohne Seitenangabe.

22 / Eisenman liest *Te nave nave fenua* ebenfalls als Rätseln über den Ursprung, jedoch in der Art von Lévi-Strauss hinsichtlich des Ödipus-Komplexes, das heißt als Rätseln über autochthone Generationen versus menschliche Geburt aus der Erde oder dem Geschlecht. Siehe Eisenman 1997 (wie Anm. 3), S. 67 f.

23 / Gauguin sinniert über dieses Mysterium in symbolistischen Begriffen, die von Baudelaire stammen, dessen Gedicht »Correspondences« Aurier in seinem Artikel zitiert. Wie Eisenman andeutet, klingt bei Gauguin auch Thomas Carlyle an, dessen Roman *Sartor Resartus* von 1833/34 der Künstler besaß, siehe Eisenman 1997 (wie Anm. 3), S. 144. Auch Gauguin betrachtet dieses Rätsel in religiösen Begriffen: »Das unergründliche Mysterium bleibt, was es war, was es ist, was es sein wird – unergründlich«, schreibt er 1897 in einem Text zur katholischen Kirche, zit. nach: Guérin 1990 (wie Anm. 1). Wie immer bei Gauguin ist hier jedoch auch eine persönliche – das heißt psychologische Dimension – mit im Spiel.

24 / Wie Freud scheint auch Gauguin das Leben, nicht den Tod, als die große Kraft von Diskontinuität zu empfinden, und Eros, im Leben, als wesentlichen Weg, um die Kontinuität wiederherzustellen, die das Leben sonst zerstört. Diese Ansicht nimmt jene von Georges Bataille vorweg. Das primitive Paradies als Raum-Zeit vor oder nach der Verschiedenheit ist ein beständiger Traum der französischen Avantgarde-Malerei; siehe Henri Matisse, *Lebensfreude*, 1906.

25 / Brief von Gauguin an Fontainas, zit. nach: Dorra 1994 (wie Anm. 7), S. 209.

26 / Gauguin 1920 (wie Anm. 4), S. 114.

27 / Zum Rätselhaften als fundamentalem Element für die Subjektbildung, siehe: Jean Laplanche, *New Foundations for Psychoanalysis*, Oxford 1989, und für seine Rolle in der Kunst, siehe Foster 2004 (wie Anm. 1), S. 308 f.

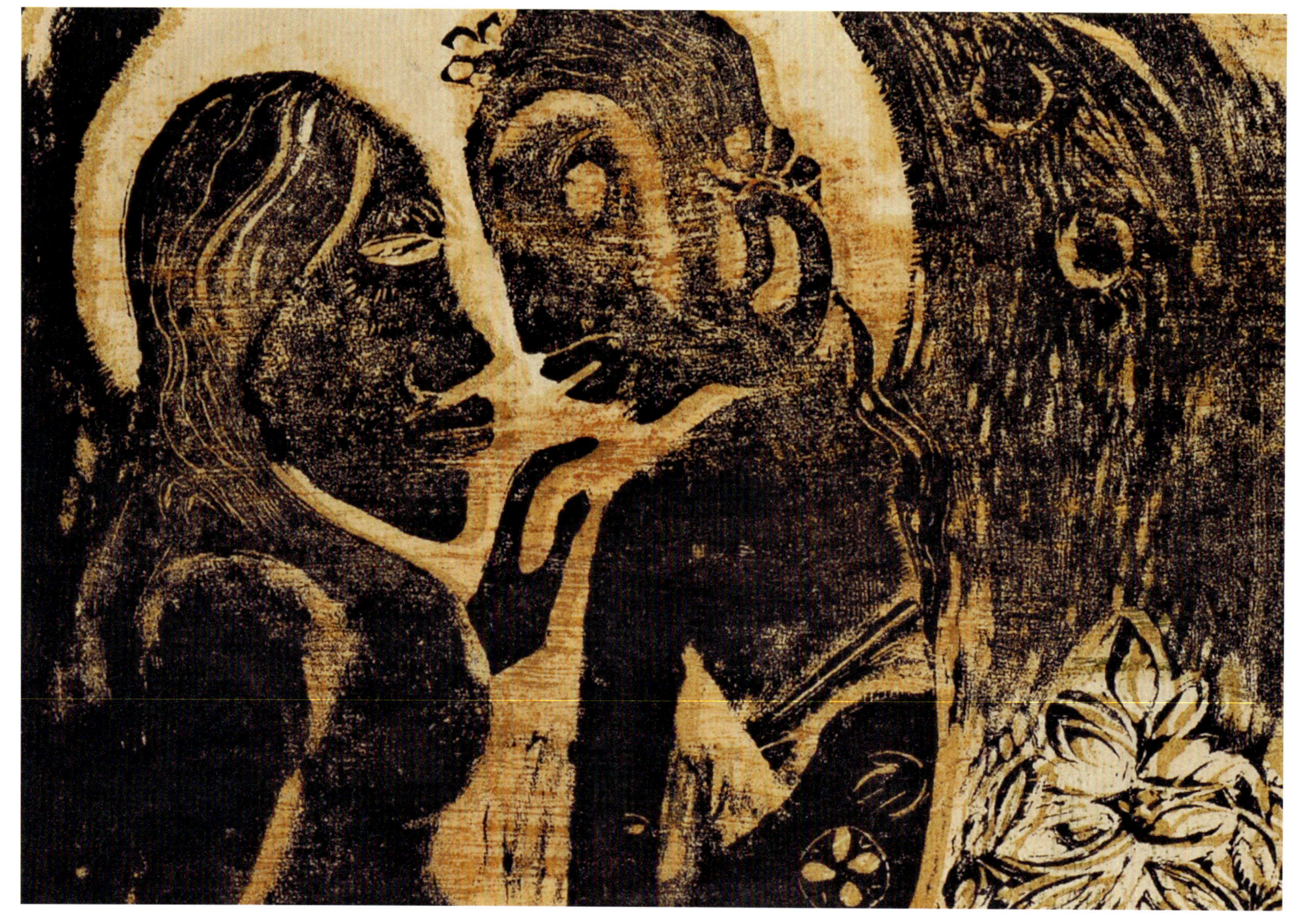

ERIKA MOSIER

Gauguins technische Experimente in Holzschnitt und in Durchdruckzeichnungen in Öl

Paul Gauguins Holzschnittserie *Noa Noa (Duftend)*, 1893/94, und seine Durchdruckzeichnungen in Öl, 1899–1903, sind unter all seinen Arbeiten auf Papier am innovativsten, aber auch sehr kompliziert und schwierig zu entziffern, was die zum Einsatz gekommenen Techniken betrifft. So bekannt die Drucke der Serie *Noa Noa* auch sind, so unkonventionell sind sie. Gauguin druckte jede der zehn Kompositionen mehrfach und in unterschiedlichen Farben, wobei die Techniken, die eingesetzt wurden, eher dem Experiment dienten, als dass zahlreiche identische Kopien produziert werden sollten. Nach einigen Monaten des Arbeitens und nachdem er sich der Schwierigkeiten bei der Standardisierung seiner Ergebnisse bewusst geworden war, beauftragte er einen Freund, den Maler Louis Roy, mit der mühseligen, monotonen Herstellung einer Edition. Roy druckte die Kompositionen anders als Gauguin und offensichtlich nicht zu dessen vollster Zufriedenheit, erzeugte mithilfe von Schablonen intensivere Farben und damit gewagte, grafischere Resultate, die stärker, wenn auch nicht völlig, standardisiert waren.

Wie die *Noa Noa*-Arbeiten sind auch Gauguins Durchdruckzeichnungen in Öl recht ungewöhnlich. Zu gleichen Teilen Grafik und Zeichnung reicht die Bandbreite von Pausen und Skizzen bis zu höchst vollendeten Werken. Um diese herzustellen, übernahm Gauguin zwar Elemente der Monotypie. Statt jedoch den traditionellen Weg zu gehen – bei dem eine fertige Darstellung durch einmaliges Pressen von einer Fläche auf eine andere übertragen wird –, entwickelte er seine eigene Technik und übertrug die Farbe auf Ölbasis schrittweise auf das Papier, während er das Bild zeichnete.

Dieser Essay untersucht Gauguins *Noa Noa*-Holzschnitte, darunter auch die von Roy gedruckten, wie auch seine Durchdruckzeichnungen in Öl im Hinblick auf Linie, Farbe und Struktur, nicht nur, um seine Techniken zu beleuchten, sondern auch um aufzuzeigen, wie radikal diese Arbeiten tatsächlich sind.[1]

• Die *Noa Noa*-Holzschnitte •

Von Dezember 1893 bis März 1894 arbeitete Gauguin an einer Folge von Holzschnitten, die zur Illustration einer Publikation mit dem Titel *Noa Noa* dienen sollte, einem Bericht über seinen erst kurz zuvor erfolgten zweijährigen Aufenthalt in Tahiti. Obwohl er die folgenden Jahre an dieser Publikation arbeitete, erschien sie doch niemals wie geplant. Drei der Kompositionen sind Hochformate, sieben Querformate. Jede hat einen Titel in – unvollkommenem – Tahitianisch oder, im Fall von *L'Univers est créé (Das Weltall wird erschaffen)*, in Französisch sowie Gauguins provokante Signatur, »PGO«, ein Spiel mit seinen Initialen

Te atua (Die Götter), 1893/94 (Kat. 86), Detail

und dem französischen Slangausdruck für Penis, »pégo«. Gauguin arbeitete an allen zehn Holzschnitten gleichzeitig, bearbeitete jeden Druckstock in verschiedenen Zuständen und machte zahlreiche Abzüge.[2] Der Catalogue raisonné von Gauguins Druckgrafiken dokumentiert sieben bis einundzwanzig Abzüge jeder Darstellung, die zwei bis vier vom Künstler selbst gefertigte Zustände des Bildes zeigen.[3] Er verwendete dafür westliches oder langfaseriges asiatisches Papier, meist cremefarben. Einige der frühen Drucke sind jedoch auf rosafarbenem Papier gedruckt. Normalerweise beschnitt er die Drucke den Maßen des Druckstockes entsprechend und ließ dabei keine Ränder stehen, manchmal kaschierte er sie auf blau marmorierten Karton. In der Folge stellte Roy für die Edition 25 bis 30 Abzüge von jeder Darstellung her, fast immer auf mittelschwerem, glattem Velinpapier mit beigem Farbton, der mit der Zeit nachgedunkelt ist. Diese Abzüge sind meist unbeschnitten und auf Blättern gedruckt, die auf jeder Seite in etwa 2,5 cm breiter sind als die Komposition selbst.

LINIE Gauguin entwickelte seine *Noa Noa*-Bilder auf für Holzstiche handelsüblichen Buchsbaumdruckstöcken. Diese bestanden aus mehreren Hirnholzplatten, die verleimt und vermutlich auch mit Dübeln verbunden waren und die eine härtere Oberfläche hatten als Holzschnittdruckstöcke aus Langholz. Im Gegensatz dazu können Holzstichdruckstöcke in jede Richtung bearbeitet werden und eignen sich besonders für feine, detaillierte Linienarbeit. Gauguin setzte jedoch verschiedene Techniken ein, verwendete unterschiedliches Werkzeug und kombinierte die Bearbeitungsarten von Holzstich, Holzschnitt und Bildschnitzerei. Mit einem Zimmermannsbeitel entfernte er große Holzstücke[4] und schuf grob definierte Stellen mit gehöhten Partien und Graten, die nach dem Einfärben und Drucken jenen Bereichen Vielfalt verliehen, die sonst nur das blanke Papier aufgewiesen hätten. Mit einer Nadel erzeugte er sehr feine Linien auf dem Druckstock, die jedoch aufgrund des dicken Farbauftrags in vielen Abzügen nicht zu sehen sind. Diese aufwendig eingeritzten Linien sind am besten in jenen Abzügen zu erkennen, die Gauguins Sohn Pola erst nach seinem Tod abzog. Er war beim Einfärben wie beim Drucken darauf bedacht, diese Linien sichtbar zu machen (Abb. 1).[5]

Für spätere Zustände überarbeitete Gauguin jeden der Druckstöcke komplett mit einem schmalen Holzstichhohlmeißel.[6] Der Vordergrund von *Nave nave fenua (Herrliches Land)* (Kat. 56, 57) im Endzustand zeigt zum Beispiel parallele weiße Linien, die in früheren Abzügen nicht aufscheinen. Mit solchen Überarbeitungen wollte Gauguin der Komposition mehr Stärke und Klarheit verleihen, damit diese einfacher eingefärbt und gedruckt werden konnte (Kat. 58).

FARBE Zwar druckte Gauguin den ersten Zustand jeder *Noa Noa*-Komposition in Schwarz – manchmal auf rosafarbenem Papier –, er experimentierte aber bei den folgenden Zuständen mit unterschiedlichen Methoden, um Farbigkeit einzubringen. Zuweilen färbte er den behauenen Druckstock – die Schlüsselplatte – in Braun anstelle von Schwarz (Kat. 24), oder er bearbeitete ein gedrucktes Bild händisch mit Aquarellfarben. Oftmals bedruckte er mit einer Schlüsselplatte dasselbe Blatt mehrmals – meist zweimal –, zuerst in einer hellen Farbe wie Ocker, dann einmal oder mehrmals in Schwarz oder Braun (Kat. 57). In solchen Fällen entfernte oder verwischte er Stellen der eingefärbten Oberfläche manchmal mit den Fingern oder einem Lappen – eine Technik mittels derer auch Farbreste vorhergehender Druckvorgänge auf dem Blatt sichtbar bleiben und so einen Schichteffekt erzeugen.[7] In einer Reihe von Abzügen von *Te po (Die Nacht)* (Kat. 66, 68) scheint beispielsweise orange Farbe des ersten Druckes in horizontalen Streifen – die den Fingerwischern Gauguins auf dem Druckstock entsprechen – durch das Schwarz des zweiten Druckes zu leuchten. Oft sind Gauguins Mehrfachdrucke nicht passgenau (Kat. 43, 57, 74, 86), wodurch die endgültigen, überlagerten Kompositionen »zu vibrieren scheinen«.[8] Möglicherweise setzte der Künstler solche Überlappungen ein, um effektiv Linien mit Farbe zu überdecken, die er mit dem Hohleisen seiner Ansicht nach zu stark in den Druckstock geschnitzt hatte.[9] Manchmal verbarg er solche Linien auch, indem er sie händisch mit einem flüssigen Material überdeckte. Doch da es sich dabei oft um silbrig graue Farbe handelte, verschwanden die Linien nicht völlig. Es gibt ein Beispiel, bei dem die Verschiebung der Drucke recht groß ist, etwas mehr als einen Zentimeter (Kat. 25). Es ist schwierig festzustellen, was Gauguin in diesem speziellen Fall bezweckte. Es zeigt jedoch, in welchem Ausmaß er experimentierte.

Nach den Experimenten mit Mehrfachdrucken von der Schlüsselplatte entwickelte Gauguin eine andere Methode, um Farbe einzubauen: Im Endzustand einiger seiner Arbeiten

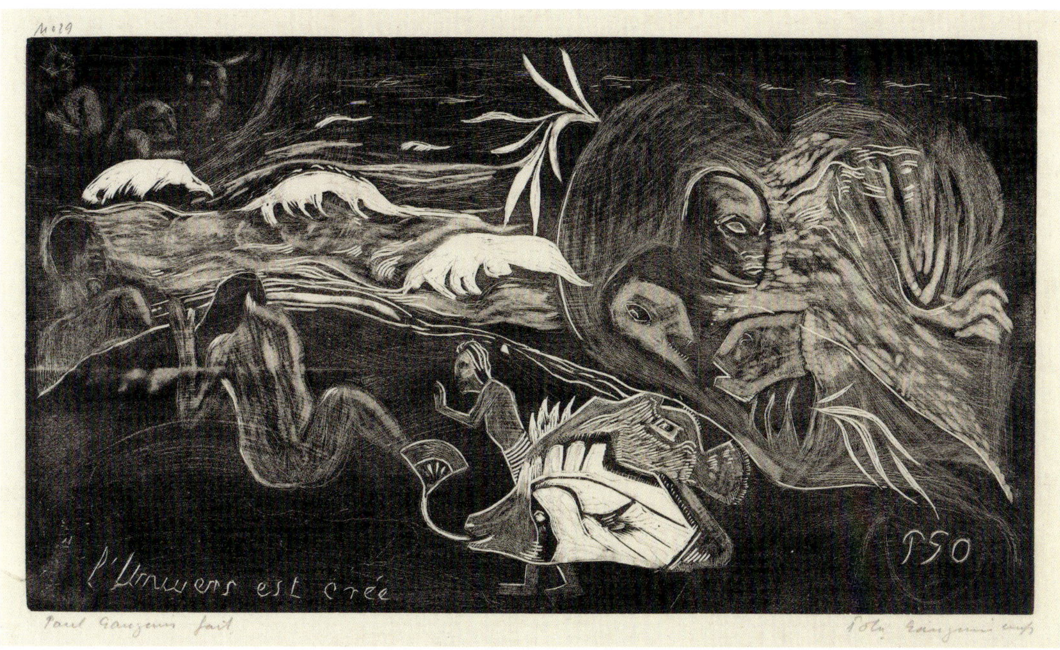

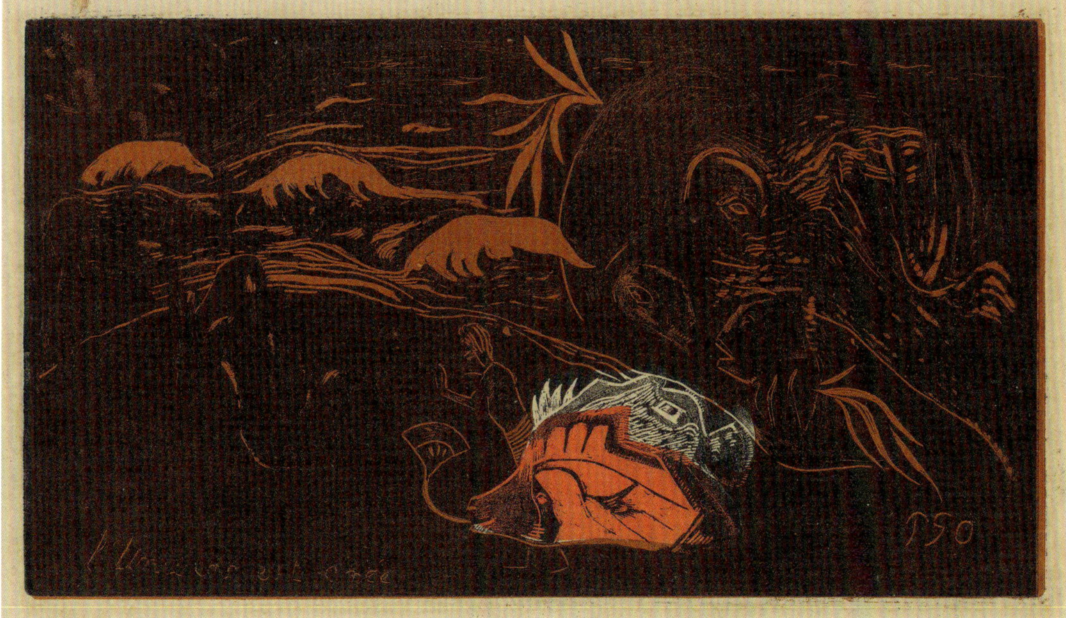

Abb. 1

L'Univers est créé (Das Weltall wird erschaffen), Zustand II/II, aus der *Suite Noa Noa (Duftend)*, 1893/94, Holzschnitt, Bild: 20,4 x 35,3 cm, gedruckt von Pola Gauguin, 1921, The Museum of Modern Art, New York, Lillie P. Bliss Collection

Abb. 2

L'Univers est créé (Das Weltall wird erschaffen), Zustand II/II, aus der *Suite Noa Noa (Duftend)*, 1893/94, Holzschnitt, Bild: 20,5 x 35,5 cm, gedruckt von Louis Roy, Paris um 1894, The National Gallery of Art, Washington, D.C., Sammlung Rosenwald

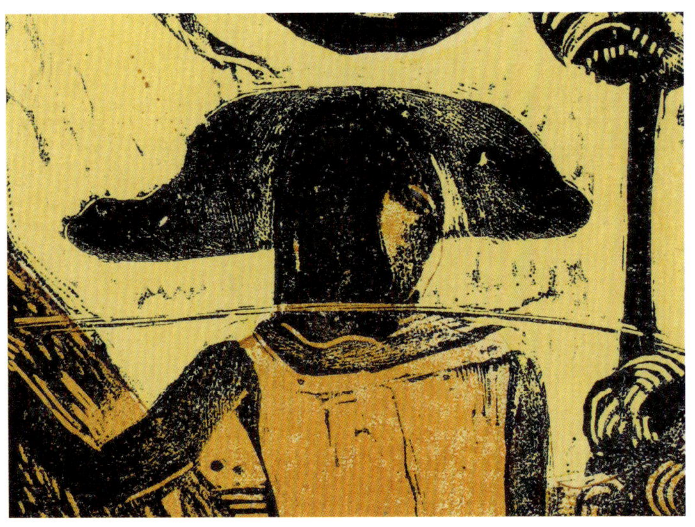

Abb. 3
Figur mit oranger Linie entlang der rechten Seite, verursacht durch Louis Roys Schablone, Detail aus: *Noa Noa (Duftend)*, 1893/94 (Kat. 26)

Abb. 4
Orange Druckfarbe, die Gauguin möglicherweise mit Wachs streckte, Detail aus: *Te atua (Die Götter)* (Kat. 86)

Abb. 5
Köpergewebe eines Lappens, mit dem Gauguin seinen eingefärbten Druckstock abwischte, Detail aus: *L'Univers est créé (Das Weltall wird erschaffen)*, 1893/94 (obere rechte Ecke, Kat. 47)

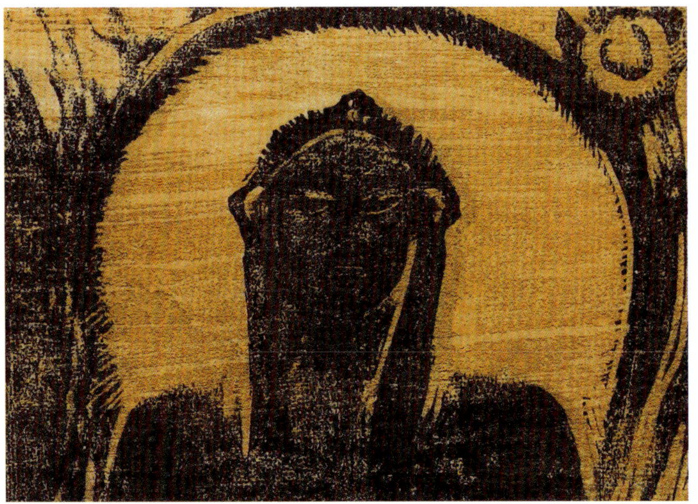

druckte er die Schlüsselplatte in Kombination mit einem unbearbeiteten Stock, der Farbplatte. Für gewöhnlich färbte er diese ein, presste sie auf ein leeres Blatt Papier und bedruckte dann das gefärbte Blatt mit der Schlüsselplatte. Er brachte also Farbe auf, ehe sich eine Darstellung auf dem Blatt befand, die als Orientierungshilfe hätte dienen können. Bisweilen bestand die Schicht der Farbplatte aus nur einer Farbe – in vielen Fällen Ocker –, jedoch in mehreren Farbschattierungen (Kat. 43, 56, 57, 74, 86), manchmal aber auch aus unterschiedlichen Farben – Ocker, Grün, Rot –, die in Abstufungen an den Formen der Schlüsselplatte ausgerichtet waren (Kat. 25, 38, 83, 92). Oft sind in der Farbe noch Streifen des Pinsels sichtbar, mit dem Gauguin den Druckstock einfärbte, wie in einem der Abzüge von *Te atua (Die Götter)* (Kat. 86) aus dem Museum of Modern Art erkennbar. Wie in diesem und einigen anderen *Te atua*-Abzügen[10] ließ der Künstler die linke Nische im Bild frei von Farbe und lenkte damit die Aufmerksamkeit auf das darin befindliche Figurenpaar, was darauf schließen lässt, dass er die Komposition entweder vor Augen hatte, als Abdruck der Schlüsselplatte daneben liegen oder sie irgendwie auf der Farbplatte markiert hatte.

Auch Roy druckte von der Schlüsselplatte – in Schwarz – in Kombination mit einer Farbplatte, um Abzüge herzustellen, in denen fast immer Gelb und Orange vorkommen (Kat. 34, 69, 75, 94), manchmal auch Rot (Kat. 26, 39, 44, 49, 58). Obwohl seine Abzüge relativ standardisiert sind, weisen sie doch einige Variationen auf. Er druckte für gewöhnlich zunächst die Farbplatte, dann die Schlüsselplatte, ging jedoch nicht immer so vor. Manchmal trug er für einige Abzüge die Farbe zuerst auf, bei anderen wieder kam die Farbe an zweiter Stelle, was zu sehr unterschiedlichen Effekten führte. Ein Abzug von *L'Univérs est créé* erscheint zum Beispiel als Nachtszene (Kat. 49), während ein anderer aufgrund der orangen Farbe, die über der schwarzen Darstellung gedruckt wurde, einen glühenden Sonnenuntergang andeutet (Abb. 2). Roy färbte die Farbplatte – unter Zuhilfenahme einer Schablone, die aus dickem Papier oder dünnem Karton bestand – nur teilweise ein, um den Bereich, der frei bleiben sollte, nicht mit Farbe zu bedecken. Nach dem Einfärben der freiliegenden Flächen entfernte er die Schablone und presste den Stock auf das Papier. Zumindest wandte er diesen Vorgang für die orange und die gelbe Farbe an. Das Rot kommt nur sehr kleinflächig vor und wurde möglicherweise mithilfe einer Schablone direkt auf das Papier aufgebracht und nicht durch die Platte übertragen. Dann konnte er den Druckstock säubern und den Prozess mit einer anderen Schablone und einer anderen Farbe wiederholen oder aber die ungefärbten Bereiche stehen lassen, sodass das Papier im endgültigen Bild sichtbar blieb.[11]

Einige Areale in Roys Drucken sind ungleichmäßig gefärbt, weisen aber dennoch deutliche Umrisse auf. In einem seiner Abzüge des Titelblattes von *Noa Noa* (Abb. 3, Kat. 26) ist das Orange der Figur im Vordergrund zum Beispiel fleckig aufgetragen, jedoch durch eine eindeutige Kontur an der rechten Seite abgegrenzt. Solche Linien entstanden durch Farbe, die sich entlang der Kanten der Schablone sammelte, wenn Roy mit einer farbgetränkten Walze oder einem Pinsel darüberging.

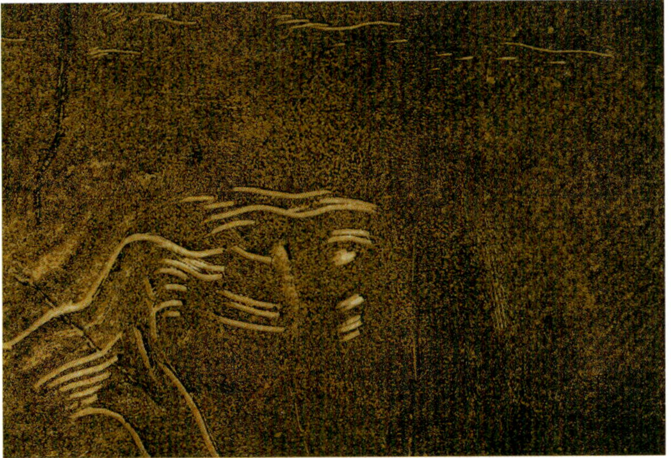

STRUKTUR Die strukturelle Vielfalt in Gauguins *Noa Noa*-Drucken ist nicht nur seinen Schnitztechniken, sondern auch anderen Aspekten seiner Arbeitsprozesse zuzuschreiben. Da er wahrscheinlich ohne eine Druckerpresse arbeitete, entwickelte er eine Reihe von Presstechniken, die bisweilen spezielle physische Effekte zur Folge hatten. Wie der ungarische Künstler József Rippl-Rónai etwa berichtet, »warf er sein Gewicht auf sein Bett«,[12] nachdem er Blatt und Druckstock unter »dem Fuß des Bettgestells«[13] platziert hatte. Bei frühen Abzügen auf rosafarbenem Papier rieb er die Blätter händisch ab. Seine Fingernägel hinterließen dabei Linien auf den endgültigen Drucken, die wie Gekritzel aussehen (Kat. 46).

Zudem nimmt man an, dass Gauguin die Farbe für seine Farbplatten mit Wachs gestreckt hat (Abb. 4).[14] Dies würde auch mit der bei seinen Ölgemälden eingesetzten Technik übereinstimmen, bei denen er der Farbe vermutlich Wachs zugesetzt[15] oder dieses zur Beschichtung der Fläche verwendet hat.[16] Auch das Abreiben und Verwischen der Schlüsselplatten trug zu dieser Mischung von Strukturen in den endgültigen Drucken bei. Auf einem Abzug von *L'Univers est créé* (Abb. 5, Kat. 47) ist ein Köpermuster erkennbar, vor allem in der rechten oberen Ecke – ein Hinweis auf den Lappen, mit dem Gauguin den Stock abgetupft hatte.[17] Außerdem scheint es, als hätte der Künstler, um bestimmte Formen zu verstärken, nach dem Drucken per Hand zusätzlich schwarze Farbe auf seine Abzüge aufgebracht. Für einen Abzug von *Te faruru (Liebesakt)* (Kat. 38) entfernte er mit den Fingern Farbe von der Schlüsselplatte, sodass in der linken oberen Ecke des Drucks seine Fingerabdrücke sichtbar sind.

Auch Roys Drucke weisen charakteristische Strukturen auf. In vielen wirkt die orange Farbe wie aufgetupft, als hätte er sie mit einem trockenen Pinsel auf die Farbplatte aufgebracht (Kat. 34). Sogar dort, wo das Orange einheitlicher wirkt (Abb. 6), kann man dünnere und dickere Bereiche sowie Flecken von unbedrucktem Papier erkennen (Abb. 7). Er trug Gelb und Rot viel flacher auf, Gelb eher mit der Walze, Rot, da es eine gleichmäßige Struktur aufweist, die gelegentlich von Strichen durchsetzt ist, möglicherweise händisch mit einem Pinsel.

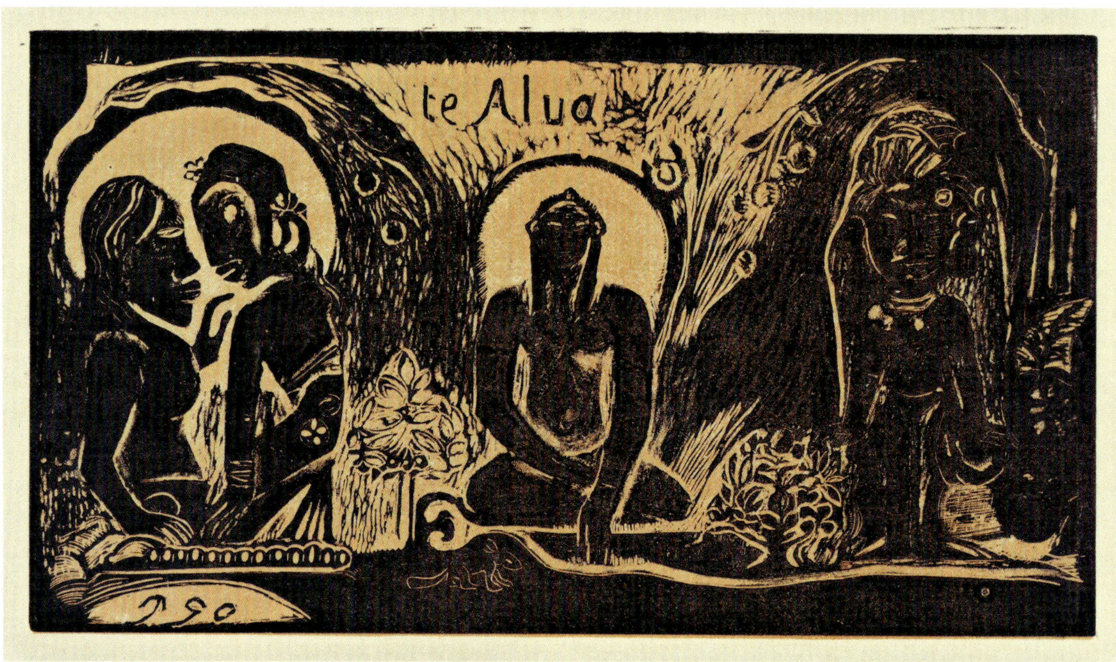

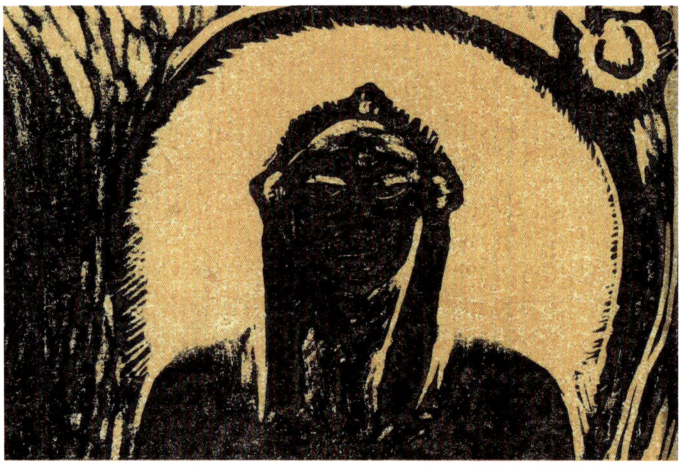

Abb. 6

Te atua (Die Götter), Zustand III/III, aus der *Suite Noa Noa (Duftend)*, 1893/94, Holzschnitt, Bild: 20,5 x 35,5 cm, gedruckt von Gauguin und Louis Roy, Paris, um 1894, The Museum of Modern Art, New York, Lillie P. Bliss Collection

Abb. 7

Orange Farbe, gedruckt von Gauguin und Louis Roy von einer Farbplatte, Detail aus: *Te atua (Die Götter)* (Abb. 6, oben)

• Durchdruckzeichnungen in Öl •

Gauguins Durchdruckzeichnungen in Öl werden oftmals als »gepauste Monotypien«[18] bezeichnet, obwohl der Künstler selbst sie »gedruckte Zeichnungen« nannte. Monotypien entstehen für gewöhnlich durch den Auftrag öl- oder wasserbasierter Farbe oder Druckfarbe auf eine Matrize (normalerweise eine Druckplatte aus Metall oder Glas) und die Übertragung der Komposition auf ein Blatt Papier, indem Platte und Papier per Hand oder mithilfe einer Presse aufeinander gedrückt werden. Aus diesem Prozess gehen, anders als bei anderen Drucktechniken, Einzeldrucke hervor.[19] Gauguin verwendete für seine Durchdruckzeichnungen ölbasierte Druckfarbe, eine Wahl, die vermutlich praktische Gründe hatte, da er diese schon für seine Holzschnitte parat hatte.

Gauguin stellte seine Durchdruckzeichnungen auf eine neue Weise her. Wie Richard S. Field bemerkte: »Weder seine Mittel noch seine Absicht können auf den Kontakt mit anderen Künstlern zurückgeführt werden.«[20] Anstatt eine fertige Komposition im Ganzen auf das Blatt aufzubringen, übertrug Gauguin die Farbe, während er die Darstellung schuf. Dafür bedeckte er ein Blatt Papier mit Druckfarbe, legte ein zweites, nicht eingefärbtes Blatt Papier darüber und zeichnete dann darauf mit verschiedenen Gerätschaften, wodurch die Rückseite des oberen Blattes Farbe von dem darunterliegenden Blatt aufnahm. Die daraus resultierende gedruckte Komposition stellt das fertige Kunstwerk dar. Die Seite des Blattes mit dieser Darstellung wird als recto bezeichnet, die Seite, auf der der Künstler gezeichnet hat, als verso. Zur Herstellung von zehn großformatigen Durchruckzeichnungen in Öl, die er im Frühjahr 1900 an den Kunsthändler Ambroise Vollard schickte, fügte Gauguin je zwei Blatt Papier zusammen, um eine breitere Fläche zum Einfärben zu schaffen. Die Überlappung der beiden Bögen ist in der endgültigen Darstellung als »ungleichmäßiges, etwa 1,2 cm breites Band durch die Mitte der Darstellung«[21] sichtbar (Kat. 155, 156).

Berichten zufolge bediente sich Gauguin, wie einige seiner Zeitgenossen, für seine Gemälde auf Leinwand einer Technik, die als »peinture à l'essence« bekannt war. Dabei wird das Öl aus der Farbe gezogen und die Überreste mit Terpentin vermischt.[22] Vielleicht nahm Gauguin deshalb Papier anstelle von porenfreiem Metall oder Glas[23] zur Übertragung der Farbe, da das Papier Öl aus dem Malmaterial zog und damit der endgültigen Darstellung ein mattes Erscheinungsbild verlieh, das dem seiner Gemälde glich.[24]

LINIE Die Stärke der Linien in den Durchdruckzeichnungen in Öl variiert je nach Werkzeug und ist abhängig vom ausgeübten Druck. Für gewöhnlich nahm er einen Graphitstift und schwarze, blaue oder rostrote Kreide oder Farbstifte (Abb. 8, Kat. 154). Die am stärksten eingeprägten Linien der Rückseite erzeugten die breitesten Linien auf der Vorderseite, wie in der mehrfach ausgeführten Arbeit *Zwei Marquesanerinnen*, um 1902, deutlich wird (Abb. 9, Kat. 162). Viele Linien, die recto aufscheinen, sind verso nicht vorhanden, was darauf schließen lässt, dass Gauguin im Zuge seines Zeichenprozesses auch Werkzeuge einsetzte, die keine Spuren hinterließen, wie das hintere Ende eines Pinsels oder eines Griffels.

Oft verwendete der Künstler dieselben eingefärbten Blätter für mehrere Monotypien, ohne diese neu zu färben, wie Werke beweisen, die farblose Geisterlinien von früheren Umdrucken erkennen lassen und die mit jenen Stellen übereinstimmen, an denen bei früheren Arbeitsprozessen bereits Farbe vom Blatt entfernt worden war. Solche Linien –, die zum Beispiel im oberen und unteren linken Viertel des Blattes *Zwei Marquesanerinnen* (Abb. 10) erkennbar sind – helfen bei der Bestimmung der Reihenfolge, in der Gauguin manche Zeichnungen anfertigte.[25]

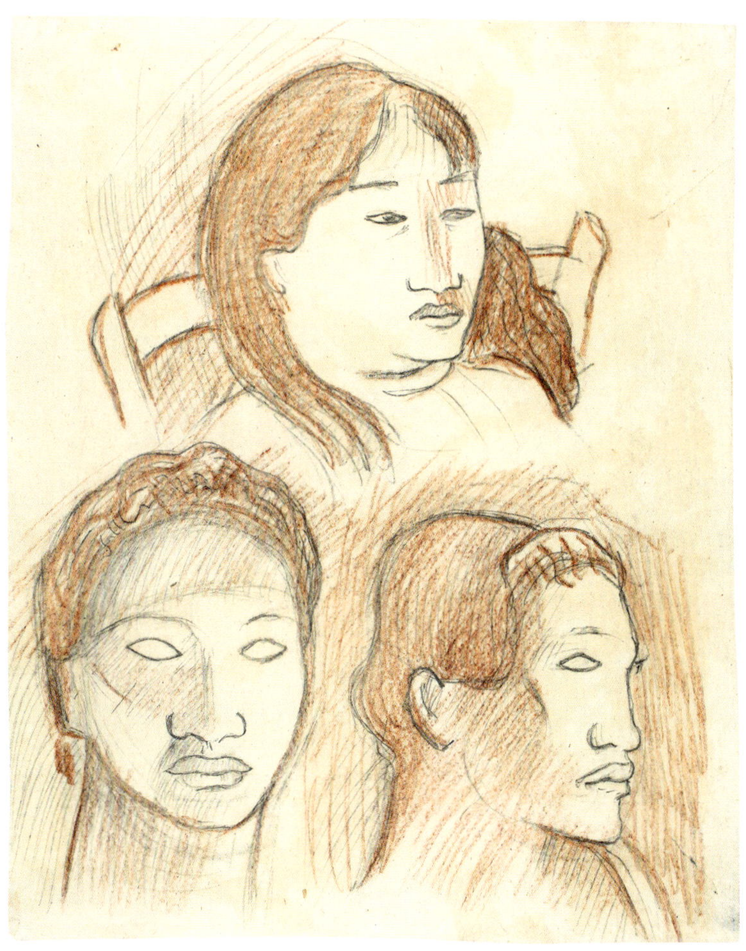

Abb. 8
Drei tahitianische Köpfe, um 1901–1903 (Kat. 159), verso, rostrote Kreide und Graphit

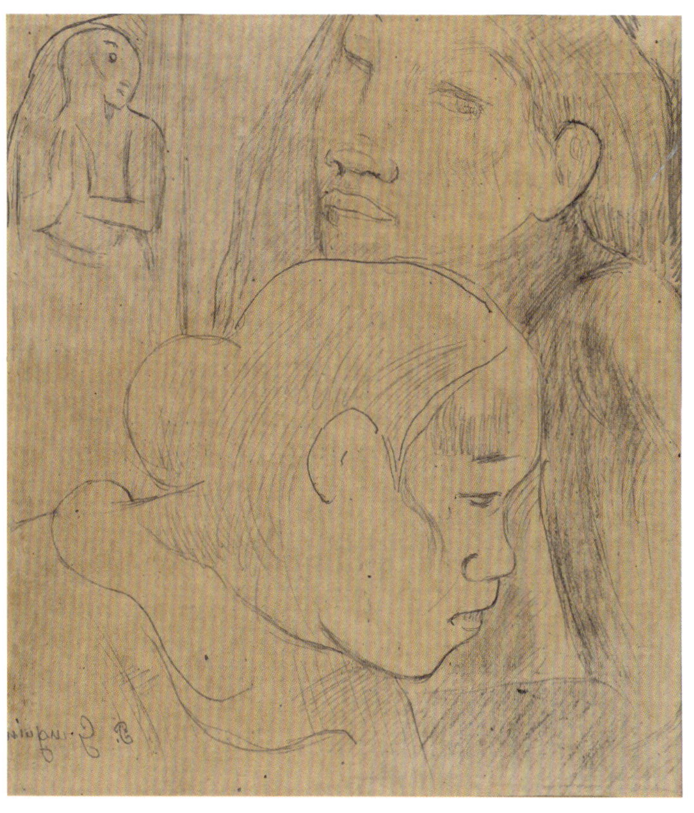

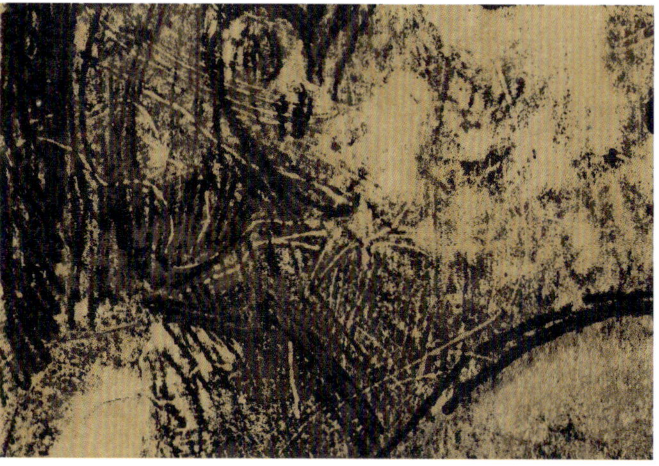

Abb. 9
Zwei Marquesanerinnen, um 1902 (Kat. 162), verso, Graphit und schwarzer Bleistift

Abb. 10
Durchdruck in Öl mit Geisterlinien eines früheren Durchdruckes, Detail aus: *Zwei Marquesanerinnen*, um 1902 (Kat. 162), linkes oberes Viertel

FARBE Gauguin führte seine Durchdruckzeichnungen in Öl mit einer Druckfarbe (Kat. 175), zwei separaten Farben (Kat. 161) oder einer raffinierten Farbmischung (Kat. 165) aus. Für gewöhnlich verwendete er Schwarz oder Erdtöne. Arbeitete er mit zwei Farben, dann nahm er normalerweise zwei eingefärbte Blätter, jedes mit einer Farbe versehen, und zeichnete den ersten Teil der Komposition auf dem einen, den zweiten auf dem anderen Blatt. Die Deckung war – im Gegensatz zu anderen Drucktechniken – kein Thema, da die Zeichnung auf der Rückseite ja stets sichtbar blieb. Manchmal trifft man auf eine einzelne Linie oder eine kleine chromatische Verschiebung, nicht unähnlich jener, die Gauguin in seinen Holzschnitten erreichte, indem er von der Schlüsselplatte in verschiedenen Farben druckte. Diese Effekte kann er auf unterschiedliche Weise erreicht haben, zum Beispiel indem er das Blatt zunächst mit einer Farbe einfärbte und dann auf diese Farbschicht eine zweite auftrug. So konnte er, je nach Druckstärke, auf die eine oder die andere Farbe zugreifen. Oder aber auch, indem er die verschiedenen Farben in einer einzigen Schicht auf dem Papier vermischte.

Für einige seiner aufwendigeren Durchdruckzeichnungen trug Gauguin nach dem Drucken mit dem Pinsel Öl oder ölhaltige Pigmente auf die Rückseite der Blätter auf, vielleicht um diesen Transparenz oder Leuchtkraft zu verleihen. Auf jeden Fall hatte er diese zuvor vermutlich mit einem Lösungsmittel verdünnt. Große Teile der Darstellung wiesen dadurch einen hellen goldgelben Ton auf, der aufgrund der Oxidation im Laufe der Zeit sicherlich dunkler und ausgeprägter wurde, wie zum Beispiel bei *Flucht*, um 1902

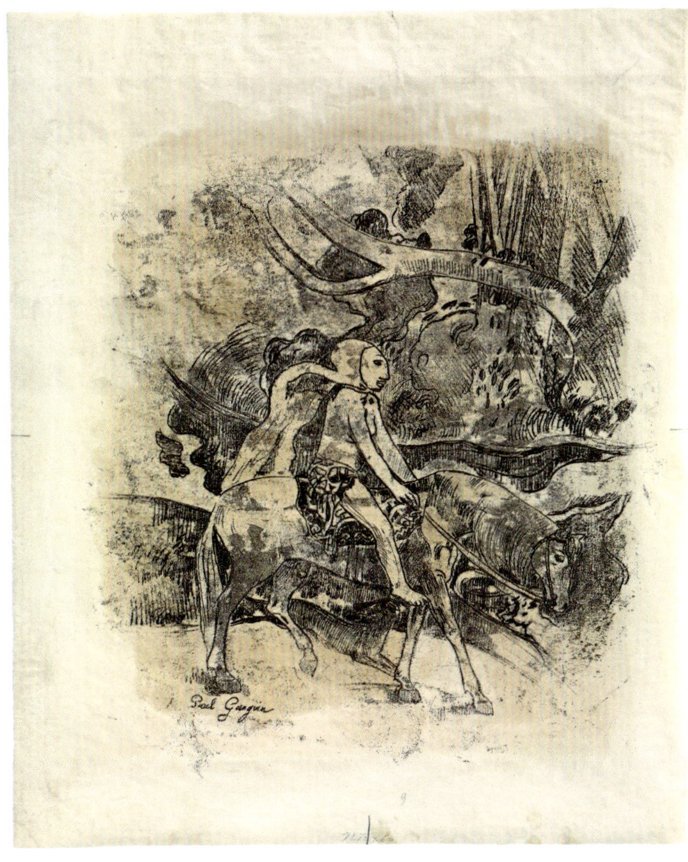

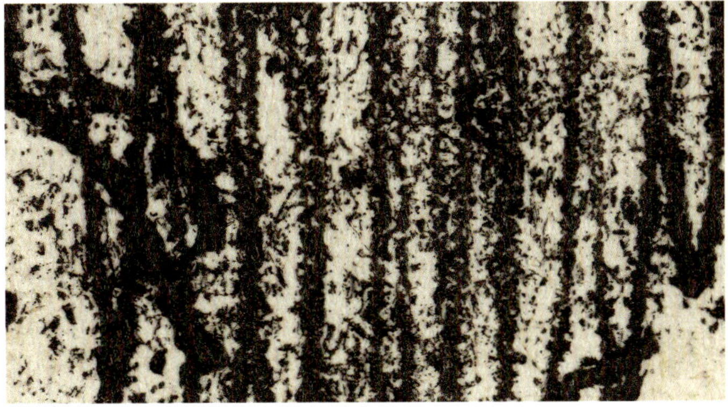

Abb. 11
Flucht, um 1902, Durchdruckzeichnung in Öl, Blatt: 63,8 x 51,3 cm, Musée du quai Branly, Paris

Abb. 12
Struktur der Durchdrucklinien, Detail aus: *Changement de résidence (Wohnungswechsel)* (linkes oberes Viertel), 1901/02

(Abb. 11), erkennbar. Für *Tahitianischer Strand*, um 1900 (Kat. 171), und eine der unterschiedlichen Durchdruckzeichnungen mit dem Titel *Tahitianerin mit bösem Geist*, um 1900 (Kat. 156), trug Gauguin auf der Rückseite mit dem Pinsel eine braune Ölfarbe auf, die der Darstellung auf der Vorderseite eine hellbraune Färbung verleiht. Hier wird dieser Ton vor allem in Gesicht und Haaren deutlich.

STRUKTUR Die Struktur einer durchgedruckten Linie (Abb. 12) –, die unregelmäßiger ist als die einer direkt gezeichneten Linie – hängt von der Schärfe des eingesetzten Werkzeuges ab, aber auch von der Struktur des verwendeten Papiers. Der Künstler nahm für seine Monotypien unterschiedliche Papierarten, laut Field am häufigsten »preiswertes maschinengefertigtes Velinpapier, bisweilen jedoch auch [...] geripptes Papier oder sogar Simili-Japanpapier«.[26] Beide Blätter, die zum Einsatz kamen – jenes, das die Farbe trug und jenes, auf das diese durchgedrückt wurde – gaben ihre Struktur an die fertige Zeichnung ab.

Bereiche, die Gauguin während des Zeichenprozesses absichtlich oder unabsichtlich mit der Hand oder einem Zeicheninstrument abrieb, nahmen sowohl Farbe als auch Abdrücke der Papierstruktur des unteren Blattes auf. In *Studie von Armen, Beinen sowie von einem Kopf*, 1899–1902 (Kat. 146), ist die Struktur des eingefärbten Blattes dort sichtbar, wo rechts oberhalb und links unterhalb der Darstellung Druck ausgeübt wurde, während große Teile von Schattierungen in dem Blatt *Zwei Marquesanerinnen* durch das Reiben mit der Längsseite eines Bleistiftes entstanden.[27] Bei der *Tahitianerin mit bösem Geist* drückte Gauguin wiederholt mit der Handkante oder dem Handballen auf die Rückseite der Zeichnung, um so auf der Vorderseite Schattierungen auf der Brust der weiblichen Figur zu erzeugen. In manchen Arbeiten deutet er Schatten mit schraffierten Linien an (Kat. 150).

Gauguin konnte die gesamte Struktur einer Zeichnung auch beeinflussen, indem er die Feuchtigkeit der Farbe auf dem unteren Papier entsprechend anpasste. Je länger er das Blatt trocknen ließ, desto weniger Farbe gab es ab.[28] Ebenso konnte er die Farbe durch Zugabe von Lösungsmitteln verdünnen, was die übertragenen Linien stärker, aber unschärfer machte (Kat. 159). Dabei musste er sorgfältig vorgehen, damit er die Farbe nicht so weit verdünnte, dass die Darstellung unlesbar wurde.

Es existiert zumindest ein Beispiel – eine weitere Darstellung von *Tahitianerin mit bösem Geist*, um 1900 (Kat. 154) –, bei dem Gauguin offenbar Lösungsmittel direkt auf ausgewählte Stellen der Recto-Darstellung aufbrachte. Er pinselte es auf den ockerfarbenen Torso der Frau, wo es ausgeprägte Stellen und Linien auflöste und für ein gleichmäßigeres Farbfeld sorgte. Die schwarze Farbe in dem umgebenden Bereich weist einen grauen Ton auf, was darauf schließen lässt, dass sie ebenfalls mit dem Lösungsmittel in Berührung kam.

Wie Gauguins *Noa Noa*-Holzschnitte verdeutlichen auch seine Durchdruckzeichnungen in Öl, dass der Austausch zwischen den unterschiedlichen Medien ein charakteristisches Merkmal seines kreativen Prozesses war. Für die *Noa Noa*-Drucke verwendete er Schnitztechniken aus dem Holzstich, dem Holzschnitt und der Bildschnitzerei, er baute Farbschichten auf eine Weise auf, die mehr an Malerei denken lässt als an den charakteristisch flachen Aufbau von Druckgrafik, und er setzte seinen Druckfarben vermutlich Wachs zu, wie er es vielleicht auch mit der Ölfarbe für seine Leinwände gemacht hat. Für seine Durchdruckzeichnungen in Öl verwendete er zeichnerische Techniken, um malerische Drucke herzustellen. Er nahm dafür die Farbe, die auch bei seinen Holzschnitten zum Einsatz kam, und absorbierende Papiermatrizen, die für matte Effekte sorgten, ähnlich denen in seinen Gemälden. Mittels solch komplexer Experimente mit Materialien und Techniken schuf Gauguin zwei der innovativsten Werkgruppen in seinem Œuvre – und in der Geschichte der Druckgrafik – und formte eine Ästhetik von Ambiguität und Beschwörung, die dazu beitrug, den Weg für stilistische Innovationen im 20. Jahrhundert zu ebnen.

1 / Die hier präsentierten Informationen basieren auf meinen Untersuchungen zahlreicher in dieser Publikation abgebildeter Blätter. Ebenso beruhen sie auf der wegweisenden Forschungsarbeit von Richard S. Field, Richard Brettell und Peter Kort Zegers. Siehe Richard S. Field, »Gauguins *Noa Noa* Suite«, in: *The Burlington Magazine*, 110, Nr. 786, September 1968, S. 500–511, Richard S. Field, *Paul Gauguin – Monotypes*, Ausst.-Kat. Philadelphia Museum of Art, Philadelphia 1973, Richard Brettell u. a., *The Art of Paul Gauguin*, Ausst.-Kat. National Gallery of Art, Washington, D.C., The Art Institute of Chicago, Grand Palais, Paris, 1988, und Peter Kort Zegers, »In the Kitchen with Paul Gauguin: Devising Recipes for a Symbolist Graphic Aesthetic«, in: Harriet K. Stratis und Britt Salvesen (Hrsg.), *The Broad Spectrum: Studies in the Materials, Techniques, and Conservation of Color on Paper*, London 2002, S. 138–144.

2 / Field 1968 (wie Anm. 1), S. 503.

3 / Elizabeth Mongan, Eberhard W. Kornfeld und Harold Joachim, *Paul Gauguin: Catalogue Raisonné of His Prints*, Bern 1988.

4 / Field 1968 (wie Anm. 1), S. 504.

5 / 1921 druckte Pola Gauguin von den acht erhaltenen *Noa Noa*-Druckstöcken eine Auflage von je 100 Exemplaren. Mehr zu den »Pola-Abzügen« bei den Einträgen zu den *Noa Noa*-Drucken in: Mongan 1988 (wie Anm. 3).

6 / Field 1968 (wie Anm. 1), S. 504.

7 / Gauguin fuhr auch in späteren Drucken fort, mit Überlagerungen zu experimentieren, obwohl er dafür eine andere Herangehensweise wählte. Für jede der drei Arbeiten (Kat. 133, 136, 137) aus der Holzschnittfolge, die als *Suite Vollard*, 1898/99, bekannt ist, druckte er Erst- und Zweitzustände der Darstellung in unterschiedlichen Farben auf dünnem Japanpapier, dann klebte er die Drucke aufeinander, wodurch ein Bild mit Chiaroscuro-Effekt entstand.

8 / Richard Brettell, »167–176: 1893–1894 Suite of Woodcut Illustrations for *Noa Noa*«, in: Washington 1988 (wie Anm. 1), S. 318.

9 / Field 1968 (wie Anm. 1), S. 507.

10 / Weitere solcher Abzüge finden sich in den Sammlungen des Sterling and Francine Clark Art Institute in Williamstown, Mass., und des Art Institute of Chicago.

11 / In jedem der Autorin bekannten Abzug der folgenden vier *Noa Noa*-Darstellungen beließ Roy Bereiche, in denen das Papier sichtbar blieb: *Noa Noa* (Kat. 26), *Te faruru (Liebesakt)* (Kat. 39), *L'Univers est créé* (Kat. 49) und *Te atua* (Kat. 87).

12 / Dies stammt aus einer Beschriftung, mit der Rippl-Rónai die Rückseite eines Abzuges von *Nave nave fenua* versah, den Gauguin ihm geschenkt hatte und der sich heute in der National Gallery of Art in Washington, D.C. befindet (Kat. 54), zit. nach: Washington 1988 (wie Anm. 8), S. 319

13 / József Rippl-Rónai, *Emlekezesei*, 1911, zit. nach: Marla Prather und Charles F. Stuckey (Hrsg.), *Gauguin: A Retrospective*, New York 1987, S. 230.

14 / Das Art Institute of Chicago gibt für einen seiner *Noa Noa*-Drucke ein »auf Wachs basierendes Medium« an, ein anderes wiederum enthält ein »wachsiges Medium«. Die Konservatorin des Museums, Harriet Stratis, teilte per E-Mail am 15.5.2013 mit, dass das Material als solches identifiziert wurde, nachdem man es mit einer Nadel abgenommen und in Vergrößerung betrachtet habe.

15 / Anthea Callen, *Techniques of the Impressionists*, London 1982, S. 162 f. und Charlotte Hale, *A Study of Paul Gauguin's Correspondence Relating to His Painting Materials and Techniques, with Specific Reference to His Works in the Courtauld Collection*, Diplomarbeit Courtauld Institute, University of London 1983, S. 24, zit. nach: Carol Christensen, »The Painting Materials and Techniques of Paul Gauguin«, in: *Conservation Research / Studies in the History of Art*, Bd. 41, Monograph Series II, Washington, D.C., 1993, S. 81, Anm. 91.

16 / Briefe vom 8.12.1892 und vom 25.2.1901, in: Annie Joly-Segalen (Hrsg.), *Lettres de Gauguin à Daniel de Monfreid*, Paris 1950, S. 61, 170, zit. nach: Christensen 1993 (wie Anm. 15), S. 81, Anm. 95.

17 / Ein ähnliches Köpermuster findet sich auf einigen von Gauguins Drucken mit dem Titel *Oviri (Wild)*, 1894 (Kat. 102–104). In diesen Fällen scheint es jedoch mit einer Art von Kamm erzeugt worden zu sein. Für eine Beschreibung von Gauguins Einsatz eines Kammes, um der Grundierung seiner Gemälde auf Holz Struktur zu verleihen, siehe Christensen 1993 (wie Anm. 15), S. 70.

18 / Diesen Begriff schlug Richard S. Field vor in: Philadelphia 1973 (wie Anm. 1), S. 19.

19 / Für eine Behandlung der Monotypien, siehe John Ross u. a., *The Complete Printmaker: Techniques, Traditions, Innovations*, New York 1990.

20 / Philadelphia 1973 (wie Anm. 1), S. 12.

21 / Ebd., S. 28.

22 / Der Maler Henri Delavallée erinnerte sich, dass Gauguin diese Technik 1886 anwandte, als beide in Pont-Aven lebten. Charles Chassé, *Gauguin et son temps*, Paris 1955, S. 43–47, zit. nach: Christensen 1993 (wie Anm. 15), S. 80, Anm. 89.

23 / Gauguin verwendete offensichtlich auch Glas als Matrize für einige seiner Aquarell-Monotypien, die in diesem Essay jedoch nicht behandelt werden. Der Dichter und Kritiker Julien Leclercq erwähnt diese Methode Gauguins 1898 in einem kurzen Artikel über den amerikanischen Künstler Augustin B. Koopman, veröffentlicht in: *Chronique des arts et de la curiosité*, nachgedruckt in: Victor Merlhès, »Notes sur les monotypes«, in: *Racontars de Rapin: Facsimilé du manuscrit de Paul Gauguin*, Taravao 1994, S. 115 f., zit. nach: Zegers 2002 (wie Anm. 1), S. 143, Anm. 20.

24 / Christensen 1993 (wie Anm. 15), S. 81.

25 / Philadelphia 1973 (wie Anm. 1), S. 22–45.

26 / Ebd., S. 21.

27 / Ebd., S. 113.

28 / Brief von Paul Gauguin an Gustave Fayet, März 1902, zit. nach: Joly-Segalen 1950 (wie Anm. 16), 202 f., zit. nach: Philadelphia 1973 (wie Anm. 1), S. 21, Anm. 46.

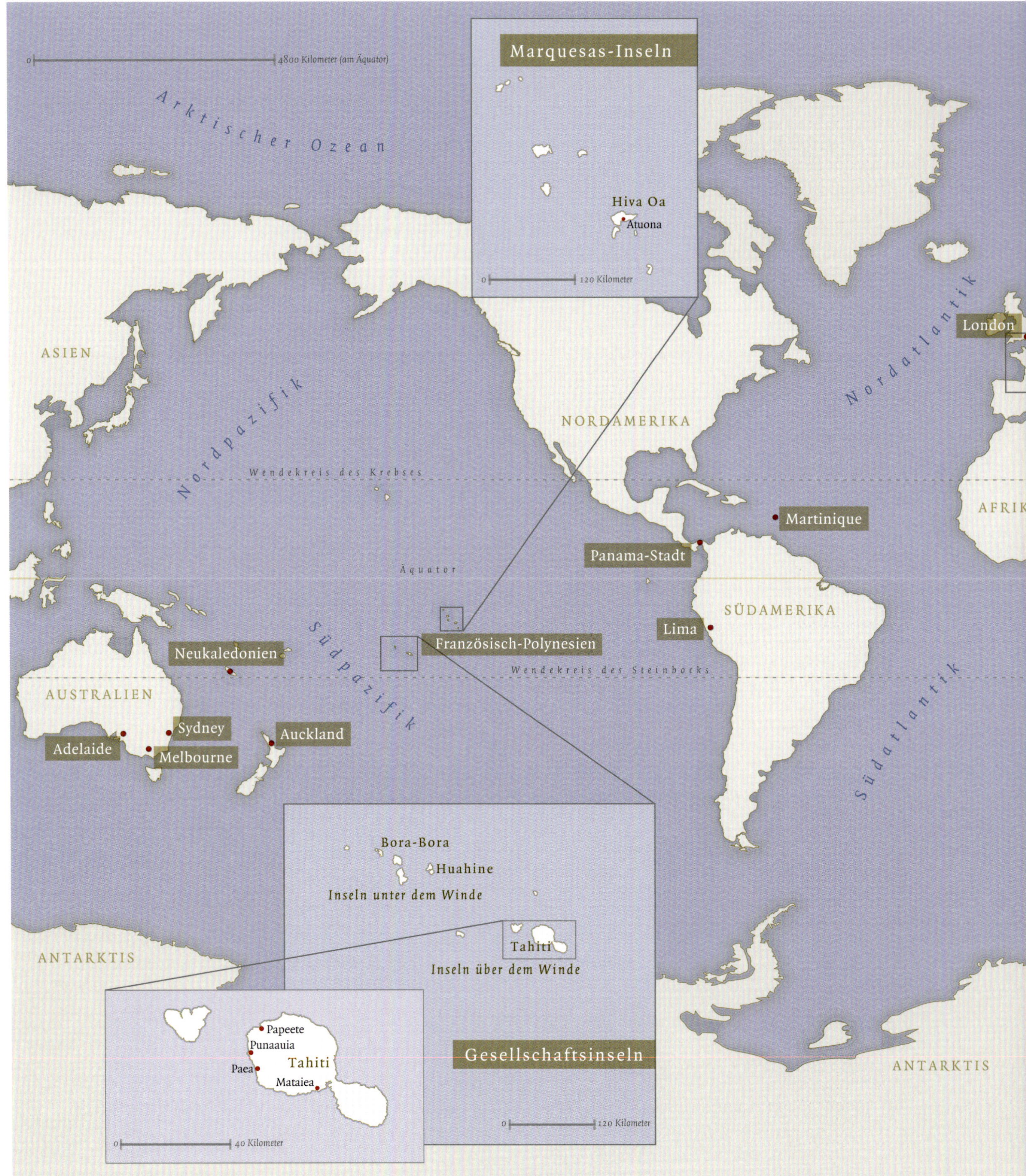

0 4800 Kilometer (am Äquator)
Arktischer Ozean
Marquesas-Inseln
Hiva Oa
Atuona
0 120 Kilometer
ASIEN
Nordpazifik
NORDAMERIKA
Nordatlantik
London
AFRIK
Wendekreis des Krebses
Martinique
Panama-Stadt
Äquator
SÜDAMERIKA
Lima
Französisch-Polynesien
Neukaledonien
Südpazifik
Wendekreis des Steinbocks
AUSTRALIEN
Sydney
Adelaide
Melbourne
Auckland
Südatlantik
Bora-Bora
Huahine
Inseln unter dem Winde
Tahiti
Inseln über dem Winde
ANTARKTIS
Papeete
Punaauia
Paea
Tahiti
Mataiea
Gesellschaftsinseln
0 120 Kilometer
0 40 Kilometer
ANTARKTIS

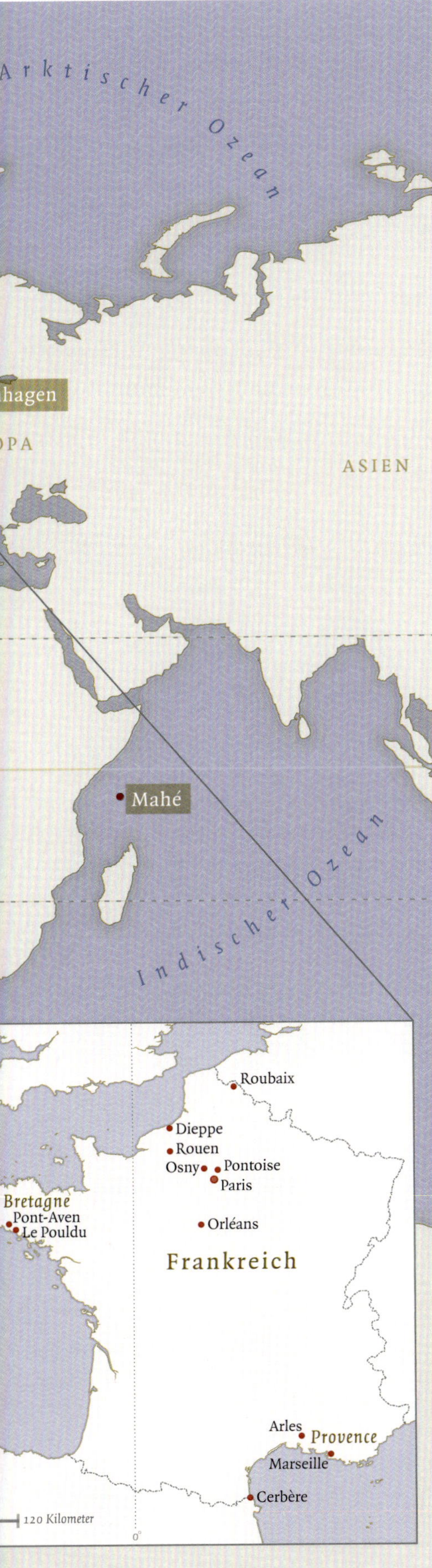

Gauguins Reisen

1848	**Paris** (Juni 1848 – August 1849)
1849	**Lima** (August 1849 – 1854)
1854	**Orléans** (Ende 1854 – 1862)
1862	**Paris** (1862 – 1864)
1864	**Orléans**
1865	Beginnt mit der Handelsmarine um die Welt zu reisen (1865–1871)
1871	**Paris** (1871–1884)
1879	**Pontoise** (Sommer)
1883	**Osny** • **Cerbère** (August)
1884	**Rouen** (Januar – Oktober?) • **Roubaix** (Oktober) **Kopenhagen** (November 1884 – Juni 1885)
1885	**Paris** (Juni – Juli) • **Dieppe** (Juli – September) • **London** (September) **Dieppe** (September – Oktober) • **Paris** (Oktober 1885 – Juli 1886)
1886	**Pont-Aven** (Juli – Oktober) • **Paris** (Oktober 1886 – April 1887)
1887	**Panama-Stadt** (April) • **Martinique** (Mai – Oktober) **Paris** (November 1887 – Januar 1888)
1888	**Pont-Aven** (Januar – Oktober) • **Arles** (Oktober – Dezember) **Paris** (Dezember 1888 – Juni 1889)
1889	**Pont-Aven** (Juni) • **Le Pouldu** (Juni – August) **Pont-Aven** (August – Oktober) • **Le Pouldu** (Oktober 1889 – Februar 1890)
1890	**Paris** (Februar – Anfang Juni) • **Le Pouldu** (Anfang Juni) • **Pont-Aven** (Mitte Juni) **Le Pouldu** (Ende Juni – November) • **Paris** (November 1890 – April 1891)
1891	**Kopenhagen** (März) • **Paris** (März – April) • **Marseille** (April) **Mahé, Seychellen** (April) • **Sydney, Adelaide, Melbourne** (April – Mai) **Neukaledonien** (Mai) • **Papeete** (Juni – August) • **Paea** (August – September) **Mataiea** (September – Oktober) • **Papeete** (Oktober) **Mataiea** (Oktober oder November? – Anfang 1892)
1892	**Papeete** (Anfang 1892 – März?) • **Mataiea** (März? 1892 – März 1893)
1893	**Papeete** (März – Juni) • **Paris** (August 1893 – Mai 1894)
1894	**Pont-Aven** und **Le Pouldu** (Mai – November) **Paris** (November 1894 – Juni 1895)
1895	**Marseille** (Ende Juni – Anfang Juli) • **Sydney, Auckland** (August) • **Papeete** (September) **Huahine** (September) • **Bora-Bora** (September) • **Papeete** (Oktober – November) **Punaauia** (November 1895 – Juli 1896)
1896	**Papeete** (Juli) • **Punaauia** (Juli 1896 – Januar 1897)
1897	**Papeete** (Januar) • **Punaauia** (Februar 1897 – März 1898)
1898	**Papeete** (März oder April 1898 – Januar 1899)
1899	**Punaauia** • **Papeete**
1900	**Punaauia** • **Papeete**
1901	**Papeete** • **Punaauia** (bis September) **Atuona, Hiva Oa** (September 1901 – Mai 1903)

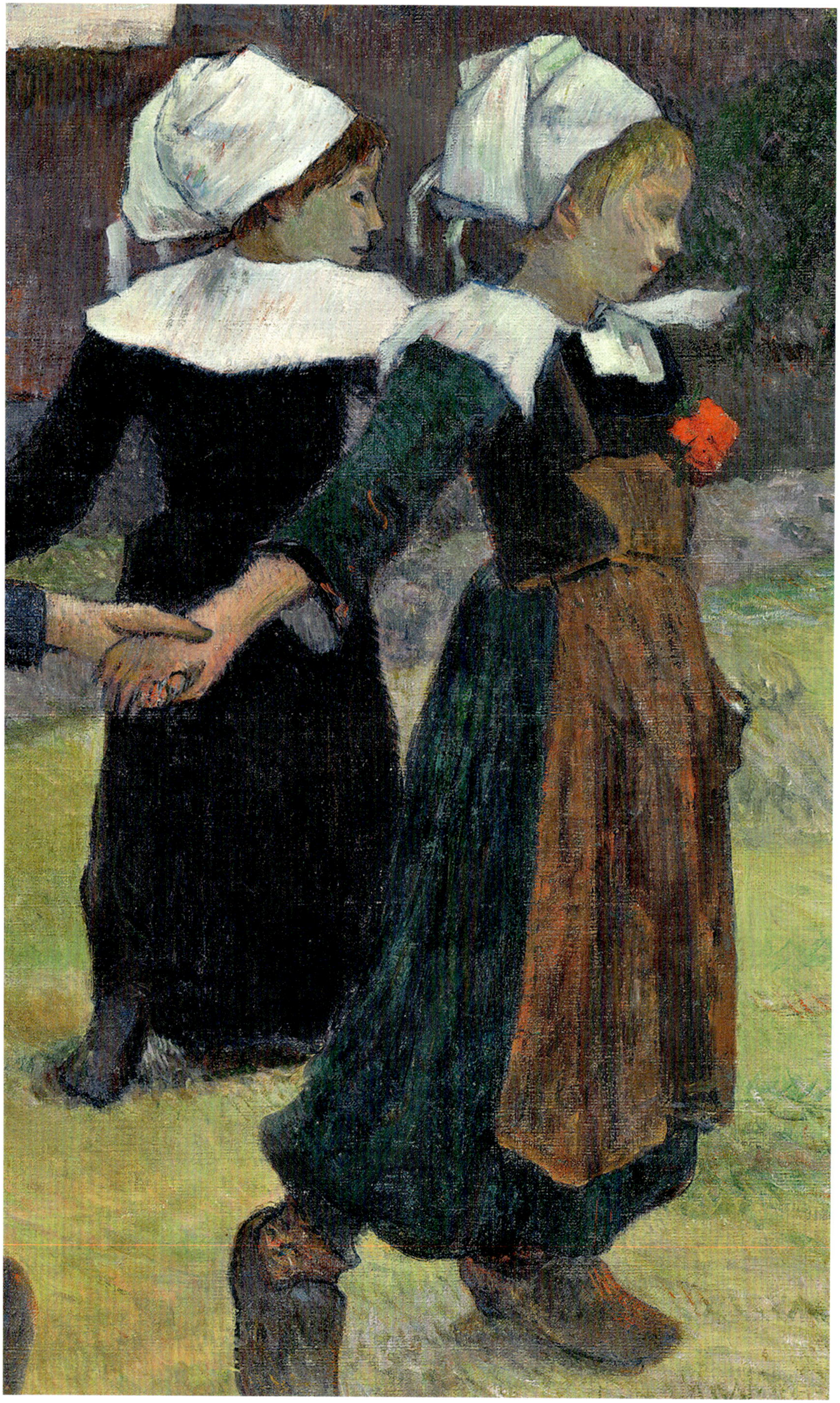

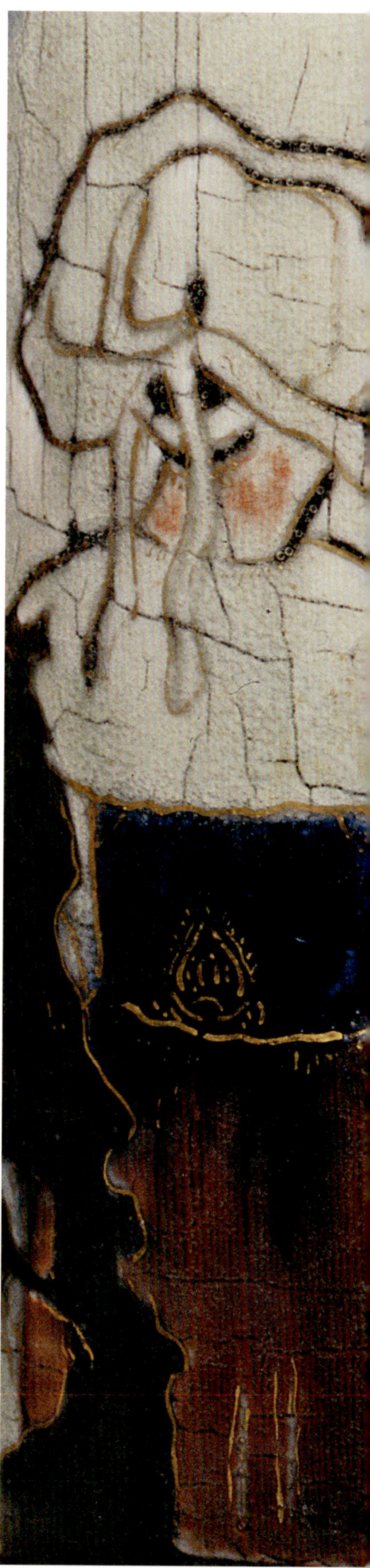

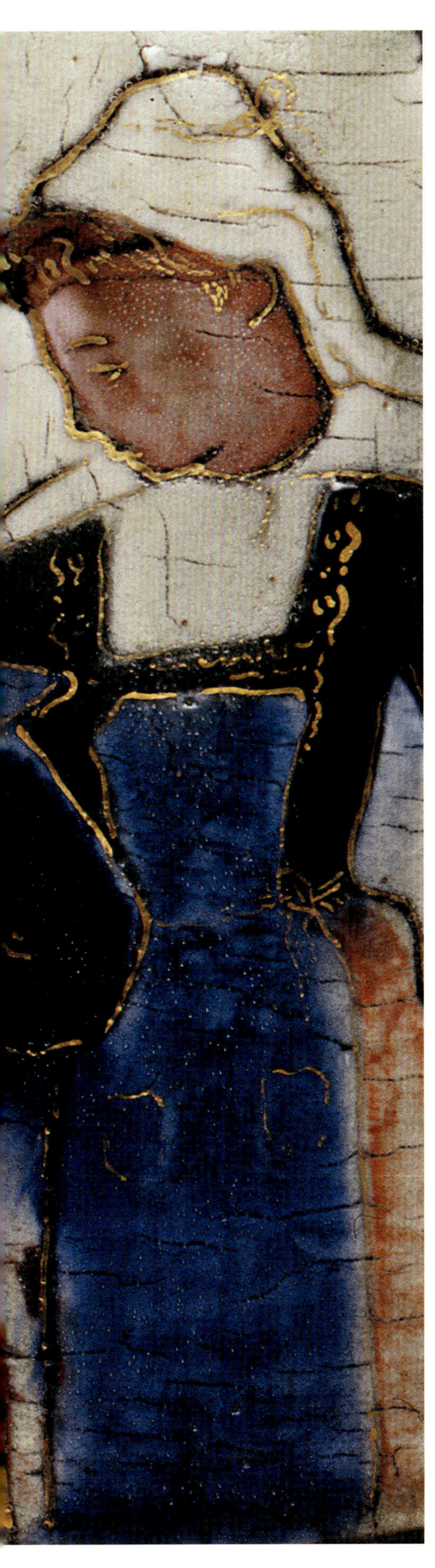

1886–1889

Paris · Martinique · Bretagne · Arles

MALEREI, KERAMIK, ZINKOGRAFIE

Die Suite Volpini

Gauguins Einsatz der Druckgrafik als Mittel, um seine früheren Kompositionen und Motive neu zu interpretieren, begann schon bei seinen ersten Drucken, den elf Zinkografien, die er 1889 schuf und bei einer Gruppenausstellung in einem Café nahe der *Exposition universelle* in Paris zeigte. Gemeinhin als *Suite Volpini* bekannt – nach dem Besitzer des Cafés – und in einer Mappe präsentiert, nehmen die Drucke in erster Linie Sujets von Gemälden auf, die Gauguin während oder kurz nach Reisen in die Bretagne (Juli – Oktober 1886 und Januar – Oktober 1888), nach Martinique (Mai – Oktober 1887) und Arles (Oktober – Dezember 1888) gemalt hatte. Einige Motive dieser Gemälde hatte er bereits in den originellen Keramiken wiederholt, die zwischen 1886 und 1888 in Paris entstanden waren. Die gedruckten Fassungen stellen also in manchen Fällen eine dritte oder sogar vierte oder fünfte Version dar. Die Drucke mit zum Teil sehr unkonventionellen Kompositionen (Kat. 3, 10), mit Elementen, die über die Bildgrenzen gehen (Kat. 6, 9, 14, 16), sowie beschwörenden strukturellen Passagen verdeutlichen Gauguins Wissen darum, dass sich mithilfe der Druckgrafik neue ästhetische Effekte erproben lassen.

Die Darstellungen mit Szenen aus der Bretagne (Kat. 6, 9, 10, 12) und aus Martinique (Kat. 14, 15) geben meistens beschauliche Momente in bukolischer Landschaft wieder, obwohl sich darunter auch ein bretonisches Motiv findet (Kat. 10), das sich auf die Gewalt der Natur bezieht, ein Thema, das ebenfalls in einem Druck mit unbestimmter Szenerie auftaucht (Kat. 3). Wie diese beiden zuletzt genannten Drucke legen auch Sujets aus Arles den Fokus auf die eher düsteren Aspekte des Lebens und benennen Plackerei (Kat. 17), Elend (Kat. 7), Alter und Tod (Kat 16). Sogar in vielen der scheinbar fröhlicheren Darstellungen verwandeln Gauguins gedruckte Neubetrachtungen die Themen in etwas vage Bedrohliches. In *Joies de Bretagne (Freuden der Bretagne)* (Kat. 9) arbeitete er die weiblichen Figuren um, die er in einem Gemälde von 1888 porträtiert hatte (Kat. 8). Anstatt sie allerdings abermals tanzend auf einem weiten Feld darzustellen, gibt er sie in Nahansicht wieder, vielleicht gar nicht tanzend, neben seltsamen, wolkenähnlichen Heuballen, wobei die fast surreale Atmosphäre durch die bizarre, maskenartige Erscheinung des Gesichtes der rechten Figur noch verstärkt wird.

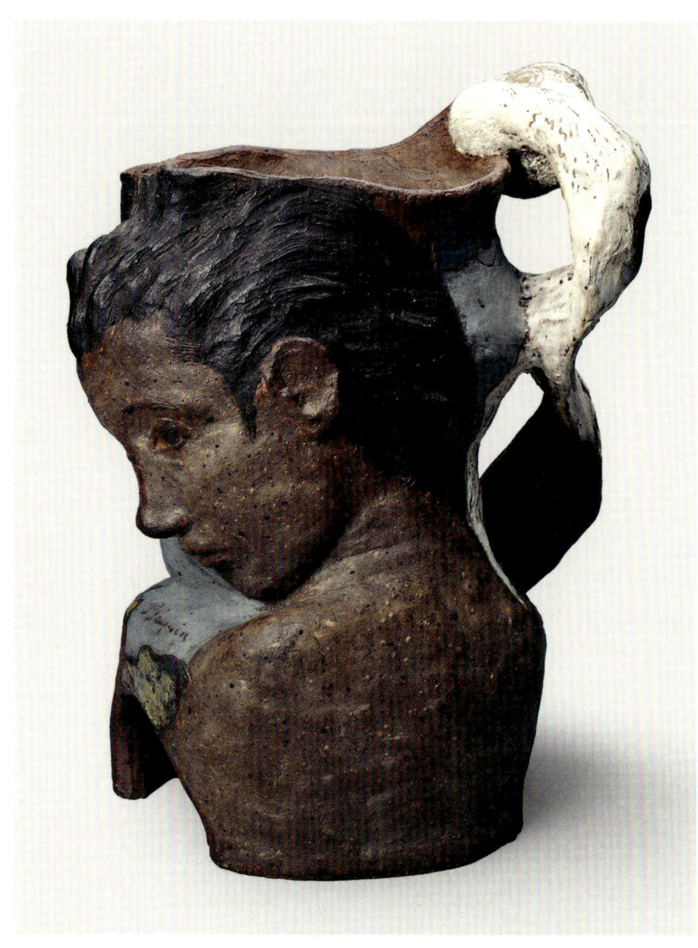

Das Frontispiz des Portfolios (Kat. 2) steht sinnbildlich für den komplexen Symbolismus, der sich durch die Blätter zieht. Die Frau ist im Wesentlichen ein Detail aus einem anderen *Volpini*-Druck, *Baigneuses Bretonnes (Bretonische Badende)* (Kat. 6). Indem Gauguin ihr jedoch einen Schwan zur Seite stellt und sie mit der Darstellung einer Schlange, bretonischen Gänseküken und einem Apfel umgibt, verbindet er Themen pastoraler Unschuld mit erotischen Bezügen, sowohl zum klassischen Mythos von Leda, die Zeus in Gestalt eines Schwans verführte, als auch zur biblischen Geschichte der Versuchung Evas. **SF**

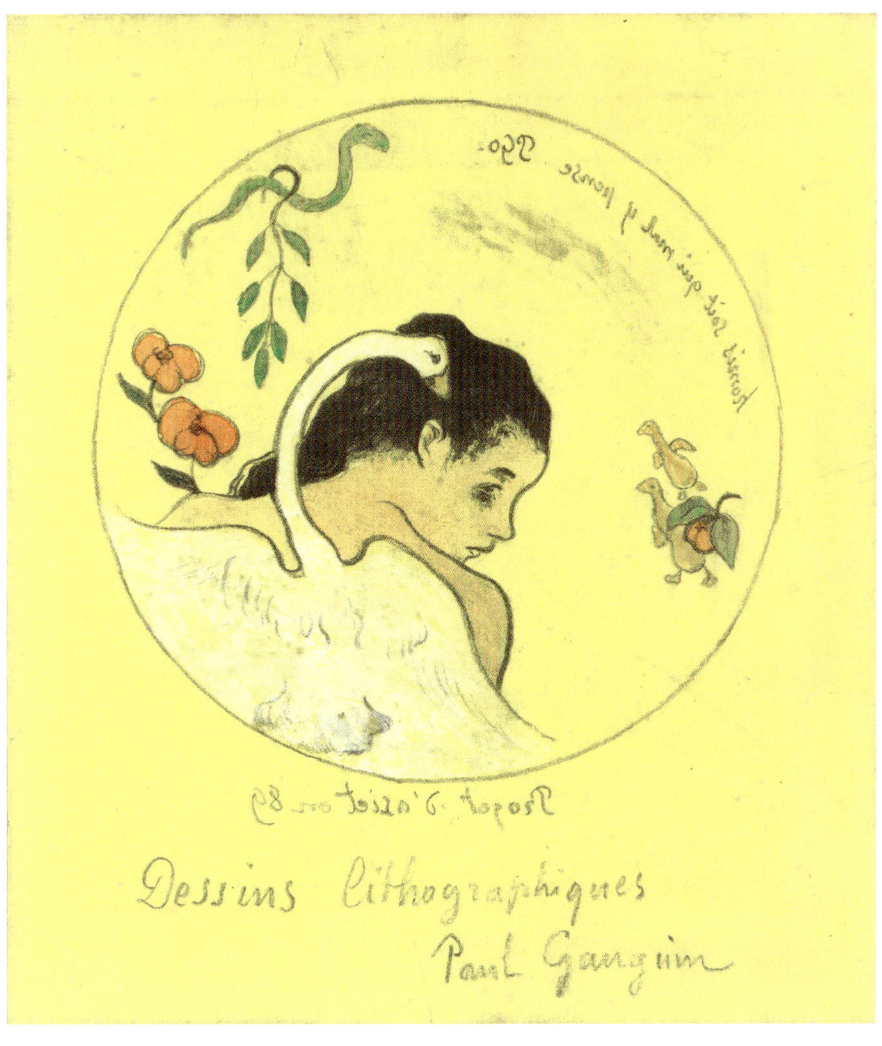

1
Gefäß in Form von Kopf und Schultern eines jungen Mädchens, 1887/88
Steinzeug mit gefärbtem Schlicker, teilweise glasiert, Höhe 20 cm
Privatsammlung

2
Leda (Projet d'assiette)
(Leda [Entwurf für einen Porzellanteller])
Frontispiz der *Suite Volpini*, 1889
Zinkografie auf gelbem Papier mit Ergänzungen in Aquarell und Gouache, Bild: 20,4 x 20,4 cm
The Metropolitan Museum of Art, New York, Rogers Fund

3
Les Drames de la mer – Une Descente dans le maelström
(Die Dramen des Meeres – Sturz in den Mahlstrom)
aus der *Suite Volpini*, 1889
Zinkografie auf gelbem Papier, Bild: 17,1 x 27,3 cm
The Metropolitan Museum of Art, New York, Rogers Fund

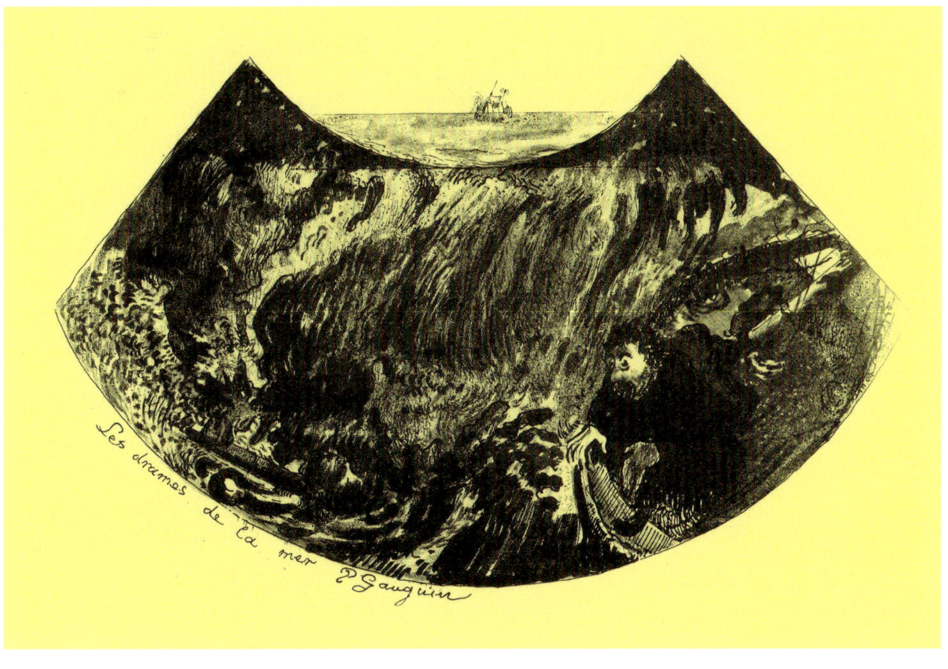

4
Schale mit Badender, 1887/88
Steinzeug, glasiert, Höhe 29 cm, ø 29 cm
Dame Jillian Sackler

5
Vase mit Badender unter Bäumen, um 1887/88
Steinzeug, glasiert, mit goldenen Höhungen,
Höhe 19,1 cm, ø 12,7 cm
The Kelton Foundation, Los Angeles

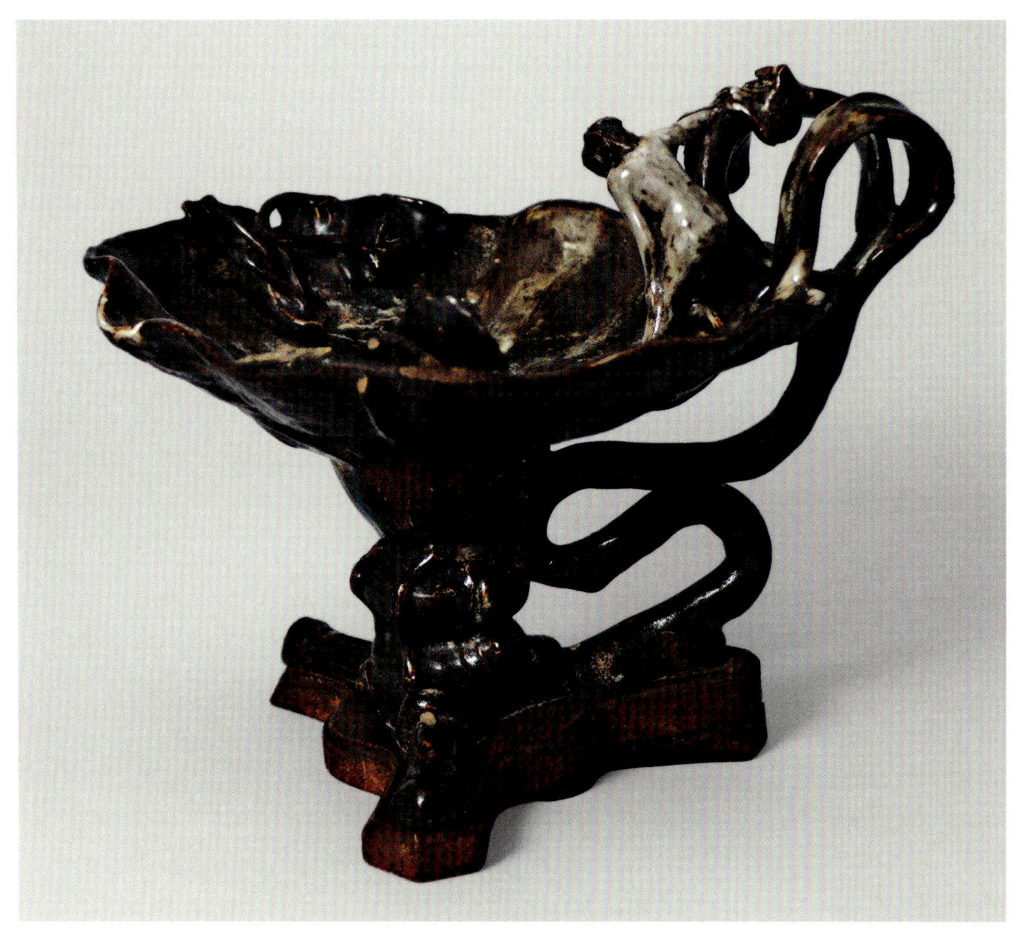

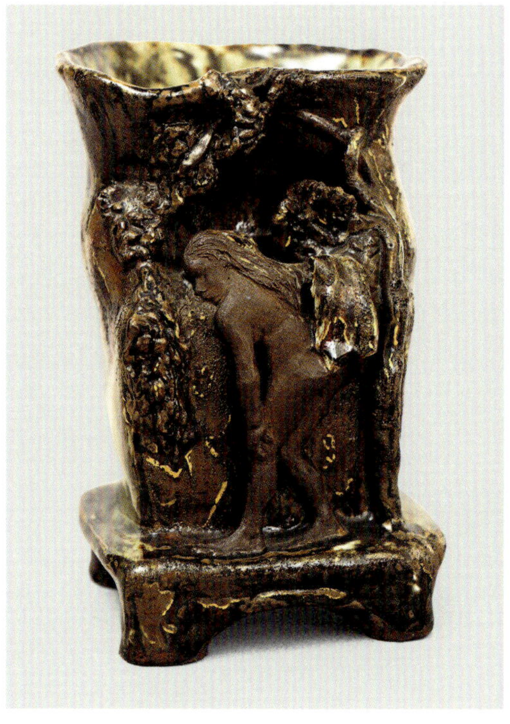

6

Baigneuses Bretonnes (Bretonische Badende)
aus der *Suite Volpini*, 1889
Zinkografie auf gelbem Papier, Bild: 24,6 x 20 cm
The Metropolitan Museum of Art, New York,
Rogers Fund

7

Misères humaines (Menschliches Elend)
aus der *Suite Volpini*, 1889
Zinkografie auf gelbem Papier, Bild: 28,1 x 24,6 cm
The Metropolitan Museum of Art, New York,
Rogers Fund

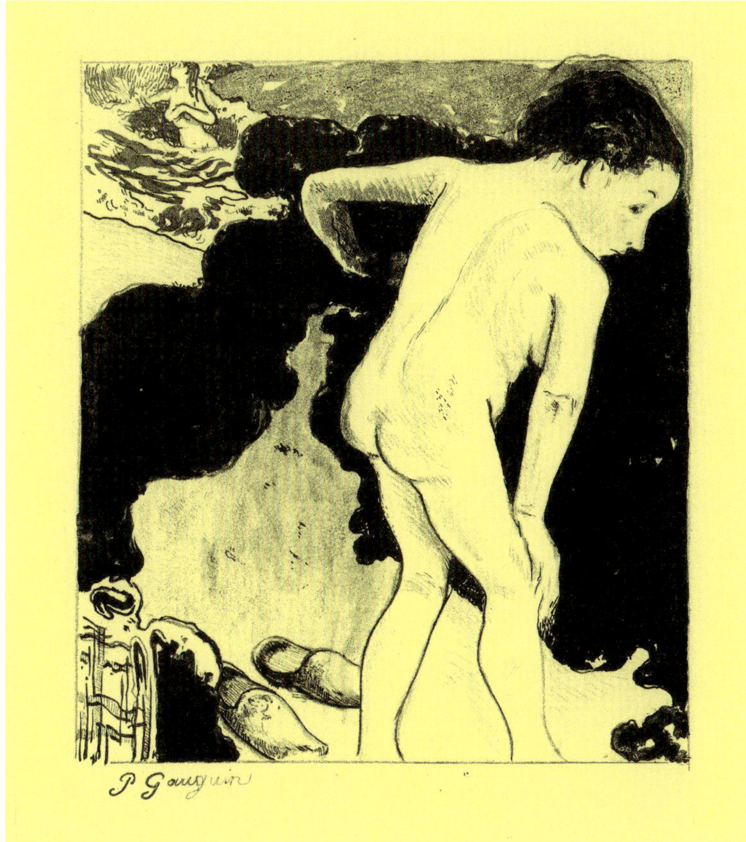

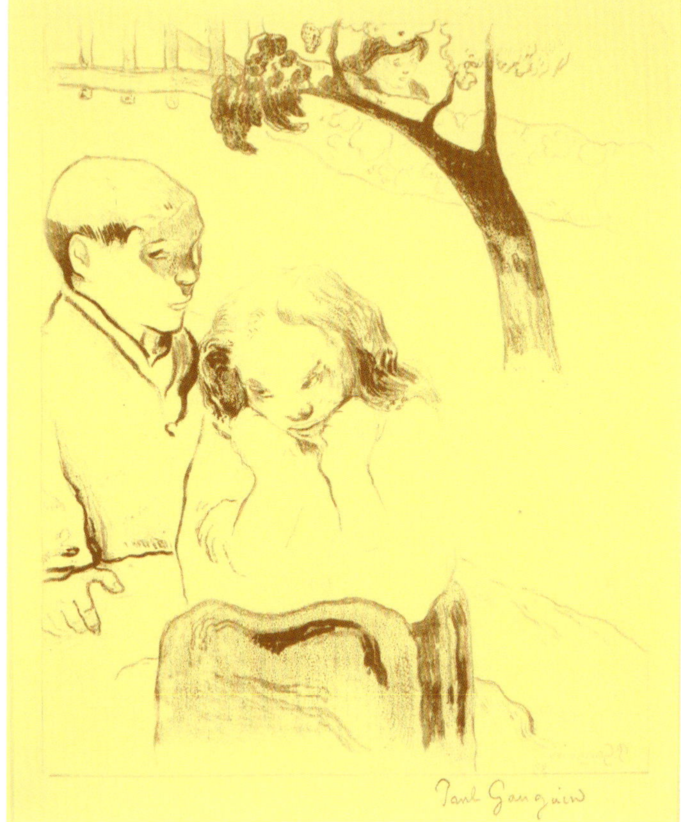

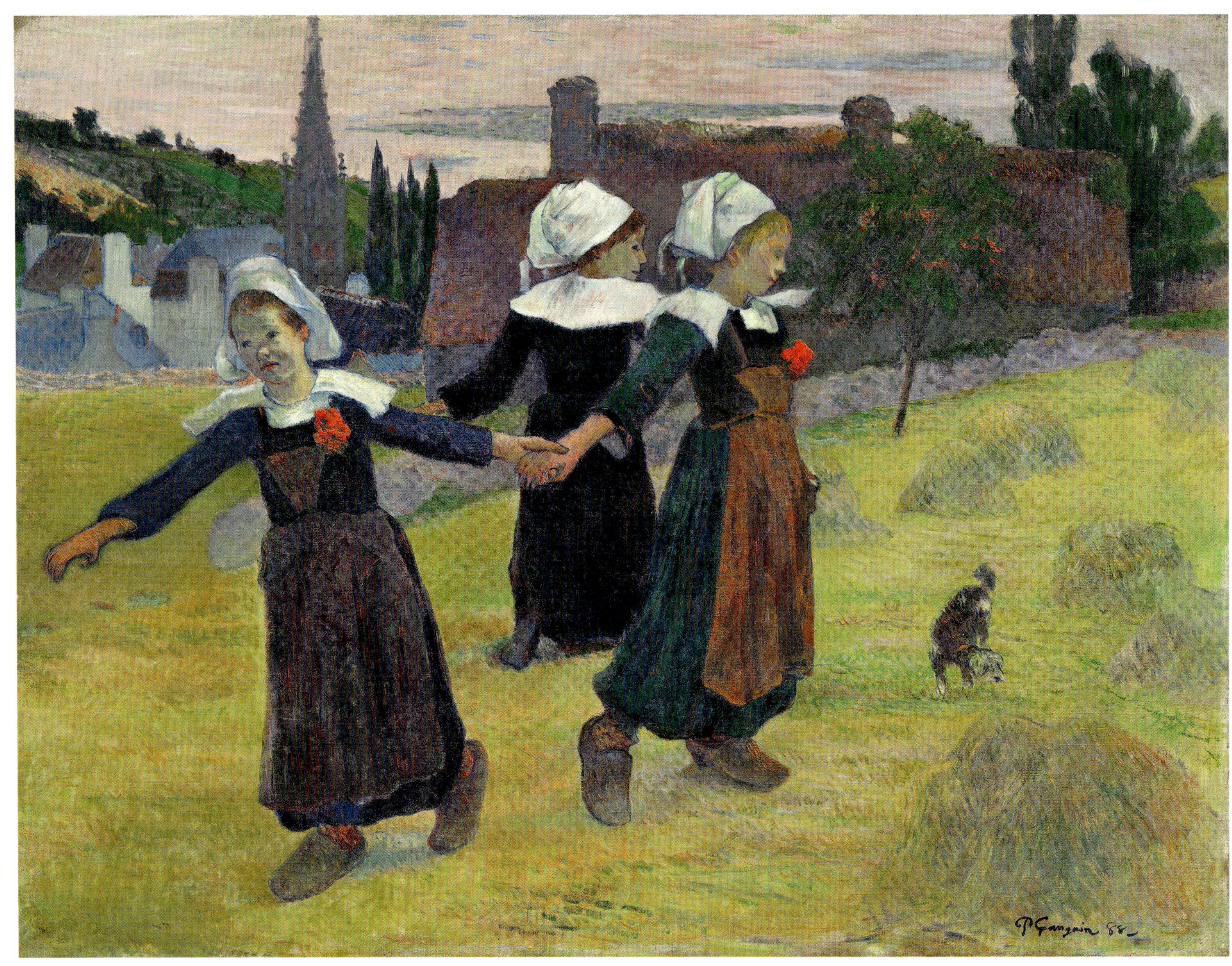
P Gauguin 88

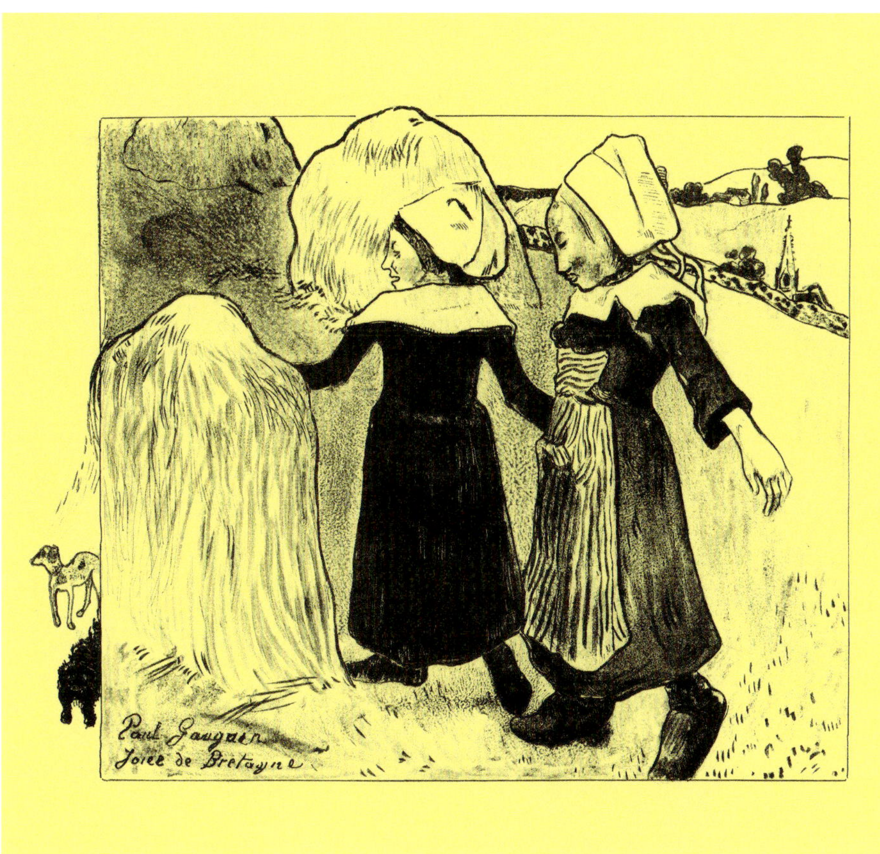

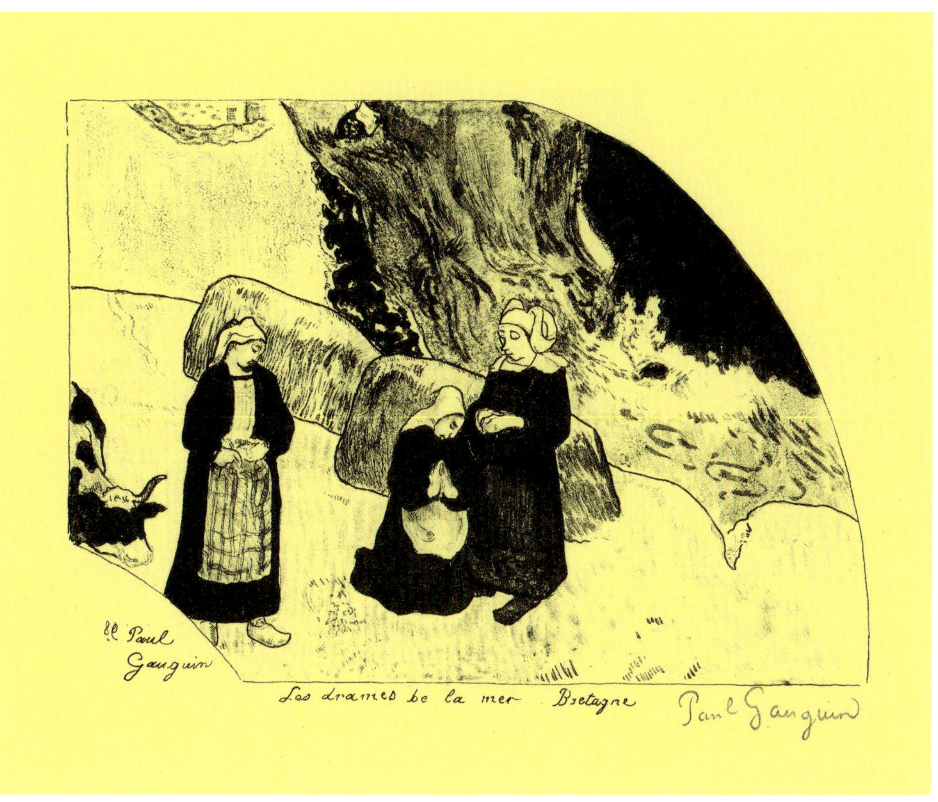

8

Der Reigen der kleinen Bretoninnen, Pont-Aven, 1888
Öl auf Leinwand, 73 x 92,7 cm
National Gallery of Art, Washington, D.C.,
Sammlung Mr. und Mrs. Paul Mellon

9

Joies de Bretagne (Freuden der Bretagne)
aus der *Suite Volpini*, 1889
Zinkografie auf gelbem Papier, Bild: 20,2 x 24,1 cm
The Metropolitan Museum of Art, New York,
Rogers Fund

10

Les Drames de la mer, Bretagne (Die Dramen des Meeres, Bretagne) aus der *Suite Volpini*, 1889
Zinkografie auf gelbem Papier, Bild: 16,7 x 22,5 cm
The Metropolitan Museum of Art, New York,
Rogers Fund

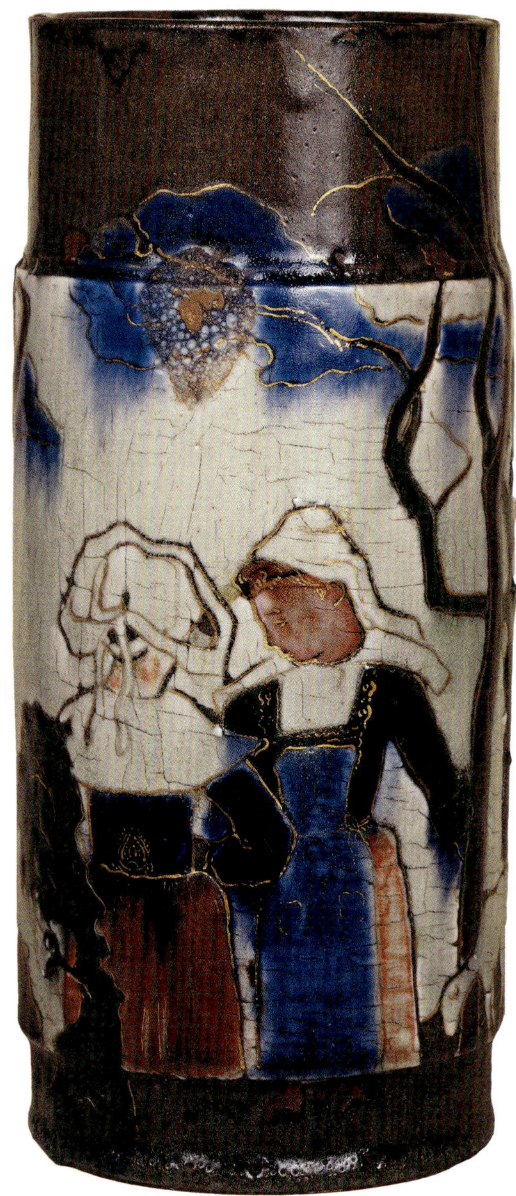

11

Vase mit bretonischen Szenen, 1886/87
Steinzeug, glasiert, mit goldenen Höhungen,
Höhe 28,8 cm, ø 12 cm
Musées Royaux d'Art et d'Histoire, Brüssel

12

Bretonnes à la barrière (Bretoninnen am Zaun)
aus der *Suite Volpini*, 1889
Zinkografie auf gelbem Papier, Bild: 16,7 x 21,4 cm
The Metropolitan Museum of Art, New York,
Rogers Fund

13

Gefäß in Form des Kopfes eines bretonischen Mädchens,
1886/87
Steinzeug, unglasiert, schwarzer Schlicker,
goldene Höhungen, 14 x 9,2 x 16,5 cm
Privatsammlung

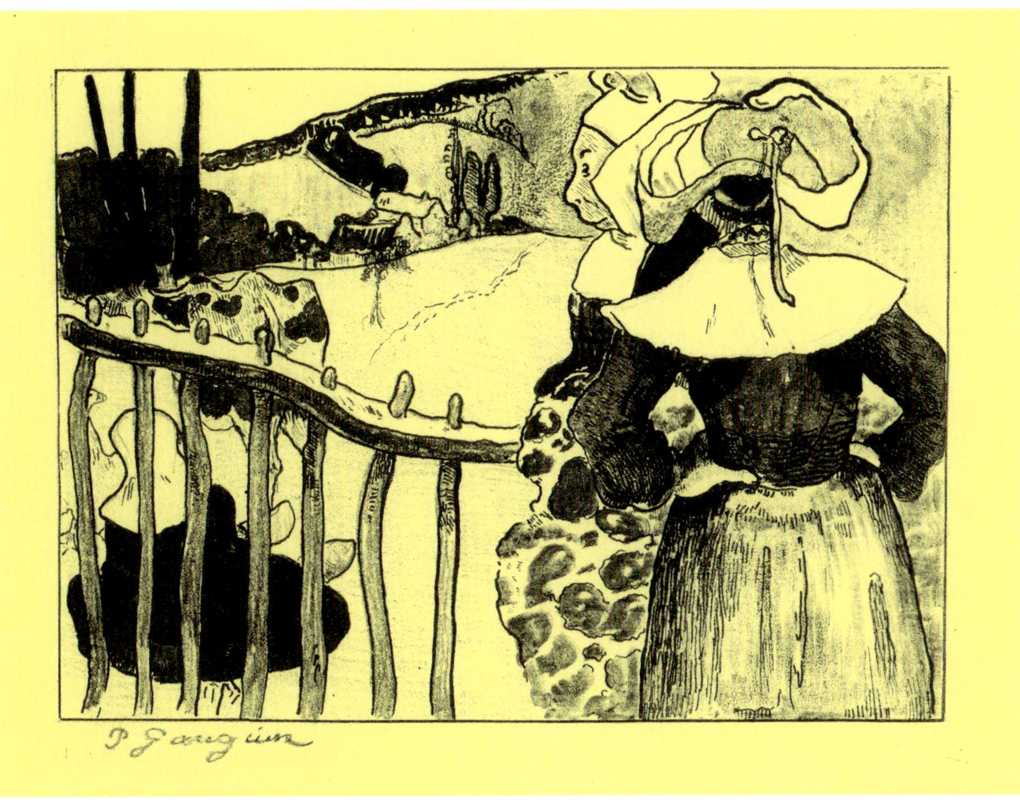
P Gauguin

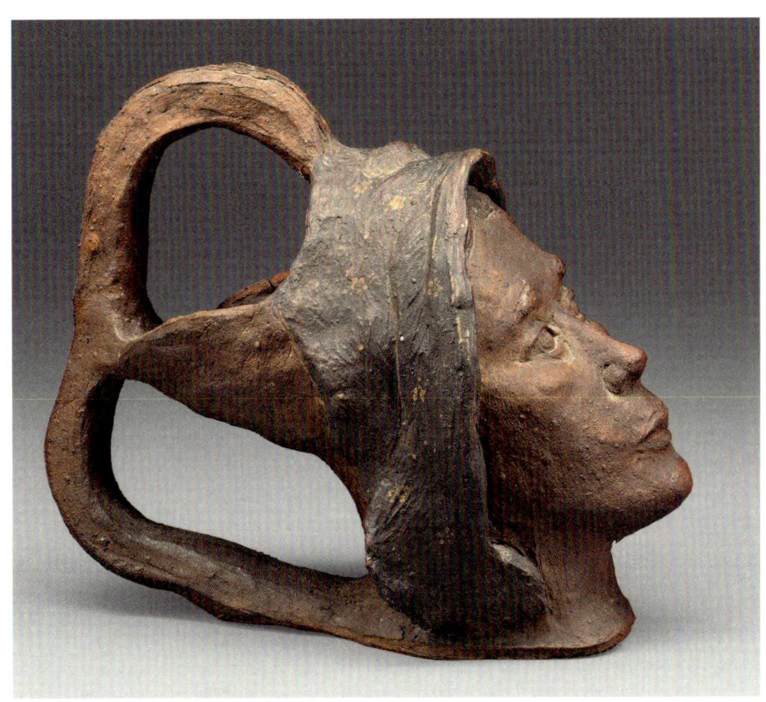

14
Les Cigales et les fourmis – Souvenir de la Martinique (Grillen und Ameisen – Erinnerung an Martinique)
aus der Suite Volpini, 1889
Zinkografie auf gelbem Papier, Bild: 21,5 x 26,1 cm
The Metropolitan Museum of Art, New York,
Rogers Fund

15
Pastorales Martinique (Pastorale auf Martinique)
aus der Suite Volpini, 1889
Zinkografie auf gelbem Papier, Bild: 18,2 x 22,2 cm
The Metropolitan Museum of Art, New York,
Rogers Fund

16
Les Vieilles Filles à Arles (Die alten Jungfern in Arles)
aus der Suite Volpini, 1889
Zinkografie auf gelbem Papier, Bild: 19,1 x 21 cm
The Metropolitan Museum of Art, New York,
Rogers Fund

17
Les Laveuses (Die Wäscherinnen) aus der Suite Volpini, 1889
Zinkografie auf gelbem Papier, Bild: 20,8 x 26,1 cm
The Metropolitan Museum of Art, New York,
Rogers Fund

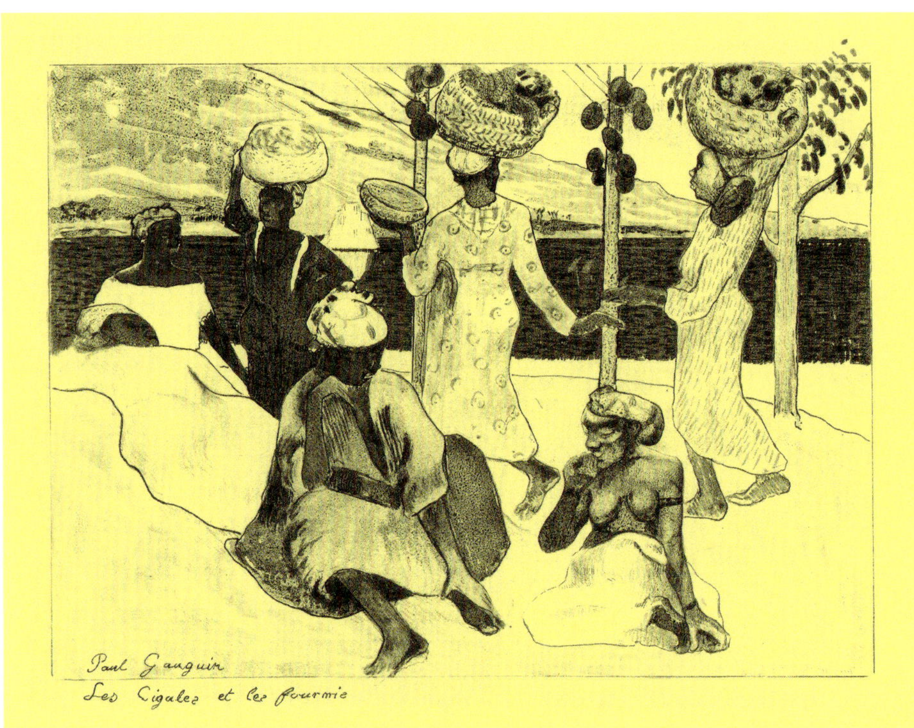

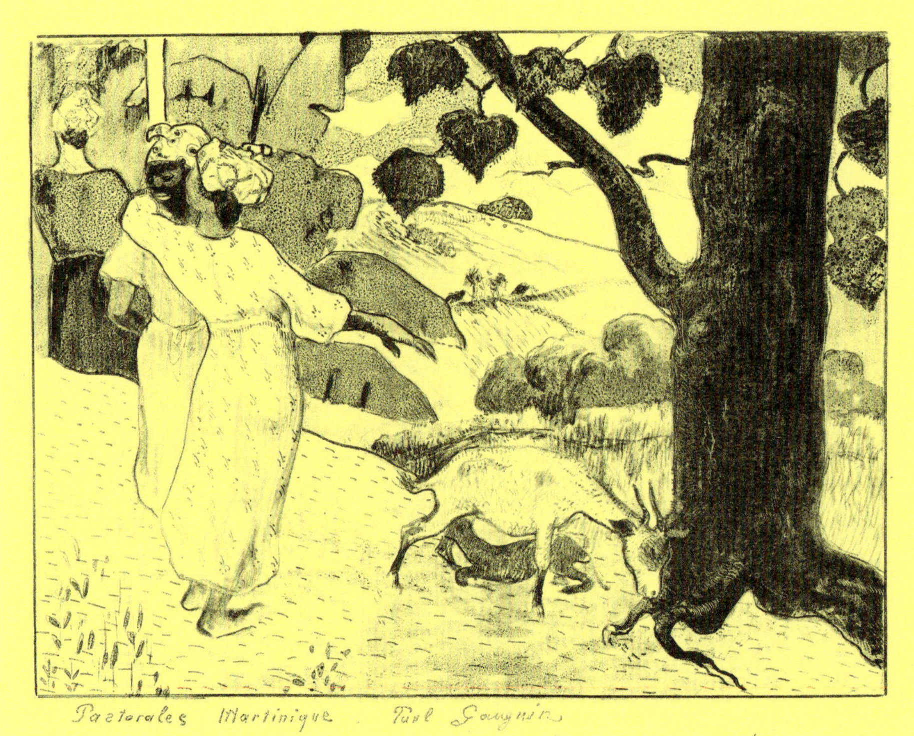

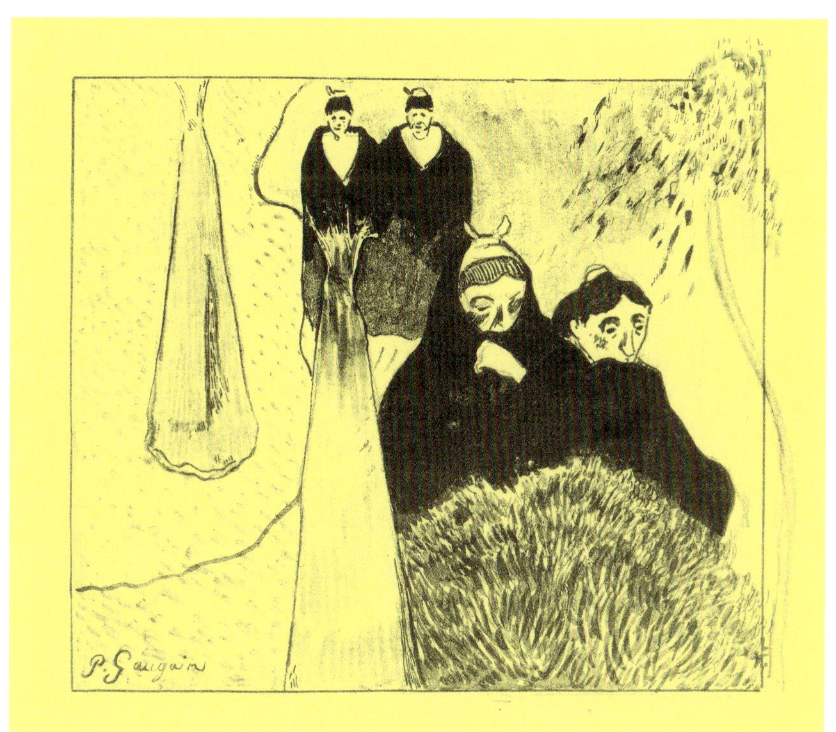
P. Gauguin

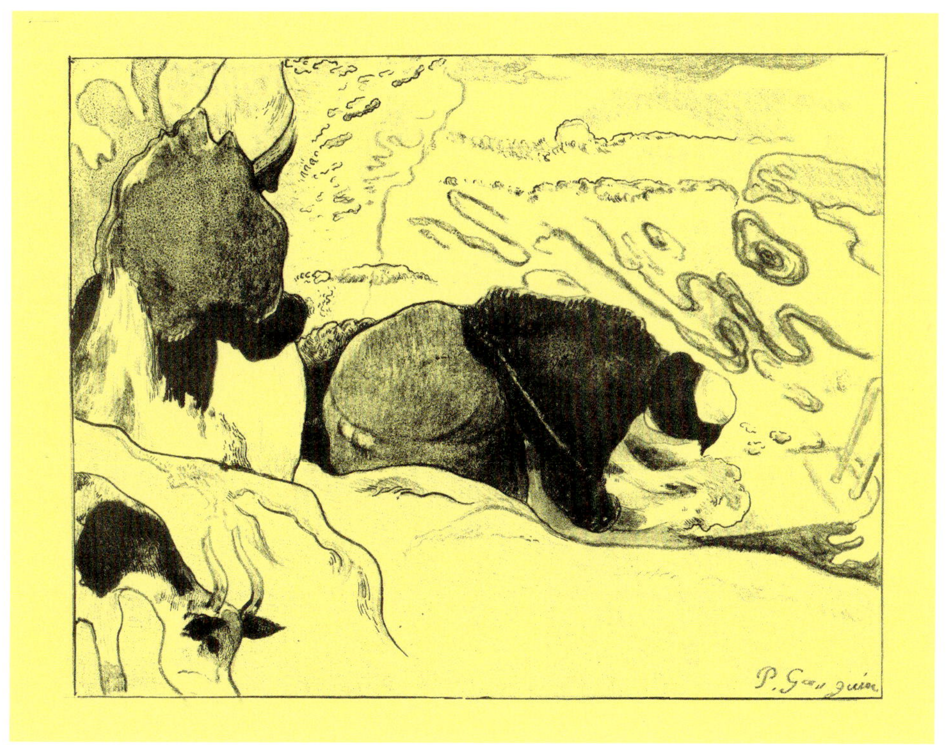
P. Gauguin

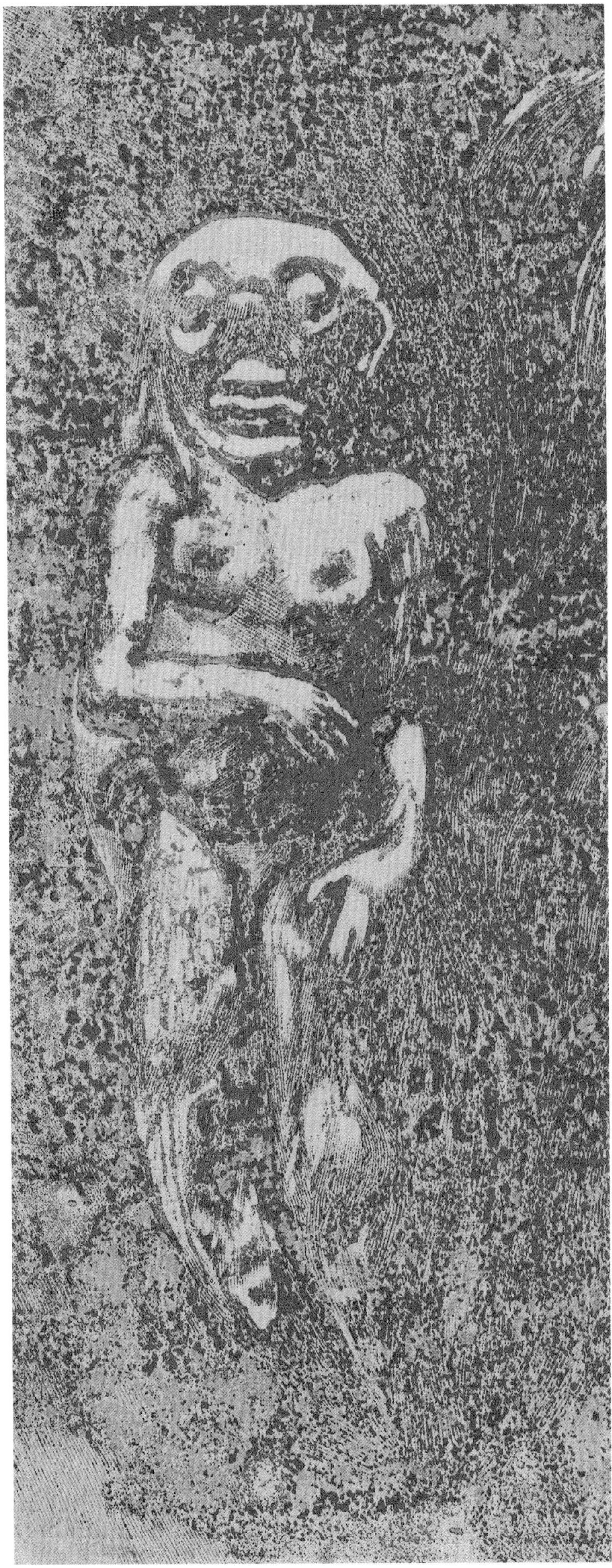

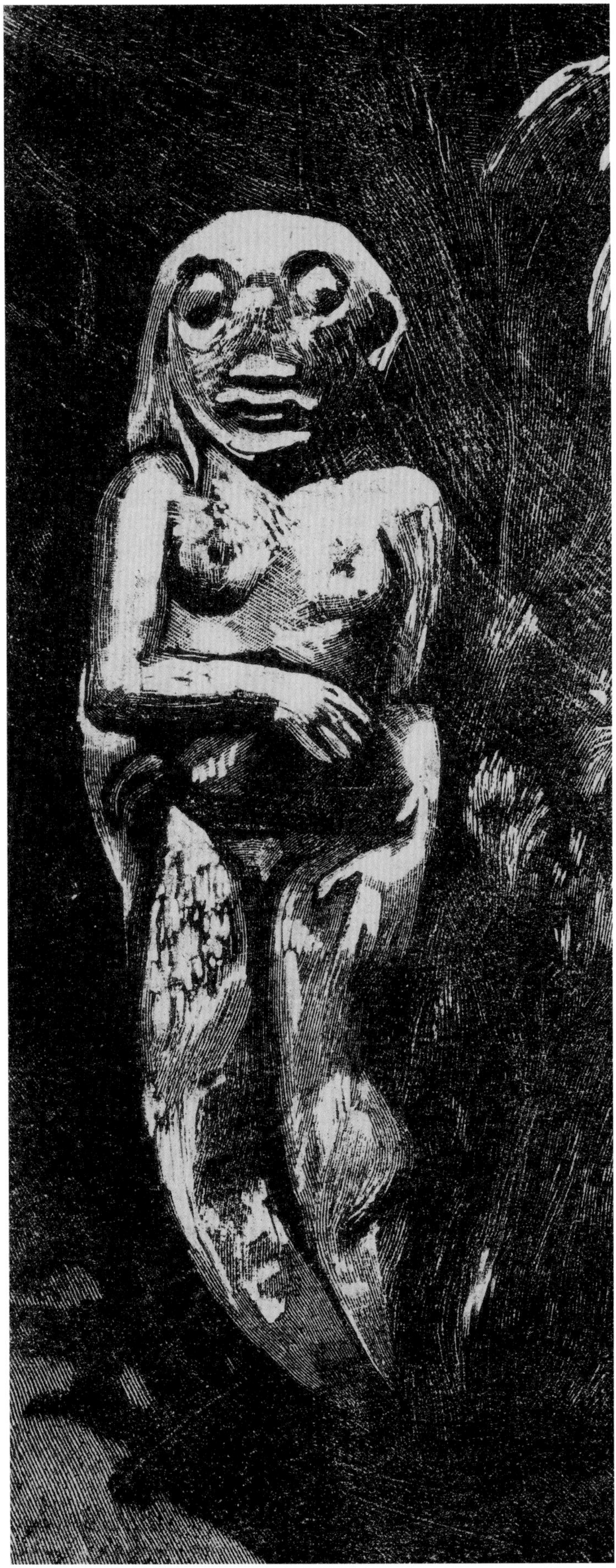

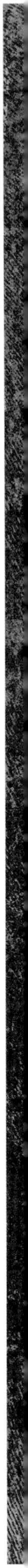

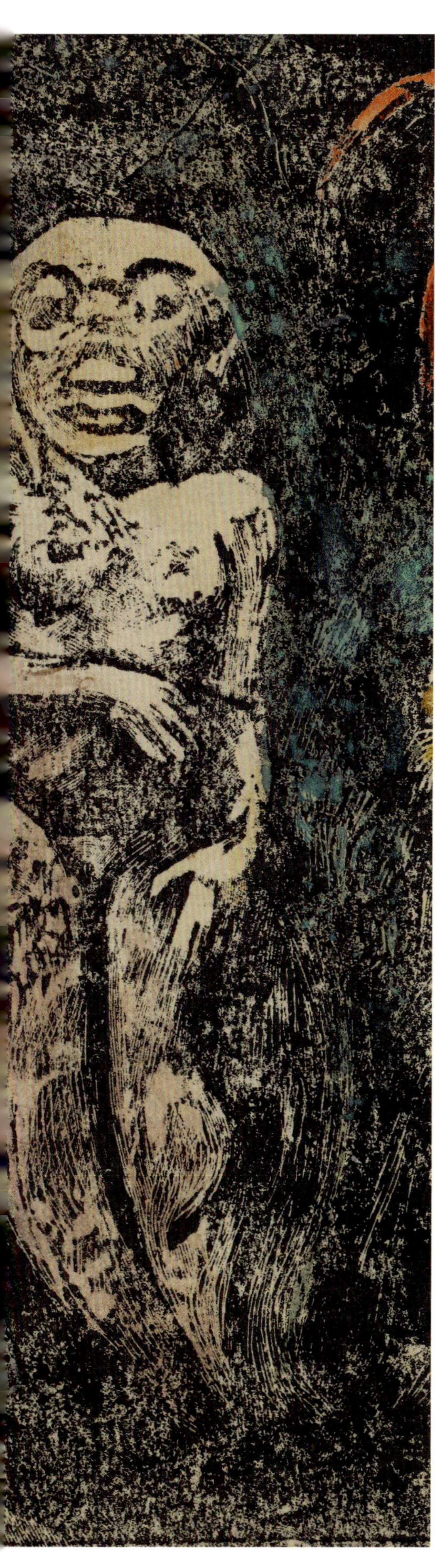

1889–1895

Paris · Bretagne · Tahiti

MALEREI, HOLZSKULPTUREN, KERAMIK,
HOLZSCHNITT, MONOTYPIE

Selbstporträts

Vom Beginn seiner künstlerischen Karriere an in Paris, während seiner zwei Aufenthalte auf Tahiti bis zu seinem Tod auf den Marquesas-Inseln war es Gauguin stets wichtig, wie er von anderen wahrgenommen wurde. Strategisch kultivierte er eine künstlerische Rolle, präsentierte sich selbst als Genie, als Wilder oder als gottähnlicher Schöpfer und brachte zahllose Selbstporträts sowie symbolische Arbeiten hervor, in denen er sein Abbild integrierte. Damit platzierte er sich bewusst in eine historischen Reihe von Künstlern, die sich selbst in ihren Werken erforschten.

Unter Gauguins Selbstporträts ist *Selbstbildnis mit Idol*, um 1893 (Kat. 18), eines mit größter Resonanz. Es entstand vermutlich unmittelbar, nachdem Gauguin von seinem ersten Aufenthalt in Tahiti (1891–1893) nach Paris zurückgekehrt war. Dargestellt ist der Künstler in abendländischer Garderobe, das Kinn in die Hand gestützt, den Blick auf den Betrachter gerichtet. Hinter ihm steht ein polynesisches Idol, das den hölzernen »ti'ii« ähnelt, die Gauguin in Tahiti zu schnitzen begonnen hatte, ein Sinnbild für seine neue primitivistische Orientierung. Dessen Form lässt an traditionelle Darstellungen der polynesischen Göttin Hina denken, die für die Wiedergeburt steht, ein Thema, das in diesem wichtigen Moment in Gauguins Leben gegenwärtig war, da er sich daran machte, sich selbst als Wilden neu zu erfinden. Er erscheint selbstbewusst und, mit dem Blick zur Seite und den zusammengezogenen Augenbrauen, vielleicht auch ein wenig herablassend, als ob er die Pariser Kritiker rügen wollte, die es verabsäumt hatten, die Bedeutung seiner neuen Skulpturen zu erkennen.

Gauguin bildet sich selbst auch auf einem Blatt mit Studien ab, das unter dem Titel *Tahitianer*, 1894 (Kat. 19), bekannt ist. Sein Kopf mit der Adlernase und dem charakteristischen Schnurrbart erscheint im Profil im unteren Teil des Blattes und verankert die Komposition gewissermaßen. Die Augen sind geschlossen, als träumte er die Bilder, die ihn umschweben: verschiedene tahitianische Gesichter, eine tahitianische Halbfigur und das Profil eines Mannes mit Gesichtszügen, die seinen ähneln. Durch den Umdruckprozess der Monotypie erscheinen die Linien blass, wodurch einige Formen wie geisterhafte, aus dem Blatt tretende Erscheinungen wirken. Das Werk offenbart Gauguins Sehnsucht nach einer Rückkehr nach Polynesien, um einmal mehr in das dortige Leben einzutauchen.

Die skulpturale Version (Kat. 20) von *L'Après-midi d'un faune (Der Nachmittag eines Fauns)* nach einem Gedicht seines Freundes Stéphane Mallarmé von 1876 gehört zu den »ti'ii«, die der Künstler in Tahiti schnitzte. Gauguin und Mallarmé hatten sich 1890 in Paris kennengelernt, und ihre Freundschaft war von gegenseitiger Verehrung geprägt. Gauguin nahm, wann immer er konnte, an Mallarmés berühmten »Mardis«, den Dienstagsalons, teil, und der Dichter veranstaltete ein Festmahl zu Ehren des Künstlers, als dieser 1891 nach Tahiti ging. In der Skulptur bildet Gauguin Mallarmés traumähnliche Erzählung nach, in der ein Faun über seine sinnlichen Zusammentreffen mit mehreren Nymphen berichtet. Indem er die Nymphen als schöne tahitianische Mädchen und den Faun als europäischen Mann schnitzte, zog Gauguin explizit Parallelen zwischen Mallarmés sexuell aufgeladener Szene und seinen eigenen Fantasien von Tahiti als Land der Liebe und sexuellen Freiheit. Diese wurden von zahlreichen französischen Männern geteilt, die die spektakulären Berichte von Entdeckungsreisenden im Pazifikraum aus dem vorangegangenen Jahrhundert gelesen hatten. In dieser Hinsicht kann die Figur des Fauns als Projektion des Künstlers verstanden werden, geschaffen kurz nach seiner Ankunft im legendenumwobenen Paradies. **LJ**

18

Selbstbildnis mit Idol, um 1893
Öl auf Leinwand, 43,8 x 32,7 cm
McNay Art Museum, San Antonio,
Nachlass Marion Koogler McNay

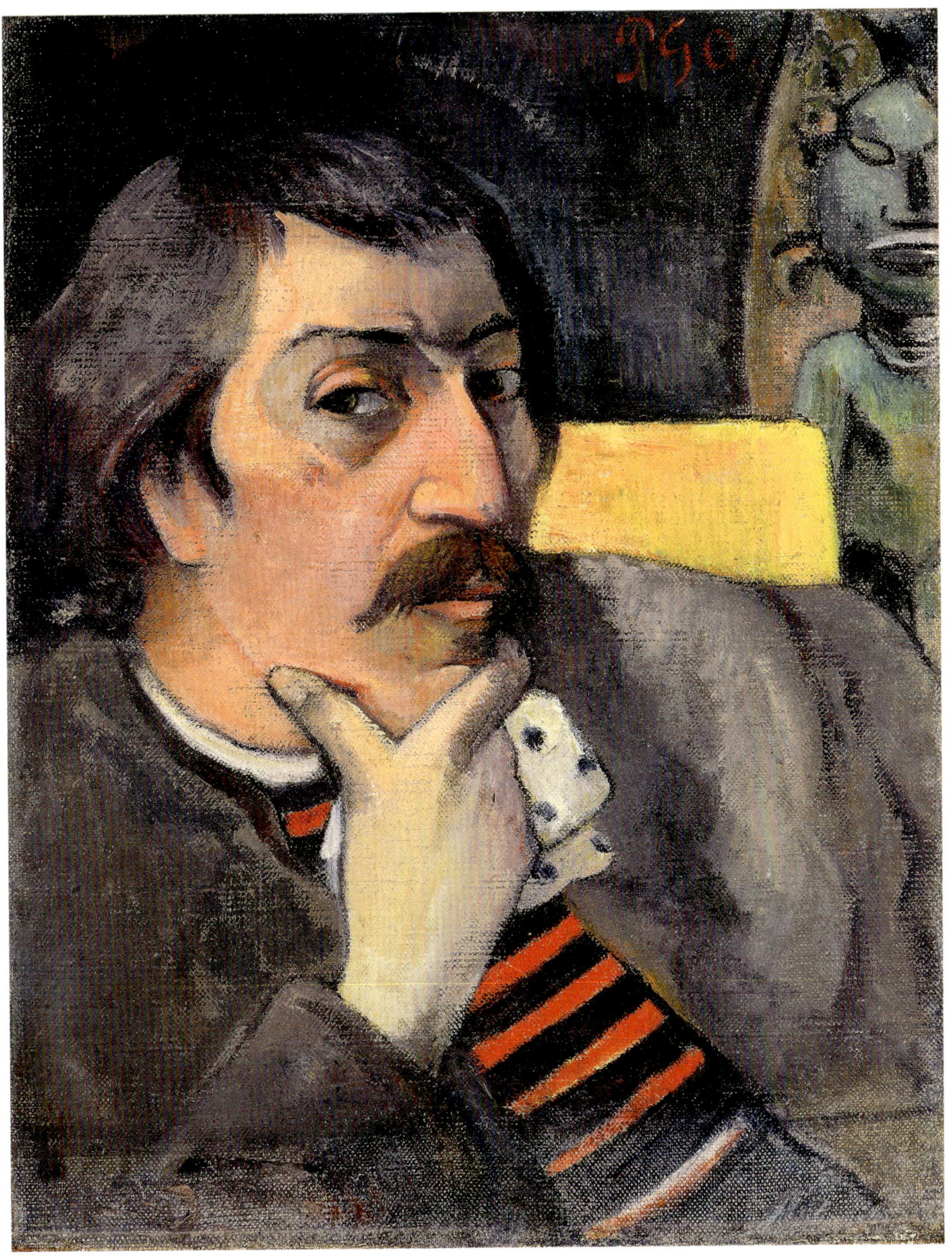

19

Tahitianer, 1894
Aquarell-Monotypie, Blatt: 24 x 20 cm
The British Museum, London,
Nachlass Campbell Dodgson

20

L'Après-midi d'un faune
(Der Nachmittag eines Fauns), um 1892
Tamanu-Holz, geschnitzt, 35,6 x 14,7 x 12,4 cm
Musée départemental Stéphane Mallarmé,
Vulaines-sur-Seine

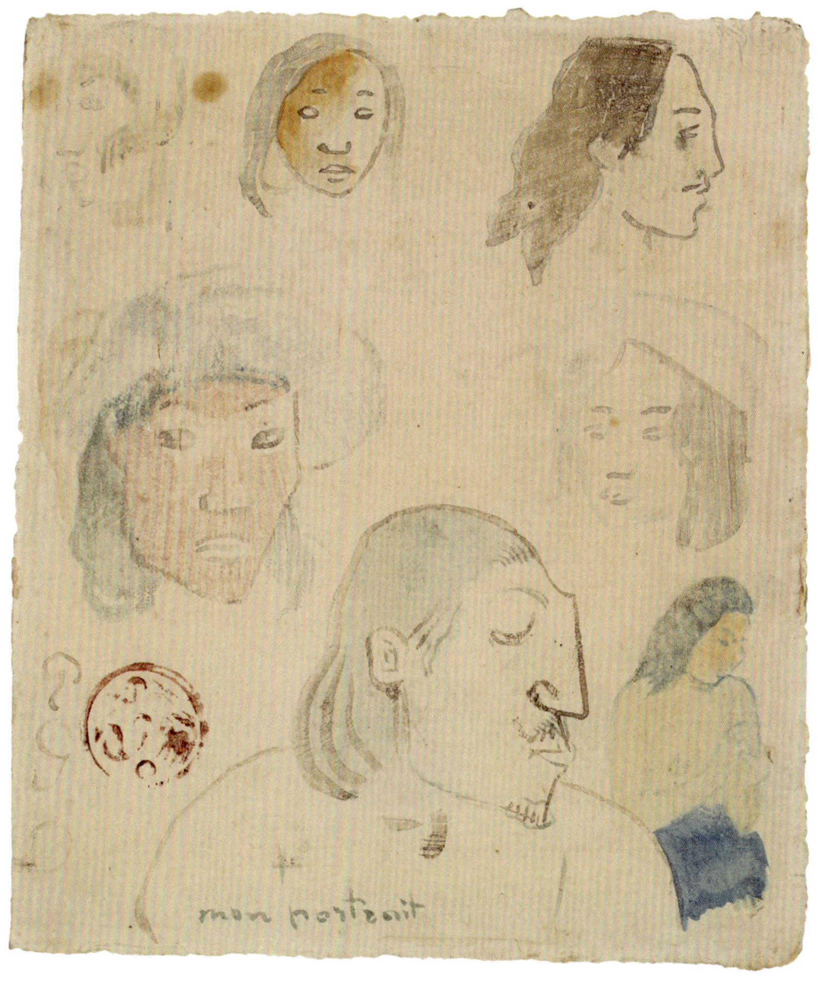

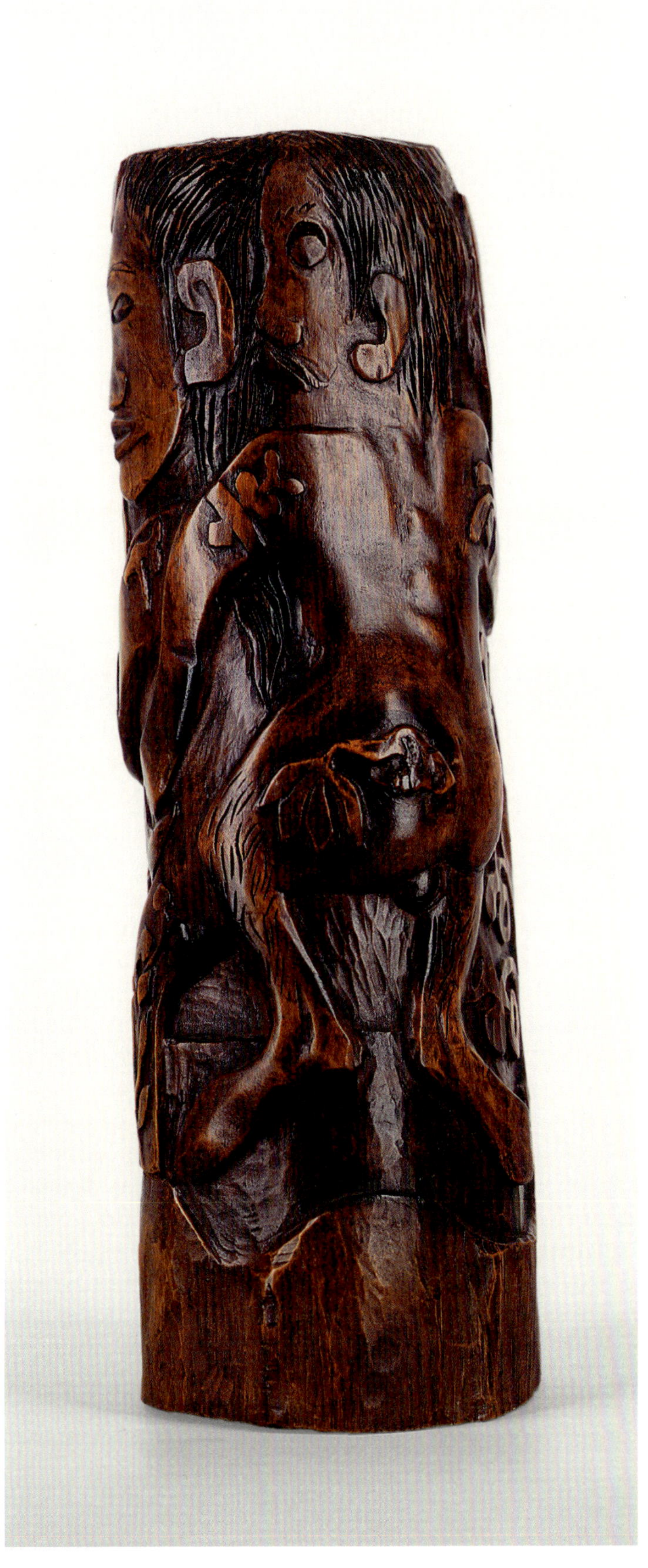

Noa Noa und die tahitianische Idylle

Während Gauguins erstem Aufenthalt auf Tahiti von 1891 bis 1893 schuf er Gemälde und Holzskulpturen, die seine Suche nach dem Paradies auf Erden, unberührt von westlicher Zivilisation, widerspiegeln. Die Sehnsucht nach einer arkadischen Idylle war nicht auf Gauguin beschränkt, sondern eine seit Langem bestehende europäische Tradition. Nach Jahrzehnten kolonialer Interventionen war Tahiti jedoch längst nicht mehr das unberührte Paradies, das Gauguin sich erträumt hatte. Die Kunst, die er dort schuf, war weniger ein Abbild dessen, was er sah, sondern vielmehr eine idealisierte Projektion davon, was er zu finden hoffte und irgendwie wiederzubeleben versuchte.

Als die französische Kunstwelt seinen tahitianischen Arbeiten nach seiner Rückkehr nach Paris keinerlei Wertschätzung entgegenbrachte, machte Gauguin sich an die Veröffentlichung eines Buches, das eigene Texte sowie eine Folge von zehn Holzschnitten beinhalten sollte und das seine Werke – so hoffte er – verständlicher machen würde. Der Band mit dem Titel *Noa Noa*, was so viel bedeutet wie »angenehmer Duft«, wurde nie in illustrierter Form publiziert, Gauguin vollendete jedoch 1894 die Holzschnitte, von denen die meisten auf seinen tahitianischen Gemälden oder auf seinen von ihm hoch geschätzten Skulpturen beruhen. Sie folgen keiner Narration, aber lassen sich lose in drei thematische Gruppen einteilen: Schilderungen alltäglichen Lebens, Nachtszenen mit Figuren, die mit Geistern kommunizieren oder von diesen heimgesucht werden, sowie Darstellungen tahitianischer Götter und Mythen. Nachdem Gauguin selbst einige experimentelle Probeabzüge angefertigt hatte, bat er seinen Freund Louis Roy, eine standardisierte Edition anzufertigen. Roys Drucke sind ausgeprägter und weisen leuchtendere Farben auf, als Gauguins nuancierte Abzüge.

Die Darstellungen des alltäglichen Lebens in der *Suite Noa Noa* zeigen eine idyllische Welt, in der Arbeit, Muße, Liebe und Rituale in Harmonie mit dem Rhythmus der Natur stattfinden. Für das Titelblatt (Kat. 23–26) griff Gauguin auf die Bildsprache seines Gemäldes *I raro te oviri (Unter den Pandanusbäumen)*, 1891 (Kat. 21), zurück. Es stellt eine Frau dar, die Brotfruchtbaumfrüchte auf einem Stock auf ihren Schultern balanciert, einen Hund an ihrer Seite, und eine weitere Frau, die ein wenig entfernt steht. Hier wurde der Pandanus, eine Palmenart, des Gemäldes durch einen Mangobaum ersetzt. Dieser einheimische Baum ist das Sujet von mindestens zwei Monotypien (Kat. 27, 28), deren Darstellungen an jene des *Noa Noa*-Holzschnittes denken lassen, jedoch – abgesehen von dem Hund im Vordergrund und dem kleinen Pferd mit Reiter, der durch die mittlere Bildebene galoppiert – keine Figuren aufweisen.

Die Suche nach sinnlichen Freuden, ein Schlüsselelement in Gauguins Affinität zu Tahiti, zeigt sich in den *Noa Noa*-Blättern *Auti te pape (Frauen am Fluss)* (Kat. 31, 33, 34) und *Te faruru (Liebesakt)* (Kat. 36–39). Die Komposition von *Auti te pape* entstammt zwei tahitianischen Gemälden (S. 24, Abb. 5, S. 27, Abb. 7), das Motiv der Frau in den Wellen datiert zurück auf Gauguins Arbeiten der späten 1880er- und frühen 1890er-Jahre. Die Holzreliefs *Die Undinen*, um 1890 (Kat. 29), und *Soyez mystérieuses (Seid geheimnisvoll)*, 1890 (Kat. 32), basieren auf dem Volksmärchen vom weiblichen Wassergeist, der seine Seele nur behalten kann, wenn er von einem Menschen geliebt wird. In dem späteren Werk werden die erotischen Assoziationen der Frau, die ihren Körper in die Wellen taucht, durch die Überschneidung ihres phallischen Unterarms mit ihrem Mund noch hervorgehoben. Das Motiv der verschlungenen Liebenden in *Te faruru* entstammt dem Gemälde *Upa upa (Der Feuertanz)*, 1891 (Kat. 40), wo die Figuren unten rechts erscheinen, inmitten einer Gruppe von Beobachtern des traditionellen tahitianischen Feuertanzes, der, von christlichen Missionaren als unanständig verboten, im Geheimen aufgeführt wurde. Gauguin begründete noch einen weiteren *Noa Noa*-Holzschnitt, *Mahna no varua ino (Der Tag des bösen Geistes)* (Kat. 41–44), auf jenem Gemälde. Er betonte dabei das Dunkle und Geheimnisvolle des nächtlichen Rituals, indem er die Details in Feldern von Schwarz verschwimmen ließ und die Szene nur mit einigen feurigen Glanzlichtern erhellte.

Verzaubert von den Legenden und Mythen Tahitis, nahm Gauguin den Schöpfungsmythos der Insel als Vorbild für *L'Univers est crée (Das Weltall wird erschaffen)* (Kat. 46, 47, 49). Die Fischform mit einer Lotusblume anstelle der Zunge im Zentrum dieses Druckes taucht – obwohl sie in keinerlei Beziehung zu einem Gemälde steht – auch in Zeichnungen und einer großen, vom Künstler geschnitzten Schüssel (Kat. 48) auf. Auf der rechten Seite des Drucks finden sich mehrere Geister, deren ätherische Formen in der phosphoreszierenden Nacht zu glühen scheinen. **SF**

21

I raro te oviri (Unter den Pandanusbäumen), 1891
Öl auf Leinwand, 67,3 x 90,8 cm
Dallas Museum of Art, Foundation for the Arts Collection, Schenkung Adele R. Levy Fund, Inc.

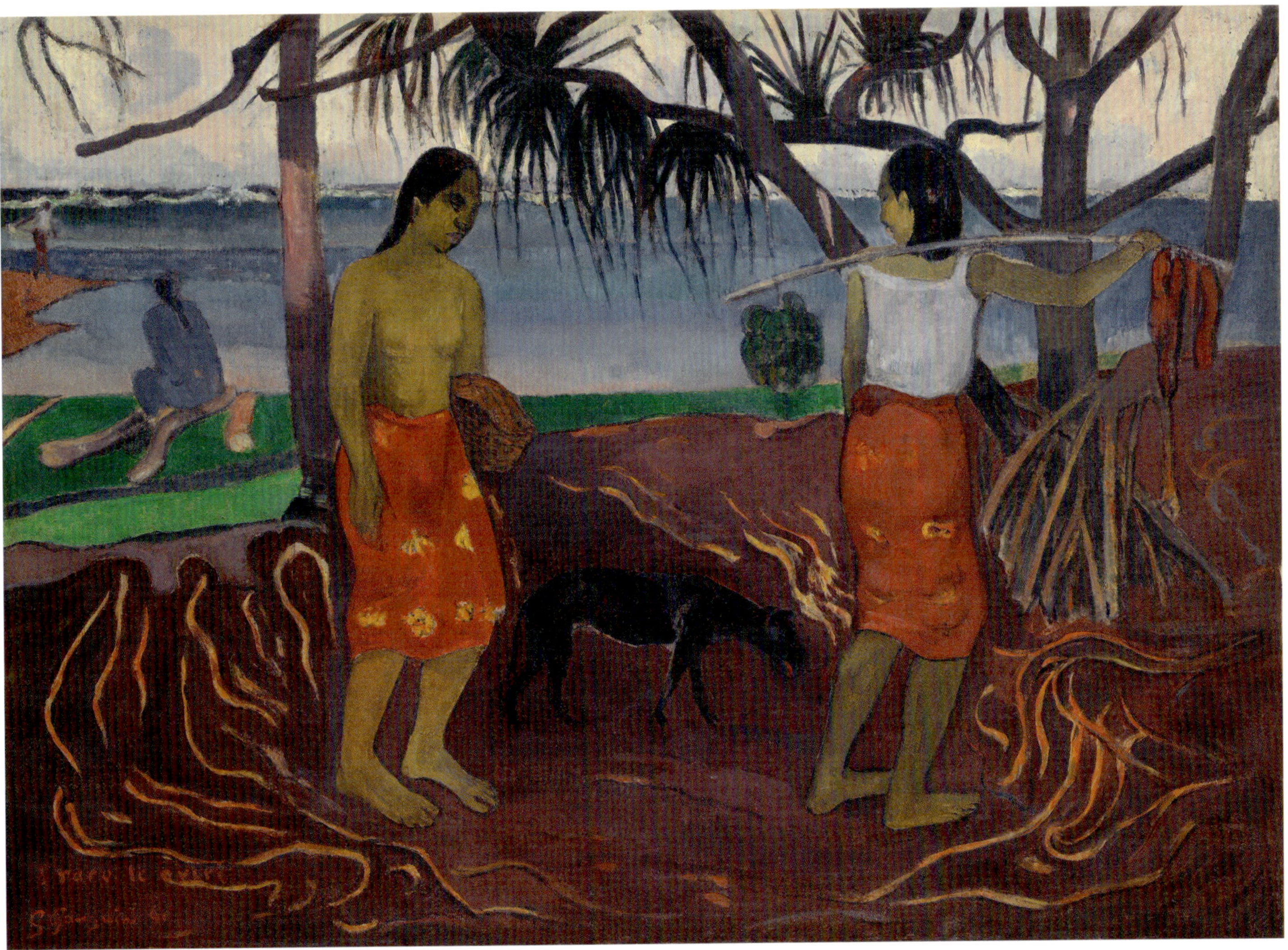

22

Noa Noa (Duftend), 1893/94
Holzdruckstock, 35,2 x 20,3 x 2,2 cm
The Metropolitan Museum of Art, New York,
Harris Brisbane Dick Fund

23

Noa Noa (Duftend), Zustand I/III
aus der *Suite Noa Noa*, 1893/94
Holzschnitt auf rosafarbenem Papier,
Bild: 35,5 x 20,4 cm
Privatsammlung

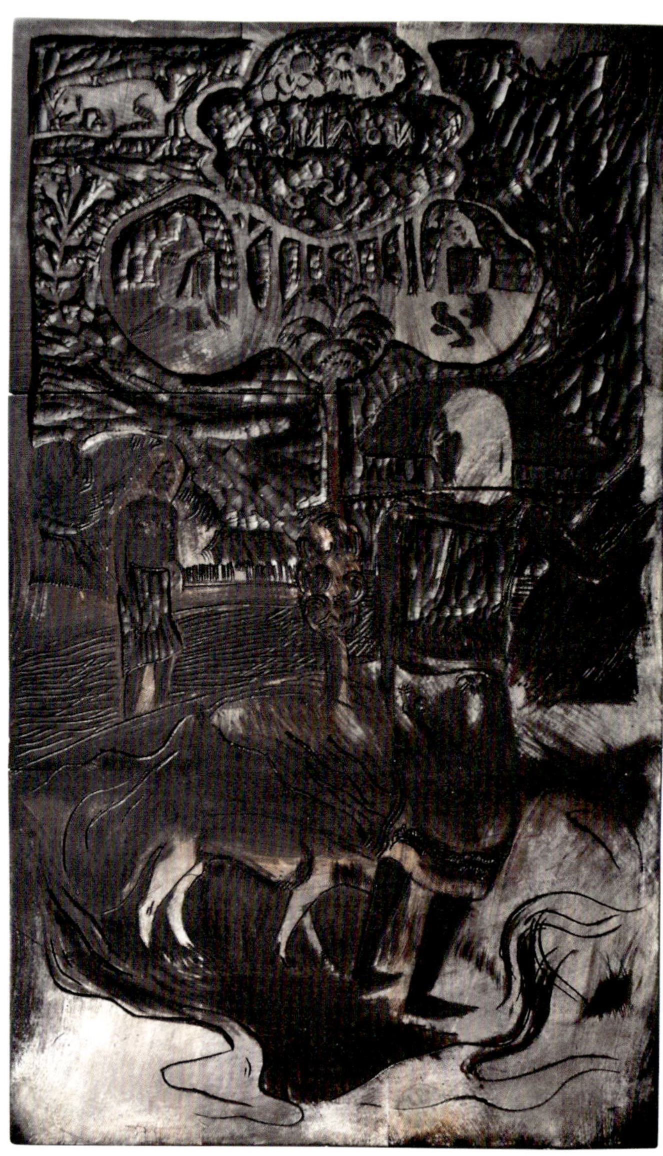

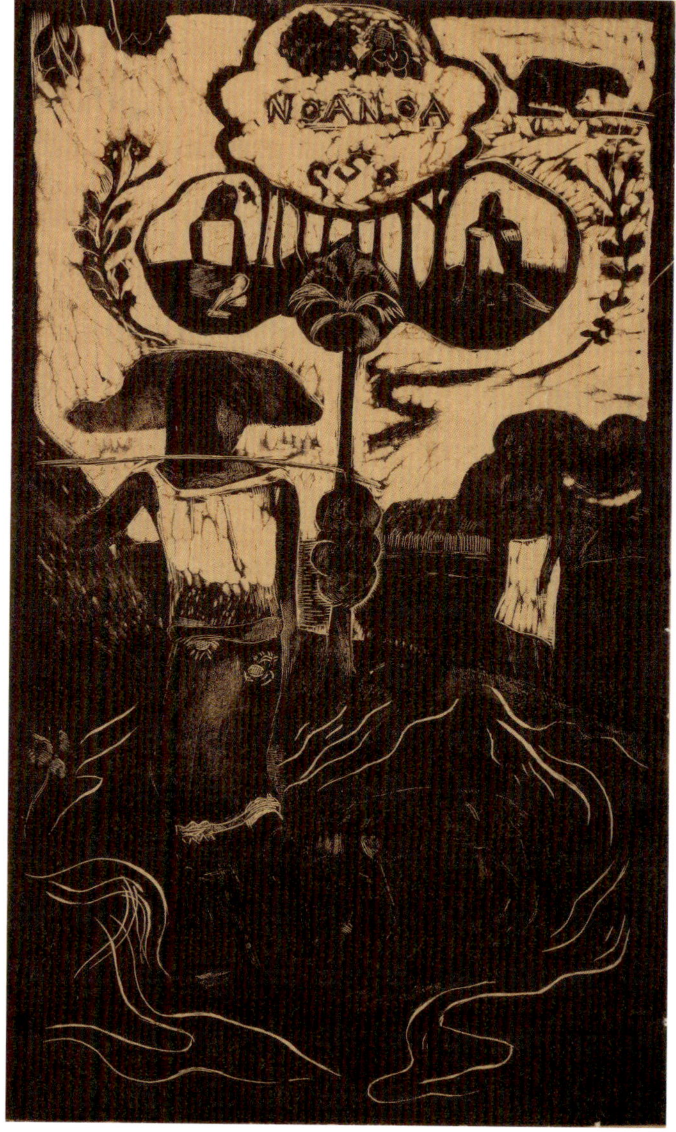

24
Noa Noa (Duftend), Zustand III/III
aus der Suite *Noa Noa*, 1893/94
Holzschnitt, Bild: 35,8 x 20,4 cm
E.W.K, Bern

25
Noa Noa (Duftend), Zustand III/III
aus der Suite *Noa Noa*, 1893/94
Holzschnitt, Bild: 36,2 x 19,8 cm
Musée du quai Branly, Paris

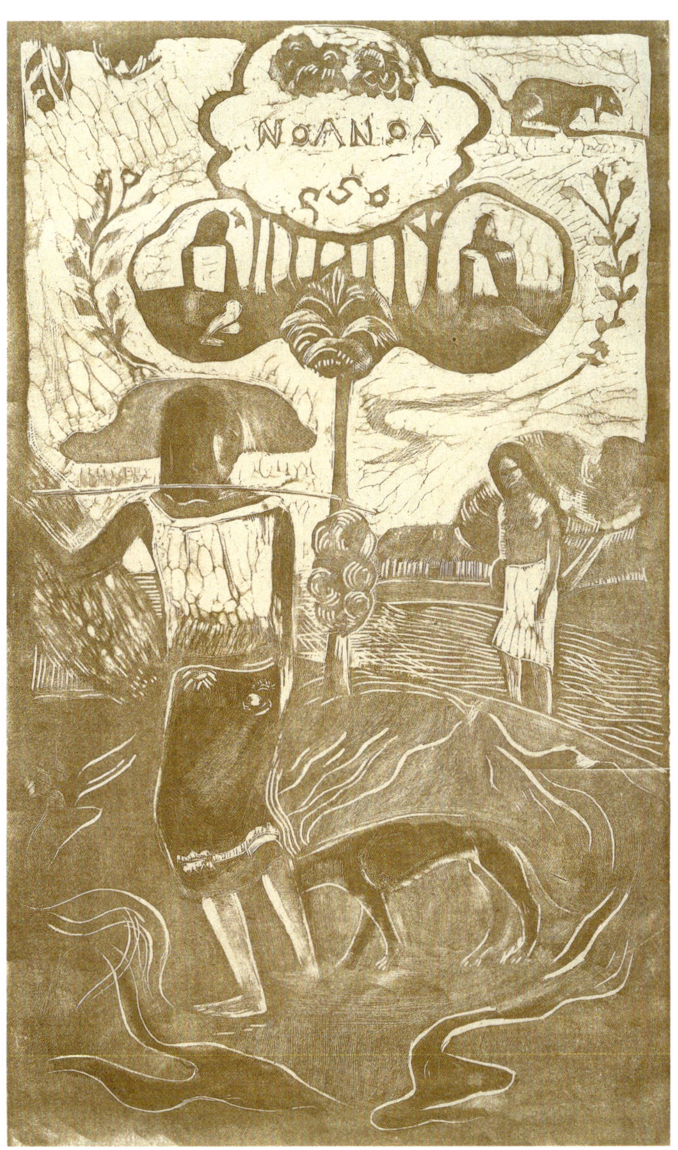

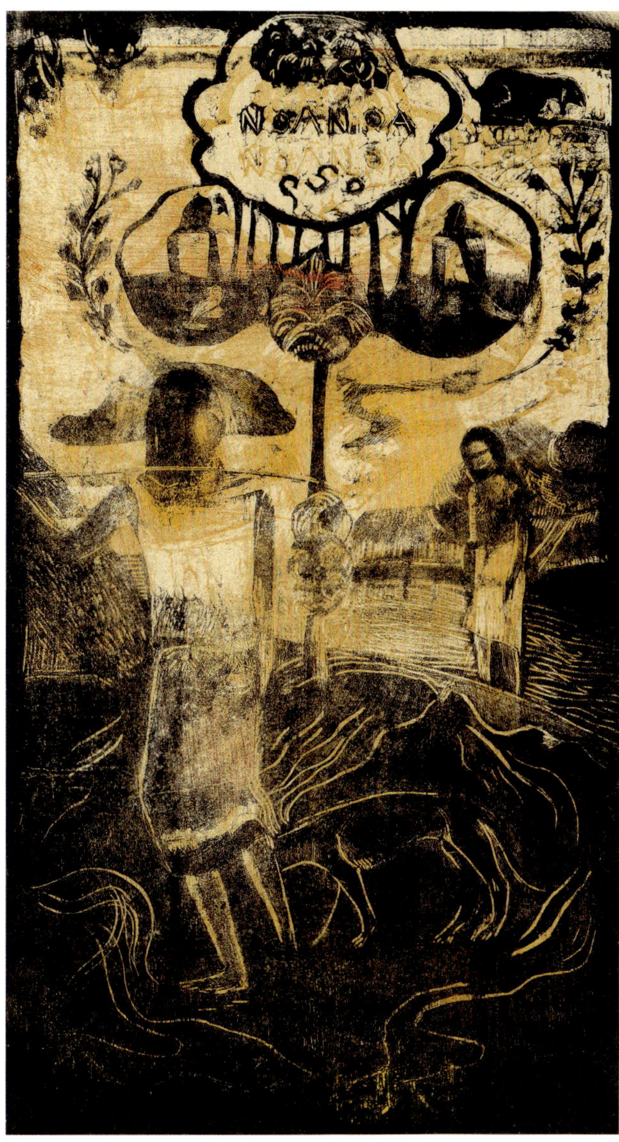

26

Noa Noa (Duftend), Zustand III/III
aus der *Suite Noa Noa*, 1893/94
Holzschnitt, Blatt: 39,3 x 24,4 cm
Gedruckt von Louis Roy, Paris, um 1894
The Museum of Modern Art, New York,
Lillie P. Bliss Collection

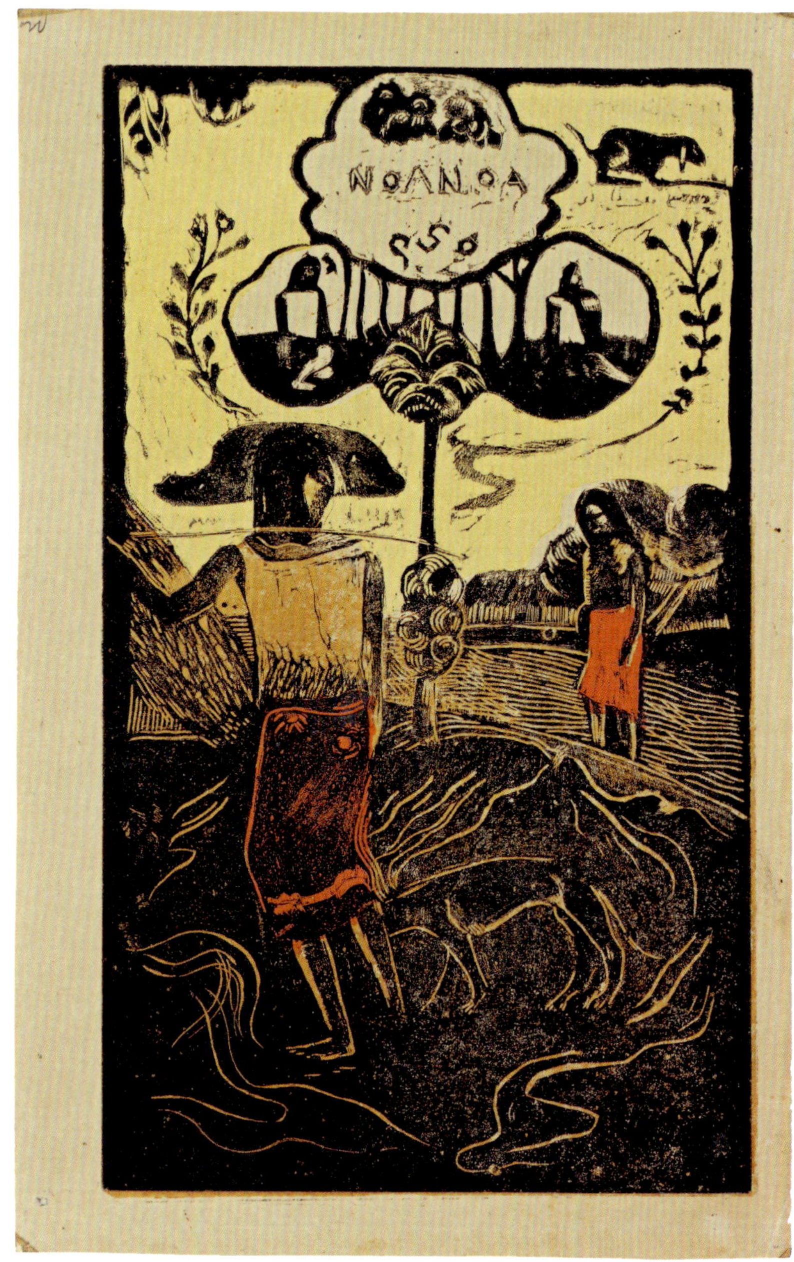

27
Der Mangobaum, 1894
Aquarell-Monotypie, Blatt: 26,4 x 17,7 cm
Musée d'Orsay, Paris,
Nachlass Madame Thadée Natanson

28
Der Mangobaum, um 1894
Aquarell-Monotypie, Blatt: 28,9 x 18,1 cm
Kunstmuseum, Gifu, Japan

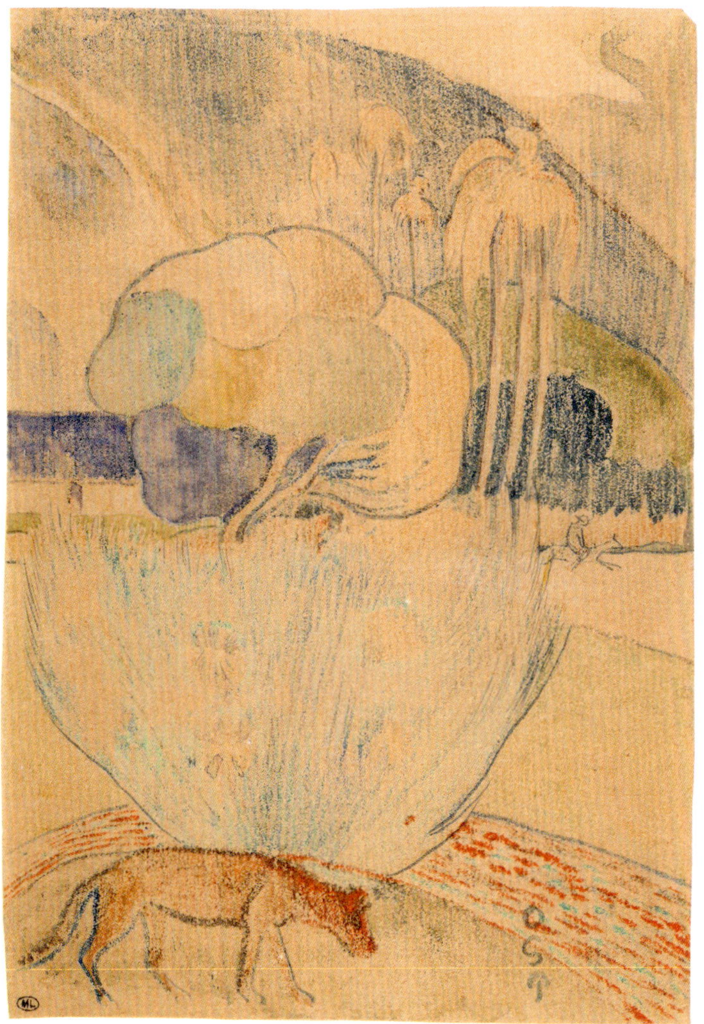

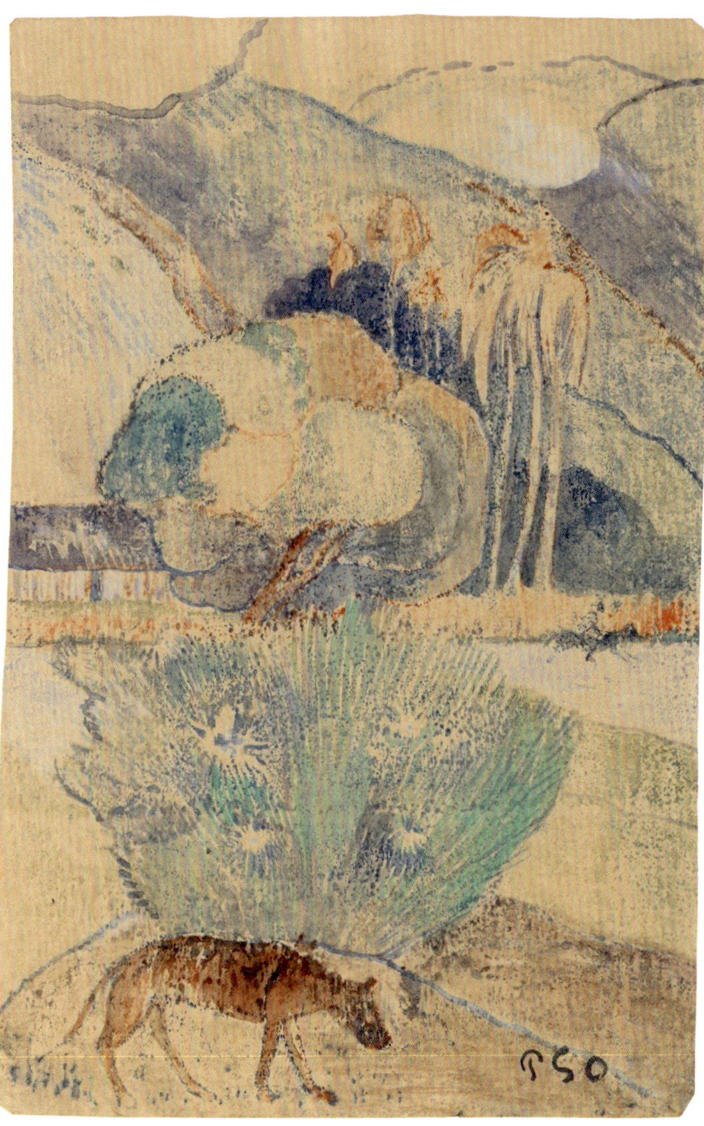

29
Die Undinen, um 1890
Eiche, geschnitzt und bemalt,
16,5 x 56,5 x 5,7 cm
Privatsammlung

30
Auti te pape (Frauen am Fluss), 1893/94
Holzdruckstock, 20,3 x 35,4 x 2,3 cm
Museum of Fine Arts, Boston,
Harriet Otis Cruft Fund

31
Auti te pape (Frauen am Fluss), Zustand II/II
aus der *Suite Noa Noa*, 1893/94
Holzschnitt, Bild: 20,4 x 35,5 cm
The British Museum, London,
Nachlass Campbell Dodgson

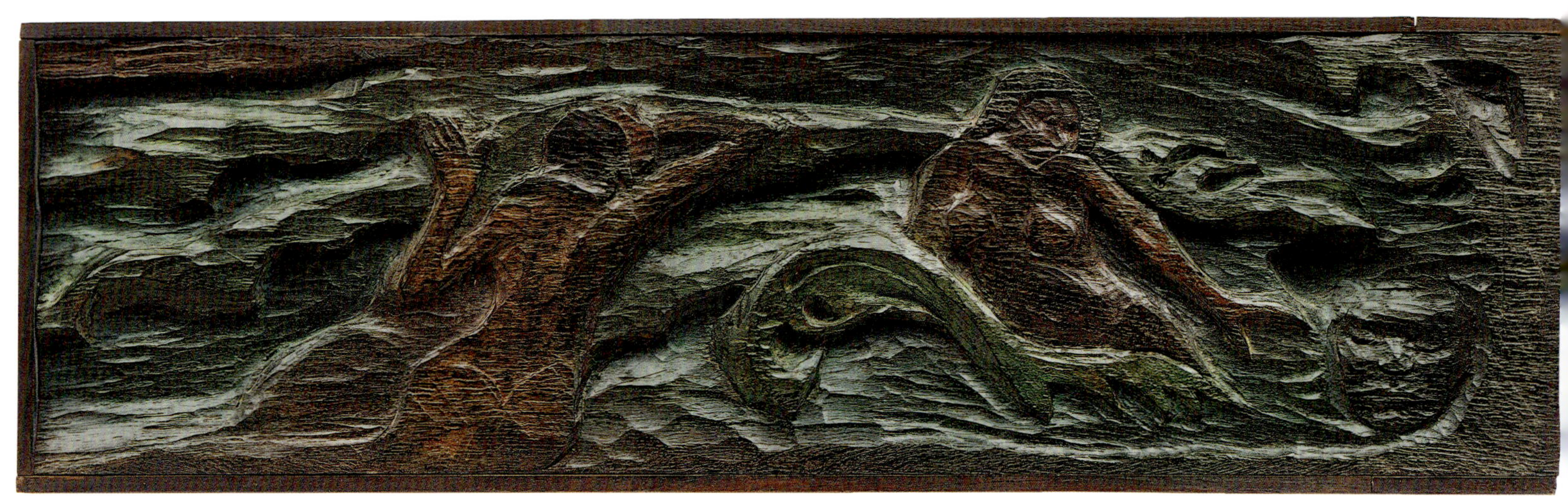

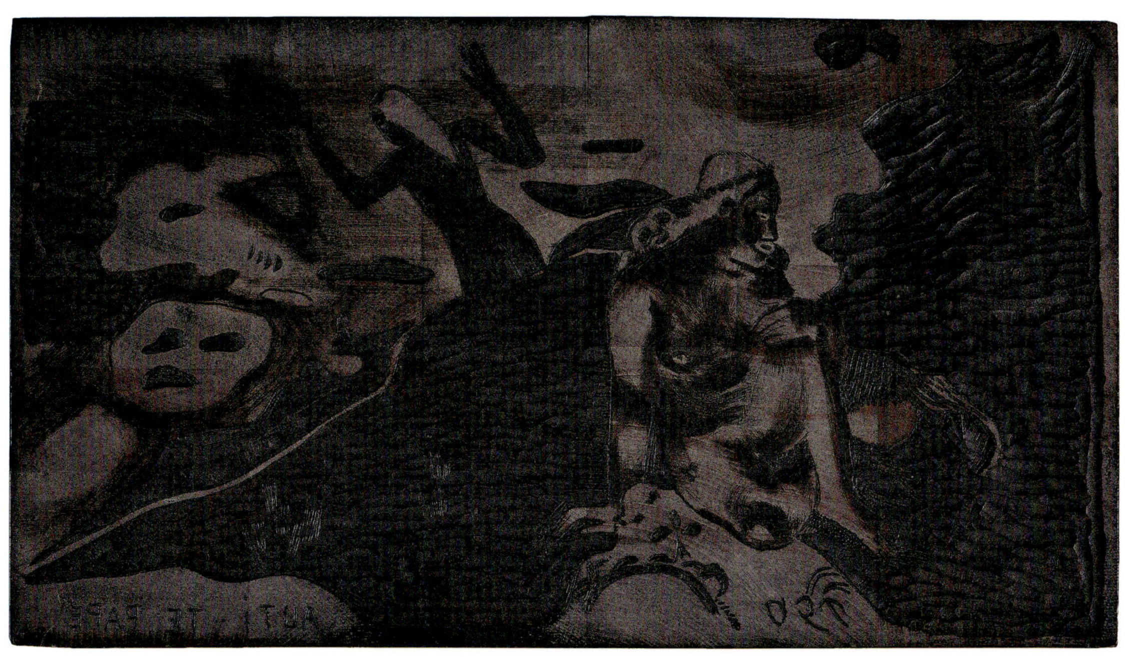

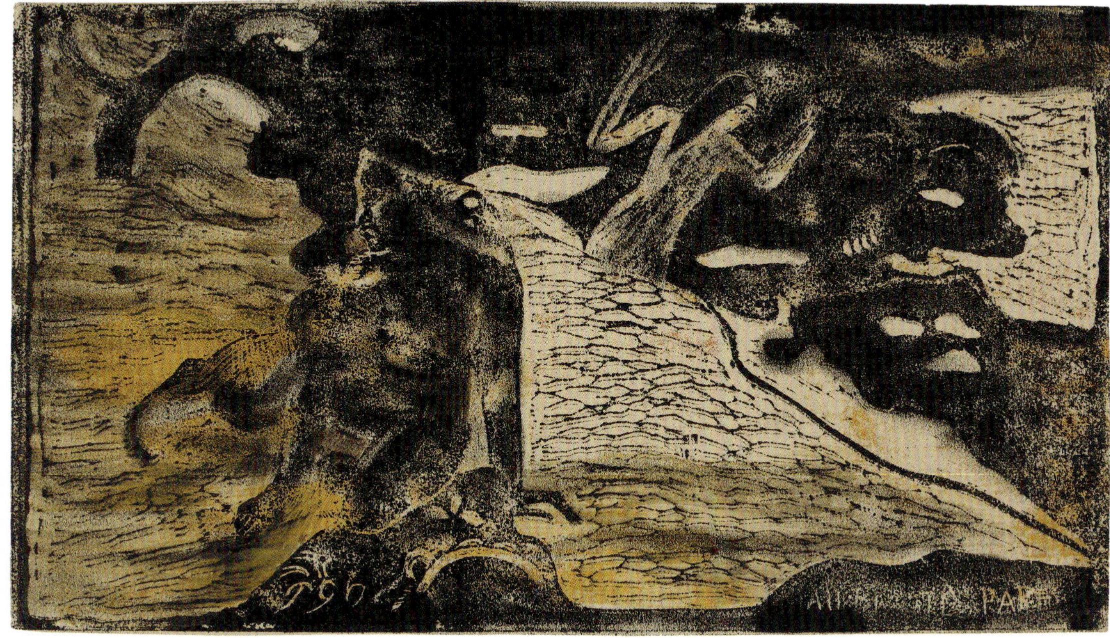

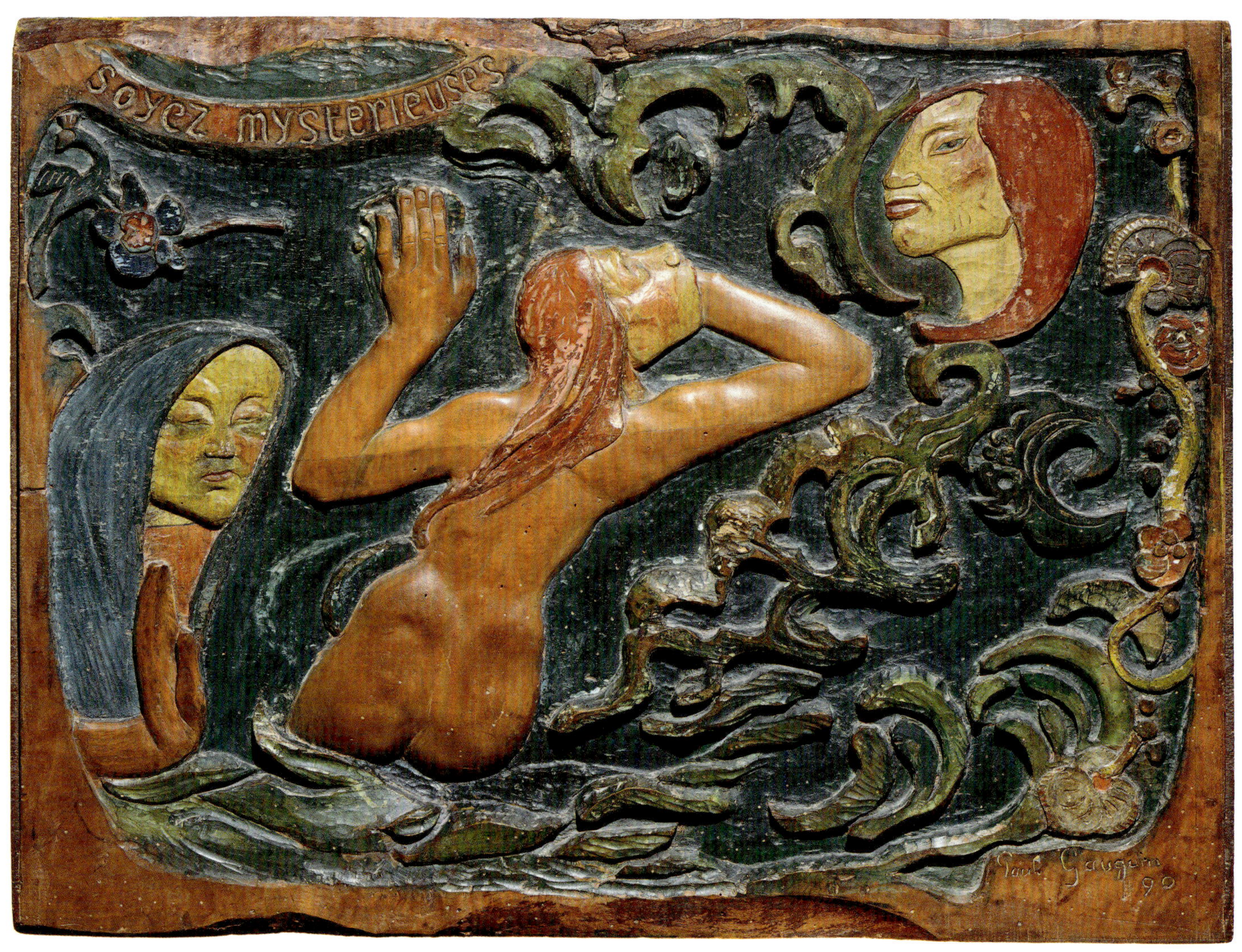

32
Soyez mystérieuses (Seid geheimnisvoll), 1890
Linde, geschnitzt und bemalt, 73 x 95 x 5 cm
Musée d'Orsay, Paris

33
Auti te pape (Frauen am Fluss), Zustand II/II
aus der *Suite Noa Noa*, 1893/94
Holzschnitt, Bild: 20,3 x 35,5 cm
Bibliothèque de l'Institut national d'histoire de l'art,
Collections Jacques Doucet, Paris

34
Auti te pape (Frauen am Fluss), Zustand II/II
aus der *Suite Noa Noa*, 1893/94
Holzschnitt, Blatt: 24,8 x 39,7 cm
Gedruckt von Louis Roy, Paris, um 1894
The Museum of Modern Art, New York,
Schenkung Abby Aldrich Rockefeller

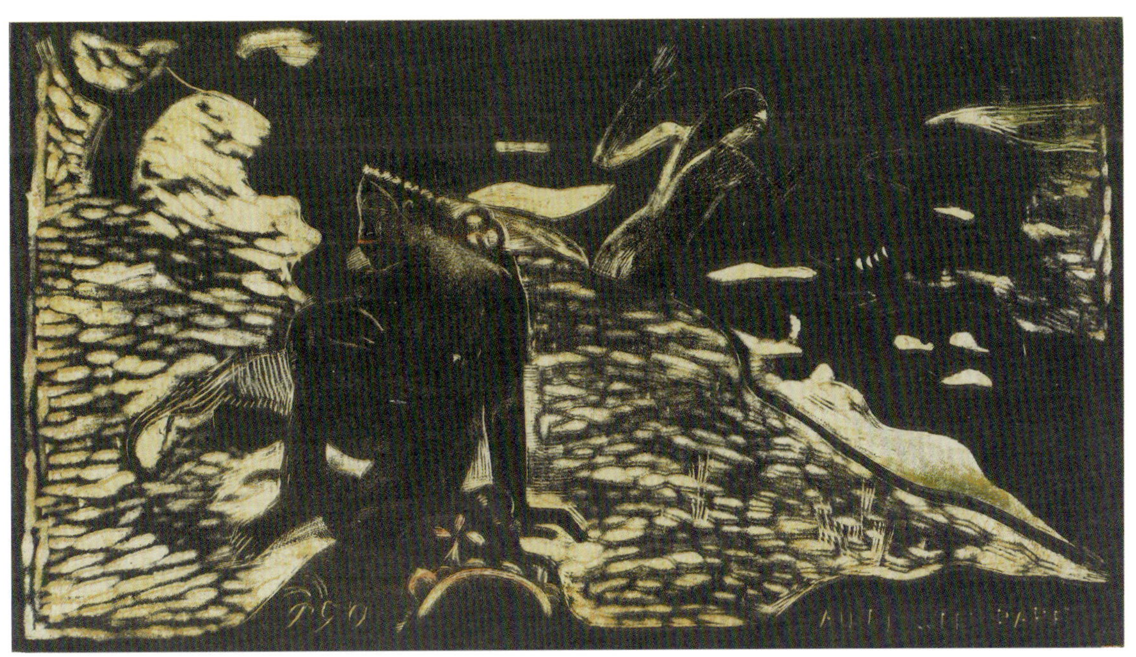
AUTI TE PAPE

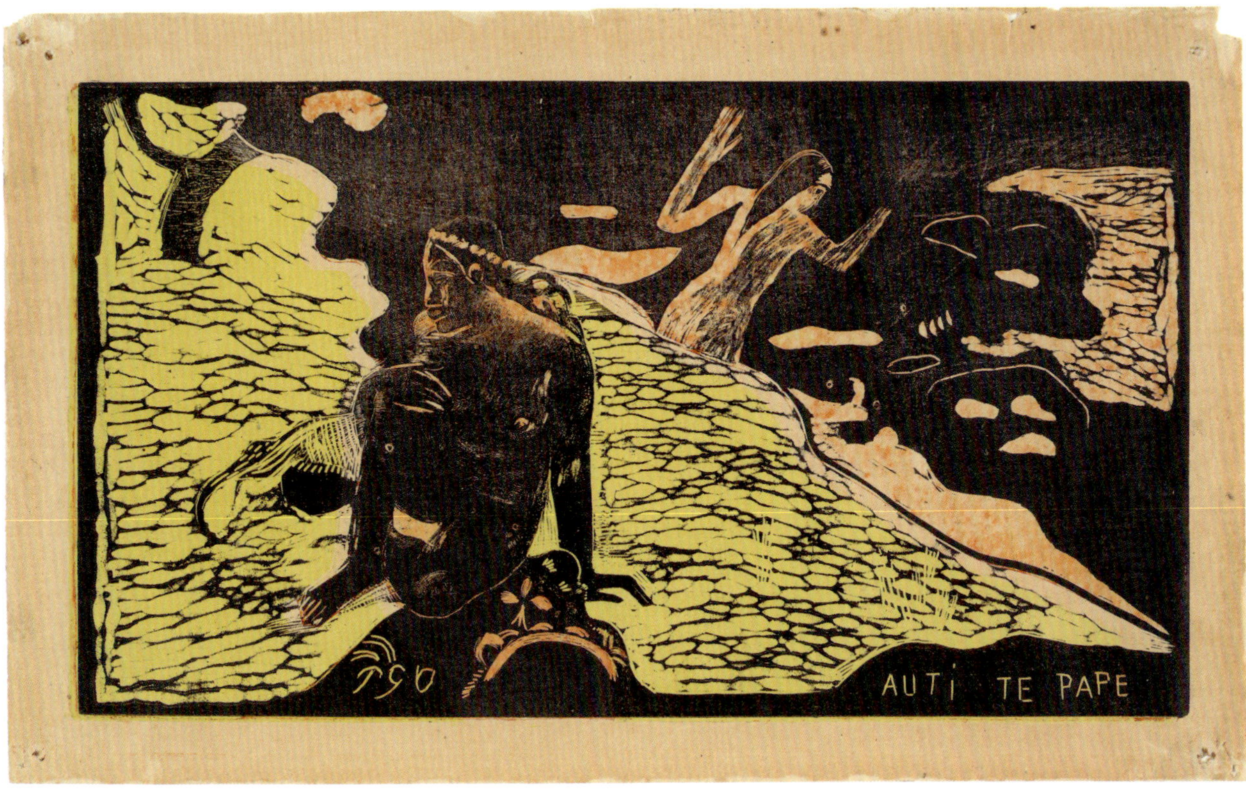
AUTI TE PAPE

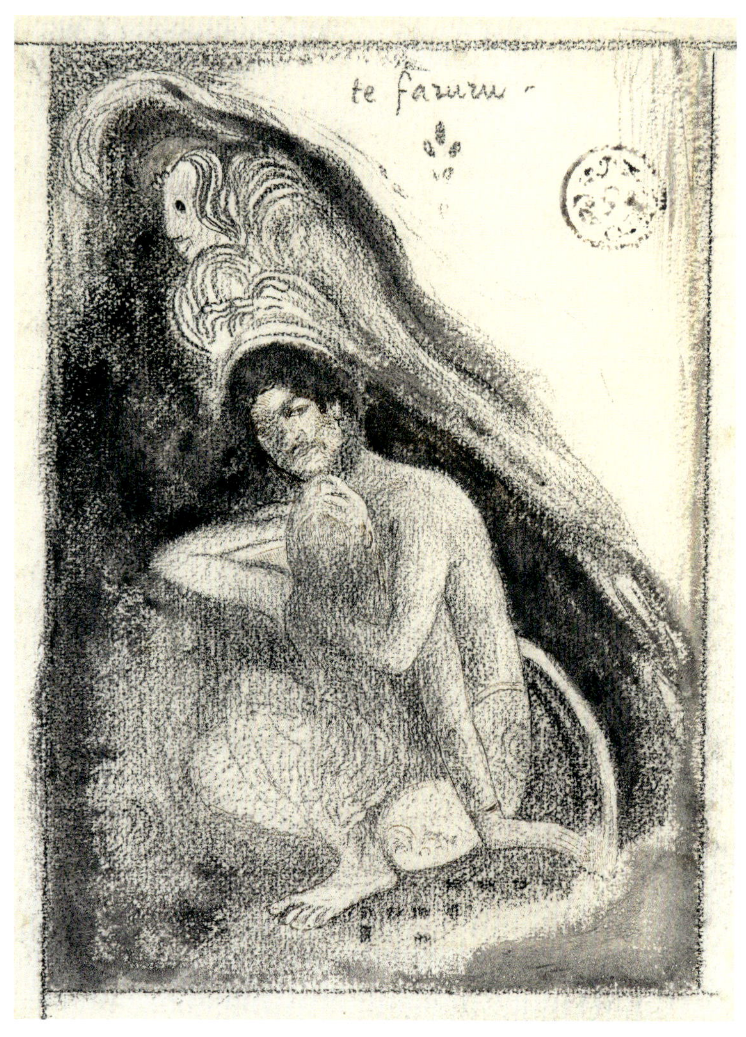

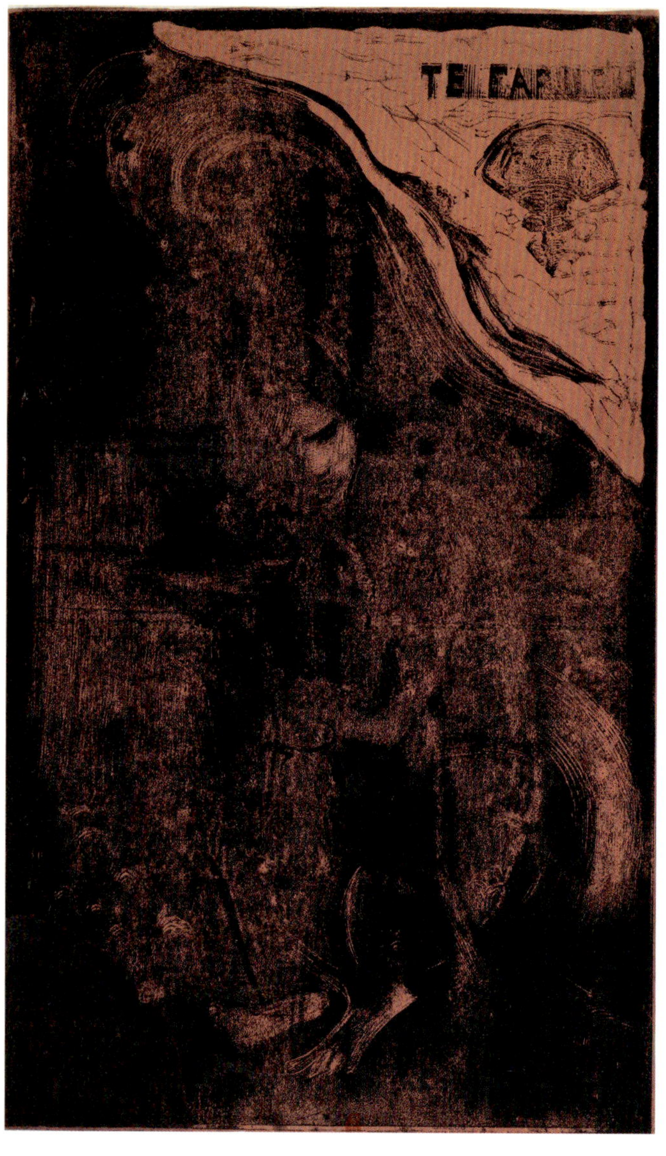

35
Te faruru (Liebesakt), 1891–1893
Kohle, Tusche und Gouache, Blatt: 34,9 x 25 cm
Privatsammlung

36
Te faruru (Liebesakt), Zustand I/VI
aus der *Suite Noa Noa*, 1893/94
Holzschnitt auf rosafarbenem Papier, Bild: 35,7 x 20,3 cm
Bibliothèque nationale de France, Paris,
Schenkung Marcel Guérin

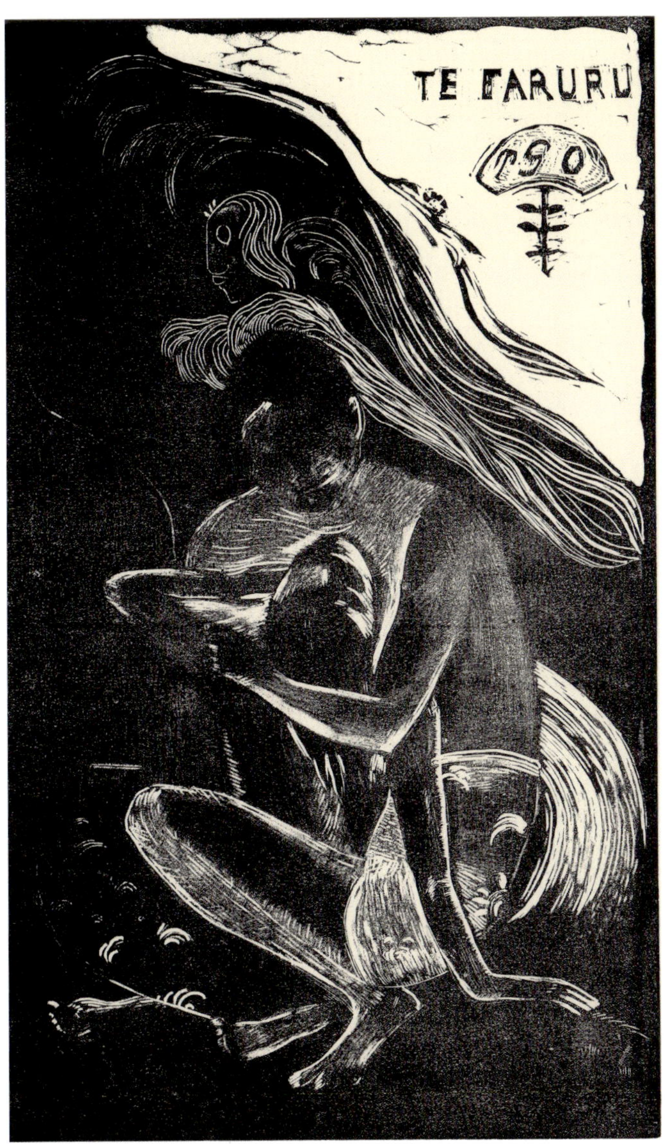

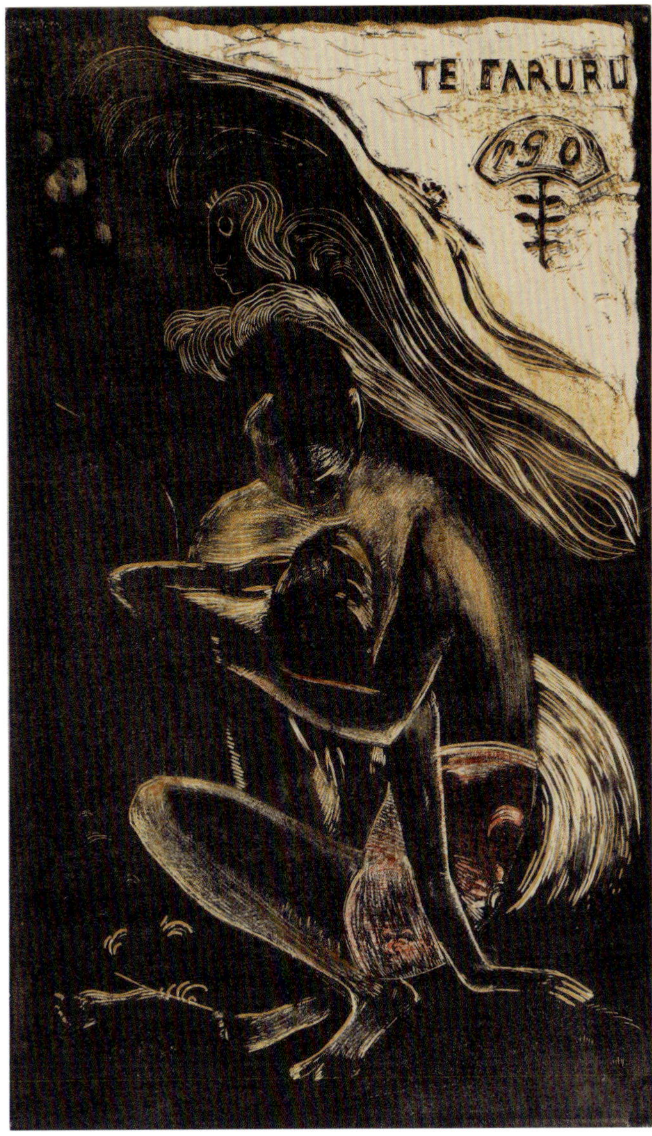

37
Te faruru (Liebesakt), Zustand IV/VI
aus der Suite *Noa Noa*, 1893/94
Holzschnitt, Bild: 35,7 x 20,4 cm
Privatsammlung

38
Te faruru (Liebesakt), Zustand IV/VI
aus der Suite *Noa Noa*, 1893/94
Holzschnitt, Bild: 35,9 x 20,5 cm
Sterling and Francine Clark Art Institute,
Williamstown, Massachusetts

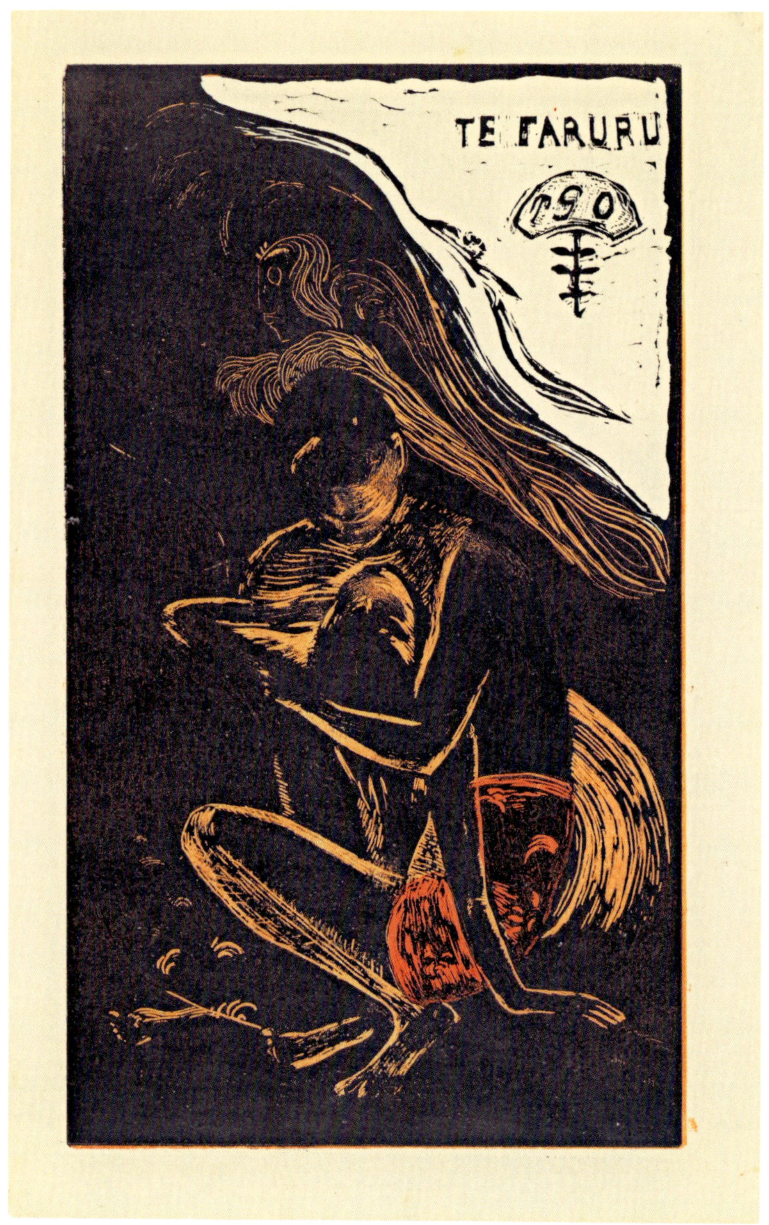

39

Te faruru (Liebesakt), Zustand V/VI
aus der *Suite Noa Noa*, 1893/94
Holzschnitt, Blatt: 40 x 24,9 cm
Gedruckt von Louis Roy, Paris, um 1894
The Museum of Modern Art, New York,
Schenkung Abby Aldrich Rockefeller

40

Upa upa (Der Feuertanz), 1891
Öl auf Leinwand, 72,6 x 92,3 cm
The Israel Museum, Jerusalem,
Schenkung Yad Hanadiv, Jerusalem,
aus der Sammlung von Miriam Alexandrine
de Rothschild, Tochter des ersten Baron
Edmond de Rothschild

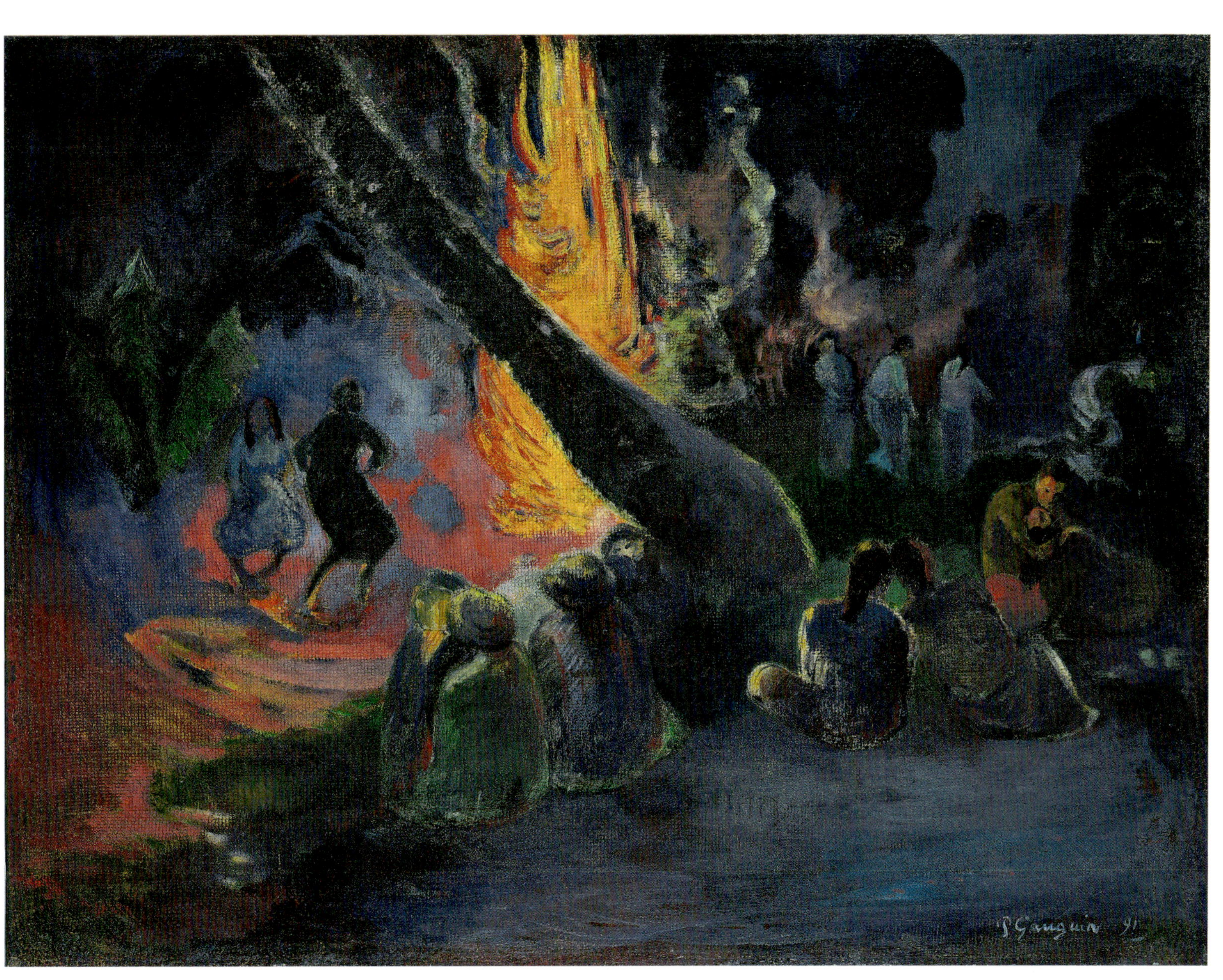
P. Gauguin 91

41

Mahna no varua ino (Der Tag des bösen Geistes),
Zustand II/IV aus der Suite *Noa Noa*, 1893/94
Holzschnitt, Bild: 20 x 35,2 cm
Privatsammlung

42

Mahna no varua ino (Der Tag des bösen Geistes),
Zustand IV/IV aus der Suite *Noa Noa*, 1893/94
Holzschnitt, Bild: 20,1 x 35 cm
Privatsammlung

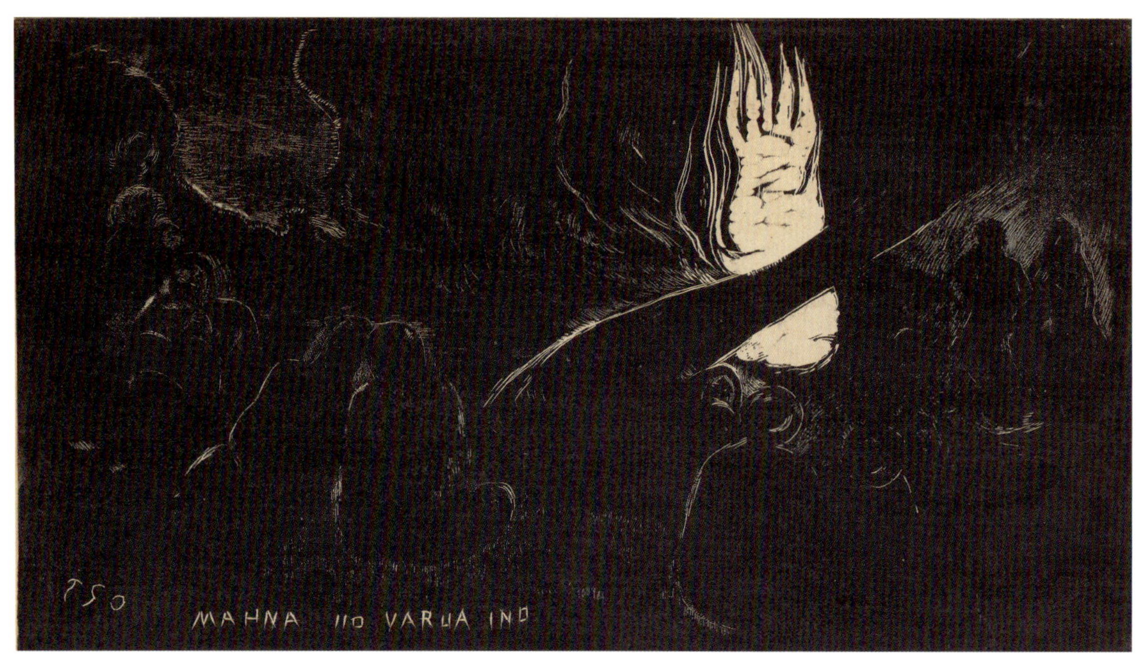

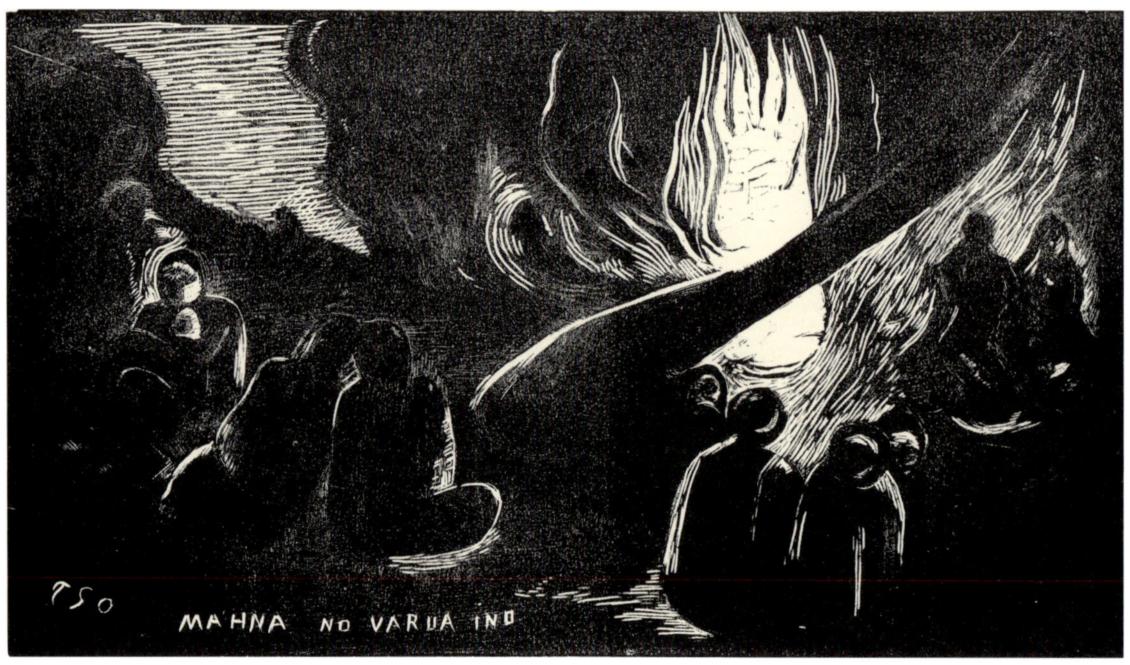

43
Mahna no varua ino (Der Tag des bösen Geistes),
Zustand IV/IV aus der *Suite Noa Noa*, 1893/94
Holzschnitt, Bild: 20,3 x 35,6 cm
The Metropolitan Museum of Art, New York,
Harris Brisbane Dick Fund

44
Mahna no varua ino (Der Tag des bösen Geistes),
Zustand IV/IV aus der *Suite Noa Noa*, 1893/94
Holzschnitt, Bild: 24 x 39,7 cm
Gedruckt von Louis Roy, Paris, um 1894
Privatsammlung

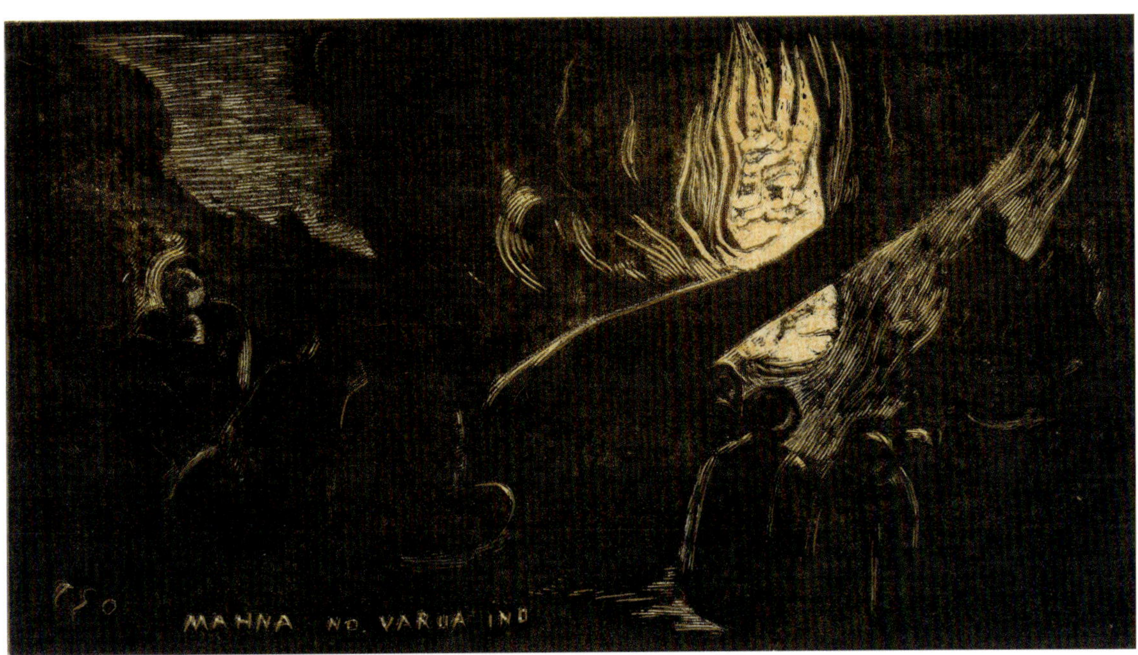

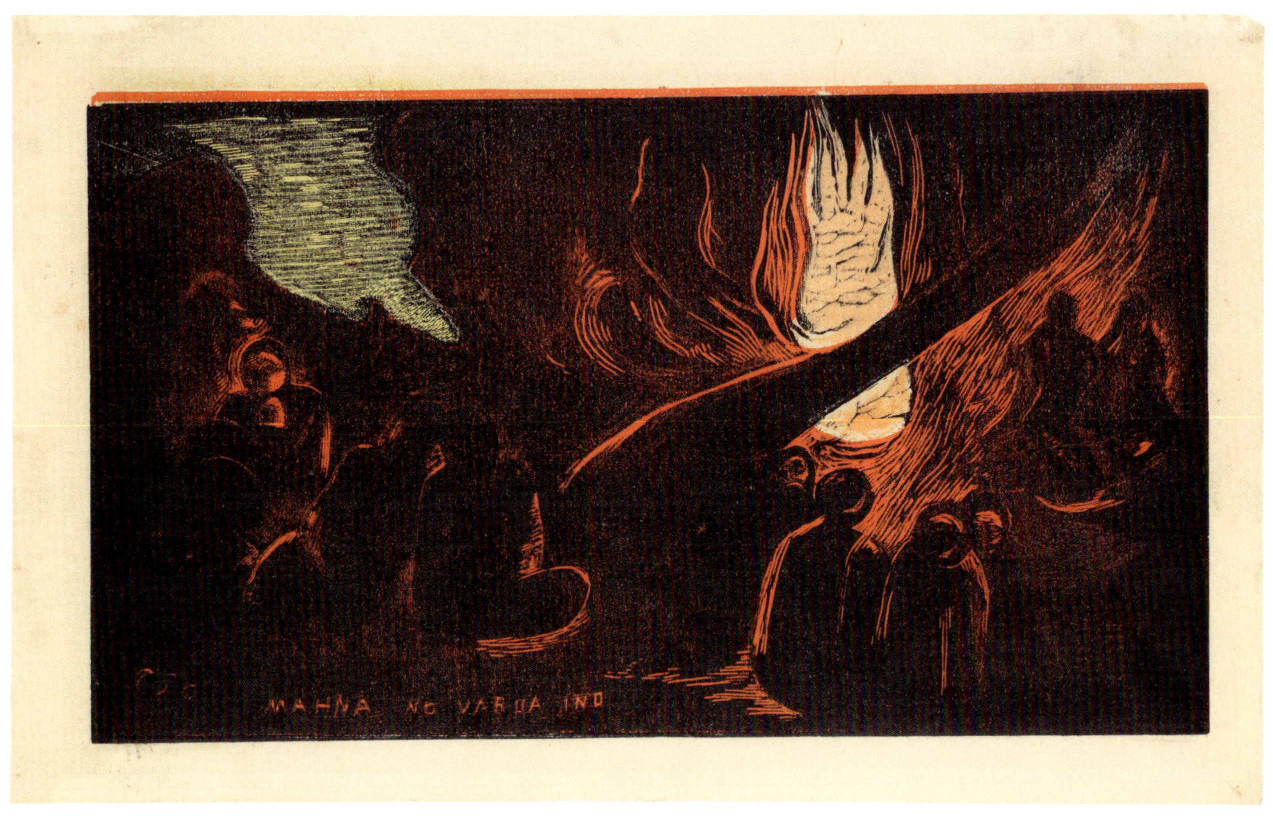

45
L'Univers est créé (Das Weltall wird erschaffen), 1893/94
Holzdruckstock, 20,3 x 35,2 x 5,1 cm
Memorial Art Gallery, University of Rochester, N.Y.,
Schenkung Dr. und Mrs. James H. Lockhart, Jr.

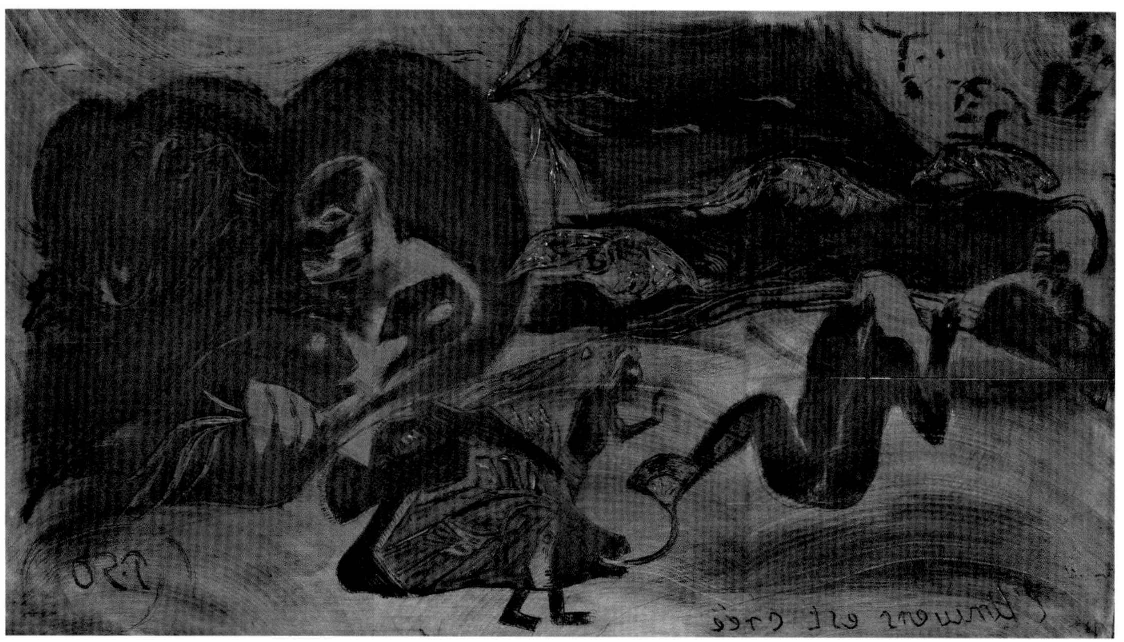

46
L'Univers est créé (Das Weltall wird erschaffen),
Zustand I/II aus der Suite *Noa Noa*, 1893/94
Holzschnitt auf rosafarbenem Papier, Bild: 20,3 x 35,2 cm
Bibliothèque nationale de France,
ehemals Sammlung Marcel Guérin

47
L'Univers est créé (Das Weltall wird erschaffen),
Zustand II/II aus der Suite *Noa Noa*, 1893/94
Holzschnitt, Bild: 20,4 x 35,3 cm
The Metropolitan Museum of Art, New York,
Harris Brisbane Dick Fund

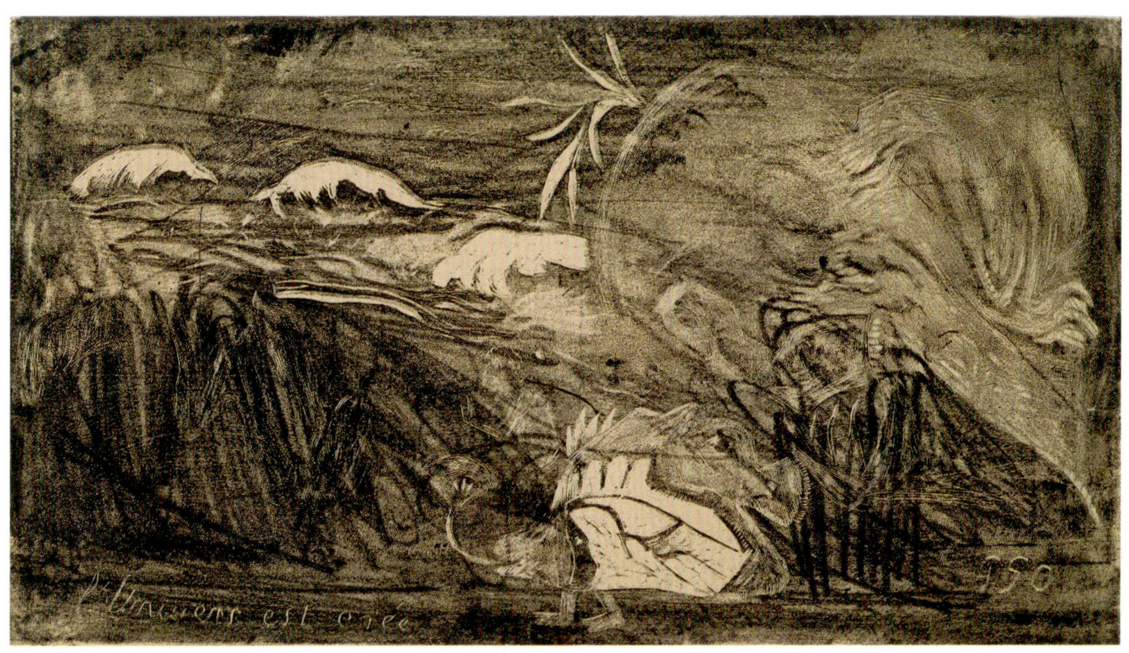

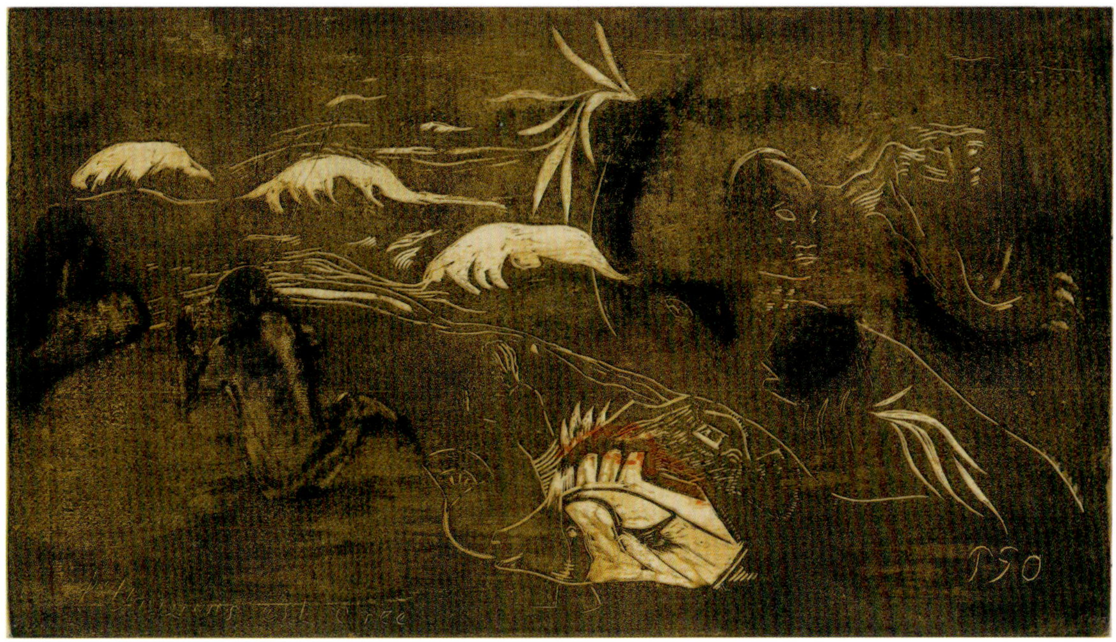

48

Umete (Gefäß), um 1892
Tamanu-Holz, geschnitzt und bemalt, 36 x 90 x 10 cm
Privatsammlung, als Leihgabe im Musée départemental Maurice Denis, Saint-Germain-en-Laye

49

L'Univers est créé (Das Weltall wird erschaffen),
Zustand II/II aus der *Suite Noa Noa*, 1893/94
Holzschnitt, Blatt: 24,8 x 39,8 cm
Gedruckt von Louis Roy, Paris, um 1894
The Museum of Modern Art, New York,
Sue and Edgar Wachenheim III Endowment Fund

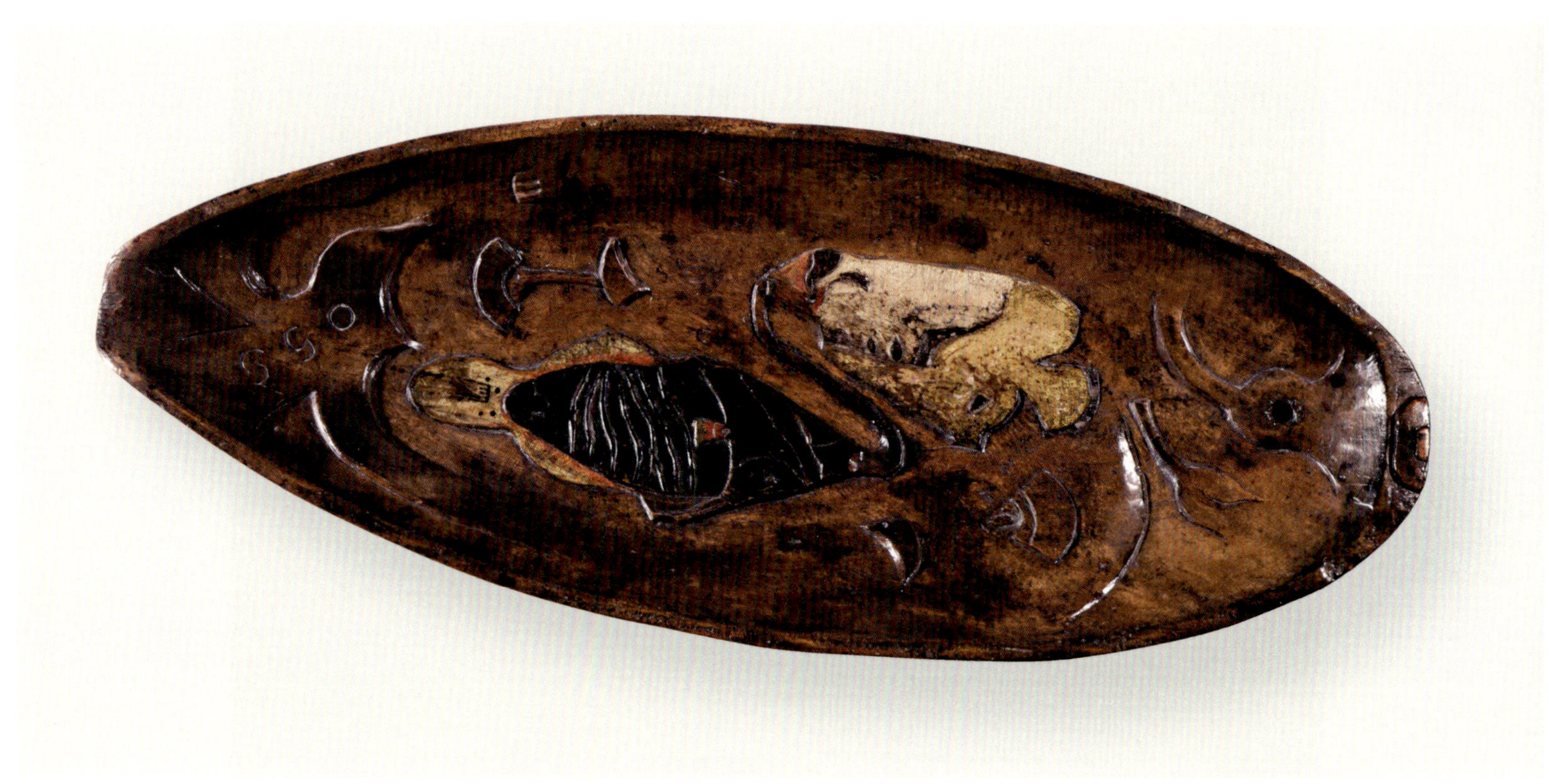

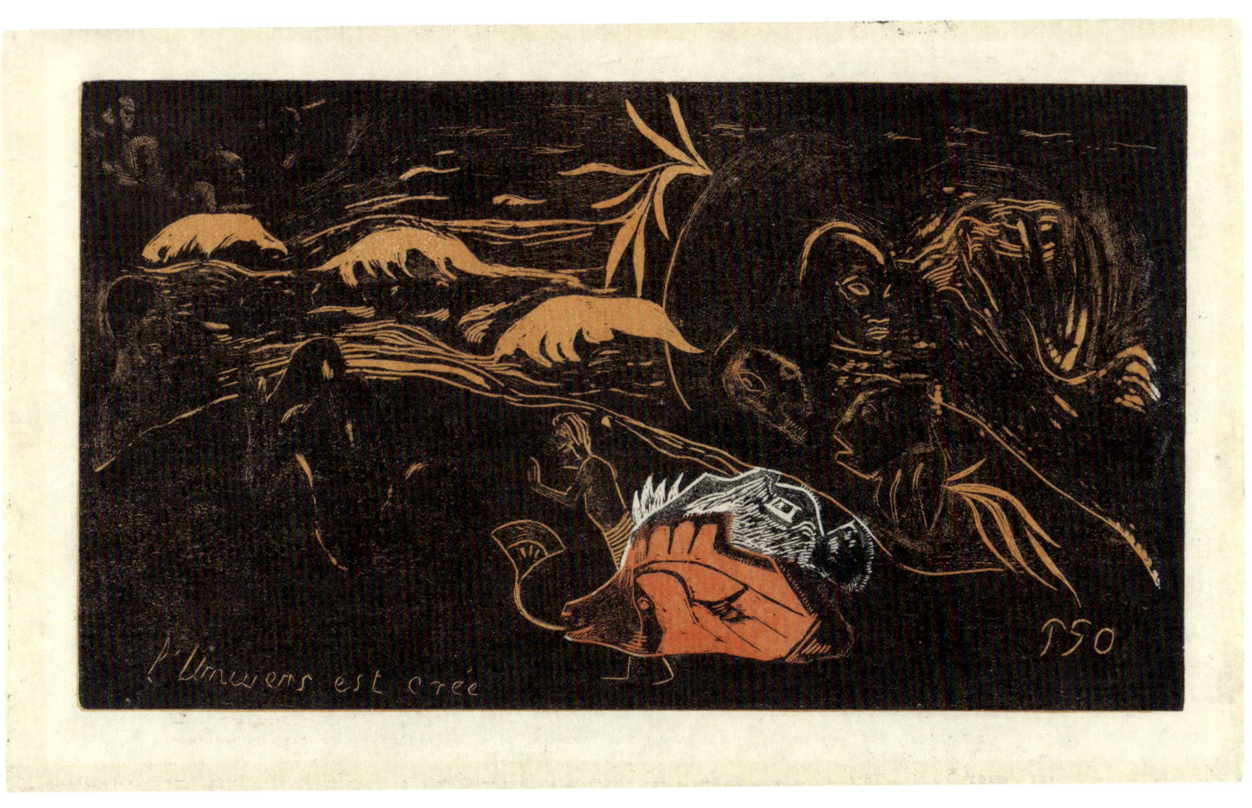
l'Univers est créé
PGO

Die tahitianische Eva

Die Figur der Eva und das Thema der Erbsünde tauchen in Gauguins gesamtem Œuvre immer wieder auf. Viele seiner unvergesslichen Frauenfiguren stehen in Verbindung mit der Geschichte der Versuchung Evas und dem Sündenfall. Obwohl Gauguin das Sujet bereits Ende der 1880er-Jahre in der Bretagne und in Paris aufgegriffen hatte (Kat. 51), wurde es in seinen Arbeiten der 1890er-Jahre vorherrschender. In der Südsee entwickelte er das Motiv einer exotischen tahitianischen Eva, die machtvoll in Gemälden wie *Parau na te varua ino (Worte des Teufels)* (Kat. 126) und *Te nave nave fenua (Das herrliche Land)* (Kat. 50), beide von 1892, dargestellt ist. In *Te nave nave fenua* greift eine Frau mit brauner Haut nach einer seltsamen, pfauenfederähnlichen Blume – eine tahitianische Version der biblischen Frucht –, während eine rot-geflügelte Eidechse – anstelle einer Schlange, da diese in Tahiti nicht beheimatet ist – ihr ins Ohr flüstert. Gauguin verlegte die Erzählung der Genesis in einen tropischen Garten Eden, der fast völlig der Fantasie entspringt – das Porträt eines Tahiti, das er sich erträumt hatte, ehe er dort ankam und erkennen musste, dass er an einem Ort gelandet war, der vom französischen Kolonialismus beherrscht wurde. Letztendlich stand die Geschichte vom Verlust des Paradieses für Gauguin nicht nur symbolisch für den menschlichen Sündenfall, sondern drückte auch seine persönliche Sehnsucht nach einer polynesischen Idylle aus, die ihm versagt geblieben war.

Der Körper der Eva in *Te nave nave fenua* entspricht nicht dem klassischen oder konventionellen europäischen Schönheitsideal: Sie ist kompakt und wuchtig, mit kräftigen, totemähnlichen Gliedern und unverhältnismäßig großen Händen und Füßen. In ihrer Nacktheit ist sie unerschrocken, ihre Sexualität scheint frei von jeder Assoziation mit Sünde, dem Bösem oder Scham. Gauguin formte diese tahitianische Eva nach seiner Geliebten Tehamana, obwohl ihr Gesicht und ihre Haar an Gauguins Mutter als junge Frau auf einem bekannten Foto erinnern. Ihre Pose ist einer Reliefdarstellung im Tempel von Borobudur auf Java, von der der Künstler eine Fotografie besaß, entnommen (S. 17, Abb. 1). Indem er eine Unzahl an Bezügen – religiöser, kunsthistorischer und persönlicher Art – verschmelzen ließ, kreierte Gauguin, charakteristisch für ihn, eine ethnische und kulturelle Mischform, deren Wesenheit zugleich östlich und westlich ist, weiß und dunkel, heilig und profan.

Ungefähr zur gleichen Zeit, als er das Gemälde schuf, fertigte Gauguin eine ähnliche Eva als kleine Holzskulptur (Kat. 59), bei der der Kopf an der Vorderseite als glatt polierte Form erscheint, während die Rückseite grob geschnitzt ist und Eva in einer Grotte oder einem Garten zeigt. Zudem produzierte Gauguin 1893/94 – wie er es mit zahlreichen liebgewonnenen Gemälden seiner ersten tahitianischen Reise tat – eine Holzschnittversion von *Te nave nave fenua* (Kat. 53–58) als Teil seiner Serie *Noa Noa (Duftend)*. Im Holzschnitt ist die Komposition nüchterner, stilisierter und abstrakter. Gauguin unterzog die Darstellung vier Zuständen, die im Laufe der Bearbeitung subtil verändert und mit einer dekorativen Leiste an der linken Seite sowie einem geschnitzten Titel im oberen Bereich versehen wurden. Diese Details erinnern an die Schnitzereien auf Totems oder an die Muster auf polynesischem »tapa«, einem Rindenstoff, und verstärken den primitiven Effekt des Mediums Holzschnitt. Gauguin verwendete das Sujet in mindestens drei Aquarell-Monotypien – eine ist hier abgebildet (Kat. 60) –, die vermutlich alle um 1894 entstanden, kurz nachdem er die Holzschnitte fertig gestellt hatte. In den Monotypien griff er den sinnlichen Reiz des Gemäldes wieder auf, setzte jedoch weichere Formen und hellere Farben ein. Sie erschaffen ein flüchtiges Bild, das eine entschwindende Idylle suggeriert. **SF**

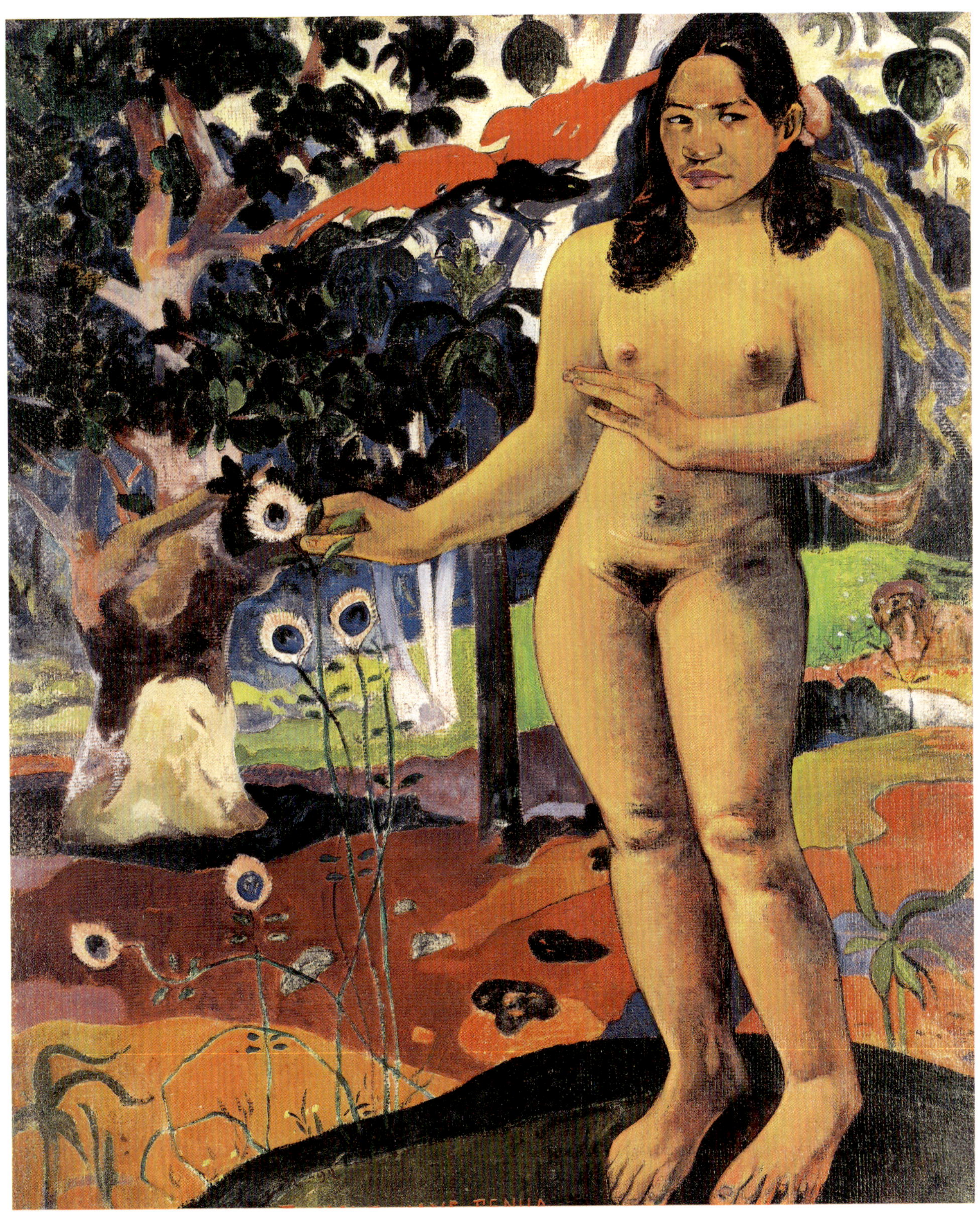

50
Te nave nave fenua (Das herrliche Land), 1892
Öl auf Leinwand, 92 x 73,5 cm
Ohara Kunstmuseum, Kurashiki, Japan

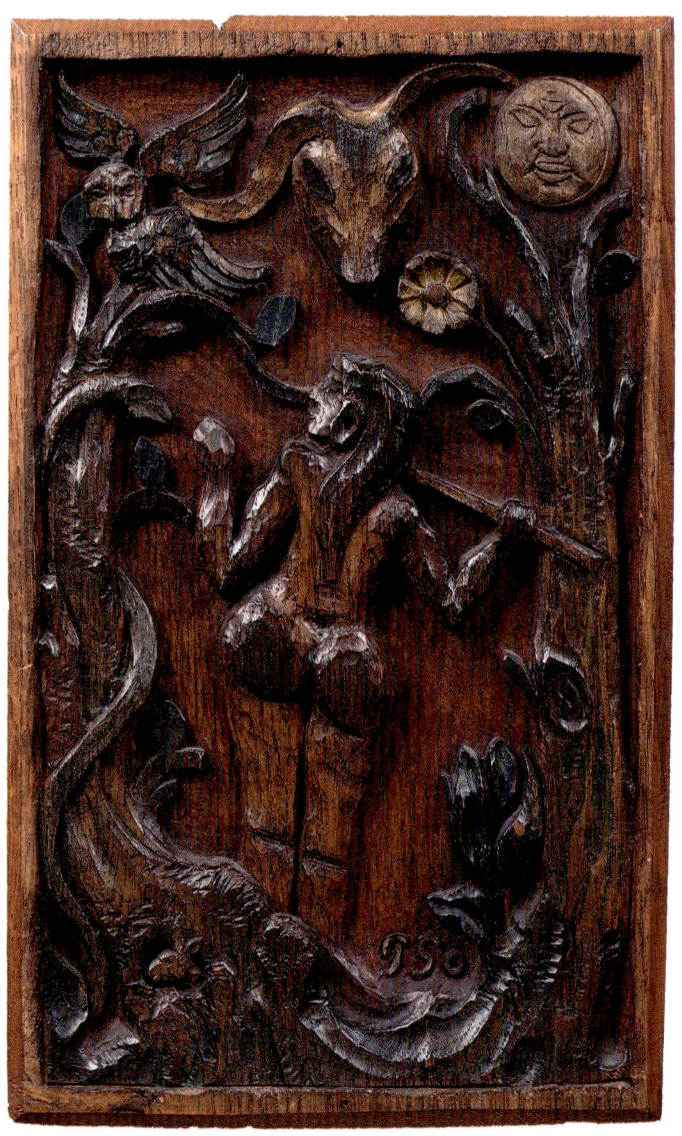

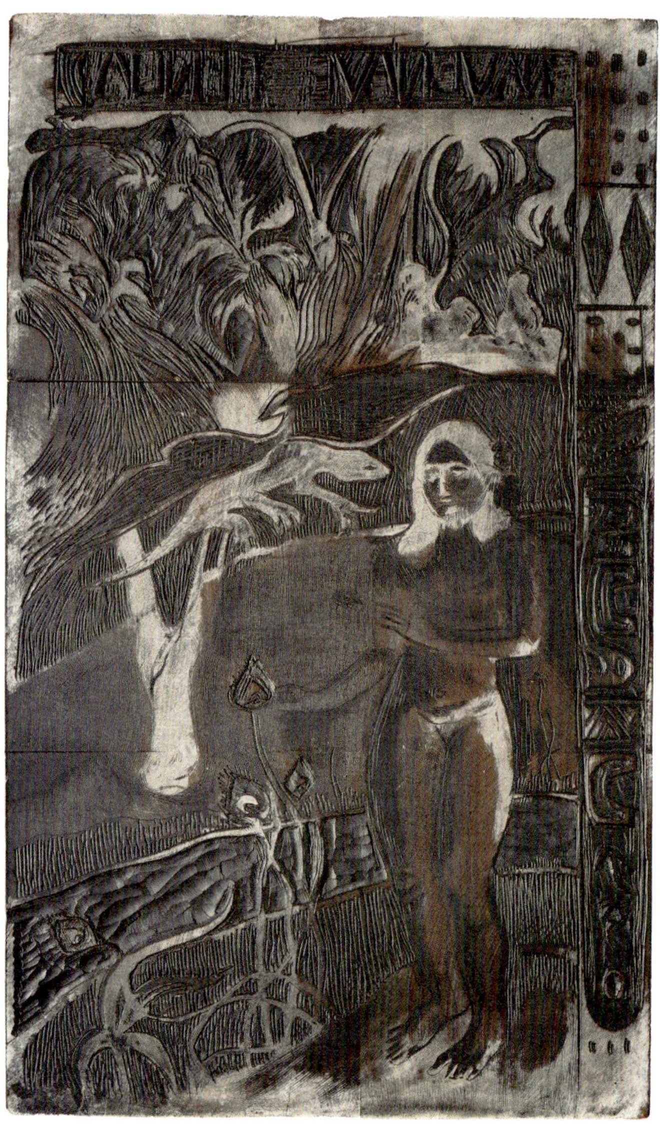

51
Eva mit der Schlange und anderen Tieren, um 1889
Eiche, geschnitzt und bemalt, 34,7 x 20,5 x 2,8 cm
Ny Carlsberg Glyptotek, Kopenhagen

52
Nave nave fenua (Herrliches Land), 1893/94
Holzdruckstock, 35,3 x 20,3 x 2,3 cm
Museum of Fine Arts, Boston,
Nachlass W.G. Russell Allen

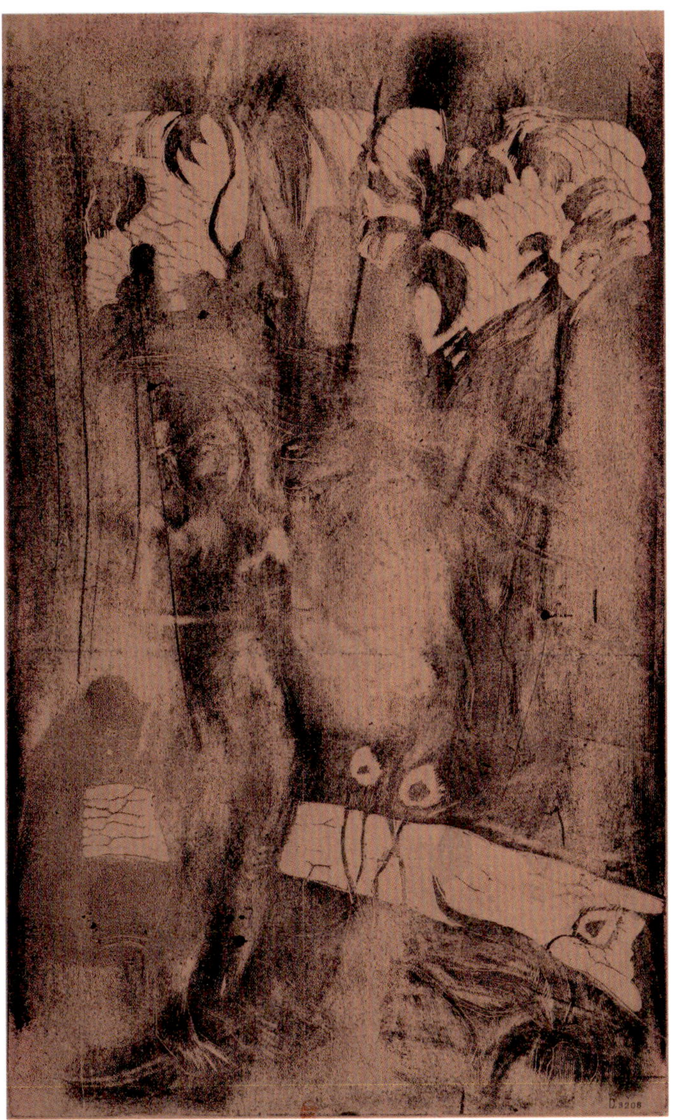

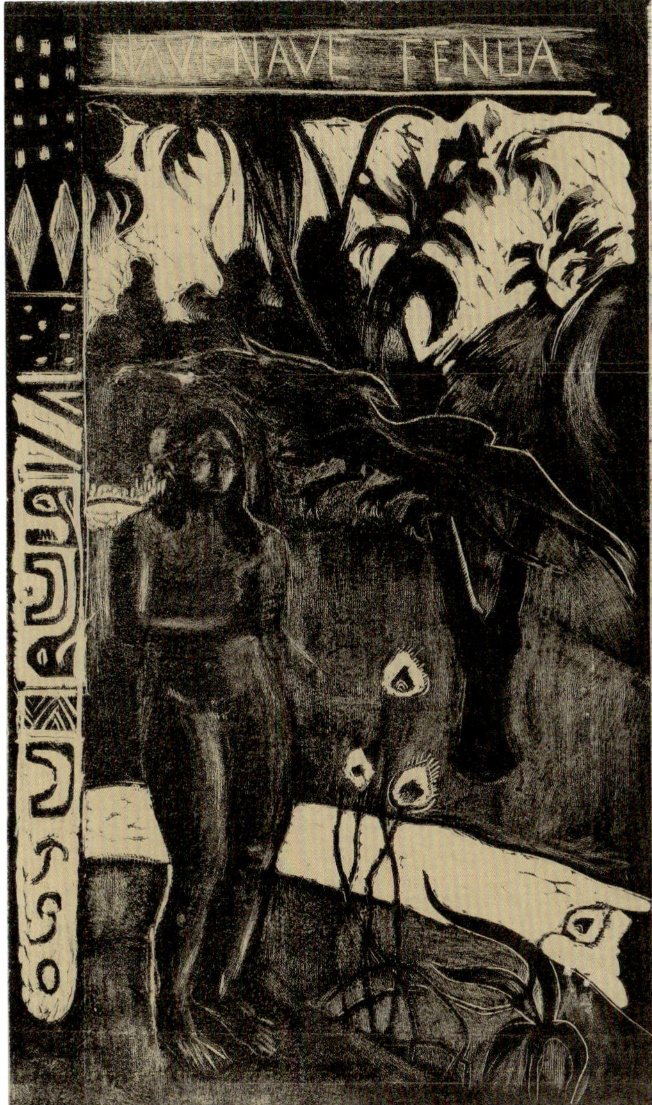

53
Nave nave fenua (Herrliches Land), Zustand I/IV
aus der Suite *Noa Noa*, 1893/94
Holzschnitt auf rosafarbenem Papier, Bild: 35,2 x 20,3 cm
Bibliothèque nationale de France, Paris,
ehemals Sammlung Marcel Guérin

54
Nave nave fenua (Herrliches Land), Zustand II/IV
aus der Suite *Noa Noa*, 1893/94
Holzschnitt, Bild: 35,5 x 20,6 cm
National Gallery of Art, Washington, D.C.,
Sammlung Rosenwald

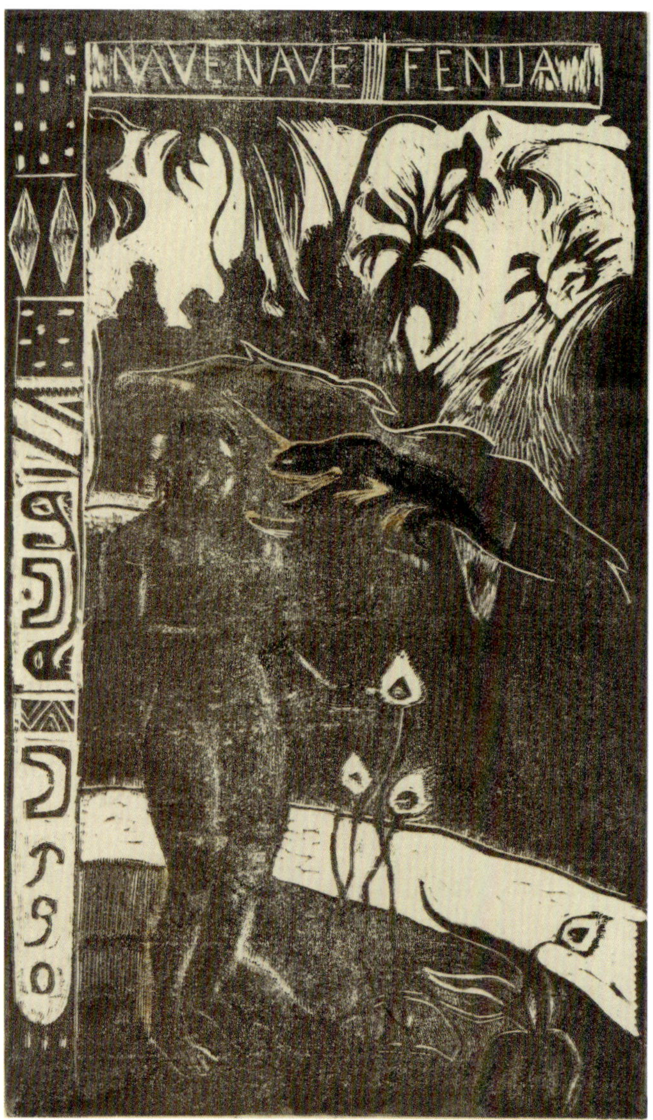

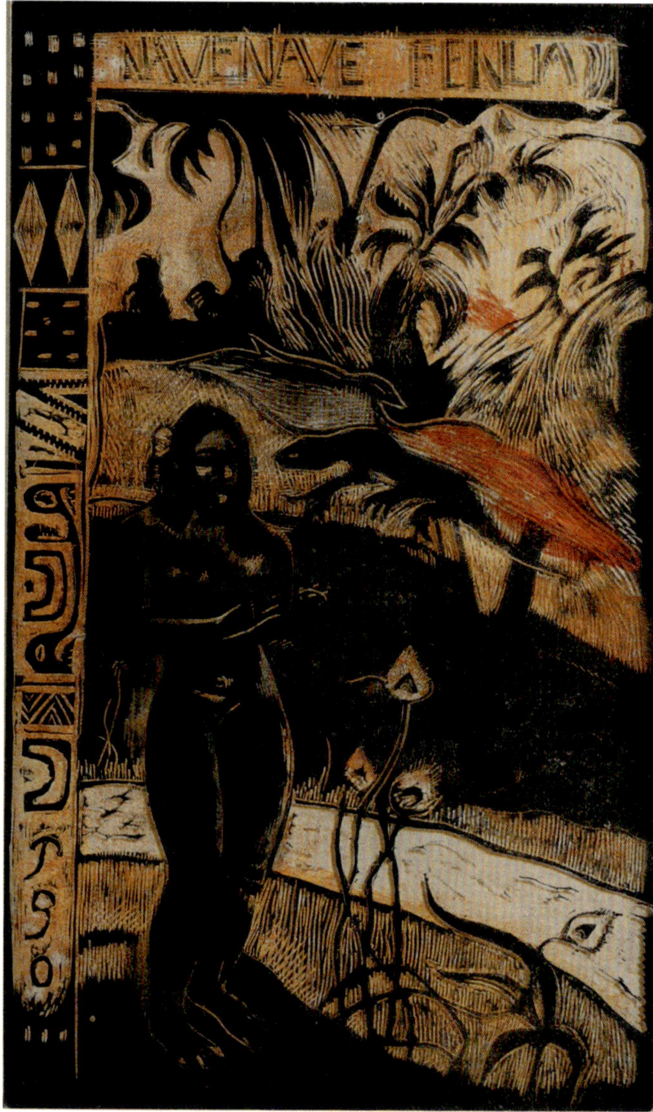

55
Nave nave fenua (Herrliches Land), Zustand III/IV
aus der *Suite Noa Noa*, 1893/94
Holzschnitt, Bild: 35,6 x 20,3 cm
The Metropolitan Museum of Art, New York,
Rogers Fund

56
Nave nave fenua (Herrliches Land), Zustand IV/IV
aus der *Suite Noa Noa*, 1893/94
Holzschnitt, Bild: 35,4 x 20,4 cm
Kunstmuseum, Gifu, Japan

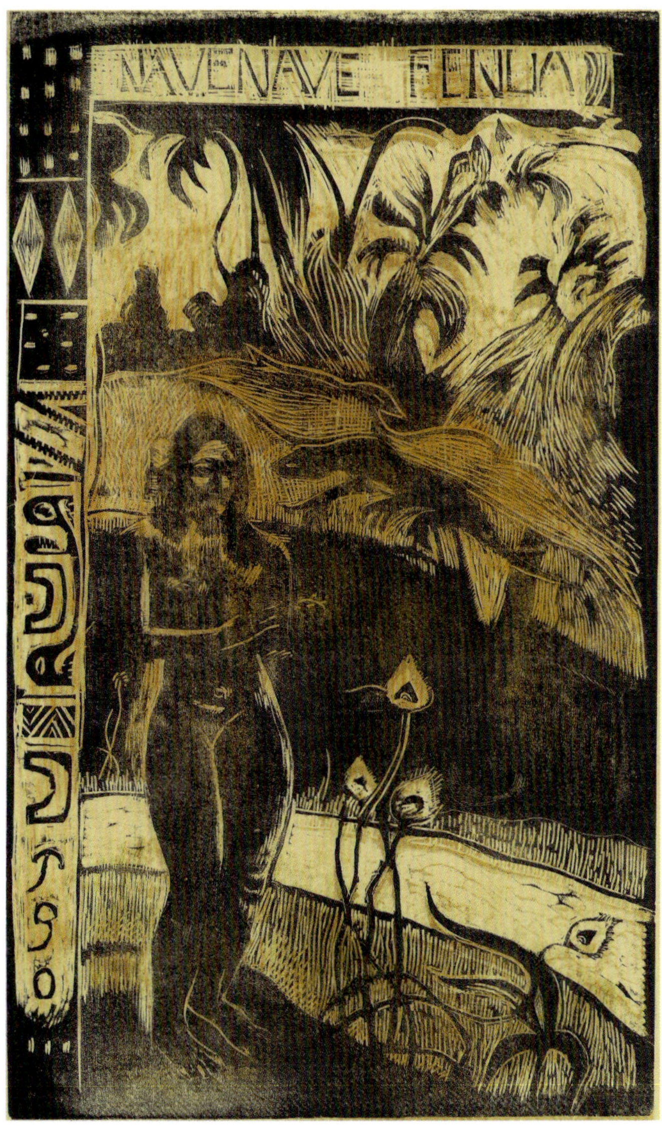

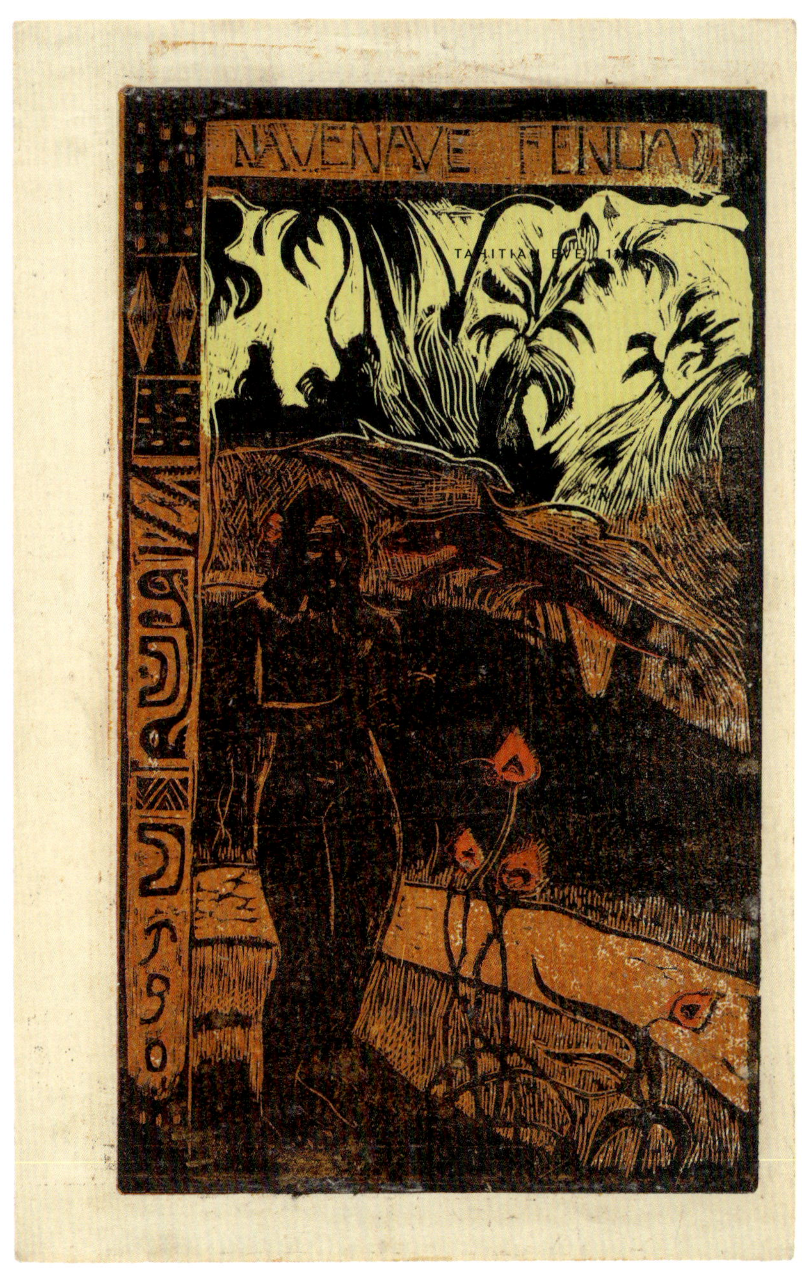

57
Nave nave fenua (Herrliches Land), Zustand IV/IV
aus der *Suite Noa Noa*, 1893/94
Holzschnitt, Bild: 34,9 x 20,3 cm
The Metropolitan Museum of Art, New York,
Harris Brisbane Dick Fund

58
Nave nave fenua (Herrliches Land), Zustand IV/IV
aus der *Suite Noa Noa*, 1893/94
Holzschnitt, Blatt: 39,9 x 24,9 cm
Gedruckt von Louis Roy, Paris, um 1894
The Museum of Modern Art, New York,
Schenkung Abby Aldrich Rockefeller

59

Kopf von Tehura (Tehamana) (Vorderseite) und *Eva* (*oder Stehender weiblicher Akt*) (Rückseite), 1892
Pua-Holz, geschnitzt und bemalt, 22,2 x 12,6 x 7,8 cm
Musée d'Orsay, Paris,
Schenkung Agnès Huc de Monfreid

60

Nave nave fenua (Herrliches Land), 1894
Aquarell-Monotypie, auf Papier kaschiert,
Passepartout: 48,8 x 35,8 cm
Museum of Fine Arts, Boston,
Nachlass W. G. Russell Allen

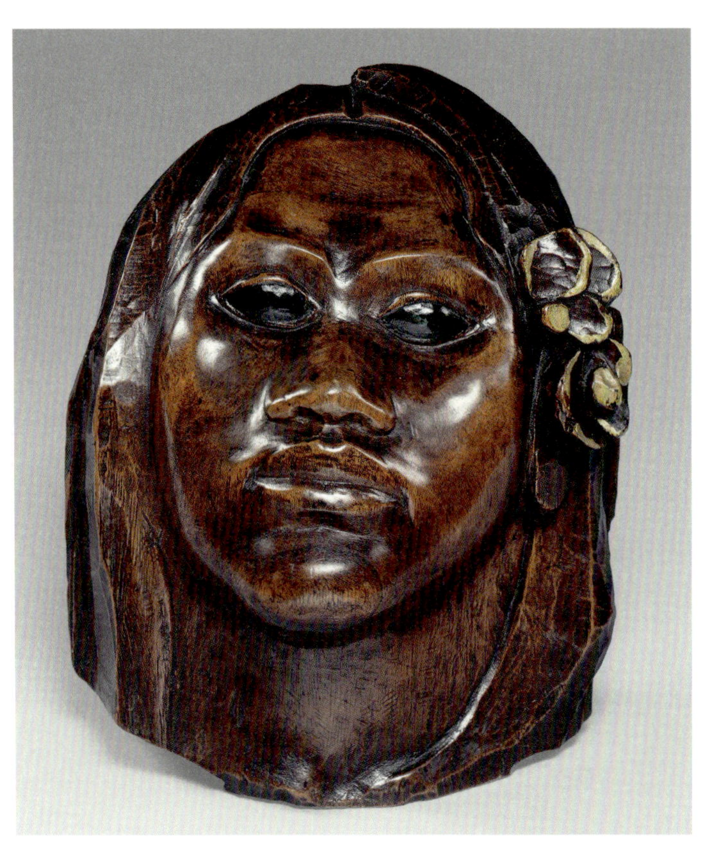

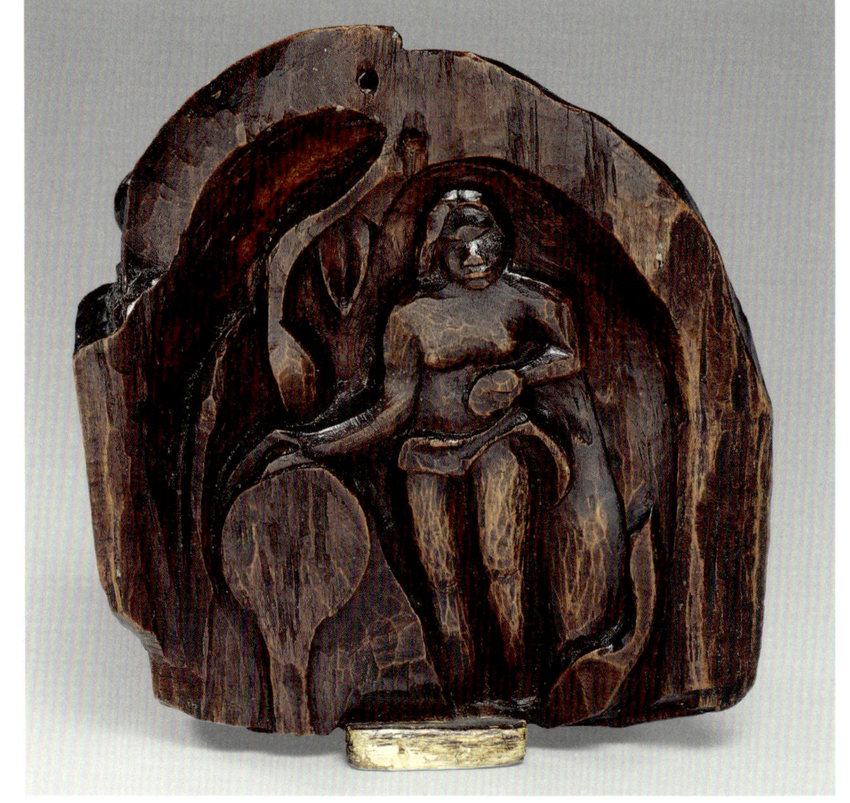

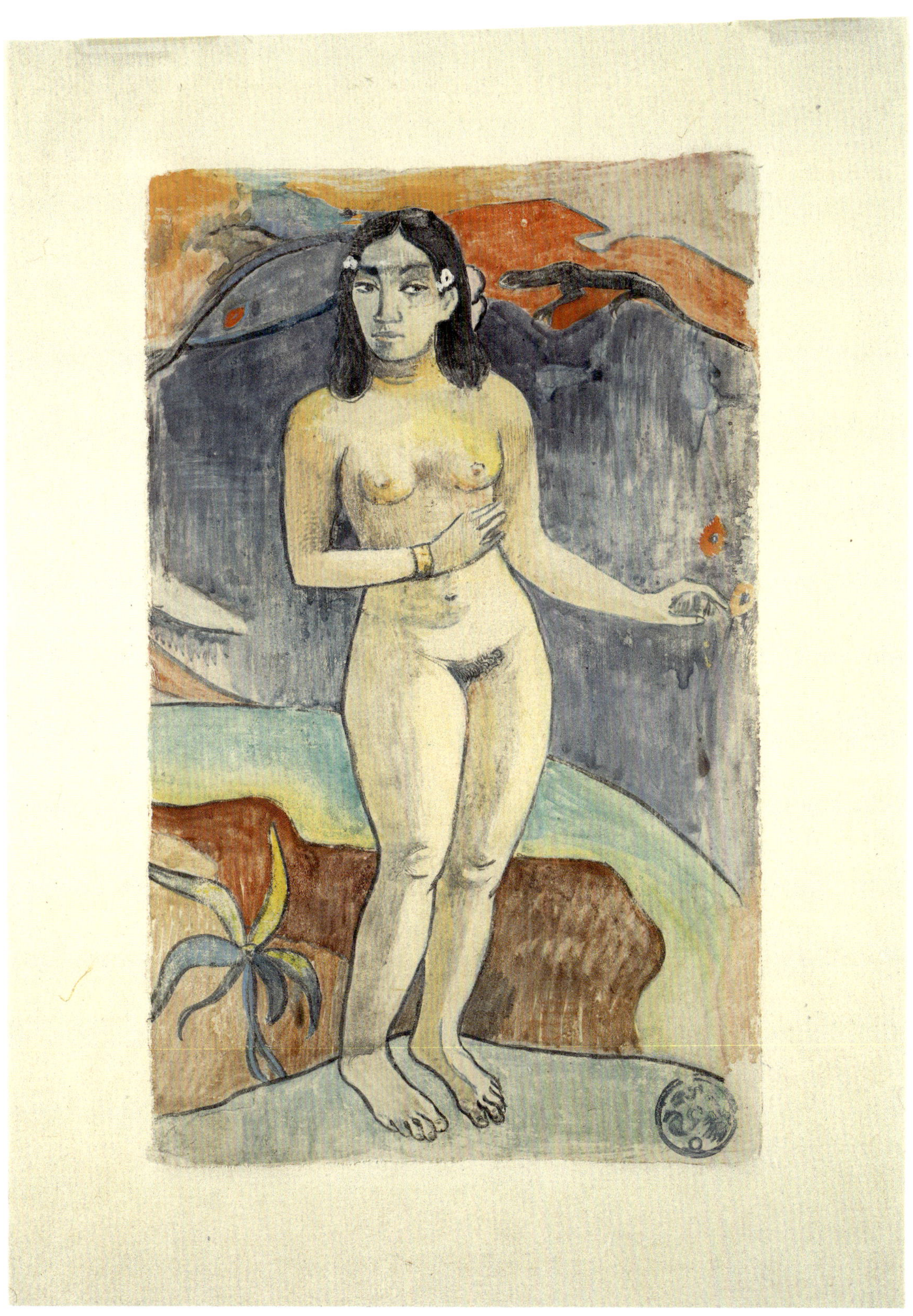

Der Geist der Toten wacht

Eines von Gauguins verstörendsten, wenn auch ikonenhaftesten Bildern ist *Manao tupapau (Der Geist der Toten wacht,* im Deutschen auch bekannt unter dem Titel *Sie denkt an den Geist / Der Geist denkt an sie),* 1892 (Kat. 61). Es zeigt die Geliebte des Künstlers, Tehamana, die auf dem Bauch auf einem Bett liegt, von Angst vor dem »tupapau«, dem Geist der Toten, erfasst, der neben ihr erschienen ist. Gauguin schreibt über seine Inspiration für dieses Gemälde in *Noa Noa,* dem halb fiktiven Bericht über sein Leben in Tahiti, indem er angibt, dass er die Geliebte in diesem Zustand vorfand, als er eines Abends spät nach Hause kam: »Schnell zündete ich ein Streichholz an und sah – Tehura [Koseform von Tehamana] reglos, nackt, platt hingestreckt auf dem Bett, die Augen vor Angst übermäßig weit geöffnet. Sie sah mich an und schien mich nicht zu erkennen. Ich selber blieb einige Augenblicke in seltsamer Ungewißheit stehen [...]. Niemals hatte ich sie so schön, von so rührender Schönheit gesehen. [...] Wußte ich denn, was ich in diesem Augenblick für sie war? Ob sie mich mit meinem entsetzten Gesicht nicht für einen Dämon oder Geist, einen der Tupapaus hielt, die ihren Sagen nach in schlaflosen Nächten erscheinen?«[1]

In für ihn typischer Weise verband Gauguin eine abendländische künstlerische Tradition mit tahitianischer Kultur und Legende. Als Grundlage für die Komposition zog er Manets Gemälde *Olympia,* 1863, heran, das er in Paris kopiert und dessen Reproduktion er mit nach Tahiti genommen hatte. In Gauguins Version werden Manets nackte Prostituierte und der Blumen tragende Diener zu einer jungen Polynesierin und einem beängstigenden Geist. Manets Gemälde selbst war eine provokative, die Bourgeoisie aufrüttelnde Neuauflage einer langen Tradition liegender Akte, die auf Renaissancemeister wie Cranach und Tizian zurückgeht und an die Gauguin anzuschließen suchte.

Gauguin schätze *Manao tupapau* besonders. Tatsächlich deckte es viele Bereiche ab, die ihm wichtig waren. Das Sujet war geheimnisvoll, und das Werk sprach spirituelle Kräfte wie auch »primitive« Überzeugungen und Aberglauben an. Der Inhalt war ausdrücklich sexuell und, noch besser, tabu, da ihm bewusst war, dass Europäer sowohl Tehamanas Alter als auch ihre Pose als unanständig empfinden würden.

Die Beziehung zwischen Tod und Sex, die sich als subtiler roter Faden durch viele Werke Gauguins zieht, ist hier explizit wiedergegeben. In formaler Hinsicht erfreute er sich an den kurvigen Linien, den atmosphärischen Farben und den seltsam schimmernden Lichtern im Hintergrund. Diese standen für die nächtliche Phosphoreszenz, in denen die Einheimischen die glühende Präsenz des »tupapau« zu erkennen glaubten. Tatsächlich handelt es sich dabei um einen Baumpilz.

Gauguin erforschte noch einige Jahre Motive aus diesem Gemälde. 1894 oder 1895 nahm er das Bild des ausgetreckten Mädchens in einer großformatigen Zeichnung in Kohle, Kreide und Pastell wieder auf (Kat. 63), die er dann als Druckvorlage für zwei oder drei Monotypien verwendete, darunter vermutlich auch ein kleiner Druck von Kopf und Schultern des Mädchens (Kat. 62). Auch für eine schwarzweiße Lithografie von 1894 (Kat. 70) und zahlreiche Holzschnitte bediente er sich des Sujets. Zwei dieser Holzschnitte gehören zur Serie *Noa Noa (Duftend)* von 1893/94: *Te po (Die Nacht)* (Kat. 66–69), in dem eine andere hingestreckte Figur – diesmal bedeckt – offenbar die Nacht im Freien schläft und dabei von Geistern besucht wird, und *Manao tupapau (Der Geist der Toten wacht)* (Kat. 72–75), das eine in Fötushaltung zusammengerollte Figur und auf der rechten Seite die blasse Silhouette eines Geistes zeigt. Abgesehen von diesen eng miteinander in Verbindung stehenden Arbeiten zieht sich das Motiv der schönen, von Geistern geplagten Frau durch Gauguins gesamtes Œuvre. Angefangen bei der evagleichen Figur von 1889, die von einer Schlange geneckt wird (Kat. 2), über seine Darstellungen der tahitianischen Eva, darunter ein Gemälde von 1892 (Kat. 126) und ein Druck von 1898/99 (Kat. 127), bis zu einer Gruppe seltsamer, meisterhafter Porträts in Durchdrucktechnik, die er um 1900 schuf (Kat. 154–156). **SF**

1 / Paul Gauguin, Noa Noa, Berlin 1912, S. 52.

61

Manao tupapau (Der Geist der Toten wacht), 1892
Öl auf Sackleinen auf Leinwand, 73 x 92,4 cm
Albright-Knox Art Gallery, Buffalo, N.Y.,
A. Conger Goodyear Collection

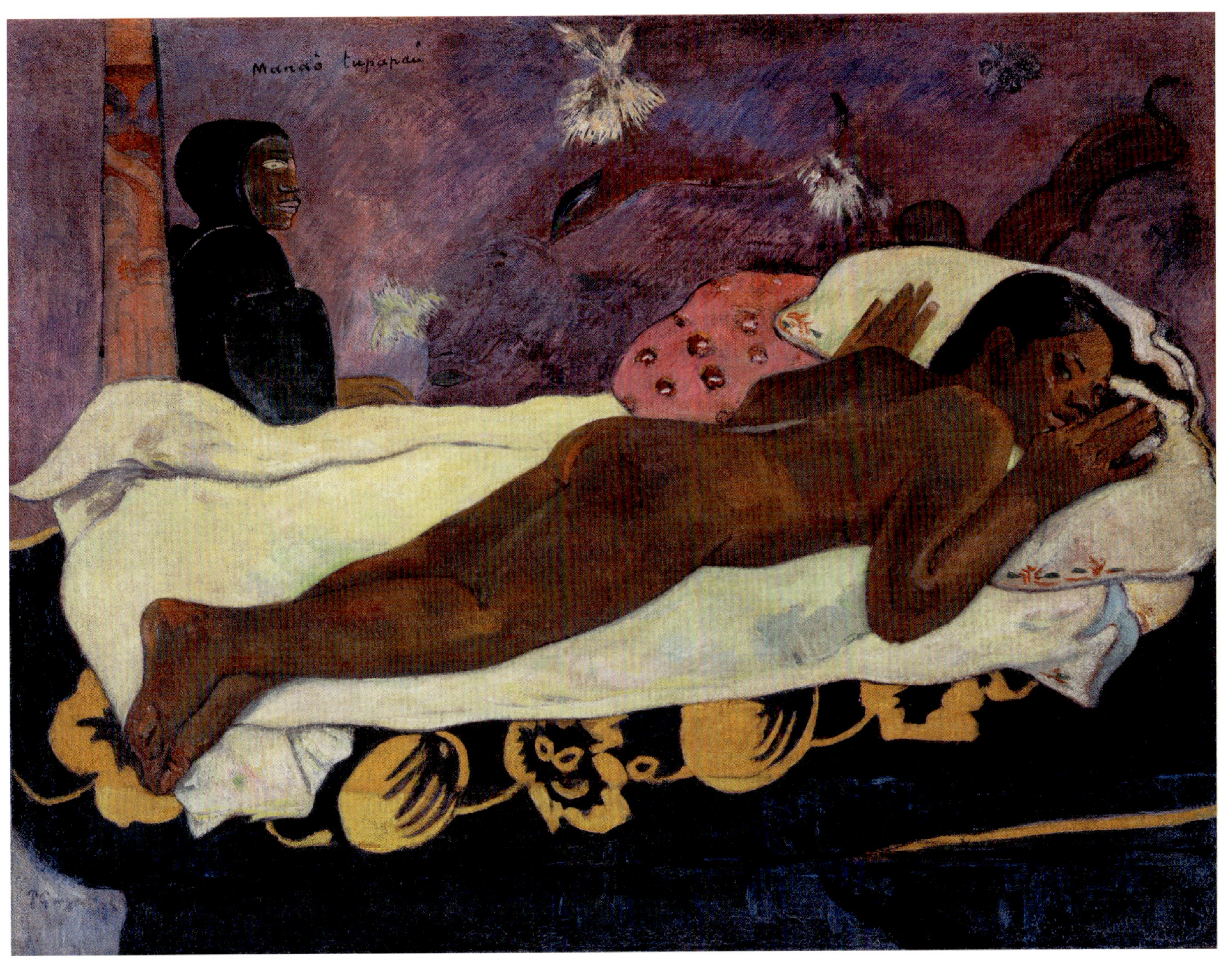

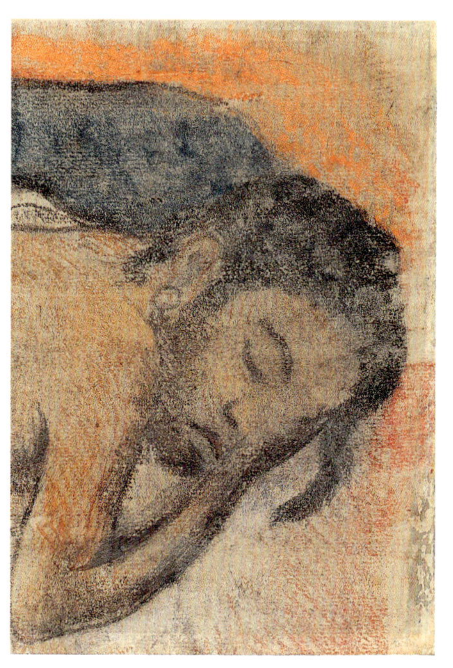

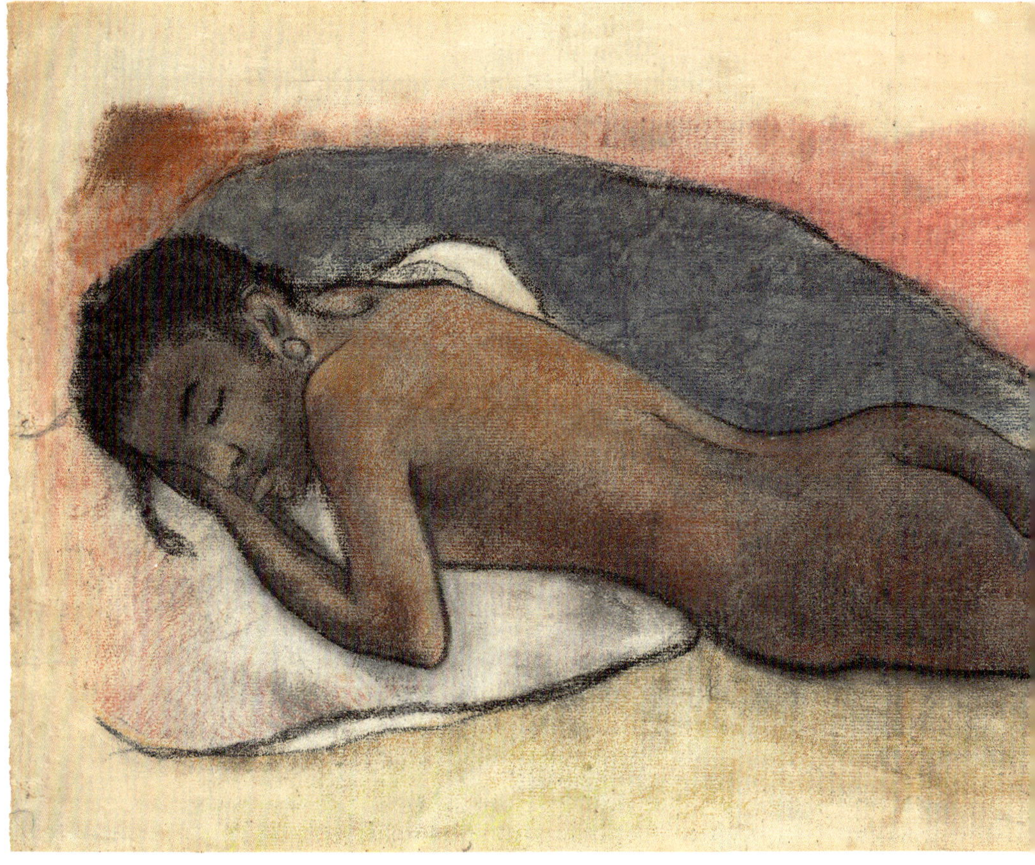

62

Liegender Akt einer Tahitianerin (Studie nach *Manao tupapau* [*Der Geist der Toten wacht*]), 1894
Aquarell-Monotypie, Blatt: 21 x 14,1 cm
Privatsammlung

63

Liegender Akt, 1894 oder 1895
Kohle, schwarze Kreide und Pastell, 30,6 x 62,1 cm
National Gallery of Art, Washington, D.C., Schenkung (teilweise und zugesichert) von Robert und Mercedes Eichholz, anlässlich des 50. Jahrestages der National Gallery of Art

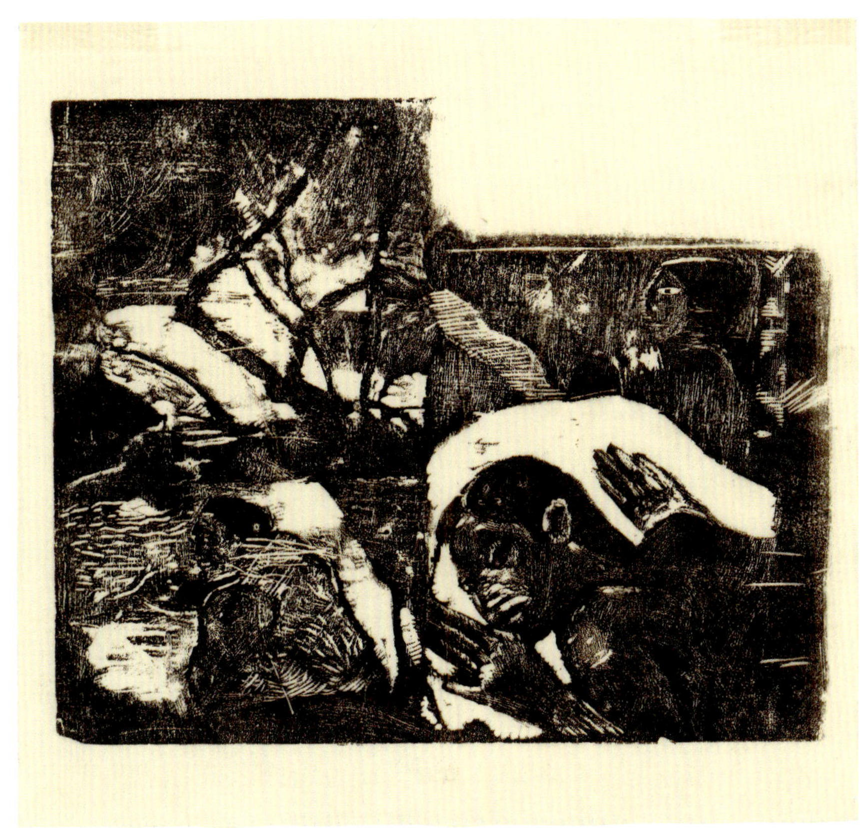

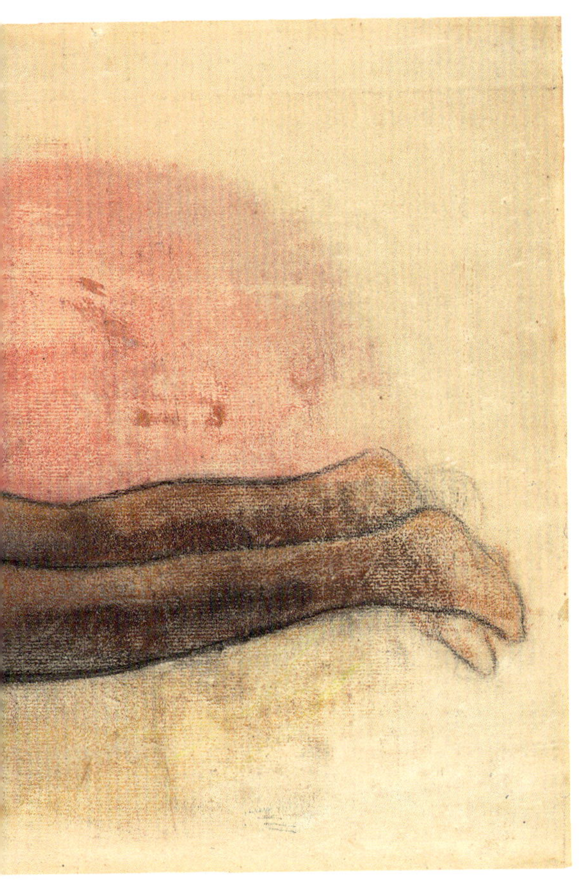

64

Manao tupapau (Der Geist der Toten wacht), 1894
Holzschnitt, Blatt: 27,7 x 28,8 cm
Sterling and Francine Clark Art Institute,
Williamstown, Massachusetts

65

Te po (Die Nacht), 1893/94
Holzdruckstock, 20,6 x 35,6 x 2,3 cm
Museum of Fine Arts, Boston,
Schenkung Philip Hofer, Esq.

66

Te po (Die Nacht), Zustand III/IV
aus der *Suite Noa Noa*, 1893/94
Holzschnitt, Bild: 20,6 x 35,6 cm
Musée du quai Branly, Paris

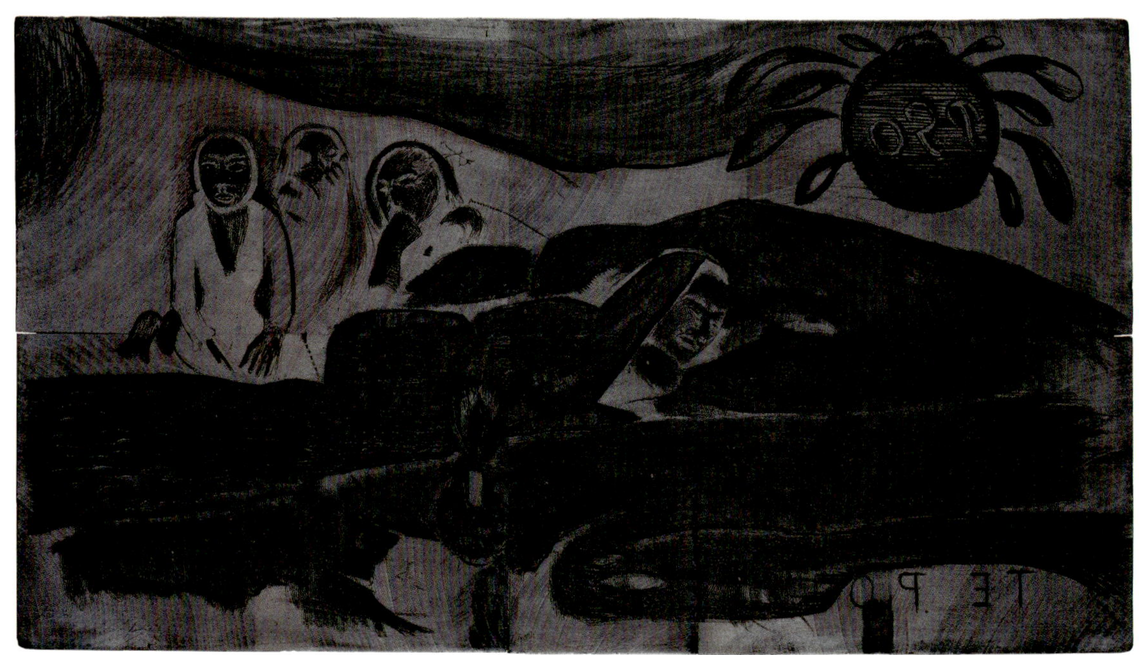

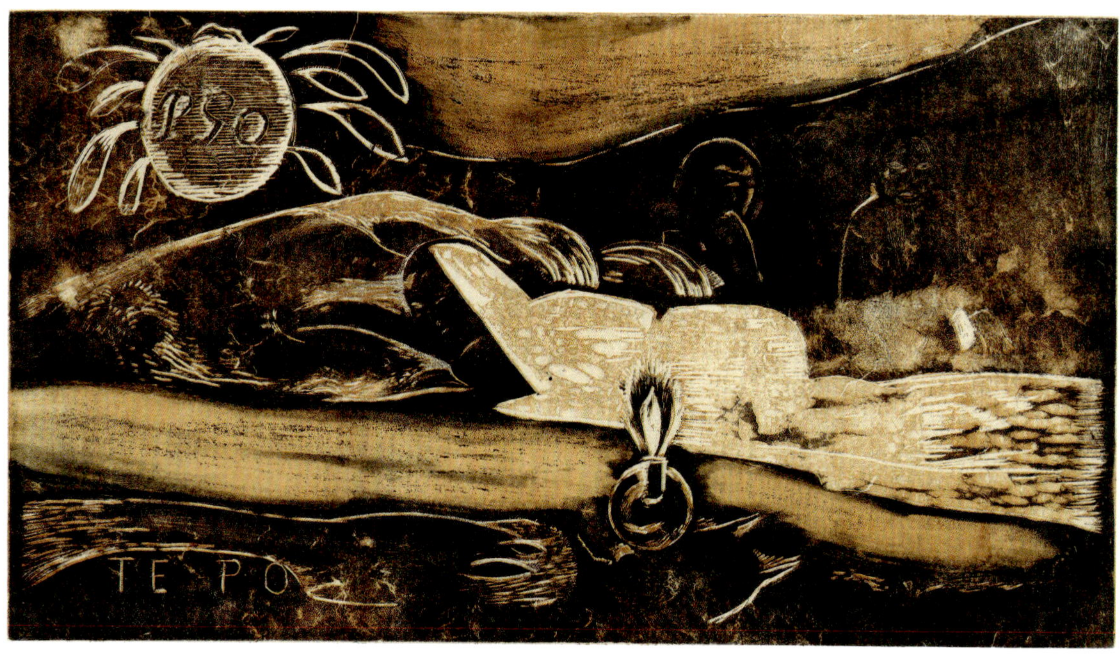

67
Te po (Die Nacht), Zustand III/IV
aus der *Suite Noa Noa*, 1893/94
Holzschnitt, Bild: 20,5 x 34,5 cm
Staatliche Museen zu Berlin, Kupferstichkabinett

68
Te po (Die Nacht), Zustand IV/IV
aus der *Suite Noa Noa*, 1893/94
Holzschnitt auf rosafarbenem Papier, Bild: 21 x 36,2 cm
The Metropolitan Museum of Art, New York,
Harris Brisbane Dick Fund

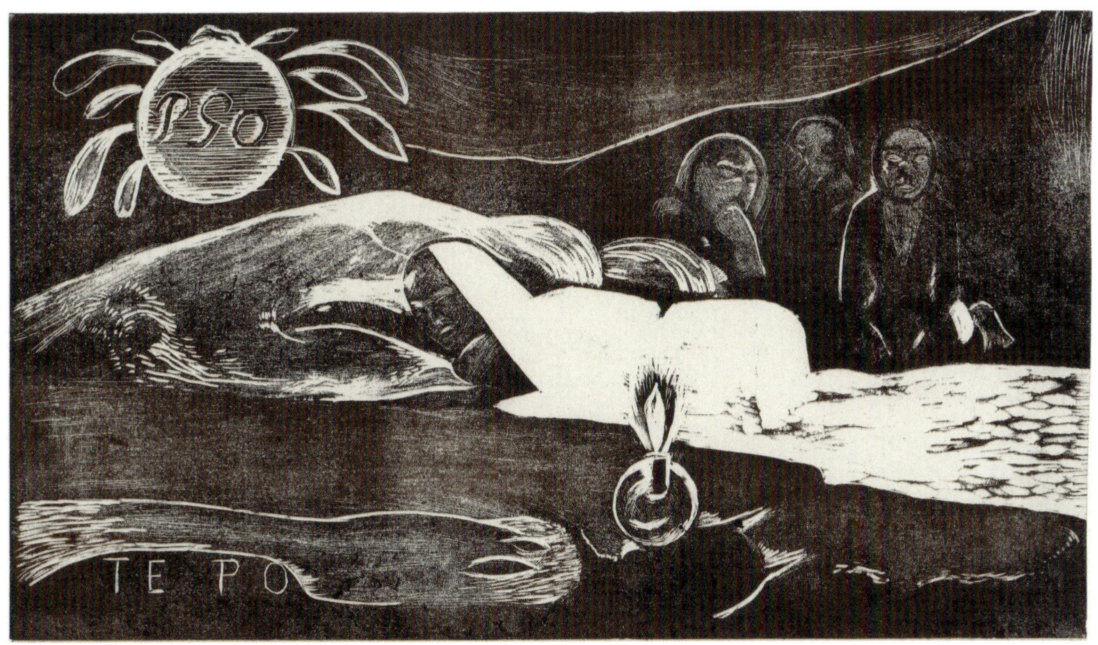

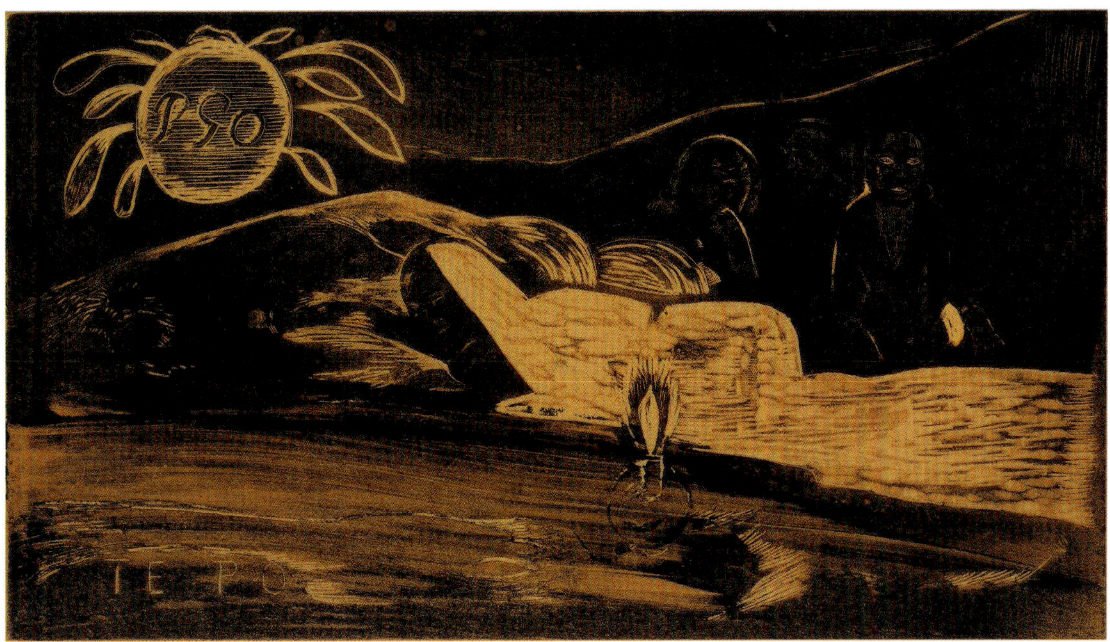

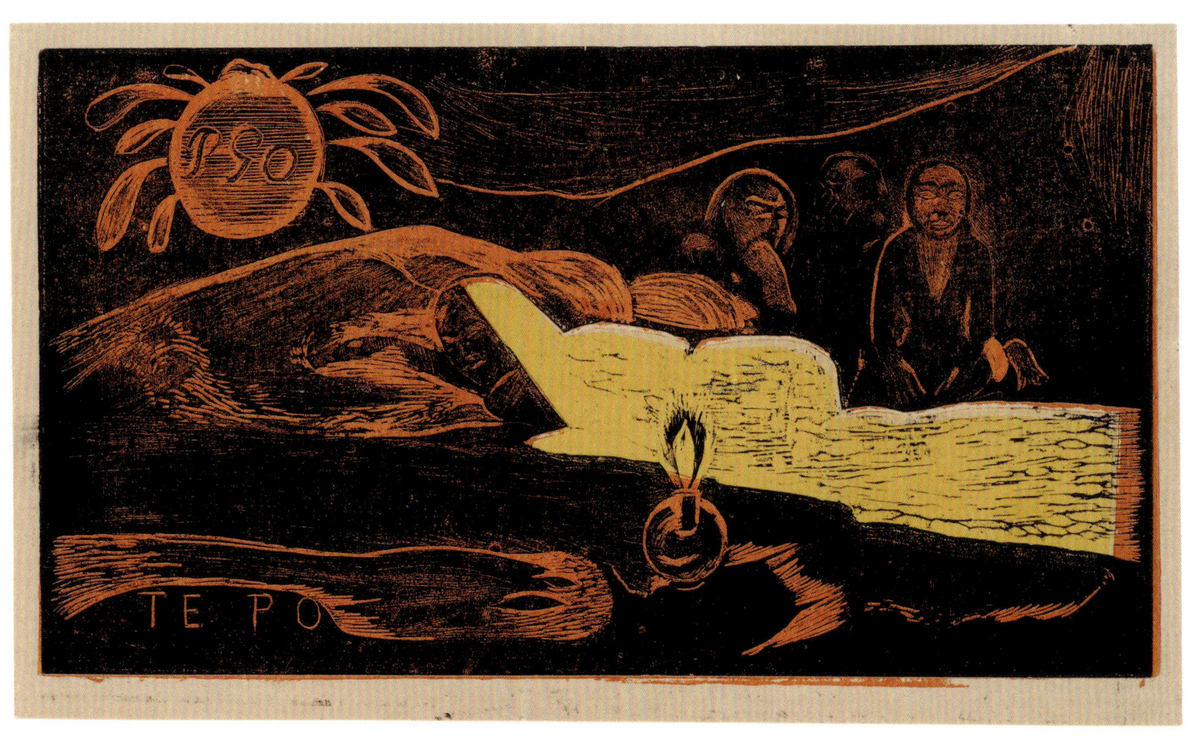
PSO
TE PO

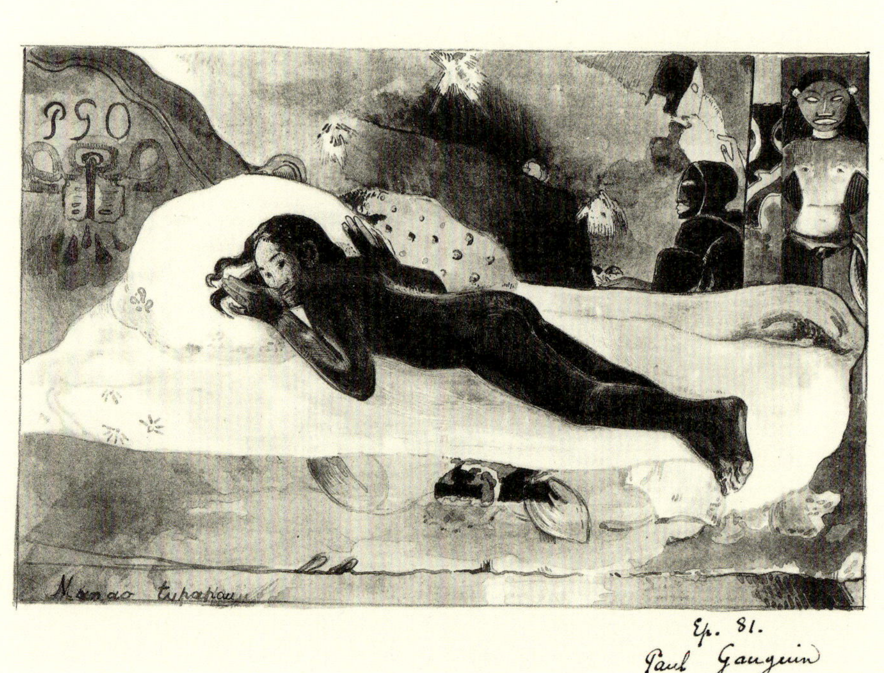
PSO
Manao tupapau
Ep. 81.
Paul Gauguin

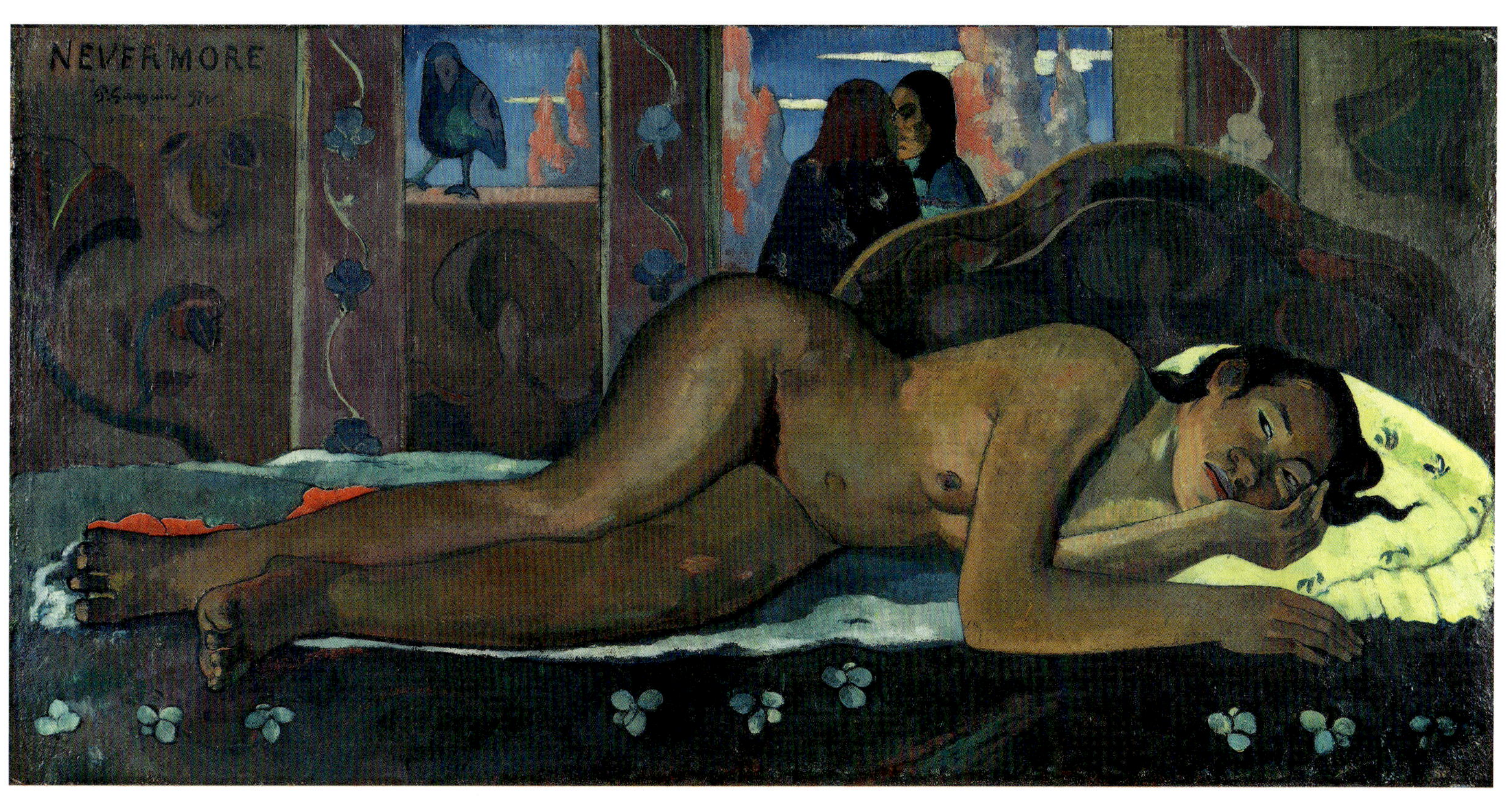

69
Te po (Die Nacht), Zustand IV/IV
aus der *Suite Noa Noa*, 1893/94
Holzschnitt, Blatt: 22,9 x 37,5 cm
Gedruckt von Louis Roy, Paris, um 1894
Sammlung UCLA Grunwald Center for the Graphic Arts, Hammer Museum, The Fred Grunwald Collection

70
Manao tupapau (Der Geist der Toten wacht), 1894
Lithografie, Bild: 18 x 27,3 cm
The Museum of Modern Art, New York, Schenkung Abby Aldrich Rockefeller

71
Nevermore, 1897
Öl auf Leinwand, 60,5 x 116 cm
The Samuel Courtauld Trust, The Courtauld Gallery, London

72
Manao tupapau (Der Geist der Toten wacht),
Zustand I/IV aus der Suite *Noa Noa*, 1893/94
Holzschnitt, Bild: 20,4 x 35,5 cm
Museum of Fine Arts, Boston,
Nachlass W.G. Russell Allen

73
Manao tupapau (Der Geist der Toten wacht),
Zustand III/IV aus der Suite *Noa Noa*, 1893/94
Holzschnitt, Bild: 20,4 x 35,5 cm
National Gallery of Art, Washington, D.C.,
Patrons' Permanent Fund

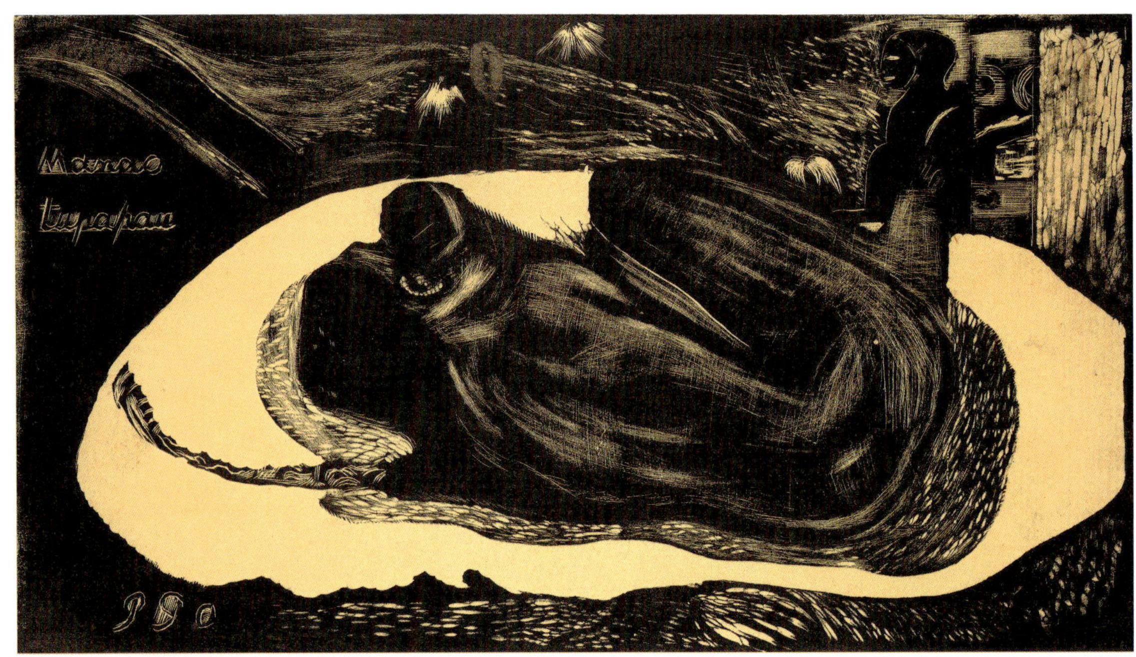

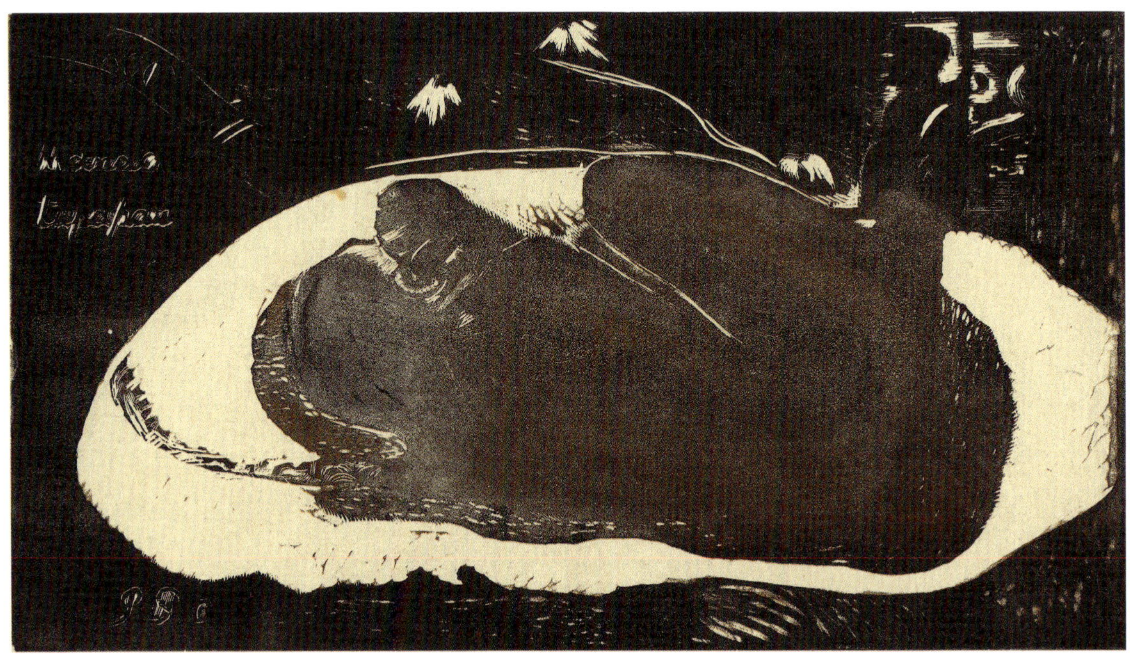

74
Manao tupapau (Der Geist der Toten wacht),
Zustand IV/IV aus der Suite *Noa Noa*, 1893/94
Holzschnitt, Bild: 20,3 x 35,6 cm
The British Museum, London,
Nachlass Campbell Dodgson

75
Manao tupapau (Der Geist der Toten wacht),
Zustand IV/IV aus der Suite *Noa Noa*, 1893/94
Holzschnitt, Blatt: 24,9 x 39,8 cm
Gedruckt von Louis Roy, Paris, um 1894
Minneapolis Institute of Arts,
The William Hood Dunwoody Fund

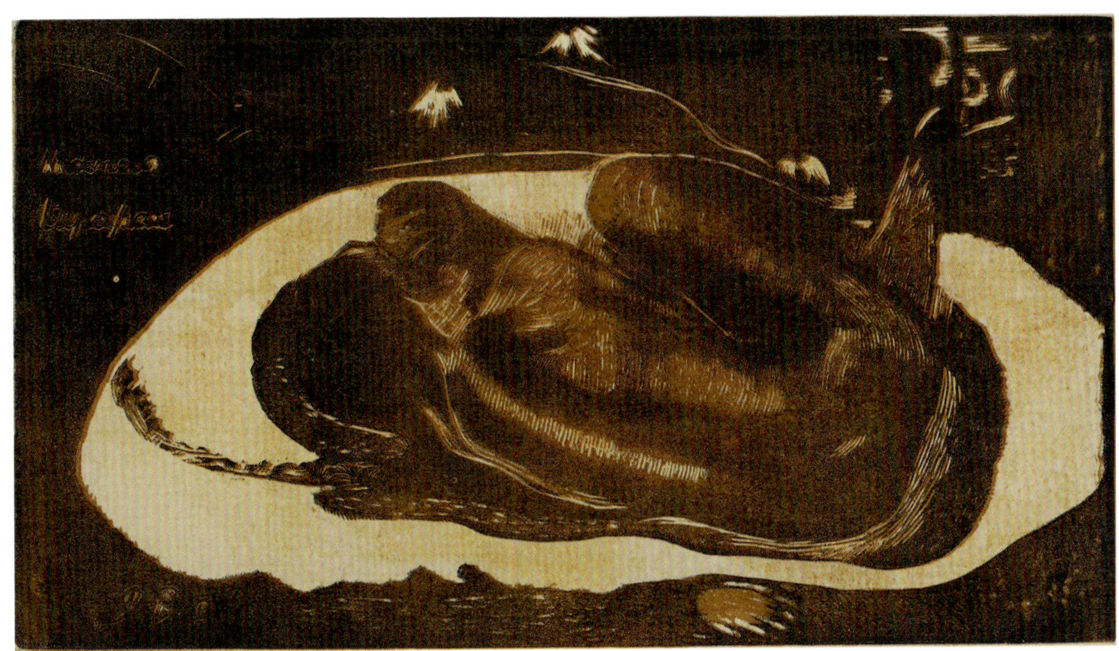

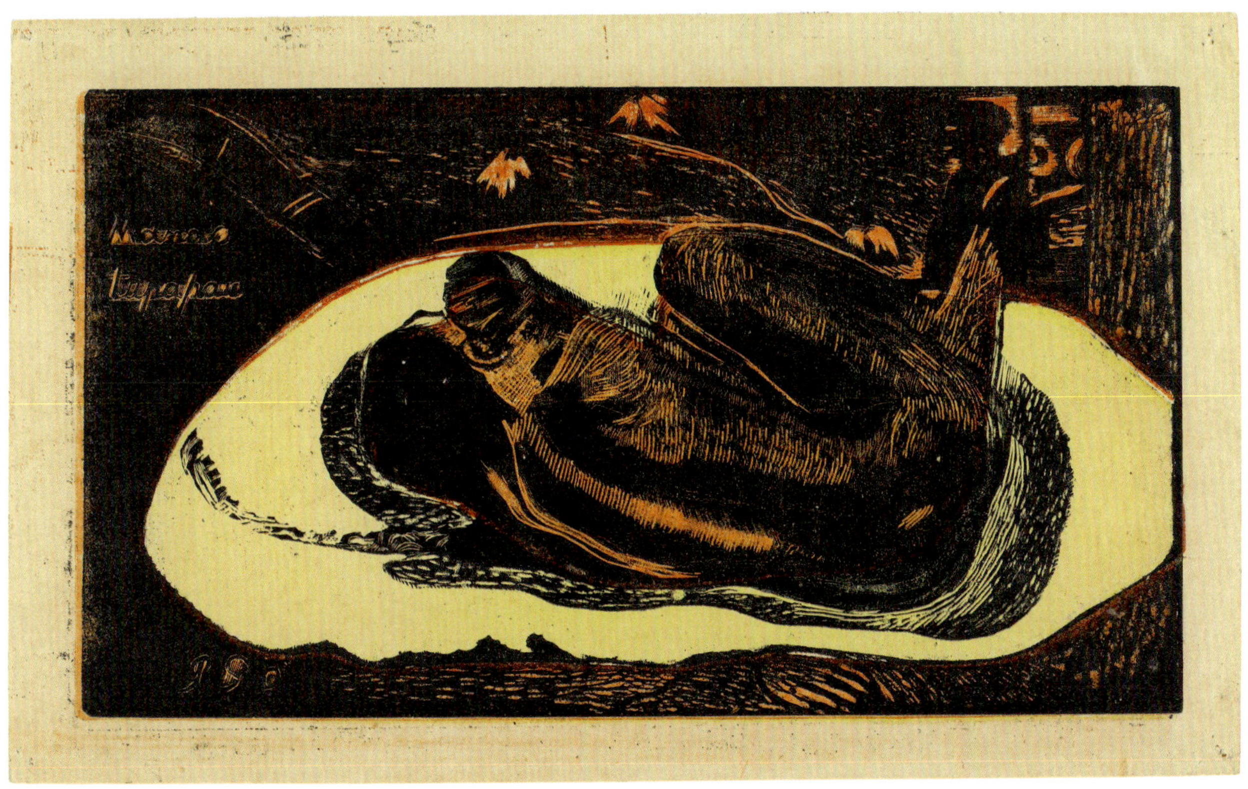

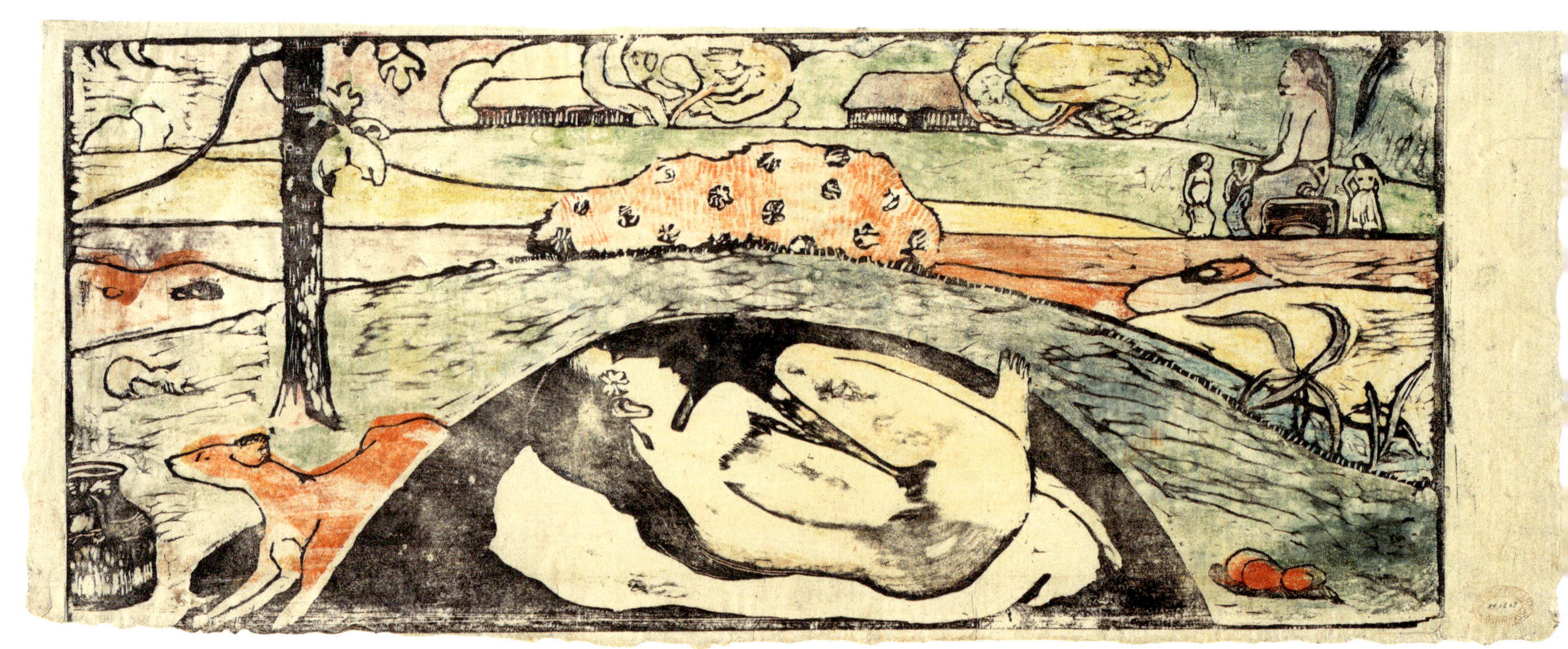

76

Manao tupapau (Der Geist der Toten wacht),
Zustand III/IV aus der Suite *Noa Noa*, 1894/95
Holzschnitt, Blatt: 23,5 x 58 cm
Museum of Fine Arts, Boston,
Schenkung W.G. Russell Allen

77
Mahana atua (Der Tag Gottes), Zustand I/II, 1894
Holzschnitt, Blatt: 18,4 x 20,5 cm
The Art Institute of Chicago,
Sammlung Clarence Buckingham

78
Liegender Akt einer Tahitianerin, 1894
Aquarell-Monotypie, Blatt: 24,5 x 39,5 cm
Privatsammlung

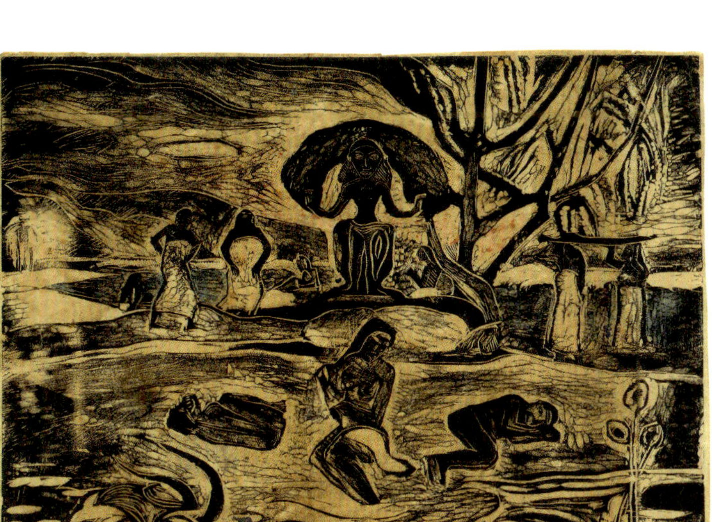

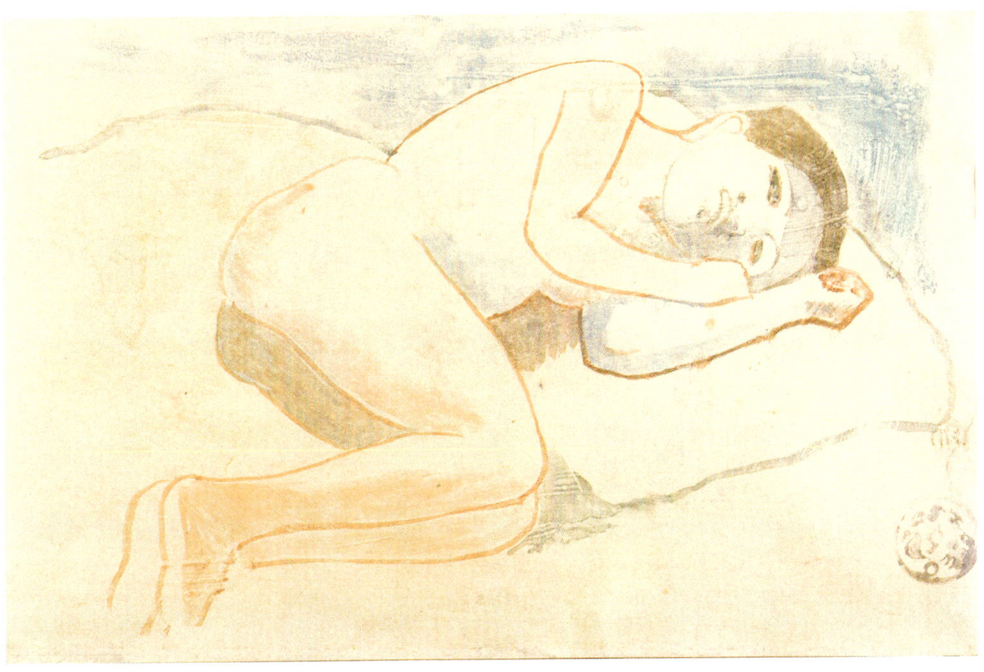

Die Götter

Zwischen 1892 und 1895 schuf Gauguin zahlreiche Gemälde und Skulpturen, die von seiner Sehnsucht sprechen, den Göttern und Legenden der tahitianischen Vergangenheit neues Leben einzuhauchen. Solche Arbeiten waren sehr von seiner Lektüre des Buches *Voyages aux îles du grand ocean* des franko-belgischen Ethnografen Jacques-Antoine Moerenhout aus dem Jahr 1837 geprägt, das Gauguin 1892 gelesen hatte. Der Bericht über die Geschichte und Kultur Ozeaniens enthielt auch – für Gauguin sehr wichtig – die Mythen der Region. In seinem Gemälde *Hina Tefatou (Der Mond und die Erde)*, 1893 (Kat. 79), stellt Gauguin den Moment dar, in dem Hina, die polynesische Mondgöttin, ihren Sohn Fatu, den Gott der Erde, anfleht, den Menschen Unsterblichkeit zu verleihen. Fatu besteht jedoch darauf, dass die Erde, ihre Vegetation und auch die Menschen sterben müssen. Während das dichte Blattwerk und die leuchtenden Farben des Gemäldes typisch für Gauguins Wiedergabe der tahitianischen Natur sind, lässt doch das Missverhältnis in der Größe von Hina und Fatu, die bedrohliche Erscheinung des Gottes und der merkwürdige Einbruch der mittleren Bildebene zwischen den Figuren darauf schließen, dass wir uns in einem anderen, in einem mythischen Reich befinden.

Die Geschichte von Hina und Fatu verarbeitete Gauguin auch in einer der hölzernen »ti'ii«-Skulpturen, die er aus Baumstämmen schnitzte, damit sie zutiefst primitiven (»ultra-sauvage«) Idolen glichen (Kat. 80). Die Köpfe und Körper der beiden Gottheiten sind in den Skulpturen stilisierter wiedergegeben als im Gemälde, und sie sind auf dem schlanken Holzstück enger aneinandergerückt. Der Umriss dieser Figuren findet sich auch in dem Holzschnitt *Te atua (Die Götter)* (Kat. 82, 83, 86, 87) der *Suite Noa Noa* von 1893/94. Hier bevölkern sie die linke Nische einer friesartigen Komposition, die auch zwei andere Gottheiten enthält. Im Zentrum, als Ausdruck der zunehmend synkretistischen Haltung Gauguins, befindet sich eine Buddhafigur, die den Halblotussitz eines anderen skulpturalen Idols aufnimmt (Kat. 81) und später selbst wieder in einem Holzschnitt (Kat. 129) erscheint. Der Künstler hatte Fotografien von Buddhastatuen in dieser Sitzposition nach Tahiti mitgenommen. Auf der rechten Seite der *Te atua* Komposition findet sich eine Darstellung von Hina, mit der sich Gauguin auf eine andere seiner »ti'ii«-Skulpturen bezog. Die Abzüge des Holzschnittes mit den deutlich konturierten Figuren lassen an Frottagen von antiken Steinreliefs denken. Sie können auch als geheimnisvolle Relikte interpretiert werden, deren warmfarbiges Papier wie ein urtümliches Glühen durch die dichte schwarze Farbe zu strahlen scheint. Gauguin hatte gehofft, Beispiele »primitiver« oder heiliger Kunst in Tahiti zu finden, und war enttäuscht, als er entdeckte, dass nur mehr sehr wenige dieser Objekte existierten, da der größte Teil den Säuberungsaktionen der Missionare zum Opfer gefallen war. Die skulpturalen Idole und andere verwandte Werke, die er während seines ersten zwei Jahre dauernden Aufenthaltes in Tahiti oder kurz danach fertigte, zeugen von seinem Bemühen, eine verlorene Kultur und eine fast verschwundene einheimische Religion wiederzubeleben.

Im Gemälde *Mata mua (In alten Zeiten)* von 1892 (Kat. 89) – Gauguins strahlender Vision von einer idyllischen heidnischen Welt, die er in Tahiti zu finden gehofft hatte – erscheint Hina als monumentale Steinstatue im Profil, in deren Gegenwart eine Gruppe junger Frauen tanzt und musiziert. Dieses Profil taucht auch in einem geschnitzten Holzrelief wieder auf (Kat. 93), das zwei Jahre später entstand und Details des Gemäldes in ein Ensemble gewissermaßen abstrakter Symbole zusammenführt. Auch im *Noa Noa*-Holzschnitt *Maruru (Befriedigt)* (Kat. 91, 92, 94), in dem die üppige Farbigkeit und der Glanz des Tages einer jenseitigen Finsternis weichen, findet es sich wieder. **SF**

79
Hina Tefatou (Der Mond und die Erde), 1893
Öl auf Sackleinen, 114,3 x 62,2 cm
The Museum of Modern Art, New York,
Lillie P. Bliss Collection

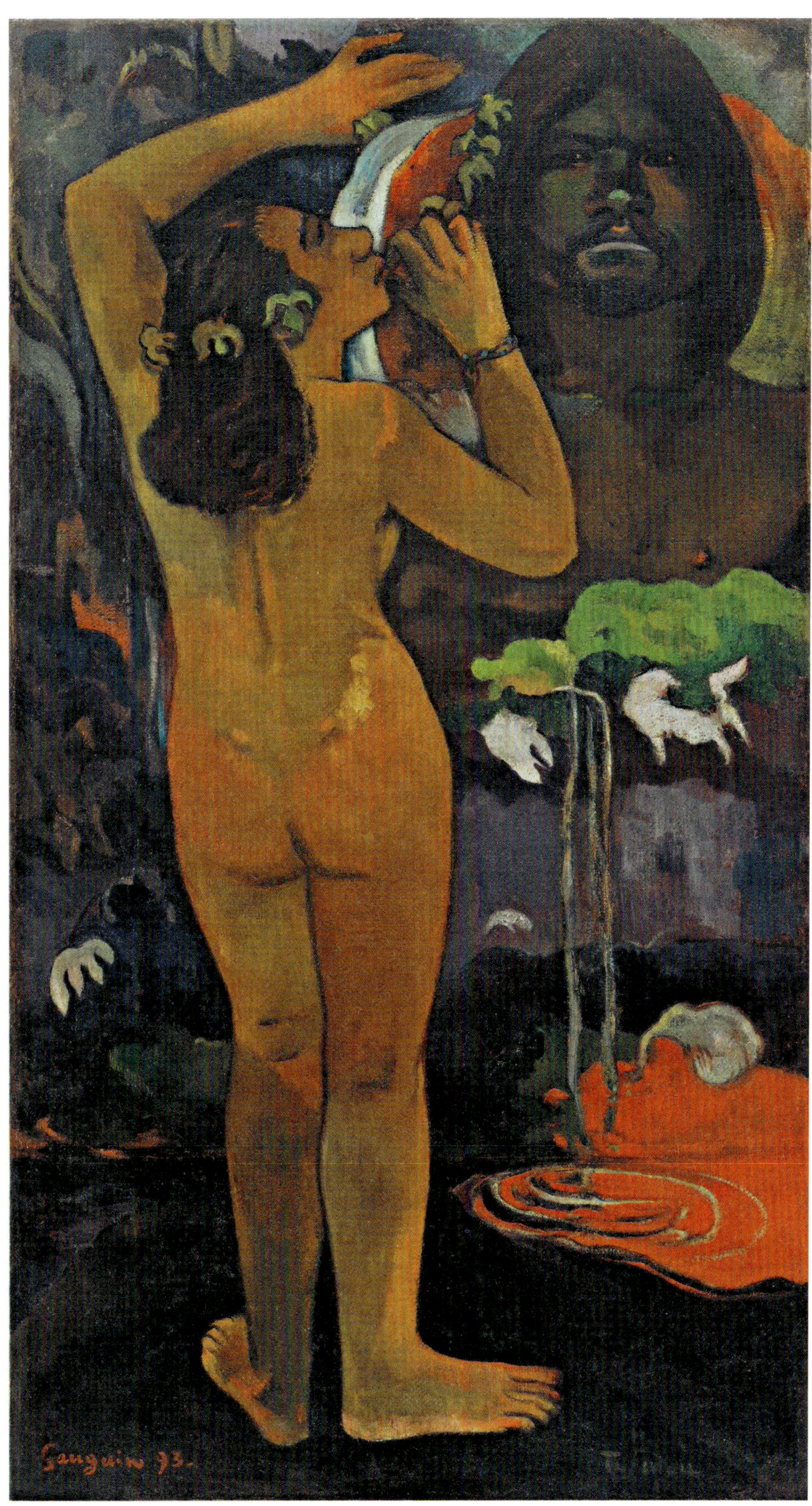

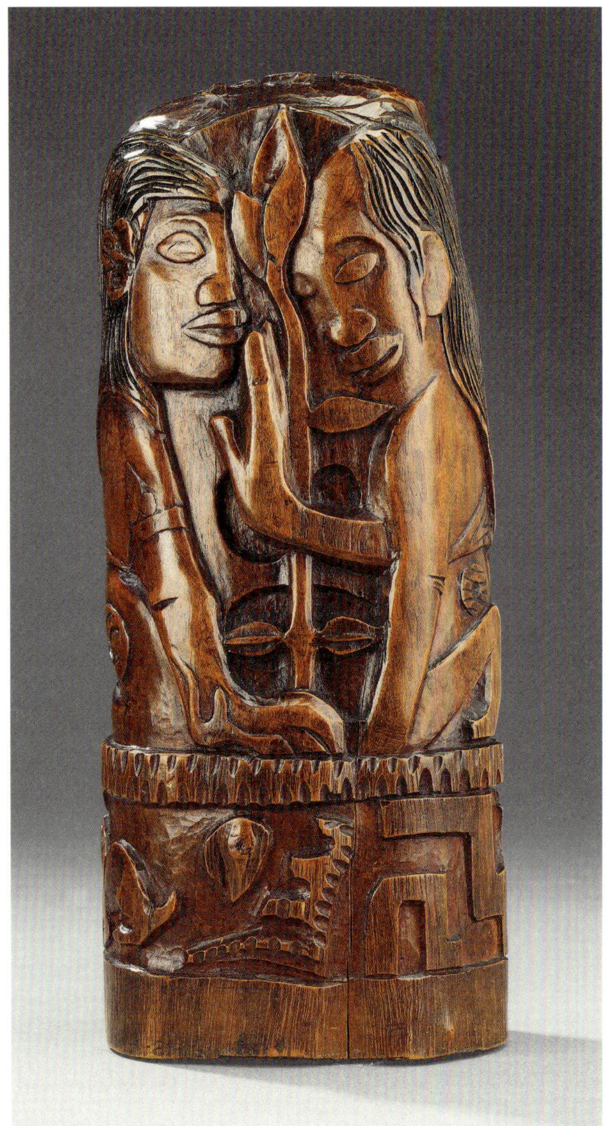

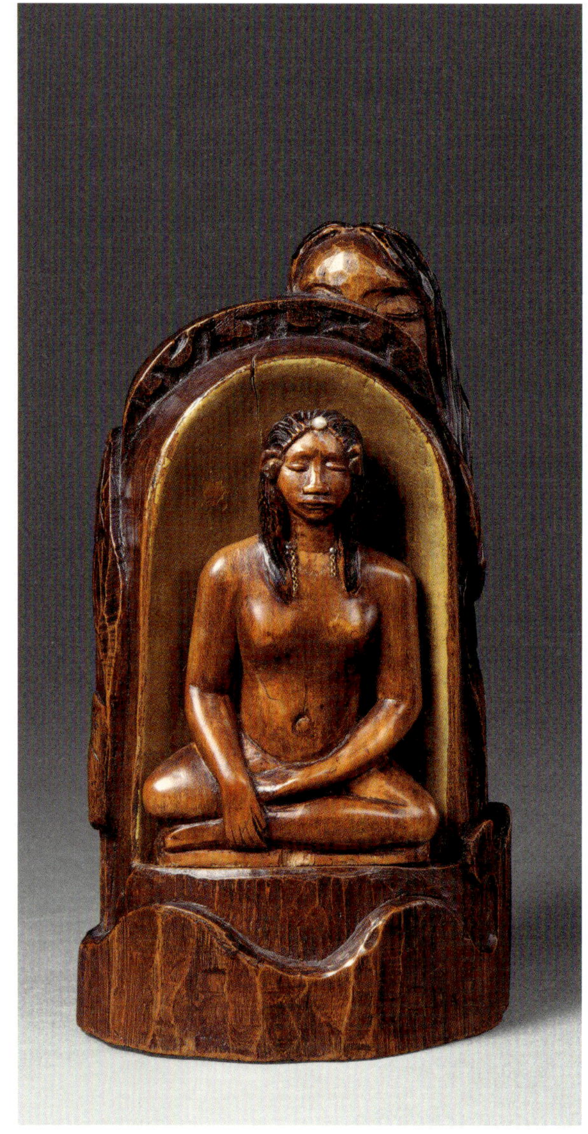

80

Hina und Fatu, um 1892
Tamanu-Holz, geschnitzt, Höhe 32,7 cm, ø 14,2 cm
Art Gallery of Ontario, Toronto,
Schenkung des Volunteer Committee Fund

81

Idol mit einer Perle, 1892
Tamanu-Holz, geschnitzt und bemalt,
ergänzt mit Gold und Perlen,
23,7 x 12,6 x 11,4 cm
Musée d'Orsay, Paris,
Schenkung Agnès Huc de Monfreid

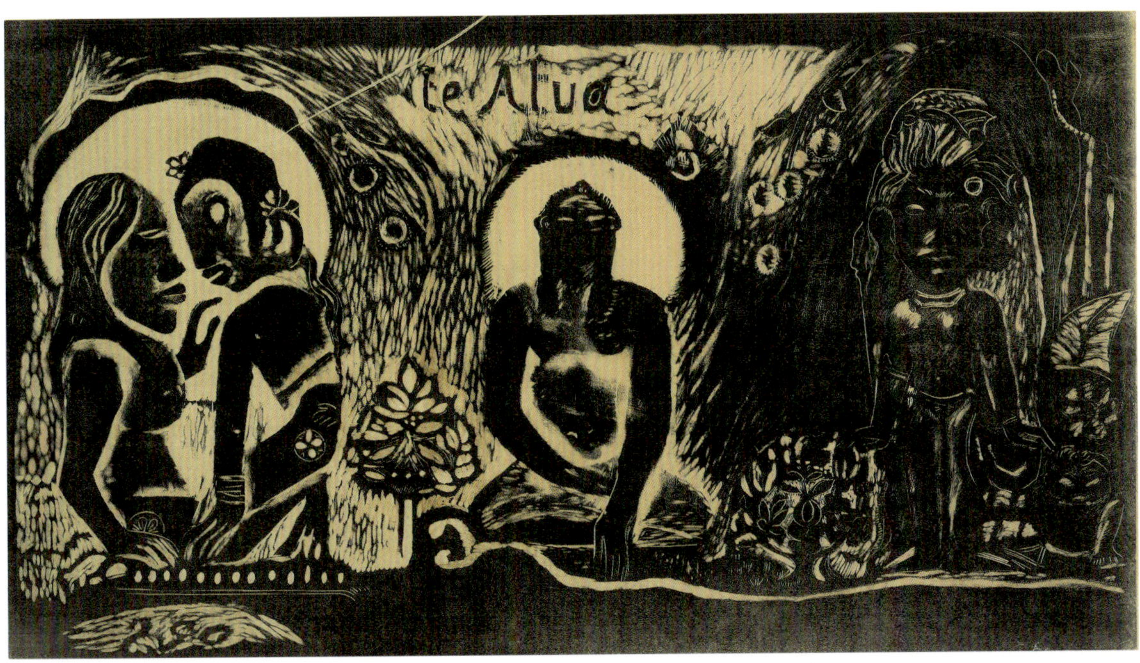

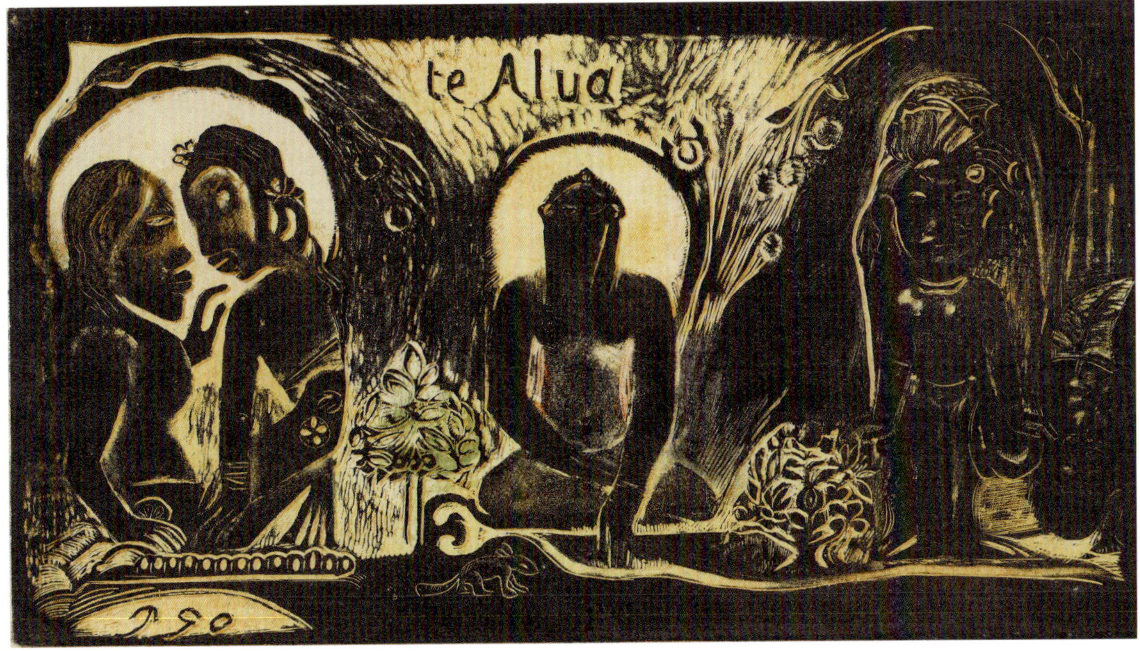

82
Te atua (Die Götter), Zustand I/III
aus der *Suite Noa Noa*, 1893/94
Holzschnitt, Bild: 20,5 x 35,5 cm
Staatliche Museen zu Berlin, Kupferstichkabinett

83
Te atua (Die Götter), Zustand III/III
aus der *Suite Noa Noa*, 1893/94
Holzschnitt, Bild: 20,5 x 35,7 cm
Sterling and Francine Clark Art Institute, Williamstown, Massachusetts

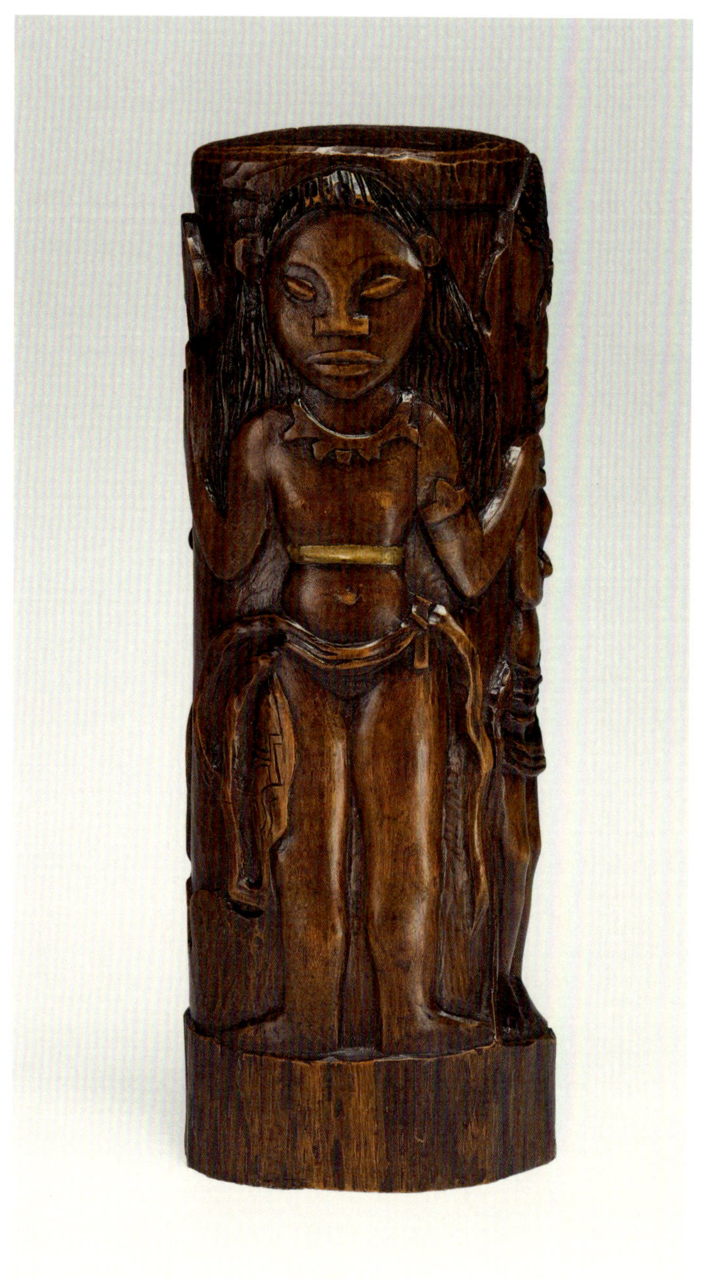

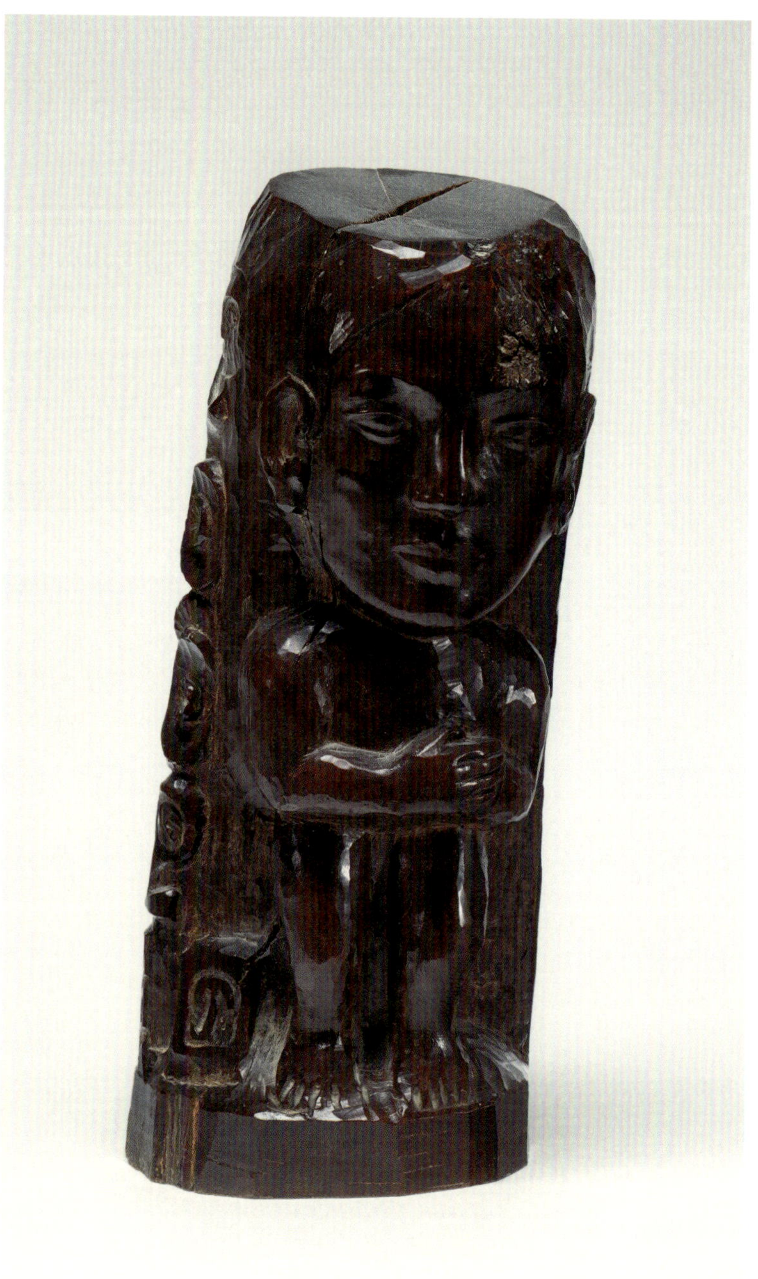

84

Hina mit zwei Dienerinnen, um 1892
Tamanu-Holz, geschnitzt und vergoldet, 37,1 x 13,4 x 10,8 cm
Hirshhorn Museum and Sculpture Garden, Smithsonian Institution, Washington, D.C., Museumsankauf mithilfe des Smithsonian Institution Collections Acquisition Program

85

Statue mit zwei Figuren, um 1892
Pua-Holz, geschnitzt, Höhe 35,5 cm, ø 14 cm
Privatsammlung

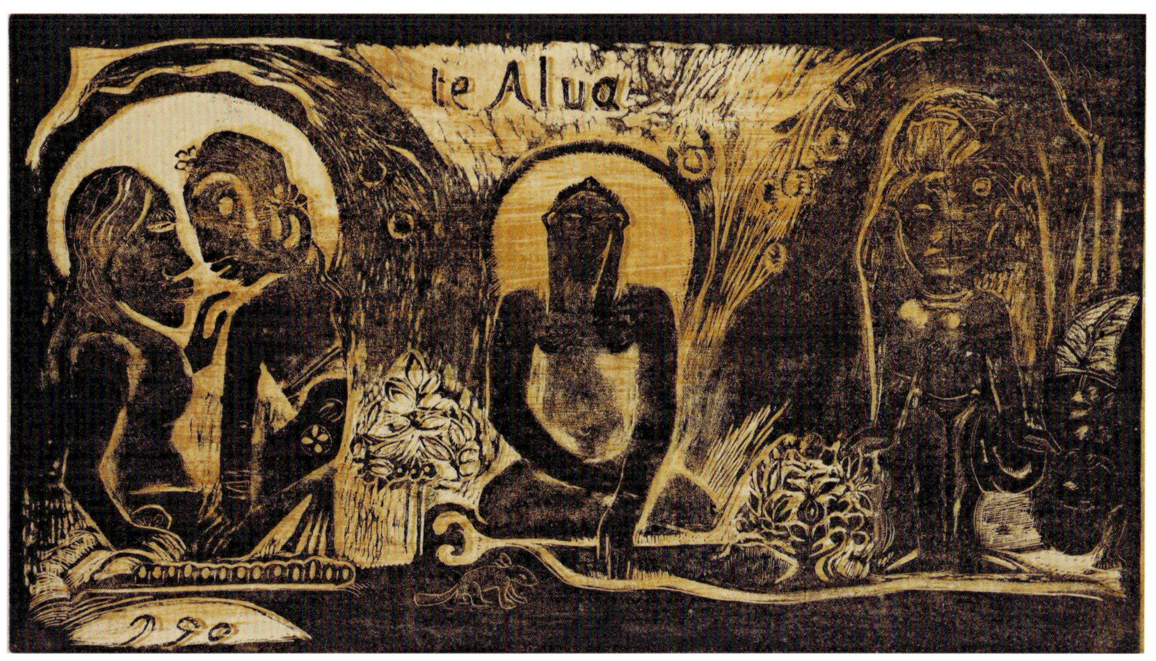

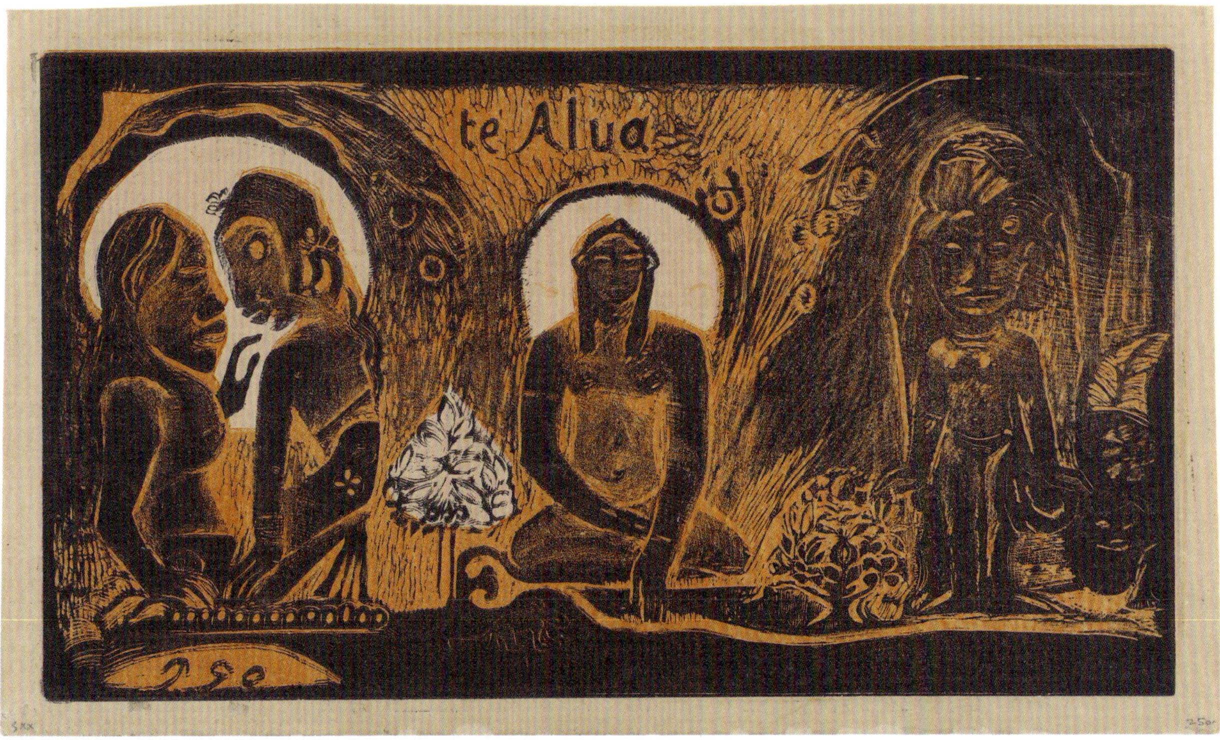

86

Te atua (Die Götter), Zustand III/III
aus der *Suite Noa Noa*, 1893/94
Holzschnitt, Bild: 20,5 x 35,5 cm
The Museum of Modern Art, New York,
Schenkung Abby Aldrich Rockefeller

87

Te atua (Die Götter), Zustand III/III
aus der *Suite Noa Noa*, 1893/94
Holzschnitt, Blatt: 23 x 38,3 cm
Gedruckt von Louis Roy, Paris, um 1894
Philadelphia Museum of Art,
Ankauf mithilfe des John D. McIlhenny Fund

88

Kopf von Hina und zwei Vivo-Spieler aus dem Reliefensemble *Pape moe (Geheimnsivolle Quelle)*, 1894
Eiche, geschnitzt und bemalt, 19,7 x 5,1 cm
Privatsammlung

89

Mata mua (In alten Zeiten), 1892
Öl auf Leinwand, 91 x 69 cm
Sammlung Carmen Thyssen-Bornemisza,
als Leihgabe im Museo Thyssen-Bornemisza, Madrid

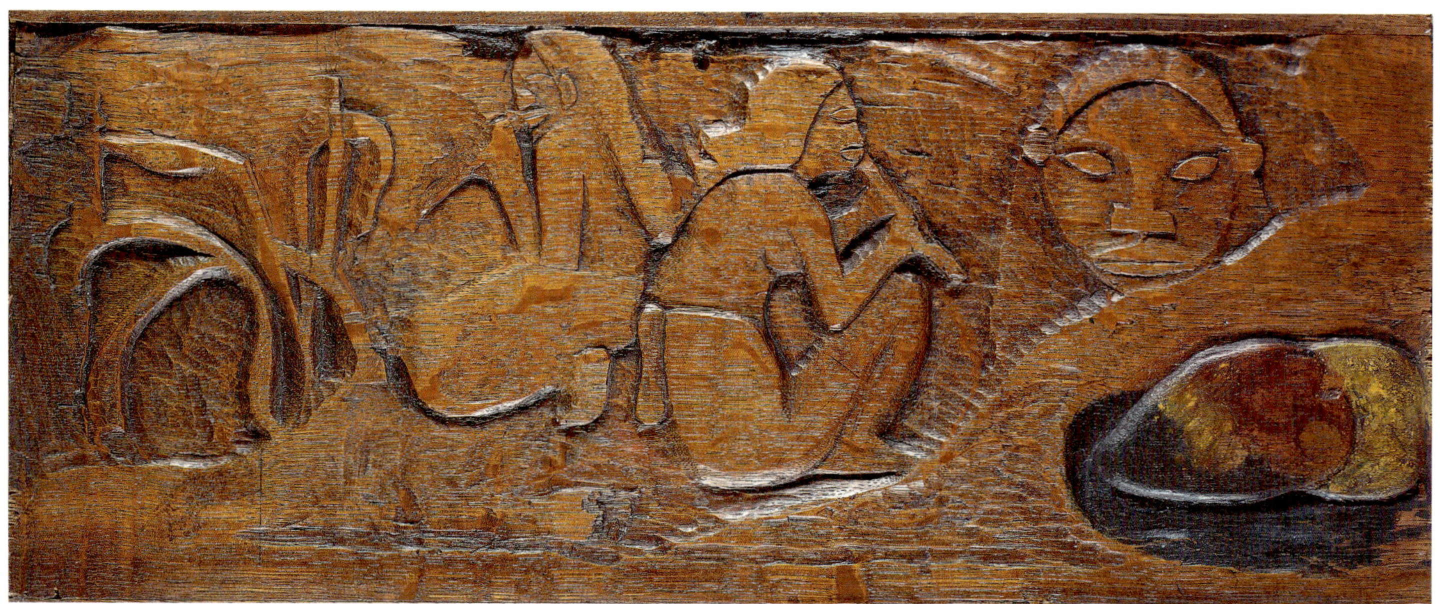

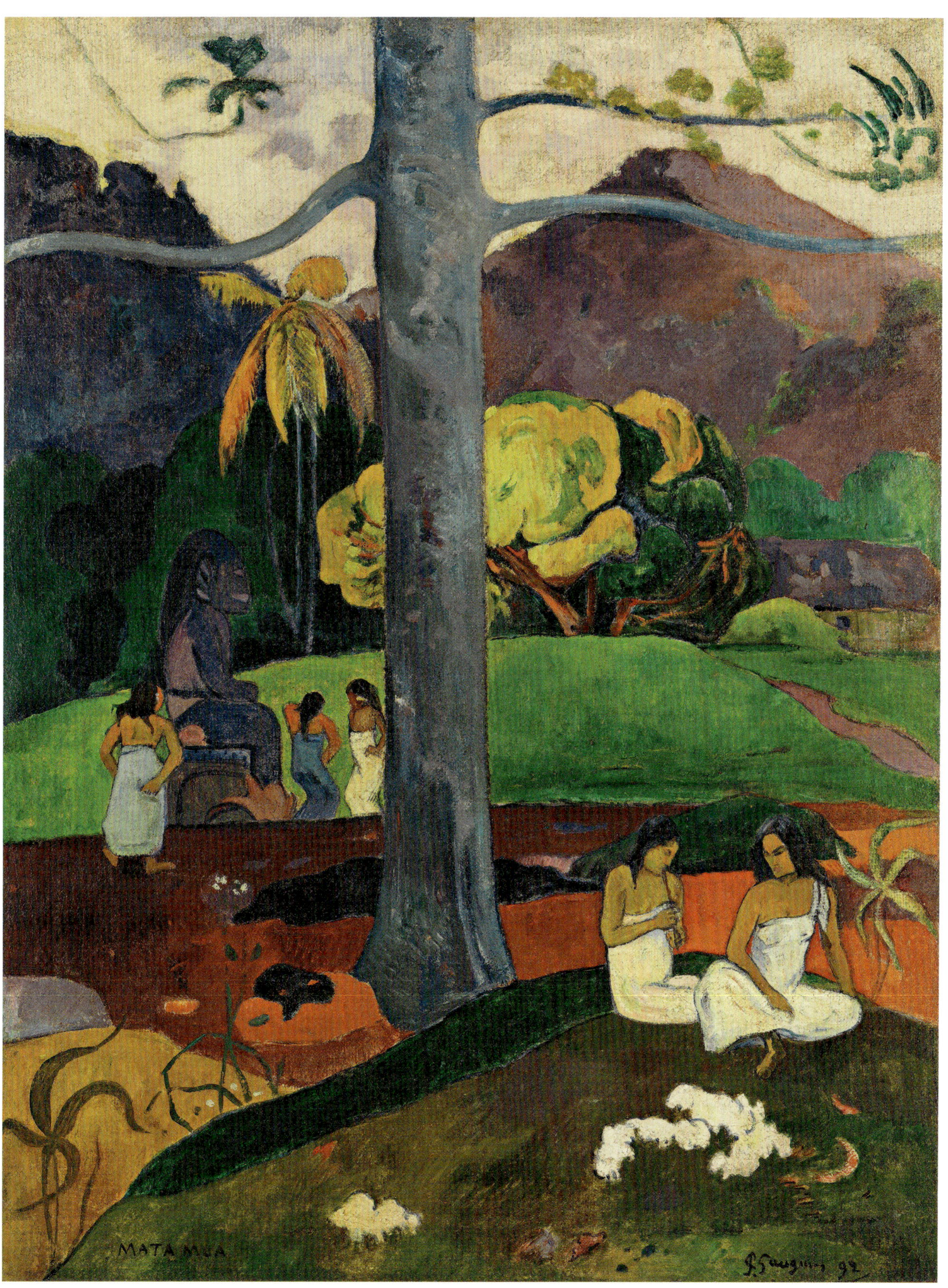
MATA MUA

90
Maruru (Befriedigt), 1893/94
Holzdruckstock, 20,2 x 35,2 x 2,3 cm
The Art Institute of Chicago,
Schenkung des Print and Drawing Club

91
Maruru (Befriedigt), Zustand I/III
aus der *Suite Noa Noa*, 1893/94
Holzschnitt auf rosafarbenem Papier, Bild: 20,3 x 35,5 cm
Cleveland Museum of Art,
Schenkung des Print Club of Cleveland

92
Maruru (Befriedigt), Zustand III/III
aus der *Suite Noa Noa*, 1893/94
Holzschnitt, Bild: 20,5 x 35,5 cm
Sterling and Francine Clark Art Institute,
Williamstown, Massachusetts

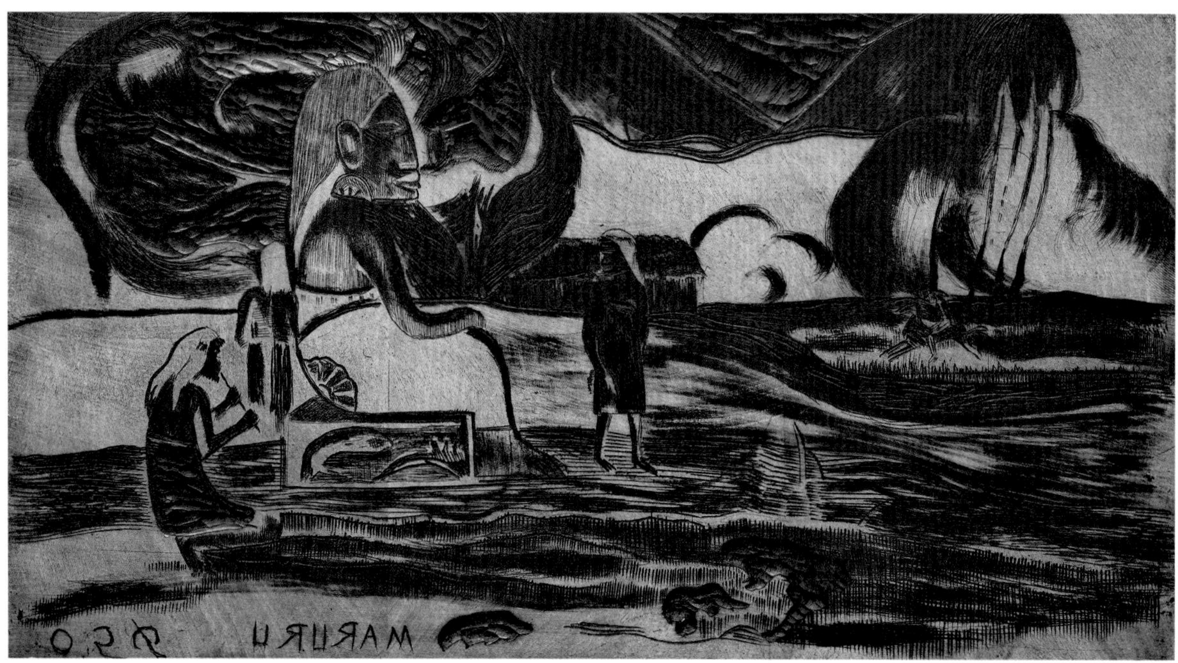

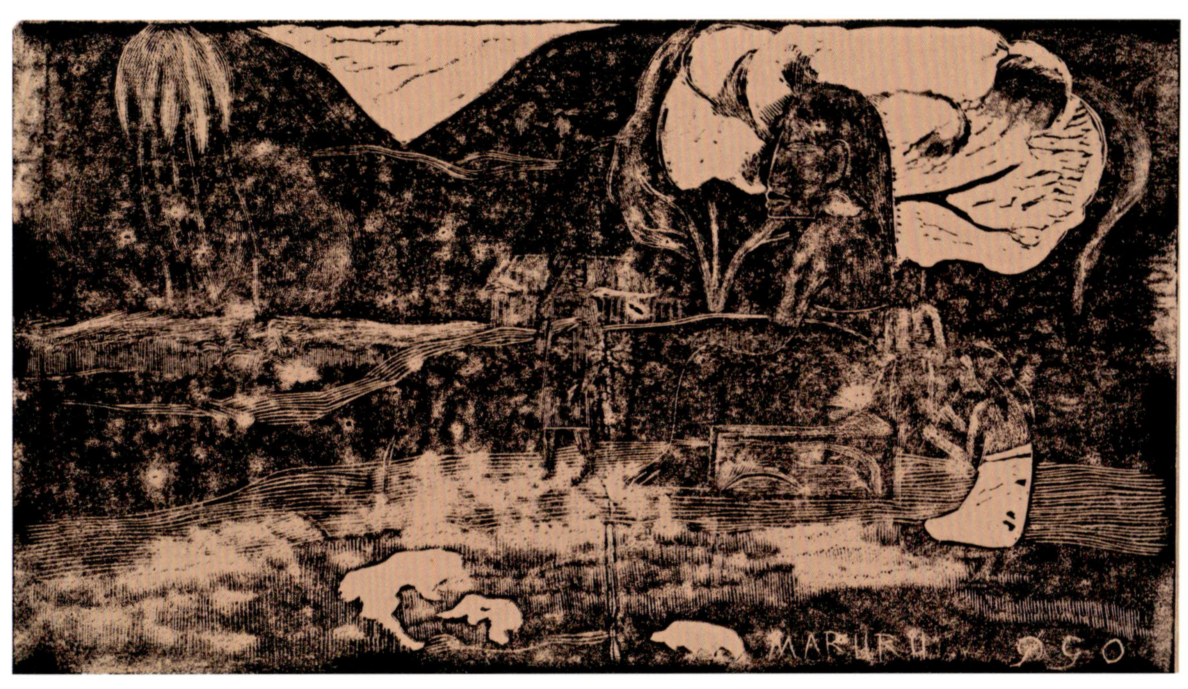
MARURU

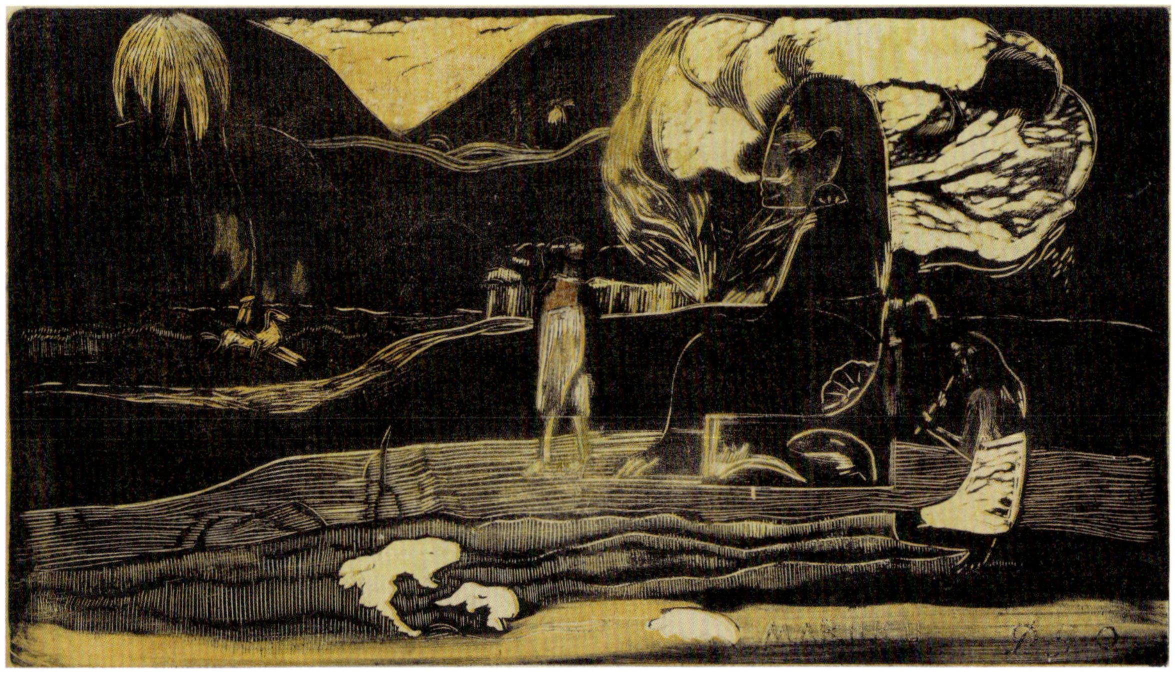

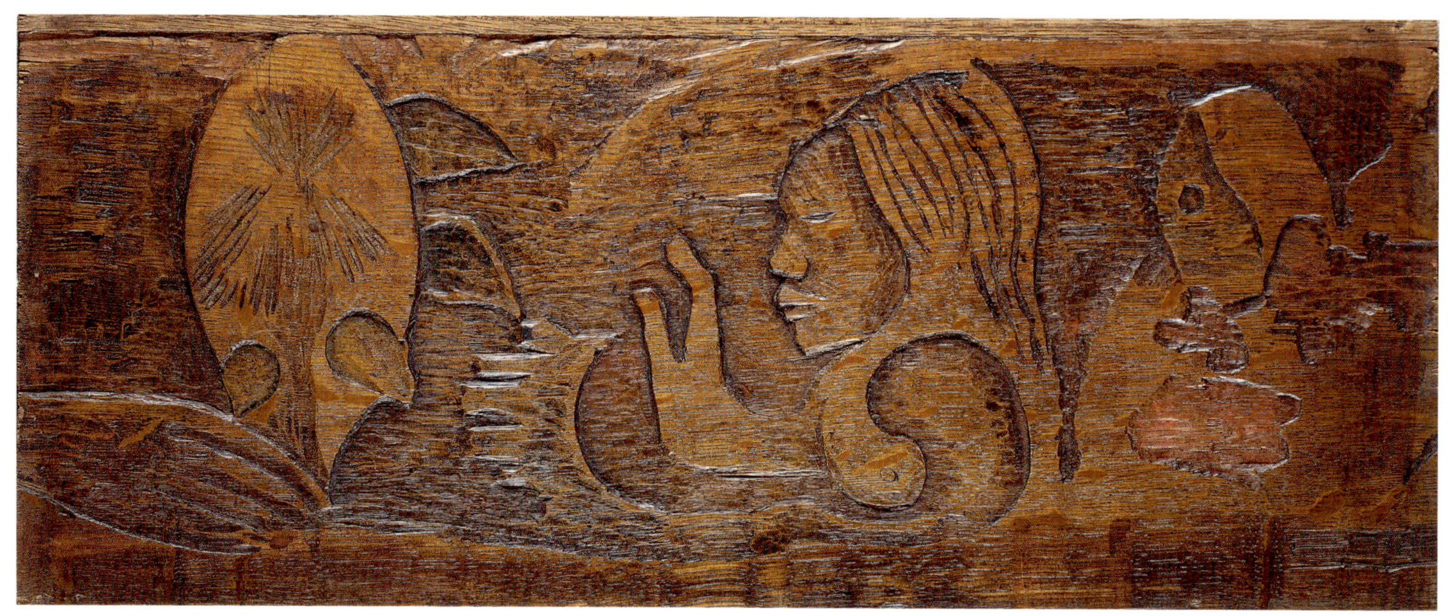

93
Anbetungsszene mit Kopf von Hina im Profil aus dem Reliefensemble *Pape moe (Geheimnsivolle Quelle)*, 1894
Eiche, geschnitzt und bemalt, 19,7 x 45,7 x 5,1 cm
Privatsammlung

94
Maruru (Befriedigt), Zustand III/III
aus der *Suite Noa Noa*, 1893/94
Holzschnitt, Blatt: 25,1 x 39,7 cm
Gedruckt von Louis Roy, Paris, um 1894
Library of Congress, Prints and Photographs Division, Washington, D.C.

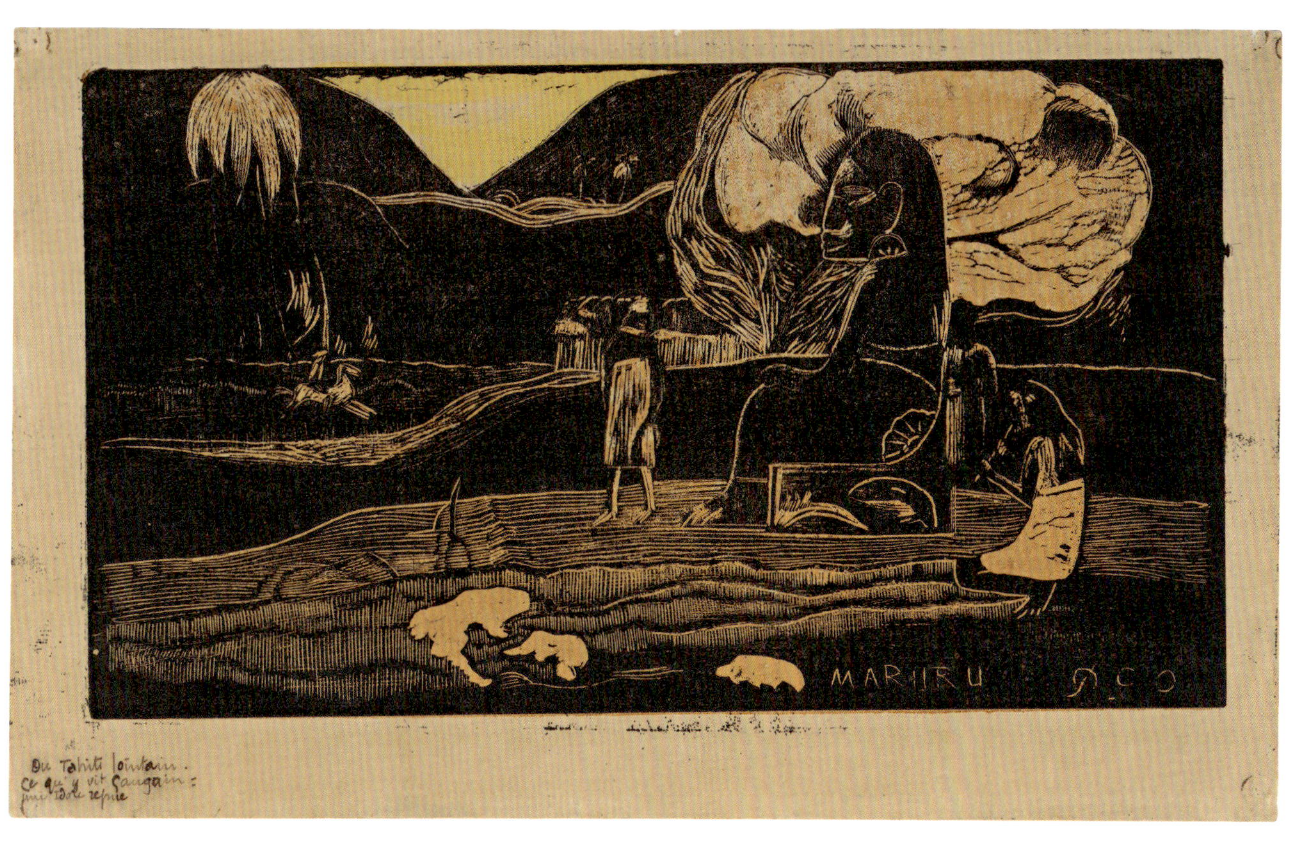
MARURU
Du Tahiti lointain.
Ce qu'y vit Gauguin:
une idole repue

95
Quadratische Vase mit tahitianischen Göttern, 1893–1895
Terrakotta, 34,3 x 14,4 x 14 cm
Designmuseum Danmark, Kopenhagen

96
Tahitianisches Idol, 1894/95
Holzschnitt, Bild: 15,1 x 11,7 cm
Privatsammlung, USA

97
Tahitianisches Idol, 1894/95
Holzschnitt, Bild: 15,1 x 12 cm
E.W.K, Bern

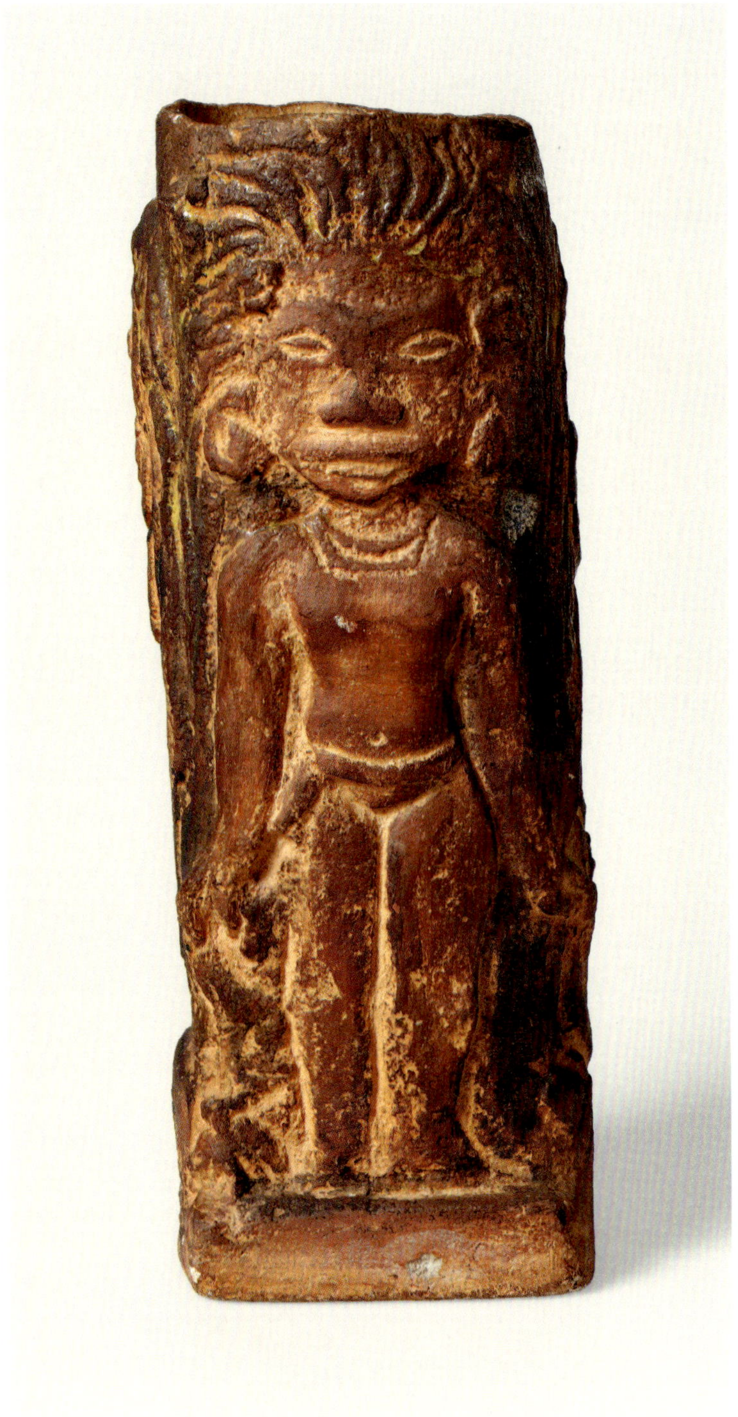

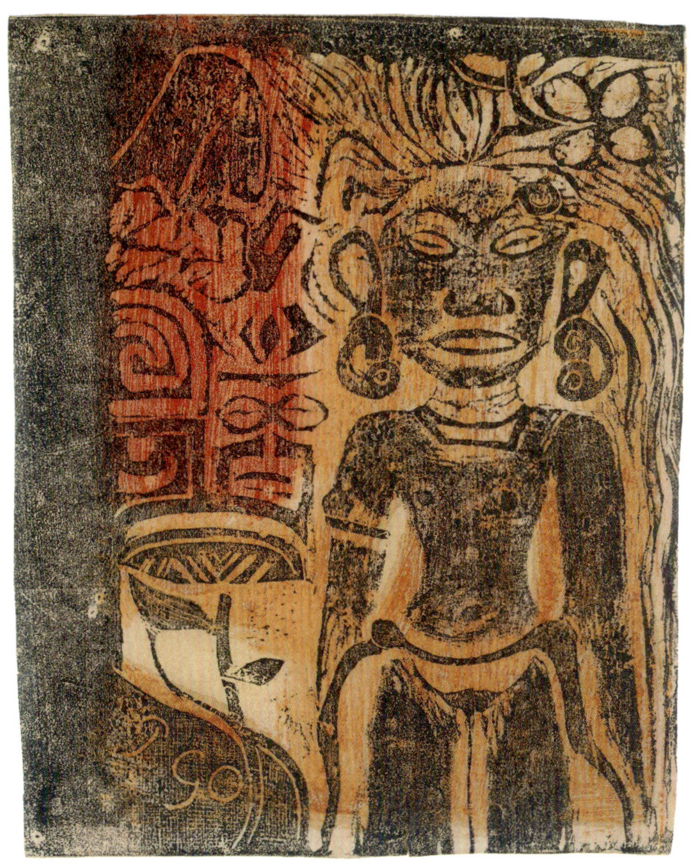

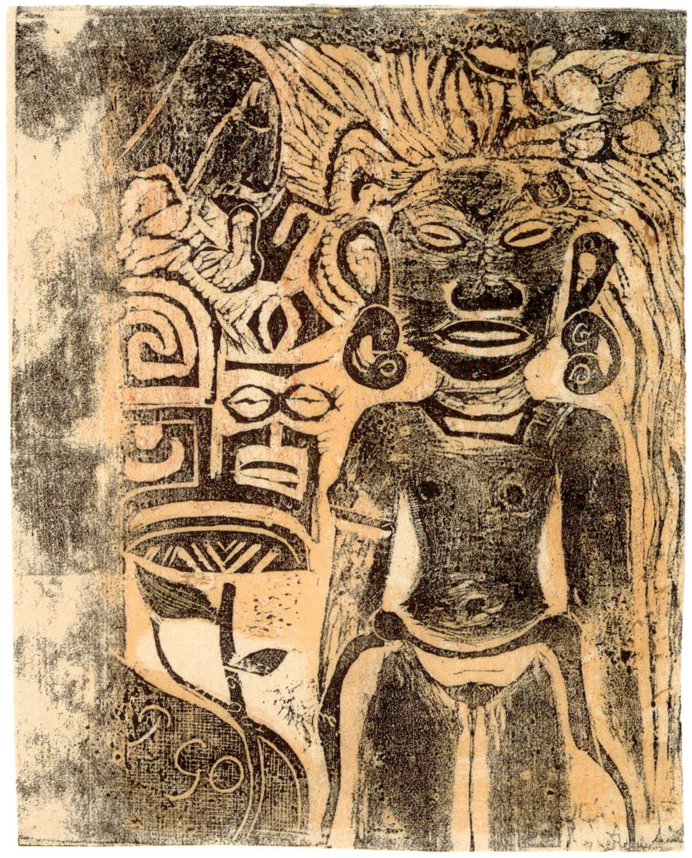

Oviri

Verstörend und geheimnisvoll ist Oviri eine Göttin, die alleine Gauguins Vorstellungskraft entsprang. Ihre Name, der auf tahitianisch so viel wie »primitiv« oder »wild« bedeutet, spielt auch auf den tahitianischen Gott Oviri-moe'aiihere (»Wilder, der in der Wildnis schläft«) an, der über Tod und Trauer herrscht. Gauguin stellte seine Göttin in verschiedenen Medien dar – Malerei, Keramik, Monotypie und Holzschnitt. Ein Prototyp ihrer mächtigen Figur erscheint in dem Gemälde *E haere oe i hia (Wohin gehst du?)* (Kat. 98), geschaffen 1892 während Gauguins ersten Aufenthalts in Tahiti. Darin presst eine Frau mit entblößten Brüsten ein Hunde- oder Wolfsjunges in einer seltsamen Geste an sich, die entweder als mütterlich oder aber auch als lüstern interpretiert werden kann, denn der pelzige Körper des Tieres schmiegt sich in einer fast sexuellen Weise an ihren Oberschenkel. Die Ambiguität in der Bewegung der Frau wird noch verstärkt durch die beiden hockenden Figuren im Hintergrund, die mit ihren neugieren Blicken die Frage vom Werktitel zu stellen scheinen.

Sogar mit ihrem starken, monolithischen Körper und dem sphinxartigen Blick gibt die zentrale Figur des Gemäldes nur einen vagen Hinweis auf die wilde, furchterregende Kraft der Keramikskulptur *Oviri* (Kat. 99), die Gauguin zwei Jahre später zurück in Frankreich fertigte. Gestaltet in einer Zeit persönlicher Aufruhr und beruflicher Enttäuschungen, stand die Figur symbolisch für seine Sehnsucht nach Tahiti, für die tiefgreifende Verlockung des »Primitiven« und für seine fortwährende Beschäftigung mit dem Tod. Für diese Skulptur verwendete Gauguin Techniken, die er in den späten 1880er-Jahren im Atelier des Keramikers Ernest Chaplet an einer umfangreichen Serie kleiner Keramiken (Kat. 1, 4, 5, 11, 13) entwickelt hatte. Er betrachtete *Oviri*, seine letzte und bei weitem größte Keramikarbeit, als sein Meisterwerk in diesem Medium. Die grobe Struktur und die beinahe vulkanische Erscheinung suggerieren eine primitive, aus der Erde geborene Form. Für Gauguin war die Figur nicht nur ein Idol, sondern sie repräsentierte auch das Wilde, das er anstrebte. Er identifizierte sich so stark mit ihr, dass er verlangte, sie solle nach seinem Tod auf seinem Grab stehen, ein Wunsch, der sich 1973 erfüllte, als ein Bronzeabguss auf seinem Grab in Atuona auf Hiva Oa aufgestellt wurde. Der Künstler entsagte der klassischen Tradition von Schönheit und Anmut und porträtierte die Frau als grotesk, fast androgyn, mit einer verzerrten Anatomie und einem unverhältnismäßig großen, maskenhaften Gesicht. Ihre monströse Natur wird durch den Wolf noch unterstrichen, der in einer durch dunkelrote Glasur angedeuteten Blutlache zu ihren Füßen liegt und den sie wohl tötete, während er noch die Zähne fletschte. Sein Junges ist im harten Griff von Oviris überproportionalen Händen gefangen. In einem Akt brutaler Gewalt hebt Oviri die konventionellen Vorstellungen vom Weiblichen als mütterlich auf, und der Jäger – der Wolf – wird zum Gejagten. Tatsächlich bezeichnete Gauguin die Skulptur später auch als *La Tueuse*, die Mörderin.

In einer Aquarell-Monotypie desselben Jahres (Kat. 100) gibt Gauguin die Figur als Kniestück wieder und betont ihre geheimnisvolle Natur, indem er die wasserartigen Strukturen und die dünne Farbgebung des Mediums ausschöpft. Das Haar, das sich über ihren Rücken ergießt, mischt sich mit dem Schwanz des Welpen. Beide Figuren verschmelzen zu einer geisterhaften Erscheinung. In einer Reihe von Holzschnittdarstellungen (Kat. 101–105) erhält Oviri skulpturales Gewicht durch die groben Markierungen des Hohleisens, mit dem Gauguin die Form in das Holz meißelte. Im Gegensatz zu früheren Holzschnitten, für die er Druckfarbe benutzte, griff er hier auf ein klebriges Material auf Ölbasis zurück, um eine Reihe atmosphärischer Effekte zu erzielen. Die Abzüge reichen von klar definierten, detaillierten Darstellungen bis hin zu beinahe amorphen Bildern, wobei sich die Figur von Abzug zu Abzug wandelt. In einem besonders atmosphärischen Beispiel (Kat. 105) scheint Oviri sich in der tahitianischen Nacht zu verlieren oder aus dem Dunst aufzutauchen, weder im Leben noch im Tod verankert. **LJ**

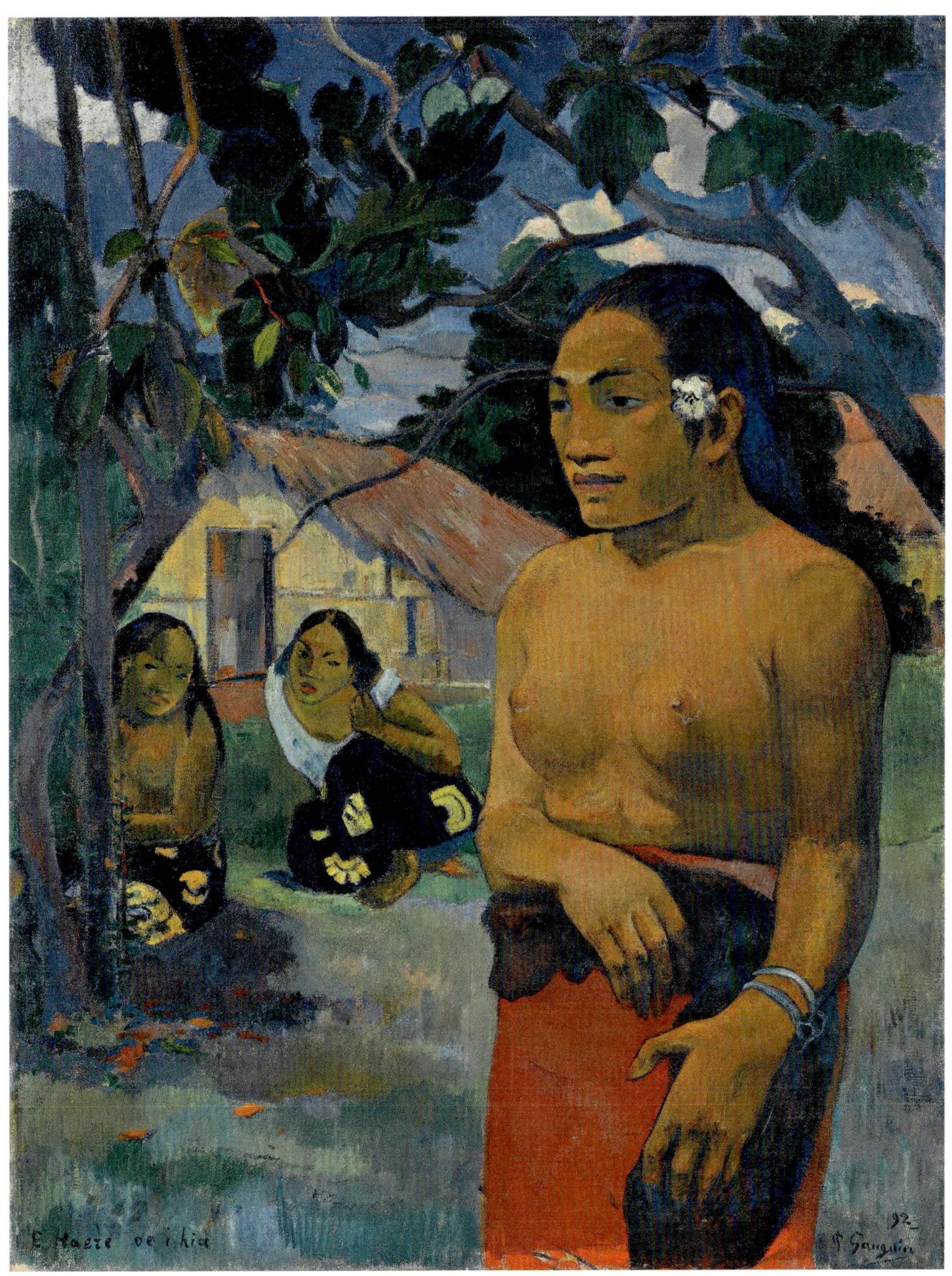

98

E haere oe i hia (Wohin gehst du?), 1892
Öl auf Leinwand, 96 x 69 cm
Staatsgalerie Stuttgart

99
Oviri (Wild), 1894
Steinzeug, teilweise emailliert,
75 x 19 x 27 cm
Musée d'Orsay, Paris

100
Oviri (Wild), 1894
Aquarell-Monotypie,
Blatt: 28,2 x 22,2 cm
Privatsammlung

101
Oviri (Wild), 1894
Holzschnitt,
Bild: 20,6 x 13,6 cm
Privatsammlung

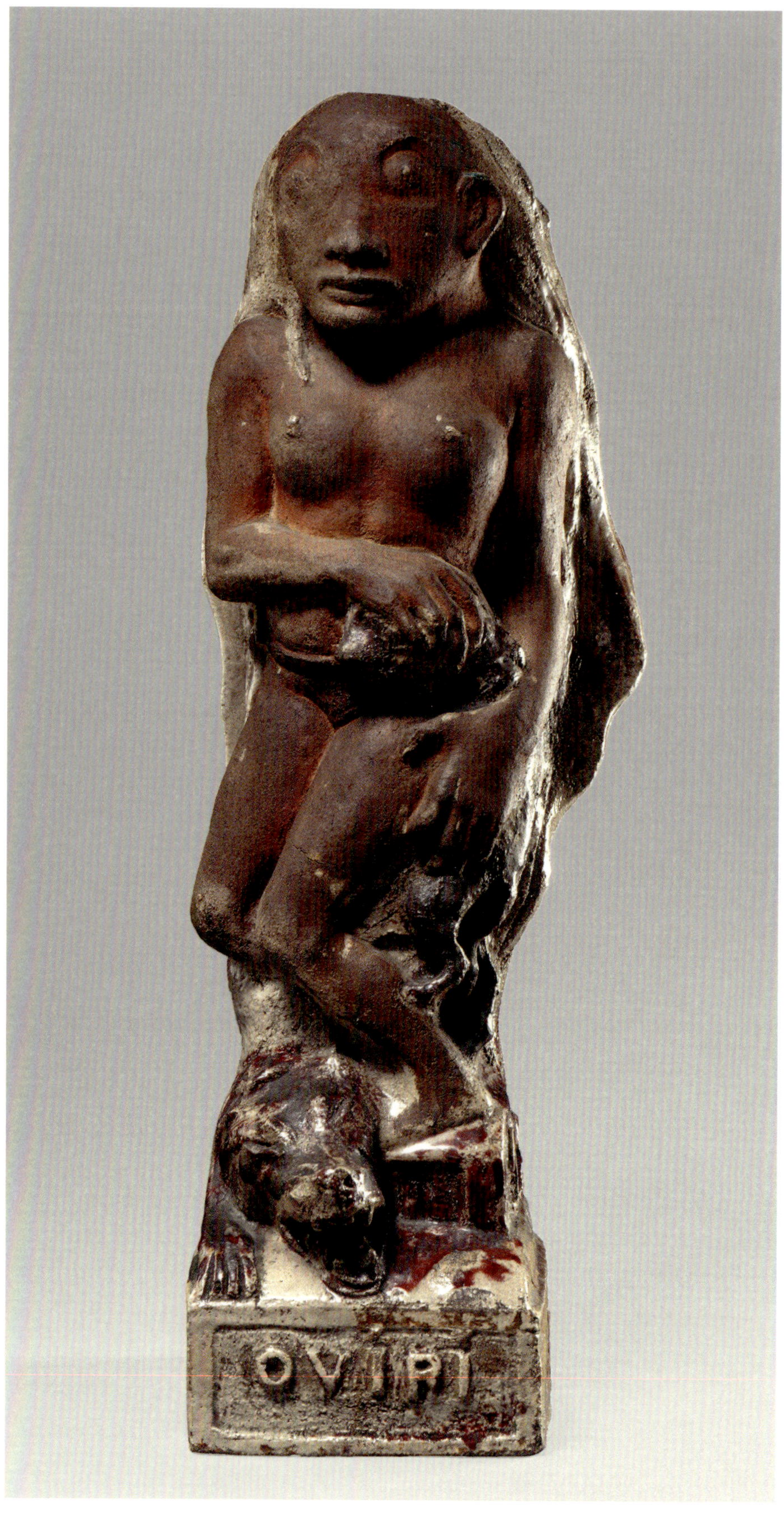

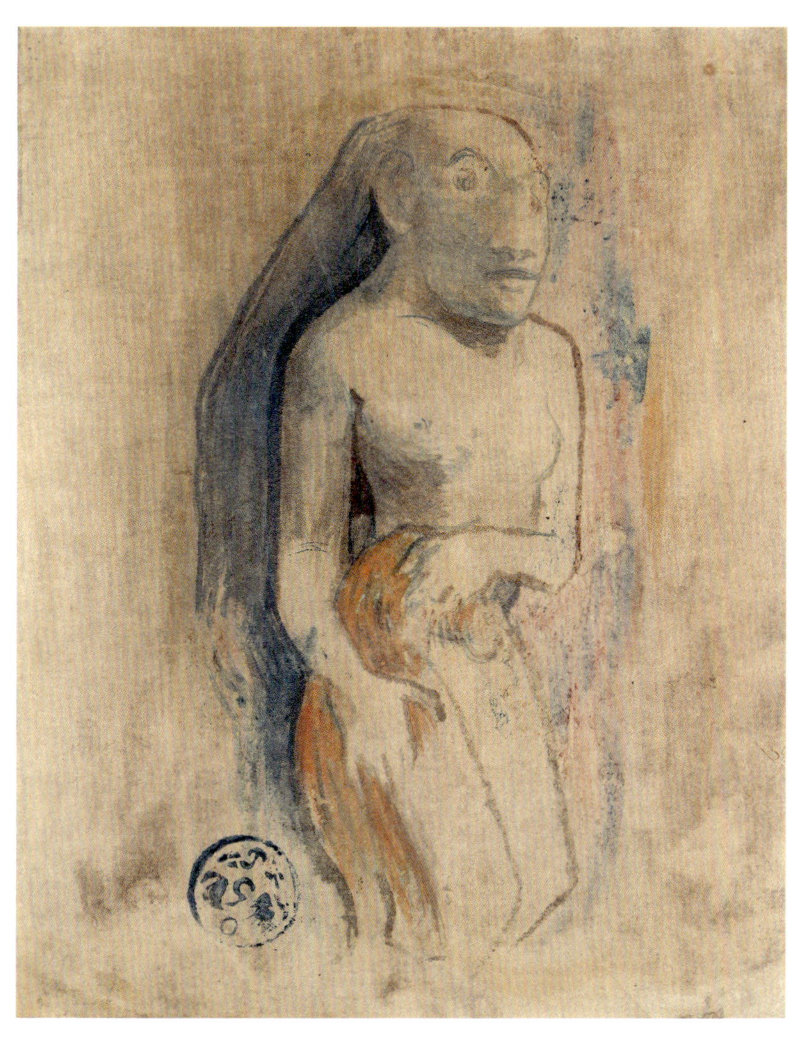

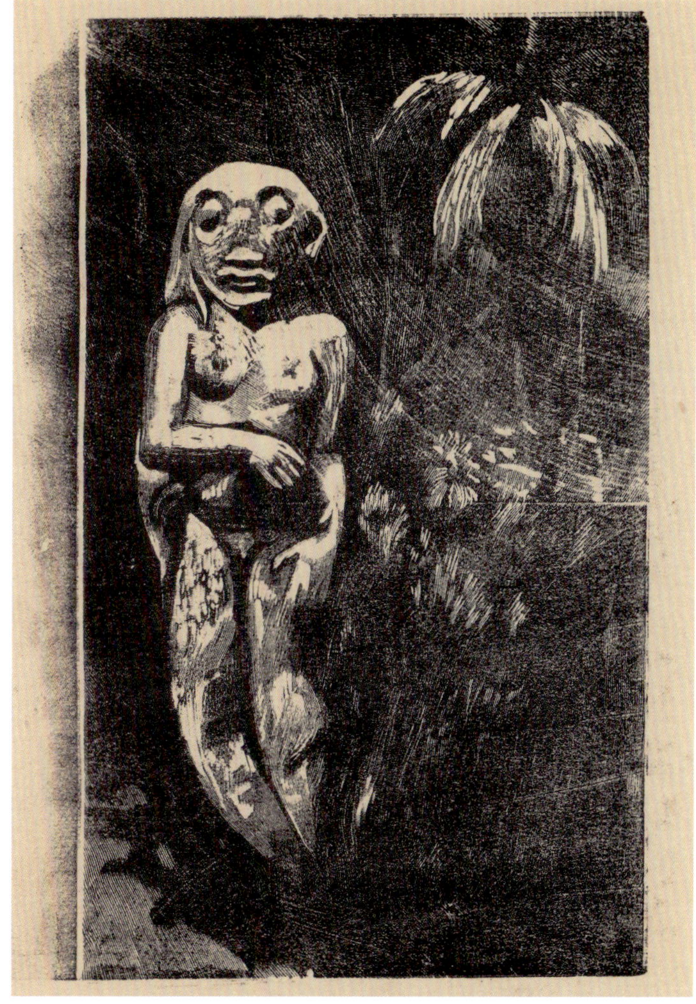

102

Oviri (Wild), 1894
Holzschnitt, Bild: 20,5 x 12 cm
Sterling and Francine Clark Art Institute,
Williamstown, Massachusetts

103

Oviri (Wild), 1894
Holzschnitt, Bild: 20,4 x 12,2 cm
National Gallery of Art, Washington, D.C.,
Sammlung Rosenwald

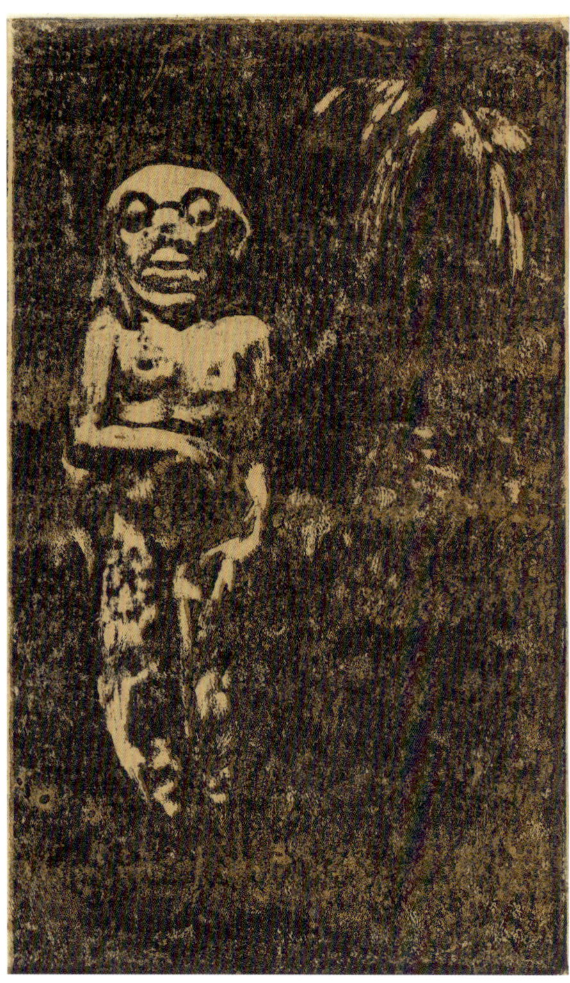

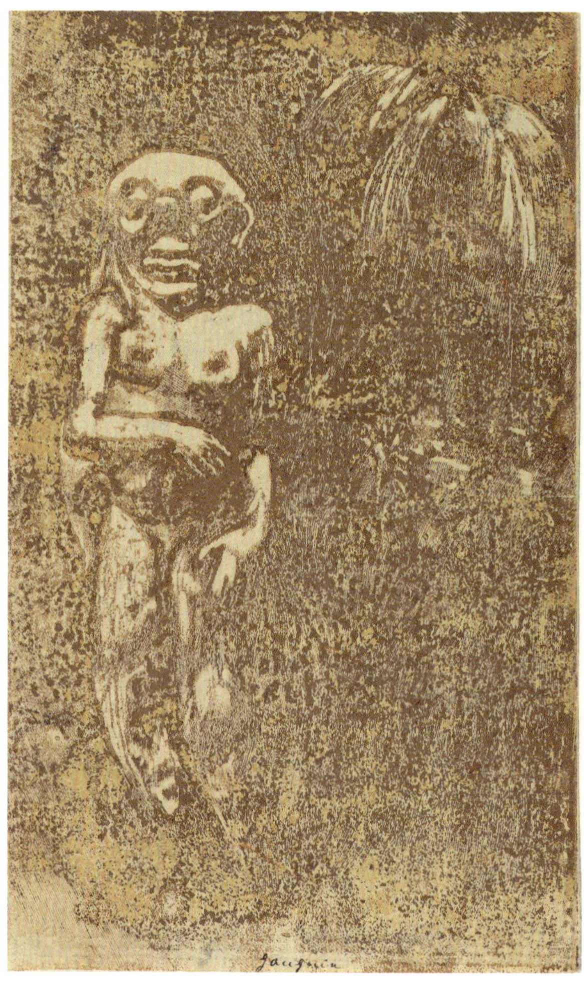

104
Oviri (Wild), 1894
Holzschnitt, Bild: 20,5 x 12 cm
Privatsammlung

105
Oviri (Wild), 1894
Holzschnitt, Bild: 20,5 x 11,3 cm
Privatsammlung, USA

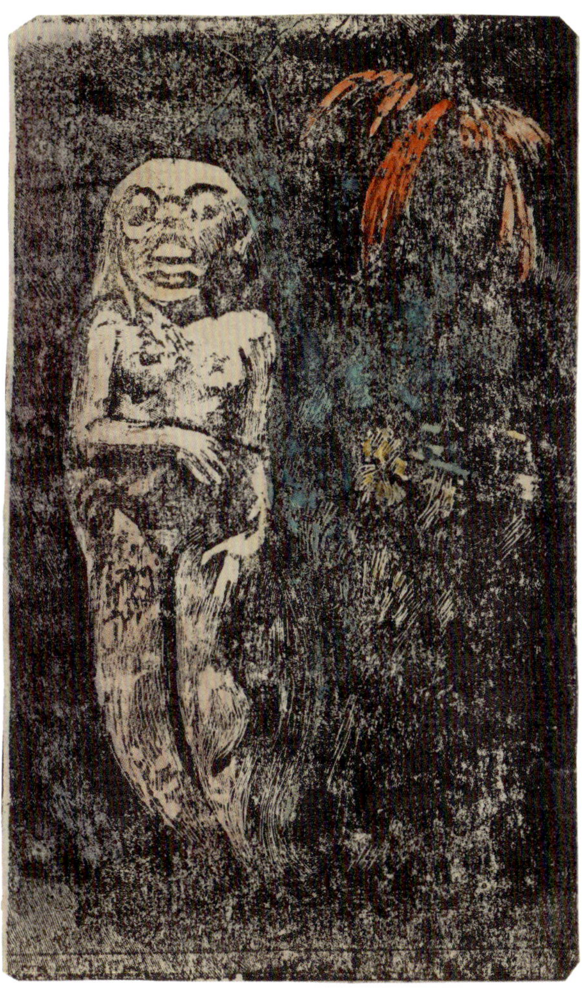

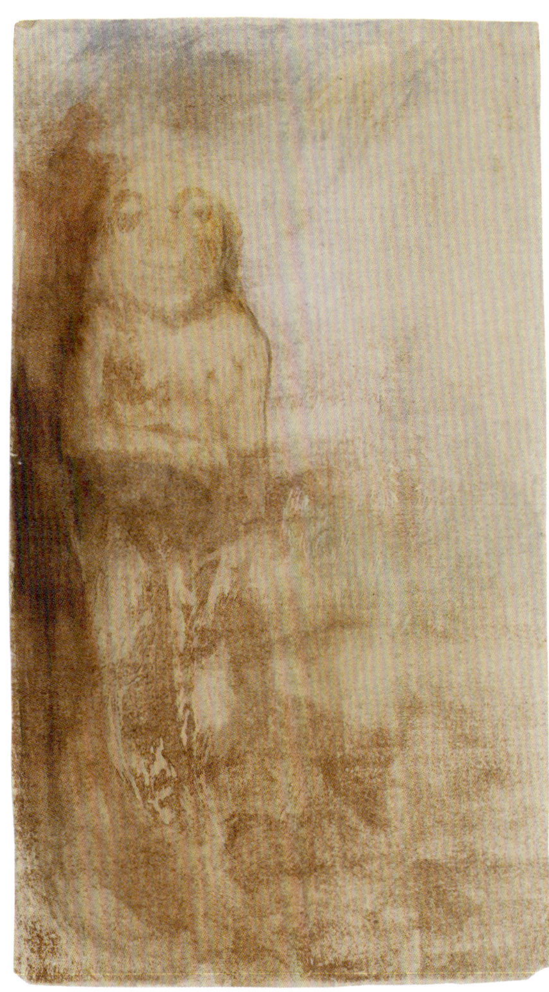

Tahitianische Figuren

1894, nachdem er die Holzschnitte seiner *Suite Noa Noa* vollendet hatte, schuf Gauguin eine Reihe von Arbeiten, hauptsächlich Drucke, die isolierte oder stark angeschnittene Figuren zeigen. Diese beruhen oftmals auf Details etwas früher entstandener Gemälde, in denen sie innerhalb eines größeren, komplexeren Zusammenhanges aufscheinen. Solche Fälle spiegeln Gauguins fortwährende Beschäftigung mit bestimmten Themen wider und sein Interesse, diese Themen in neuen Medien zu erforschen.

Einige dieser Arbeiten von 1894 greifen auf Aspekte des Gemäldes *Pape moe (Geheimnisvolle Quelle)* (Kat. 106) zurück, das er im Jahr zuvor gefertigt hatte. Es ist die Darstellung einer androgynen, halbnackten Figur, die in einem kaleidoskopischen, beinahe abstrakten Wald Wasser aus einer Quelle trinkt. Das Bild selbst beruhte auf einer kolonialen Fotografie einer samoanischen Jugendlichen (S. 43, Abb. 6) und erinnert an die Badenden, die Gauguin in der Bretagne schuf (Kat. 4–6). Im halb fiktiven Text von *Noa Noa* beschreibt Gauguin eine Episode, die jener ähnelt, die er in dem Gemälde darstellt. Er erzählt von einer jungen Frau, die er beim Baden gesehen hatte und die von einem Wasserlauf im Wald trank. Als sie ihn bemerkte, tauchte sie ins Wasser und verschwand. In dessen Tiefen war nur mehr ein Aal zu erkennen, im Gemälde durch einen Fischkopf in der linken oberen Ecke symbolisiert. In einer Aquarell-Monotypie von 1894 (Kat. 107) vereinfachte der Künstler die Komposition und konzentrierte sich auf die Figur und das Wasser, das er in leuchtendem Blau wiedergibt. Für ein Holzrelief der Darstellung (Kat. 108) kombinierte er mehrere Wandtafeln, die er in der Bretagne gefunden hatte, und nutzte ihre unebenen Formen, um die Details auszuarbeiten, die er dann später schnitzte. In einigen Bereichen scheinen seltsame Kreaturen direkt aus dem Holz aufzutauchen. Eine Variation der Pose der Figur aus *Pape moe* findet sich auch in dem Holzschnitt *Ein Fischer trinkt neben seinem Kanu* von 1894 (Kat. 109), in dem ein hockender Mann, einen Arm auf sonderbare Weise über dem Kopf abgebogen, aus einem primitiven Gefäß trinkt. Gauguin nahm das Motiv des hockenden Fischers neben seinem Kanu 1896 in zwei Gemälden auf. Dort hängt der Arm jedoch gerade herunter, statt über den Kopf gebogen zu sein.

Die Figur in der Gouachezeichnung *Tahitianisches Mädchen mit einem rosafarbenen Pareo*, ebenfalls von 1894 (Kat. 111), lässt sich nicht auf frühere Gemälde zurückführen und scheint als Vorlage für mindestens drei Aquarell-Monotypien gedient zu haben, von denen zwei hier publiziert sind (Kat. 112, 113). Für die Aquarell-Monotypie legte Gauguin vermutlich ein Blatt feuchten Papiers auf eine Zeichnung und rieb die Rückseite des oberen Blattes ab, wodurch eine geisterhafte, spiegelverkehrte Version des Bildes entstand. In der Originalzeichnung und in einer der Monotypien blickt eine im Profil dargestellte männliche Figur in Richtung des posierenden Mädchens, was an einen Künstler denken lässt, der sein Modell betrachtet. Die Beziehung zwischen den beiden Figuren ist in der Monotypie noch unklarer, da der Umdruckprozess ihre Formen stärker verschwimmen ließ und wenig lesbar machte.

1894 schuf Gauguin auch eine Zinkografie und zumindest zwei Aquarell-Monotypien, die auf das Motiv der tahitianischen Madonna mit dem Kind zurückgingen. Sie hatte er bereits in einem früheren Gemälde, *Ia orana Maria (Gegrüßet seist du, Maria)* (S. 18, Abb. 2) dargestellt. Während die größere Monotypie (Kat. 115) einige der Hintergrunddetails des Gemäldes enthält – wenn auch grob vereinfacht – konzentrieren sich die kleinere Monotypie (Kat. 116) und die Zinkografie (Kat. 114) stärker auf die Figuren, isolieren diese in vage definierten Torbögen, die ihre Heiligenscheine aufgreifen und betonen und damit auch auf ihren erhabenen Status hinweisen, während sie gleichzeitig dadurch in eine amorphe Dunkelheit gehüllt werden. **LJ**

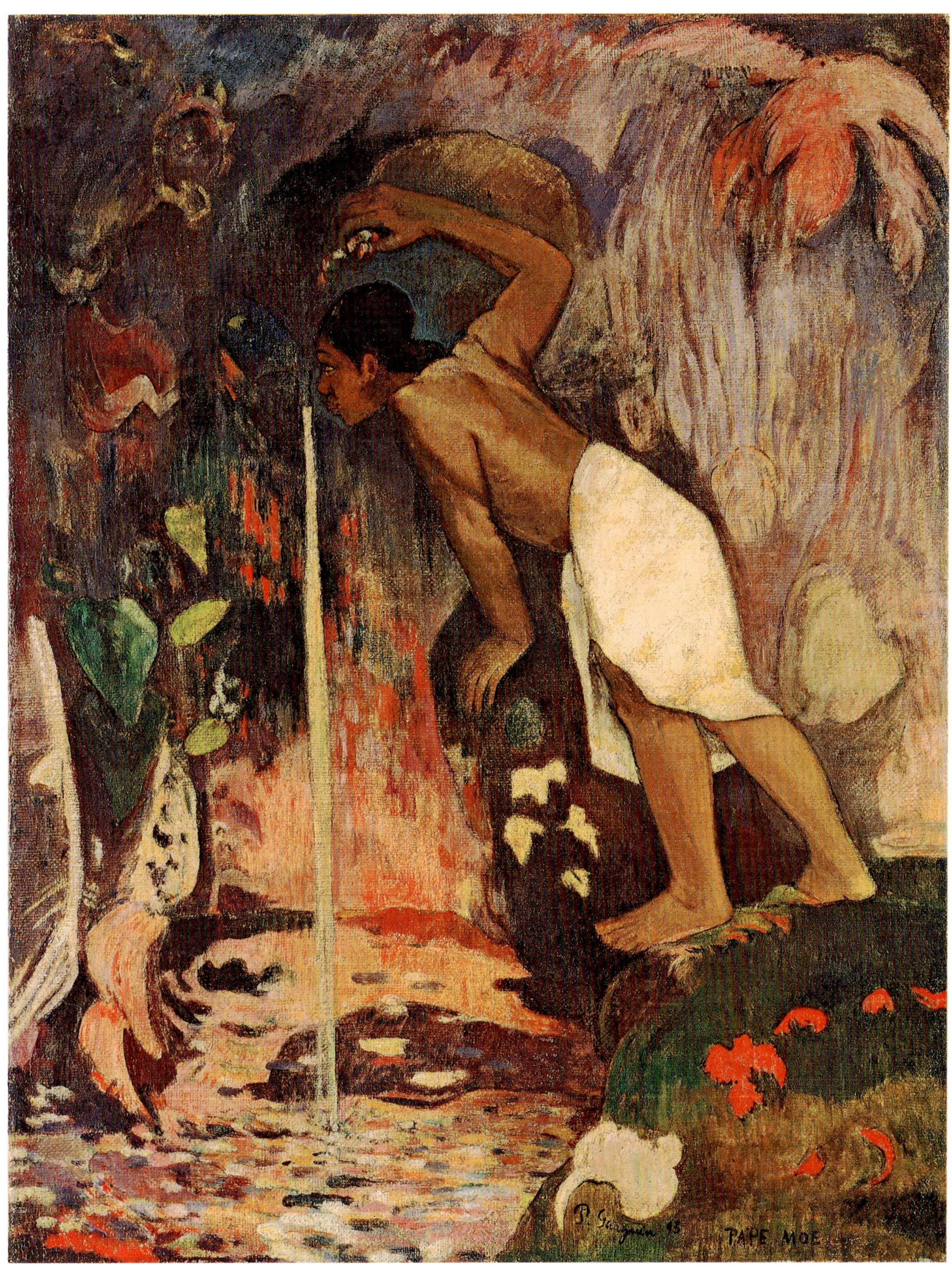

106

Pape moe (Geheimnisvolle Quelle), 1893
Öl auf Leinwand, 99 x 75 cm
Privatsammlung

107

Pape moe (Geheimnisvolle Quelle), 1894
Aquarell-Monotypie, Blatt: 26,9 x 15,5 cm
Musée Marmottan Monet, Paris

108

Pape moe (Geheimnisvolle Quelle)
aus dem Reliefensemble *Pape Moe*, 1894
Eiche, geschnitzt und bemalt, 65 x 55 x 5 cm
Ny Carlsberg Glyptotek, Kopenhagen

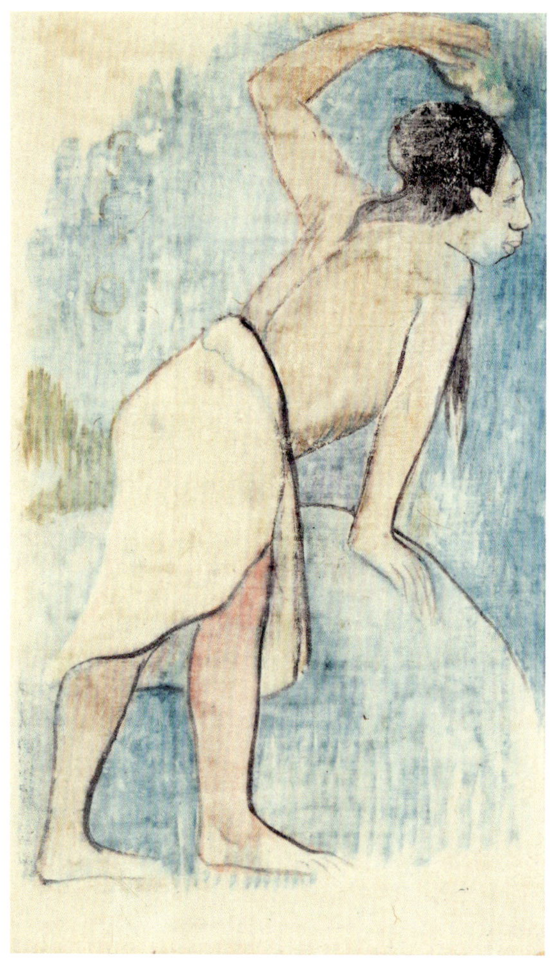

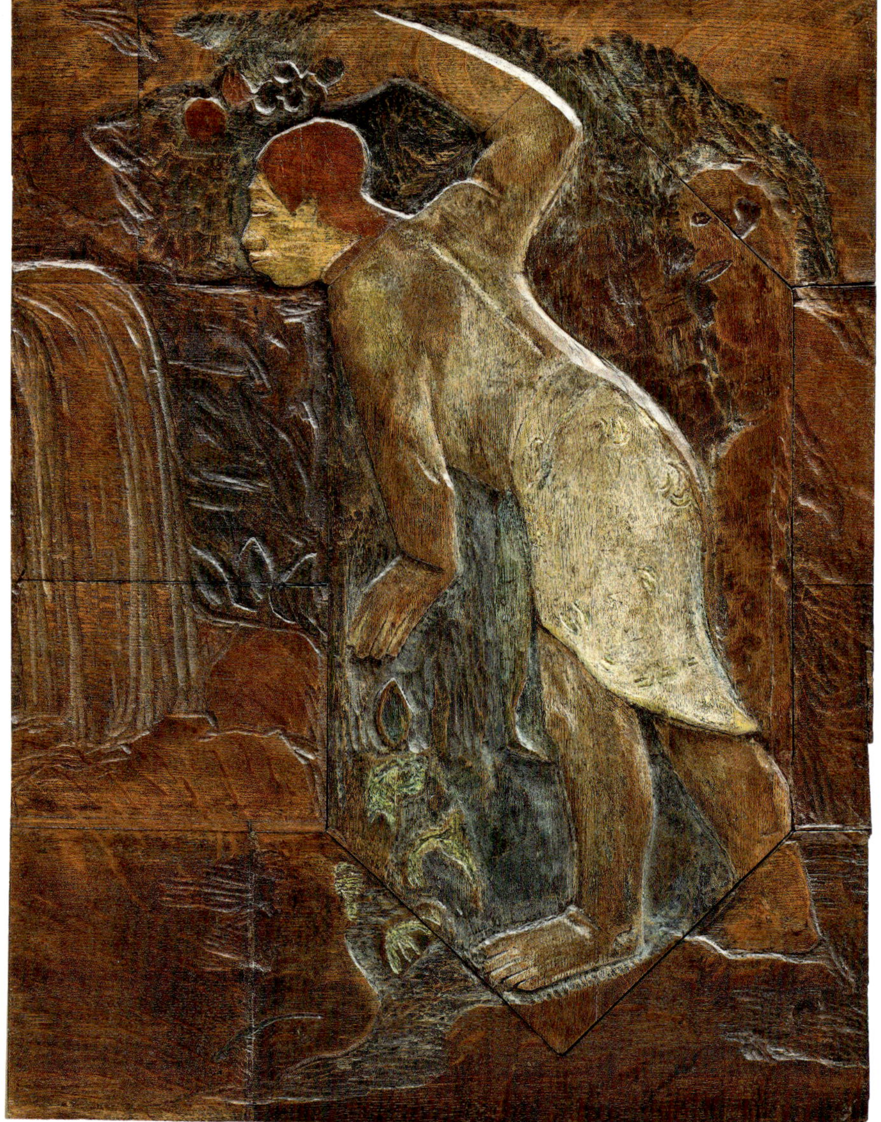

109
Ein Fischer trinkt neben seinem Kanu, Zustand II/II, 1894
Holzschnitt, Bild: 20,5 x 13,9 cm
Privatsammlung, USA

110
Ein Fischer trinkt neben seinem Kanu, Zustand II/II, 1894
Holzschnitt, Bild: 20,5 x 13,8 cm
Privatsammlung

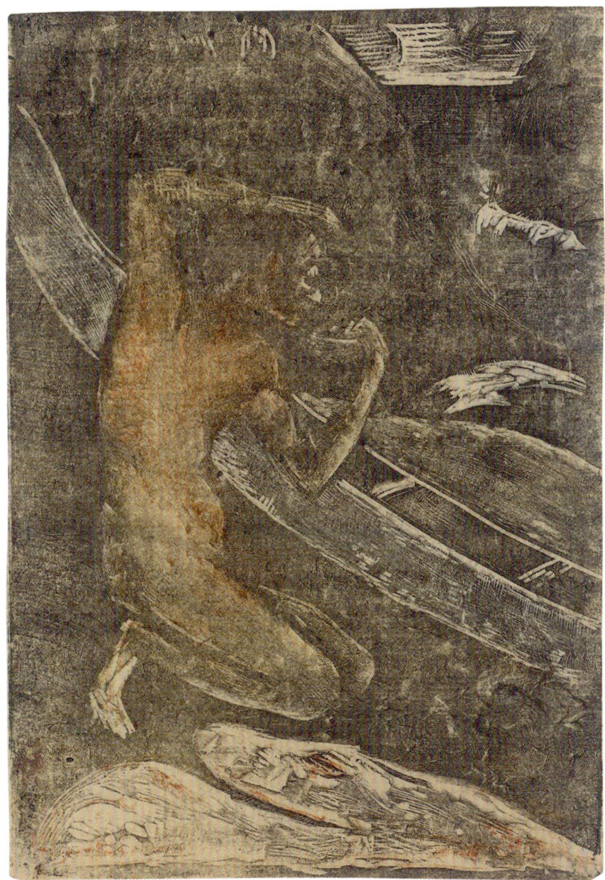

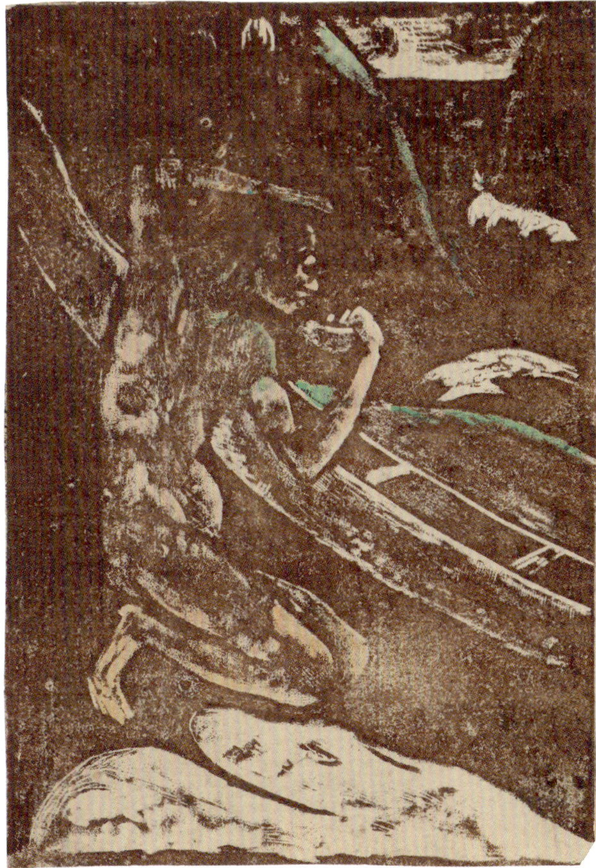

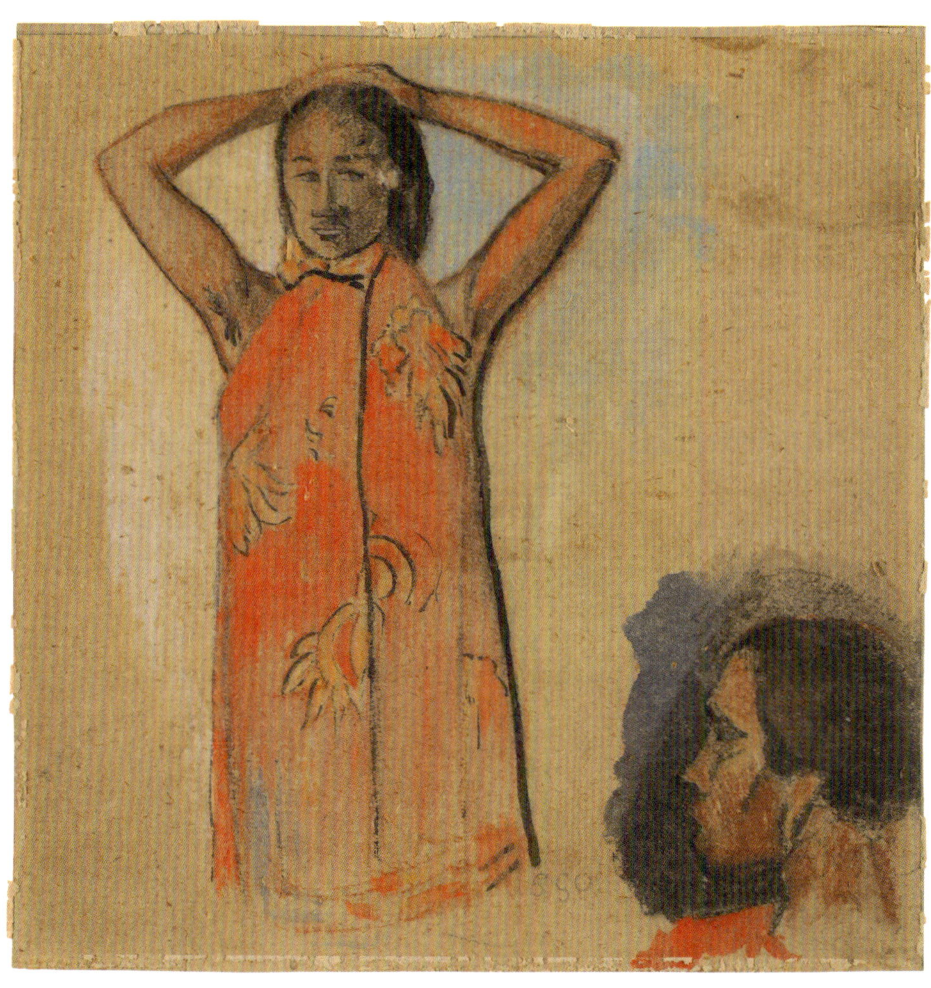

111

Tahitianisches Mädchen mit einem rosafarbenen *Pareo*, 1894
Gouache, Aquarell und Tinte, Blatt: 24,4 x 23,5 cm
The Museum of Modern Art, New York,
The William S. Paley Collection

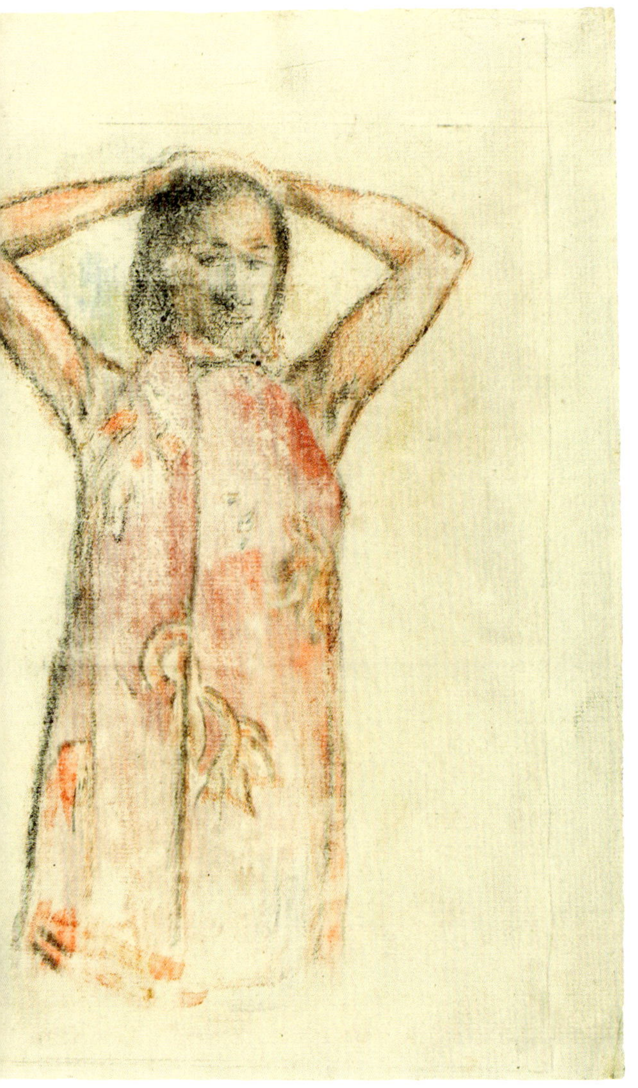

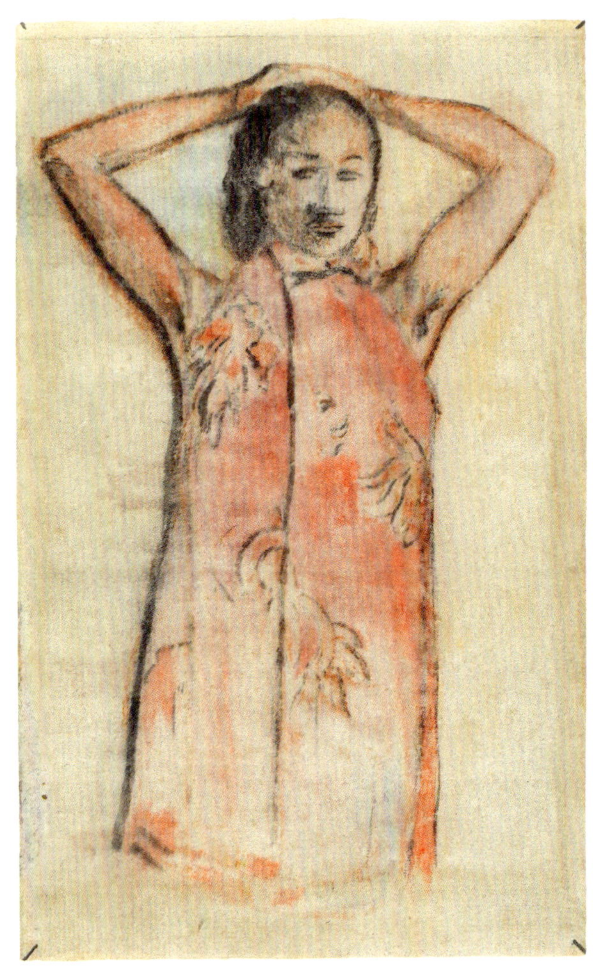

112
Tahitianisches Mädchen mit einem rosafarbenen *Pareo*, 1894
Gouache- und Aquarell-Monotypie, Blatt: 27,5 x 26,6 cm
The Art Institute of Chicago,
Schenkung Walter S. Brewster

113
Tahitianisches Mädchen mit einem rosafarbenen *Pareo*, 1894
Goauche- und Aquarell-Monotypie, Blatt: 24,6 x 14,8 cm
Art Gallery of Ontario, Toronto, Schenkung Vincent Tovell
in Erinnerung an seine Eltern, Harold und Ruth Tovell

114

Ia orana Maria (Gegrüßet seist du, Maria), 1894
Zinkografie, Bild: 25,6 x 17,7 cm
Sammlung UCLA Grunwald Center for the Graphic Arts, Hammer Museum, Anonyme Schenkung

115

Ia orana Maria (Gegrüßet seist du, Maria), 1894
Aquarell-Monotypie, Blatt: 43 x 14 cm
Rijksmuseum Amsterdam, Rijksprentenkabinet

116

Ia orana Maria (Gegrüßet seist du, Maria), 1894
Aquarell-Monotypie, Blatt: 22,3 x 14,5 cm
Museum of Fine Arts, Boston, Nachlass W.G. Russell Allen

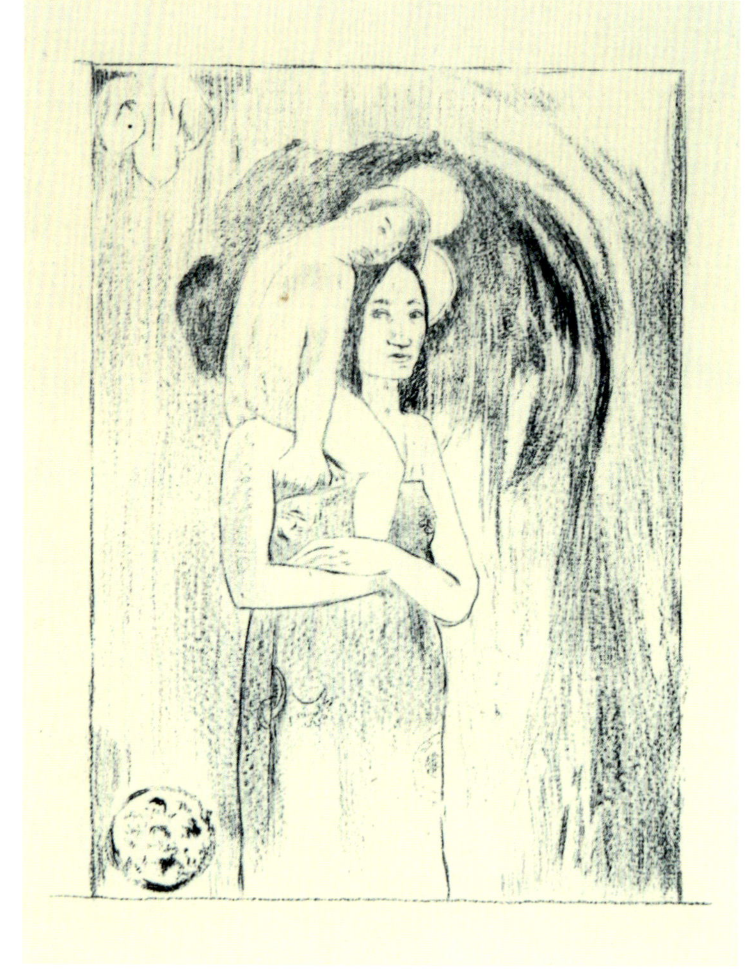

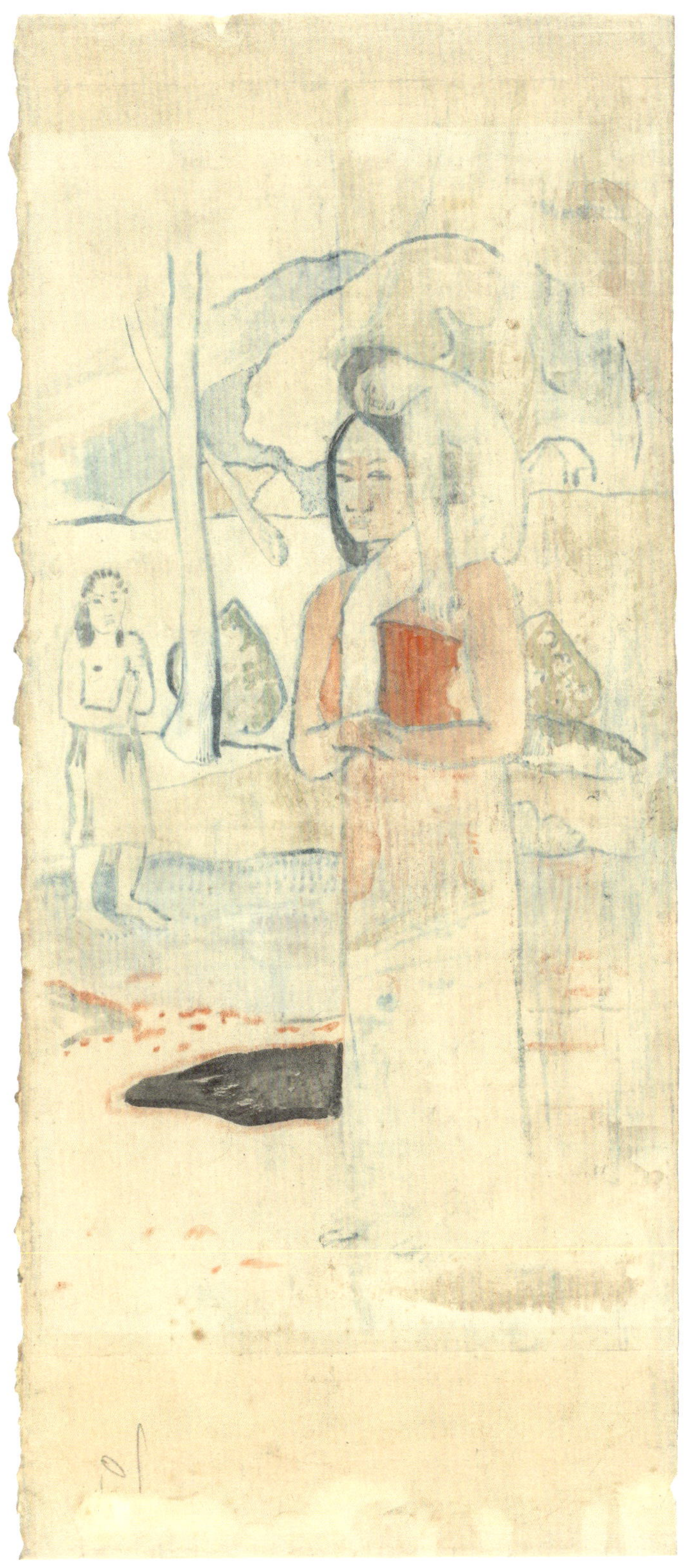

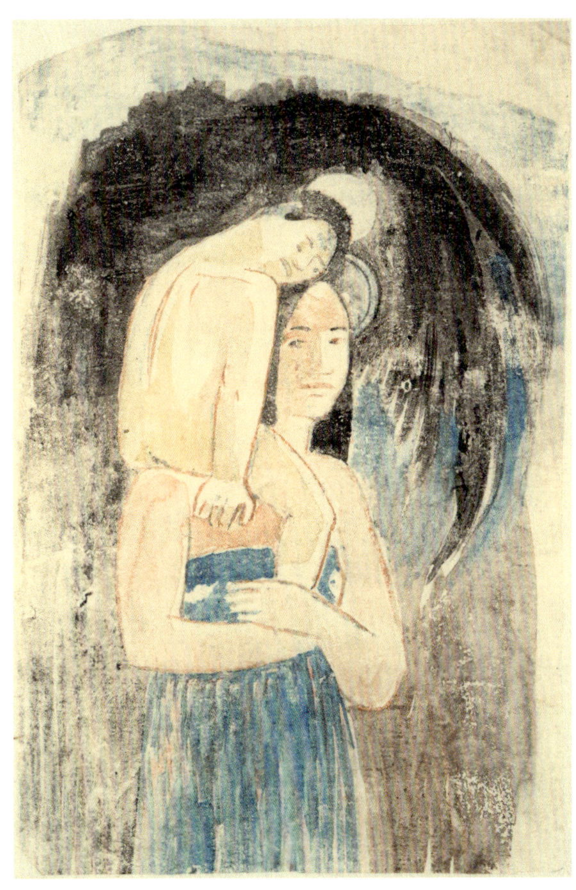

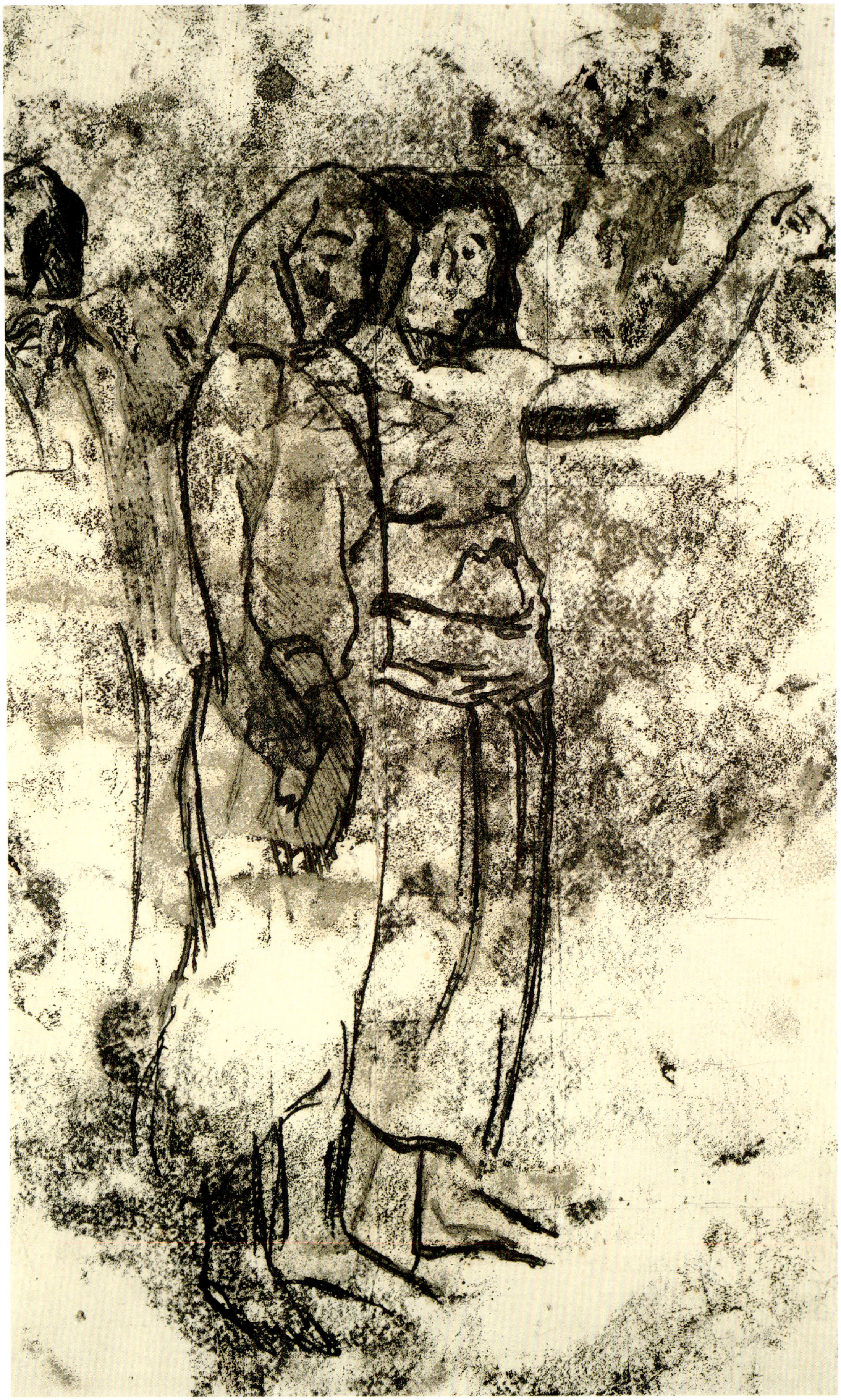

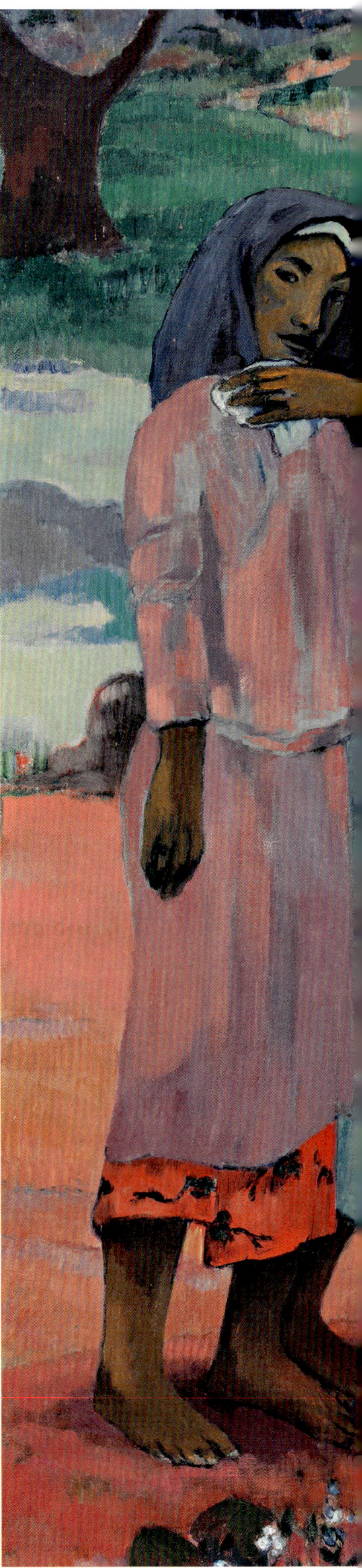

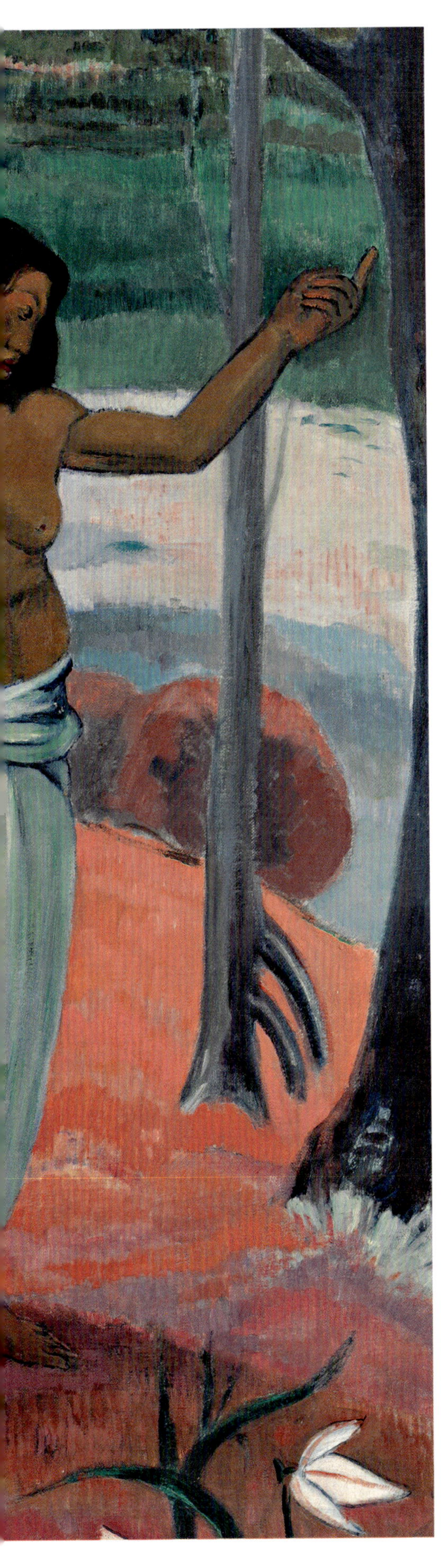

1895–1903
Tahiti · Hiva Oa

MALEREI, HOLZSKULPTUR, HOLZSCHNITT, DURCHDRUCKZEICHNUNG, MONOTYPIE

Bilderfriese

Gauguins Technik des Zusammenführens eigenständiger figuraler Vignetten, um eine einheitliche Szene zu schaffen – wie zum Beispiel in *Faa iheihe (Vorbereitungen zum Fest)*, 1898 (Kat. 117), seine in Gold getauchte Ode an Tahiti als irdisches Paradies, deutlich wird –, scheint seine Herangehensweise an die umfassende Holzschnittserie beeinflusst zu haben, die als *Suite Vollard*, 1898/99, bekannt wurde. In diesen 14 hauptsächlich schwarz-weißen Drucken blickte Gauguin auf seine früheren Arbeiten zurück und verarbeitete Figuren und Motive aus der Bretagne (Kat. 123–125, 137) sowie von seinem ersten (Kat. 127, 128) und zweiten (Kat. 118, 120, 121, 131) Aufenthalt auf Tahiti, zuweilen auch von Kombinationen der beiden Reisen (Kat. 119, 132, 133, 136). Zehn der Holzschnitte sind Querformate, haben ähnliche Maße und sind bis zum Blattrand bedruckt. Gauguin-Experten sind der Ansicht, dass einige dieser Drucke aneinandergelegt friesartig aufgebaute Geschichten erzählen könnten, eine Idee, die durch die Ranken und das Blattwerk unterstützt wird, die viele der Darstellungen umrahmen und die zur Vereinheitlichung der Bilder beitragen.

Die thematisch komplexesten Werke der Serie sind die drei in Farbe gedruckten Kompositionen. Eine davon, *Changement de résidence (Wohnungswechsel)* (Kat. 136), könnte ein Spiegelbild von Gauguins unsteten Leben sein oder auch für die Mobilität der Maori stehen, die häufig von Insel zu Insel oder – aufgrund des verbreiteten Brauchs geteilter Kindererziehung – auch von Familie zu Familie ziehen. Diese Arbeit kann mit einem anderen Farbdruck, *Soyez amoureuses vous serez heureuses (Liebt, ihr werdet glücklich sein)* (Kat. 137), zu einer kombinierten Darstellung, die Vorstellungen von Verlangen, Fruchtbarkeit und Paradies beschwört, verbunden werden. *Soyez amoureuses vous serez heureuses* hat seinen lustvollen Titelaphorismus und mehrere Details mit einer komplexen Holztafel (Kat. 135) gemein, die Gauguin fast ein Jahrzehnt zuvor geschnitzt und folgendermaßen beschrieben hatte: »Ein Monster, das aussieht wie ich, nimmt die Hand einer nackten Frau [...]. Oben ist eine Stadt, eine Art von Babylon, und unten [...] ein Fuchs, das prophetische Tier der Perversität unter den Indios.«[1] Der dritte Farbdruck ist *Te atua (Die Götter)* (Kat. 133). Hier verbindet Gauguin eine

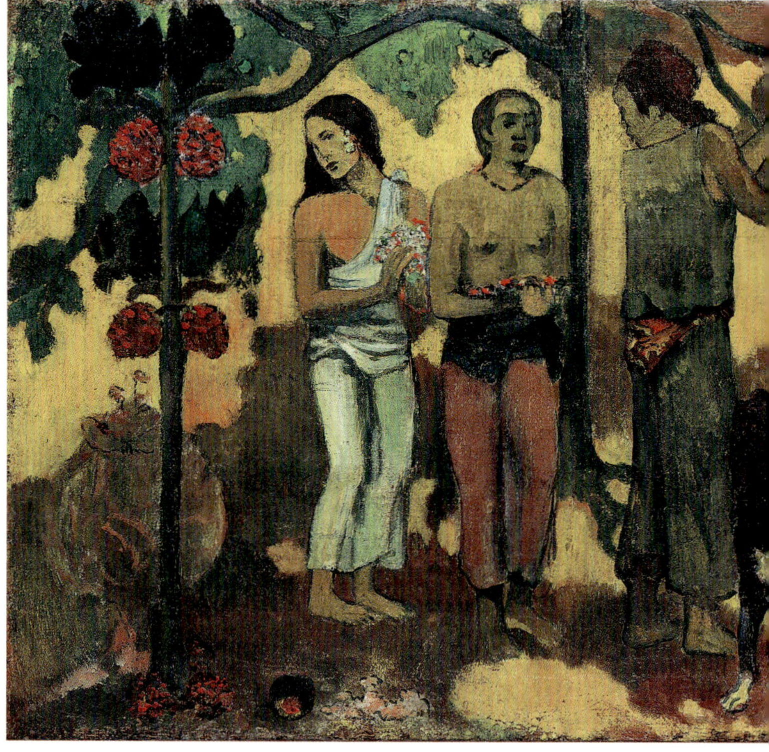

tahitianische Madonna mit Kind – ein Motiv, das er zwischen 1891 und 1894 entwickelt hatte (Kat. 114–116) – mit einem sich verbeugenden Adoranten, dessen Profil – im oberen Teil der Darstellung unter einem großen Bogen wiederholt – jenes von Gauguins Skulptur von der wilden Göttin *Oviri* von 1894 (Kat. 99) widerspiegelt und dessen Pose sich später in der grotesk sexualisierten Frau auf einer Holztafel von etwa 1901/02 (Kat. 134) wiederholt. Andere Details in *Te atua* beinhalten einen Pfau – Symbol der Auferstehung Christi –, eine Schlange und die gleiche stehende Frau, basierend auf einer Figur im Skulpturenfries aus Borobudur, die auf der linken Seite von *Faa iheihe* und auf dem Druck *L'Enlèvement d'Europe (Der Raub der Europa)* (Kat. 131) aus der *Suite Vollard* auftaucht.
SF

1 / Brief an Vincent van Gogh vom November 1889, in: Paul Gauguin, *45 lettres à Vincent, Théo et Jo van Gogh*, hrsg. von Douglas Cooper, Den Haag und Lausanne 1983, S. 285.

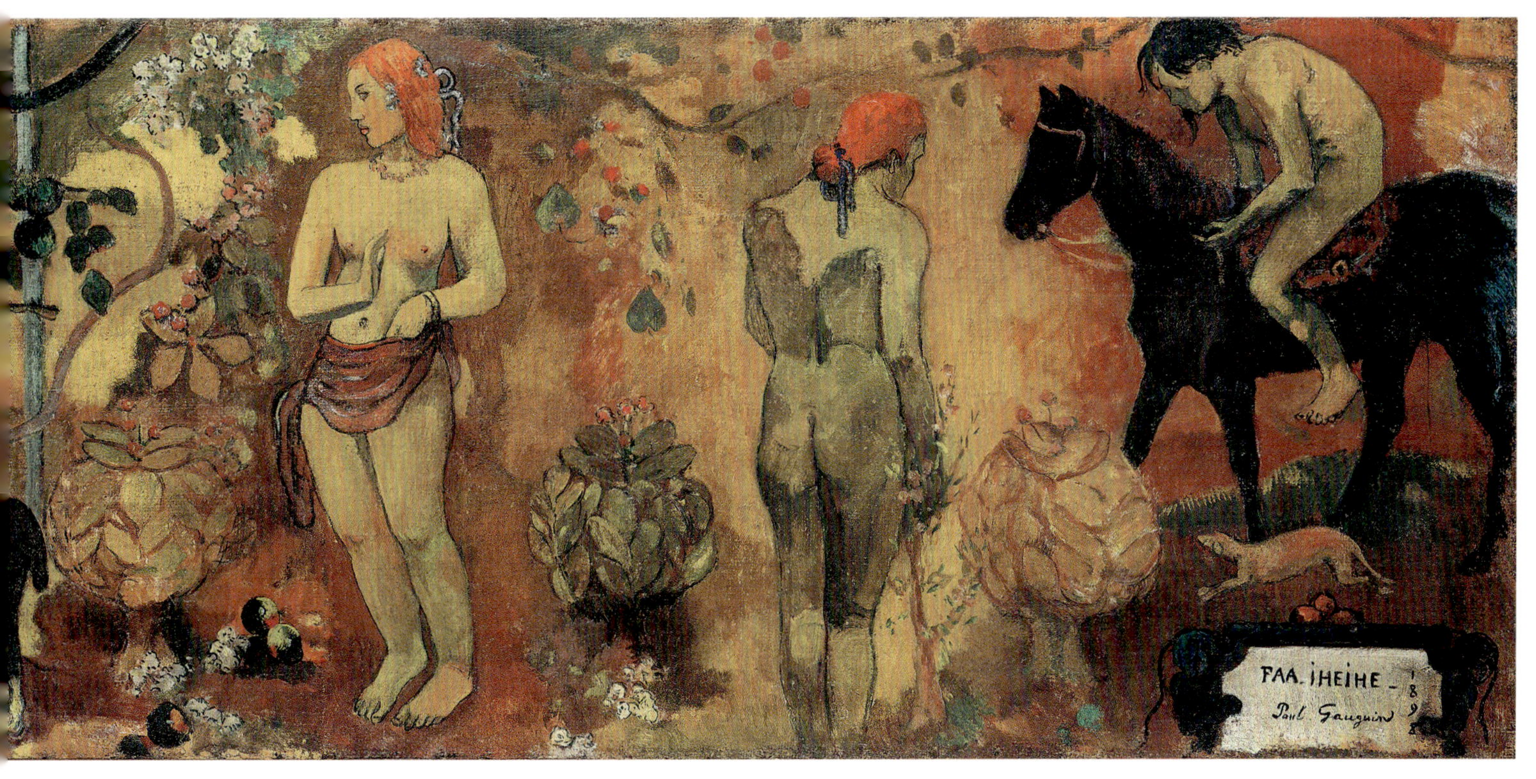

117

Faa iheihe (Vorbereitungen zum Fest), 1898
Öl auf Leinwand, 54 x 169,5 cm
Tate, London, Schenkung Lord Duveen

118

Te arii vahine – Opoi (Frau mit Mangos – Müdigkeit)
aus der *Suite Vollard*, 1898
Holzschnitt, Bild: 16,2 x 29,2 cm
Privatsammlung

119

Femmes, animaux et feuillages (Frauen, Tiere und Blattwerk),
Zustand II/II, aus der *Suite Vollard*, 1898
Holzschnitt, Bild: 16,4 x 30,4 cm
Privatsammlung

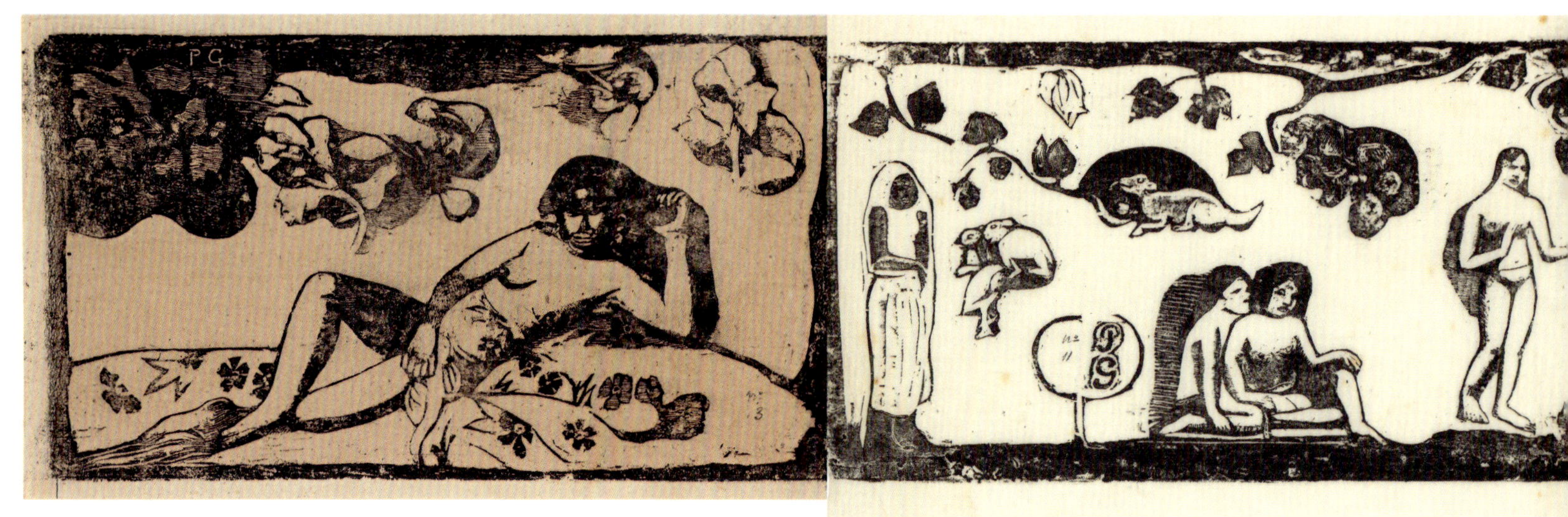

120

Le Porteur de feï (Bananenträger), Zustand II/II, aus der *Suite Vollard*, 1898/99
Holzschnitt, Bild: 16,2 x 28,2 cm
Privatsammlung

121

Planche au diable cornu (Gehörnter Teufel), aus der *Suite Vollard*, 1898/99
Holzschnitt, Bild: 22,7 x 29,4 cm
Privatsammlung

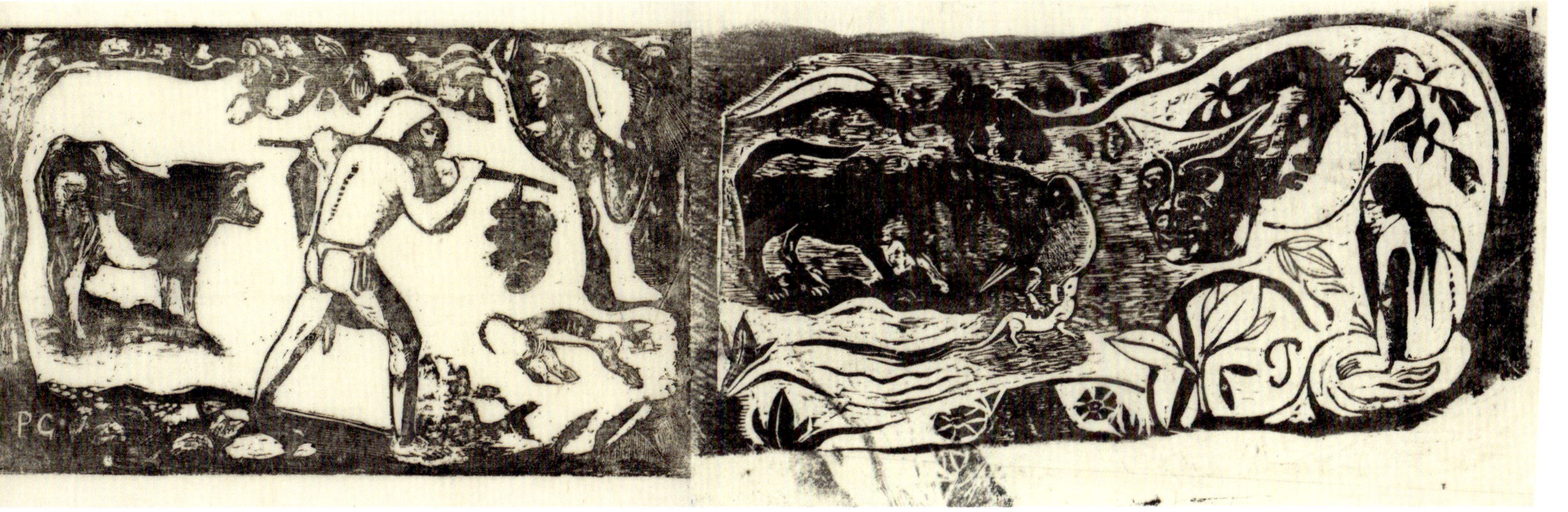

122

Le Calvaire Breton (Bretonischer Kalvarienberg), 1898/99
Holzdruckstock, 16 x 24,9 cm
Bibliothèque nationale de France, Paris

123

Le Calvaire Breton (Bretonischer Kalvarienberg)
aus der *Suite Vollard*, 1898/99
Holzschnitt, Bild: 15,1 x 22,6 cm
Privatsammlung

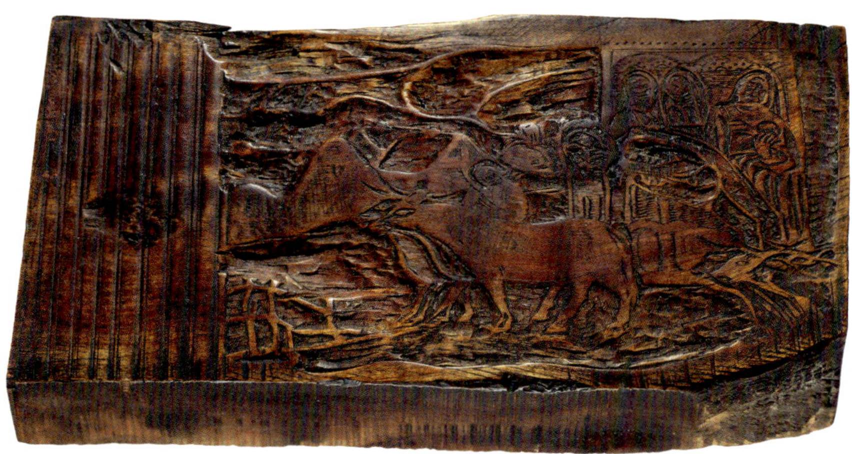

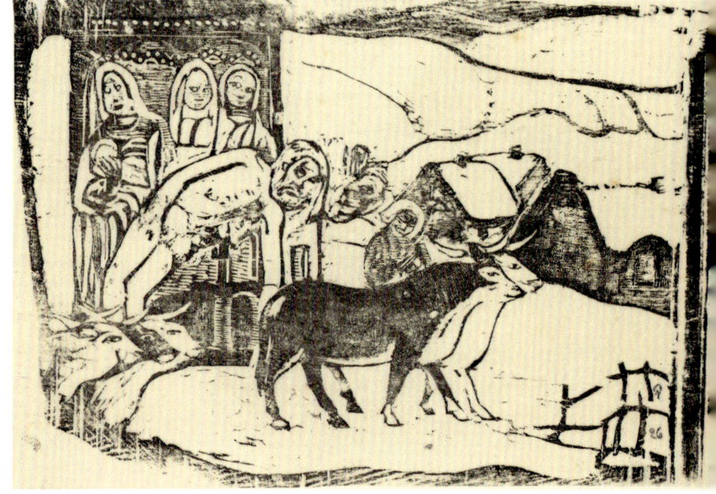

124

Le Char à bœuf (Ochsenkarren)
aus der *Suite Vollard*, 1898/99
Holzschnitt, Bild: 20 x 30 cm
Privatsammlung

125

Misères humaines (Menschliches Elend)
aus der *Suite Vollard*, 1898/99
Holzschnitt, Bild: 19 x 30 cm
Privatsammlung

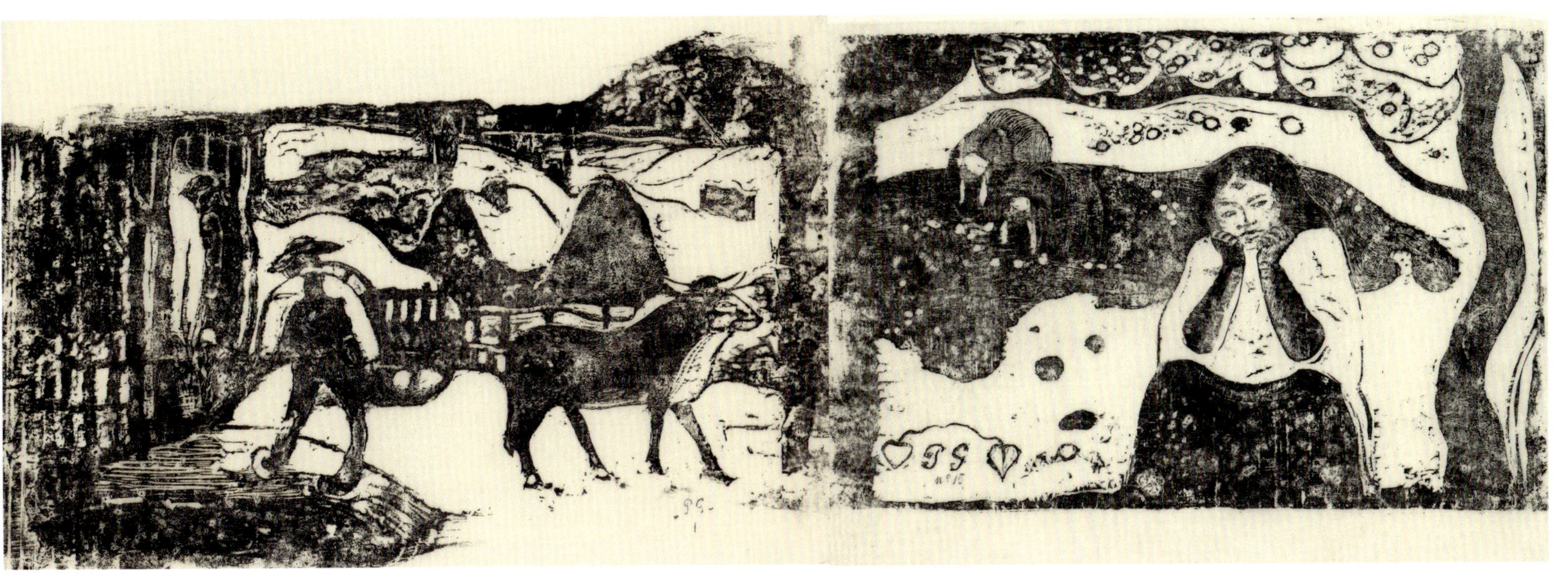

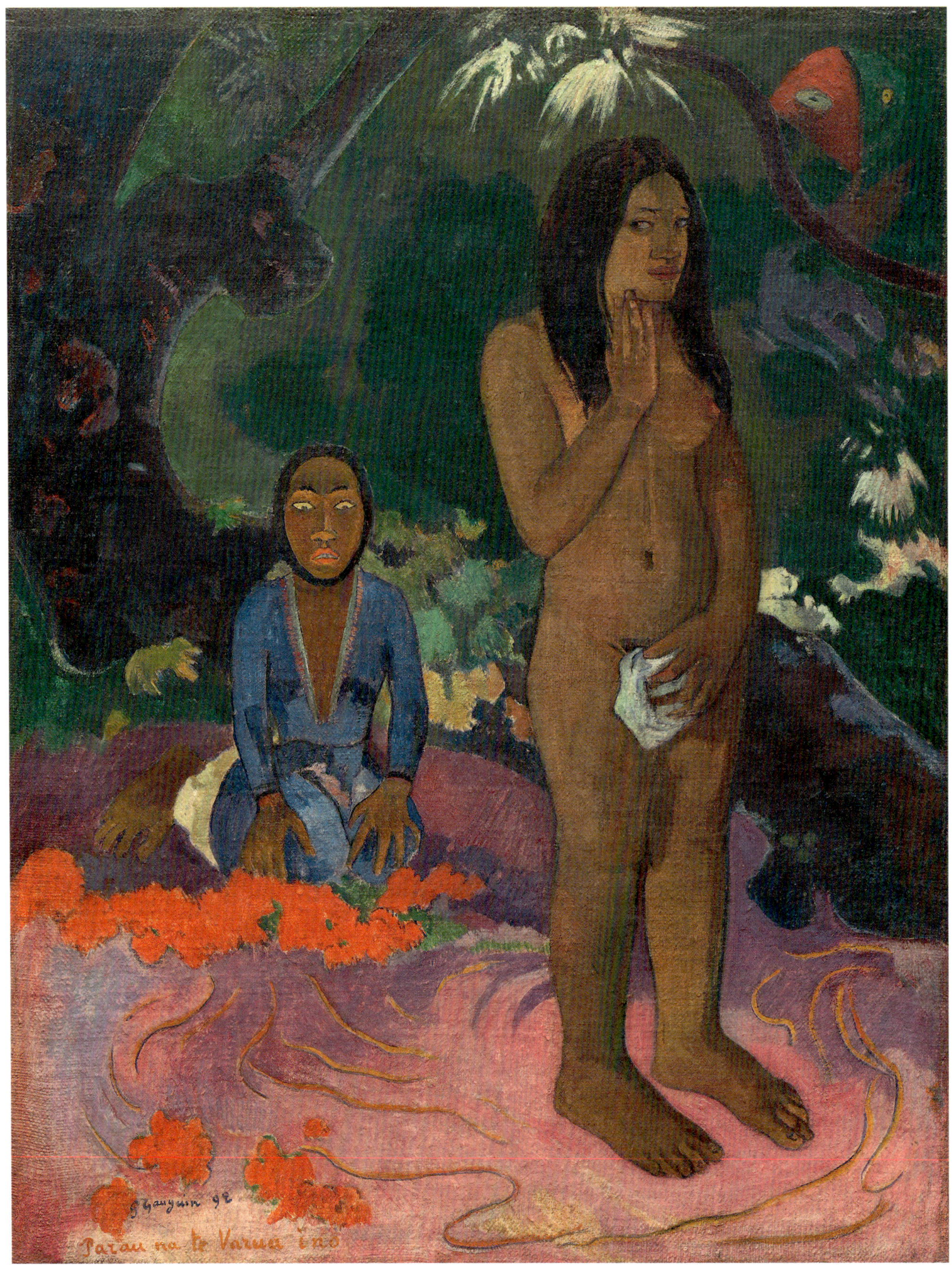
P Gauguin 92
Parau na te Varua ino

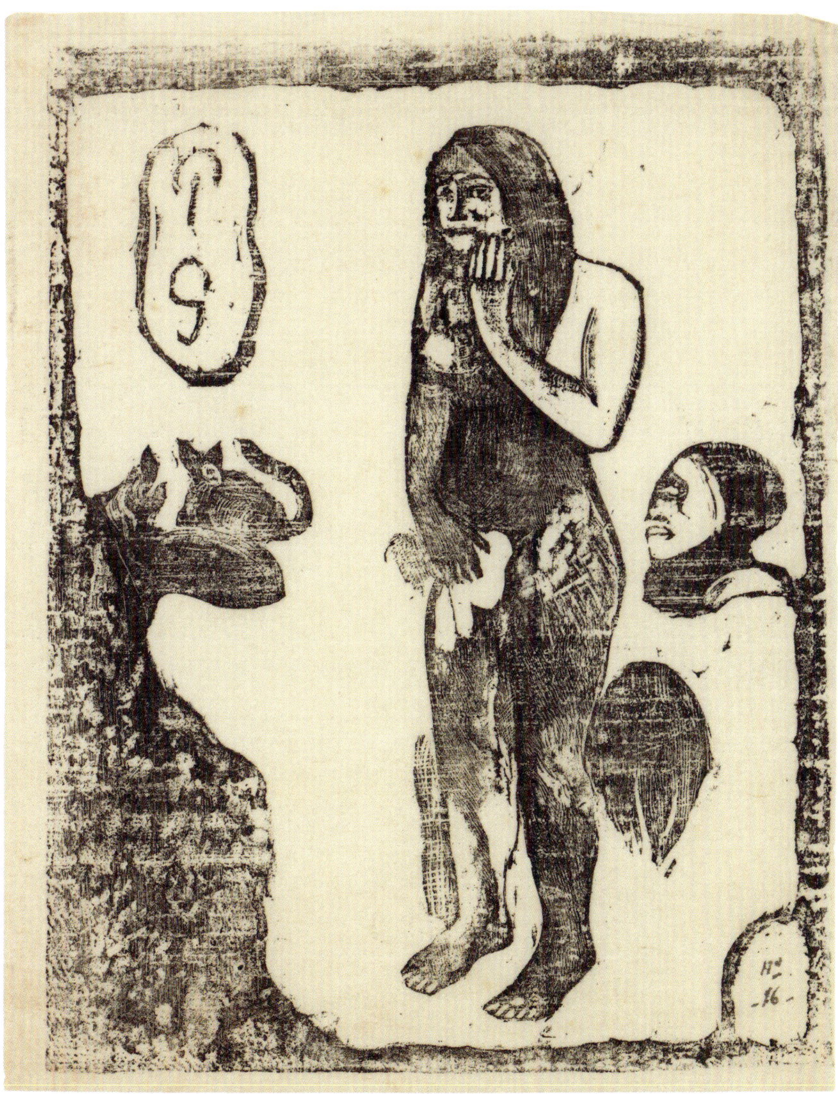

126

Parau na te varua ino (Worte des Teufels), 1892
Öl auf Leinwand, 91,7 x 68,5 cm
National Gallery of Art, Washington, D.C.,
Schenkung der W. Averell Harriman Foundation
in Erinnerung an Marie N. Harriman

127

Eva, Zustand II/II, aus der *Suite Vollard*, 1898/99
Holzschnitt, Bild: 30 x 22,6 cm
Privatsammlung

128

Intérieur de case (Inneres einer Hütte)
aus der *Suite Vollard*, 1898/99
Holzschnitt, Bild: 11 x 21 cm
Privatsammlung

129

Bouddha (Buddha) aus der *Suite Vollard*, 1898/99
Holzschnitt, Bild: 30,3 x 22,8 cm
Privatsammlung

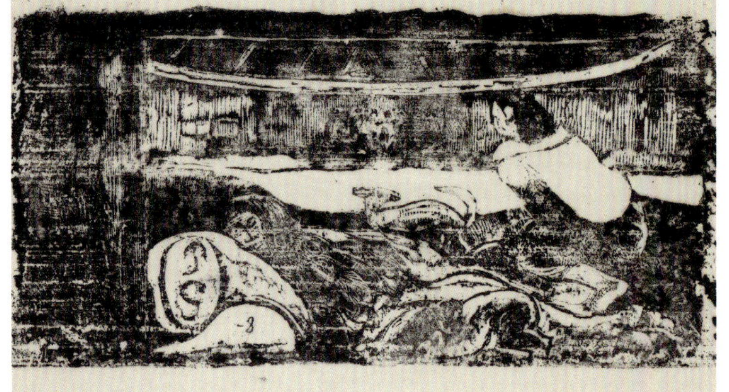

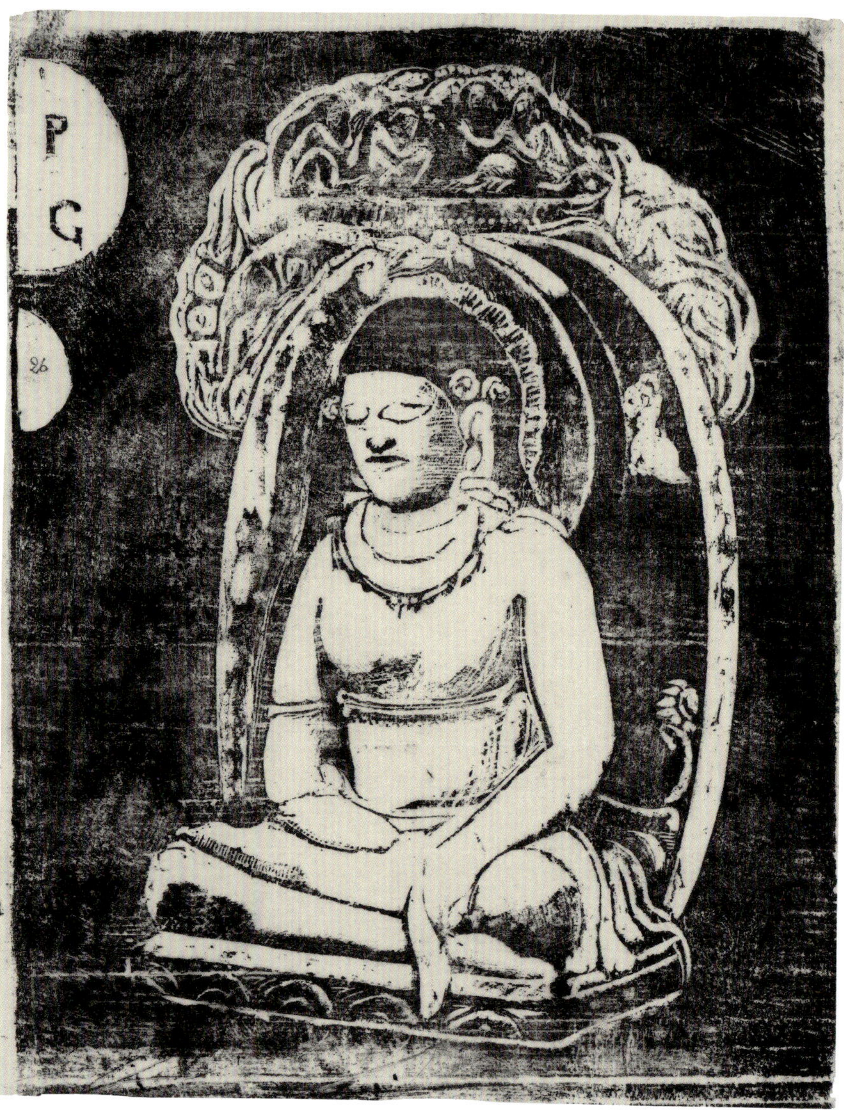

130
L'Enlèvement d'Europe (Der Raub der Europa), 1898/99
Holzdruckstock, 24 x 23 x 4 cm
Museum of Fine Arts, Boston,
Harriet Otis Cruft Fund

131
L'Enlèvement d'Europe (Der Raub der Europa)
aus der *Suite Vollard*, 1898/99
Holzschnitt, Bild: 23,5 x 22,8 cm
Privatsammlung

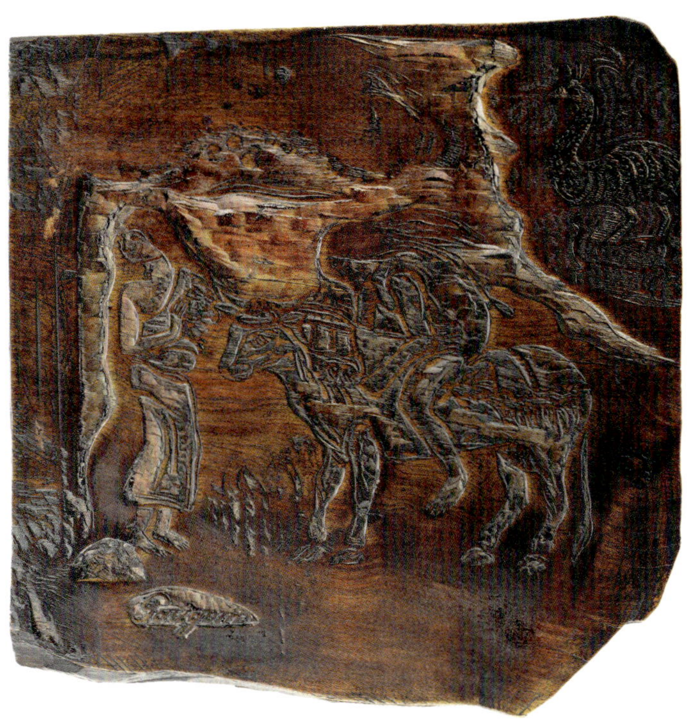

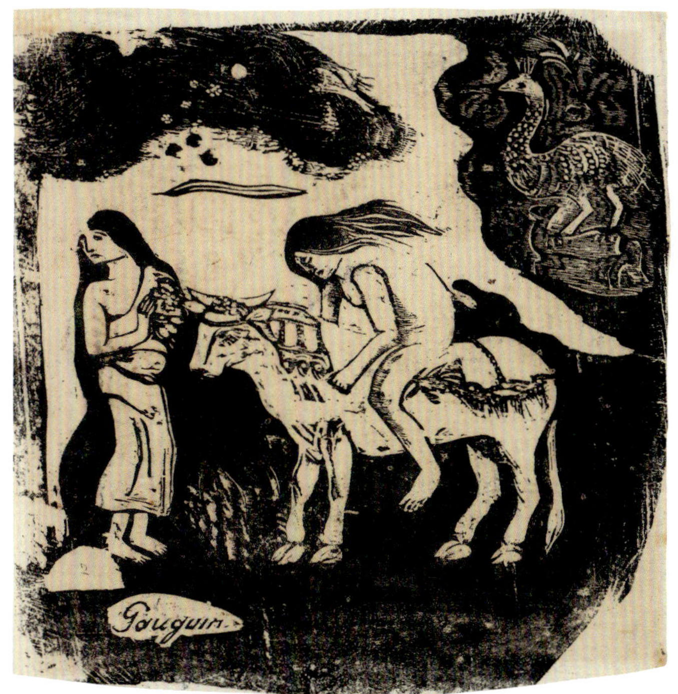

132
Te atua (Die Götter), Zustand II/II,
aus der *Suite Vollard*, 1899
Holzschnitt, Bild: 24 x 22,4 cm
Privatsammlung

133
Te atua (Die Götter), Zustand I/II und II/II,
aus der *Suite Vollard*, 899
Holzschnitt, Bild: 22,5 x 20,2 cm
National Gallery of Art, Washington, D.C.,
Sammlung Rosenwald

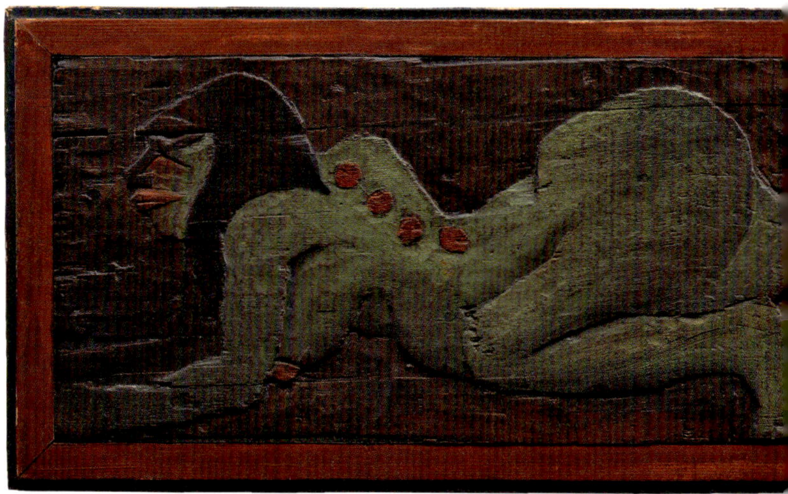

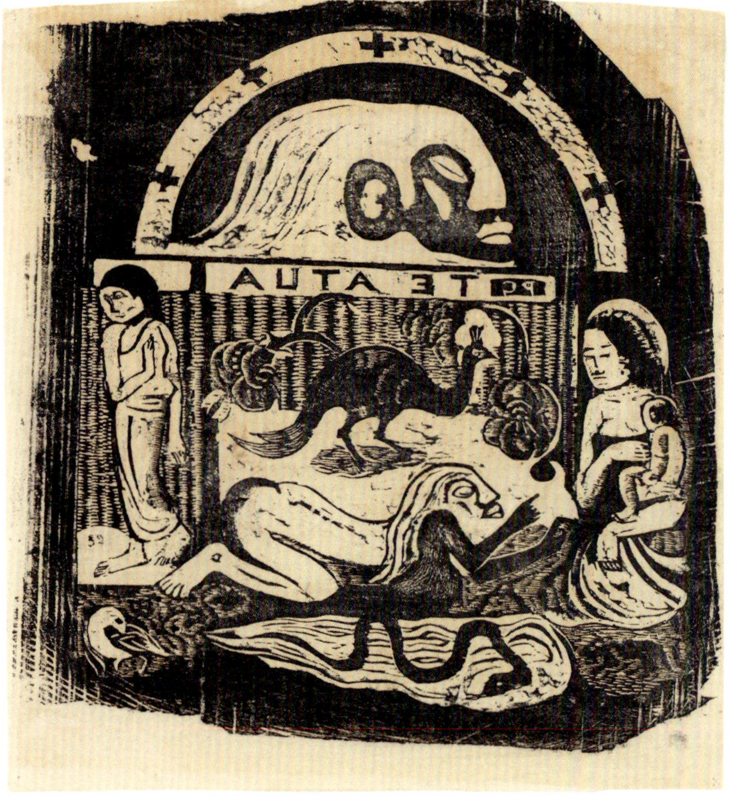

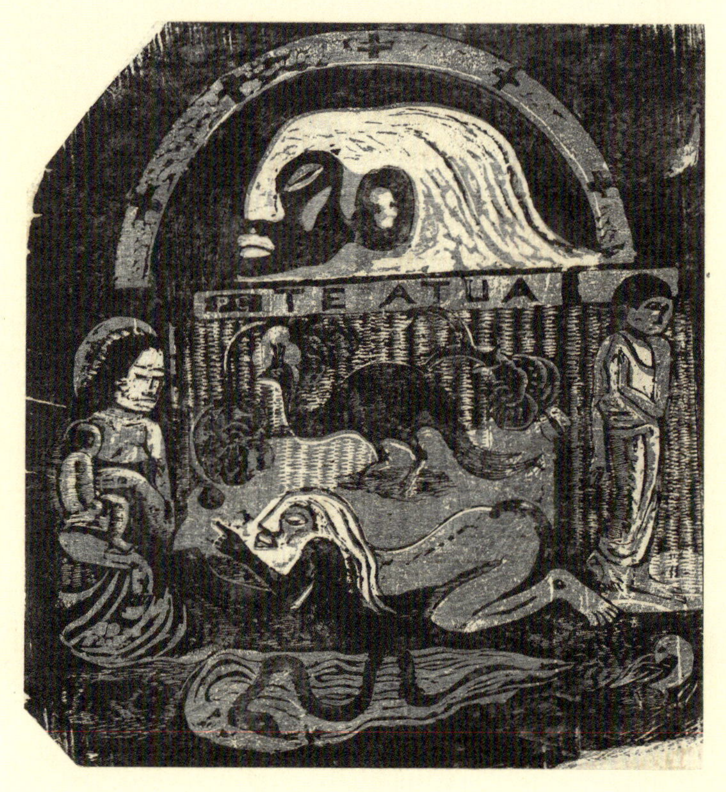

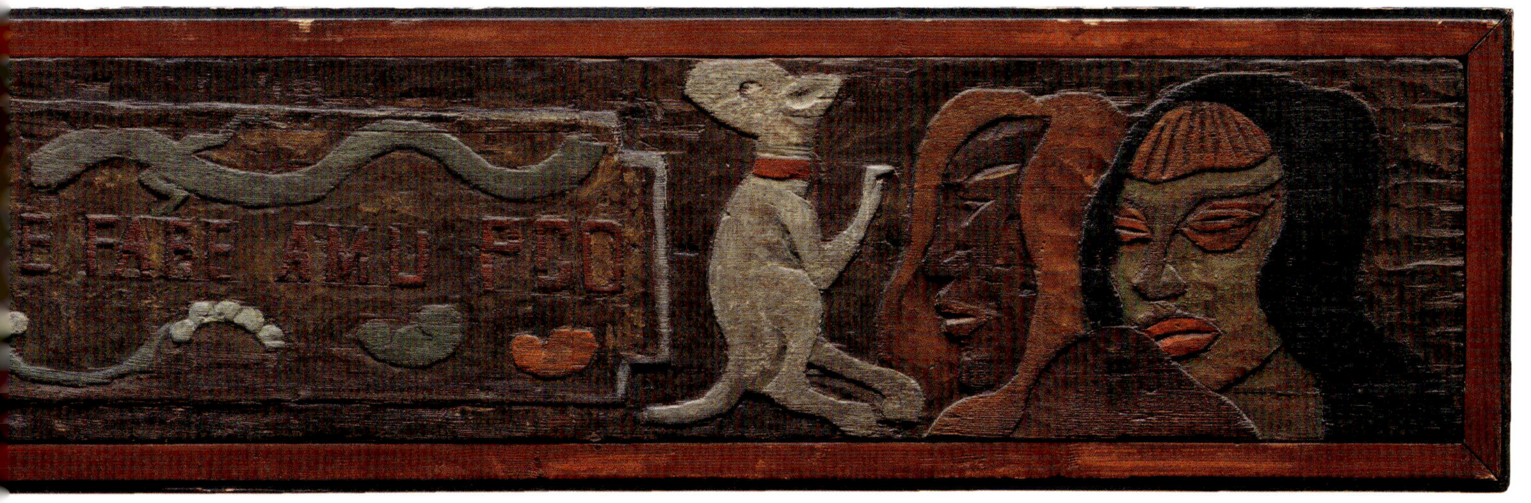

134
Te fare amu (Speisehütte), um 1901/02
Holz, geschnitzt und bemalt, 24,8 x 147,7 cm
The Henry and Rose Pearlman Collection,
als Dauerleihgabe im Princeton University
Art Museum, N.J.

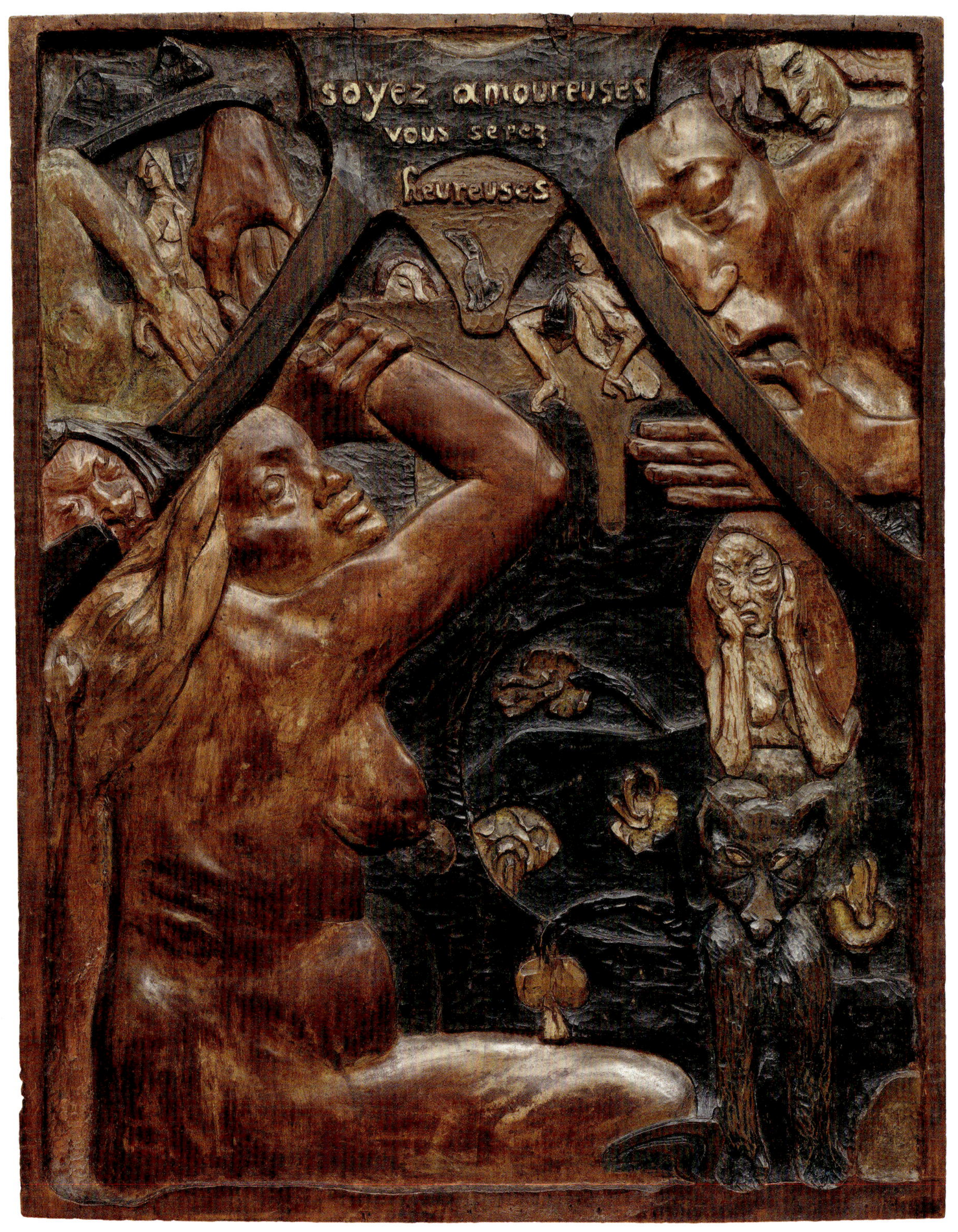
soyez amoureuses
vous serez
heureuses

135

Soyez amoureuses vous serez heureuses
(Liebt, ihr werdet glücklich sein), 1889
Linde, geschnitzt und bemalt, 95 x 72 x 6,4 cm
Museum of Fine Arts, Boston,
Arthur Tracy Cabot Fund

136

Changement de résidence (Wohnungswechsel),
Zustand I/II und II/II, aus der *Suite Vollard*, 1899
Holzschnitt, Bild: 15,6 x 29,9 cm
Privatsammlung

137

Soyez amoureuses vous serez heureuses
(Liebt, ihr werdet glücklich sein),
Zustand I/II und II/II aus der *Suite Vollard*, 1898
Holzschnitt, Bild: 16 x 26,2 cm
Privatsammlung

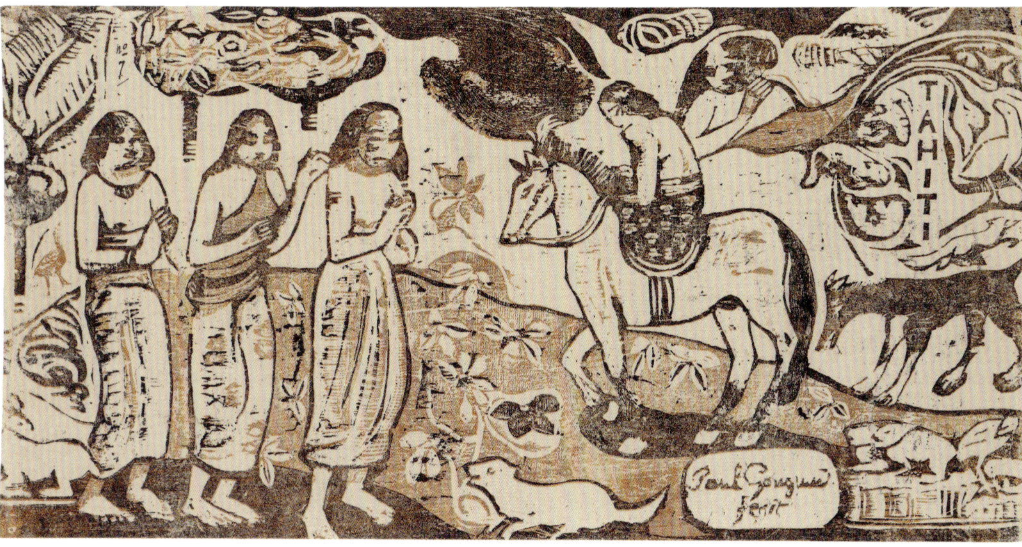

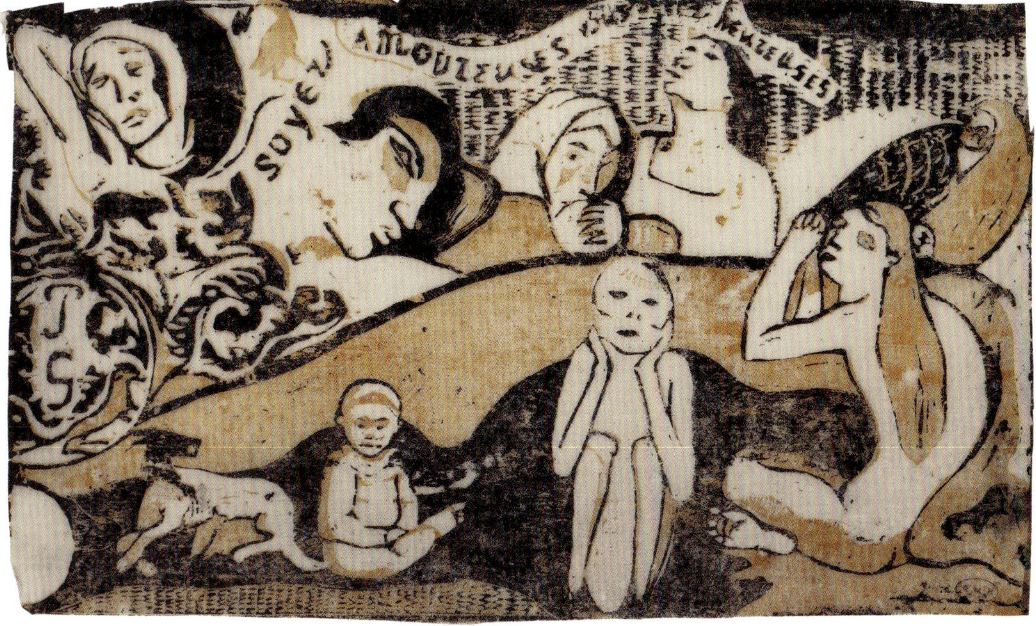

138

Zwei stehende Tahitianerinnen, 1894
Aquarell-Monotypie, auf Papier kaschiert,
Passepartout: 30,3 x 23,3 cm
The British Museum, London, von der Regierung Ihrer Majestät anstelle von Erbschaftssteuern anerkannt und dem British Museum zugewiesen

139

Zwei stehende Tahitianerinnen, 1894
Aquarell-Monotypie,
Blatt: 18,5 x 14,5 cm
Privatsammlung

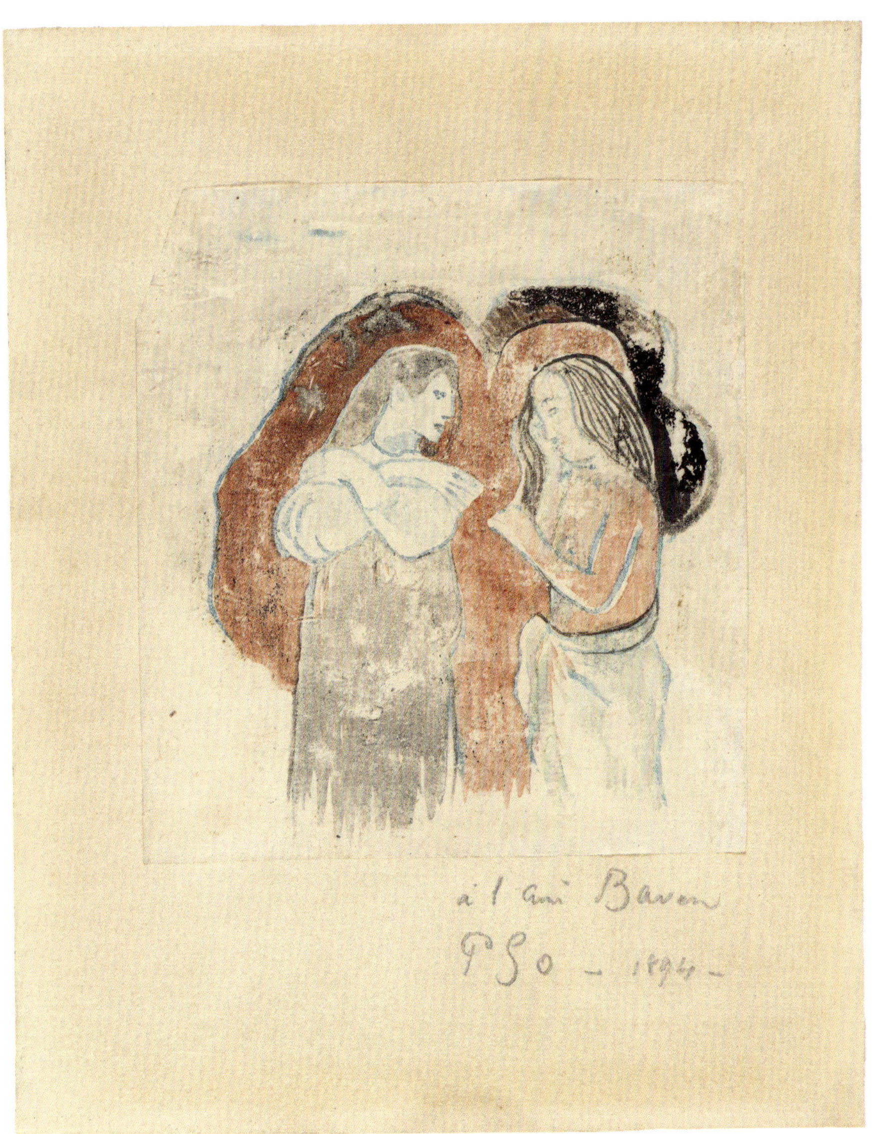

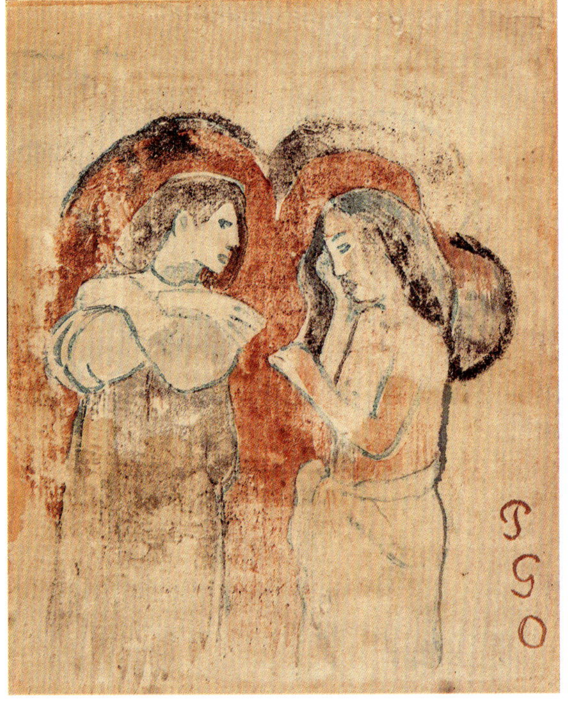

140

La Paix et la Guerre (Krieg und Frieden), 1901
Miro-Holz, geschnitzt und bemalt,
29,5 x 66 x 4 cm
Musée d'Orsay, Paris

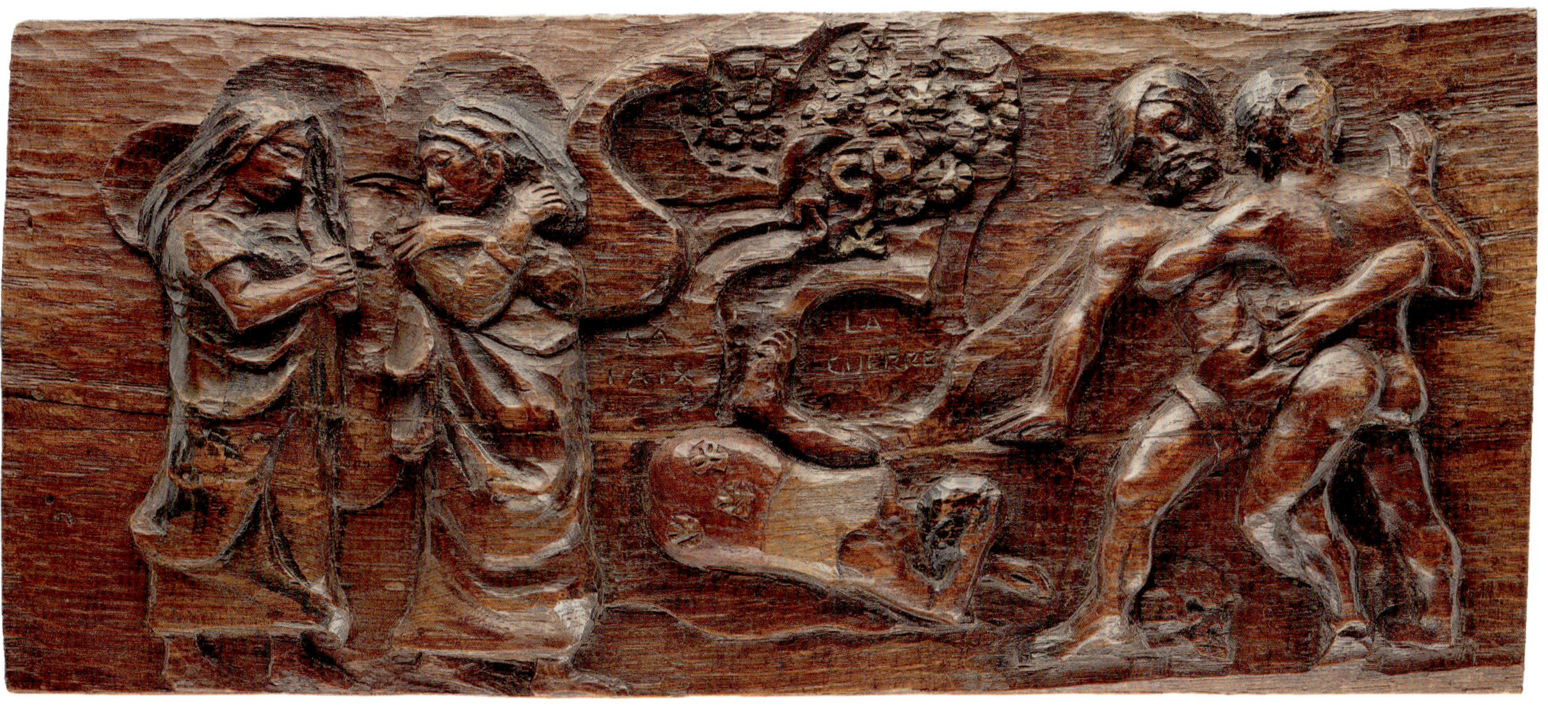

Le Sourire und Druckexperimente

Im August 1899 gab Gauguin seine erste Ausgabe von *Le Sourire – Journal sérieux* (Das Lächeln – Ernsthafte Zeitung) heraus – eine satirische Zeitung, die er selbst schrieb, illustrierte, druckte und herausgab. *Le Sourire* diente als Mittel, um seine Geringschätzung der korrupten kolonialen Administration auf Tahiti und deren verderbliche Wirkung auf die einheimische Bevölkerung zum Ausdruck zu bringen. Ursprünglich als wöchentliches Großformat geplant, erschien die Publikation bis April 1900 in neun Monatsausgaben, von denen jede aus vier bis sechs Seiten bestand. Die Ausgaben fünf bis sieben liefen unter dem Titel *Le Sourire – Journal méchant* (Das Lächeln – Böse Zeitung), die beiden letzten schlicht unter *Le Sourire*. Um die ungefähr dreißig Kopien anzufertigen, die er von jeder Ausgabe produzierte, bediente sich Gauguin einer frühen Kopiermaschine, die unter dem Namen Edison's Mimeograph firmierte. Dabei erzeugte ein elektrischer Stift, der eine feine Nadel enthielt, eine perforierte Papierschablone eines handgeschriebenen Textes, durch die dann Druckfarbe gepresst wurde, um den Text auf ein leeres Blatt Papier zu übertragen, das mittels eines Flachbettes durch die Maschine lief.

In frühen Ausgaben inkludierte der Künstler kleine mimeographische Skizzen als Illustrationen. Ab der vierten Ausgabe (Kat. 141) setzte er beeindruckende Holzschnittkopfleisten ein, die er nach dem mimeographischen Prozess auf die Blätter druckte. Diese Kopfleisten enthielten oft Motive seiner früheren Arbeiten, so zum Beispiel die sich verbeugende Figur in der Ausgabe vom Februar 1900 (Kat. 142), die auf seinen kurz zuvor vollendeten Holzschnitt *Te atua (Die Götter)*, 1899 (Kat. 132, 133), zurückgeht. Beide Figuren finden sich später in einem bizarren Wesen der Reliefskulptur *Te fare amu (Die Speisehütte)*, um 1901/02 (Kat. 134), wieder. Auf einem anderen Exemplar der Ausgabe vom Februar 1900 (Kat. 143) druckte Gauguin stattdessen eine Kopfleiste, die unter anderem einen tahitianischen Gepäckträger zeigt. Alles in allem fertigte er 18 Holzschnitte für *Le Sourire*, wobei er manchmal unterschiedliche Kopfleisten für verschiedene Exemplare der gleichen Ausgabe verwendete. Der Gepäckträger erinnert an zentrale Figuren in anderen Werken, darunter die Holzschnitte *Noa Noa (Duftend)*, 1893/94 (Kat. 23–26), und *Le Porteur de feï (Der Bananenträger)*, 1898/99 (Kat. 120).

Gauguins Kopfleisten für *Le Sourire* stellen seine letzten gebündelten Bemühungen im Medium des Holzschnitts dar. Es scheint wahrscheinlich, dass seine Druckerfahrungen mit dem Mimeographen sowie das Wissen um Kopiermethoden mittels Durchschlagpapier – im Geschäftsleben der Zeit bereits weit verbreitet – ihm dabei halfen, 1899 eine Technik zur Erstellung von Durchdruckzeichnungen in Öl zu entwickeln und die nächsten drei Jahren zu erforschen. Seine ersten Versuche in dem Medium waren vermutlich Skizzen wie *Studie von Armen und Beinen sowie von einem Kopf*, 1899–1902 (Kat. 146). In *Cave Canis (Hüte dich vor dem Hund)*, 1899/1900 (Kat. 144), setzte Gauguin diese Technik ein, um eine sardonische Darstellung des offensichtlich schlafenden Gouverneurs von Tahiti anzufertigen, zu dessen Füßen ein zum Sprung bereiter Hund mit dem Antlitz des Künstlers sitzt. Im oberen Bereich des Blattes druckte Gauguin einen der *Le Sourire*-Holzschnitte, ein Bild, das den satirischen Aspekt der Arbeit unterstrich. Gauguin war von dem Durchdruckprozess begeistert, und auch davon, wie er die Struktur der Linien umwandeln und das Element Zufall in den kreativen Prozess einbringen konnte. Er setzte die Technik sowohl für kleine, skizzenhafte Arbeiten als auch für große, vollendete Kompositionen ein. **LJ**

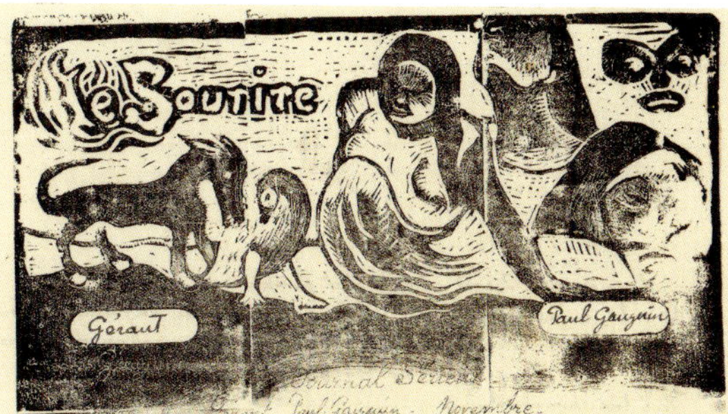

Journal Sérieux

Gérant Paul Gauguin – Novembre –

Critique littéraire – Alfred Jarry est un esprit curieux : On joua de lui au théâtre de l'Oeuvre une petite pièce intitulée Ubu Roi.

Ubu roi est un sale cloporte qui à la queue de ses sujets part en guerre, toujours pris de coliques extravagantes. Je ne dirai pas que la pièce fit fureur, mais elle fit horreur car on ne voit pas avec plaisir la race à laquelle on appartient, bafouée, ravalée à ce point. Néanmoins un type nouveau venait d'être créé. Un homme politique quelconque se montre-t-il sous un aspect foireux et vil : on dit c'est un Ubu. – Un procureur, quelconque aussi, qui essuie seulement avec son mouchoir les crachats qu'on dépose sur son museau, et dont les pantalons servent de pissotière à tous ceux qui lèvent la cuisse – c'est un Ubu. Tout homme qui dans son ménage sert à sa femme de vadrouille pour essuyer les vases de nuit. C'est un Ubu. En principe tout humain qui bête immonde [illegible] le dépôt est un cloporte qui fuit. Couic quand on met le pied dessus. C'est un Ubu.
Désormais Ubu appartient au dictionnaire de l'Académie : il désignera les corps humains qui ont une âme de cloporte. Remercions Mr Alfred Jarry.

Sapristi quelle course au vélo, et cela sans derater – Comme Jupiter qui tourne seize fois plus vite que la Terre – Comme une eau vive humide Gallet s'écria un jour qu'il avait le mal du pays, prit le paquebot sans oublier ses économies, fruit de tant de labeurs à la sueur du peuple.
« Appelez-moi le Trésorier » s'écria-t-il et celui-ci arrivé il lui dit « Je suis très pressé, faites mon compte et n'oubliez pas le cheval de la Colonie – Si par hasard je laissais quelque chose à la traîne, veuillez me l'envoyer à Paris à mon adresse, rue du Salpingre près la rue du Vide-Gousset. Et le Trésorier s'empressa d'obéir (On a vu comment.
Rien que le temps de prendre 150 bouillons et notre cher Gallet bien aimé se présentait au pavillon de Flore – « Qu'il entre ce cher enfant » et aussitôt entré « Tiens ! voilà Mathieu, comment ça va ma vieille, que nous apportes-tu de Bon.
Et Gallet tira de son sac quelques bourdes, quelques nacres –

Peste, s'écria le ministre ; quel trésor, comme ça brille.

– Et Gallet de répondre.

Le Sourire

Si tu veux tout cela sera à nous mais Chut on nous écoute – As pas peur dit le ministre, c'est un copain : je te présente un lapin distingué, l'ami Roume. Qui a donc dit que les temps étaient tristes – Pas vrai – on peut encore Rigoler un brin.
– Mais es-tu sûr d'une majorité aux élections ?
As pas peur, nous avons là-bas un tas d'Ubus qui sont capables de tout. Oh ! ils réclameront leur part mais on peut compter dessus pourvu que je rapporte un tas de décorations – Qu'à cela ne tienne, nous avons une machine capable de fournir 100 Kilomètres de ruban rouge par jour.

Une grosse boule blanche paraît à la vigie. C'est le courrier. Tous les Ubus de la Colonie se réjouissent, à la pensée que ce cher Gallet est à bord ; on fait la répétition du Salut. Attention l'alignement, pliez l'échine Encore Encore !
J'ai une frousse à tout casser, le procureur gaillard maintenant va sûrement me passer son épée au travers du corps ; je suis dans le lac comme on dit. À moins de devenir un Ubu. Ma foi c'est trop dur, je reste ce que je suis. Arrive qui plante et je continue comme par le passé à mettre le pied sur les cloportes – Couac – Pensez donc il faudrait que je me rétracte, qu'à genoux devant un confrère de Luther je dise que la terre ne zigzague pas autour du soleil, que Cythère n'a jamais été cédée à la Suisse, et que l'insecticide Vicat ne détruit pas les insectes, voir même qu'un procureur a toujours du génie – Mon tempérament de frondeur prend le dessus et si on me met en prison je trouverai bien le moyen de faire le portrait ressemblant de tous les Ubus de la Colonie ; je crierai du haut de l'Orofena, afin d'avoir beaucoup d'échos, qu'il y a des gens qui sentent mauvais, que les procureurs si mignons qu'ils soient pour les dames ne sont pas faits pour brimer le pauvre peuple, que (c'est le dernier des que) les Gouverneurs C'est un métier bien joli et bien facile –

Ce mauvais rêve terminé, je me dis que Dieu merci il n'y a pas que des Ubus –

– Tit Oil –

On ne connaît pas assez les écrits de Diderot, entre autres le dernier voyage de Bougainville. Ces écrits d'hier ne sont-ils vivants aujourd'hui quand il dit, par la bouche d'un naturel de Tahiti –
« Et la vie paisible de tous les jours à la vue de nos Dieux fécondant la terre – Les grandes pirogues amenèrent les hommes blancs nous apportant un Dieu nouveau un seul et meilleur – Voilà nos femmes et nos filles, leur avons nous dit – Prenez en plaisir, puisse Dieu votre, bénir leurs flancs et engendrer une race meilleure – Le poison des hommes blancs circula dès lors dans nos veines ;

141

Le Sourire – Journal sérieux, November 1899
Mimeographierte Zeitung mit Holzschnitt-Illustrationen,
Seite: 37,7 x 25,7 cm
Privatsammlung, USA

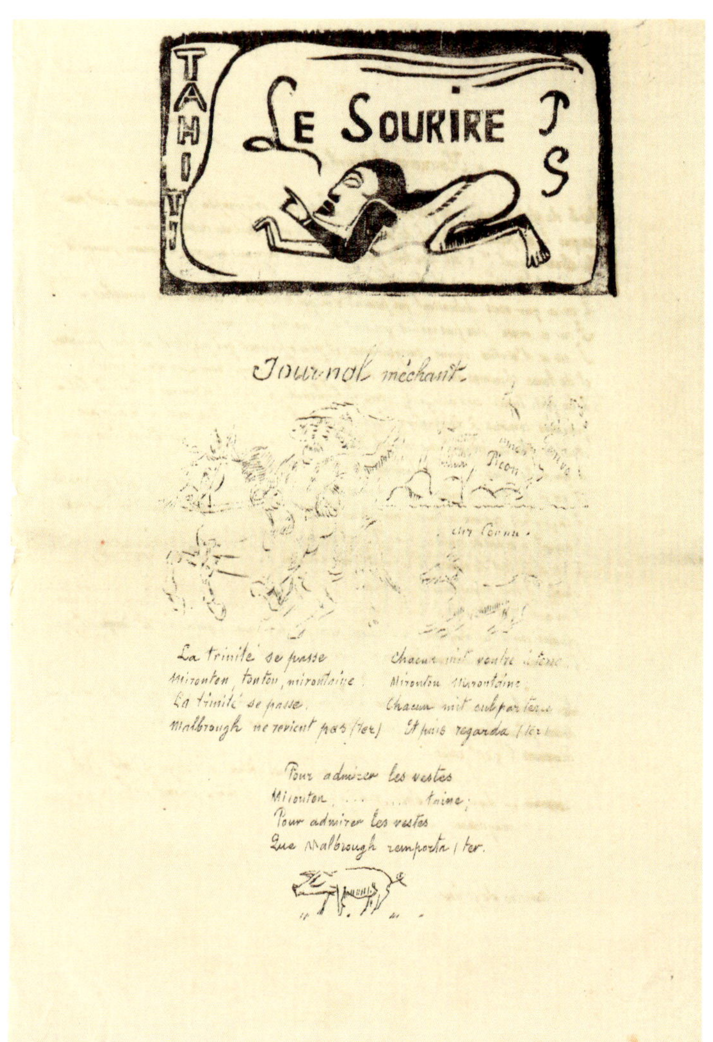

TAHITI

LE SOURIRE

PG

Journal méchant.

La trinité se passe
Mironton, tonton, mirontaine
La trinité se passe,
Malbrough ne revient pas (ter)

Chacun mit ventre à terre
Mironton Mirontaine
Chacun mit cul par terre
Et puis regarda (ter)

Pour admirer les vestes
Mironton, … … taine;
Pour admirer les vestes
Que Malbrough remporta (ter).

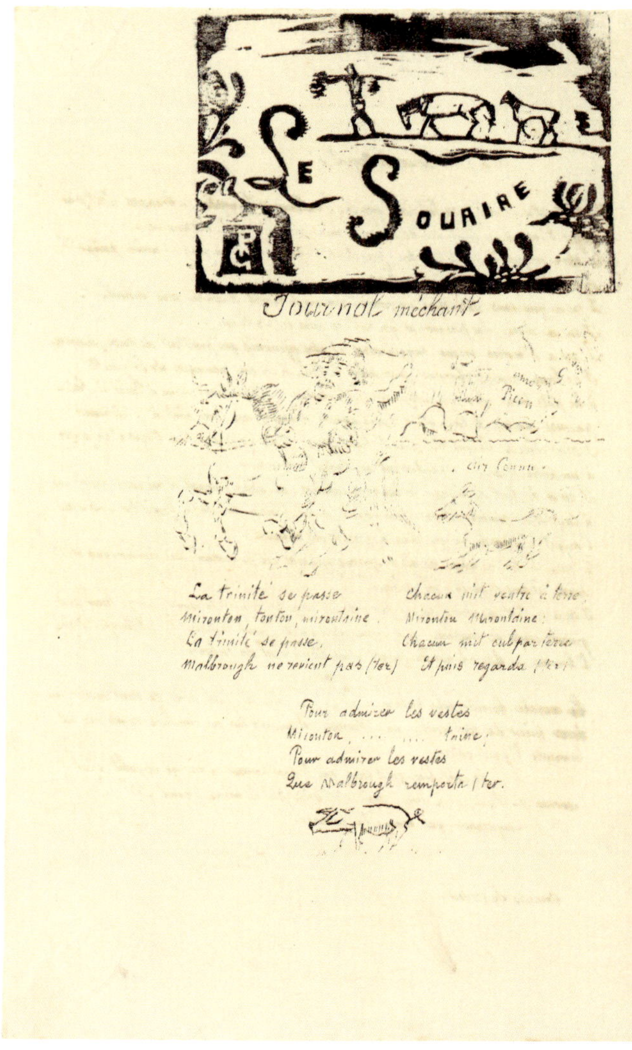

LE SOURIRE

PG

Journal méchant.

La trinité se passe
Mironton, tonton, mirontaine
La trinité se passe,
Malbrough ne revient pas (ter)

Chacun mit ventre à terre
Mironton Mirontaine
Chacun mit cul par terre
Et puis regarda (ter)

Pour admirer les vestes
Mironton, … … taine;
Pour admirer les vestes
Que Malbrough remporta (ter).

142
Le Sourire – Journal méchant, Februar 1900
Mimeographierte Zeitung mit Holzschnittillustrationen,
Seite: 37,7 x 25,7 cm
Privatsammlung, USA

143
Le Sourire – Journal méchant, Februar 1900
Mimeographierte Zeitung mit Holzschnittillustrationen,
Seite: 37,7 x 25,7 cm
Privatsammlung, USA

J'ai su, tout le monde sait ou saura, etc …; j'ai su que le grand Empereur
d'Océanie avait été faire un petit tour de [illegible] aux Tuamotou et … démon-
trer aux habitants que désormais la bienveillante Providence impériale se
chargeait de leur bonheur. Il était accompagné non plus d'un de ces vulgaires
interprètes mais d'un conseiller général, membre de la chambre de commerce
faisant partie et parti du comité de la caisse agricole.
Malheureusement la marine a fait comme toujours son devoir, transportant
ces vénérables colis avec un tas de [illegible]; chocolat à la farine de coco
tous les matins et des excellentes bananes de la plantation Goupil. Pas un seul
petit orage, aucun accident. C'est dommage.
Aussitôt arrivé les fêtes commencèrent et on gobelota chez à la société commer-
ciale, le champagne fit son effet. Finalement on hurla vive l'Empereur, vive
l'Allemagne, vive l'Angleterre, à bas les Boërs; notre grand homme en jubilait,
notre conseiller en rotait et pour manifester sa reconnaissance il tira de sa
poche le gentil discours qu'on connait mais qui traduit en canaque dit
tout à fait le contraire qu'à Tahiti

Voyons, voyons, s'écrie l'Empereur cette fois au milieu de l'assemblée indigène;
c'est pas tout ça je ne suis pas venu ici pour enfiler des perles de verre;
Vous êtes là un tas de sales catholiques et vous avez signé une protestation; moi!!
qui ai promis tout le contraire au ministre. Abolissez la protestation ou bien je
casse tout. Et le fait est que notre Empereur était à ce moment si terrible
que le conseiller Drollet blanc comme une morue d'Islande s'évanouit
subitement.

La foule inquiète se tâtait, je l'ai su, tout le monde le sait ou le
saura etc..
Il fallait en finir et notre Empereur qui est, tout le monde le saura, plus rusé à lui tout
seul qu'une douzaine d'huitres de cancale décida un grand coup. Il proposa à
celui qui lui remettrait la pétition l'autorisation écrite de se souler pendant 40
jours et 40 nuits comme à la Saint Médard. Cette fois l'affaire était dans le sac.

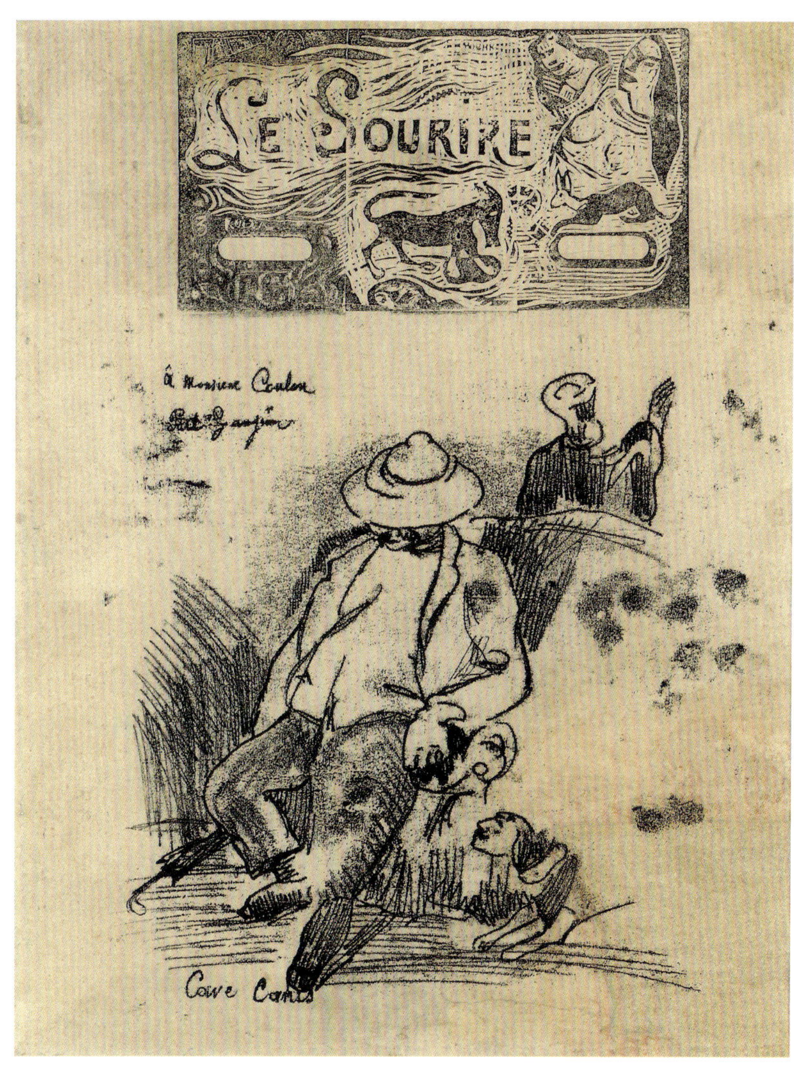

144
Fuchs, Büste zweier Frauen und ein Kaninchen sowie Cave Canis (Hüte Dich vor dem Hund), 1899/1900
Holzschnitt und Durchdruckzeichnung in Öl,
Blatt: 39,5 x 29,8 cm
Privatsammlung

145

Studie von einem Torso und zwei Händen, 1899–1902
Durchdruckzeichnung in Öl, Blatt: 13,5 x 14,5 cm
Galerie Berès, Paris

146

Studie von Armen und Beinen sowie von einem Kopf, 1899–1902
Durchdruckzeichnung in Öl, Blatt: 30,7 x 24, 6 cm
Bibliothèque nationale de France, Paris

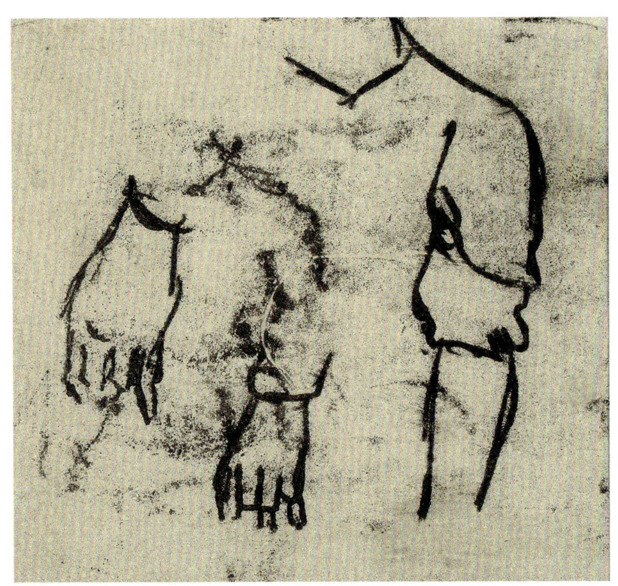

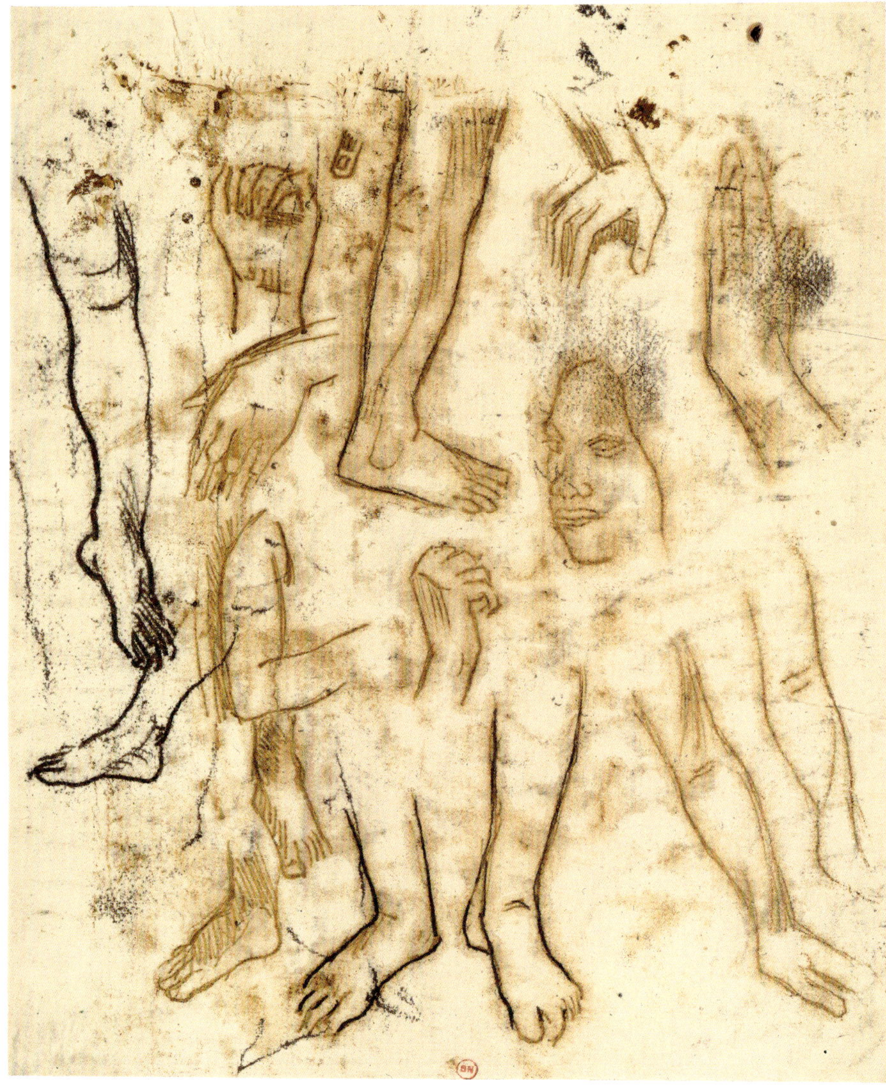

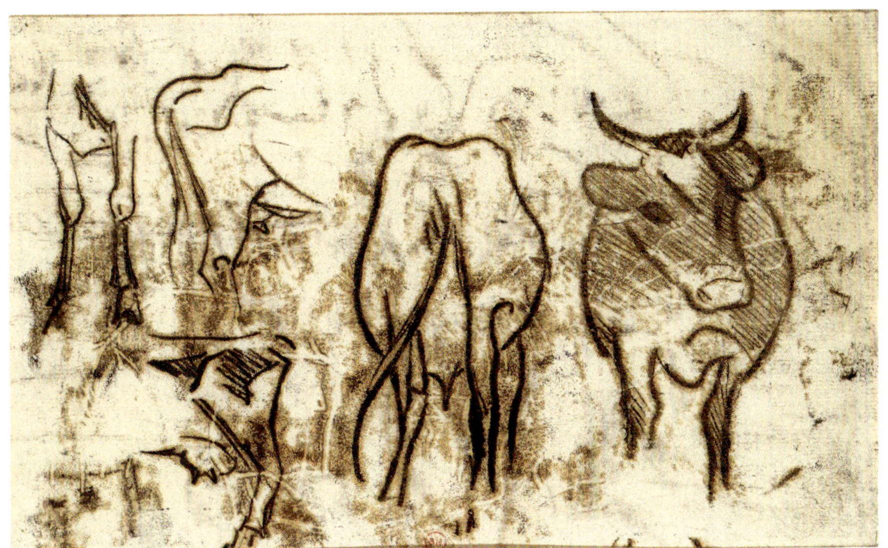

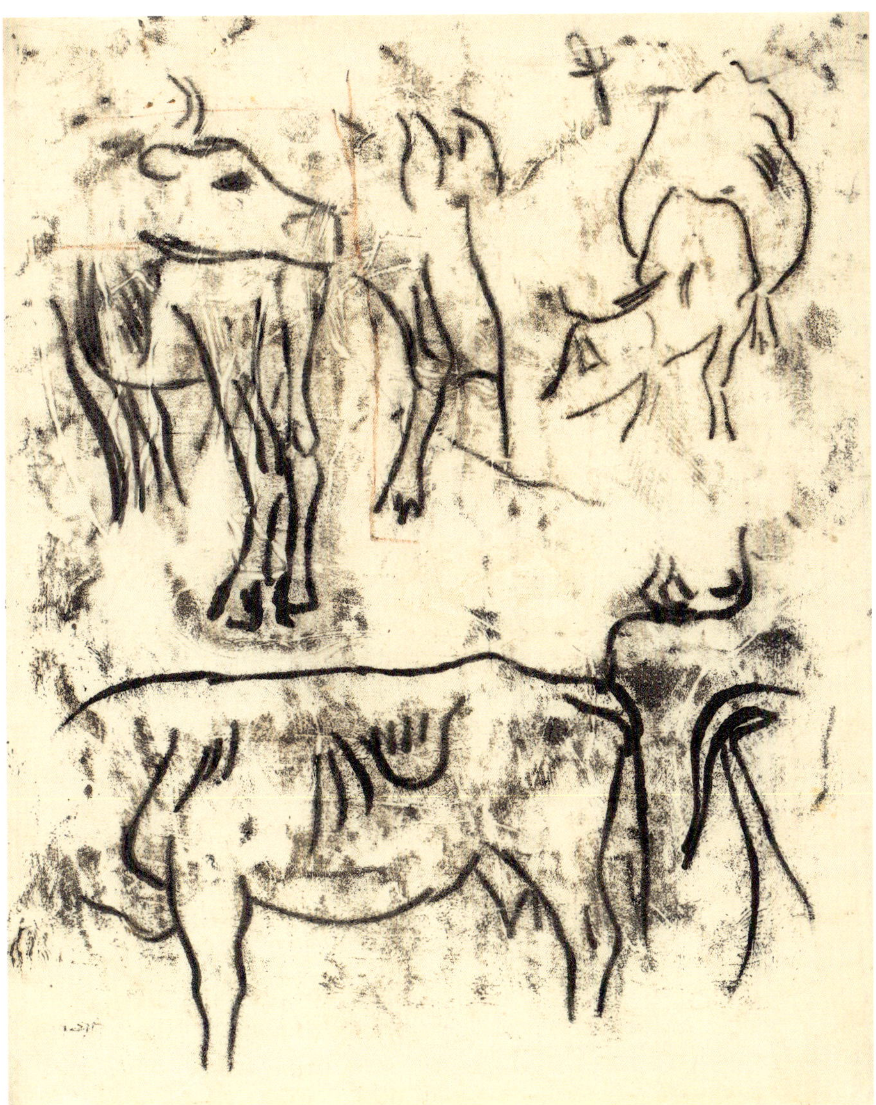

147

Studie von Kühen, 1901/02
Durchdruckzeichnung in Öl, Blatt: 15,5 x 24,9 cm
Bibliothèque nationale de France, Paris

148

Tierstudien, 1901/02
Durchdruckzeichnung in Öl, Blatt: 31,9 x 25,1 cm
National Gallery of Art, Washington, D.C.,
Sammlung Rosenwald

Christi Geburt

Elliptischer, persönlich aufgeladener religiöser Symbolismus durchzieht Gauguins Werk. Katholisch erzogen, verachtete der Künstler doch das, was er als Scheinheiligkeit katholischer Lehren und klerikaler Strukturen betrachtete. Doch fuhr er fort, nach Bedeutungsgehalt in biblischen Archetypen zu suchen. In vielerlei Hinsicht kann sein getriebenes Leben als ausgedehnte Suche nach spiritueller Erleuchtung und letztendlich als Universalität inmitten der Weltreligionen gesehen werden. Diese Suche fand ihren Niederschlag in einer Kunst, in der er immer wieder den Versuch unternahm, christliche Themen in Polynesien anzusiedeln oder in einem Werk Bezüge zu einer Reihe verschiedener Religionen herzustellen, darunter Christentum, Buddhismus und Hinduismus.

Während seiner späten Lebensjahre auf Tahiti und den Marquesas-Inseln schuf Gauguin einige Geburtsszenen. In dem Gemälde *Te tamari no atua (Christi Geburt)* von 1896 (Kat. 149) erzählt er die Geschichte der Geburt Christi in einem polynesischen Umfeld neu und legt den Fokus dabei auf die Mutter, die er in Rückenlage zeigt. Auf einem prachtvoll geschnitzten Bett ausgestreckt, die Hand auf der Brust und von einem Heiligenschein umgeben, der die Schlafstatt in goldenes Licht hüllt, weist diese tahitianische Jungfrau Maria eine mehrdeutige sexuelle Anziehungskraft auf. Rechts im Hintergrund steht eine Gruppe von Kühen – einem Gemälde von Octave Tassaert, einem Genremaler des 19. Jahrhunderts, entliehen – als Referenz auf die biblische Krippe. Vieh war rar in Tahiti, und auch Betten wurden auf der Insel traditionell nicht benutzt. Hinter dem Lager wiegt eine Frau, deren Profil dem des unheilvollen Geistes in *Manao tupapau (Der Geist der Toten wacht)*, 1892 (Kat. 61), ähnelt, in ihren Armen das Jesuskind, erkennbar durch den Heiligenschein. Diese weibliche Figur hinterfragt das Schicksal des Kindes. Auch ein Engel mit grünen Flügeln wacht über der Szene, als ob er nur darauf warten würde, das Kind aus der Umarmung des Geistes zu übernehmen.

1901/02 kehrte Gauguin in einer Serie von mindestens fünf Durchdruckzeichnungen in Öl – vier davon sind hier abgebildet (Kat. 150–152) – zum Thema Christi Geburt zurück. Zwei davon waren als Titelblatt und Rückseite seiner Abhandlung *Esprit moderne et le Catholicisme* (dt. Katholizismus und der moderne Geist) gedacht, die er 1897 zu schreiben begonnen hatte (Kat. 152). In diesem Text verficht Gauguin seine Opposition gegen die Autorität der Katholischen Kirche, seine Gedanken zu den Ursprüngen von Religion und der Entstehung vergleichbarer Religionen sowie seine Ideen zur Befreiung der Frau von der Ehe, die er als eine Art der Prostitution betrachtete. Die zwei Durchdruckzeichnungen in Öl, die er für den Umschlag des Manuskriptes schuf, sind Amalgame von Motiven zweier zeitgleicher Durchdruckzeichnungen: *Frauen und Engel in einem Atelier*, 1901/02 (Kat. 150), und *Christi Geburt*, 1902 (Kat. 151). Für das Titelblatt übernimmt Gauguin von der erstgenannten Arbeit die vier nackten Frauen, die von einer männlichen Figur mit einen Teller Obst begleitet werden. Diese männliche Figur und drei der nackten Frauen finden sich spiegelverkehrt auch auf der linken Seite von *Christi Geburt*. Sowohl in *Frauen und Engel in einem Atelier* als auch auf dem Titelblatt fehlt das heilige Kind. Die Szenen sind nicht länger eindeutig religiös, die Atmosphäre erinnert eher an ein Künstleratelier, wenn nicht sogar an ein Bordell, mit weiblichen Modellen, die halbnackt für den Künstler oder einen Kunden posieren. Im oberen Bereich von *Frauen und Engel in einem Atelier* fügte Gauguin zwei engelsgleiche geflügelte Figuren ein und, links von ihnen, einen jungen Mann, der die Szene zu mustern scheint. Diese drei Figuren werden auch auf der Rückseite des Manuskriptes wiederholt, überblicken dort jedoch eine konventionellere Geburtsszene, komplett mit Maria mit Heiligenschein, Jesuskind, einer Geburtshelferin und einem phantomähnlichen Mann, der möglicherweise Josef darstellen soll. In diesen Kompositionen schöpfte Gauguin aus den strukturellen Effekten des Durchdruckprozesses und verhüllte diese Pseudo-Geburt Christi, die sich zugleich auf das Heilige und das Profane beziehen, in Ambiguität. **LJ**

149
Te tamari no atua (Christi Geburt), 1896
Öl auf Leinwand, 96 x 131,1 cm
Bayerische Staatsgemäldesammlung, München,
Neue Pinakothek

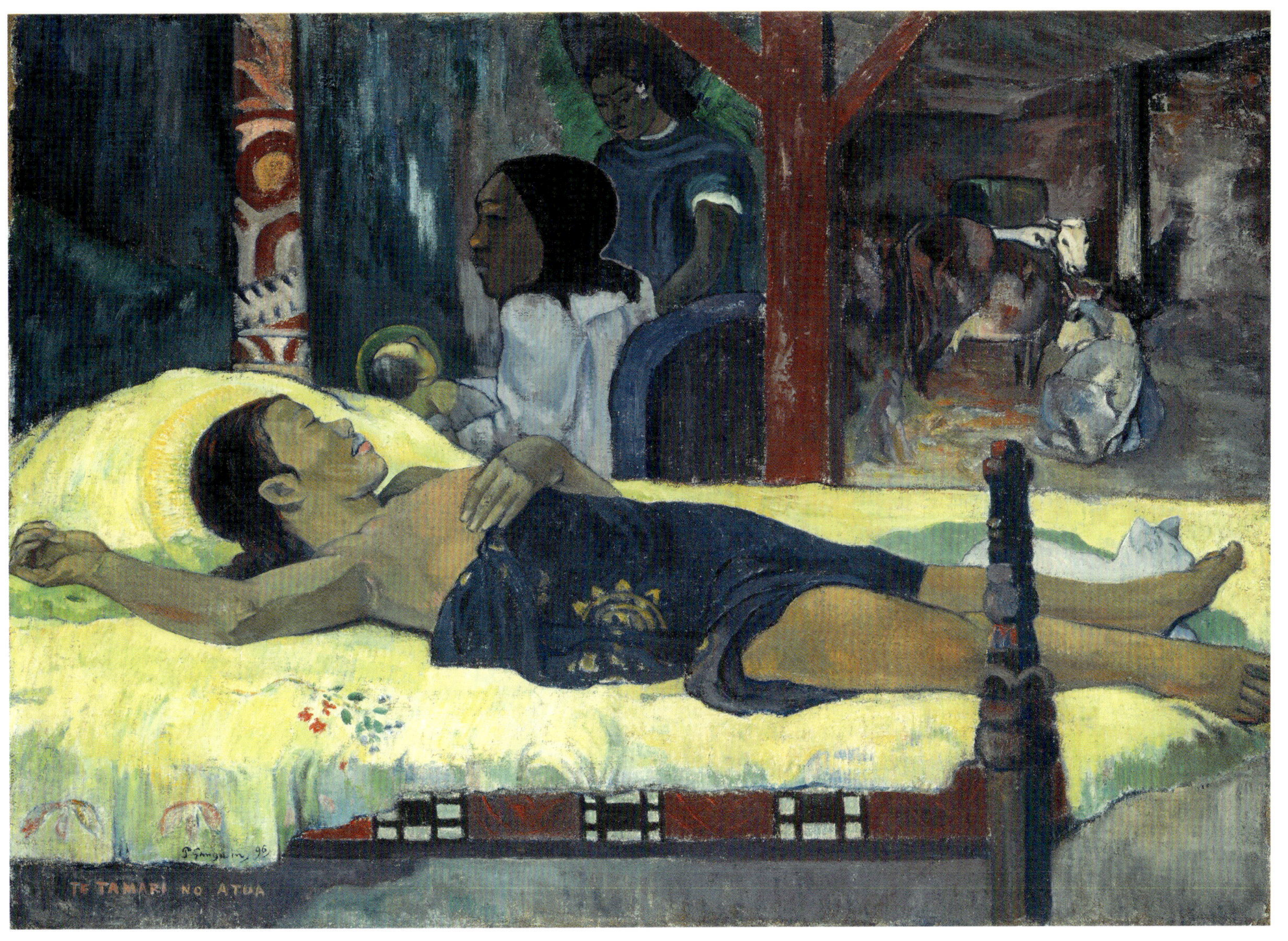

150

Frauen und Engel in einem Atelier, 1901/02
Durchdruckzeichnung in Öl,
Blatt: 52,4 x 47,6 cm
Privatsammlung

Christi Geburt, 1902
Durchdruckzeichnung in Öl,
Blatt: 22,5 x 22,5 cm
Musée du quai Branly, Paris,
Stiftung Lucien Vollard

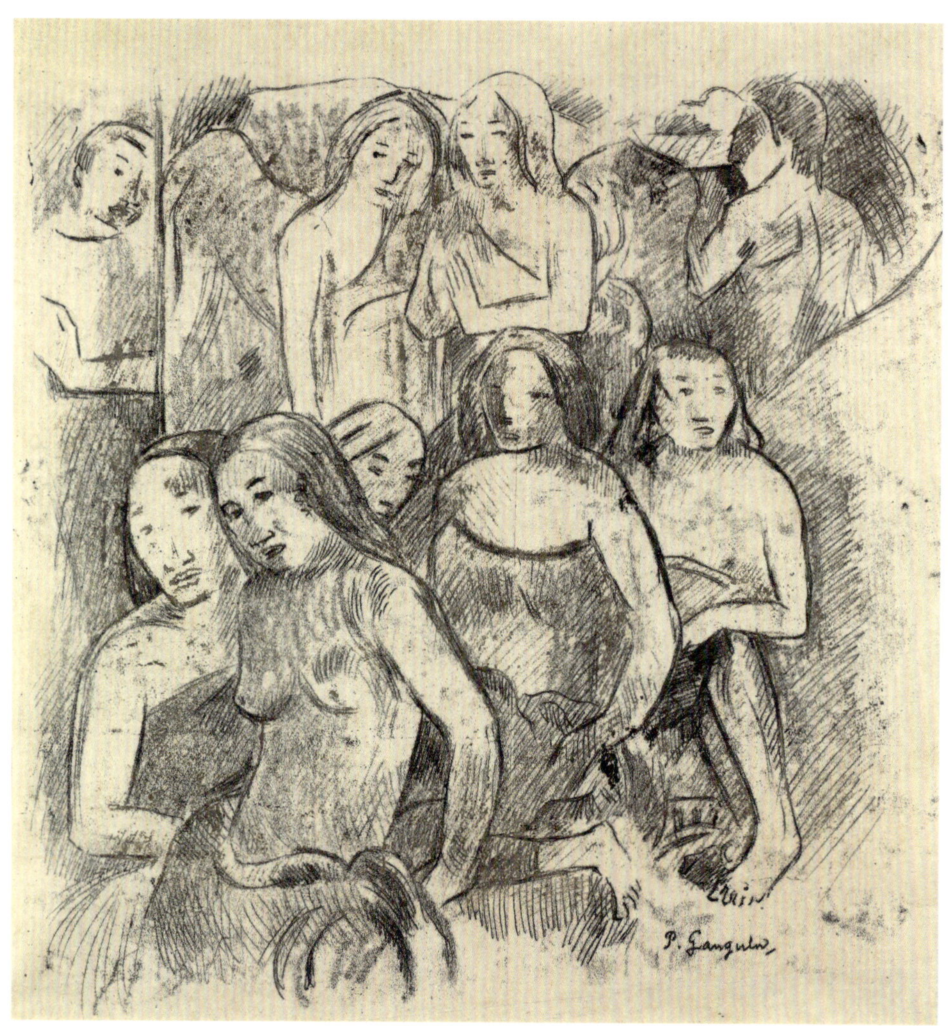

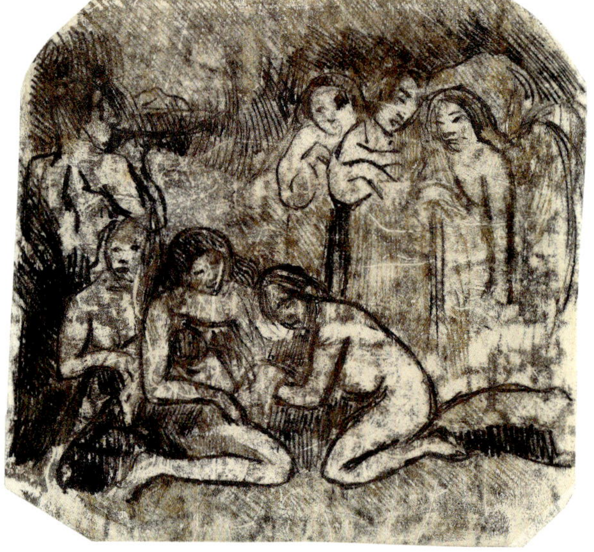

152

Esprit moderne et le Catholicisme, 1902
Manuskripteinband (Vorder- und Rückseite)
mit zwei Durchdruckzeichnungen in Öl,
Einband (geschlossen): 32,1 x 17,9 x 2,1 cm
Saint Louis Art Museum, Schenkung Vincent L. Price, Jr.,
in Erinnerung an seine Eltern, Marguerite
und Vincent L. Price

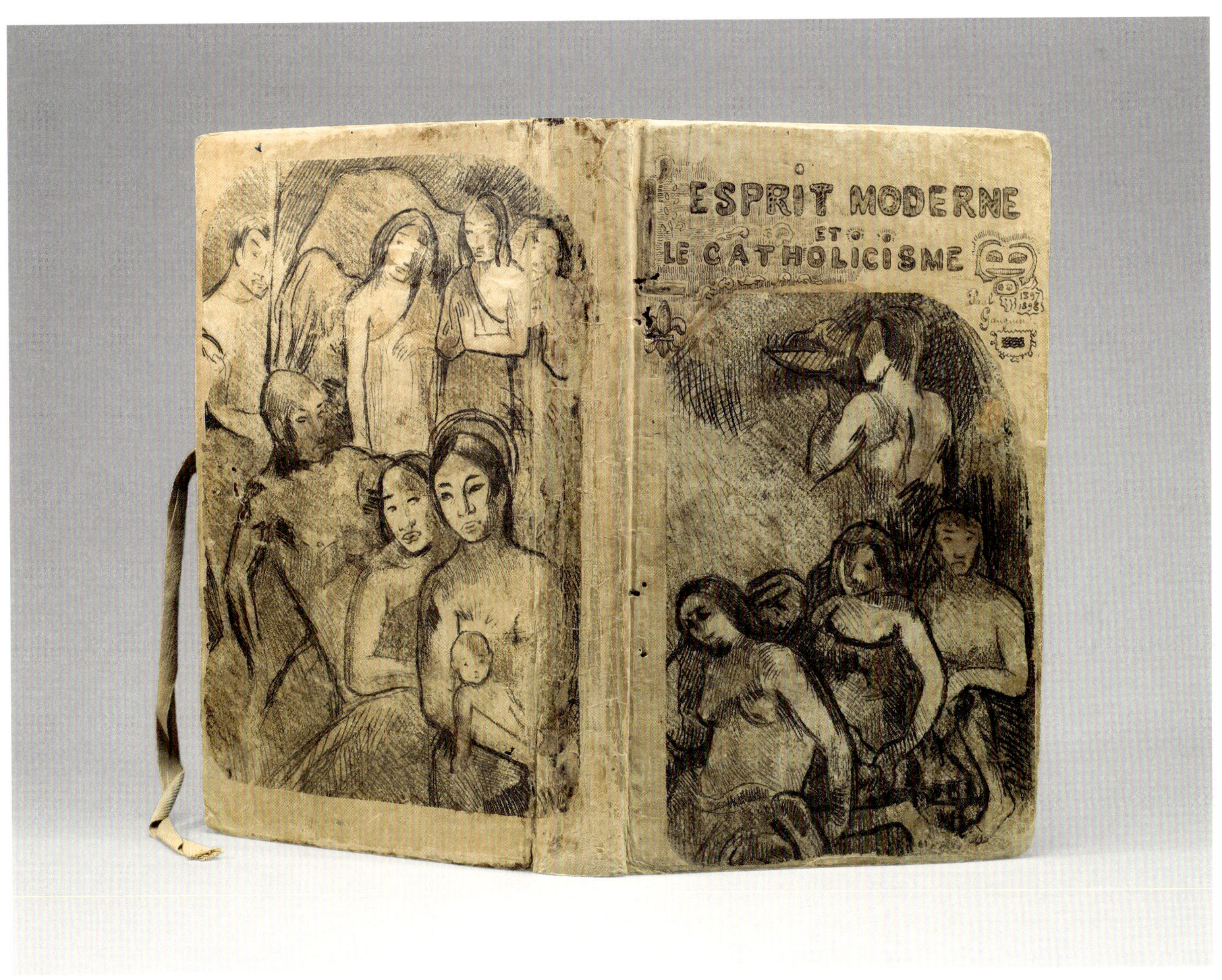

Der böse Geist

Das Thema der tahitianischen Frau, die von einem Geist heimgesucht wird, zieht sich eindringlich durch Gauguins Œuvre. Es taucht 1892 erstmals in seinen Arbeiten auf, als er *Manao tupapau (Der Geist der Toten wacht)* (Kat. 61) und *Parau na te varua ino (Worte des Teufels)* (Kat. 126) schuf, und fand einen höchst dramatischen Widerhall in drei monumentalen Durchdruckzeichnungen in Öl, die um 1900 entstanden und als *Tahitianerin mit bösem Geist* bekannt wurden (Kat. 154–156).

Zwei dieser Durchdruckzeichnungen zeigen Geister. Deren Köpfe beruhen auf der Holzskulptur *Kopf mit Hörnern*, 1895–1897 (Kat. 153), die Gauguin einige Jahre zuvor geschnitzt hatte. Der nahezu lebensgroße gehörnte Kopf war die fantastische Schöpfung des Künstlers, die teilweise von der polynesischen Mythologie inspiriert worden war. Manchmal wird er auch als tierisches Selbstbildnis verstanden, in dem sich Gauguin als der »Wilde« darstellte, als der er sich gerne sehen wollte. Die natürlichen Verdickungen im Holz verleihen dem Kopf eine organische Qualität, die nicht zu der glänzend polierten Oberfläche und zu dem dekorativen Sockel zu passen scheint. 1898/99 fügte Gauguin eine Abbildung des Kopfes in einen Holzschnitt ein, *Planche au diable cornu (Gehörnter Teufel)* (Kat. 121). Ungefähr ein Jahr später verwendete er den Kopf für die Figuren zweier Geister – ein phantomartiges Monster (Kat. 154) und eine Figur, die halb Mensch, halb Bestie ist (Kat. 155) –, abgebildet in den oben erwähnten Durchdruckzeichnungen. In diesen Zeichnungen ragt die Figur hinter einer barbusigen Frau auf. In der ersten hält die liegende Frau einen Fächer über die Seite ihres Kopfes, in einer Pose, die Gauguin schon in früheren Arbeiten verwendet hatte, darunter in einem Holzschnitt von 1898 (Kat. 118) und in einem Gemälde von 1896, das wiederum auf eine Tafel von Lucas Cranach d. Ä., *Diana* oder *Liegende Quellnymphe*, um 1537, zurückgeht. Für die Frau in der zweiten Durchdruckzeichnung kopierte Gauguin ein junges tongaisches Mädchen mit einem schlangenartigen Perlenhalsband aus einer Fotografie in seinem Besitz. Stacheliges Haar und hängende Zöpfe waren tongaische Kennzeichen für Mädchen, die dabei waren, ihre Jungfräulichkeit zu verlieren. Die Zöpfe wurden abgeschnitten und nach dem Vollzug des Geschlechtsakts dem männlichen Gefährten übergeben.[1] In der dritten Durchdruckzeichnung wird die weibliche Figur nicht von einer Bestie, sondern von einem menschlichen Kopf im Profil begleitet, der hinter ihr wie eine Erscheinung oder eine Vision schwebt. Jede der Frauen in diesen Arbeiten blickt mit einem geheimnisvollen, fast tranceähnlichen Blick aus dem Bild, der die Ambiguität ihrer Beziehung zu dem Geistergefährten betont. Es wird nicht klar, ob sie sich des Geistes bewusst ist, und wenn ja, ob sie seine Gegenwart fürchtet oder ersehnt.

Diese drei Arbeiten gehörten aller Wahrscheinlichkeit nach zu den zehn großformatigen Durchdruckzeichnungen in Öl, die Gauguin im März 1900 von Tahiti aus an seinen Galeristen Ambroise Vollard in Paris schickte. Sie stehen für seine radikalen Experimente mit den Umdrucktechniken, die er eben erst entwickelt hatte. Auf den Rückseiten der Werke erkennt man, dass Gauguin einen spitzen Graphitstift für die Konturen der Figuren und weichere blaue Stifte für die Schattierungen verwendete. Die Zeichnung auf der Rückseite der Arbeit mit dem gespenstischen menschlichen Kopf bedeckte er mit einer Öllavierung, vielleicht um dem Bild auf der anderen Seite mehr Leuchtkraft zu verleihen. In diesen doppelseitigen Kompositionen erzeugt der feine Zeichenprozess auf der Rückseite eindringliche, atmosphärische Drucke auf der Vorderseite. **LJ**

1 / Elizabeth C. Childs, »The Colonial Lens: Gauguin, Primitivism, and Photography in the Fin de siècle«, in: Lynda Jessup (Hrsg.), *Antimodernism and Artistic Experience: Policing the Boundaries of Modernity*, Toronto 2001, S. 62.

153

Kopf mit Hörnern, 1895–1897
Holz mit Spuren von Farbe,
Kopf: 22 x 22,8 x 12 cm, Sockel; 20 x 25 x 17,5 cm
The J. Paul Getty Museum, Los Angeles

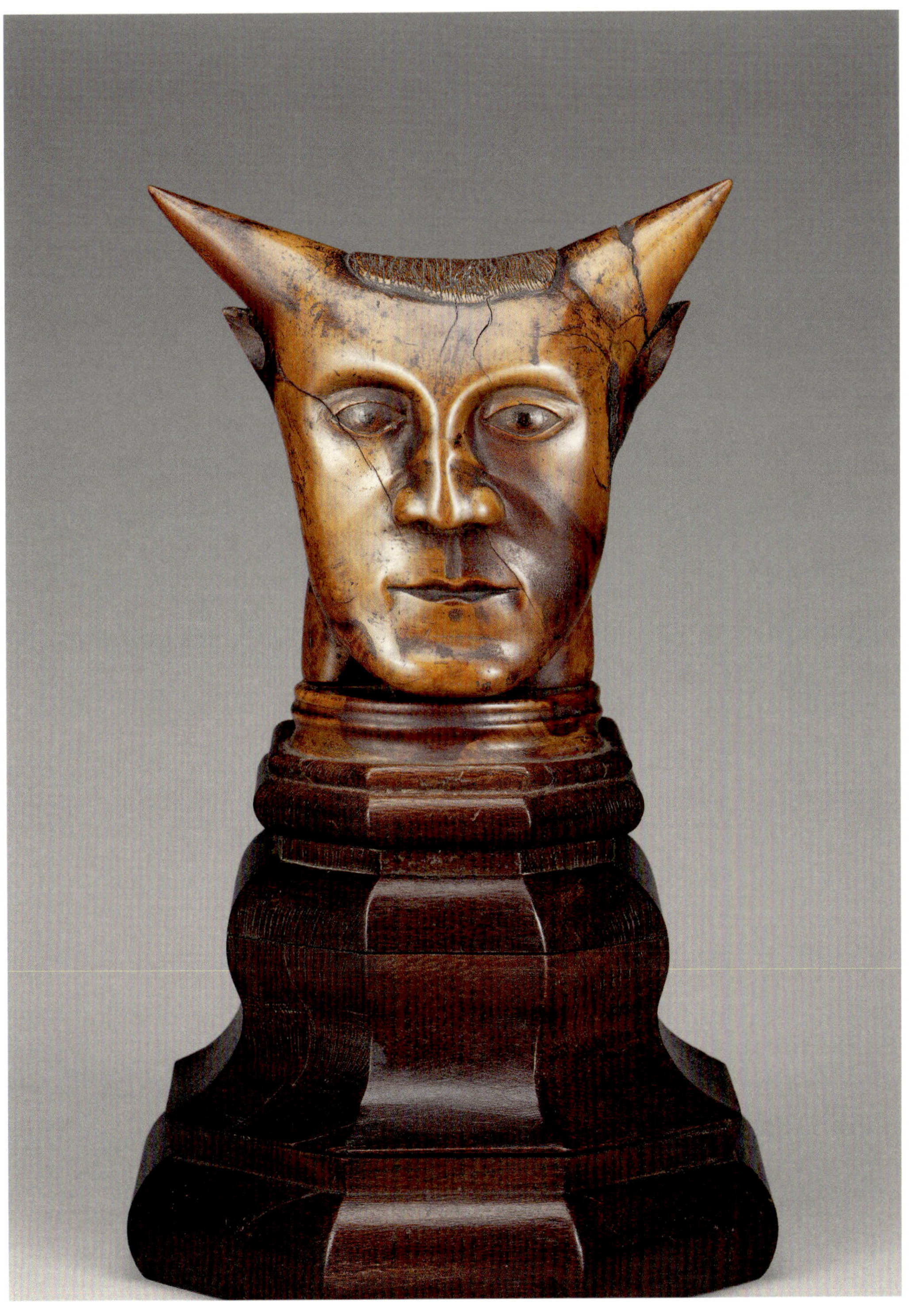

154
Tahitianerin mit bösem Geist, um 1900
Verso (links): Graphit und blauer Stift,
recto (rechts): Durchdruckzeichnung in Öl,
Blatt (Ansicht beschnitten): 64,1 x 51,6 cm
Privatsammlung

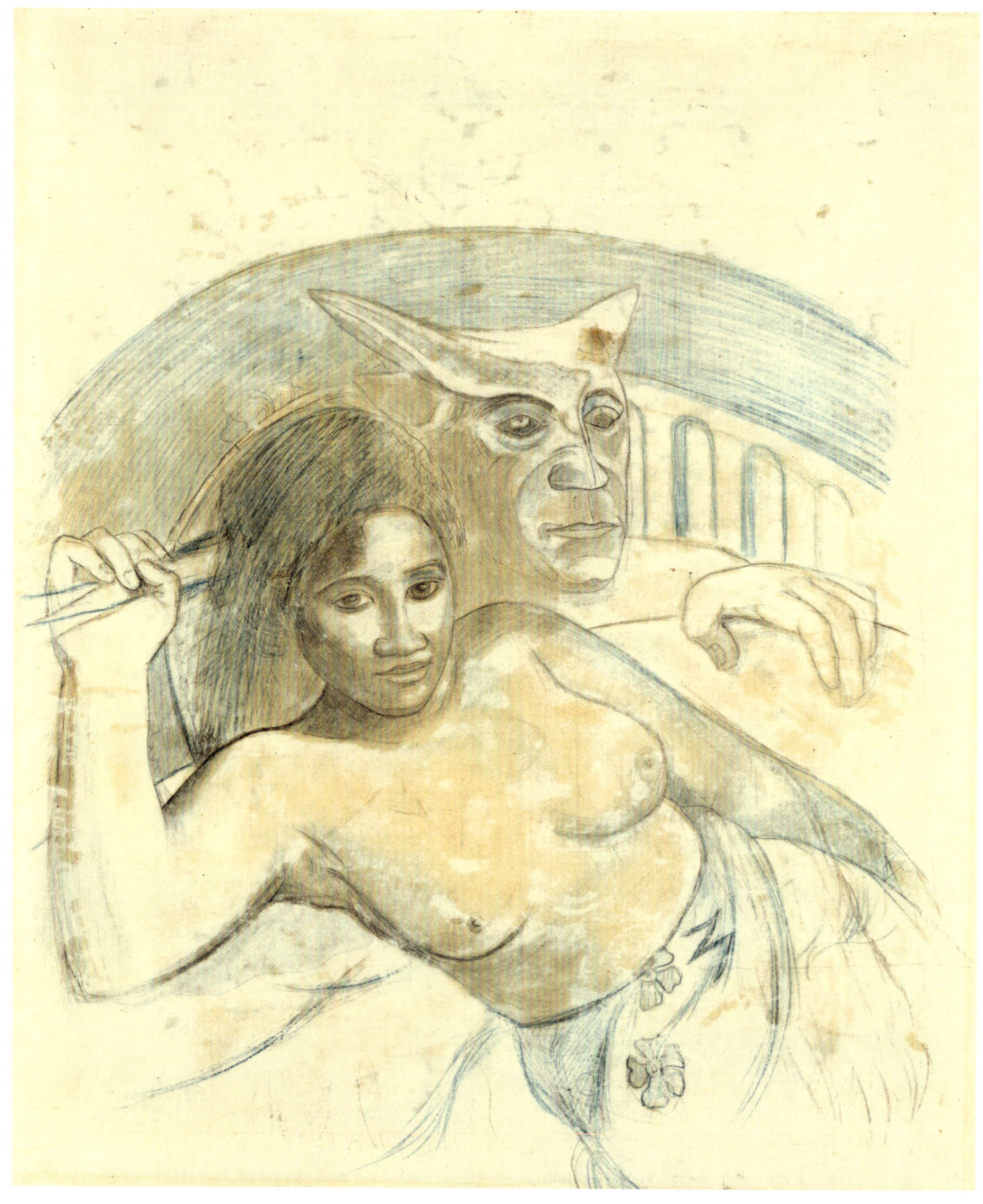

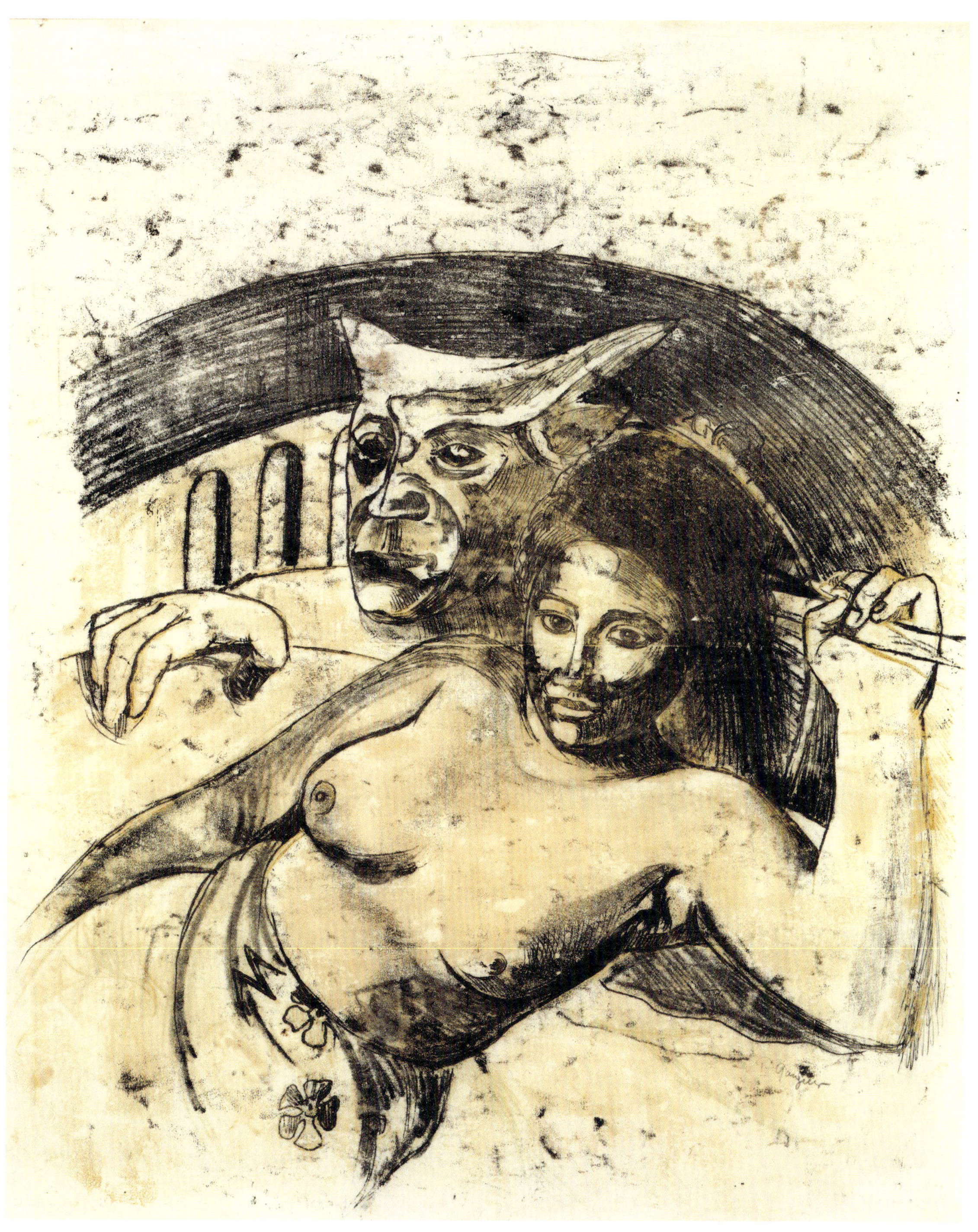

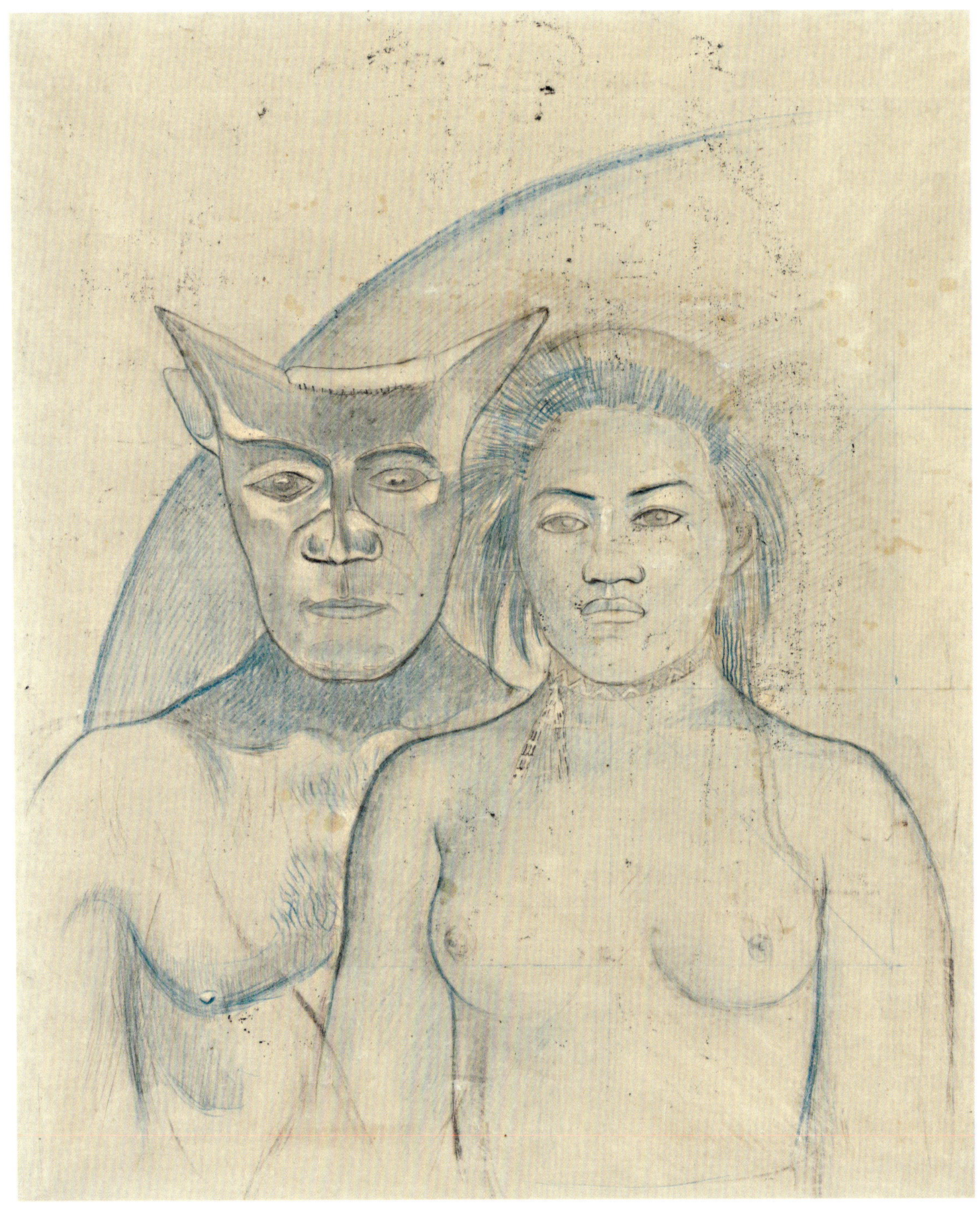

155
Tahitianerin mit bösem Geist, um 1900
Verso (links): Graphit und blauer Stift,
recto (rechts): Durchdruckzeichnung in Öl,
Blatt (Ansicht beschnitten): 65 x 46 cm
The Museum of Modern Art, New York, Ankauf
dank der Großzügigkeit von Trustees und Förderern

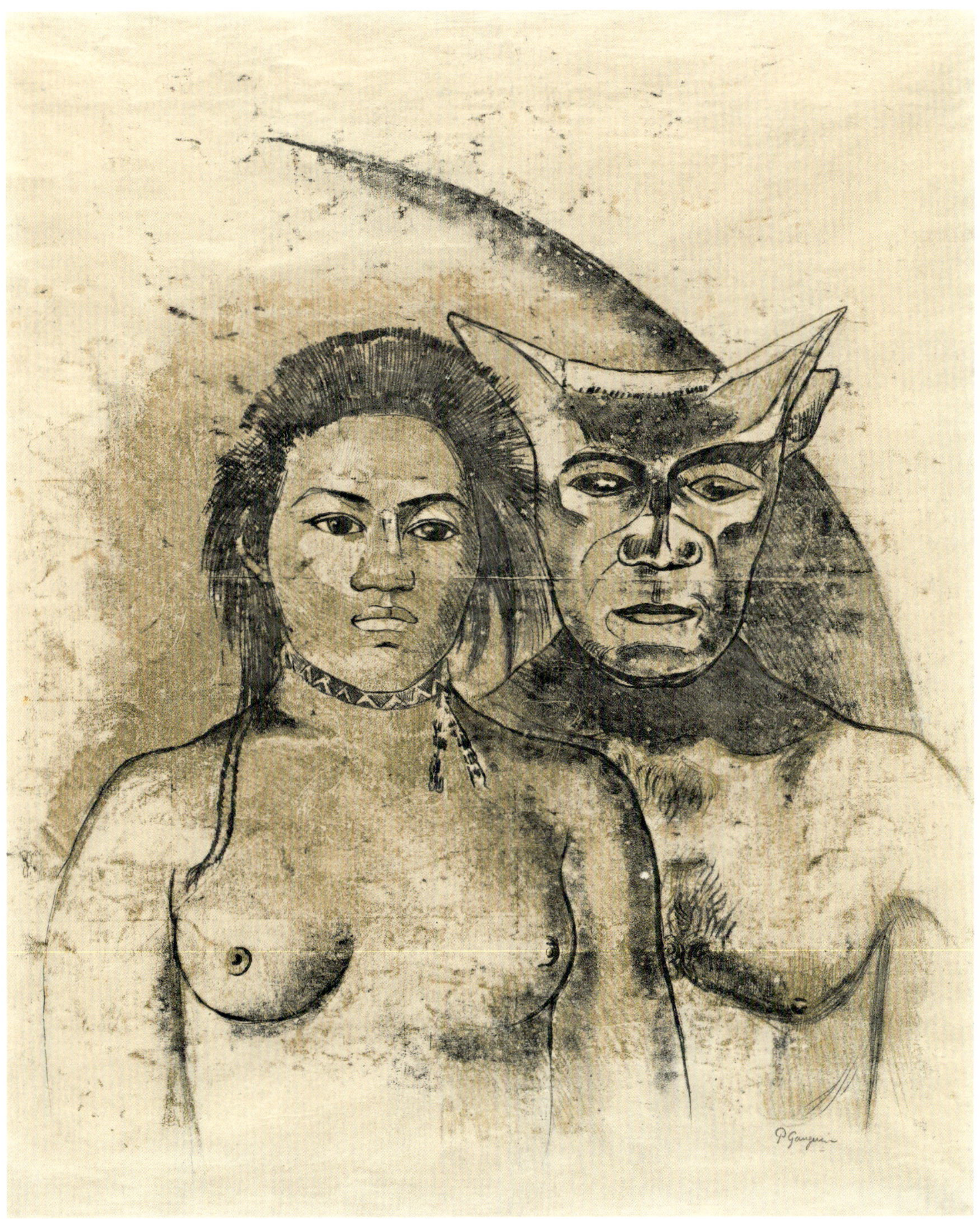

156

Tahitianerin mit bösem Geist, um 1900
Verso (links): Graphit, blauer Stift und braune Ölfarbe,
recto (rechts): Durchdruckzeichnung in Öl,
Blatt (Ansicht beschnitten): 63,8 x 51,2 cm
Städel Museum, Frankfurt am Main

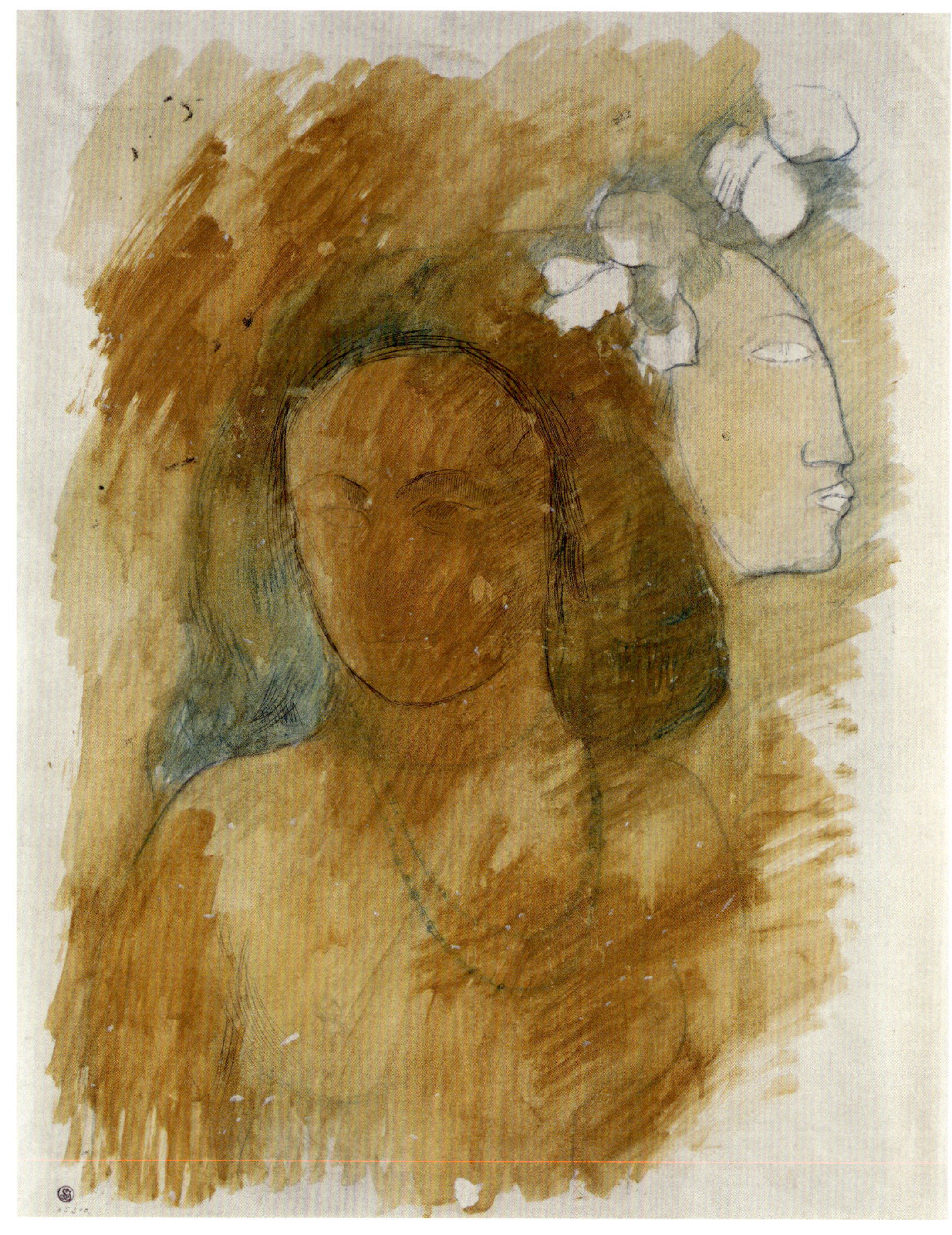

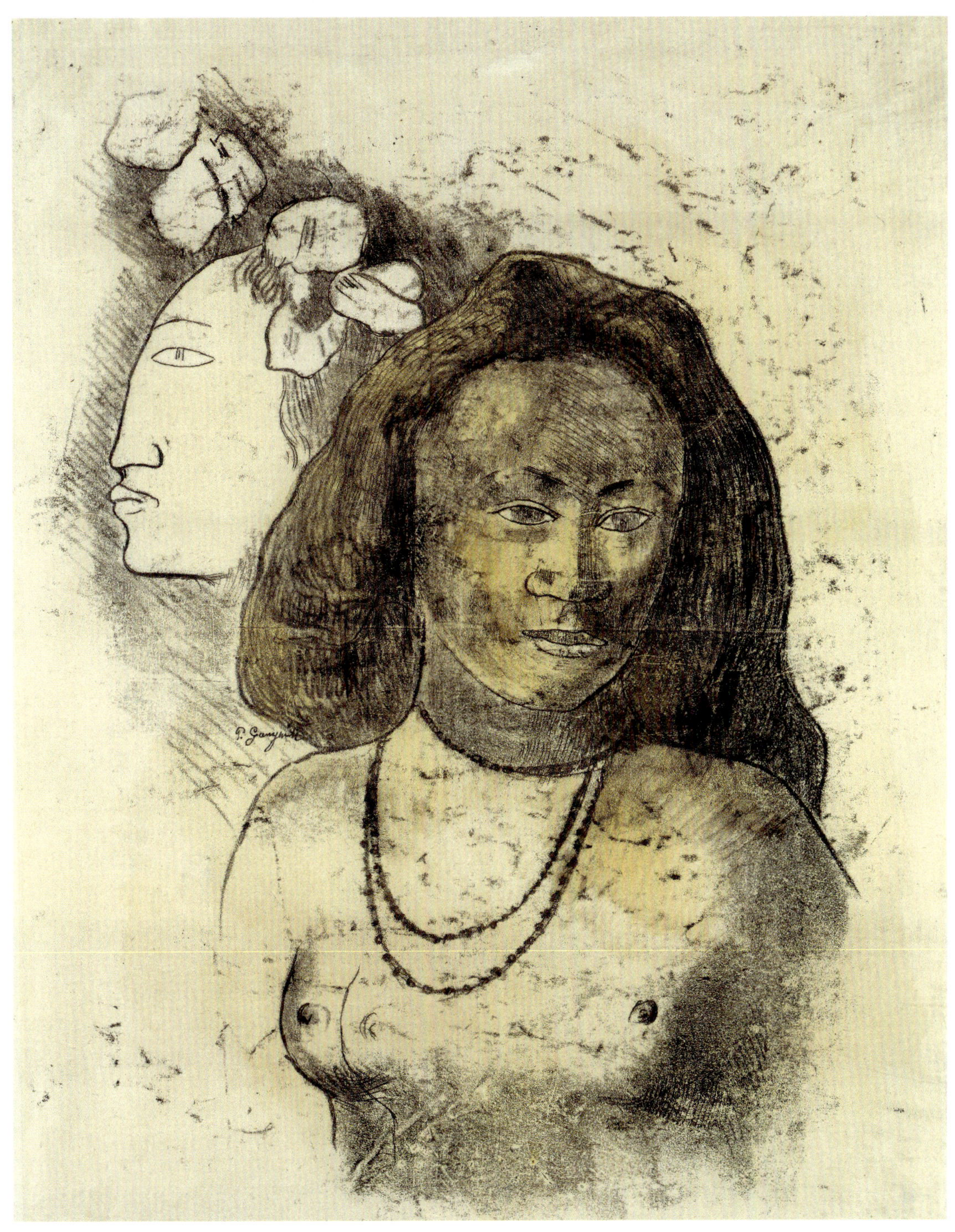

Porträts und Doppelporträts

Zwischen 1899 und 1902 schuf Gauguin eine Reihe von Porträts und Doppelporträts, die den Schwerpunkt auf die unbeschwerte und »exotische« Schönheit polynesischer Frauen legten. Diese Arbeiten stehen im Gegensatz zu seinen früheren tahitianischen Bildern, die oftmals Figuren als Charaktere in Erzählungen oder Allegorien porträtieren. In vielen Fällen passte sich Gauguin bewusst an den Geschmack des französischen Kunstmarktes an, nachdem er im März 1900 eine Vereinbarung mit seinem Pariser Kunsthändler Ambroise Vollard getroffen hatte, die vorsah, dass er im Austausch gegen ein monatliches Gehalt die regelmäßige Lieferung an verkaufbaren Gemälden garantiere. Die Frauen in Gauguins Porträts weisen alle einen gelassenen Ausdruck und ähnliche Gesichtszüge sowie zarte Augenbrauen, eine breite Nase und volle Lippen auf. Nur für einige wenige Arbeiten konnten tatsächliche, reale Vorbilder ausfindig gemacht werden, doch man nimmt an, dass die Modelle oftmals Geliebte oder Bekannte von Gauguin auf Tahiti und den Marquesas-Inseln waren. Einige Porträts sind jedoch wahrscheinlich erdachte Konstrukte oder Mischungen, die imaginäre Idealbilder repräsentieren.

In Gemälden wie *Frau mit einem Fächer*, 1902 (Kat. 157), *Zwei Tahitianerinnen*, 1899 (Kat. 164), und *Zwei Frauen*, 1902 (Kat. 167), bediente sich Gauguin einer Palette an leuchtenden Tönen (Blau, Violett, Purpur), von denen sich die goldbraune Haut seiner Modelle schön absetzt und die jedes Porträt in eine verführerisch dämmrige Atmosphäre tauchen. Auch Früchte und Blumen als Symbole sexueller Verfügbarkeit und Fruchtbarkeit finden sich in diesen Darstellungen. Die Pose der Figuren in *Zwei Tahitianerinnen* stammen von den skulptierten Friesen im buddhistischen Tempel von Borobudur – der Künstler hatte sie bereits für *Faa iheihe (Vorbereitungen zum Fest)*, 1898 (Kat. 117), verwendet –, und Gauguin war bestrebt, ihnen eine auffallend klassische Weiblichkeit zu verleihen. Ihre Haltung und der ruhige Ausdruck verraten Selbstvertrauen und Anmut, und ihre Körper sind in togaähnliche Gewänder gehüllt, eine Art von Kleidung, die weder Tahitianerinnen noch Marquesanerinnen trugen.

In einigen Arbeiten auf Papier dieser Jahre (Kat. 159, 160, 163) verwandelt Gauguin die Gesichter seiner Modelle in verstörende, beinahe groteske Masken, die an archaische Steinreliefs oder Idole denken lassen, indem er die mandelförmigen Augen völlig leer lässt. In einer solchen Zeichnung (Kat. 163) verband er das zentrale Porträt mit zwei Profilansichten, darunter und rechts davon, um eine eindringliche, totemartige Konstruktion zu schaffen. Die geisterhafte Präsenz der schwach gezeichneten Profile beschwört die »tupapau«, Geister der Toten, die Gauguin in den Hintergrund früherer Arbeiten einfügte und die den zentralen Figuren seiner Bilder Angst einflößten (Kat. 61, 126).

Das Gemälde der *Zwei Frauen* und einige verwandte Zeichnungen wirken jedoch etwas zurückhaltender und anziehender. Diese Arbeiten zeigen Figuren, die die Köpfe in provozierender Dreiviertelansicht drehen, die Augen verführerisch halb geschlossen, als ob sie dem Betrachter verstohlene Blicke zuwerfen. In dem Gemälde wird der Eindruck sexueller Aufforderung noch verstärkt durch ein hinter den Figuren liegendes Plüschkissen sowie durch einen Fuchs, der am Eingang sitzt – ein Symbol, das Gauguin häufig als Stellvertreter für sich selbst einsetzte, aber auch als Sinnbild der Wollust. In den zwei miteinander in Beziehung stehenden Durchdruckzeichnungen (Kat. 162, 165), die vermutlich nach dem Gemälde entstanden, wurden die Kompositionen enger beschnitten und der Großteil der ausschmückenden Details weggelassen, um den Fokus stärker auf die Gesichter der Frauen zu legen. Ohne den glühenden Schein der Farbe, eingebettet in die rußige Konsistenz des Übertragungsmediums, erhalten die Modelle einen anderen, urwüchsigen Zauber. Ihre Fremdartigkeit, eine Qualität, die Gauguin schätzte, wird noch deutlicher, wenn sie im Licht der klassischen Lesbarkeit und der ausgearbeiteten traditionelleren Zeichnungen betrachtet wird (Kat. 163, 166). **SF**

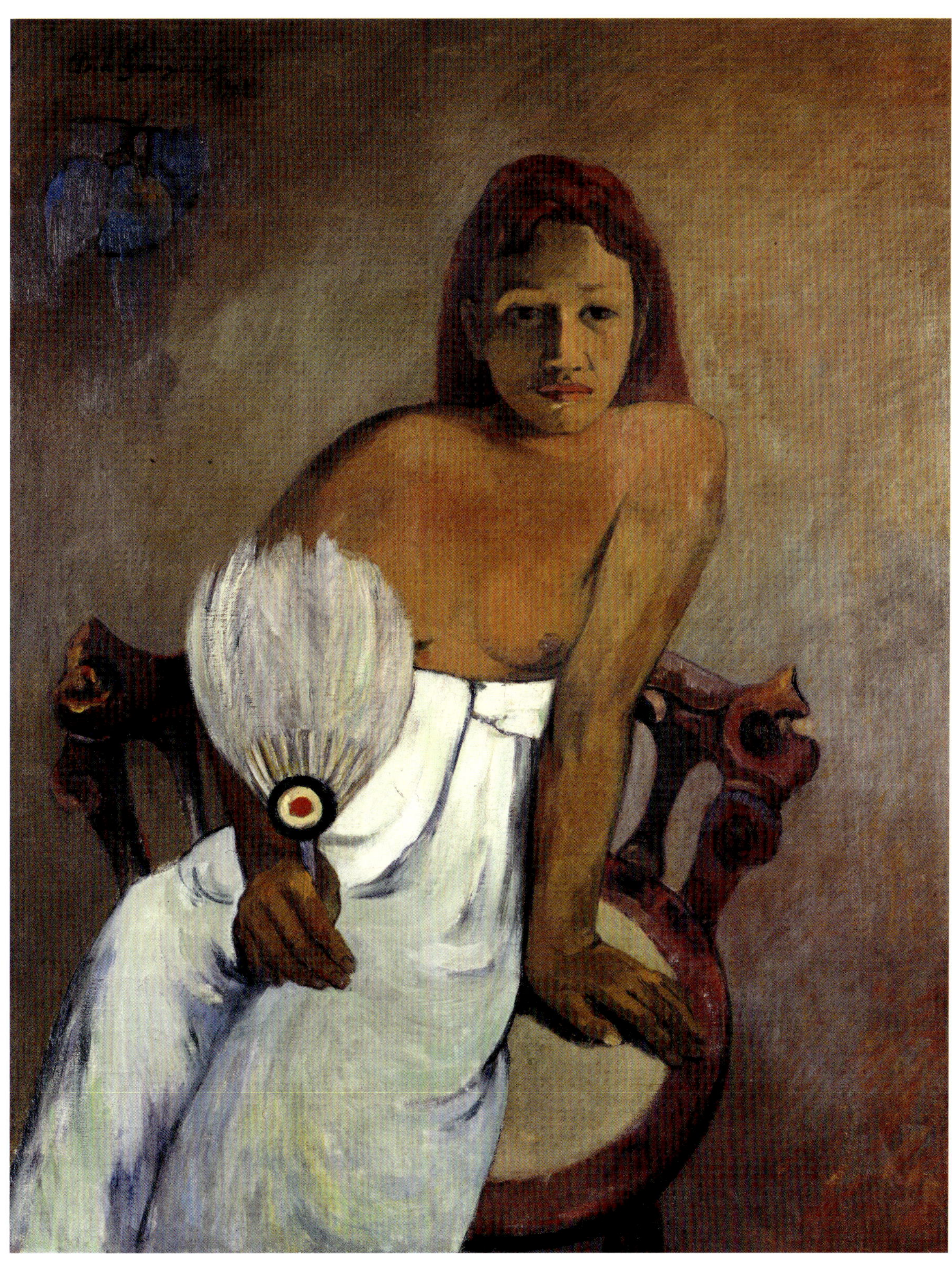

157

Frau mit einem Fächer, 1902
Öl auf Leinwand, 91,9 x 72,9 cm
Museum Folkwang, Essen

158

Tahitianisches Mädchen, um 1896
Holz und Mischtechnik, 94,9 x 19,1 x 20,3 cm
Raymond and Patsy Nasher Collection,
Nasher Sculpture Center, Dallas

159

Drei tahitianische Köpfe, um 1901–1903
Durchdruckzeichnung in Öl, Blatt: 26,5 x 21 cm
Privatsammlung

160

Kopf einer Marquesanerin, um 1902
Gouache-Monotypie, Blatt: 31,5 x 27,4 cm
Privatsammlung

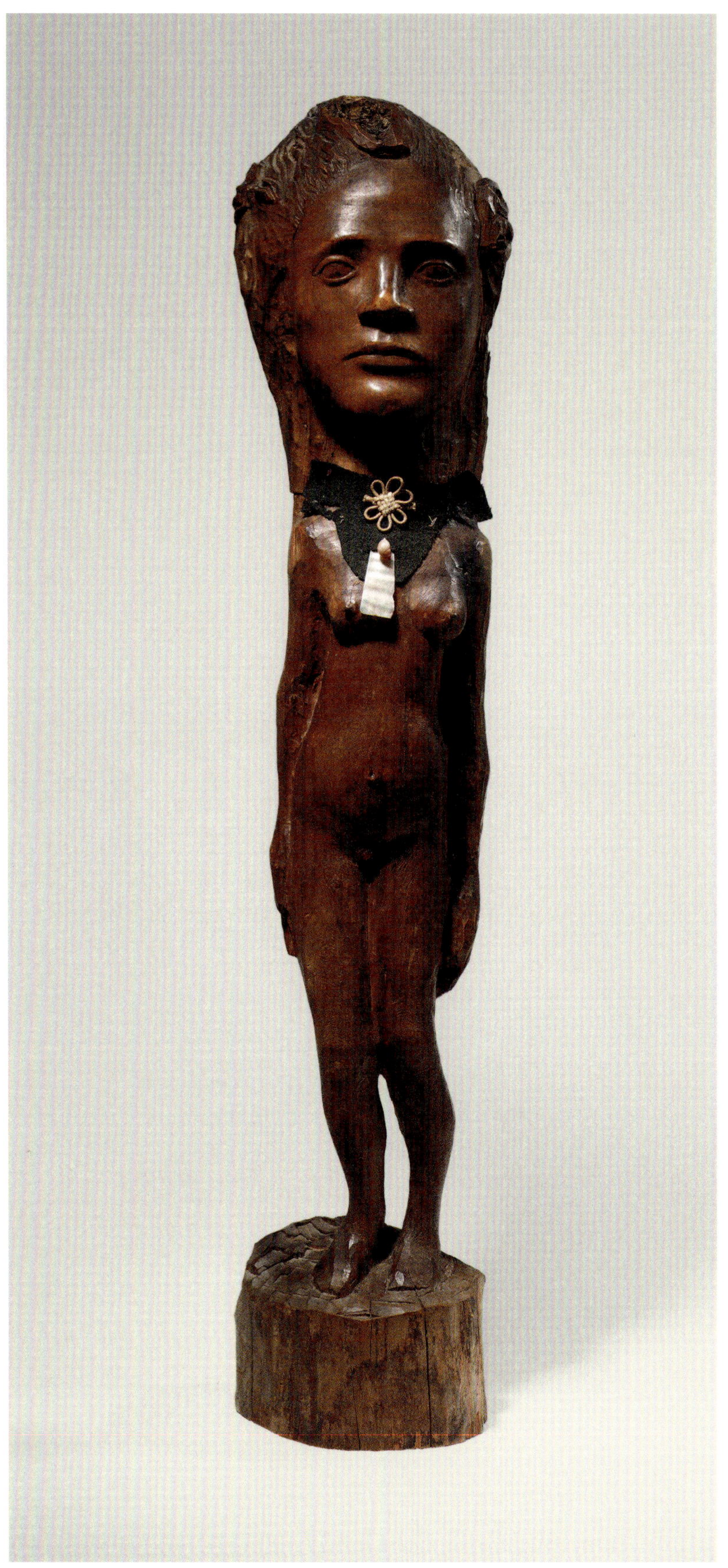

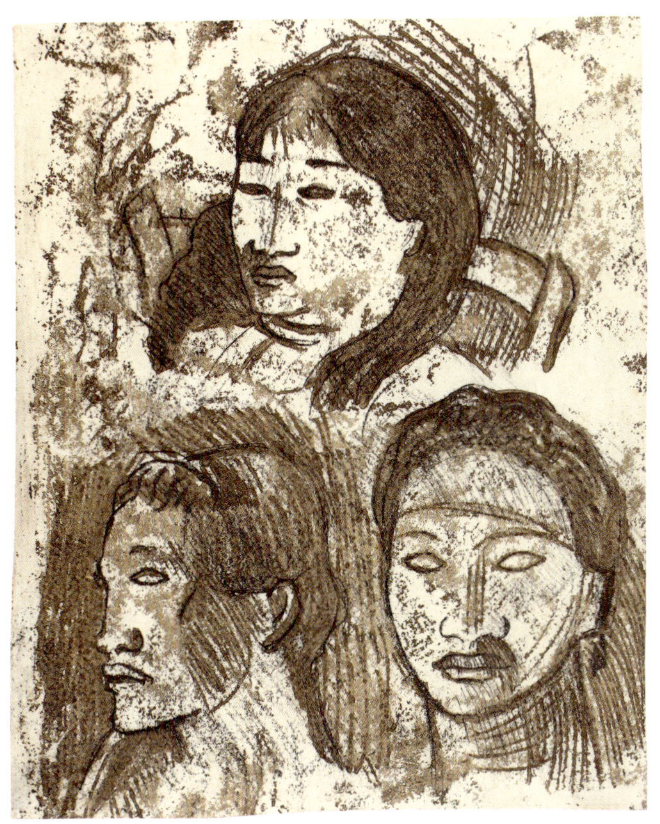

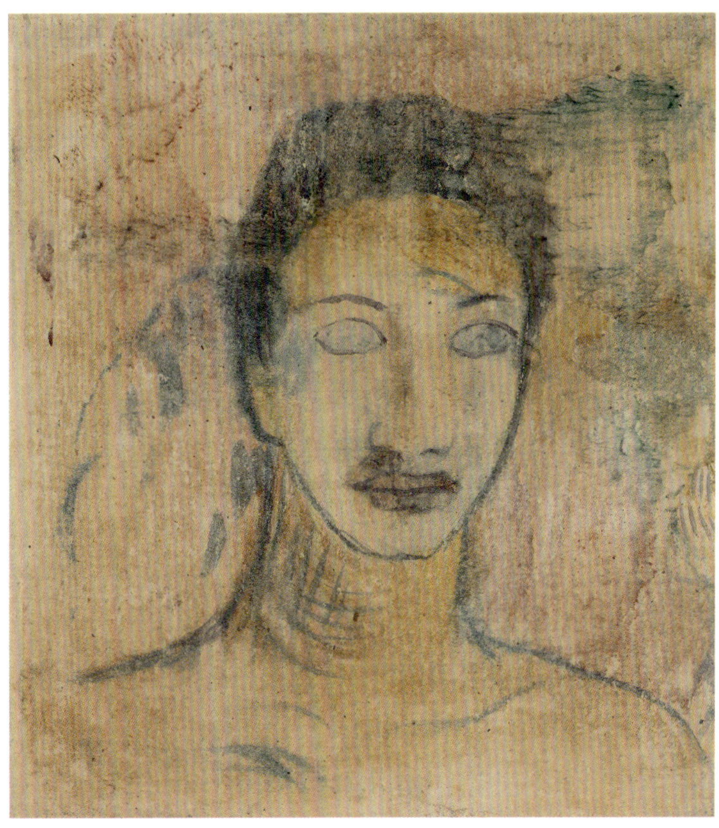

161

Zwei Tahitianerinnen sammeln Früchte, 1899 oder 1900
Verso (links): Graphit und blauer Stift,
recto (rechts): Durchdruckzeichnung in Öl,
Blatt: 63 x 51,6 cm
National Gallery of Art, Washington, D.C.,
Sammlung Mr. und Mrs. Paul Mellon

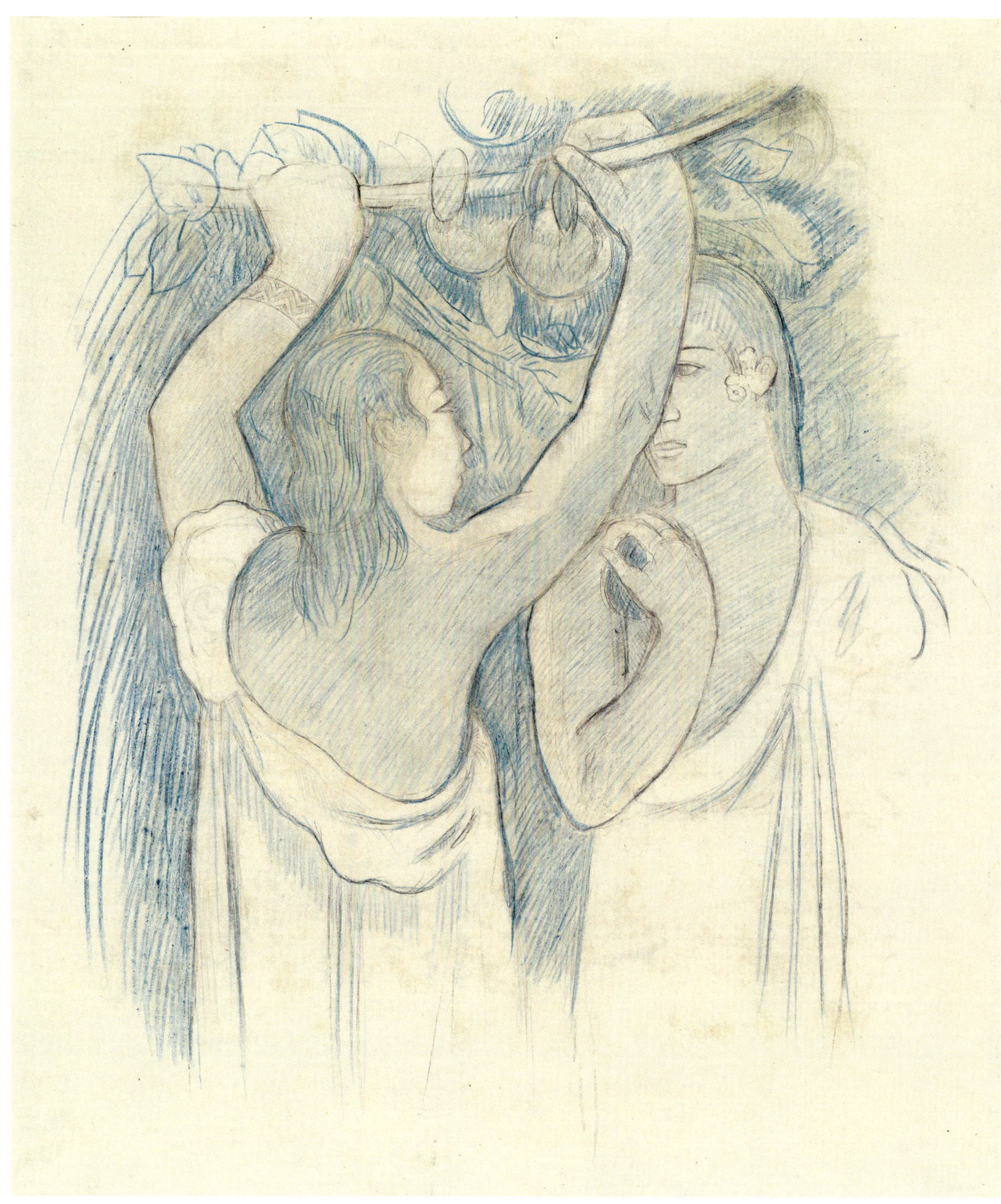

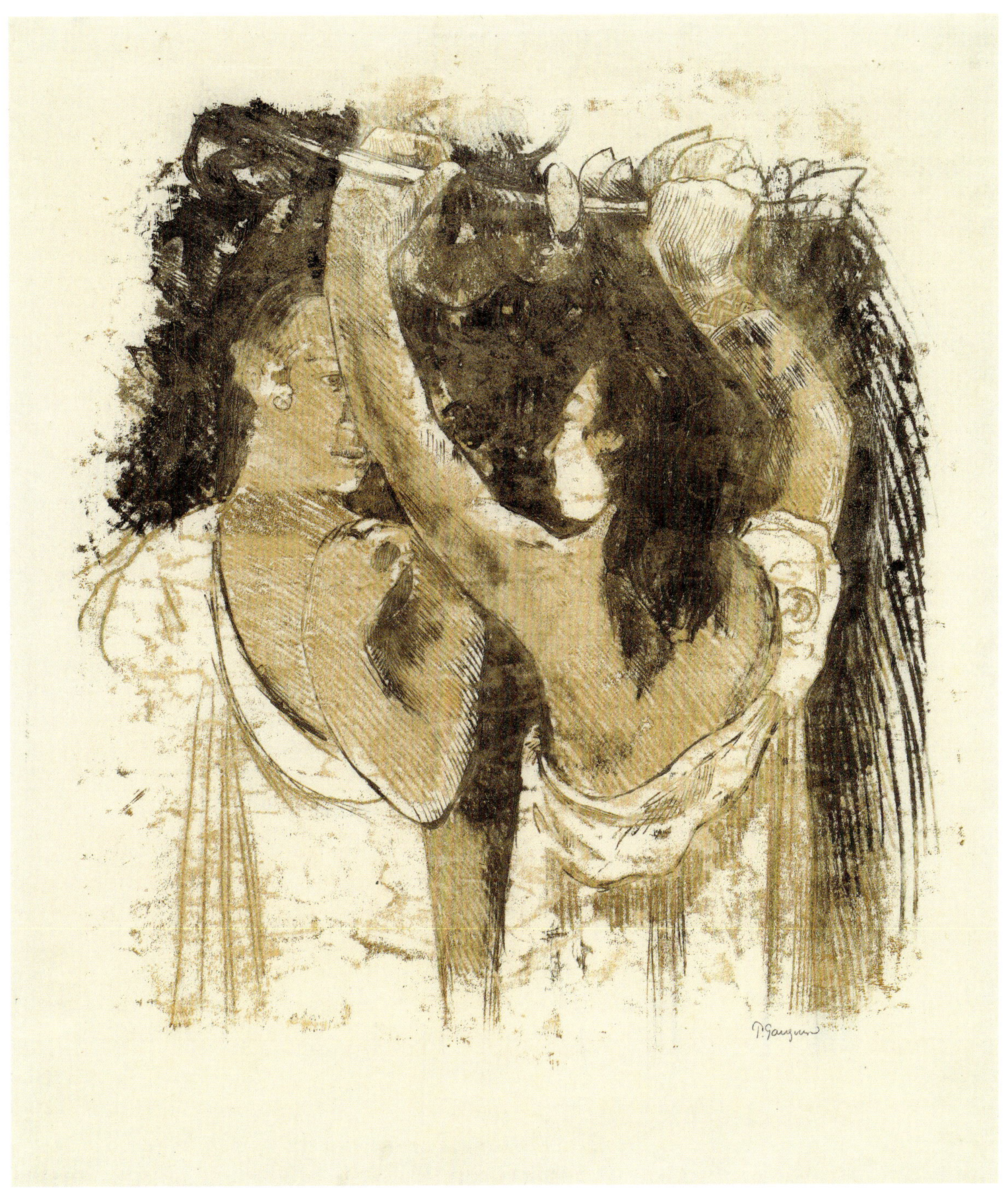

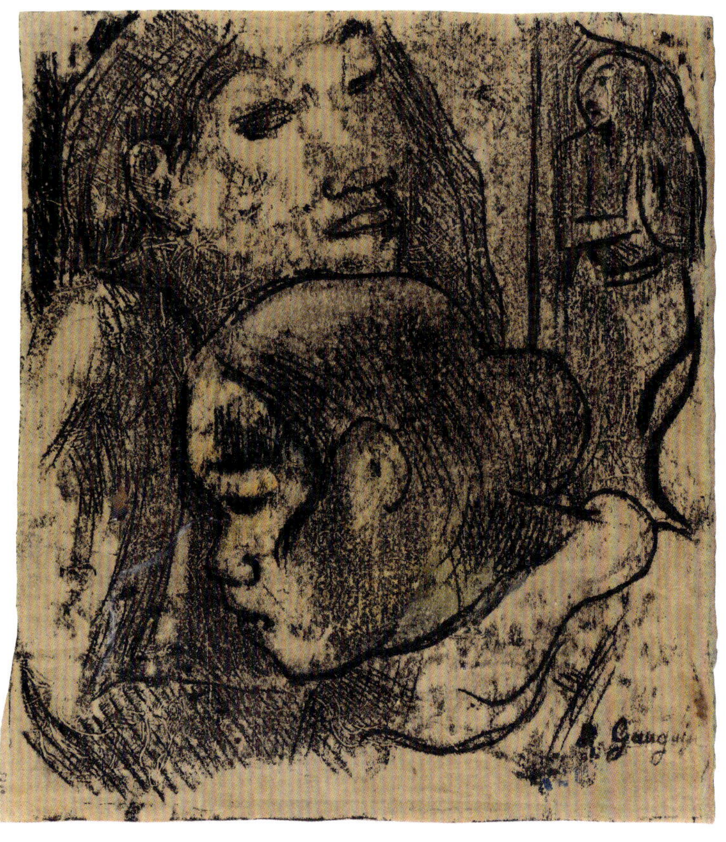

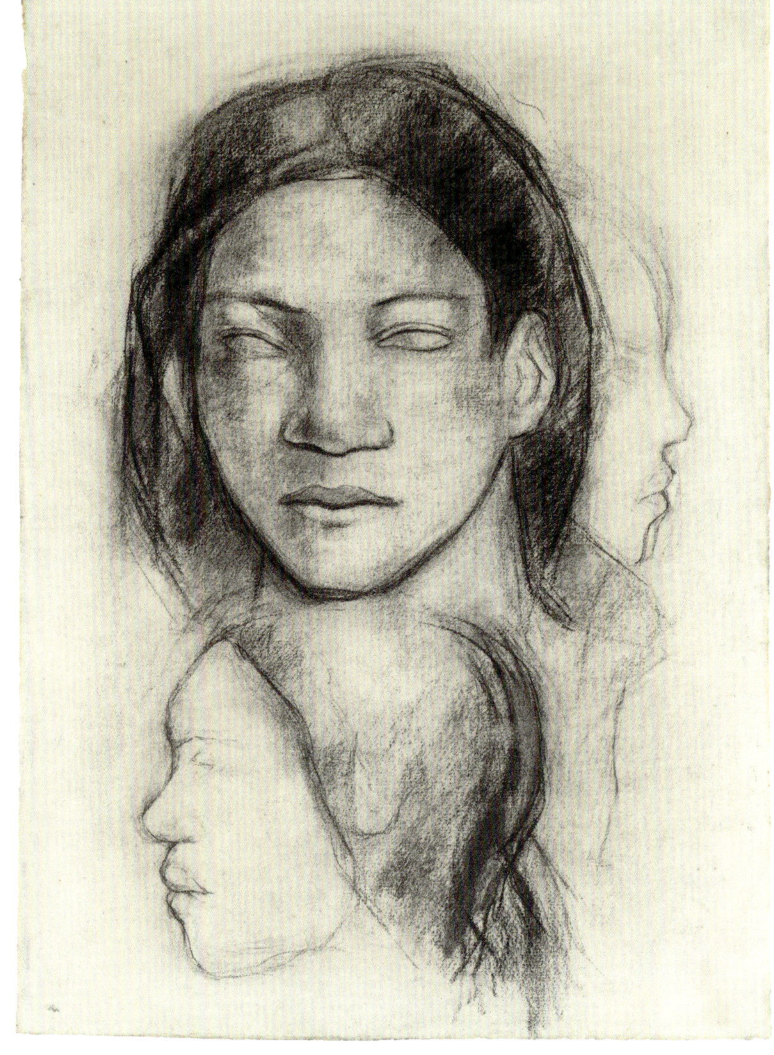

162

Zwei Marquesanerinnen, um 1902
Durchdruckzeichnung in Öl, Blatt: 37 x 32,7 cm
Philadelphia Museum of Arts, Ankauf mithilfe des Alice Newton Osborn Fund

163

Tahitianische Gesichter (Frontalansicht und Profile), um 1899
Kohle, 41 x 31,1 cm
The Metropolitan Museum of Art, New York, Ankauf, The Annenberg Foundation Gift

164

Zwei Tahitianerinnen, 1899
Öl auf Leinwand, 94 x 72,4 cm
The Metropolitan Museum of Art, New York, Schenkung William Church Osborn

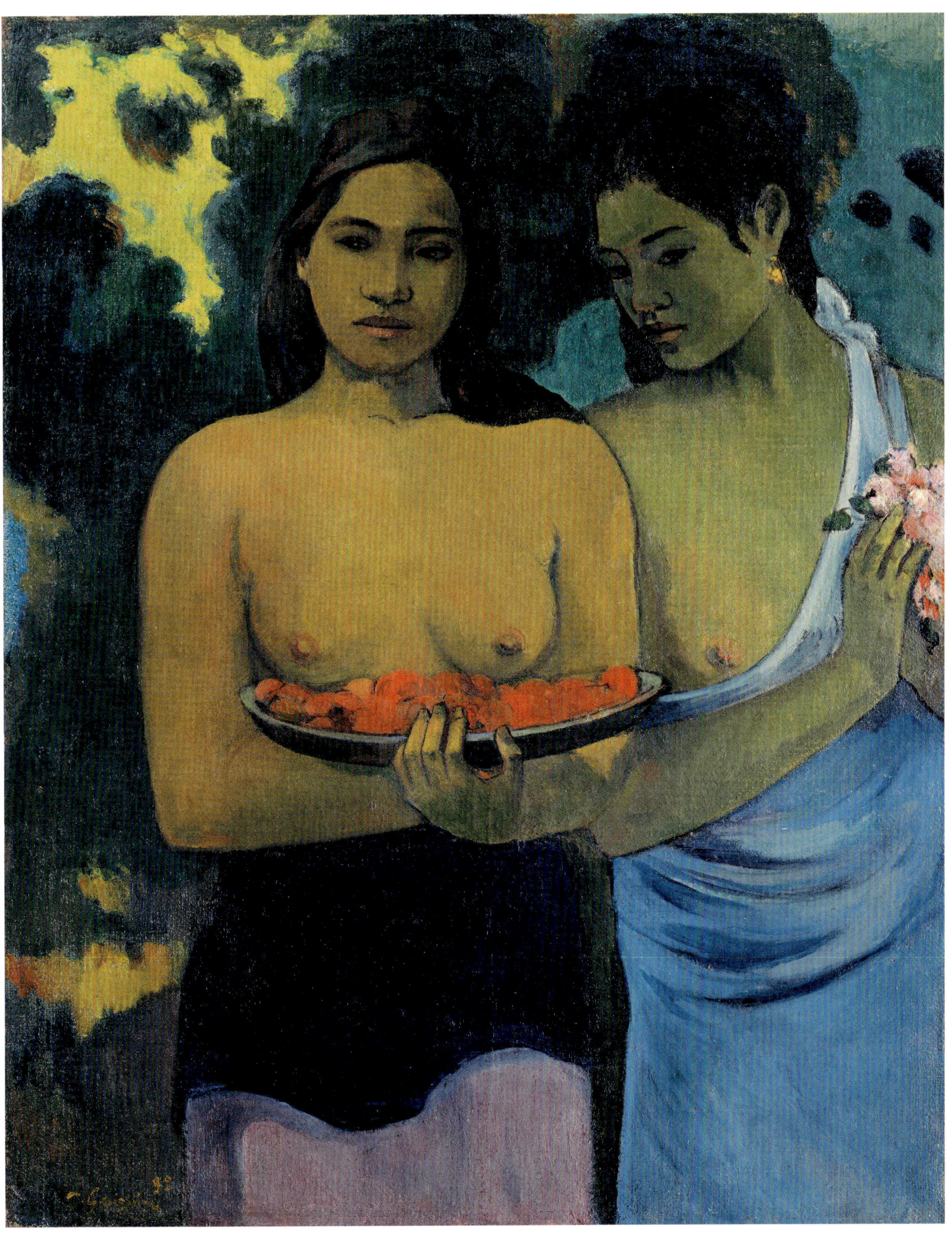

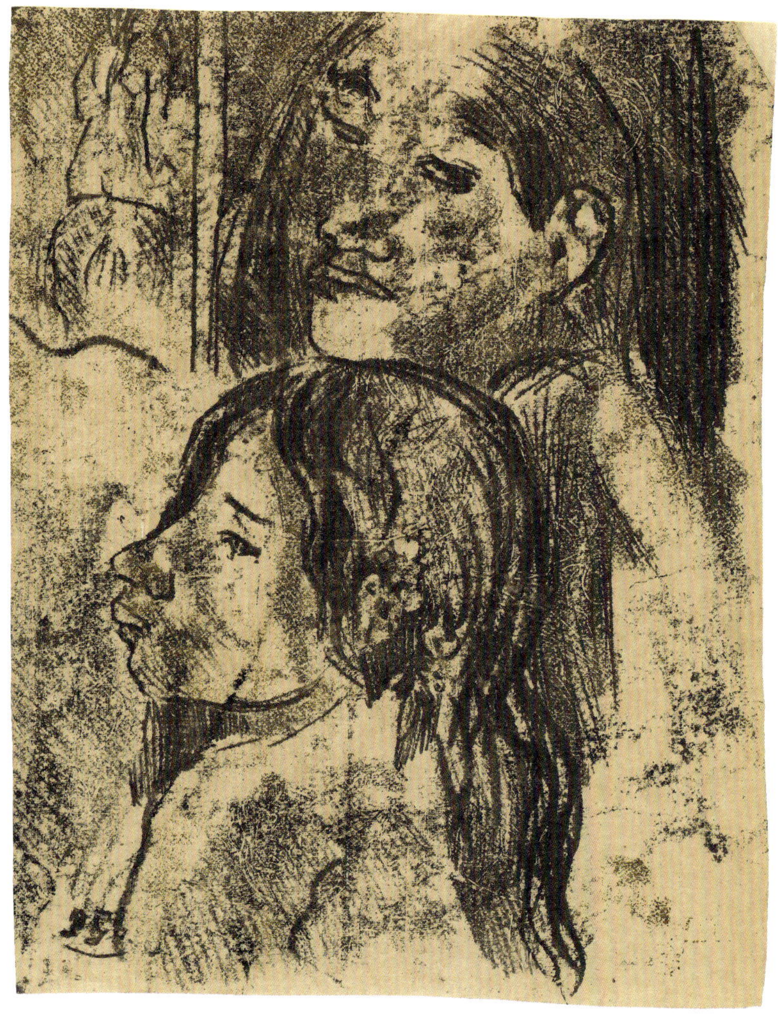

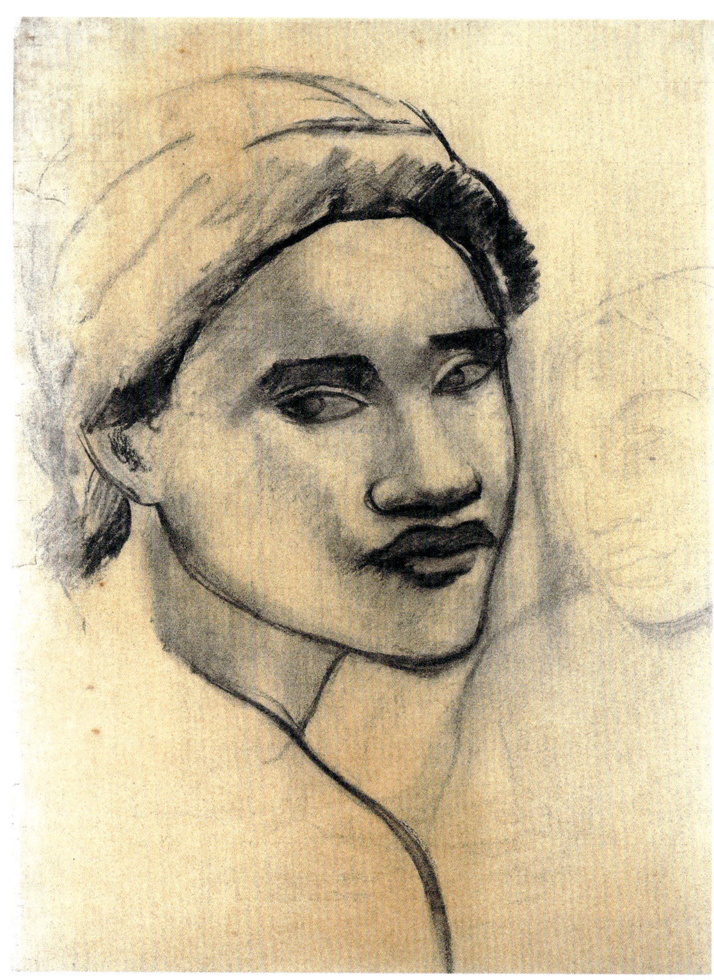

165

Zwei Marquesanerinnen, um 1902
Durchdruckzeichnung in Öl, Blatt: 45,4 x 34,9 cm
National Gallery of Art, Washington D.C.,
Sammlung Rosenwald

166

Studie von zwei Tahitianerinnen, um 1899
Schwarzer Bleistift und Kohle, 43 x 30,5 cm
Sammlung Jean Bonna, Genf

167<

Zwei Frauen, 1902
Öl auf Leinwand, 74 x 64,5 cm
Privatsammlung

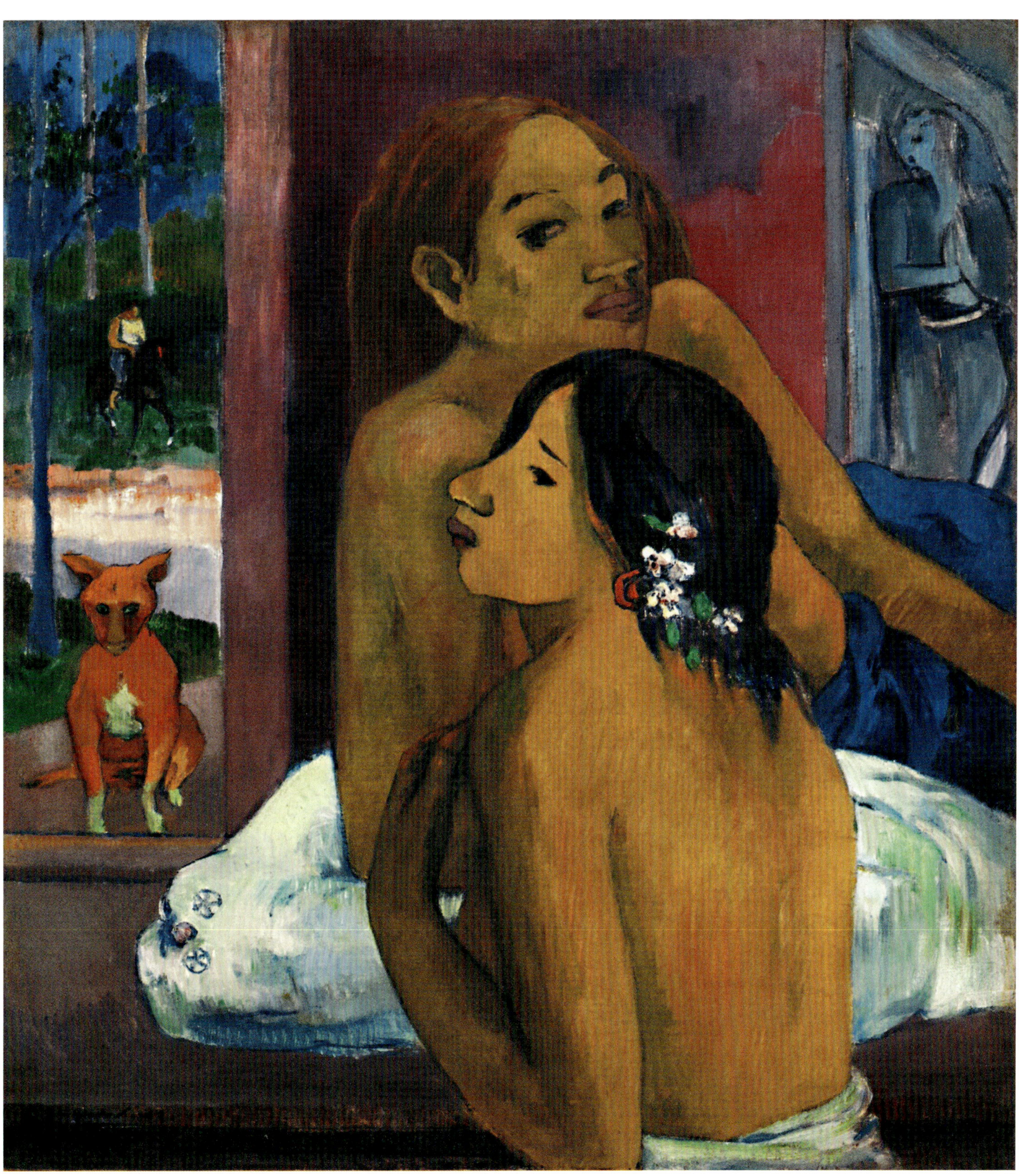

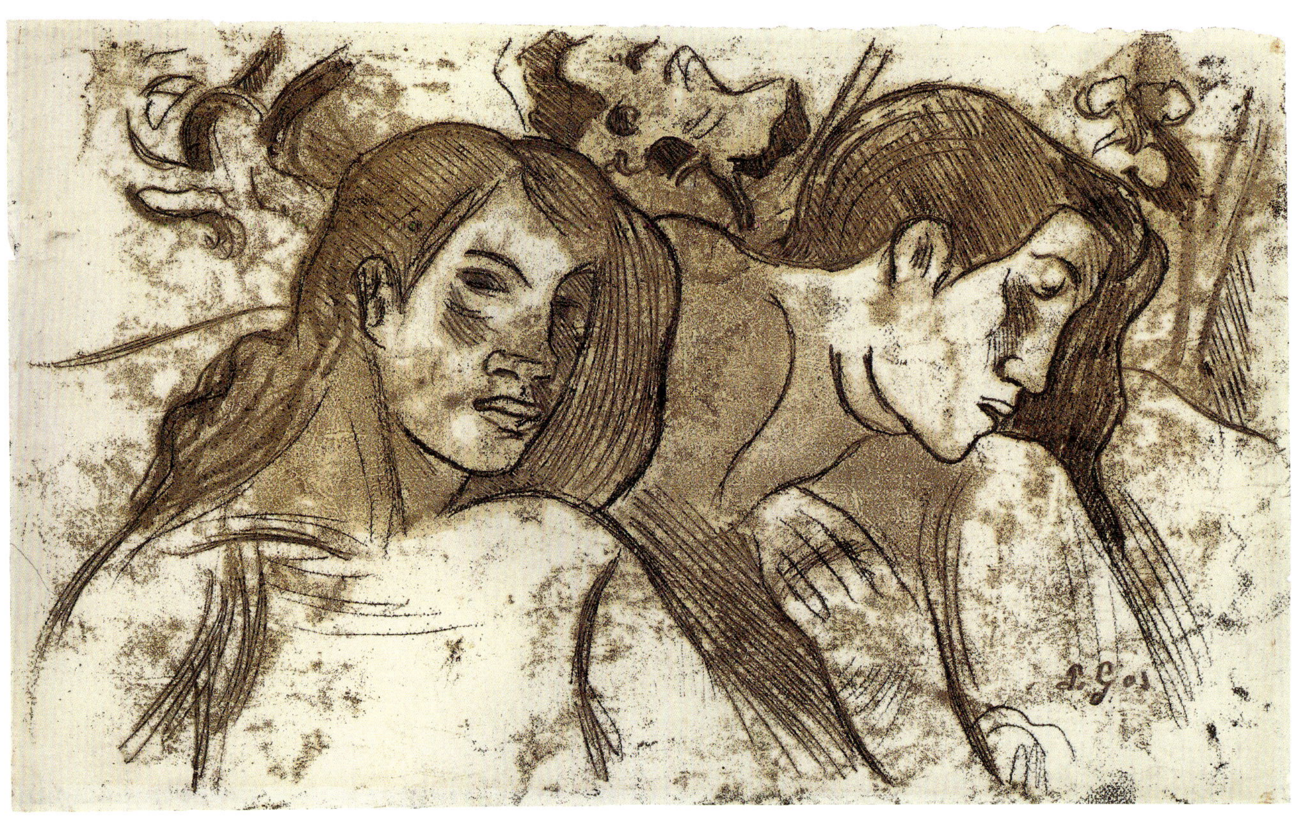

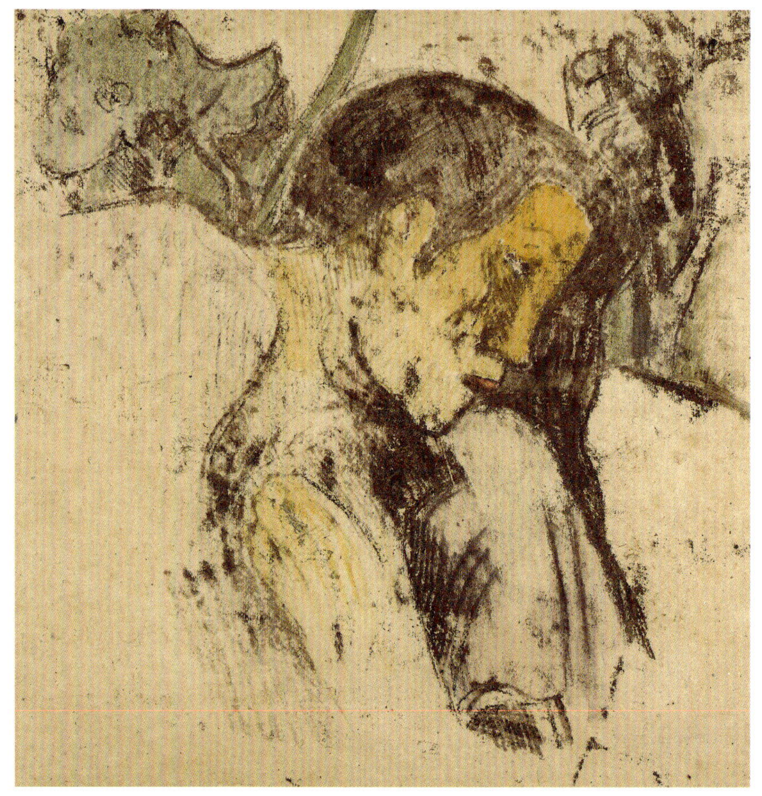

168

Zwei Marquesaner, um 1902
Durchdruckzeichnung in Öl,
Blatt: 32,1 x 51 cm
The British Museum, London,
Nachlass César Mange de Hauke

169

Profil, um 1902
Durchdruckzeichnung in Öl,
Blatt: 31,4 x 30,8 cm
Privatsammlung

170

Die Flucht, 1902
Öl auf Leinwand, 73 x 92 cm
Národní Galerie, Prag

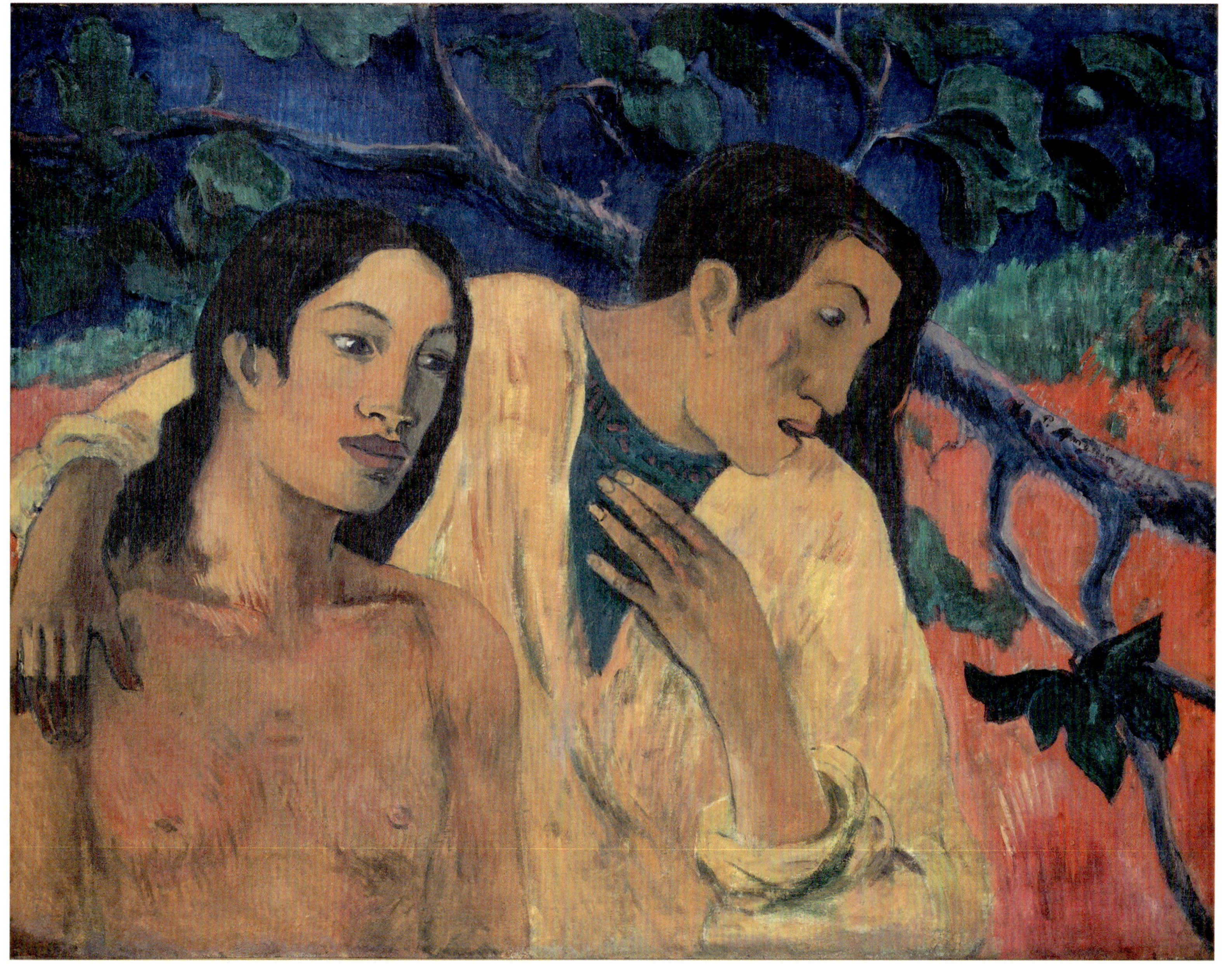

In der Landschaft

Im illustrierten Anhang zu *Noa Noa* schwärmte Gauguin von der tahitianischen Landschaft und der Erhabenheit, die sie seinen Arbeiten verliehen: »Ich wollte eine üppige und ungezähmte Art von Natur andeuten, eine tropische Sonne, die alles rund um sie herum zum Leuchten bringt [...], die Erhabenheit, die Tiefe, das Geheimnis von Tahiti.«[1] Er machte sich daran, dies in zahllosen Werken zu tun, in denen er die ihn umgebende Landschaft darstellte, besonders während seines zweiten Aufenthaltes in Tahiti von 1895 bis 1901, dem seine Übersiedlung auf die Marquesas-Inseln folgte, wo er bis zu seinem Tod 1903 lebte. Der Kampf, sein idealisiertes Bild mit der Realität einer zunehmend kolonialen Gesellschaft in Einklang zu bringen, wird durch Nostalgie und Ambiguität vermittelt, die diese Arbeiten erfüllen.

In der Durchdruckzeichnung in Öl *Tahitianischer Strand*, um 1900 (Kat. 171), stellt Gauguin zwei Inseln, über das Wasser hinweg gesehen, dar: Das entfernte Land zeichnet sich wie ein unerreichbares Arkadien ab. Dieses Gefühl von Distanz wird durch die strukturierten Flecken und die verschwommenen Effekte des Übertragungsprozesses, die die Darstellung überziehen, noch verstärkt. Während dieses Bild frei von Menschen ist, beinhalten die meisten von Gauguins Landschaften Personen, die sich in Harmonie mit ihrer Umgebung befinden. In der Aquarell-Monotypie *Zwei Tahitianerinnen mit Blumen und Früchten*, um 1899 (Kat. 172), arbeiten zum Beispiel zwei anmutige Frauen im Einklang mit der Natur. Viele der Figuren in Gauguins späten Landschaften, darunter auch diese Frauen, erscheinen introspektiv und des Betrachters unbewusst. Ihre abgewandten Blicke, Gesten oder Haltungen verweigern den direkten Zugang zu ihrer Welt. Bisweilen scheinen sie eine Verbindung mit der Landschaft einzugehen. Die Frau in der Durchdruckzeichnung in Öl *Marquesanische Landschaft*, 1901/02 (Kat. 173), verschmilzt geradezu mit der üppigen Vegetation, während die Figur in der Gouache-Monotypie *Marquesanische Landschaft mit Figur*, um 1902 (Kat. 174), in Wolken von Farbe eingehüllt ist.

Einige der Landschaften, die Gauguin gegen Ende seines Lebens ausführte, zeigen das romantische Bild eines Pferdes und eines Reiters. Das Gemälde *Das weiße Pferd*, 1898 (Kat. 180), entstand, während Gauguin in Tahiti war, wo Pferde damals selten anzutreffen waren. Pferde waren in Polynesien nicht heimisch und wurden erst im 16. Jahrhundert von den Spaniern eingeführt. Hier manifestiert sich Gauguins Synthese aus tapisseriegleichen Farbfeldern und flacher Perspektive, die die Szenerie ausmachen. Das titelgebende weiße Pferd scheint die Farben der umgebenden Landschaft zu reflektieren und erinnert an ein Pferd des Parthenonfrieses auf einer Fotografie, die Gauguin mit nach Tahiti genommen hatte. Das Pferd und der Reiter oben rechts sind fast identisch mit jenen in der rechten oberen Ecke von *Faa iheihe (Vorbereitungen zum Fest)*, 1898 (Kat. 117), und gehen einer ähnlichen Paarung im Holzschnitt *L'Enlèvement d'Europe (Der Raub der Europa)*, 1898/99 (Kat. 131), voraus, wo ein Stier – der den verwandelten Zeus der antiken Sage repräsentiert – das Pferd ersetzt.

Die zwei als *Wohnungswechsel* bekannten Durchdruckzeichnungen in Öl von 1901/02 und um 1902 (Kat. 175, 176) könnten als Studien für das Gemälde *Frauen mit weißem Pferd*, 1903 (Kat. 177), gedacht gewesen sein. Alle drei zeigen eine nackte Reiterin mit ihr zur Seite stehenden Dienerinnen und entstanden, nachdem Gauguin auf die Marquesas-Inseln gezogen war, wo Pferde viel häufiger anzutreffen waren als auf Tahiti. Wie so oft übertrug Gauguin auch hier das Sujet von einer Arbeit in die nächste: Die schlichten Umrisse des früheren, kleineren *Wohnungswechsel* weichen einem dichten, fast undurchdringlichen Dunstschleier in der größeren, späteren Fassung und münden schließlich in den scheinbar vibrierenden Pinselstrichen und den leuchtenden Farben des Gemäldes. **LJ**

1 / Paul Gauguin, »Diverses choses« (1896–1898), als »Miscellaneous Things«, in: Daniel Guérin (Hrsg.), *The Writings of a Savage*, New York 1978, S. 137.

171

Tahitianischer Strand, um 1900
Durchdruckzeichnung in Öl,
Blatt: 33,3 x 50,8 cm
National Gallery of Art, Washington, D.C.,
Sammlung Rosenwald

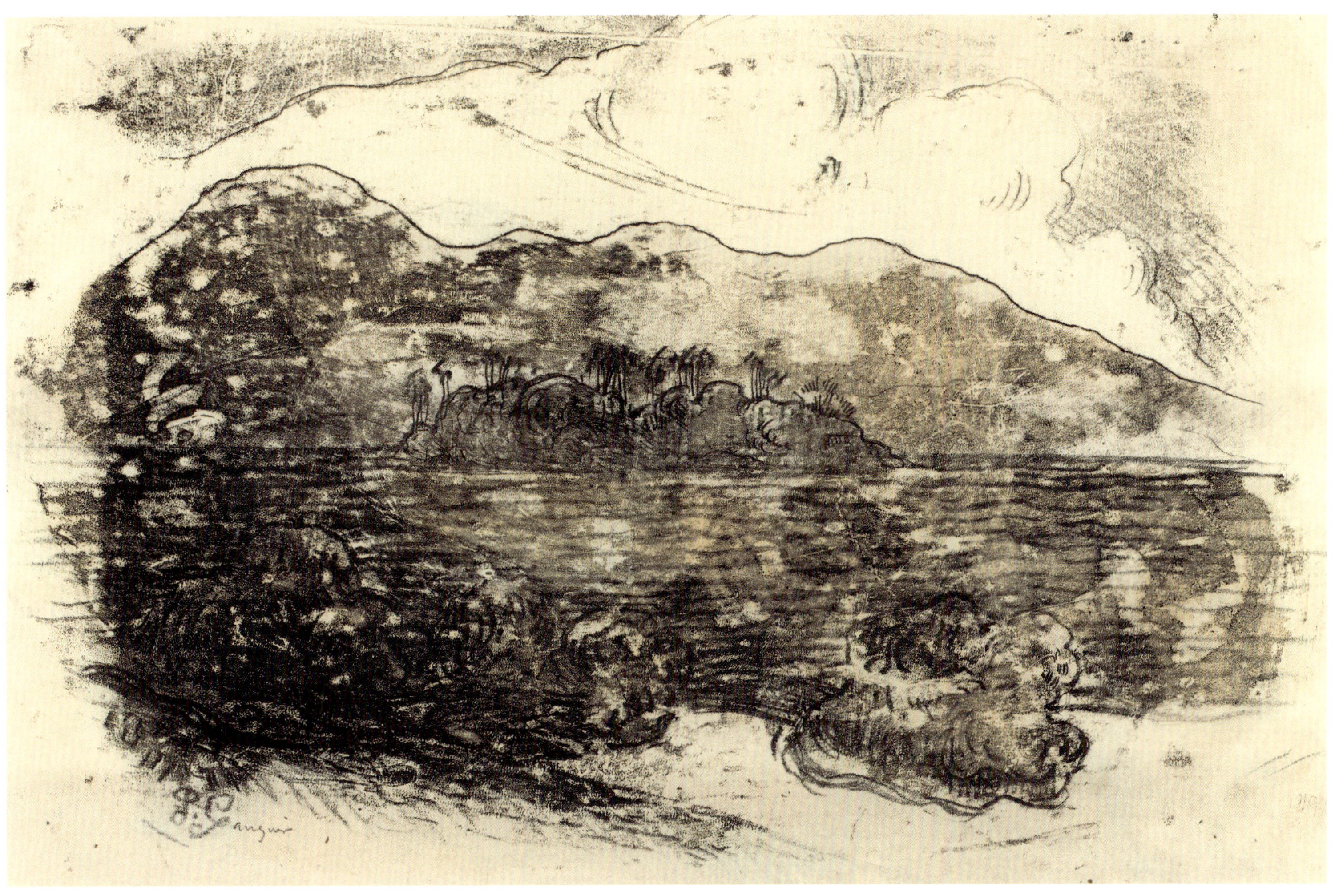

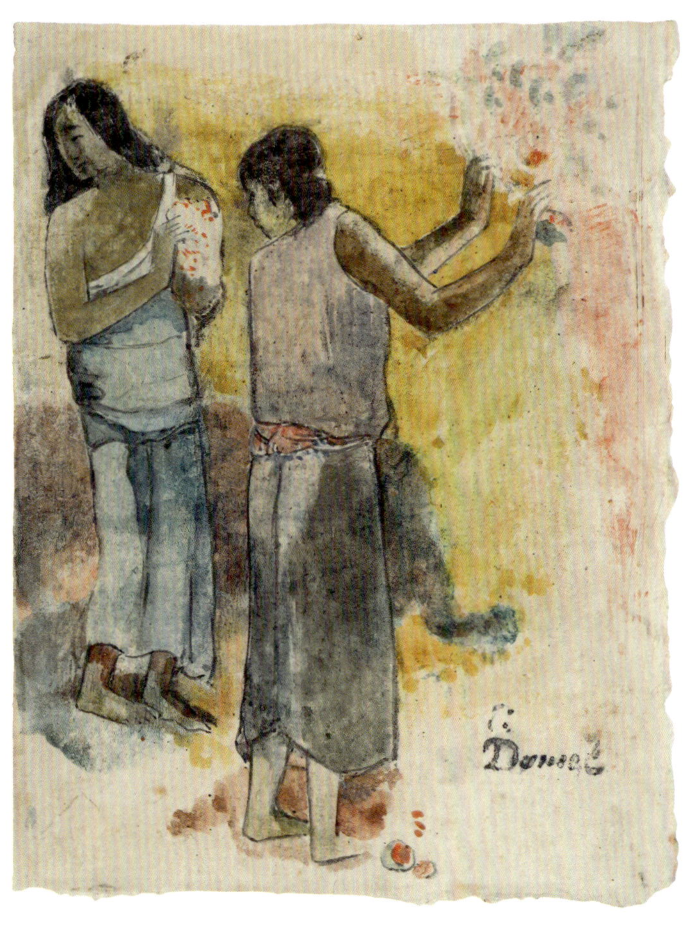

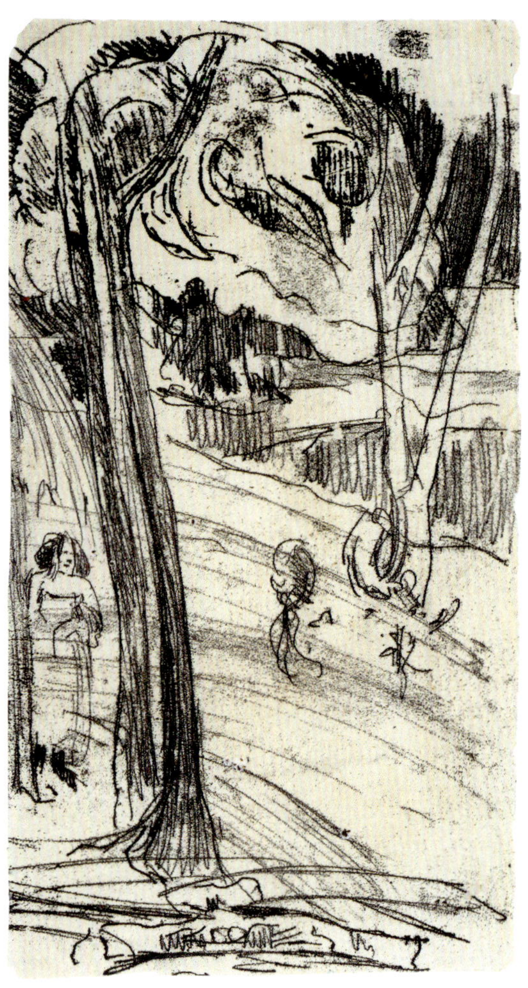

172
Zwei Tahitianerinnen mit Blumen und Früchten, um 1899
Aquarell-Monotypie, Blatt: 22,5 x 16,5 cm
Privatsammlung

173
Marquesanische Landschaft, 1901/02
Durchdruckzeichnung in Öl, Blatt: 23,5 x 12,4 cm
Sammlung UCLA Grunwald Center
for the Graphic Arts, Hammer Museum,
Schenkung Mr. und Mrs. Fred Grunwald

174
Marquesanische Landschaft mit Figuren, um 1902
Gouache-Monotypie, Blatt: 31,1 x 55 cm
Privatsammlung

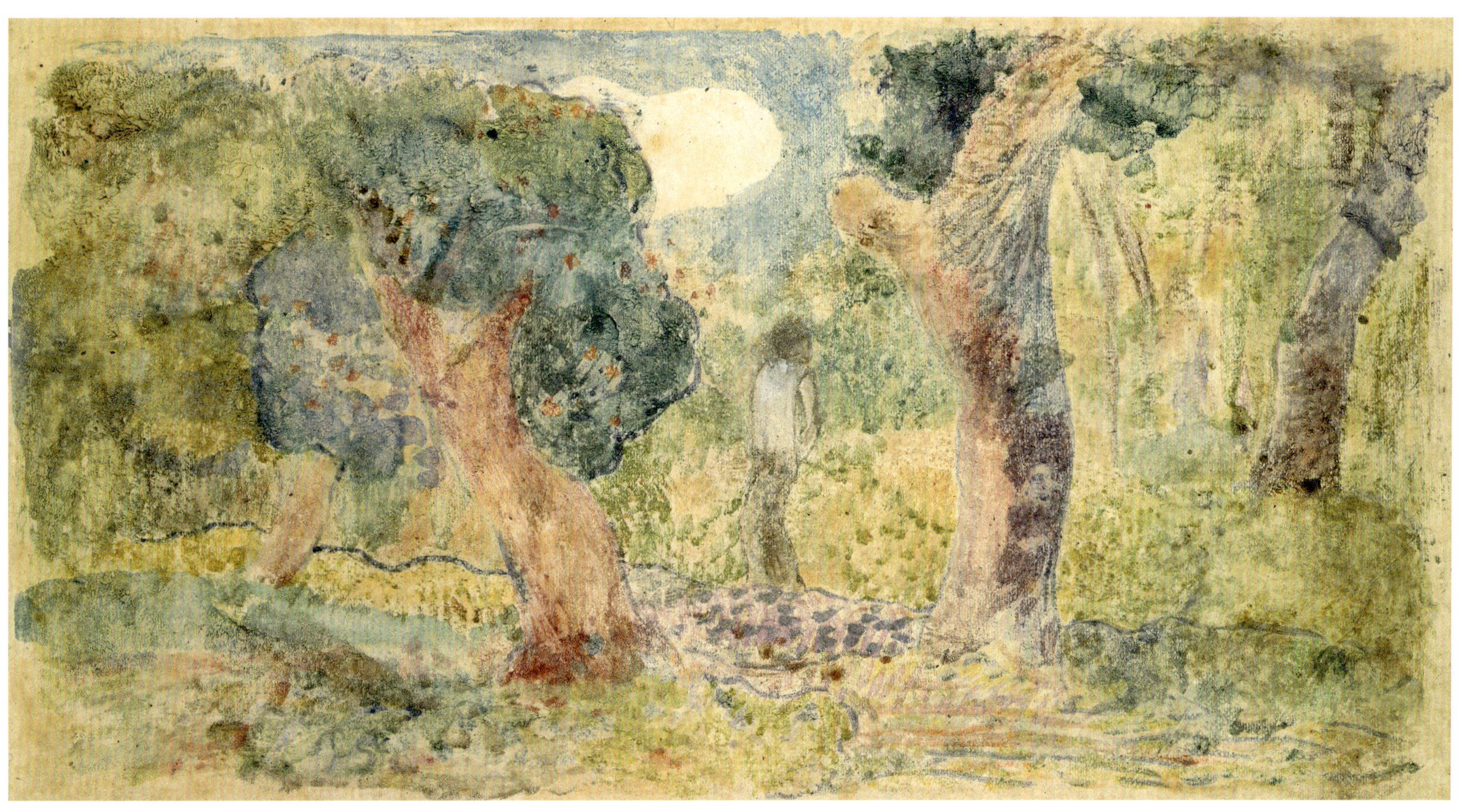

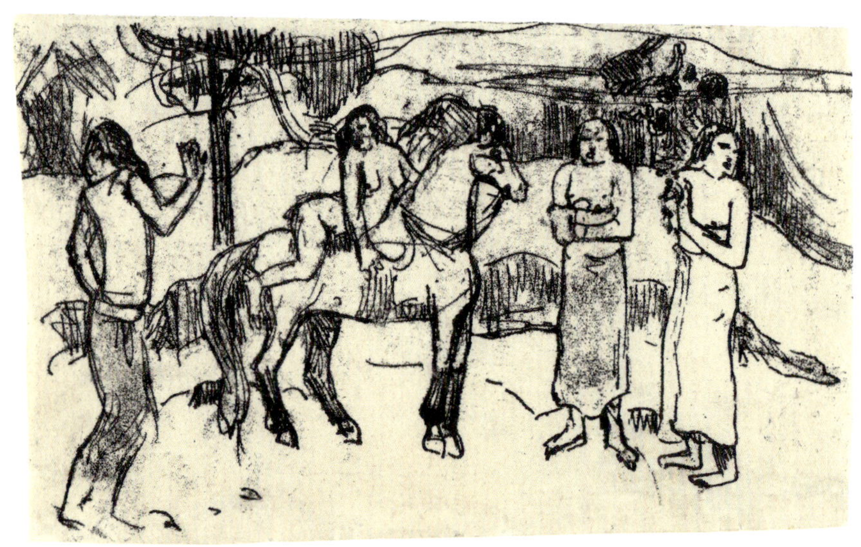

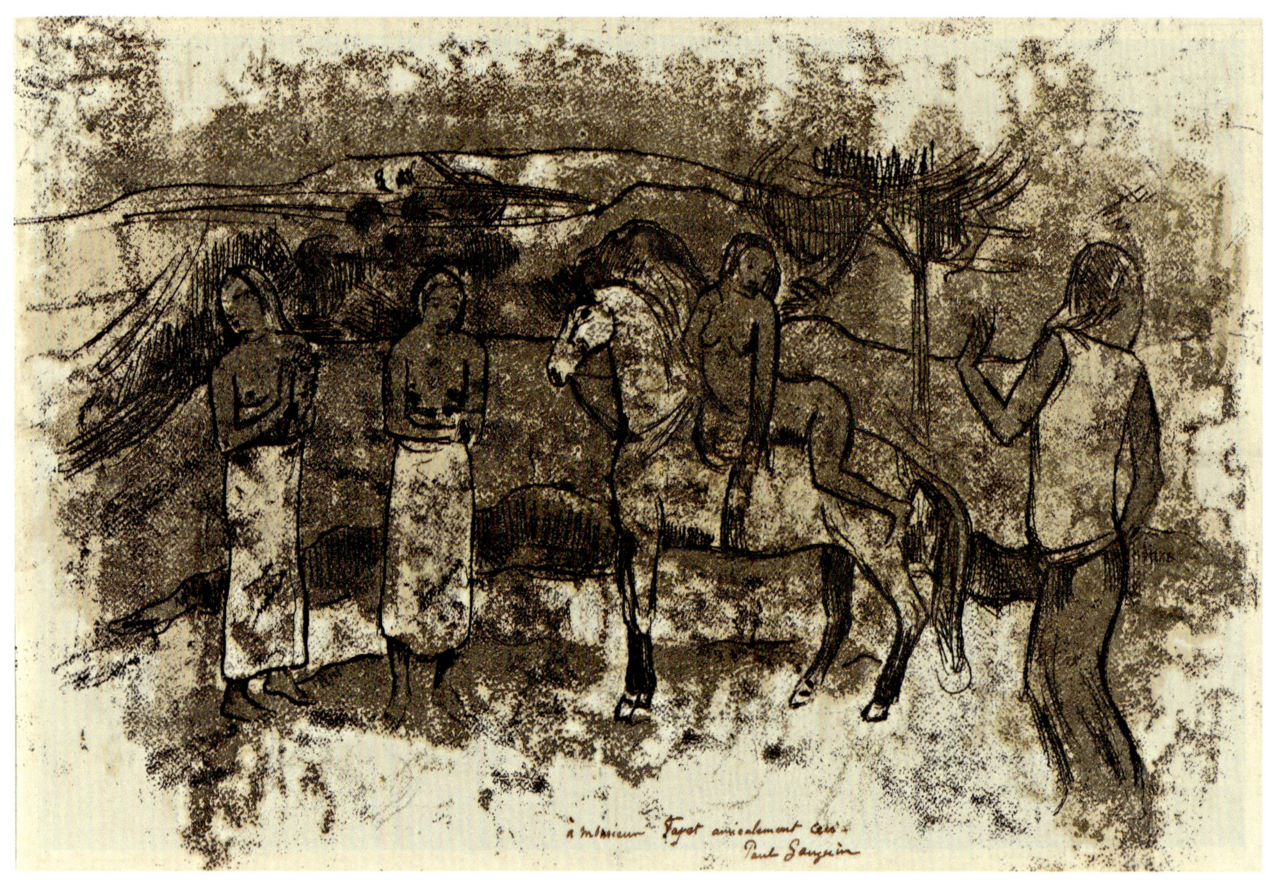
à Monsieur Fayet amicalement
Paul Gauguin

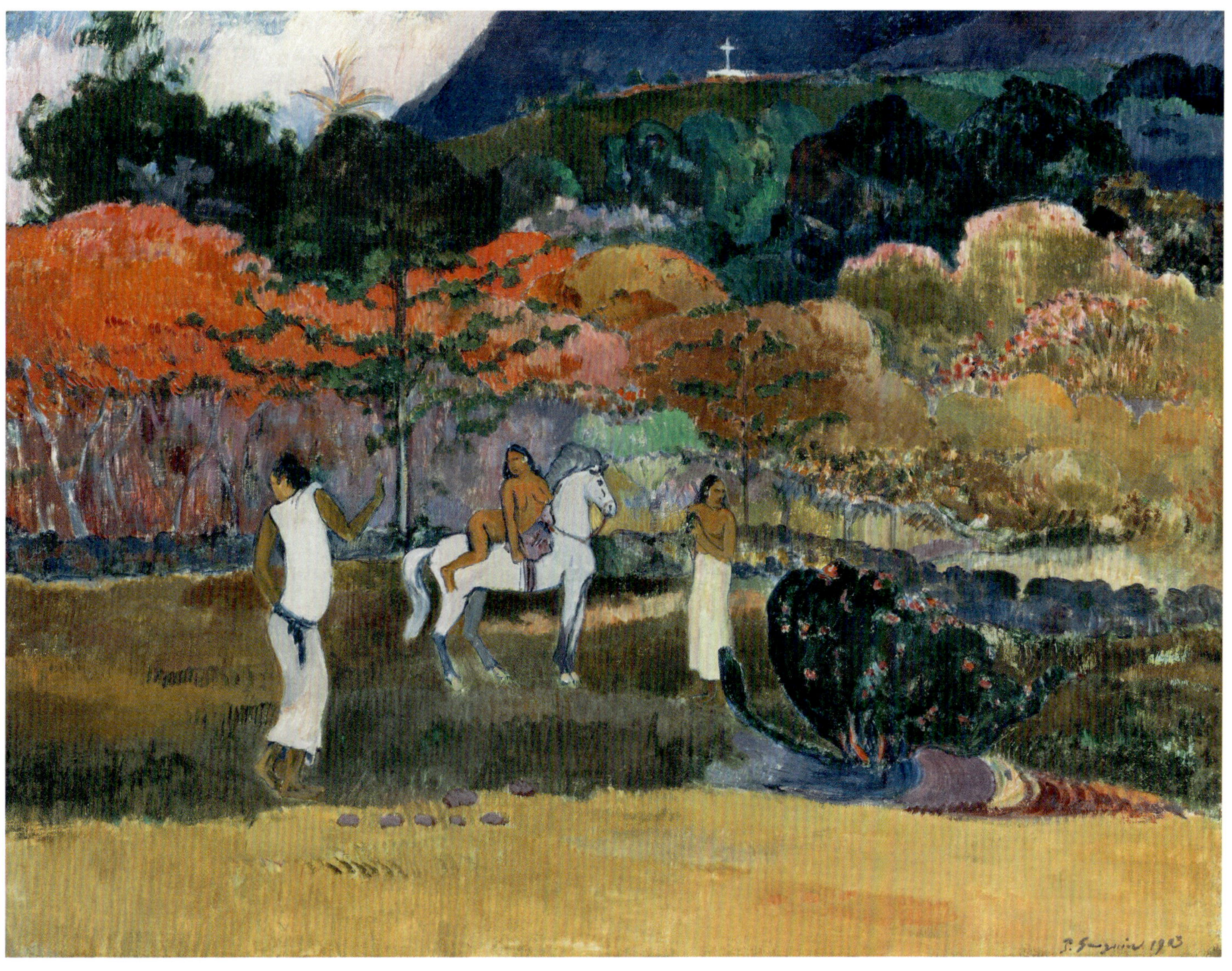

175

Wohnungswechsel, 1901/02
Durchdruckzeichnung in Öl, Blatt: 14 x 21,7 cm
The Museum of Modern Art, New York,
The Sue and Edgar Wachenheim III
Endowment for Prints and Illustrated Books

176

Wohnungswechsel, um 1902
Durchdruckzeichnung in Öl, Blatt: 37,9 x 54,9 cm
Galerie Berès, Paris

177

Frauen mit weißem Pferd, 1903
Öl auf Leinwand, 73,3 x 91,7 cm
Museum of Fine Arts Boston,
Nachlass John T. Spaulding

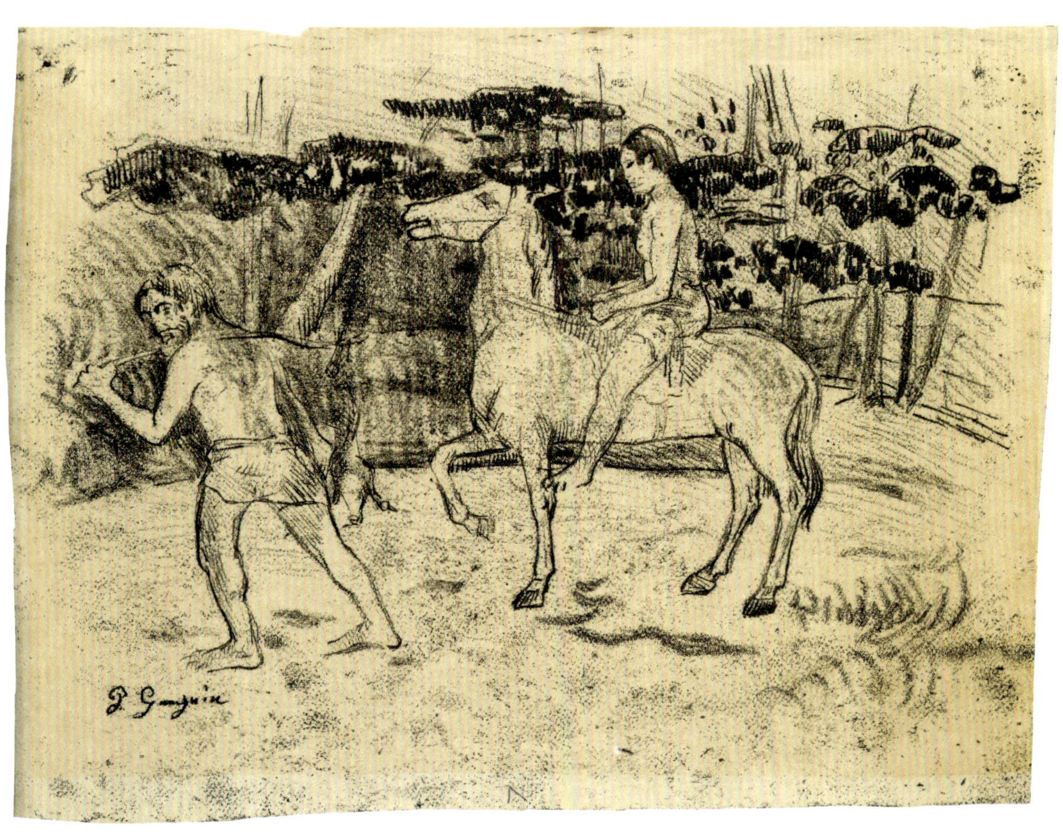
P. Gauguin

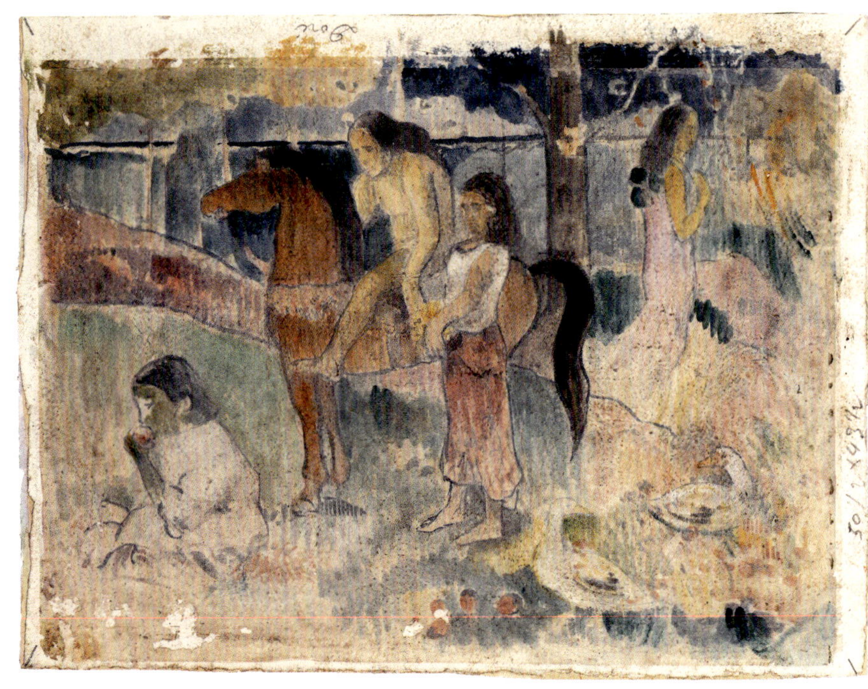

178
Rückkehr von der Jagd, um 1902
Durchdruckzeichnung in Öl,
Blatt: 32,2 x 41,8 cm
Städel Museum, Frankfurt am Main,
Eigentum Städelscher Museums-Verein e.V.

179
Marquesanische Szene, um 1902
Aquarell-Monotypie,
Blatt: 25 x 32,5 cm
Szépművészeti Múzeum, Budapest

180
Das weiße Pferd, 1898
Öl auf Leinwand, 140 x 91,5 cm
Musée d'Orsay, Paris,
erworben von Daniel de Monfreid
durch das Musée du Luxembourg

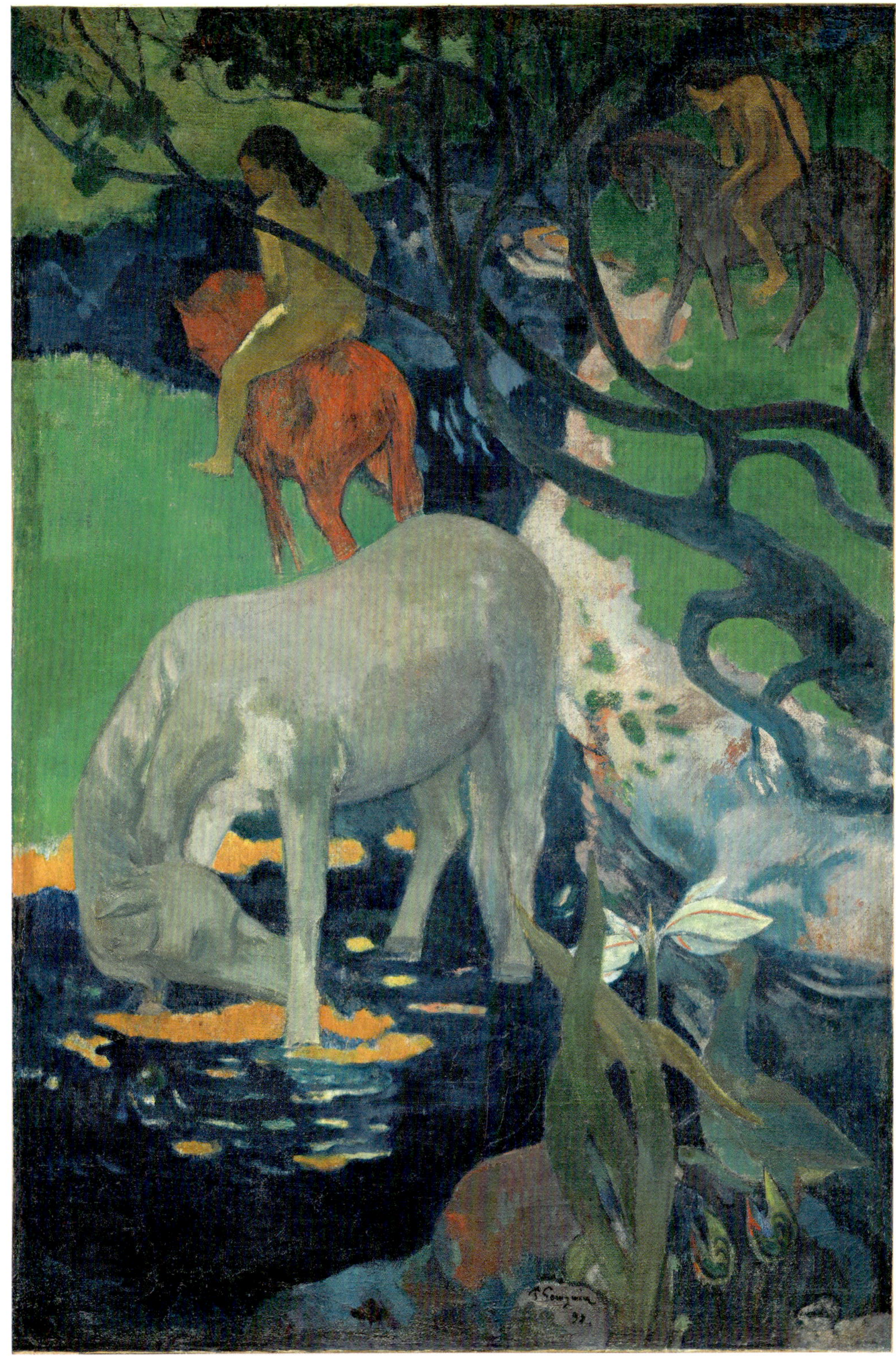

Aufbruch

Gauguins Gesundheit und seine Beziehungen zu den kolonialen Autoritäten in Hiva Oa hatten sich in den wenigen Jahren bis zu seinem Tod 1903 zusehends verschlechtert. Während dieser Zeit schuf er eine Reihe von Arbeiten, in denen er nachdenklich oder sehnsuchtsvoll einem endgültigen Aufbruch entgegenzusehen scheint. Zu den repräsentativsten dieser Werke gehört eine Durchdruckzeichnung in Öl, die als *Adam und Eva* oder *Der Aufbruch*, 1902/03 (Kat. 181), bekannt ist, sowie zahlreiche Arbeiten mit dem Titel *Der Ruf*, darunter ein Gemälde (Kat. 184) und zumindest drei Durchdruckzeichnungen in Öl – eine davon hier abgebildet (Kat. 183) –, die die zwei stehenden Figuren des Gemäldes zeigen. Die dritte, kauernde Figur findet sich in einer weiteren Durchdruckzeichnung (Kat. 182).

Die Durchdruckzeichnung *Adam und Eva* zeigt einen Mann und eine Frau, die auf ein nicht sichtbares Ziel auf der linken Seite zugehen. Der Mann trägt einen Stock über die Schulter, der Kopf von einer Kapuze bedeckt und teilweise verschattet, was ihm ein wenig das Aussehen eines Sensenmannes verleiht. Die Frau blickt starr und scheint nach vorne gezogen zu werden. Beide Figuren wirken bestimmt und weisen einen düsteren Gesichtsausdruck auf. Die Form des stocktragenden Mannes ist eine Anleihe aus einem Basreliefs der Trajanssäule in Rom, obwohl die beiden gebeugten Figuren auch an Adam und Eva in Masaccios Fresko *Vertreibung aus dem Paradies* in Florenz denken lassen. In Gauguins eigenem Œuvre finden sich ähnliche männliche Figuren mit Stock über der Schulter wie in dem kurz zuvor entstandenen Holzschnitt *Le porteur de feï (Bananenträger)*, 1898/99 (Kat. 120), oder der Durchdruckzeichnung in Öl *Rückkehr von der Jagd*, um 1902 (Kat. 178). Frauen, die Früchte auf diese Weise transportieren, tauchen auf in *I raro te oviri (Unter dem Pandanusbaum)*, 1891 (Kat. 21), und in *Noa Noa (Duftend)*, 1893/94 (Kat. 23–26). Ob die Durchdruckzeichnung eine bestimmte Bedeutung hat, ist nicht bekannt, und ihre beiden Titel, die nicht von Gauguin stammen, sondern über die Jahre überliefert wurden, deuten lediglich auf mögliche Assoziationen hin, wie den Sündenfall, womit sich der Künstler lange beschäftigt hatte, oder die Flucht, ein Thema, das in seinem Spätwerk auftaucht, so zum Beispiel in der Druckdurchzeichnung in Öl *Die Flucht*, um 1902 (S. 69, Abb. 11).

Das Gemälde *Der Ruf* zeigt zwei Frauen auf einer Lichtung. Eine von ihnen, voll bekleidet und mit einem Schal oder einer Kapuze über dem Kopf, blickt direkt auf den Betrachter. Die andere, mit nacktem Oberkörper, die möglicherweise dem Ruf des Schicksals folgt, sieht nach rechts und deutet auf etwas, das sich außerhalb des Bildes befindet. Hinter den beiden sitzt eine weitere Frau mit dem Rücken zum Betrachter, und auch sie blickt nach rechts. Versionen der Köpfe dieser beiden Figuren erscheinen in einer Reihe von Gauguins Arbeiten dieser Zeit, darunter in einem Gemälde mit dem Titel *Die Flucht*, 1902 (Kat. 170), und eine verwandte Durchdruckzeichnung in Öl (Kat. 168), in der sie als Frau (links) und Mann (rechts) dargestellt sind. Eine weitere Durchdruckzeichnung in Öl (Kat. 169) greift den männlichen Kopf wieder auf. Gauguin bezog sich für das Kopfmotiv auf Skizzen, die er nach Delacroix' Gemälde *Der Schiffbruch des Don Juan*, um 1840, angefertigt hatte.

Die Bedeutung von *Der Ruf* lässt sich schwer fassen. Als eines von Gauguins letzten Werken könnte es jedoch für die hypnotische Anziehungskraft und die geheimnisvolle Natur des Todes stehen. Mit Kapuzen verhüllte Figuren beziehen sich in Gauguins Werken oftmals auf die polynesischen Geister der Toten. Die Anwesenheit einer derart verhüllten Figur mag hier ähnlich unheilvoll sein. Die Mehrdeutigkeit des Sujets wird in der Durchdruckzeichnung von *Der Ruf* – wahrscheinlich eine Studie für das Gemälde – vielleicht noch effektiver angedeutet, wo eine dritte Figur links wissend auf den Betrachter blickt. Die zufälligen Tonalitäten, die durch den Durchdruckprozess entstanden, hüllen die Szene in einen unheilvollen und jenseitigen Schleier. **SF**

181

Adam und Eva (oder *Der Aufbruch*), 1902/03
Durchdruckzeichnung in Öl,
Blatt (beschnittene Ansicht): 62,5 x 48,5 cm
Nachlass Jan Krugier

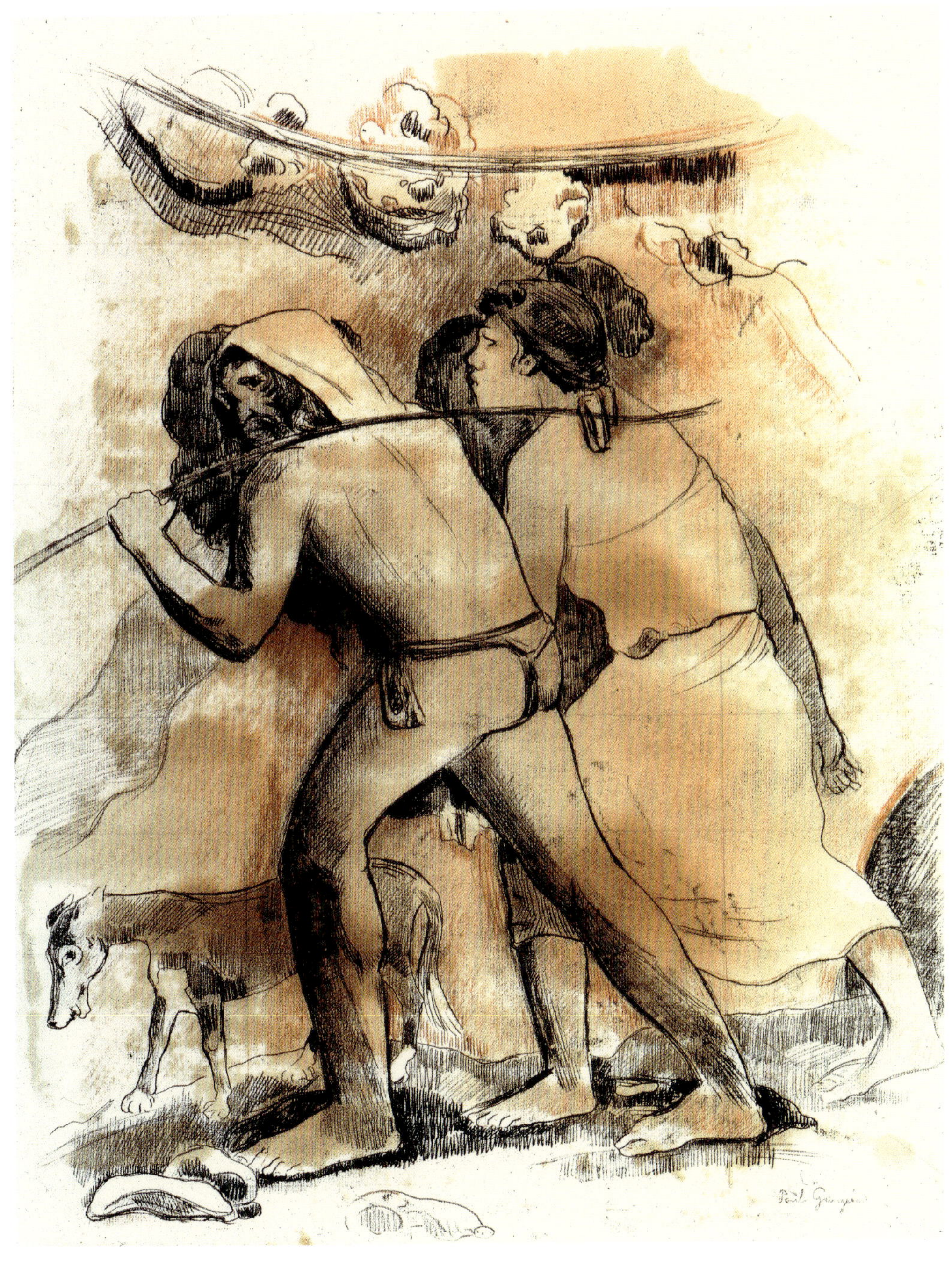

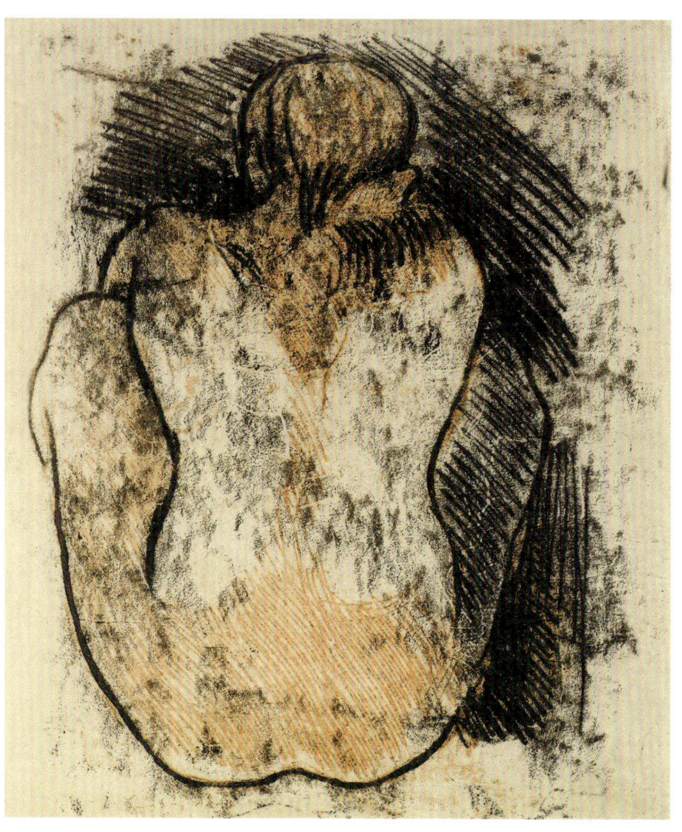

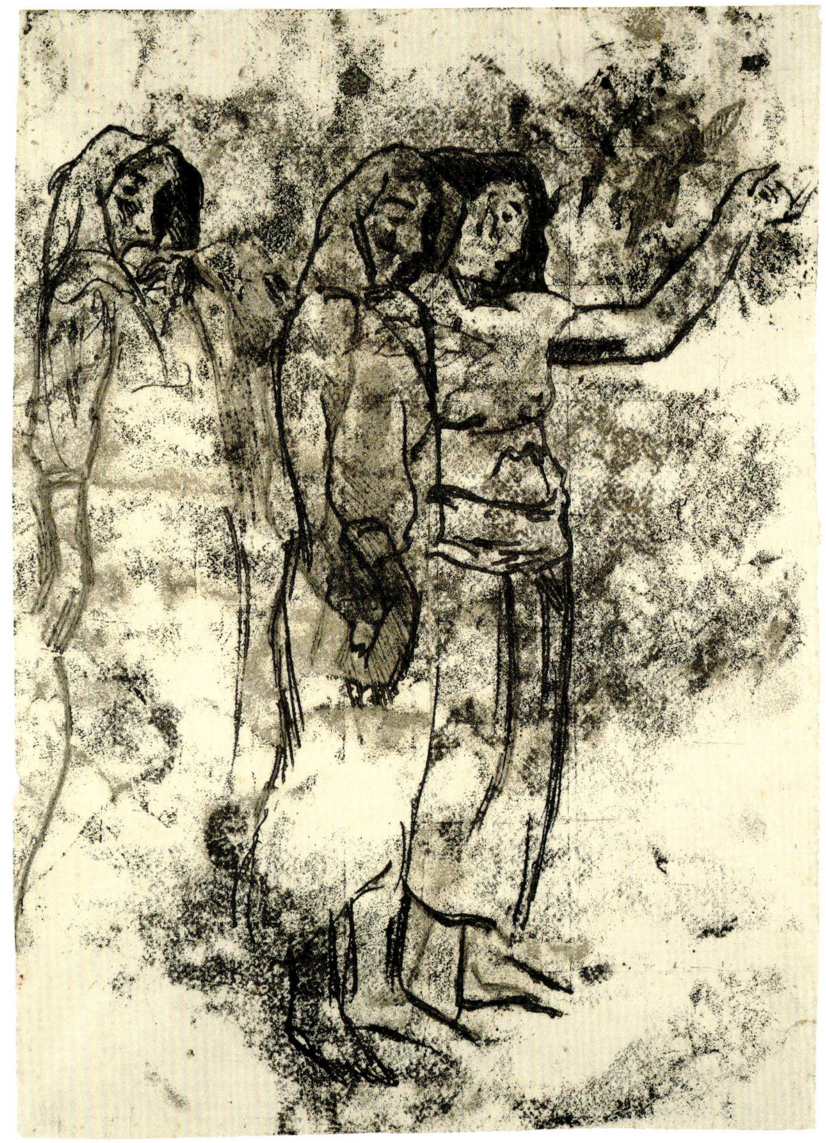

182

Hockende Tahitianerin, Rückenansicht, um 1901/02
Durchdruckzeichnung in Öl,
Blatt: 31,8 x 25,8 cm
Privatsammlung, USA

183

Der Ruf, um 1902/03
Durchdruckzeichnung in Öl,
Blatt: 43,2 x 30,4 cm
Museum of Fine Arts, Boston,
Otis Norcross Fund

184

Der Ruf, 1902
Öl auf Stoff, 131,3 x 89,5 cm
Cleveland Museum of Art,
Schenkung des Hanna Fund

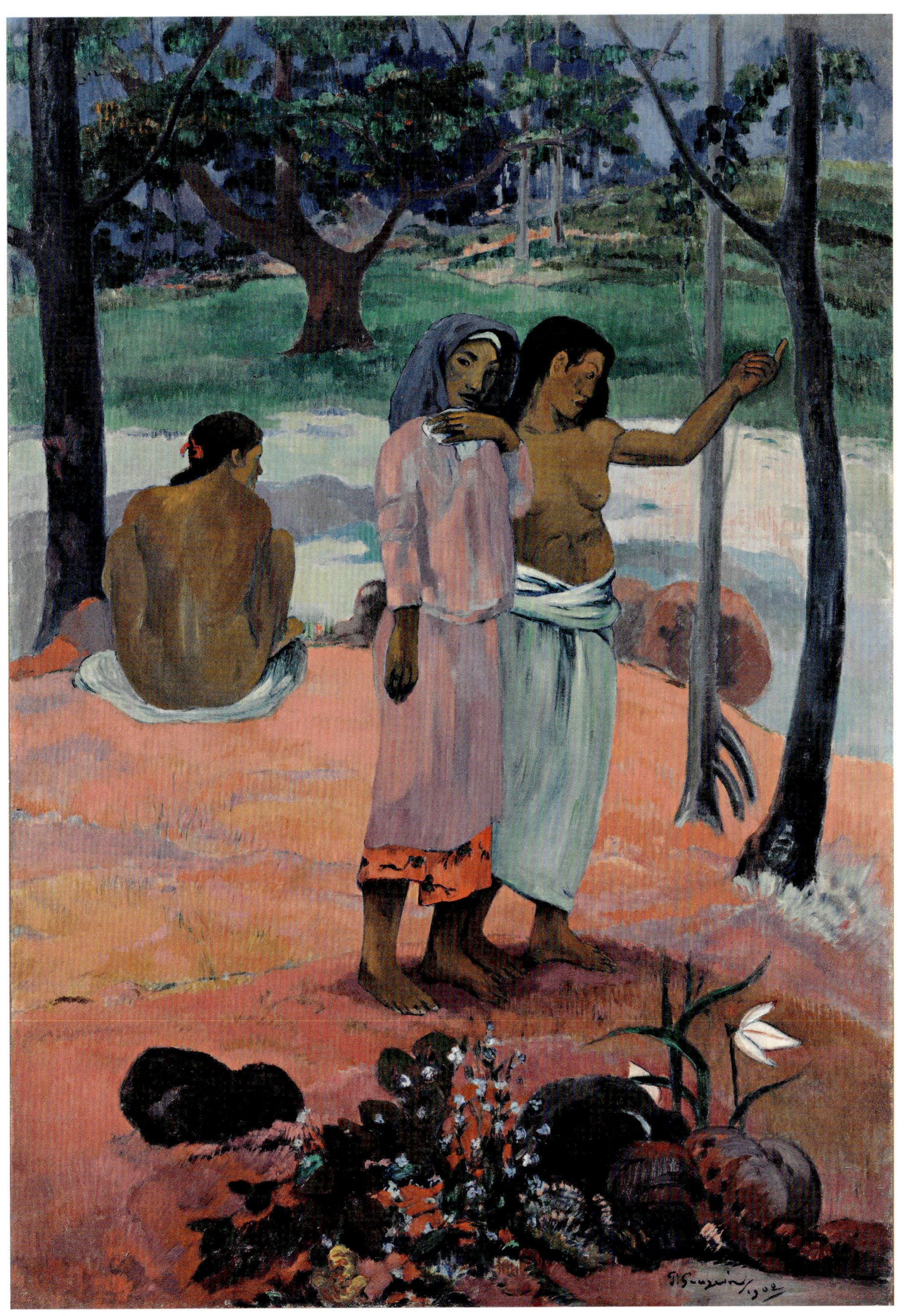

185

Stillleben mit Krug und Früchten, um 1899
Gouache-Monotypie, Blatt: 23 x 29,8 cm
Sammlung Steven Rattner und Maureen White

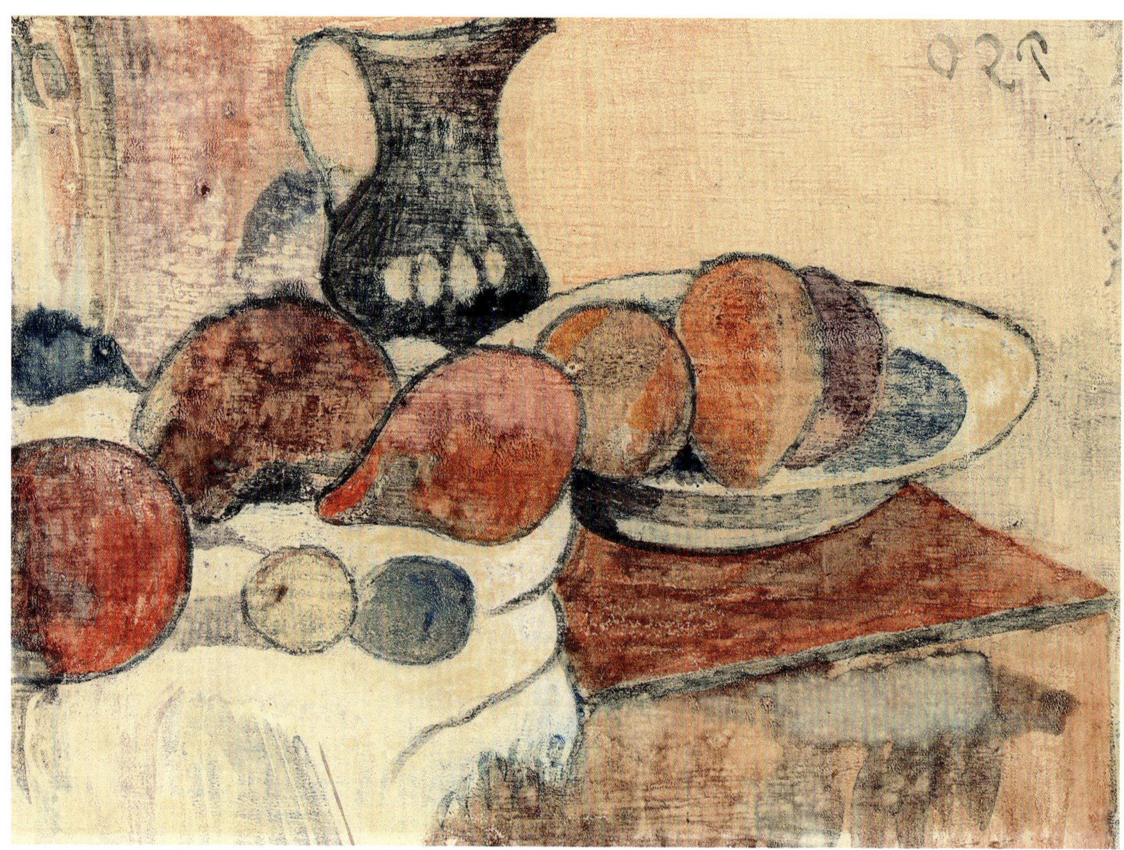

Liste der ausgestellten Werke, Biografie und Bibliografie (Auswahl)

Liste der ausgestellten Werke

Diese Liste bietet umfassende Details zu den im Katalogteil illustrierten Werken und ist chronologisch. Innerhalb eines Jahres sind die Werke alphabetisch nach Titel geordnet. Werke aus derselben Serie sind zusammenaufgeführt. Arbeiten desselben Titels aus demselben Jahr sind in der Reihenfolge ihrer Katalognummern gelistet. Werke, die von Gauguin (in Französisch oder Tahitianisch) mit Titeln versehen wurden, erscheinen mit ihrem Originaltitel an erster Stelle, gefolgt von dem etablierten deutschen Titel. Werke, die Gauguin, soweit bekannt, nicht mit einem Titel versehen hat, werden nur auf Deutsch genannt. Maße werden in Zentimetern angegeben, bei zweidimensionale Objekte Länge vor Breite, für dreidimensionale Werken Länge vor Breite vor Tiefe, Höhe vor Durchmesser oder Höhe allein. Für Lithografien (inklusive Zinkografien) und Holzschnitte werden sowohl die Maße des Bildes als auch des Blattes genannt. Wenn nicht anders angegeben, wurden die Lithografien und Holzschnitte vom Künstler selbst gedruckt, entweder in Frankreich (zwischen 1893 und 1895) oder auf Tahiti (zwischen 1898 und 1900).

Die Angaben am Ende der Einträge beziehen sich auf dem maßgeblichen Catalogue Raisonné von Gauguins Werken in den verschiedenen Medien:

Field: Richard S. Field, *Paul Gauguin – Monotypes*, Ausst.-Kat. Philadelphia Museum of Art, Philadelphia 1973.

Gray: Christopher Gray, *Sculpture and Ceramics of Paul Gauguin*, Baltimore 1963.

Mongan, Kornfeld, Joachim: Elizabeth Mongan, Eberhard W. Kornfeld und Harold Joachim, *Paul Gauguin – Catalogue Raisonné of His Prints*, Bern 1988.

Wildenstein: Georges Wildenstein, Gauguin, Paris 1964.

Einige Werke sind zwar Teil des Kataloges, werden jedoch nicht in der Ausstellung gezeigt, wie am Ende des Eintrages angegeben. Werke, die in der Ausstellung gezeigt werden, sich jedoch nicht im Katalog finden, stehen am Ende dieser Werkliste.

Gefäß in Form des Kopfes eines bretonischen Mädchens, 1886/87
Steinzeug, unglasiert, schwarzer Schlicker, goldene Höhungen, 14 x 9,2 x 16,5 cm
Privatsammlung
Gray 39 (Kat. 13, nicht ausgestellt)

Vase mit bretonischen Szenen, 1886/87
Steinzeug (gedreht von Ernest Chaplet), glasiert mit goldenen Höhungen, Höhe 28,8 cm, ø 12 cm
Musées Royaux d'Art et d'Histoire, Brüssel
Gray 45 (Kat. 11)

Gefäß in Form von Kopf und Schultern eines jungen Mädchens, 1887/88
Steinzeug mit gefärbtem Schlicker, teilweise glasiert, Höhe 20 cm
Privatsammlung
Gray 63 (Kat. 1, nicht ausgestellt)

Schale mit Badender, 1887/88
Steinzeug, glasiert, Höhe 29 cm, ø 29 cm
Dame Jillian Sackler
Gray 50 (Kat. 4)

Vase mit Badender unter Bäumen, um 1887/88
Steinzeug, glasiert, mit goldenen Höhungen, Höhe 19,1 cm, ø 12,7 cm
The Kelton Foundation, Los Angeles
Gray 51 (Kat. 5)

Der Reigen der kleinen Bretoninnen, Pont-Aven, 1888
Öl auf Leinwand, 73 x 92,7 cm
National Gallery of Art, Washington, D.C., Sammlung Mr. und Mrs. Paul Mellon
Wildenstein 251 (Kat. 8, nicht ausgestellt)

Baigneuses Bretonnes (Bretonische Badende) aus der *Suite Volpini*, 1889
Zinkografie in Schwarz auf gelbem Velinpapier, Bild: 24,6 x 20 cm, Blatt: 47,9 x 34 cm
Vermutlich gedruckt von Edward Ancourt, Paris, Edition: 30–50
The Metropolitan Museum of Art, New York, Rogers Fund
Mongan, Kornfeld, Joachim 4.A.b (Kat. 6)

Bretonnes à la barrière (Bretoninnen am Zaun) aus der *Suite Volpini*, 1889
Zinkografie in Schwarz auf gelbem Velinpapier, Bild: 16,7 x 21,4 cm, Blatt: 47,8 x 34 cm
Vermutlich gedruckt von Edward Ancourt, Paris, Edition: 30–50
The Metropolitan Museum of Art, New York, Rogers Fund
Mongan, Kornfeld, Joachim 8.A (Kat. 12)

Les Cigales et les fourmis – Souvenir de la Martinique (Grillen und Ameisen – Erinnerung an Martinique) aus der *Suite Volpini*, 1889
Zinkografie in Schwarz auf gelbem Velinpapier, Bild: 21,5 x 26,1 cm, Blatt: 34,4 x 48,1 cm
Vermutlich gedruckt von Edward Ancourt, Paris, Edition: 30–50
The Metropolitan Museum of Art, New York, Rogers Fund
Mongan, Kornfeld, Joachim 5.A.b (Kat. 14)

Les Drames de la mer, Bretagne (Die Dramen des Meeres, Bretagne)
aus der *Suite Volpini*, 1889
Zinkografie in Schwarz auf gelbem Velinpapier, Bild: 16,7 x 22,5 cm, Blatt: 47,5 x 34 cm
Vermutlich gedruckt von Edward Ancourt, Paris, Edition: 30–50
The Metropolitan Museum of Art, New York, Rogers Fund
Mongan, Kornfeld, Joachim 2.A.b (Kat. 10)

Les Drames de la mer: Une Descente dans le maelström (Die Dramen des Meeres: Sturz in den Mahlstrom) aus der *Suite Volpini*, 1889
Zinkografie in Schwarz auf gelbem Velinpapier, Bild: 17,1 x 27,3 cm, Blatt: 33,5 x 47,7 cm
Vermutlich gedruckt von Edward Ancourt, Paris, Edition: 30–50
The Metropolitan Museum of Art, New York, Rogers Fund
Mongan, Kornfeld, Joachim 3.A (Kat. 3)

Joies de Bretagne (Freuden der Bretagne)
aus der *Suite Volpini*, 1889
Zinkografie in Schwarz auf gelbem Velinpapier, Bild: 20,2 x 24,1 cm, Blatt: 33,5 x 47,5 cm
Vermutlich gedruckt von Edward Ancourt, Paris, Edition: 30–50
The Metropolitan Museum of Art, New York, Rogers Fund
Mongan, Kornfeld, Joachim 7.A.b (Kat. 9)

Les Laveuses (Die Wäscherinnen)
aus der *Suite Volpini*, 1889
Zinkografie in Schwarz auf gelbem Velinpapier, Bild: 20,8 x 26,1 cm, Blatt: 34,2 x 47,7 cm
Vermutlich gedruckt von Edward Ancourt, Paris, Edition: 30–50
The Metropolitan Museum of Art, New York, Rogers Fund
Mongan, Kornfeld, Joachim 10.A.b (Kat. 17)

Leda (Projet d'assiette) (Leda [Entwurf für einen Porzellanteller])
Frontispiz der *Suite Volpini*, 1889
Zinkografie in Schwarz auf gelbem Velinpapier auf Portfolio-Einband kaschiert (beschnitten), mit Ergänzungen in Aquarell und Gouache, Bild: 20,4 x 20,4 cm, Blatt: 30,3 x 26 cm
Vermutlich gedruckt von Edward Ancourt, Paris, Edition: 30–50
The Metropolitan Museum of Art, New York, Rogers Fund
Mongan, Kornfeld, Joachim 1.A.a (Kat. 2)

Misères humaines (Menschliches Elend)
aus der *Suite Volpini*, 1889
Zinkografie in Braun auf gelbem Velinpapier, Bild: 28,1 x 24,6 cm, Blatt: 48,2 x 34 cm
Vermutlich gedruckt von Edward Ancourt, Paris, Edition: 30–50
The Metropolitan Museum of Art, New York, Rogers Fund
Mongan, Kornfeld, Joachim 11.A.b (Kat. 7)

Pastorales Martinique (Pastorale auf Martinique)
aus der *Suite Volpini*, 1889
Zinkografie in Schwarz auf gelbem Velinpapier, Bild: 18,2 x 22,2 cm, Blatt: 34,2 x 48 cm
Vermutlich gedruckt von Edward Ancourt, Paris, Edition: 30–50
The Metropolitan Museum of Art, New York, Rogers Fund
Mongan, Kornfeld, Joachim 6.A (Kat. 15)

Les Vieilles Filles à Arles (Die alten Jungfern in Arles) aus der *Suite Volpini*, 1889
Zinkografie in Schwarz auf gelbem Velinapier, Bild: 19,1 x 21 cm, Blatt: 48,2 x 33,7 cm
Vermutlich gedruckt von Edward Ancourt, Paris, Edition: 30–50
The Metropolitan Museum of Art, New York, Rogers Fund
Mongan, Kornfeld, Joachim 9.A.b (Kat. 16)

Eva mit der Schlange und anderen Tieren, um 1889
Eiche, geschnitzt und bemalt, 34,7 x 20,5 x 2,8 cm
Ny Carlsberg Glyptotek, Kopenhagen
Gray 71 (Kat. 51)

Soyez amoureuses vous serez heureuses (Liebt, ihr werdet glücklich sein), 1889
Linde, geschnitzt und bemalt, 95 x 72 x 6,4 cm
Museum of Fine Arts, Boston, Arthur Tracy Cabot Fund
Gray 76 (Kat. 135)

Soyez mystérieuses (Seid geheimnisvoll), 1890
Linde, geschnitzt und bemalt, 73 x 95 x 5 cm
Musée d'Orsay, Paris
Gray 87 (Kat. 32)

Die Undinen, um 1890
Eiche, geschnitzt und bemalt, 16,5 x 56,5 x 5,7 cm
Privatsammlung
Gray 75 (Kat. 29)

I raro te oviri (Unter den Pandanusbäumen), 1891
Öl auf Leinwand, 67,3 x 90,8 cm
Dallas Museum of Art, Foundation for the Arts Collection, Schenkung Adele R. Levy Fund, Inc.
Wildenstein 431 (Kat. 21)

Upa upa (Der Feuertanz), 1891
Öl auf Leinwand, 72,6 x 92,3 cm
The Israel Museum, Jerusalem, Schenkung Yad Hanadiv, Jerusalem, aus der Sammlung von Miriam Alexandrine de Rothschild, Tochter des ersten Baron Edmond de Rothschild
Wildenstein 433 (Kat. 40)

Te faruru (Liebesakt), 1891–1893
Kohle, braune Tinte und weiße Gouache auf Velinpapier, Blatt: 34,9 x 25 cm
Privatsammlung
(Kat. 35)

L'Après-midi d'un faune (Der Nachmittag eines Fauns), um 1892
Tamanu-Holz, geschnitzt, 35,6 x 14,7 x 12,4 cm
Musée départemental Stéphane Mallarmé, Vulaines-sur-Seine
Gray 100 (Kat. 20)

E haere oe i hia (Wohin gehst du?), 1892
Öl auf Leinwand, 96 x 69 cm
Staatsgalerie Stuttgart
Wildenstein 478 (Kat. 98, nicht ausgestellt)

Hina mit zwei Dienerinnen, um 1892
Tamanu-Holz, geschnitzt und vergoldet, 37,1 x 13,4 x 10,8 cm
Hirshhorn Museum and Sculpture Garden, Smithsonian Institution, Washington, D.C., Museumsankauf mithilfe des Smithsonian Institution Collections Acquisition Program, 1981
Gray 95 (Kat. 84)

Hina und Fatu, um 1892
Tamanu-Holz, geschnitzt, Höhe 32,7 cm, ø 14,2 cm
Art Gallery of Ontario, Toronto, Schenkung des Volunteer Committee Fund, 1980
Gray 96 (Kat. 80)

Idol mit einer Perle, 1892
Tamanu-Holz, geschnitzt und bemalt,
ergänzt mit Gold und Perlen, 23,7 x 12,6 x 11,4 cm
Musée d'Orsay, Paris, Schenkung Agnès Huc
de Monfreid, 1951
Gray 94 (Kat. 81)

Kopf von Tehura (Tehamana) (Vorderseite) und **Eva (oder Stehender weiblicher Akt)** (Rückseite), 1892
Pua-Holz, geschnitzt und bemalt,
22,2 x 12,6 x 7,8 cm
Musée d'Orsay, Paris, Schenkung Agnès Huc
de Monfreid
Gray 98 (Kat. 59)

Manao tupapau (Der Geist der Toten wacht), 1892
Öl auf Sackleinwand auf Leinwand, 73 x 92,4 cm
Albright-Knox Art Gallery, Buffalo, N.Y.
A. Conger Goodyear Collection, 1965
Wildenstein 457 (Kat. 61, nicht ausgestellt)

Mata mua (In alten Zeiten), 1892
Öl auf Leinwand, 91 x 69 cm
Sammlung Carmen Thyssen-Bornemisza, als
Leihgabe im Museo Thyssen-Bornemisza, Madrid
Wildenstein 467 (Kat. 89)

Parau na te varua ino (Worte des Teufels), 1892
Öl auf Leinwand, 91,7 x 68,5 cm
National Gallery of Art, Washington, D.C.,
Schenkung der W. Averell Harriman Foundation
in Erinnerung an Marie N. Harriman
Wildenstein 458 (Kat. 126)

Statue mit zwei Figuren, um 1892
Pua-Holz, geschnitzt, Höhe 35,5 cm, ø 14 cm
Privatsammlung
Gray 102 (Kat. 85)

Te nave nave fenua (Das herrliche Land), 1892
Öl auf Leinwand, 92 x 73,5 cm
Ohara Kunstmuseum, Kurashiki, Japan
Wildenstein 455 (Kat. 50)

Umete (Gefäß), um 1892
Tamanu-Holz, geschnitzt und bemalt,
36 x 90 x 10 cm
Privatsammlung, als Leihgabe im Musée départemental Maurice Denis, Saint-Germain-en-Laye
Gray 103 (Kat. 48)

Hina Tefatou (Der Mond und die Erde), 1893
Öl auf Sackleinwand, 114,3 x 62,2 cm
The Museum of Modern Art, New York,
Lillie P. Bliss Collection
Wildenstein 499 (Kat. 79)

Pape moe (Geheimnisvolle Quelle), 1893
Öl auf Leinwand, 99 x 75 cm
Privatsammlung
Wildenstein 498 (Kat. 106, nicht ausgestellt)

Selbstbildnis mit Idol, um 1893
Öl auf Leinwand, 43,8 x 32,7 cm
McNay Art Museum, San Antonio,
Nachlass Marion Koogler McNay
Wildenstein 415 (Kat. 18, nicht ausgestellt)

Auti te pape (Frauen am Fluss), 1893/94
Holzdruckstock, 20,3 x 35,4 x 2,3 cm
Museum of Fine Arts, Boston,
Harriet Otis Cruft Fund
Mongan, Kornfeld, Joachim 16 (Kat. 30)

Auti te pape (Frauen am Fluss),
Zustand II/II aus der *Suite Noa Noa*, 1893/94
Holzschnitt, zweimal gedruckt in Schwarz auf
Papier, Ergänzungen in Ocker, Blatt beschnitten
zu Bild: 20,4 x 35,5 cm
The British Museum, London, Nachlass
Campbell Dodgson
Mongan, Kornfeld, Joachim 16.II.A (Kat. 31)

Auti te pape (Frauen am Fluss),
Zustand II/II aus der *Suite Noa Noa*, 1893/94
Holzschnitt, einmal gedruckt in Hellbraun,
zweimal in Schwarz über Gelb, vermutlich von
einer Tonplatte gedruckt, Ergänzungen in
wasserbasierter Farbe, auf Papier auf Karton,
Bild: 20,3 x 35,5 cm, Blatt: 28,8 x 45 cm
Bibliothèque de l'Institut national d'histoire
de l'art, Collections Jacques Doucet, Paris
Mongan, Kornfeld, Joachim 16.II.B (Kat. 33)

Auti te pape (Frauen am Fluss),
Zustand II/II aus der *Suite Noa Noa*, 1893/94
Holzschnitt in Schwarz über Gelb und Orange,
gedruckt von einer Tonplatte, auf Velinpapier,
Bild: 20,5 x 35,5, Blatt: 24,8 x 39,7 cm
Gedruckt von Louis Roy, Paris, um 1894,
Edition: ca. 25–30
The Museum of Modern Art, New York,
Schenkung Abby Aldrich Rockefeller
Mongan, Kornfeld, Joachim 16.II.C (Kat. 34)

Mahna no varua ino (Der Tag des bösen Geistes),
Zustand II/IV aus der *Suite Noa Noa*, 1893/94
Holzschnitt in Schwarz auf Velinpapier,
Bild: 20 x 35,2 cm, Blatt: 20 x 35,5 cm
Privatsammlung
Mongan, Kornfeld, Joachim 19.II (Kat. 41)

Mahna no varua ino (Der Tag des bösen Geistes),
Zustand IV/IV aus der *Suite Noa Noa*, 1893/94
Holzschnitt in Schwarz auf Velinpapier,
Bild: 20,1 x 35 cm, Blatt: 27,2 x 51 cm
Privatsammlung
Mongan, Kornfeld, Joachim 19.IV.A (Kat. 42)

Mahna no varua ino (Der Tag des bösen Geistes),
Zustand IV/IV aus der *Suite Noa Noa*, 1893/94
Holzschnitt, zweimal gedruckt in Schwarz und
Oliv über gelblichem Orange, gedruckt von einer
Tonplatte, auf Japanpapier, Bild: 20,3 x 35,6 cm,
Blatt: 29,2 x 45,9 cm
The Metropolitan Museum of Art, New York,
Harris Brisbane Dick Fund
Mongan, Kornfeld, Joachim 19.IV.B (Kat. 43)

Mahna no varua ino (Der Tag des bösen Geistes),
Zustand IV/IV aus der *Suite Noa Noa*, 1893/94
Holzschnitt in Schwarz mit Rot und Gelb, gedruckt
von einer Tonplatte, Ergänzungen in oranger
wasserbasierter Farbe, auf Velinpapier, Bild:
21,2 x 35,5 cm (ungleichmäßig), Blatt: 24 x 39,7 cm
Gedruckt von Louis Roy, Paris, um 1894,
Edition: ca. 25–30
Privatsammlung
Mongan, Kornfeld, Joachim 19.IV.D (Kat. 44)

Manao tupapau (Der Geist der Toten wacht),
Zustand I/IV aus der *Suite Noa Noa*, 1893/94
Holzschnitt in Schwarz auf Velinpapier,
Bild: 20,4 x 35,5 cm, Blatt: 20,7 x 35,8 cm
Museum of Fine Arts, Boston, Nachlass
W.G. Russell Allen
Mongan, Kornfeld, Joachim 20.I (Kat. 72)

Manao tupapau (Der Geist der Toten wacht),
Zustand III/IV aus der *Suite Noa Noa*, 1893/94
Holzschnitt, zweimal gedruckt in Braun und
Schwarz, teilweise händisch verwischt,auf
Japanpapier, Bild: 20,4 x 35,5 cm, Blatt: 20,8 x 35,7 cm
National Gallery of Art, Washington, D.C.,
Patrons' Permanent Fund
Mongan, Kornfeld, Joachim 20.III (Kat. 73)

Manao tupapau (Der Geist der Toten wacht),
Zustand IV/IV aus der *Suite Noa Noa*, 1893/94
Holzschnitt, zweimal gedruckt in Oliv und
Schwarz, teilweise händisch verwischt, über gelbem
Ocker, gedruckt von einer Tonplatte, auf Papier,
Bild: 20,3 x 35,6 cm, Blatt: 24,7 x 39,5 cm
(ungleichmäßig)
The British Museum, London, Nachlass
Campbell Dodgson
Mongan, Kornfeld, Joachim 20.IV.B (Kat. 74)

Manao tupapau (Der Geist der Toten wacht), Zustand IV/IV aus der *Suite Noa Noa*, 1893/94
Holzschnitt in Schwarz über Gelb und Orange, gedruckt von einer Tonplatte, auf Velinpapier, Bild: 20,8 x 35,4 cm, Blatt: 24,9 x 39,8 cm
Gedruckt von Louis Roy, Paris, um 1894, Edition: ca. 25–30
Minneapolis Institute of Arts, The William Hood Dunwoody Fund, 1947
Mongan, Kornfeld, Joachim 20.IV.D (Kat. 75)

Maruru (Befriedigt), 1893/94
Holzdruckstock, 20,2 x 35,2 x 2,3 cm
The Art Institute of Chicago, Schenkung des Print and Drawing Club
Mongan, Kornfeld, Joachim 22 (Kat. 90)

Maruru (Befriedigt), Zustand I/III aus *Suite Noa Noa*, 1893/94
Holzschnitt in Schwarz auf rosafarbenem Velinpapier, Bild: 20,3 x 35,5 cm, Blatt: 20,6 x 36 cm
Cleveland Museum of Art, Schenkung des Print Club of Cleveland
Mongan, Kornfeld, Joachim 22.I (Kat. 91)

Maruru (Befriedigt), Zustand III/III aus der *Suite Noa Noa*, 1893/94
Holzschnitt, zweimal gedruckt in Ocker und Schwarz, teilweise händisch verwischt, über orangem Gelb und Rot, gedruckt von einer Tonplatte, auf Velinpapier, Bild: 20,5 x 35,5 cm, Blatt: 20,5 x 35,8 cm, Passepartout: 32 x 46,2 cm
Sterling and Francine Clark Art Institute, Williamstown, Massachusetts
Mongan, Kornfeld, Joachim 22.III.B (Kat. 92)

Maruru (Befriedigt), Zustand III/III aus der *Suite Noa Noa*, 1893/94
Holzschnitt in Schwarz über Orange, gedruckt von einer Tonplatte, Ergänzungen in Gelb, auf Velinpapier, Bild: 20,5 x 35,6 cm, Blatt: 25,1 x 39,7 cm
Gedruckt von Louis Roy, Paris, um 1894, Edition: ca. 25–30
Library of Congress, Prints and Photographs Division, Washington, D.C.
Mongan, Kornfeld, Joachim 22.III.C (Kat. 94)

Nave nave fenua (Herrliches Land), 1893/94
Holzdruckstock, 35,3 x 20,3 x 2,3 cm
Museum of Fine Arts, Boston, Nachlass W.G. Russell Allen
Mongan, Kornfeld, Joachim 14 (Kat. 52)

Nave nave fenua (Herrliches Land), Zustand I/IV aus der *Suite Noa Noa*, 1893/94
Recto: Holzschnitt in Schwarz auf rosafarbenem Velinpapier, verso (gleiche Darstellung): Holzschnitt in Schwarz, Blatt beschnitten zu Bild: 35,2 x 20,3 cm
Bibliothèque nationale de France, Paris, ehemals Sammlung Marcel Guérin
Mongan, Kornfeld, Joachim 14.I (Kat. 53)

Nave nave fenua (Herrliches Land), Zustand II/IV aus der *Suite Noa Noa*, 1893/94
Holzschnitt in Schwarz, teilweise händisch verwischt, auf Velinpapier, Bild: 35,5 x 20,6 cm, Blatt: 37,6 x 25,2 cm
National Gallery of Art, Washington, D.C., Sammlung Rosenwald
Mongan, Kornfeld, Joachim 14.II (Kat. 54)

Nave nave fenua (Herrliches Land), Zustand III/IV aus der *Suite Noa Noa*, 1893/94
Holzschnitt, zweimal gedruckt in Braun und Schwarz, Ergänzungen in wasserbasierten Farben, auf Velinpapier, zur Präsentation auf Passepartout gelegt, Blatt beschnitten zu Bild: 35,6 x 20,3 cm
The Metropolitan Museum of Art, New York, Rogers Fund
Mongan, Kornfeld, Joachim 14.III (Kat. 55)

Nave nave fenua (Herrliches Land), Zustand IV/IV aus der *Suite Noa Noa*, 1893/94
Holzschnitt, zweimal gedruckt in Ocker und Schwarz über Orange, gedruckt von einer Tonplatte, Ergänzungen in Rot, auf Velinpapier, Bild: 35,4 x 20,4 cm, Blatt: 39,3 x 25,4 cm
Kunstmuseum, Gifu, Japan
Mongan, Kornfeld, Joachim 14.IV.B (Kat. 56)

Nave nave fenua (Herrliches Land), Zustand IV/IV aus der *Suite Noa Noa*, 1893/94
Holzschnitt, zweimal gedruckt in Ocker und Schwarz über Ocker und Grün, gedruckt von einer Tonplatte, auf Velinpapier, Bild: 34,9 x 20,3 cm, Blatt: 47,6 x 27,2 cm
The Metropolitan Museum of Art, New York, Harris Brisbane Dick Fund
Mongan, Kornfeld, Joachim 14.IV.B (Kat. 57)

Nave nave fenua (Herrliches Land), Zustand IV/IV aus der **S***Suite Noa Noa*, 1893/94
Holzschnitt in Schwarz über Orange und Gelb, gedruckt von einer Tonplatte, und Rot, vermutlich mittels Schablone aufgetragen, auf Velinpapier, Bild: 35,5 x 2,5 cm, Blatt: 39,9 x 24,9 cm
Gedruckt von Louis Roy, Paris, um 1894, Edition: ca. 25–30
The Museum of Modern Art, New York, Schenkung Abby Aldrich Rockefeller
Mongan, Kornfeld, Joachim 14.IV.C (Kat. 58)

Noa Noa (Duftend), 1893/94
Holzdruckstock, 35,2 x 20,3 x 2,2 cm
The Metropolitan Museum of Art, New York, Harris Brisbane Dick Fund
Mongan, Kornfeld, Joachim 13 (Kat. 22)

Noa Noa (Duftend), Zustand I/III aus der *Suite Noa Noa*, 1893/94
Holzschnitt in Braun auf rosafarbenem Velinpapier, Bild: 35,5 x 20,4 cm, Blatt: 36 x 20,5 cm
Privatsammlung
Mongan, Kornfeld, Joachim 13.I (Kat. 23)

Noa Noa (Duftend), Zustand III/III aus der *Suite Noa Noa*, 1893/94
Holzschnitt in Braun auf Velinpapier, Bild: 35,8 x 20,4 cm, Blatt 44,6 x 23,9 cm
E.W.K., Bern
Mongan, Kornfeld, Joachim 13.III.A (Kat. 24)

Noa Noa (Duftend), Zustand III/III aus der *Suite Noa Noa*, 1893/94
Holzschnitt, zweimal gedruckt in Ocker und Schwarz über Ocker und Rosa, gedruckt von einer Tonplatte, auf Velinpapier, zur Präsentation auf Passepartout gelegt, Blatt beschnitten zu Bild: 36,2 x 19,8 cm
Musée du quai Branly, Paris
Mongan, Kornfeld, Joachim 13.III.B (Kat. 25)

Noa Noa (Duftend), Zustand III/III aus der *Suite Noa Noa*, 1893/94
Holzschnitt in Schwarz über Gelb und Orange, gedruckt von einer Tonplatte, und Rot, vermutlich mittels Schablone aufgetragen, auf Velinpapier, Bild: 35,5 x 20,5 cm, Blatt: 39,3 x 24,4 cm
Gedruckt von Louis Roy, Paris, um 1894, Edition: ca. 25–30
The Museum of Modern Art, New York, Lillie P. Bliss Collection
Mongan, Kornfeld, Joachim 13.III.D (Kat. 26)

Te atua (Die Götter), Zustand I/III
aus der *Suite Noa Noa*, 1893/94
Holzschnitt in Schwarz auf Velinpapier, Blatt beschnitten zu Bild: 20,5 x 35,5 cm
Staatliche Museen zu Berlin, Kupferstichkabinett
Mongan, Kornfeld, Joachim 17.I (Kat. 82)

Te atua (Die Götter), Zustand III/III
aus der *Suite Noa Noa*, 1893/94
Holzschnitt, zweimal gedruckt in Ocker und Schwarz über Gelb, Grün und Rot, gedruckt von einer Tonplatte, auf Velinpapier, zur Präsentation auf Passepartout gelegt, Bild: 20,5 x 35,7 cm, Blatt: 20,6 x 35,7 cm, Passepartout: 32 x 46,2 cm
Sterling and Francine Clark Art Institute, Williamstown, Massachusetts
Mongan, Kornfeld, Joachim 17.III.B (Kat. 83)

Te atua (Die Götter), Zustand III/III
aus der *Suite Noa Noa*, 1893/94
Holzschnitt, zweimal gedruckt in Ocker und Schwarz über gelbem Ocker, gedruckt von einer Tonplatte, auf Velinpapier, Bild: 20,5 x 35,5 cm, Blatt: 24,7 x 39,6 cm
The Museum of Modern Art, New York, Schenkung Abby Aldrich Rockefeller
Mongan, Kornfeld, Joachim 17.III.B (Kat. 86)

Te atua (Die Götter), Zustand III/III
aus der *Suite Noa Noa*, 1893/94
Holzschnitt, zweimal gedruckt in Schwarz über Orange, gedruckt von einer Tonplatte, auf Velinpapier, Bild: 20,7 x 35,4 cm, Blatt: 23 x 38,3 cm
Gedruckt von Louis Roy, Paris, um 1894, Edition: ca. 25–30 cm
Philadelphia Museum of Art, Ankauf mithilfe des John D. McIlhenny Fund
Mongan, Kornfeld, Joachim 17.III.D (Kat. 87)

Te faruru (Liebesakt), Zustand I/VI
aus der *Suite Noa Noa*, 1893/94
Holzschnitt in Schwarz auf rosafarbenem Velinpapier, Blatt beschnitten zu Bild: 35,7 x 20,3 cm
Bibliothèque nationale de France, Paris, Schenkung Marcel Guérin
Mongan, Kornfeld, Joachim 15.I (Kat. 36)

Te faruru (Liebesakt), Zustand IV/VI
aus der *Suite Noa Noa*, 1893/94
Holzschnitt in Schwarz, teilweise händisch verwischt, auf Velinpapier, Bild: 35,7 x 20,4 cm, Blatt: 50,9 x 27,9 cm
Privatsammlung
Mongan, Kornfeld, Joachim 15.IV.A (Kat. 37)

Te faruru (Liebesakt), Zustand IV/VI
aus der *Suite Noa Noa*, 1893/94
Holzschnitt, zweimal gedruckt in Ocker und Schwarz, teilweise händisch verwischt, über Gelb, gedruckt von einer Tonplatte, Ergänzungen in Braun und Rot, auf Velinpapier, zur Präsentation auf ein Passepartout gelegt, Blatt beschnitten zu Bild: 35,9 x 20,5 cm, Passepartout: 46,1 x 31,9 cm
Sterling and Francine Clark Art Institute, Williamstown, Massachusetts
Mongan, Kornfeld, Joachim 15.IV.B (Kat. 38)

Te faruru (Liebesakt), Zustand V/VI
aus der *Suite Noa Noa*, 1893/94
Holzschnitt in Schwarz über Orange, gedruckt von einer Tonplatte, und Rot, vermutlich mittels Schablone aufgetragen, auf Velinpapier, Bild: 35,7 x 20,5 cm, Blatt: 40 x 24,9 cm
Gedruckt von Louis Roy, Paris, um 1894, Edition: ca. 25–30
The Museum of Modern Art, New York, Schenkung Abby Aldrich Rockefeller
Mongan, Kornfeld, Joachim 15.V (Kat. 39)

Te po (Die Nacht), 1893/94
Holzdruckstock, 20,6 x 35,6 x 2,3 cm
Museum of Fine Arts, Boston, Schenkung Philip Hofer, Esq.
Mongan, Kornfeld, Joachim 21 (Kat. 65)

Te po (Die Nacht), Zustand III/IV
aus der *Suite Noa Noa*, 1893/94
Holzschnitt, zweimal gedruckt in bräunlichem Orange und Schwarz, teilweise händisch verwischt, auf Japanpapier, Blatt beschnitten zu Bild: 20,6 x 35,6 cm
Musée du quai Branly, Paris
Mongan, Kornfeld, Joachim 21.III (Kat. 66)

Te po (Die Nacht), Zustand III/IV
aus der *Suite Noa Noa*, 1893/94
Holzschnitt in Schwarz auf Papier, Blatt beschnitten zu Bild: 20,5 x 34,5 cm
Staatliche Museen zu Berlin, Kupferstichkabinett
Mongan, Kornfeld, Joachim 21.III (Kat. 67)

Te po (Die Nacht), Zustand IV/IV
aus der *Suite Noa Noa*, 1893/94
Holzschnitt, zweimal gedruckt in Ocker und Schwarz, teilweise händisch verwischt, auf rosafarbenem Velinpapier, Bild: 21 x 36,2 cm, Blatt: 27,6 x 41,9 cm
The Metropolitan Museum of Art, New York, Harris Brisbane Dick Fund
Mongan, Kornfeld, Joachim 21.IV.B (Kat. 68)

Te po (Die Nacht), Zustand IV/IV
aus der *Suite Noa Noa*, 1893/94
Holzschnitt in Schwarz, überdruckt in Orange und Gelb von einer Tonplatte, auf Velinpapier, Bild: 20,3 x 35,9 cm, Blatt: 22,9 x 37,5 cm
Gedruckt von Louis Roy, Paris, um 1894, Edition: ca. 25–30
Sammlung UCLA Grunwald Center for the Graphic Arts, Hammer Museum, The Fred Grunwald Collection
Mongan, Kornfeld, Joachim 21.IV.C (Kat. 69)

L'Univers est créé (Das Weltall wird erschaffen), 1893/94
Holzdruckstock, 20,3 x 35,2 x 5,1 cm
Memorial Art Gallery, University of Rochester, N.Y., Schenkung Dr. und Mrs. James H. Lockhart, Jr.
Mongan, Kornfeld, Joachim 18 (Kat. 45)

L'Univers est créé (Das Weltall wird erschaffen), Zustand I/II aus der *Suite Noa Noa*, 1893/94
Holzschnitt in Schwarz auf rosafarbenem Velinpapier, Blatt beschnitten zu Bild: 20,3 x 35,2 cm
Bibliothèque nationale de France, ehemals Sammlung Marcel Guérin
Mongan, Kornfeld, Joachim 18.I (Kat. 46)

L'Univers est créé (Das Weltall wird erschaffen), Zustand II/II aus der *Suite Noa Noa*, 1893/94
Holzschnitt, zweimal gedruckt in Ocker und Schwarz, teilweise händisch verwischt, Ergänzungen in Schwarz und Rot, auf Velinpapier, Bild: 20,4 x 35,3 cm, Blatt: 26 x 48,4 cm
The Metropolitan Museum of Art, New York, Harris Brisbane Dick Fund
Mongan, Kornfeld, Joachim 18.II.B (Kat. 47)

L'Univers est créé (Das Weltall wird erschaffen), Zustand II/II aus der *Suite Noa Noa*, 1893/94
Holzschnitt in Schwarz über Orange, gedruckt von einer Tonplatte, und Rot, vermutlich mittels Schablone aufgetragen, auf Velinpapier, Bild: 20,3 x 35,4, Blatt: 24,8 x 39,8 cm
Gedruckt von Louis Roy, Paris, um 1894, Edition: ca. 25–30
The Museum of Modern Art, New York, Sue and Edgar Wachenheim III Endowment Fund
Mongan, Kornfeld, Joachim 18.II.D (Kat. 49)

Quadratische Vase mit tahitianischen Göttern, 1893–1895
Terrakotta, 34,3 x 14,4 x 14 cm
Designmuseum Danmark, Kopenhagen
Gray 115 (Kat. 95)

Anbetungsszene mit Kopf von Hina im Profil aus dem Reliefensemble *Pape moe (Geheimnsivolle Quelle)*, 1894
Eiche, geschnitzt und bemalt, 19,7 x 45,7 x 5,1 cm
Privatsammlung
Gray 107 (Kat. 93)

Ein Fischer trinkt neben seinem Kanu, Zustand II/II, 1894
Holzschnitt in Schwarz und Braun, Ergänzungen in oranger und violetter Kreide sowie hellblauem Aquarell, auf Velinpapier, Blatt beschnitten zu Bild: 20,5 x 13,9 cm
Privatsammlung, USA
Mongan, Kornfeld, Joachim 33.II (Kat. 109)

Ein Fischer trinkt neben seinem Kanu, Zustand II/II, 1894
Holzschnitt in Braun, Ergänzungen in Aquarell, auf Japanpapier, zur Präsentation auf Passepartout gelegt, Blatt beschnitten zu Bild: 20,5 x 13,8 cm
Privatsammlung
Mongan, Kornfeld, Joachim 33.II (Kat. 110)

Ia orana Maria (Gegrüßet seist du, Maria), 1894
Zinkografie in Blau auf Papier, Bild: 25,6 x 17,7 cm, Blatt: 38,1 x 28,1 cm
Edition: 200
Sammlung UCLA Grunwald Center for the Graphic Arts, Hammer Museum, Anonyme Schenkung
Mongan, Kornfeld, Joachim 27.C (Kat. 114)

Ia orana Maria (Gegrüßet seist du, Maria), 1894
Aquarell-Monotypie auf Velinpapier, Blatt: 43 x 14 cm
Rijksmuseum Amsterdam, Rijksprentenkabinet
Field 2 (Kat. 115)

Ia orana Maria (Gegrüßet seist du, Maria), 1894
Aquarell-Monotypie auf Papier, zur Präsentation auf Passepartout gelegt, Blatt: 22,3 x 14,5 cm, Passepartout: 38 x 28 cm
Museum of Fine Arts, Boston, Nachlass W.G. Russell Allen
Field 1 (Kat. 116)

Kopf von Hina und zwei Vivo-Spieler aus dem Reliefensemble *Pape moe (Geheimnsivolle Quelle)*, 1894
Eiche, geschnitzt und bemalt, 19,7 x 5,1 cm
Privatsammlung
Gray 107 (Kat. 88)

Liegender Akt einer Tahitianerin, 1894
Aquarell-Monotypie mit Ergänzungen in wasserbasierter Farbe auf Japanpapier, Blatt: 24,5 x 39,5 cm
Privatsammlung
Field 15 (Kat. 78)

Liegender Akt einer Tahitianerin (Studie nach **Manao tupapau [Der Geist der Toten wacht]**), 1894
Aquarell-Monotypie mit Ergänzungen in Aquarell, Blatt: 21 x 14,1 cm
Privatsammlung
(Kat. 62)

Mahana atua (Der Tag Gottes), Zustand I/II, 1894
Holzschnitt in Schwarz, Ergänzungen in Aquarell, auf Japanpapier, Bild: 18,1 x 20,2 cm, Blatt: 18,4 x 20,5 cm
The Art Institute of Chicago, Sammlung Clarence Buckingham
Mongan, Kornfeld, Joachim 31.I (Kat. 77)

Manao tupapau (Der Geist der Toten wacht), 1894
Holzschnitt in Dunkelbraun auf Japanpapier, Bild: 22,2 x 26,4 cm, Blatt: 27,7 x 28,8 cm
Sterling and Francine Clark Art Institute, Williamstown, Massachusetts
Mongan, Kornfeld, Joachim 30.2.a (Kat. 64)

Manao tupapau (Der Geist der Toten wacht), 1894
Lithografie in Schwarz auf Velinpapier, Bild: 18 x 27,3 cm, Blatt: 42 x 59,5 cm
Edition: 100
Unterer rechter Rand, in Tinte: »Ep. 81«
The Museum of Modern Art, New York, Schenkung Abby Aldrich Rockefeller
Mongan, Kornfeld, Joachim 23.B (Kat. 70)

Der Mangobaum, 1894
Aquarell-Monotypie mit Ergänzungen in Aquarell und weißer Kreide auf Velinpapier, zur Präsentation auf Passepartout gelegt, Blatt: 26,4 x 17,7 cm
Musée d'Orsay, Paris, Nachlass Madame Thadée Natanson
Field 4 (Kat. 27)

Der Mangobaum, um 1894
Aquarell-Monotypie auf Papier, Blatt: 28,9 x 18,1 cm
Kunstmuseum, Gifu, Japan
(Kat. 28)

Nave nave fenua (Herrliches Land), 1894
Aquarell-Monotypie mit Ergänzungen in Aquarell auf Japanpapier auf Papier kaschiert, Blatt: 40,5 x 24,2 cm, Passepartout: 48,8 x 35,8 cm
Museum of Fine Arts, Boston, Nachlass W. G. Russell Allen
Field 6 (Kat. 60)

Oviri (Wild), 1894
Steinzeug, teilweise emailliert, 75 x 19 x 27 cm
Musée d'Orsay, Paris
Gray 113 (Kat. 99)

Oviri (Wild), 1894
Aquarell-Monotypie mit Ergänzungen in wasserbasierter Farbe auf Velinpapier auf Karton, Blatt: 28,2 x 22,2 cm
Privatsammlung
Field 30 (Kat. 100, nicht ausgestellt)

Oviri (Wild), 1894
Holzschnitt in Schwarz auf Velinpapier, Bild: 20,6 x 13,6 cm, Blatt: 24,9 x 20,1 cm
Privatsammlung
Mongan, Kornfeld, Joachim 35 (Kat. 101)

Oviri (Wild), 1894
Holzschnitt, zweimal gedruckt in Braun und Schwarz, auf Velinpapier, Blatt beschnitten zu Bild: 20,5 x 12 cm
Sterling and Francine Clark Art Institute, Williamstown, Massachusetts
Mongan, Kornfeld, Joachim 35 (Kat. 102)

Oviri (Wild), 1894
Holzschnitt in Braun, gedruckt auf der Rückseite eines beschnittenen Fragmentes eines Abzuges von *Mahna no varua ino (Der Tag des bösen Geistes)*, abgezogen von Louis Roy auf Velinpapier, Bild: 20,4 x 12,2 cm, Blatt: 37 x 19 cm
National Gallery of Art, Washington, D.C., Sammlung Rosenwald
Mongan, Kornfeld, Joachim 35 (Kat. 103)

Oviri (Wild), 1894
Holzschnitt in Schwarz mit Ergänzungen in Gouache und Aquarell auf Velinpapier, Blatt beschnitten zu Bild: 20,5 x 12 cm
Privatsammlung
Mongan, Kornfeld, Joachim 35 (Kat. 104)

Oviri (Wild), 1894
Holzschnitt in rötlichem Braun mit Ergänzungen in wasserbasierter Farbe, Blatt beschnitten zu Bild: 20,5 x 11,3 cm
Privatsammlung, USA
Mongan, Kornfeld, Joachim 35 (Kat. 105)

Pape moe (Geheimnisvolle Quelle), 1894
Aquarell-Monotypie auf Papier, Blatt: 26,9 x 15,5 cm
Musée Marmottan Monet, Paris
Field 13 (Kat. 107)

Pape moe (Geheimnisvolle Quelle) aus dem Reliefensemble *Pape Moe*, 1894
Eiche, geschnitzt und bemalt, 65 x 55 x 5 cm
Ny Carlsberg Glyptotek, Kopenhagen
Gray 107 (Kat. 108)

Tahitianer, 1894
Aquarell-Monotypie mit Ergänzungen in Aquarell auf Japanpapier, Blatt: 24 x 20 cm
The British Museum, London, Nachlass Campbell Dodgson
Field 19 (Kat. 19)

Tahitianisches Mädchen mit einem rosafarbenen Pareo, 1894
Goauche, Aquarell und Tinte auf Velinpapier, Blatt: 24,4 x 23,5 cm
The Museum of Modern Art, New York, The William S. Paley Collection
Wildenstein 425 (Kat. 111)

Tahitianisches Mädchen mit einem rosafarbenen Pareo, 1894
Gouache- und Aquarell-Monotypie auf geripptem Papier, Blatt: 27,5 x 26,6 cm
The Art Institute of Chicago, Schenkung Walter S. Brewster
Field 22 (Kat. 112)

Tahitianisches Mädchen mit einem rosafarbenen Pareo, 1894
Gouache- und Aquarell-Monotypie auf geripptem Papier, Blatt: 24,6 x 14,8 cm
Art Gallery of Ontario, Toronto, Schenkung Vincent Tovell in Erinnerung an seine Eltern, Harold und Ruth Tovell, 1999
Field 21 (Kat. 113)

Zwei stehende Tahitianerinnen, 1894
Aquarell-Monotypie mit Ergänzungen in Aquarell auf dünnem Japanpapier, auf Papier kaschiert, Blatt: 15 x 14 cm,Passepartout: 30,3 x 23,3 cm
The British Museum, London, von der Regierung Ihrer Majestät anstelle von Erbschaftssteuern anerkannt und dem British Museum zugewiesen
Field 16 (Kat. 138)

Zwei stehende Tahitianerinnen, 1894
Aquarell-Monotypie mit Ergänzungen in wasserbasierter Farbe auf Japanpapier, Blatt: 18,5 x 14,5 cm
Privatsammlung
Field 17 (Kat. 139)

Liegender Akt, 1894 oder 1895
Kohle, schwarze Kreide und Pastell auf geripptem Papier, Blatt: 30,6 x 62,1 cm
National Gallery of Art, Washington, D.C., Schenkung (teilweise und zugesichert) von Robert und Mercedes Eichholz, anlässlich des 50. Jahrestages der National Gallery of Art
(Kat. 63)

Manao tupapau (Der Geist der Toten wacht), Zustand III/IV, 1894/95
Holzschnitt in Schwarz auf Japanpapier mit händischen Ergänzungen in wasserbasierter Farbe bzw. mittels Schablone, Blatt: 23,5 x 58 cm
Museum of Fine Arts, Boston, Schenkung W.G. Russell Allen
Mongan, Kornfeld, Joachim 29.III (Kat. 76)

Tahitianisches Idol, 1894/95
Holzschnitt in Schwarz über Ergänzungen, vermutlich in verdünnter Ölfarbe, auf Velinpapier, Blatt beschnitten zu Bild: 15,1 x 11,7 cm
Privatsammlung, USA
Mongan, Kornfeld, Joachim 32 (Kat. 96)

Tahitianisches Idol, 1894/95
Holzschnitt in Schwarz über Ergänzungen, vermutlich in verdünnter Ölfarbe, auf Papier, beschnitten zu Bild: 15,1 x 12 cm
E.W.K., Bern
Mongan, Kornfeld, Joachim 32 (Kat. 97)

Kopf mit Hörnern, 1895–1897
Holz mit Spuren von Farbe, Kopf: 22 x 22,8 x 12 cm, Sockel; 20 x 25 x 17,5 cm
The J. Paul Getty Museum, Los Angeles
Gray A.13 (Kat. 153)

Tahitianisches Mädchen, um 1896
Holz, Filz, Seidenband, Muschel und Perlmutt, 94,9 x 19,1 x 20,3 cm
Raymond and Patsy Nasher Collection, Nasher Sculpture Center, Dallas
(Kat. 158)

Te tamari no atua (Christi Geburt), 1896
Öl auf Leinwand, 96 x 131,1 cm
Bayerische Staatsgemäldesammlung, München, Neue Pinakothek
Wildenstein 541 (Kat. 149, nicht ausgestellt)

Nevermore, 1897
Öl auf Leinwand, 60,5 x 116 cm
The Samuel Courtauld Trust, The Courtauld Gallery, London
Wildenstein 558 (Kat. 71, nicht ausgestellt)

Faa iheihe (Vorbereitungen zum Fest), 1898
Öl auf Leinwand, 54 x 169,5 cm
Tate, London, Schenkung Lord Duveen
Wildenstein 569 (Kat. 117)

Femmes, animaux et feuillages (Frauen, Tiere und Blattwerk), Zustand II/II, aus der *Suite Vollard*, 1898
Holzschnitt in Schwarz auf dünnem Japanpapier, Bild: 16,4 x 30,4 cm, Blatt: 22,8 x 30,4 cm
Edition: ca. 40
Unten links, in Tinte: »no 11«
Privatsammlung
Mongan, Kornfeld, Joachim 43.II.A (Kat. 119)

Soyez amoureuses vous serez heureuses (Liebt, ihr werdet glücklich sein), Zustand I/II und II/II aus der *Suite Vollard*, 1898
Zweiter Zustand des Holzschnittes in Schwarz auf dünnem Japanpapier, kaschiert auf ersten Zustand in orange auf dünnem Japanpapier, Blatt beschnitten zu Bild: 16 x 26,2 cm (ungleichmäßig)
Edition: ca. 30
Privatsammlung
Mongan, Kornfeld, Joachim 55.I und 55.II.b (Kat. 137)

Te arii vahine–Opoi (Frau mit Mangos – Müdigkeit) aus der *Suite Vollard*, 1898
Holzschnitt in Schwarz auf dünnem Japanpapier auf Velinpapier, Bild: 16,2 x 29,2 cm, Blatt: 17,6 x 30,2 cm
Edition: ca. 30
Unten rechts, in Tinte: »no. 3«
Privatsammlung
Mongan, Kornfeld, Joachim 44.A (Kat. 118)

Das weiße Pferd, 1898
Öl auf Leinwand, 140 x 91,5 cm
Musée d'Orsay, Paris, erworben von Daniel de Monfreid durch das Musée du Luxembourg
Wildenstein 571 (Kat. 180)

Bouddha (Buddha) aus der *Suite Vollard*, 1898/99
Holzschnitt in Schwarz auf dünnem Japanpapier, Blatt beschnitten zu Bild: 30,3 x 22,8 cm
Edition: ca. 30
Oben links, in Tinte: »26«
Privatsammlung
Mongan, Kornfeld, Joachim 45.B (Kat. 129)

Le Calvaire Breton (Bretonischer Kalvarienberg), 1898/99
Holzdruckstock, 16 x 24,9 cm
Bibliothèque nationale de France, Paris
Mongan, Kornfeld, Joachim 50 (Kat. 122)

Le Calvaire Breton (Bretonischer Kalvarienberg)
aus der *Suite Vollard*, 1898/99
Holzschnitt in Schwarz auf dünnem Japanpapier,
Blatt beschnitten zu Bild: 15,1 x 22,6 cm
Edition: ca. 35
Rechts unten, in Tinte: »26«
Privatsammlung
Mongan, Kornfeld, Joachim 50.B (Kat. 123)

Le Char à bœuf (Ochsenkarren)
aus *Suite Vollard*, 1898/99
Holzschnitt in Schwarz auf dünnem Japanpapier,
Bild: 20 x 30 cm, Blatt 22,8 x 30,2 cm
Edition: ca. 30
Unten rechts, in Tinte: »1«
Privatsammlung
Mongan, Kornfeld, Joachim 51 (Kat. 124)

L'Enlèvement d'Europe (Der Raub der Europa), 1898/99
Holzdruckstock, 24 x 23 x 4 cm
Museum of Fine Arts, Boston,
Harriet Otis Cruft Fund
Mongan, Kornfeld, Joachim 47 (Kat. 130)

L'Enlèvement d'Europe (Der Raub der Europa)
aus der *Suite Vollard*, 1898/99
Holzschnitt in Schwarz auf dünnem Japanpapier,
Blatt beschnitten zu Bild: 23,5 x 22,8 cm
Edition: ca. 30
Unten links, in Tinte: »2«
Privatsammlung
Mongan, Kornfeld, Joachim 47.A (Kat. 131)

Eva, Zustand II/II, aus der *Suite Vollard*, 1898/99
Holzschnitt in Schwarz auf dünnem Japanpapier,
Blatt beschnitten zu Bild: 30 x 22,6 cm
Edition: ca. 30
Unten rechts, in Tinte: »no -16-«
Privatsammlung
Mongan, Kornfeld, Joachim 42.II.B (Kat. 127)

Intérieur de case (Inneres einer Hütte)
aus der *Suite Vollard*, 1898/99
Holzschnitt in Schwarz auf dünnem Japanpapier,
Bild: 11 x 21 cm, Blatt: 15,3 x 22,7 cm
Edition: ca. 30
Unten links, in Tinte: »-8-«
Privatsammlung
Mongan, Kornfeld, Joachim 41 (Kat. 128)

Misères humaines (Menschliches Elend)
aus der *Suite Vollard*, 1898/99
Holzschnitt in Schwarz auf dünnem Japanpapier,
Bild: 19 x 30 cm, Blatt: 22,7 x 30,5 cm
Edition: ca. 30
Unten links, in Tinte: »no 15«
Privatsammlung
Mongan, Kornfeld, Joachim 49 (Kat. 125)

Planche au diable cornu (Gehörnter Teufel),
aus der *Suite Vollard*, 1898/99
Holzschnitt in Schwarz auf dünnem Japanpapier,
Blatt beschnitten zu Bild: 22,7 x 29,4 cm
Edition: ca. 30
Privatsammlung
Mongan, Kornfeld, Joachim 48 (Kat. 121)

Le Porteur de feï (Bananenträger),
Zustand II/II, aus der *Suite Vollard*, 1898/99
Holzschnitt in Schwarz auf dünnem Japanpapier,
Bild: 16,2 x 28,2 cm, Blatt: 20 x 29 cm
Edition: ca. 40
Unten links, in Tinte: »5«
Privatsammlung
Mongan, Kornfeld, Joachim 46.II (Kat. 120)

Changement de résidence (Wohnungswechsel),
Zustand I/II und II/II, aus der *Suite Vollard*, 1899
Zweiter Zustand des Holzschnittes in Schwarz auf
dünnem Japanpapier, kaschiert auf ersten Zustand
in Braun auf Velinpapier, Blatt beschnitten zu
Bild: 15,6 x 29,9 cm
Edition: ca. 30
Oben links, in Tinte: »No 7«
Privatsammlung
Mongan, Kornfeld, Joachim 54.I und 54.II.b
(Kat. 136)

Te atua (Die Götter), Zustand I/II und II/II,
aus der *Suite Vollard*, 1899
Zweiter Zustand des Holzschnittes in Schwarz
auf dünnem Japanpapier mit der Darstellung
nach unten kaschiert auf Velinpapier mit erstem
Zustand in Schwarz verso, Bild: 24 x 22,4 cm,
Blatt 26,5 x 22,5 cm
Privatsammlung
Mongan, Kornfeld, Joachim 53.I und 53.II.B.a
(Kat. 132)

Te atua (Die Götter), Zustand I/II und II/II,
aus der *Suite Vollard*, 1899
Zweiter Zustand des Holzschnittes in Schwarz auf
dünnem Japanpapier, kaschiert auf ersten Zustand
in Grau auf Velinpapier, Bild: 22,5 x 20,2 cm
National Gallery of Art, Washington, D.C.,
Sammlung Rosenwald
Mongan, Kornfeld, Joachim 53.I und 53.II.B.b
(Kat. 133)

Le Sourire – Journal sérieux, November 1899
Mimeografierte Zeitung mit Holzschnitt-
Illustrationen *(Drei Menschen, eine Maske, ein Fuchs und ein Vogel)* Seite: 37,7 x 25,7 cm
Privatsammlung, USA
Mongan, Kornfeld, Joachim 58.A (Kat. 141)

Stillleben mit Krug und Früchten, um 1899
Gouache-Monotypie, Blatt: 23 x 29,8 cm
Sammlung Steven Rattner und Maureen White
Field 132 (Kat. 185)

Studie von zwei Tahitianerinnen, um 1899
Schwarzer Bleistift und Kohle auf Papier,
43 x 30,5 cm
Sammlung Jean Bonna, Genf
(Kat. 166)

Tahitianische Gesichter (Frontalansicht und Profile), um 1899
Kohle auf geripptem Papier, 41 x 31,1 cm
The Metropolitan Museum of Art, New York,
Ankauf, The Annenberg Foundation Gift
(Kat. 163)

Zwei Tahitianerinnen, 1899
Öl auf Leinwand, 94 x 72,4 cm
The Metropolitan Museum of Art, New York,
Schenkung William Church Osborn
Wildenstein 583 (Kat. 164)

Zwei Tahitianerinnen mit Blumen und Früchten, um 1899
Aquarell-Monotypie mit Ergänzungen in
Aquarell und Gouache, Blatt: 22,5 x 16,5 cm
Privatsammlung
(Kat. 172)

Zwei Tahitianerinnen sammeln Früchte,
1899 oder 1900
Recto: Durchdruckzeichnung in Öl in Ocker und
Schwarz (zwei Drucke) auf Velinpapier, verso:
Graphit und blauer Stift, Blatt: 63 x 51,6 cm
National Gallery of Art, Washington, D.C.,
Sammlung Mr. und Mrs. Paul Mellon
Field 161 (Kat. 161)

Fuchs, Büste zweier Frauen und ein Kaninchen sowie Cave Canis (Hüte Dich vor dem Hund),
1899/1900
Holzschnitt-Kopfleiste für *Le Sourire* und
Durchdruckzeichnung in Öl, Blatt: 39,5 x 29,8 cm
Privatsammlung
Field 63 (Kat. 144, nicht ausgestellt)

Studie von Armen und Beinen sowie von einem Kopf, 1899–1902
Recto: Durchdruckzeichnung in Öl in Ocker und Schwarz (zwei Drucke) auf Velinpapier, verso: Graphit, Blatt: 30,7 x 24, 6 cm
Bibliothèque nationale de France, Paris
Field 35 (Kat. 146)

Studie von einem Torso und zwei Händen, 1899–1902
Recto: Durchdruckzeichnung in Öl in Schwarz auf Papier, verso: Graphit, Blatt: 13,5 x 14,5 cm
Galerie Berès, Paris
Field 55 (Kat. 145)

Le Sourire – Journal méchant, Februar 1900
Mimeografierte Zeitung mit Holzschnitt-Illustrationen (*Der Prokurator Charlier mit einem monströsen Kopf*), Seite: 37,7 x 25,7 cm
Privatsammlung, USA
Mongan, Kornfeld, Joachim 64.B (Kat. 142)

Le Sourire – Journal méchant, Februar 1900
Mimeografierte Zeitung mit Holzschnitt-Illustrationen (**Bananenträger gefolgt von zwei Pferden)**, Seite: 37,7 x 25,7 cm
Privatsammlung, USA
Mongan, Kornfeld, Joachim 63.B (Kat. 143)

Tahitianischer Strand, um 1900
Recto: Durchdruckzeichnung in Öl in Schwarz und Braun (ein Druck) auf Velinpapier, verso: blauer Stift und braune Gouache, Blatt: 33,3 x 50,8 cm
National Gallery of Art, Washington, D.C., Sammlung Rosenwald
Field 72 (Kat. 171)

Tahitianerin mit bösem Geist, um 1900
Recto: Durchdruckzeichnung in Öl in Schwarz und gelblicher Pfirsichfarbe (zwei Drucke) auf Velinpapier, verso: Graphit und blauer Stift, Blatt: 64,1 x 51,6 cm
Privatsammlung
Field 66 (Kat. 154)

Tahitianerin mit bösem Geist, um 1900
Recto: Durchdruckzeichnung in Öl in Schwarz und Oliv (zwei Drucke) auf Velinpapier, verso: Graphit und blauer Stift, Blatt: 65 x 46 cm
The Museum of Modern Art, New York, Ankauf Dank der Großzügigkeit von Trustees und Förderern
Field 67 (Kat. 155)

Tahitianerin mit bösem Geist, um 1900
Recto: Durchdruckzeichnung in Öl in Schwarz auf Velinpapier, verso: Graphit, blauer Stift und braune Ölfarbe, Blatt: 63,8 x 51,2 cm
Städel Museum, Frankfurt am Main
Field 71 (Kat. 156)

La Paix et la Guerre (Krieg und Frieden), 1901
Miro-Holz, geschnitzt und bemalt, 29,5 x 66 x 4 cm
Musée d'Orsay, Paris
Gray 128 (Kat. 140)

Tierstudien, 1901/02
Recto: Durchdruckzeichnung in Öl in Schwarz auf geripptem Papier, verso: vacat, Blatt: 31,9 x 25,1 cm
National Gallery of Art, Washington, D.C., Sammlung Rosenwald
Field 79 (Kat. 148)

Frauen und Engel in einem Atelier, 1901/02
Recto: Durchdruckzeichnung in Öl in Schwarz auf Velinpapier, verso: unbekannt, Blatt: 52,4 x 47,6 cm
Privatsammlung
Field 81 (Kat. 150)

Hockende Tahitianerin, Rückenansicht, um 1901/02
Recto: Durchdruckzeichnung in Öl in Schwarz auf Papier, Ergänzungen in rostfarbener Kreide, verso: Graphit und rostfarbene Kreide, Blatt: 31,8 x 25,8 cm
Privatsammlung, USA
Field 75 (Kat. 182)

Marquesanische Landschaft, 1901/02
Recto: Durchdruckzeichnung in Öl in Schwarz auf Velinpapier, verso: Graphit, Blatt: 23,5 x 12,4 cm
Sammlung UCLA Grunwald Center for the Graphic Arts, Hammer Museum, Schenkung Mr. und Mrs. Fred Grunwald
Field 56 (Kat. 173)

Studie von Kühen, 1901/02
Recto: Durchdruckzeichnung in Öl in Schwarz auf Velinpapier, Ergänzungen in Tinte, verso: Graphit und schwarzer Bleistift, Blatt: 15,5 x 24,9 cm
Bibliothèque nationale de France, Paris
Field 77 (Kat. 147)

Te fare amu (Speisehütte), um 1901/02
Holz, geschnitzt und bemalt, 24,8 x 147,7 cm
The Henry and Rose Pearlman Collection, als Dauerleihgabe im Princeton University Art Museum, N.J.
Gray 122 (Kat. 134, nicht ausgestellt)

Wohnungswechsel, 1901/02
Recto: Durchdruckzeichnung in Öl in Schwarz auf Velinpapier, verso: Graphit, Blatt: 14 x 21,7 cm
The Museum of Modern Art, New York, The Sue and Edgar Wachenheim III Endowment for Prints and Illustrated Books
Field 58 (Kat. 175)

Drei tahitianische Köpfe, um 1901–1903
Recto: Durchdruckzeichnung in Öl in Schwarz und Oliv (zwei Drucke) auf Velinpapier, verso: rostfarbene Kreide und Graphit, Blatt: 26,5 x 21 cm
Privatsammlung
(Kat. 159)

Christi Geburt, 1902
Recto: Durchdruckzeichnung in Öl in Schwarz und Braun (zwei Drucke) auf Velinpapier, verso: Graphit, Blatt: 22,5 x 22,5 cm
Musée du quai Branly, Paris, Stiftung Lucien Vollard
Field 85 (Kat. 151)

Esprit moderne et le Catholicisme, 1902
Manuskripteinband mit zwei Durchdruckzeichnungen in Öl in Schwarz auf Velinpapier (Vorder- und Rückseite, außen) und zwei Holzschnitten (Vorder- und Rückseite, innen), 32,1 x 17,9 x 2,1 cm
Saint Louis Art Museum, Schenkung Vincent L. Price, Jr., in Erinnerung an seine Eltern, Marguerite und Vincent L. Price
Field 82 (Kat. 152)

Die Flucht, 1902
Öl auf Leinwand, 73 x 92 cm
Národní Galerie, Prag
Gray 115 (Kat. 170, nicht ausgestellt)

Der Ruf, 1902
Öl auf Stoff, 131,3 x 89,5 cm
Cleveland Museum of Art, Schenkung des Hanna Fund
Wildenstein 612 (Kat. 184, nicht ausgestellt)

Wohnungswechsel, um 1902
Recto: Durchdruckzeichnung in Öl in Schwarz und Oliv (zwei Drucke) auf Papier, verso: Graphit und rostfarbene Kreide, Blatt: 37,9 x 54,9 cm
Galerie Berès, Paris
Field 95 (Kat. 176)

Frau mit einem Fächer, 1902
Öl auf Leinwand, 91,9 x 72,9 cm
Museum Folkwang, Essen
Wildenstein 609 (Kat. 157)

Kopf einer Marquesanerin, um 1902
Recto und verso (*Geburt Christi*): Gouache-Monotypien mit Ergänzungen in Aquarell, Gummi arabicum und weißer Kreide auf Papier,
Blatt: 31,5 x 27,4 cm
Privatsammlung
Field 139 (Kat. 160)

Marquesanische Landschaft mit Figuren, um 1902
Gouache-Monotypie mit Ergänzungen in weißer Kreide auf Velinpapier, Blatt: 31,1 x 55 cm
Privatsammlung
Field 136 (Kat. 174)

Marquesanische Szene, um 1902
Aquarell-Monotypie auf Papier, Blatt: 25 x 32,5 cm
Szépművészeti Múzeum, Budapest
Field 130 (Kat. 179)

Profil, um 1902
Recto: Durchdruckzeichnung in Öl in Schwarz auf Velinpapier, Ergänzungen in wasserbasierte Farbe, verso: unbekannt, Blatt: 31,4 x 30,8 cm
Privatsammlung
Field 92 (Kat. 169)

Rückkehr von der Jagd, um 1902
Recto: Durchdruckzeichnung in Öl in Schwarz auf Velinpapier, verso: Graphit, Blatt: 32,2 x 41,8 cm
Städel Museum, Frankfurt am Main, Eigentum Städelscher Museums-Verein e.V.
Field 96 (Kat. 178)

Zwei Frauen, 1902
Öl auf Leinwand, 74 x 64,5 cm
Privatsammlung
Wildenstein 626 (Kat. 167)

Zwei Marquesaner, um 1902
Recto: Durchdruckzeichnung in Öl in Schwarz und Braun (zwei Drucke) auf Velinpapier, verso: Graphit, Blatt: 32,1 x 51 cm
The British Museum, London, Nachlass César Mange de Hauke
Field 86 (Kat. 168)

Zwei Marquesanerinnen, um 1902
Recto: Durchdruckzeichnung in Öl in Schwarz und eingefärbten Druckfarben (ein Druck) auf Velinpapier, verso: Graphit und schwarzer Bleistift,
Blatt: 37 x 32,7 cm
Philadelphia Museum of Arts, Ankauf mithilfe des Alice Newton Osborn Fund
Field 87 (Kat. 162)

Zwei Marquesanerinnen, um 1902
Recto: Durchdruckzeichnung in Öl in Schwarz und Oliv (ein Druck), auf Velinpapier, verso: Graphit und schwarzer Bleistift, Blatt: 45,4 x 34,9 cm
National Gallery of Art, Washington D.C., Sammlung Rosenwald
Field 88 (Kat. 165)

Adam und Eva (oder Der Aufbruch), 1902/03
Recto: Durchdruckzeichnung in Öl in Schwarz auf geripptem Papier, Ergänzungen in rostfarbener Kreide, Quadrierung in Graphit, verso: Graphit (?) und braune sowie grünlich-graue Ölfarbe,
Blatt: 62,5 x 48,5 cm
Nachlass Jan Krugier
Field 105 (Kat. 181, nicht ausgestellt)

Der Ruf, um 1902/03
Durchdruckzeichnung in Öl in Schwarz auf Velinpapier, kaschiert auf Velinpapier, Quadrierung in Graphit Blatt: 43,2 x 30,4 cm,
Passepartout: 44 x 31 cm
Museum of Fine Arts, Boston, Otis Norcross Fund
Field 102 (Kat. 183)

Frauen mit weißem Pferd, 1903
Öl auf Leinwand, 73,3 x 91,7 cm
Museum of Fine Arts Boston,
Nachlass John T. Spaulding
Wildenstein 636 (Kat. 177)

Zudem werden folgende Werke, die nicht im Katalog abgebildet sind, in der Ausstellung gezeigt:

Überarbeitete Studie zu **Te nave nave fenua (Das herrliche Land)**, 1892, Überarbeitung um 1894
Kohle und Pastell auf Papier, Blatt: 94 x 47,6 cm
Des Moines Art Center, Schenkung John und Elizabeth Bates Cowles

Maruru (Befriedigt), Zustand III/III,
aus der *Suite Noa Noa*, 1893/94
Holzschnitt in Schwarz auf Velinpapier,
Bild: 20,5 x 35,5 cm, Blatt: 27,6 x 47,4 cm
Musée du quai Branly, Paris, Stiftung Lucien Vollard
Mongan, Kornfeld, Joachim 22.III.A

Te atua (Die Götter), Zustand I/II,
aus der *Suite Vollard*, 1899
Holzschnitt in Schwarz auf dünnem Japanpapier,
Bild: 23,5 x 20,5 cm, Blatt: 24 x 20,8 cm
Edition: ca. 35
Denise LeFrak für S-R Art Investors, LLC
Mongan, Kornfeld, Joachim 53.I

Te atua (Die Götter), Zustand II/II,
aus der *Suite Vollard*, 1899
Holzschnitt in Schwarz auf dünnem Japanpapier,
Bild: 23,5 x 20,8 cm, Blatt: 23,7 x 20,8 cm
Edition: ca. 30
Denise LeFrak für S-R Art Investors, LLC
Mongan, Kornfeld, Joachim 53.II

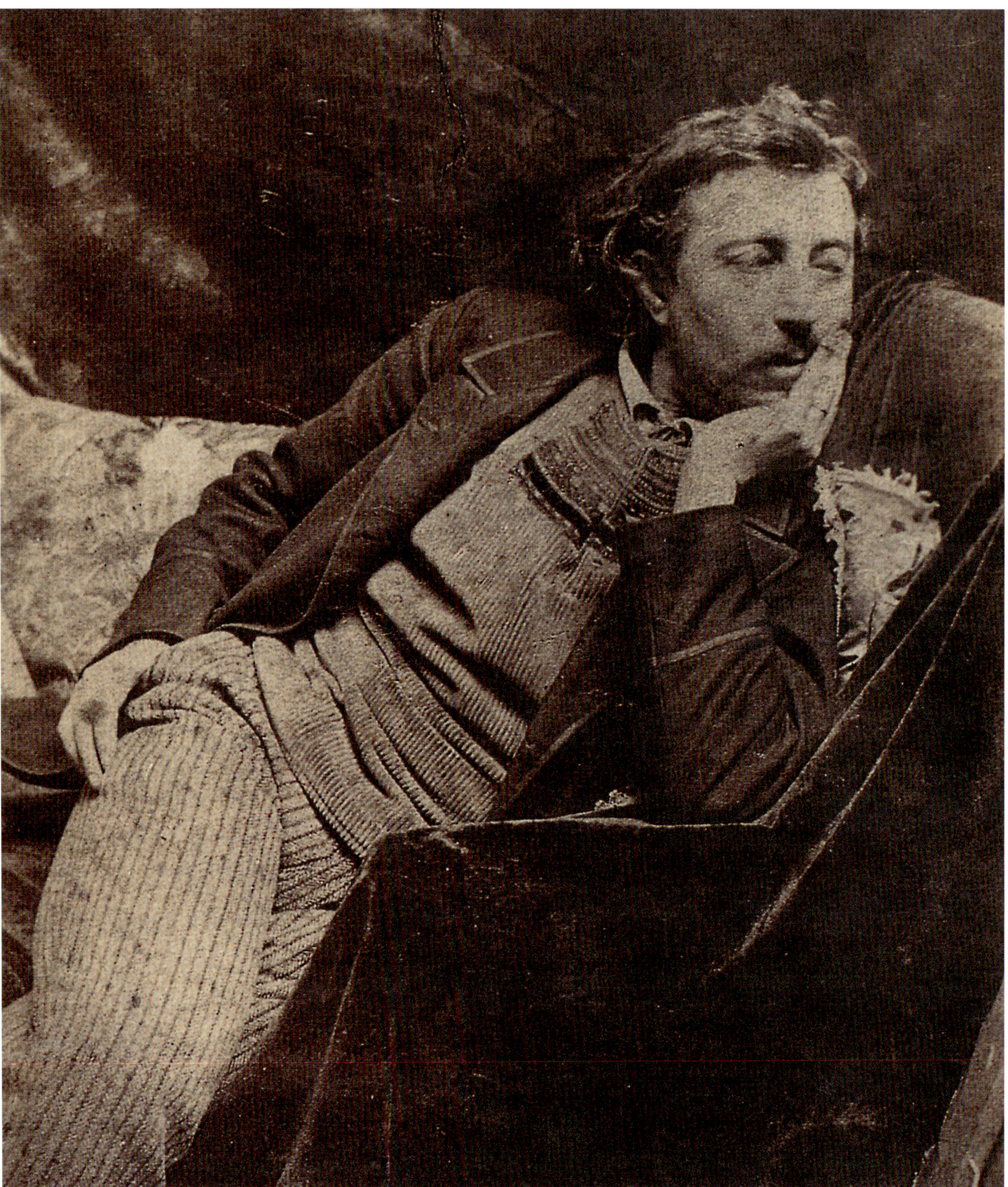

Biografie

LOTTE JOHNSON

1848

7. Juni / Eugène Henri Paul Gauguin wird in Paris als Sohn von Clovis Gauguin, Zeitungsredakteur und Journalist, und Aline Chazal, Tochter des Kupferstechers André Chazal und der sozialistischen Autorin und Aktivistin Flora Tristan, geboren. Er hat eine ältere Schwester namens Marie.

1849

8. August / Die Familie Gauguin übersiedelt nach der Revolution von 1848 nach Lima, Peru. Clovis stirbt während der Reise. Paul bezeichnet seine Kindheit in Peru später als für ihn einflussreich.

1854–1864

Aline und ihre Kinder kehren nach Frankreich zurück und ziehen, Ende 1854 oder Anfang 1855, in das Haus der Familie Gauguin in Orléans. Aline übersiedelt 1861 zurück nach Paris, Paul folgt ihr 1862. Ab 1864 besucht er das Lyzeum in Orléans.

1865

Dezember / Gauguin schließt sich der Marine ein. Die kommenden sechs Jahre reist er um die Welt, zunächst in der Handelsmarine, dann in der französischen Kriegsmarine (1868–1871). Er bereist das Mittelmeer, das Schwarze Meer, die Nordsee und den nördlichen Polarkreis.

1867

Aline Gauguin stirbt. Der Geschäftsmann und Kunstsammler Gustave Arosa wird zu Gauguins Vormund bestellt.

1871

23. April / Gauguin wird aus dem Militärdienst entlassen. Er kehrt nach Paris zurück.

1872

Arosa verschafft Gauguin eine Stelle an der Börse. Gauguin lernt seine spätere Ehefrau Mette Sophie Gad kennen und schließt Freundschaft mit dem Börsenmaklerkollegen und Maler Émile Schuffenecker.

1873

Er lebt im neunten Pariser Arrondissement, einem Viertel, das hauptsächlich von Künstlern bewohnt wird.

22. November / Heirat mit Mette Sophie Gad.

1874

Engagiert sich in der französischen Avantgarde. Schließt Freundschaft mit Camille Pissarro, ein Freund Arosas, der zu seinem Lehrer wird.

April oder Mai / Besucht die erste Gruppenausstellung der Impressionisten in Paris.

31. August / Geburt des Sohnes Émile.

1876

Januar / Zieht in das sechste Arrondissement.

Mai – Juni / Stellt ein Landschaftsgemälde im Salon aus.

1877

Sommer / Zieht in den Pariser Vorort Vaugirard. Lernt die Steinschneidetechnik von seinem Vermieter, dem Bildhauer Jules Bouillot. Lernt den dänischen Kunstkritiker Karl Madsen und den Bildhauer Aubé kennen.

24. Dezember / Geburt der Tochter Aline.

1878

Beginnt Kunst seiner Zeitgenossen, darunter Pissarro, zu sammeln.

1879

Besucht häufig das Café de la Nouvelle-Athènes, in Paris, wo sich die Impressionisten treffen, verkehrt mit Pissarro, Edgar Degas, Édouard Manet, Pierre-Auguste Renoir und dem Kunstkritiker Louis Edmond Duranty.

10. April – 11. Mai / Nimmt auf Einladung von Pissarro und Degas an der vierten Impressionisten-Ausstellung teil.

10. Mai / Geburt des dritten Kindes, Clovis Henri.

Sommer / Besucht erstmals Pissarro in Pontoise, nordwestlich von Paris.

1880

Pierre Lotis autobiografischer Roman, *Le Mariage de Loti*, erscheint, ein Buch, das viel Einfluss auf Gauguin haben wird.

1.–30. April / Gauguin zeigt acht Arbeiten bei der fünften Impressionisten-Ausstellung.

1881

März / Der Kunsthändler Paul Durand-Ruel kauft drei Gemälde von Gauguin.

2. April – 1. Mai / Gauguin zeigt acht Gemälde und zwei Skulpturen bei der sechsten Impressionisten-Ausstellung.

12. April / Geburt des vierten Kindes, Jean-René.

1882

Der französische Aktienmarkt bricht zusammen. Gauguin verliert seine Stelle als Börsenmakler und beschließt, sich nun beruflich der Malerei zu widmen.

Louis Maurice Boutet de Monvel, *Porträt von Paul Gauguin in bretonischer Tracht*, Februar 1891, Fotografie auf Aristopapier, 11,1 × 9,2 cm, Privatsammlung

März / Nimmt an der siebten Ausstellung der Impressionisten teil und zeigt elf Gemälde, eine Pastellzeichnung und eine Skulptur.

1883

Pflegt weiterhin enge Freundschaft mit Pissarro und besucht ihn häufig in Osny.

August / Reist nach Cerbère in Spanien zu einem Einsatz, dessen genauer Zweck nicht bekannt ist, für eine in Paris ansässige Gruppierung radikaler spanischer Republikaner, die die Regierung ihres Landes stürzen wollen.

6. Dezember / Geburt des fünften Kindes, Paul (Pola) Rollon. Auf der Geburtsurkunde gibt Gauguin »artiste-peintre« als Berufsbezeichnung an.

1884

Januar / Die Familie Gauguin zieht aus finanziellen Gründen nach Rouen.

April / Gauguin reist nach Südfrankreich, um revolutionären Republikanern zu helfen, sich nach Spanien einzuschiffen, wo ein Aufstand stattfinden soll.

Juli / Gauguins Frau Mette fährt mit den Kindern in ihre Heimat Dänemark.

Oktober / Gauguin arbeitet in Roubaix, im Norden Frankreichs, als Vertreter für Planen.

November / Fährt zu seiner Familie nach Kopenhagen, die dort bei Mettes Eltern lebt. Beginnt in Kopenhagen an den *Notes synthétiques*, den »synthetischen Notizen«, zu schreiben, einem Text zur Malerei und über die Beziehung zwischen Gedanken und sensorischer Wahrnehmung. Dieser erscheint posthum 1910 in der literarischen Zeitschrift *Vers et prose* und ist seitdem in zahlreichen Übersetzungen veröffentlicht worden.

1885

Juni / Kehrt mit dem Sohn Clovis nach Paris zurück und erhält finanzielle Unterstützung durch den Künstler Émile Schuffenecker.

Juli – Oktober / Aufenthalt bei einem Freund in Dieppe.

September / Reist nach London, um die spanischen Revolutionäre zu unterstützen. Fährt nach Dieppe zurück und trifft Degas.

Anfang Oktober / Kehrt nach Paris zurück.

1886

15. Mai – 15. Juni / Stellt 19 Gemälde und ein Holzrelief bei der achten Impressionisten-Ausstellung aus.

Juni / Der Künstler Félix Bracquemond stellt ihn Ernest Chaplet vor, einem Keramikkünstler, der von orientalischer Keramik und Steinzeug der Normandie beeinflusst ist. Häufige Besuche in Chaplets Atelier in Vaugirard, Paris, folgen, wo Gauguin auch seine ersten Keramiken fertigt.

Juli / Reist erstmals in die Bretagne. Bleibt drei Monate in der Pension Gloanec in Pont-Aven, wo eine Gemeinschaft von Künstlern residiert. Lernt den Maler Charles Laval kennen und erhält Besuch von Schuffenecker.

15. August / Lernt in der Bretagne den Maler Émile Bernard kennen.

21. August / Weigert sich, am Salon des Indépendants, der zweiten Ausstellung der Société des Artistes Indépendants, teilzunehmen, der unter anderem von Georges Seurat, Odilon Redon und Paul Signac als Alternative zum von der Regierung geförderten Salon gegründet worden ist. Trotz seines frühen Engagements bei der Société distanziert er sich nun von den neoimpressionistischen Tendenzen der Gruppe, denen er zunehmend kritisch gegenübersteht.

Mitte Oktober / Kehrt nach Paris zurück und setzt seine Arbeit in Chaplets Keramikatelier in Vaugirard fort.

November / Lernt Vincent van Gogh kennen. Trennt sich von den Neoimpressionisten.

Winter / Arbeitet zusammen mit Chaplet an Keramiken.

1887

April / Mette holt den Sohn Clovis zurück nach Dänemark.

10. April / Gauguin reist mit dem Maler Charles Laval nach Panama. Nimmt als Arbeiter am Bau des Panamakanals teil.

Mai / Reist mit Laval nach Martinique, wo er an Ruhr und Malaria erkrankt.

Oktober / Bricht nach Frankreich auf, wo er Mitte November ankommt.

November / Durch Schuffenecker lernt er den Maler und Kunstsammler George-Daniel de Monfreid kennen, der zu einem seiner treusten Freunde und Förderer werden soll. Stellt in den Räumlichkeiten des Kunsthändlers Arsène Portier in Montmartre Gemälde aus, die er in Martinique gefertigt hat.

1888

Januar / Theo van Gogh, Bruder von Vincent, wird Gauguins Galerist. Gauguin reist zum zweiten Mal nach Pont-Aven in der Bretagne und bleibt dort bis Oktober.

Mai / Vincent van Gogh lädt ihn nach Arles ein, wo sie ein »Atelier des Südens« begründen, das – so van Goghs Hoffnung – zu einer Art Künstlerkolonie werden soll.

Juni / Erhält das Angebot eines regelmäßigen Gehaltes von Theo van Gogh, wenn er im Gegenzug monatlich ein Gemälde liefert und nach Arles geht, um in Vincents Künstlerkolonie zu leben. Gauguin nimmt das Angebot offiziell nicht an.

August / Bernard und Laval schließen sich ihm in Pont-Aven an.

September / Lernt den Maler Paul Sérusier kennen und hilft ihm bei seiner Arbeit.

Oktober / Besucht Vincent van Gogh in Arles, und eine intensive Freundschaft entsteht.

Dezember / Streitet mit van Gogh und verlässt Arles. Van Gogh schneidet sich das Ohr ab. Gauguin kehrt mit Theo van Gogh nach Paris zurück und wohnt bei Schuffenecker.

1889

Januar / Beginnt mit der Arbeit an den elf Zinkografien der *Suite Volpini*.

Februar / In Brüssel präsentiert er 12 Gemälde in der Ausstellung der belgischen Künstlergruppe Les Vingt.

Mai / Eröffnung der *Exposition universelle*, einer Weltausstellung, in Paris. Gauguin besucht die Kolonialausstellung der Messe und skizziert javanische Tänzer, die dort auftreten.

Juni – Oktober / Mit Bernard, Schuffenecker und anderen organisiert Gauguin eine Ausstellung, die zeitgleich, jedoch unabhängig von der *Exposition universelle* stattfindet. Die Schau wird am Rande der Messe im Café des Arts, auch als Café Volpini bekannt, präsentiert. Gauguin zeigt 17 Arbeiten, die *Suite Volpini* ist auf Anfrage zu sehen.

Anfang Juni / Fährt nach Pont-Aven zurück.

Ende Juni / Zusammen mit Sérusier besucht er Le Pouldu, ein abgeschiedenes bretonisches Dorf in der Nähe, wo er zusammen mit dem niederländischen Maler Meijer de Haan arbeitet.

August / Kehrt nach Pont-Aven zurück.

Oktober / Fährt zusammen mit de Haan wieder nach Le Pouldu, wo er den Winter verbringt.

1890

Februar / Kehrt für kurze Zeit nach Paris zurück und wohnt bei Schuffenecker. Unterrichtet in Montparnasse. Tauscht Arbeiten mit Vincent van Gogh aus.

Juni / Kehrt mit de Haan nach Le Pouldu zurück. Macht einen kurzen Abstecher nach Pont-Aven und beginnt mit der Planung seiner Tahiti-Reise.

November / Kehrt nach Paris zurück.

Herbst / Besucht häufig das Café Voltaire, ein Stammlokal der Symbolisten in Paris. Lernt den Schriftsteller und Dichter Charles Morice kennen.

Ende Dezember oder Anfang Januar / Morice stellt Gauguin dem Dichter Stéphane Mallarmé vor.

1891

Gauguin verkehrt in den Kreisen der Symbolisten. Besucht häufig Pierre Bonnard, Maurice Denis, Édouard Vuillard und Aurélien Lugné-Poe in ihren Ateliers.

Februar / Im Hôtel Drouot findet eine Auktion von Gauguins Werken statt, um Geld für seine Reise nach Tahiti einzubringen.

März / Albert Aurier veröffentlicht einen Essay mit dem Titel »Le Symbolisme en Peinture: Paul Gauguin« im Kulturjournal *Mercure de France.*

Gauguin ersucht die französische Regierung um Förderung seiner Reise nach Tahiti, die vom Ministerium für bildende Künste bewilligt wird.

7. März / Besucht Kopenhagen, um seine Familie zu sehen.

23. März / Wird mit einem Festessen gefeiert, das Mallarmé im Café Voltaire ausrichtet.

April / Verlässt Frankreich und reist über den Suezkanal zu den Seychellen, nach Australien und Neukaledonien.

Juni / Besucht zum ersten Mal Tahiti, noch unsicher, wie lange er bleiben wird. Kommt in Papeete an und erhält von den Einheimischen den Spitznamen »Taata-vahine« (Mann-Frau). Verkehrt zunächst mit der kolonialen Gesellschaft.

Juni – Juli / Beginnt, lokale Holzschüsseln mit Schnitzereien zu dekorieren.

August – September / Besucht Paea, südlich von Papeete.

September / Reist mit Titi, einer anglo-tahitianischen Frau aus Papeete, nach Mataiea, einem Dorf südlich von Papeete. Mietet ein einheimisches Haus.

Oktober / Lässt Titi zurück, als er nach Papeete zurückkehrt, um Vorräte zu holen.

Oktober oder November / Kehrt nach Mataiea zurück.

Dezember / Seit seiner Ankunft in Tahiti hat er bis Ende des Monats zwanzig tahitianische Szenen gemalt.

1892

Gauguin beginnt an dem Manuskript für *Ancien culte mahorie* (Antiker Maori-Kult) zu arbeiten, einer Sammlung polynesischer Legenden, mit Illustrationen in Tinte und Aquarell. Er stellt das Werk 1893 fertig, es wird jedoch erst 1951 veröffentlicht. Daraus geht hervor, dass er J. A. Moerenhouts *Voyage aux îles du grand océan* von 1837 gelesen hat. Moerenhouts Text – wie auch Lotis *Le Mariage de Loti* – hatten großen Einfluss auf Gauguins Kunst.

Anfang 1892 / Krankenhausaufenthalt wegen Blutungen. Verlässt das Hospital aus Kostengründen und hat sich bis März erholt. Kehrt nach Mataiea zurück.

Februar / Seine Bewerbung für eine Stelle im öffentlichen Dienst auf den Marquesas-Inseln wird abgewiesen.

April / Sucht nach einheimischer finanzieller Unterstützung für seine Rückkehr nach Frankreich. Hat zu diesem Zeitpunkt 32 Gemälde fertiggestellt.

Juni / Schreibt dem Ministerium für bildende Künste in Paris und bittet um Hilfe bei der Rücksiedelung. Sein Gesuch wird abgelehnt.

Sommer / Tehamana, ein einheimisches tahitianisches Mädchen, wird zu Gauguins »vahine« oder Gefährtin.

August / Schreibt Mette, dass er 44 Gemälde vollendet hat.

September / Stellt in der Galerie Boussod, Valadon & Cie. in Paris sein erstes Gemälde mit einem tahitianischen Thema aus, *Vahine no to tiare (Frau mit Blumen)*, 1891.

Oktober / Schreibt an Monfreid, dass er mit dem Schnitzen und dem Verkauf von Holzstatuetten begonnen habe, da ihm die Leinwände ausgegangen seien.

Ende Dezember / Schickt acht Gemälde nach Europa, die 1893 in Kopenhagen ausgestellt werden sollen.

Dezember / Beginnt mit der Arbeit an *Cahier pour Aline* (Notizbuch für Aline), einem Skizzenbuch mit Notizen und Illustrationen, das seiner Tochter gewidmet ist.

1893

März / Kehrt mit Tehamana nach Papeete zurück. Sucht erneut um Rücksiedelung an.

Mai / Erhält die Genehmigung zur Rückkehr nach Frankreich.

Juni / Verlässt Tahiti mit 66 Gemälden und mehreren Skulpturen.

30. August / Kommt in Marseille an und fährt am folgenden Tag nach Paris.

Oktober – November / Beginnt mit dem ersten Entwurf seines halb-fiktiven biografischen Textes über Tahiti, *Noa Noa*, das seine Gemälde mit tahitianischen Motiven näher erklären soll. Übergibt Entwürfe von *Noa Noa* und *Ancien culte mahorie* an Charles Morice, der diese redigiert.

November / Das Musée du Luxembourg lehnt Gauguins Angebot ab, sein tahitianisches Gemälde *Ia orana Maria (Gegrüßet seist du, Maria)*, 1891 (S. 18, Abb. 2), der Sammlung zu übergeben.

10.–25. November / In einer Einzelausstellung in der Galerie von Paul Durand-Ruel werden 41 Gemälde aus Tahiti und einige Holzskulpturen von Gauguin gezeigt. Die Schau erhält gemischte Kritiken. Nur elf Gemälde werden verkauft (zwei davon an Degas).

11. November / Gauguin wird mit einem Festessen der Têtes de Bois, einer Gruppe symbolistischer Künstler und Schriftsteller, geehrt.

Winter / Beginnt mit der Arbeit an zehn Holzschnitten, die den *Noa Noa*-Text illustrieren sollen. Es sind seine ersten Holzschnitte.

1894

Nimmt an Mallarmés Dienstagsalons mit Intellektuellen und Künstlern teil.

Setzt zusammen mit Charles Morice die Arbeit am *Noa Noa*-Manuskript fort.

Januar / Mietet ein Atelier in der Rue Vercingétorix 6 in Montparnasse, wo er die Wände leuchtend gelb streicht und seine Gemälde neben Werke aus seiner Sammlung von Cézanne und van Gogh hängt.

11. Januar / Beginnt mit einer Reihe wöchentlicher Donnerstagsempfänge für die Pariser Avantgarde, auf denen er oft aus *Noa Noa* liest.

Februar – März / Vollendet die Serie von zehn Holzschnitten für *Noa Noa.*

März – April (?) / Beaufsichtigt den Druck einer kleinen Edition (25 bis 30 Abzüge) der *Noa Noa*-Holzschnitte durch seinen Freund Louis Roy.

Mai – November / Reist in die Bretagne. Aufenthalte in Pont-Aven und Le Pouldu. Bricht sich den Knöchel und kann zwei Monate lang nicht an Gemälden arbeiten. Beginnt stattdessen mit Aquarell-Monotypien und einer weiteren Gruppe von Holzschnitten.

Juni / Alfred Jarry besucht Gauguin in Pont-Aven und schreibt drei Gedichte, die von seinen Gemälden inspiriert sind.

14. November / Kehrt nach Paris zurück.

22. November / Wird mit einem Festessen geehrt, das von Morice und seinen Schriftstellerkollegen Roger Marx, Gustave Geffroy und Arsène Alexandre im Café de Variétés organisiert wird.

Dezember / Arbeitet in Chaplets Atelier an Keramiken, darunter *Oviri (Wild)*, 1894 (Kat. 99).

2. Dezember / Eröffnet in seinem Atelier eine Ausstellung seiner Holzschnitte, Aquarell-Monotypien, Holzskulpturen und Gemälde aus Tahiti, die eine Woche läuft.

1895

Morice versieht die *Noa Noa*-Texte in diesem und in den zwei folgenden Jahren mit Hinzufügungen und Überarbeitungen.

Februar / Gauguin bittet den Schriftsteller und Künstler August Strindberg, das Vorwort für einen Katalog von Arbeiten zu schreiben, die im Hôtel Drouot versteigert werden sollen. Strindberg lehnt ab, und Gauguin veröffentlicht dessen Brief im Katalog. Die Auktion ist wenig erfolgreich.

Frühling / Versucht ohne Erfolg, *Oviri* in der Société nationale des beaux-arts, Paris, auszustellen.

26. Juni / Der Komponist William Molard und der Bildhauer Paco Durrio halten einen Empfang für Gauguin ab, ehe dieser nach Tahiti abreist.

3. Juli / Gauguin verlässt Marseille in Richtung Tahiti. Kehrt nie wieder nach Frankreich zurück.

9.–29. August / Auf dem Weg nach Tahiti macht er in Sydney, Australien, und in Auckland, Neuseeland, halt. Studiert und skizziert die Sammlung von Maori-Kunst im Auckland Museum.

9. September / Ankunft in Papeete.

26. September / Fährt nach Huahine, einer Nachbarinsel von Tahiti.

28.– 29. September / Segelt nach Bora-Bora.

Anfang Oktober / Kehrt nach Papeete zurück.

November / Zieht nach Punaauia (nahe Papeete, an der Westküste Tahitis) und mietet ein kleines Stück Land. Einheimische helfen ihm beim Bau einer traditionellen tahitianischen Hütte.

1896

April / Schreibt Morice, dass er Selbstmordgedanken hegt.

Juni / Eine Sonderausgabe der monografischen Zeitschrift *Les Hommes d'aujourd'hui* ist Gauguin gewidmet. Verfasser der Ausgabe ist Morice, das Titelblatt stammt von Schuffenecker.

Juli / Wird kurzfristig ins Krankenhaus in Papeete eingeliefert und in der Krankenakte als »mittellos« bezeichnet. Schickt mehrere Gemälde an Monfreid nach Paris.

Ende November / Eine Ausstellung von Gauguins Werken eröffnet in der Galerie Vollard in Paris.

Dezember / Gauguin lehnt die finanzielle Unterstützung ab, die ihm Schuffenecker durch das Ministerium für bildende Künste in Paris gesichert hat.

1896 und 1897 arbeitet Gauguin am Manuskript für *Noa Noa* sowie an *Diverses choses* (Diverse Dinge), einem illustrierten Anhang zum Haupttext.

1897

Januar / Verbringt wieder einige Zeit im Krankenhaus in Papeete. Tochter Aline stirbt mit zwanzig Jahren in Kopenhagen an Lungenentzündung.

Februar / Zeigt tahitianische Gemälde in der vierten Ausstellung des Salon de la Libre Esthétique in Brüssel.

März / Schickt weitere Gemälde an Monfreid.

April / Schreibt an Vollard und teilt mit, dass er keine Holzschnitte und Skulpturen mehr fertigen würde, solange die in Paris Gebliebenen nicht verkauft wären. Ist gezwungen, seine Hütte in Punaauia zu verlassen, da die Besitzer des von ihm gemieteten Landes dieses verkauft haben.

Mai / Erwirbt zwei Parzellen Land in Punaauia und baut ein Atelier an das bestehende Haus. Von ihm geschnitzte Tafeln dienen als Dekoration.

Mai – Juni / Mit Dermatitis ans Bett gefesselt und nicht fähig zu malen.

Juli – August / Aufgrund verschiedener Gesundheitsprobleme bettlägerig. Beginnt *L'Eglise Catholique et les temps modernes* (Die katholische Kirche und die modernen Zeiten) zu schreiben, das später in *Diverses choses* eingegliedert wird.

10. September / Morice beendet seine Arbeit an *Noa Noa* und schickt sie an Félix Fénéon, Herausgeber der Kunst- und Literaturzeitschrift *La Revue blanche*.

Oktober / Gauguin erleidet eine Reihe von Herzanfällen.

15. Oktober, 1. November / Auszüge von *Noa Noa* erscheinen in zwei Ausgaben von *La Revue blanche*. Gauguin erhält dafür nie eine Entlohnung.

Dezember / Erleidet einen weiteren Herzanfall. Beginnt mit der Arbeit an dem Gemälde *D'où venons nous? Que sommes nous? Où allons nous? (Woher kommen wir? Was sind wir? Wohin gehen wir?)*, 1897/98 (S. 52, Abb. 2).

30. Dezember / Beschreibt in einem Brief an Monfreid einen Selbstmordversuch mit Arsen.

1898

Arbeitet bis Anfang 1899 an einer Serie von 14 Holzschnitten, die als *Suite Vollard* bekannt wird.

Februar / Das Gemälde *Manao tupapau (Der Geist der Toten wacht)*, 1892 (Kat. 61), wird wegen Anstößigkeit aus einer vom Kunstkritiker Julien Leclercq organisierten Ausstellung in der schwedischen Kunstakademie entfernt.

März – April / Gauguin erhält eine Anstellung im Amt für öffentliche Arbeiten in Papeete. Zieht nach Paofai, einen Vorort von Papeete.

Mitte Juli / Schickt *D'où venons nous? Que sommes nous? Où allons nous?* und neun verwandte Arbeiten nach Frankreich.

September / Muss erneut ins Krankenhaus.

Oktober / Nach der Lektüre von Gustave Kahns Artikel über Kunstkritik im *Mercure de France* (1. Oktober) kopiert er Passagen und stellt ein Buch mit Notizen und Essays unter dem Titel *Racontars de rapin* (Geschwätz eines Schmieres) zusammen, das posthum erscheint.

17. November – 10. Dezember / In der Galerie Vollard in Paris werden *D'où venons nous? Que sommes nous? Où allons nous?* und neun verwandte Arbeiten gezeigt. Vollard kauft alle Gemälde.

Dezember / Erneut bettlägrig.

1899

Januar / Kündigt seine Stelle und kehrt nach Punaauia zurück.

19. April / Gauguins »vahine«, Pehura, bringt einen Jungen zur Welt, den Gauguin Émile nennt.

10. oder 11. Juni / Lehnt eine Einladung ab, an der Wiedervereinigungsausstellung der Nabis – einer Gruppe post-impressionistischer Künstler – anlässlich des 10. Jahrestages der Ausstellung im Café Volpini in der Galerie Durand-Ruel teilzunehmen.

12. Juni / Beginnt für *Le Guêpes* (Die Wespen) zu schreiben, einer in Papeete ansässigen sozialen und politischen Satirezeitschrift.

August / Veröffentlicht die erste Ausgabe von *Le Sourire* (Das Lächeln), einer satirischen Zeitschrift, die er selbst schreibt, illustriert, editiert und publiziert. In den neun Ausgaben kritisiert er die katholische und die protestantische Gemeinschaft in Tahiti, das französische Kolonialsystem in Polynesien und die chinesische Immigration.

Winter / Fertigt seine ersten Durchdruckzeichnungen in Öl.

1900

Januar / Schickt 475 Drucken – die gesamte Edition seiner 14 Holzschnitte der *Suite Vollard* –, 10 Zeichnungen und 10 Gemälde an Monfreid in Paris. Die *Exposition universelle* eröffnet in Paris, doch Gauguins Gemälde aus Tahiti kommen nicht rechtzeitig an. Er ist lediglich mit einer bretonischen Landschaft vertreten.

Februar / Wird Chefredakteur von *Les Guêpes.*

März / Stimmt einem Vertrag mit Vollard zu, mit Monfreid als Vermittler, demzufolge er Vollard 20 bis 24 Gemälde im Jahr gegen ein monatliches Gehalt schicken wird.

März oder April / Schickt Vollard zehn großformatige Durchdruckzeichnungen in Öl (darunter Kat. 154–156).

April / Stellt *Le Sourire* ein, um sich auf *Les Guêpes* zu konzentrieren.

Mai / Weiterhin krank und unfähig zu malen. Sohn Clovis stirbt 21-jährig.

Oktober / Gauguin vermacht Monfreid testamentarisch seine Skulpturen. Verlangt, dass die Keramik *Oviri* nach Tahiti übersandt und auf sein Grab gestellt wird.

Dezember / Muss wegen verschiedener Leiden erneut ins Krankenhaus.

1901

Januar / Morice veröffentlicht Auszüge aus *Noa Noa* in der belgischen Zeitschrift *L'Action humaine.*

Februar – März / Gauguin muss einige Male ins Krankenhaus. Macht Pläne zur Übersiedelung auf die Marquesas-Inseln.

April – Mai / Vier Gemälde und eine Keramik *(Oviri)* werden in einer von Gustave Fayet organisierten Ausstellung in der Société des beaux-arts, Béziers, gezeigt.

12. April / Veröffentlicht Auszüge von *Noa Noa* in *Les Guêpes.*

1. Mai / Das erste Kapitel von *Noa Noa* erscheint in der Literatur- und Kunstzeitschrift *La Plume*, um Interesse für das Buches zu schüren, das – ohne Illustrationen – später im Monat bei Éditions de la Plume in Paris erscheint. Es ist die erste und einzige Edition des *Noa Noa*-Textes, die alle Korrekturen und Änderungen von Morice enthält.

Juli / Morice schickt angeblich 100 Exemplare von *Noa Noa* an Gauguin, der diese jedoch nie erhält.

7. August / Gauguin verkauft sein Land in Tahiti und gibt die letzte Ausgabe von *Les Guêpes* heraus.

16. September / Ankunft in Atuona auf der Insel Hiva Oa der Marquesas-Inseln.

September / Schließt enge Freundschaft mit Ky Dong (geb. Nguyen Van Cam), einem vietnamesischen Revolutionär und Schriftsteller, der auf den Marquesas lebt und Gauguins Texte in *Les Guêpes* gelesen hat.

27. September / Gauguin kauft zwei Parzellen Land und baut mithilfe der Bewohnern von Hiva Oa ein Haus mit Atelier, das er Maison du Jouir (Haus der Wonnen) nennt.

November / Zieht in die Maison du Jouir, wo er mit seiner neuen »vahine« Vaeoho lebt.

1902

Januar – März / Malt mehr als 30 Gemälde. Arbeitet an *L'Esprit moderne et le Catholicisme*, einer Abhandlung – größtenteils auf Basis seines früheren Essays *L'Eglise Catholique et les temps modernes* –, die seine pantheistischen Ansichten zu Religion und seine Kritik der klerikalen Strukturen der katholischen Kirche wiedergibt. Der vollständige Aufsatz bleibt unveröffentlicht.

April / Schickt Werke an Vollard und Monfreid. Weigert sich, lokale Steuern zu zahlen und ermutigt andere, seinem Beispiel zu folgen.

August / Vaeoho verlässt Gauguin und bringt im folgenden Monat eine Tochter zur Welt, vermutlich Gauguins Kind.

September / Gauguin schickt das Manuskript für *Racontars de rapin* an den symbolistischen Dichter und Kritiker André Fontainas, in der Hoffnung auf eine Veröffentlichung im *Mercure de France*, für den Fontainas schreibt, die Herausgeber lehnen den Text jedoch ab.

Ende Oktober – November / Veröffentlicht kritische Abhandlungen über den Gouverneur von Französisch-Polynesien, Édouard Georges Théophile Petit, und andere Beamte in *L'Indépendant*, dem Nachfolger der eingestellten Zeitschrift *Les Guêpes.*

Dezember / Ist zu krank, um zu malen. Arbeitet fast ausschließlich an seinem Manuskript für den semi-autobiografischen Text *Avant et après* (auf Deutsch unter dem Titel *Vorher und nachher* erschienen).

1903

Februar / Schreibt an Fontainas, wünscht, *Avant et après* zu veröffentlichen.

März / Wegen Beleidigung des Gouverneurs Petit in einem Artikel, der 1902 im *L'Indépendant* erschien, angeklagt. Wird zu einer Geldstrafe und einer Haftstrafe von drei Monaten verurteilt.

März – Mai / Armand Séguin schreibt drei Artikel über Gauguin für die Kunstzeitschrift *L'Occident.*

April / Ist sehr krank. Schickt 14 Gemälde und eine Gruppe von Durchdruckzeichnungen an Vollard. Erneut vor Gericht in Papeete wegen seiner fortdauernden Kritik an der kolonialen Verwaltung. Erhält eine Geldstrafe und eine Haftstrafe von einem Monat für Verleumdung.

8. Mai / Stirbt in Atuona, Hiva Oa.

Wichtige Ereignisse nach Gauguins Tod:

1903

20. Juli / Öffentliche Versteigerung von Gauguins Hausrat in Atuona.

2.–3. September / Öffentliche Versteigerung von Gauguins Besitztümern und Kunstwerken in Papeete.

31. Oktober – 6. Dezember / Der Salon d'Automne im Petits Palais in Paris zeigt als Hommage an Gauguin in einem Raum fünf seiner Gemälde und vier seiner Studien.

4.–28. November / 50 Gemälde und 27 Durchdruckzeichnungen von Gauguin werden in der Galerie Vollard in Paris ausgestellt.

1906

6. Oktober – 15. November / Große Retrospektive im Salon d'Automne, Paris, wo 227 von Gauguins Arbeiten gezeigt werden. Diese hat tiefgreifenden Einfluss auf zeitgenössische Künstler wie Henri Matisse, André Derain, Raoul Duffy und Pablo Picasso.

Bibliografie (Haupttexte):

Richard S. Field, *Paul Gauguin – Monotypes*, Ausst.-Kat. Philadelphia Museum of Art, Philadelphia 1973.

Nicholas Wadley (Hrsg.), *Noa Noa – Gauguin's Tahiti*, Oxford 1985.

Richard Brettell, Françoise Cachin, Claire Frèches-Thory und Charles F. Stuckey, *The Art of Paul Gauguin*, Ausst.-Kat. National Gallery of Art, Washington, D.C., 1988.

Gauguin Tahiti, hrsg. von George T. M. Shackelford und Claire Frèches-Thory, Ausst.-Kat. Galeries Nationales du Grand Palais, Paris, Museum of Fine Arts, Boston, London 2004.

Stephen F. Eisenman (Hrsg.), *Paul Gauguin – Artist of Myth and Dream*, Mailand und New York 2007.

Gauguin – Maker of Myth, hrsg. von Belinda Thomson, Ausst.-Kat. Tate, London 2010.

Bibliografie (Auswahl)

Schriften über Paul Gauguin

Monografien und Kataloge

Amishai-Maisels, Ziva, *Gauguin's Religious Themes*, New York 1985.

Andersen, Wayne, *Gauguin's Paradise Lost*, New York 1971.

Bezzola, Tobia, und Elizabeth Prelinger, *Paul Gauguin – Das druckgrafische Werk*, Ausst.-Kat. Kunsthaus Zürich, München 2012.

Blühm, Andreas (Hrsg.), *The Colour of Sculpture: 1840–1910*, mit Beiträgen von Andreas Blühm, Wolfgang Drost, Philip Ward-Jackson, Alison Yarrington und Emmanuelle Heran, Ausst.-Kat. Van Gogh Museum, Amsterdam, Henry Moore Institute, Leeds, Zwolle 1996.

Bodelsen, Merete, *Gauguin Ceramics in Danish Collections*, Kopenhagen 1960.

———, *Gauguin's Ceramics – A Study in the Development of His Art*, London 1964.

———, *Gauguin and van Gogh in Copenhagen in 1893*, Ausst.-Kat. Ordrupgaard, Kopenhagen, 1984.

Boyer, Patricia Eckert, *The Nabis and the Parisian Avant-Garde*, Ausst.-Kat. Jane Voorhees Zimmerli Art Museum, New Brunswick, N.J.; 1988.

Boyle-Turner, Caroline, *The Prints of the Pont-Aven School – Gauguin and His Circle in Brittany*, Ausst.-Kat. Rijksmuseum Vincent van Gogh, Amsterdam u. a., New York 1986.

———, *Gauguin and the School of Pont-Aven – Prints and Paintings*, in Zusammenarbeit mit Samuel Josefowitz, Vorwort von Douglas Druick, London 1989.

Brettell, Richard, Françoise Cachin, Claire Frèches-Thory und Charles F. Stuckey, *The Art of Paul Gauguin*, Ausst.-Kat. National Gallery of Art, Washington, D.C., 1988.

Burnett, Robert, *The Life of Paul Gauguin*, New York 1937.

Cachin, Françoise, *Gauguin – »Ce malgré moi de sauvage«*, Paris 1989.

———, *Gauguin*, Paris 1990.

——— (Hrsg.), *Gauguin – Actes du colloque Gauguin*, Paris 1991.

———, *Gauguin – The Quest for Paradise*, New York 1992.

Callen, Anthea, und H. Travers Newton (Hrsg.), *Gauguin, Van Gogh and Parisian Art at the Fin de Siècle – Essays in Memory of Vojtech Jirat-Wasiutynski*, London 2013.

Childs, Elizabeth C., *Vanishing Paradise – Art and Exoticism in Colonial Tahiti*, Berkeley 2013.

Clifford, James, *The Predicament of Culture – Twentieth-Century Ethnography, Literature, and Art*, Cambridge, Mass., 1988.

La Collection Ambroise Vollard du Musée Léon-Dierx, Ausst.-Kat. National Gallery of Modern Art, New Delhi, Musée des Beaux-Arts, Reims, Paris 1999.

Danielsson, Bengt, *Gauguin in the South Seas*, New York 1966.

———, *Gauguin à Tahiti et aux îles Marquises*, Papeete, Tahiti, 1975.

Dietrich, Linnea Stonesifer, *A Study of Symbolism in the Tahitian Painting of Paul Gauguin, 1891–1893*, Diss. University of Delaware, Ann Arbor, Mich., 1973.

Dorra, Henri (Hrsg.), *Symbolist Art Theories*, Berkeley 1994.

———, *The Symbolism of Paul Gauguin – Erotica, Exotica, and the Great Dilemmas of Humanity*, Berkeley 2007.

Druick, Douglas, und Peter Kort Zegers, *Paul Gauguin – Pages from the Pacific*, Ausst.-Kat. Auckland City Art Gallery, 1995.

———, *Van Gogh und Gauguin – Das Atelier des Südens*, in Zusammenarbeit mit Britt Salvesen, Ausst.-Kat. Art Institute of Chicago; Van Gogh Museum, Amsterdam, Stuttgart 2002.

Edmond, Rod, *Representing the South Pacific – Colonial Discourse from Cook to Gauguin*, Cambridge 1997.

Eisenman, Stephen F. *Gauguin's Skirt*, London 1997.

——— (Hrsg.), *Paul Gauguin – Artist of Myth and Dream*, mit Beiträgen von Anne-Birgitte Fonsmark, André Cariou, Richard R. Brettell, Abigail Solomon-Godeau, Marco Di Capua, Madeline Laurence, Maria Teresa Benedetti, Richard Kelton und Charles F. Stuckey, Ausst.-Kat. Museo Centrale del Risorgimento, Complesso del Vittoriano, Rom, Mailand 2007.

Esielonis, Karyn Elizabeth, *Gauguin's Tahiti – The Politics of Exoticism*, Diss. Harvard University, Ann Arbor, Mich., 1997.

Estienne, Charles, *Gauguin*, Paris 1989.

Field, Richard S., *Paul Gauguin – Monotypes*, Ausst.-Kat. Philadelphia Museum of Arts, Philadelphia 1973

———, *Paul Gauguin – The Paintings of the First Voyage to Tahiti*, New York 1977.

Flam, Jack, und Miriam Deutch (Hrsg.), *Primitivism and Twentieth-Century Art – A Documentary History*, Berkeley 2003.

Fonsmark, Anne-Birgitte, *Gauguin Ceramics*, Ausst.-Kat. Ny Carlsberg Glyptotek, Kopenhagen, 1996.

Gamboni, Dario, *Das hörende Auge. Aufzeichnungen nach Gauguin*, Ostfildern 2012.

Gauguin – Maker of Myth, hrsg. von Belinda Thomson, Ausst.-Kat. Tate Modern, London, National Gallery of Washington, D.C., London 2010.

Gauguin and the Origins of Symbolism, hrsg. von Guillermo Solana, mit Beiträgen von Guillermo Solana, Richard Shiff, Guy Cogeval und Maria Dolores Jiménez-Blanco, Ausst.-Kat. Museo Thyssen-Bornemisza, Madrid, London 2004.

Gauguin – Paintings, Drawings, Prints, Sculpture, hrsg. von Theodore Rousseau Jr., Ausst.-Kat. Art Institute of Chicago, Metropolitan Museum of Art, New York, 1959.

Gauguin Polynesia, hrsg. von Suzanne Greub, mit Beiträgen von Suzanne Greub, Flemming Friborg, Douglas Druick, Peter Zegers, Véronique Mu-Liepmann, Carol S. Ivory, Marie-Noëlle Ottino-Garanger u. a., Ausst.-Kat. Ny Carlsberg Glyptotek, Kopenhagen, Seattle Art Museum, München 2011.

Gauguin Tahiti, hrsg. von George T. M., Shackelford und Claire Frèches-Thory, mit Beiträgen von George T. M. Shackelford, Claire Frèches-Thory, Isabelle Cahn, Elizabeth C. Childs, Gilles Manceron, Philippe Peltier, Anne Pingeot und Barbara Stern Shapiro, Ausst.-Kat. Galeries Nationales du Grand Palais, Paris, Museum of Fine Arts, Boston, London 2004.

Gauguin y el viaje a lo exótico, hrsg. von Paloma Alarcó, mit Beiträgen von Paloma Alarcó, Richard R. Brettell, Pierre Schneider, Marta Ruiz del Arbol und Patricia Almarcegui, Ausst.-Kat. Museo Thyssen-Bornemisza, Madrid 2012.

Gayford, Martin, *The Yellow House – Van Gogh, Gauguin, and Nine Turbulent Weeks in Arles*, London 2006.

Goldwater, Robert, *Primitivism in Modern Art*, Cambridge, Mass., 1986.

Gray, Christopher, *Sculpture and Ceramics of Paul Gauguin*, Baltimore 1963.

Guérin, Marcel, *L'Œuvre gravé de Gauguin*, 2 Bde., Paris 1927.

Harrison, Charles, Francis Frascina und Gill Perry, *Primitivism, Cubism, Abstraction – The Early Twentieth Century*, New Haven 1993.

Hirota, Haruko, *La sculpture de Paul Gauguin dans son contexte (1877–1906)*, Diss., Panthéon-Sorbonne, Lille 1999.

Hoog, Michel, *Paul Gauguin – Life and Work*, New York 1987.

Hults, Linda C., *The Print in the Western World – An Introductory History*, Madison 1996.

———, *French Prints in the Era of Impressionism and Symbolism (The Metropolitan Museum of Art Bulletin*, [N.S.] 46,1), New York 1988.

Jaworska, Władysława, *Gauguin and the Pont-Aven School*, London 1972.

Jirat-Wasiutynski, Vojtech, *Gauguin in the Context of Symbolism*, New York 1978.

Jirat-Wasiutynski, Vojtech, und H. Travers Newton Jr., *Technique and Meaning in the Paintings of Paul Gauguin*, Cambridge 2000.

Költzsch, Georg-W. (Hrsg.), *Paul Gauguin – Das verlorene Paradies*, Köln 1998.

Laudon, Paule, *Tahiti-Gauguin – Mythe et vérités*, Paris 2003.

Lemonedes, Heather, Belinda Thomson und Agnieszka Juszczak, *Paul Gauguin – Durchbruch zur Moderne*, Ausst.-Kat. The Cleveland Museum of Art, Van Gogh Museum, Amsterdam, Ostfildern 2009.

Le Pichon, Yann, *Gauguin – Life, Art, Inspiration*, New York 1987.

The Lure of the Exotic – Gauguin in New York Collections, hrsg. von Colta Ives und Susan Alyson Stein, mit Beiträgen von Colta Ives, Susan Alyson Stein, Charlotte Hale und Marjorie Shelley, Ausst.-Kat. Metropolitan Museum of Art, New York, New Haven 2002.

Madeline, Laurence, *Ultra-Sauvage – Gauguin sculpteur*, Paris 2002.

Malingue, Maurice, *Gauguin*, Monaco 1943.

———, *Gauguin – Le Peintre et son œuvre*, Paris 1948.

———, *La Vie prodigieuse de Gauguin*, Paris 1987.

Mathews, Nancy Mowll, *Paul Gauguin – An Erotic Life*, New Haven 2001.

Maurer, Naomi Margolis, *The Pursuit of Spiritual Wisdom – The Thought and Art of Vincent van Gogh and Paul Gauguin*, Madison, N.J., 1998.

Melot, Michel, *The Impressionist Print*, New Haven 1996, zuerst: Paris 1994.

Mongan, Elizabeth, Eberhard W. Kornfeld und Harold Joachim, *Paul Gauguin – Catalogue Raisonné of His Prints*, Bern 1988.

Morice, Charles, *Paul Gauguin*, Paris 1920.

Nicholson, Bronwen, *Gauguin and Maori Art*, Auckland 1995.

The Painterly Print – Monotypes from the Seventeenth Century to the Twentieth Century, mit Beiträgen von Sue Welsh Reed, Eugenia Parry Janis, Barbara Stern Shapiro, David W. Kiehl, Colta Ives und Michael Mazur, Ausst.-Kat. Metropolitan Museum of Art, New York, Museum of Fine Arts, Boston, 1980.

Parshall, Peter, Stacey Sell und Judith Brodie, *The Unfinished Print*, Ausst.-Kat. National Gallery of Art, Washington, D.C., 2001.

Paul Gauguin – Tahiti, hrsg. von Christoph Becker, mit Beiträgen von Christoph Becker, Christofer Conrad, Ingrid Heerman und Dina Sonntag, Ausst.-Kat. Staatsgalerie Stuttgart, Ostfildern-Ruit 1998.

Pickvance, Ronald, *The Drawings of Gauguin*, Feltham, N.Y., 1970.

———, *Gauguin and the School of Pont-Aven*, Vorwort von Richard Brettell, London 1994.

———, *Gauguin*, Ausst.-Kat. Fondation Pierre Gianadda, Martigny, 1998.

Pollock, Griselda, *Avant-Garde Gambits 1888–1893 – Gender and the Color of Art History*, London 1992.

Prather, Marla, und Charles F. Stuckey (Hrsg.), *Gauguin – A Retrospective*, New York 1987.

Rewald, John, *Gauguin*, Paris 1938.

———, *Gauguin Drawings*, New York 1958.

———, *Post-Impressionism – From Van Gogh to Gauguin*, 3. revidierte Aufl., London 1978.

———, *Studies in Post-Impressionism*, New York 1986.

Rohde, Petra-Angelika, *Paul Gauguin auf Tahiti – Ethnographische Wirklichkeit und Künstlerische Utopie*, Rheinfelden 1988.

Salvesen, Britt, *Gauguin (Artists in Focus)*, Art Institute of Chicago, 2001.

———(Hrsg.), *Van Gogh und Gauguin – Das Atelier des Südens*, Ausst.-Kat. Art Institute of Chicago; Van Gogh Museum, Amsterdam, Stuttgart 2002.

Segalen, Victor, *Essai sur l'exotisme*, Paris 1978.

———, *Paul Gauguin – L'Insurgé des Marquises*, Paris 2003.

Silverman, Debora, *Van Gogh and Gauguin – The Search for Sacred Art*, New York 2000.

Staszak, Jean-François, *Gauguin voyageur – Du Pérou aux Iles Marquises*, Paris 2006.

Suite française – Dessins de la collection Jean Bonna, hrsg. von Emmanuelle Brugerolles, Ausst.-Kat. École Nationale Supérieure des Beaux-Arts, Paris, Musée d'Art et d'Histoire, Genf, 2006.

Sweetman, David, *Paul Gauguin – A Life*, New York 1995.

Sykorová, Libuse, *Gauguin Woodcuts*, London 1963.

Teilhet-Fiske, Jehanne, *Paradise Reviewed – An Interpretation of Gauguin's Polynesian Symbolism*, Ann Arbor, Mich., 1983.

Thomson, Belinda, *Gauguin*, New York 1987.

——— (Hrsg.), *Gauguin by Himself*, Boston 1993.

——— (Hrsg.), *Visions – Gauguin and His Time*, mit Beiträgen von Dario Gamboni, Juliet Simpson, Rodolphe Rapetti, Elise Eckermann, June Hargrove, Sandra Kisters, Richard Thomson und Patricia Mainardi *(Van Gogh Studies*, 3), Zwolle 2010.

Wadley, Nicholas (Hrsg.), *Noa Noa – Gauguin's Tahiti*, Oxford 1985.

Walther, Ingo F., *Paul Gauguin, 1848–1903 – The Primitive Sophisticate*, Köln 2000.

Wildenstein, Daniel, *Gauguin – A Savage in the Making. Catalogue Raisonné of the Paintings, 1873–1888*, Mailand 2002.

Wildenstein, Georges (Hrsg.), *Gauguin, sa vie, son œuvre. Reunion de textes, d'études, de documents*, Paris 1958.

———, *Gauguin*, Paris 1964.

Wilkinson, Alan G., *Gauguin to Moore – Primitivism in Modern Sculpture*, Ausst.-Kat. Art Gallery of Ontario, Toronto, 1981.

Wise, Susan, *Paul Gauguin – His Life and His Paintings*, Chicago 1980.

Wright, Alastair, und Calvin Brown, *Gauguin's Paradise Remembered – The Noa Noa Prints*, Ausst.-Kat. Princeton University Art Museum, New Haven 2010.

Aufsätze und Zeitschriftenartikel

Amishai-Maisels, Ziva, »Gauguin's ›Philosophical Eve‹«, in: *The Burlington Magazine*, 115, Nr. 843, Juni 1973, S. 373–379, 381–382.

———, »Gauguin's Early Tahitian Idols«, in: *The Art Bulletin*, 60, Nr. 2, Juni 1978, S. 331–341.

Andersen, Wayne, »Gauguin and a Peruvian Mummy«, in: *The Burlington Magazine*, 109, Nr. 769, April 1967, S. 238–242.

Aurier, G. Albert, »Le Symbolisme en peinture – Paul Gauguin«, in: *Mercure de France*, 2, Nr. 15, März 1891, S. 155–165.

———, »Symbolism in Painting: Paul Gauguin«, in: *Symbolist Art Theories*, hrsg. von Henri Dorra, Berkeley 1994, S. 192–203.

Bodelsen, Merete, »Gauguin Studies«, in: *The Burlington Magazine*, 109, Nr. 769, April 1967, S. 216–227.

———, »Gauguin, the Collector«, in: *The Burlington Magazine*, 112, Nr. 810, September 1970, S. 590–615.

Braun, Barbara, »Paul Gauguin's Indian Identity: How Ancient Peruvian Pottery Inspired His Art«, in: *Art History*, 9, Nr. 1, März 1986, S. 36–54.

Brooks, Peter, »Gauguin's Tahitian Body«, in: *The Expanding Discourse: Feminism and Art History*, hrsg. von Norma Broude und Mary D. Garrard, New York 1992, S. 313–330.

Childs, Elizabeth C. »Paradise Redux: Gauguin, Photography, and Fin-de-Siècle Tahiti«, in: Dorothy Kosinski, *The Artist and the Camera: Degas to Picasso*, New Haven 1999, S. 116–141.

———, »The Colonial Lens: Gauguin, Primitivism, and Photography in the Fin de siècle«, in: *Antimodernism and Artistic Experience: Policing the Boundaries of Modernity*, hrsg. von Lynda Jessup, Toronto 2001, S. 50–70.

———, »Auf der Suche nach dem Atelier des Südens – Van Gogh, Gauguin und die Identität des Avantgardekünstlers«, in: *Vincent Van Gogh* und die Maler des *Petit Boulevard*, hrsg. von Cornelia Homburg, Ausst.-Kat. Saint Louis Art Museum, Städelsches Kunstinstitut und Städtische Galerie, Ostfildern 2001, S. 115–154.

———, »Eden's Other: Gauguin and the Ethnographic Grotesque«, in: *Modern Art and the Grotesque*, hrsg. von Frances S. Connelly, Cambridge 2003, S. 175–192.

———, »Gauguin as Author: Writing the Studio of the Tropics«, in: *Van Gogh Museum Journal*, 2003, S. 70–87.

———, »Carving the ›Ultra-Sauvage‹: Exoticism in Gauguin's Sculpture«, in: Patricia G. Berman und Gertje R. Utley (Hrsg.), *A Fine Regard: Essays in Honor of Kirk Varnedoe*, Aldershot 2008, S. 40–57.

———, »Common Ground: John La Farge and Paul Gauguin«, in: *John La Farge's Second Paradise: Voyages in the South Seas*, New Haven 2010, S. 121–144.

Christensen, Carol, »The Painting Materials and Technique of Paul Gauguin«, in: *Conservation Research / Studies in the History of Art (Monograph Series*, II 41, National Gallery of Art Washington, D.C.), 1993, S. 63–103.

Danielsson, Bengt, »Gauguin's Tahitian Titles«, in: *The Burlington Magazine*, 109, Nr. 769, April 1967, S. 228–33.

Dorival, Bernard, »Sources of the Art of Gauguin from Java, Egypt and Ancient Greece«, in: *Burlington Magazine*, 93, Nr. 577, April 1951, S. 118–122.

Dorra, Henri, »The First Eves in Gauguin's Eden«, in: *Gazette des Beaux-Arts*, März 1953, S. 189–202.

Druick, Douglas, »Vollard and Gauguin: Fictions and Facts«, in: *Cézanne to Picasso: Ambroise Vollard, Patron of the Avant-Garde*, hrsg. von Rebecca Rabinow, Ausst.-Kat. Metropolitan Museum of Art, New York, Art Institute of Chicago, New Haven 2006, S. 60–81.

Eckermann, Elise, »Out of Sight, Out of Mind? Gauguin's Struggle for Recognition after His Departure from the South Seas in 1895«, in: *Van Gogh Studies*, 1, 2007, S. 169–188.

Eisenman, Stephen, »Identity and Non-Identity in Gauguin's *Te nave nave fenua*«, in: *Self and History: A Tribute to Linda Nochlin*, hrsg. von Aruna D'Souza, London 2001, S. 91–102.

Fénéon, Félix, »Autre groupe impressioniste«, in: *La Cravache parisienne*, Juli 1889.

Field, Richard S., »Gauguin's *Noa Noa* Suite«, in: *The Burlington Magazine*, 110, Nr. 786, September 1968, S. 500–11.

———, »Gauguin's Woodcuts: Some Sources and Meanings«, in: *Gauguin and Exotic Art*, Philadelphia 1969, S. 23–34.

———, »Reflections on Gauguin's Woodcut *Soyez amoureuses*«, in: *Print Quarterly*, 28, Nr. 4, Dezember 2011, S. 432–435.

Foster, Hal, »The ›Primitive‹ Unconscious of Modern Art«, in: *October*, 34, Herbst 1985, S. 45–70.

———, »›Primitive‹ Scenes«, in: *Critical Inquiry*, 20, Nr. 1, Herbst 1993, S. 69–102.

———, »Primitive Scenes«, in: *Prosthetic Gods*, Cambridge, Mass., 2004, S. 1–52.

Gamboni, Dario, »Gauguin, Pont-Aven and the Nabis«, in: *Potential Images: Ambiguity and Indeterminacy in Modern Art*, London 2002, S. 86–104.

———, »Paul Gauguin's *Genesis of a Picture*: A Painter's Manifesto and Self-Analysis«, in: *Nineteenth-Century Art Worldwide* 2, Nr. 3, Herbst 2003, http://19thc-artworldwide.org/index.php/autumn03/274-paul-gauguins-genesis-of-a-picture-a-painters-manifesto-and-self-analysis.

Goddard, Linda, »Gauguin's Guidebooks: *Noa Noa* in the Context of Nineteenth-Century Travel Writing«, in: Francesca Orestano und Francesca Frigerio (Hrsg.), *Strange Sisters: Literature and Aesthetics in the Nineteenth Century*, Bern 2009, S. 233–259.

———, »The Writings of a Savage? Literary Devices in Gauguin's *Noa Noa*«, in: *Journal of the Warburg and Courtauld Institutes*, 71, 2008, S. 277–293.

———, »›Scattered Notes‹: Authorship and Originality in Paul Gauguin's *Diverses Choses*«, in: *Art History*, 34, Nr. 2, April 2011, S. 352–369.

Gottheiner, Till, »Some Unknown Blocks for Woodcuts by Gauguin«, in: *The Burlington Magazine*, 109, Nr. 769, April 1967, S. 233–237.

Hale, Charlotte, *A Study of Paul Gauguin's Correspondence Relating to His Painting Materials and Techniques, with Specific Reference to His Works in the Courtauld Collection*, Diplomarbeit, Courtauld Institute of Art, University of London, 1983.

Hargrove, June, »Woman with a Fan: Paul Gauguin's Heavenly Vairaumati — A Parable of Immortality«, in: *The Art Bulletin*, 88, Nr. 3, 2006, S. 552–566.

———, »The Sculpture of Paul Gauguin in the Context of His Contemporaries«, in: *Van Gogh Studies*, 1, 2007, S. 73–112.

Hughes, Edward J. »Without Obligation: Exotic Appropriation in Loti and Gauguin«, in: *Writing Marginality in Modern French Literature: From Loti to Genet*, Cambridge 2001, S. 9–40.

Huret, Jules, »Paul Gauguin devant ses tableaux«, in: *L'Écho de Paris*, 23.2.1891.

Ives, Colta, »Paul Gauguin«, in: *The Great Wave: The Influence of Japanese Woodcuts on French Prints*, Ausst.-Kat. Metropolitan Museum of Art, New York 1974, S. 96–110.

Jirat-Wasiutynski, Vojtech, »Gauguin's Self-Portraits and the Oviri: The Image of the Artist, Eve and the Fatal Woman«, in: *The Art Quarterly*, 2, Nr. 2, Frühling 1979, S. 172–190.

———, »Decorative Fragments: Paul Gauguin's Presentation of His Own Drawings«, in: Nancy Bell (Hrsg.), *Historic Framing and Presentation of Watercolours, Drawings and Prints*, Kongressbericht, Juni 1996, Institute of Paper Conservation, Worcester, 1997, S. 51–57.

Jirat-Wasiutynski, Vojtech, und H. Travers Newton, Jr. »Absorbent Grounds and the Matt Aesthetic in Post-Impressionist Painting«, in: Ashok Roy und Perry Smith (Hrsg.), *Painting Techniques: History, Materials, and Studio Practice. Contribution to the Dublin Conference of the International Institute of Conservation, 7–11 September 1998*, Kongressbericht, International Institute for Conservation of Historic and Artistic Works, London 1998, S. 235–239.

Joyeux-Prunel, Béatrice, »›Les bons vents viennent de l'étranger‹: La Fabrication internationale de la gloire de Gauguin«, in: *Revue d'histoire moderne et contemporaine*, 52, Nr. 2, April – Juni 2005, S. 113–147.

Kropmanns, Peter, »The Gauguin Exhibition in Weimar in 1905«, in: *The Burlington Magazine*, 141, Nr. 1150, Januar 1999, S. 24–31.

Leclerq, Julien, »Exposition Paul Gauguin«, in: *Mercure de France*, 13, Februar 1895, S. 121–122.

Madeline, Laurence, »Gauguin, le primitif ultra-sauvage«, in: *L'Œil*, Nr. 487, Juli –August 1997, S. 58–67.

Mahon, Alyce, »Gauguin the ›Barbarian‹«, in: *Eroticism and Art*,Oxford 2005, S. 84–88.

Marx, Roger, »L'Exposition Paul Gauguin«, in: *La Revue encyclopédique*, 4, Nr. 76, 1.2.1894, S. 33–34.

Maus, Octave, »Sur l'exposition des XX«, in: *La Cravache parisienne*, 16.2.–2.3.1889.

Morice, Charles, »Paul Gauguin«, in: *Les Hommes d'aujourd'hui*, 9, 1896.

Perloff, Nancy, »Gauguin's French Baggage: Decadence and Colonialism in Tahiti«, in: Elazar Barkan und Ronald Bush (Hrsg.), *Prehistories of the Future: The Primitivist Project and the Culture of Modernism*, Stanford 1995, S. 226–229.

Pollock, Griselda, »Artists, Mythologies and Media – Genius, Madness and Art History«, in: *Screen*, 21, Nr. 3, 1980, S. 57–96.

Schniewind, Carl O. »Two Woodcuts by Paul Gauguin«, in: *Bulletin of the Art Institute of Chicago*, 34, Nr. 7, Dezember 1940, S. 112.

Segalen, Victor, »Paul Gauguin dans son dernier décor«, in: *Mercure de France*, Juni 1904.

———, »Hommage à Gauguin«, in: *Œuvres complètes de Victor Segalen*, Bd. 1, Paris 1995.

Silverman, Debora, »Biography, Brush, and Tools: Historicizing Subjectivity; The Case of Vincent Van Gogh and Paul Gauguin«, in: Charles G. Salas (Hrsg.), *The Life and the Work: Art and Biography*, Los Angeles 2007, S. 76–96.

Solomon-Godeau, Abigail, »Going Native: Paul Gauguin and the Invention of Primitivist Modernism«, in: Norma Broude und Mary D. Garrard (Hrsg.), *The Expanding Discourse: Feminism and Art History*, New York 1992, S. 331–345.

Spitz, Chantal T. »Où en sommes-nous cent ans après la question posée par Gauguin: D'où venons-nous? Que somme-nous? Où allons-nous?«, in: *Paul Gauguin: Heritage et confrontations, Actes du colloque des 6, 7 et 8 Mars 2003 à L'Université de la Polynésie Française*, hrsg. von Riccardo Pineri, Papeete, Tahiti, 2003, S. 100–107.

Varnedoe, Kirk, »Gauguin«, in: *»Primitivism« in 20th Century Art: Affinity of the Tribal and the Modern*, hrsg. von William Rubin, Ausst.-Kat. Museum of Modern Art, New York, 1984, Bd. 1, S. 179–209.

Wallace, Lee, »Gauguin's *Manao Tupapau* and Sodomitical Invitation«, in: *Sexual Encounters: Pacific Texts, Modern Sexualities*, Ithaca, N.Y., 2003, S. 109–137.

Wettlaufer, Alexandra, »She Is Me: Tristan, Gauguin and the Dialectics of Colonial Identity«, in: *The Romanic Review*, 98, Nr. 1, Januar 2007, S. 25–30.

Wright, Alastair, »Search for Paradise: The Prints of Paul Gauguin«, in: *The Impressionist Line from Degas to Toulouse-Lautrec: Drawings and Prints from the Clark*, hrsg. von Jay A. Clarke, Ausst.-Kat. The Frick Collection, New York, New Haven 2013, S. 84–99.

Zegers, Peter Kort, »In the Kitchen with Paul Gauguin: Devising Recipes for a Symbolist Graphic Aesthetic«, in: Harriet K. Stratis und Britt Salvesen (Hrsg.), *The Broad Spectrum: Studies in the Materials, Techniques, and Conservation of Color on Paper*, London 2002, S. 138–44.

Schriften von Paul Gauguin

Bücher

Carnet de Tahiti, Faksimile des Skizzenbuches von 1891–1893, 2 Bde., hrsg. von Bernard Dorival, Paris 1954.

Noa Noa: The Tahiti Journal of Paul Gauguin, San Francisco 1994.

Paul Gauguin, *Vorher und Nachher*, München 1920; deutsche Ausgabe nach dem Manuskript von 1903

The Writings of a Savage, hrsg. von Daniel Guérin, New York 1978, zuerst: *Oviri, Écrits d'un sauvage*, Paris 1974. Auswahl an Briefen, Artikeln und Manuskripten

Manuskripte

»Ancien culte mahorie«, vermutlich Ende 1893 begonnen, Musée du Louvre, Département des Arts graphiques, Paris
Faksimile, hrsg. von René Huyghe, Paris 1951; Reprint: Paris 1961.

»Avant et après«, 1903, Privatsammlung
Faksimile, Leipzig 1918; Reprint: Kopenhagen 1951, Transkription: Paris 1923, deutsche Ausgabe: *Vorher und Nachher*, München 1920.

»Cahier pour Aline«, im Dezember 1892 begonnen, Bibliothèque d'art et d'archéologie, Fondation Jacques Doucet, Paris
Faksimile, hrsg. von Suzanne Damiron, Paris 1963, Faksimile, mit einem Aufsatz von Victor Merlhès, Paris und Bordeaux 1989.

»Diverses choses«, 1896–1898, Musée du Louvre, Département des Arts Graphiques, Paris.

»L'Esprit moderne et le catholicisme«, 1897–1902, Text basiert im Großen und Ganzen auf den früheren Text »L'Eglise catholique et les temps modernes«, in: »Diverses choses« (s.o.), Saint Louis Art Museum, kommentierte Übersetzung von Frank Lester Pleadwell, 1927, im Saint Louis Art Museum, übersetzte Auszüge und Illustrationen aus dem Originalmanuskript, in: H. S. Leonard, »An Unpublished Manuscript by Paul Gauguin«, in: *Bulletin of the St. Louis Art Museum*, 34, Nr. 3, Sommer 1949, S. 41–48.

»Manuscrit tiré du livre des métiers de Vehbi-Zumbal Zahdi«, Winter 1885/86, Bibliothèque nationale de France, département des manuscrits, Paris, anonym veröffentlicht, *L'Art Moderne*, July 10, 1887, Text später eingegliedert in: »Diverses choses« und »Avant et après.«

»Noa Noa«, erster Entwurf, nicht illustriert, vermutlich im Oktober 1893 begonnen, Getty Center for the History of Art and the Humanities, Los Angeles
Faksimile, hrsg. von Gilles Artur, Jean-Pierre Fourcade und Jean-Pierre Zingg, mit Illustrationen aus dem Louvre-Manuskript (s.u.), Papeari, Tahiti, und New York 1987, Transkription, hrsg. von Pierre Petit, Paris 1988.

»Noa Noa«, 1893–1897, in Zusammenarbeit mit Charles Morice, Musée du Louvre, Département des Arts Graphiques, Paris
Transkription, illustriert von Daniel de Monfreid: *Noa Noa, Voyage de Tahiti*, Paris 1924, Faksimile des Louvre-Manuskripts: *Noa Noa*, Berlin 1926; *Noa Noa: Voyage à Tahiti*, Stockholm 1947, englische Ausgabe: *Noa Noa*, New York 1919, Reprint, *Noa Noa: The Tahiti Journal of Paul Gauguin*, San Francisco 1994; deutsche Ausgabe: *Noa Noa*, Berlin 1920.

»Noa Noa«, 1897, nicht illustrierte Ausgabe mit allen Änderungen von Charles Morice und in seiner Hand, Morice-Archiv, Paley Library, Temple University, Philadelphia
Nicht illustrierte Ausgabe: Paul Gauguin und Charles Morice, *Noa Noa*, Paris 1901.

»Racontars de Rapin«, zusammengestellt 1898–1902, Privatsammlung
Transkription: Paris 1951. Faksimile, hrsg. von Victor Merlhès, Taravao, Tahiti, 1994.

»Le Texte Wagner«, 1889, Bibliothèque nationale de France, Départment des Manuscrits; Text später eingegliedert: »Diverses choses.«

Artikel und Periodika

In chronologischer Ordnung nach dem Veröffentlichungsdatum

»Notes sur l'art à l'Exposition universelle«, Teil 1, in: *Le Moderniste*, 4.7.1889, S. 84–86, Teil 2, in: *Le Moderniste*, 13.7.1889, S. 90–91.

»Qui trompe-t-on ici?« *Le Moderniste*, 21.9.1889, S. 170–171.

»Natures mortes«, in: *Essais d'art libre*, 4, Januar 1894, S. 273–275, Reprint: *Essais d'art libre*, Genf 1971.

»Exposition de la Libre Esthétique«, in: *Essais d'art libre*, 5, Februar – April 1894, S. 30–32, Reprint: *Essais d'art libre*, Genf 1971.

»Sous deux latitudes«, in: *Essais d'art libre*, 5, Mai 1894, S. 75–80, Reprint: *Essais d'art libre*, Genf 1971.

»Lettre de Paul Gauguin«, in: *Journal des artistes*, Nr. 46, 18.11.1894, S. 818.

»Une Lettre de Paul Gauguin à propos de Sèvre et du dernier four«, in: *Le Soir*, 23.4. 1895, S. 1.

»Les Peintres français à Berlin«, in: *Le Soir*, 1.5.1895, S. 2.

»Notes synthétiques«, 1884–85, zuerst in: *Vers et prose*, 22, 1910, S. 52.

Le Sourire, 1899–1900. Die von Gauguin in Papeete, Tahiti, geschriebene und veröffentlichte Zeitschrift, 9 Ausgaben, Faksimile, hrsg. von L. J. Bouge, *Le Sourire de Paul Gauguin: Collection complète en fac-similé*, Paris 1952.

Les Guêpes, 1899–1901. Die 24 von Gauguin geschriebene Artikel für diese auf Tahiti erschienene Zeitschrift, veröffentlicht in: *Gauguin journaliste à Tahiti et ses articles des ›Guêpes‹*, hrsg. von Bengt Danielsson und Patrick O'Reilly, Paris 1966.

Briefe

Bacou, Roseline, und Arï Redon (Hrsg.), *Lettres de Gauguin, Gide, Huysmans, Jammes, Mallarmé, Verhaeren ... à Odilon Redon*, Paris 1960.

Lettres de Vincent van Gogh, Paul Gauguin, Odilon Redon, Paul Cézanne, Elémir Bourges, Léon Bloy, Guillaume Apollinaire, Joris-Karl Huysmans, Henry de Groux à Émile Bernard, Brüssel 1942.

Paul Gauguin, *45 lettres à Vincent, Théo et Jo van Gogh*, hrsg. von Douglas Cooper, Den Haag und Lausanne 1983.

Joly-Segalen, Annie (Hrsg.), *Lettres de Gauguin à Daniel de Monfreid*, Einführung von Victor Segalen, inklusive der Namen und Absätze, die aus der Originalausgabe gestrichen wurden, mit neuem Anhang und Kommentaren von Joly-Segalen, Paris 1950, zuerst: Victor Segalen (Hrsg.), *Lettres de Gauguin à Georges-Daniel de Monfreid*, Paris 1918.

Lettres de Gauguin à André Fontainas, Einführung von André Fontainas, Paris 1921.

Lettres de Paul Gauguin à Émile Bernard, 1888–1891, Genf 1954.

Malingue, Maurice (Hrsg.), *Paul Gauguin: Letters to His Wife and Friends*, 2. Aufl., London 1949, zuerst: *Lettres de Gauguin à sa femme et à ses amis*, Paris 1946.

Merlhès, Victor (Hrsg.), *Correspondance de Paul Gauguin: Documents, témoignages*, Paris 1984. Maßgebliche Ausgabe von Gauguins Briefen aus der Zeit von 1873 bis 1888

——— (Hrsg.), *Paul Gauguin et Vincent van Gogh 1887–1888: Lettres retrouvées, sources ignorées*, Taravao, Tahiti 1989.

——— (Hrsg.), *De Bretagne en Polynésie: Paul Gauguin, pages inédites*, Taravao, Tahiti, 1995.

Rewald, John (Hrsg.), *Paul Gauguin: Letters to Ambroise Vollard & André Fontainas*, San Francisco 1943.

Sérusier, Paul, *ABC de la Peinture: Correspondance*, Paris 1950.

Register der Katalogabbildungen

Fotonachweis

© AGO: Kat. 80, 113.

© Albright-Knox Art Gallery / Art Resource, N.Y.: Kat. 61.

© The Art Institute of Chicago: S. 28, Abb. 8; S. 50, 56; Kat. 1, 77, 90, 112.

Foto: Miguel Benarides: Kat. 4.

© Bibliothèque nationale de France: Kat. 36, 46, 53, 122, 146, 147.

© Yvan Bourhis: Kat. 20.

© bpk, Berlin / Bayerische Staatsgemäldesammlungen / Neue Pinakothek / Art Resource, N.Y.: Kat. 149.

© bpk, Berlin / Staatliche Museen zu Berlin, Kupferstichkabinett / Jörg P. Anders / Art Resource, N.Y.: Kat. 67, 82.

Foto: Elizabeth C. Childs: S. 44.

© Christie's Images Limited: Kat. 62, 144.

© The Cleveland Museum of Art: Kat. 91, 184.

© Colección Carmen Thyssen-Bornemisza / Museo Thyssen-Bornemisza / Scala / Art Resource, N.Y.: Kat. 89.

Foto: Daniel Dennehy: Kat. 14–43.

© U. Edelmann – Städel Museum – ARTOTHEK: Kat. 156, 178.

Foto: David Heald, Courtesy Nasher Sculpture Center, Dallas: Kat. 158.

© The Israel Museum, Jerusalem: Kat. 40.

Foto: Alex Jamison: S. 41; Kat. 85.

© The Kelton Foundation: Kat. 5.

Foto: Pernille Klemp: Kat. 95.

Foto: Robert Lorenzson: S. 25.

© Marmottan Monet, Paris / Giraudon / The Bridgeman Art Library: Kat. 107.

© McNay Art Museum / Art Resource, N.Y.: Kat. 18.

© The Metropolitan Museum of Art, Image source: Art Resource, N.Y.: S. 18, 65; Kat. 2, 3, 6, 7, 9, 10, 12, 14–17, 22, 43, 47, 55, 57, 68, 163, 164.

© Minneapolis Institute of Arts / The Bridgeman Art Library: S. 54, Abb. 3, 4; Kat. 75.

© Musée du quai Branly / Scala / Art Resource, N.Y., Foto: Claude Germain: S. 69, Abb. 11; Kat. 25, 66, 151.

© Musée Granet, Aix-en-Provence / The Bridgeman Art Library: S. 53.

© Museum Folkwang, Essen: Kat. 157.

© Museum of Fine Arts, Boston: S. 52; Kat. 30, 52, 60, 65, 72, 76, 116, 130, 135, 177, 183.

Courtesy The Museum of Modern Art, Department of Imaging and Visual Resources, Foto: Peter Butler: S. 21; S. 30, Abb. 10, 11; S. 64, Abb. 3, 4; S. 66, Abb. 6, 7; Kat. 26, 49, 86, 155, 175. Foto: Erik Landsberg: Kat. 79. Foto: Thomas Griesel: S. 63,

Abb. 2; Kat. 111. Foto: John Wronn: S. 69, Abb. 12; Kat. 70. Foto: Kelly Benjamin: Kat. 34, 58, Foto: Kate Keller: Kat. 39.

© Národní Galerie, Prag: Kat. 170.

Courtesy National Gallery of Art, Washington, D.C.: S. 24; S. 63, Abb. 2; Kat. 8, 54, 63, 73, 103, 126, 133, 148, 161, 165, 171.

© Ny Carlsberg Glyptotek, Kopenhagen. Foto: Ole Haupt: Kat. 51, 108.

© The Henry and Rose Pearlman Collection / Art Resource, N.Y., Foto: Bruce M. White: Kat. 134.

© Reto Rodolfo Pedrini, Zürich: Kat. 23, 37, 41, 42, 44, 101, 104, 110, 118–21, 123–25, 127–29, 131, 132, 136, 137.

© RMN-Grand Palais / Art Resource, N.Y., Foto: Martine Beck-Coppola: S. 28, Abb. 9; Kat. 33, Foto: Gerard Blot: Kat. 59, Foto: Hervé Lewandowski: S. 40, Abb. 2, 3; Kat. 81, 99, 180, Foto: Réné-Gabriel Ojéda: S. 45; Kat. 140, Foto: Tony Querrec: Kat. 27, Foto: Jean Schormans: Kat. 32

© Musées royaux des Beaux-Arts, Brüssel: Kat. 11.

© Staatsgalerie Stuttgart: Kat. 98.

Foto: Lee Stalsworth: Kat. 84.

© Sterling and Francine Clark Art Institute, Williamstown, Mass. Foto: Michael Agee: Kat. 38, 64, 83, 92, 102.

© Tate, London: Kat. 117.

© The Trustees of the British Museum: Kat. 19, 31, 74, 138, 168.

Leihgeber

Rijksmuseum Amsterdam
Staatliche Museen zu Berlin, Kupferstichkabinett
Museum of Fine Arts, Boston
Musées royaux des Beaux-Arts, Brüssel
Szépművészeti Múzeum, Budapest
The Art Institute of Chicago
Cleveland Museum of Art
Dallas Museum of Art
Nasher Sculpture Center, Dallas
Des Moines Art Center
Museum Folkwang, Essen
Städel Museum, Frankfurt am Main
Kunstmuseum, Gifu, Japan
The Israel Museum, Jerusalem
Designmuseum Danmark, Kopenhagen
Ny Carlsberg Glyptotek, Kopenhagen
Ohara Kunstmuseum, Kurashiki, Japan
The British Museum, London
Tate Modern, London
Hammer Museum, Los Angeles
The J. Paul Getty Museum, Los Angeles
The Kelton Foundation, Los Angeles
Colección Carmen Thyssen-Bornemisza, als Leihgabe im Museo Thyssen-Bornemisza, Madrid
Minneapolis Institute of Arts
The Metropolitan Museum of Art, New York
The Museum of Modern Art, New York
Bibliothèque de l'Institut national d'histoire de l'art, Collections Jacques Doucet, Paris
Bibliothèque nationale de France, Paris
Galerie Berès, Paris
Musée d'Orsay, Paris
Musée du quai Branly, Paris
Musée Marmottan Monet, Paris
Philadelphia Museum of Art
Memorial Art Gallery, University of Rochester, N.Y.
Saint Louis Art Museum
Art Gallery of Ontario, Toronto
Musée départemental Stéphane Mallarmé, Vulaines-sur-Seine
Hirshhorn Museum and Sculpture Garden, Smithsonian Institution, Washington, D.C.
Library of Congress, Washington, D.C.
National Gallery of Art, Washington, D.C.
Sterling and Francine Clark Art Institute, Williamstown, Mass.
Jean Bonna, Genf
E.W.K., Bern
Denise LeFrak für S-R Art Investors, LLC
Steven Rattner und Maureen White
Dame Jillian Sackler

Private Leihgeber, die anonym bleiben wollen

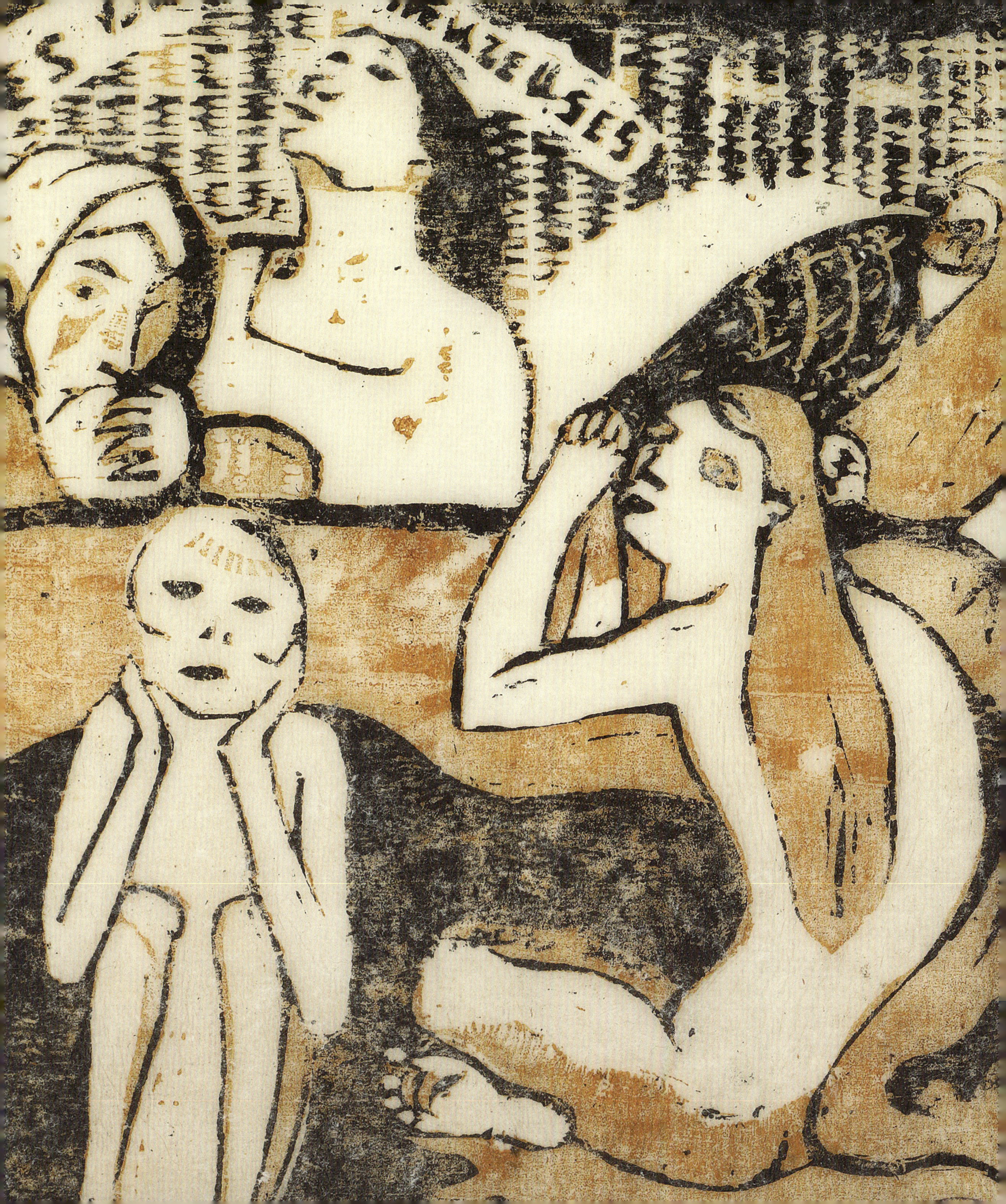

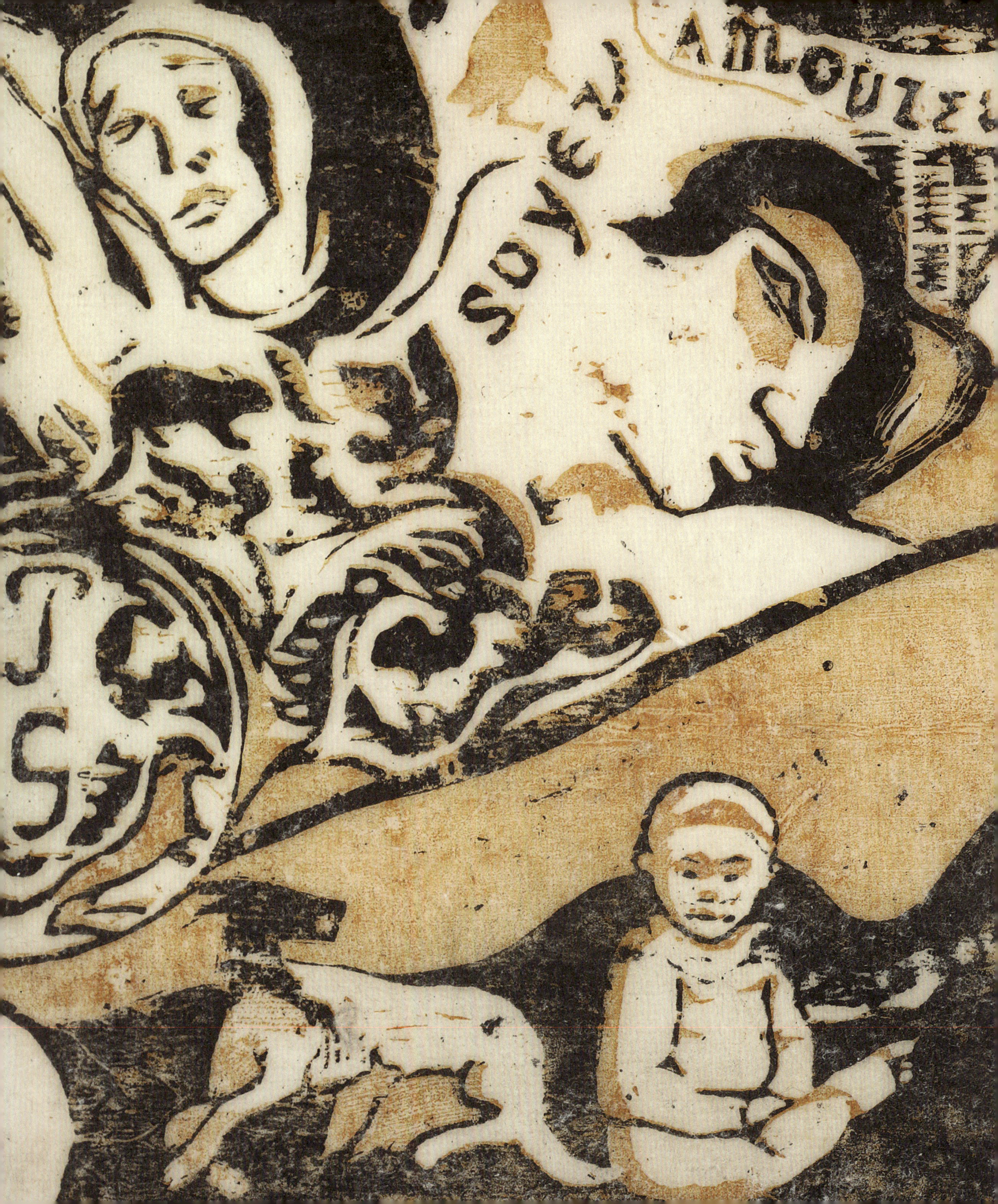
SOYEZ